Ruy Castro

Carmen

Uma biografia

2ª edição

Companhia Das Letras

Copyright © 2005, 2025 by Ruy Castro

Grafia atualizada segundo o Acordo Ortográfico da Língua Portuguesa de 1990, que entrou em vigor no Brasil em 2009.

Projeto gráfico e capa
Hélio de Almeida

Preparação
Beatriz de Freitas Moreira

Índice onomástico
Miguel Said Vieira

Revisão
Marise Simões Leal
Isabel Jorge Cury

Atualização ortográfica
Carmen T. S. Costa

Dados Internacionais de Catalogação na Publicação (CIP)
(Câmara Brasileira do Livro, SP, Brasil)

Castro, Ruy
  Carmen : Uma biografia / Ruy Castro — 2ª ed. — São Paulo : Companhia das Letras, 2025.

ISBN 978-85-359-3650-6

1. Cantoras – Brasil – Biografia 2. Miranda, Carmen, 1909--1955 I. Título.

25-275378   CDD-782.0092

Índice para catálogo sistemático:
1. Cantoras brasileiras : Biografia 782.0092
Cibele Maria Dias – Bibliotecária – CRB-8/9427

Todos os direitos desta edição reservados à
EDITORA SCHWARCZ S.A.
Rua Bandeira Paulista, 702, cj. 32
04532-002 — São Paulo — SP
Telefone: (11) 3707-3500
www.companhiadasletras.com.br
www.blogdacompanhia.com.br
facebook.com/companhiadasletras
instagram.com/companhiadasletras
x.com/cialetras

Hermanas Miranda
Aurora e Carmen, fotografadas em Buenos Aires cerca de 1934

*Para
Isabel e João Ruy,
que são a continuação da vida*

SUMÁRIO

Prólogo 9

1 1909-1924
Coquete 11

2 1925-1928
"'It' girl" 26

3 1929-1930
"Taí" 42

4 1930-1931
Rainha do disco 58

5 1932-1933
Aurora 77

6 1933-1934
Pequena Notável 93

7 1934-1935
Cantoras do rádio 110

8 1936-1937
Cassino da Urca 131

9 1937-1938
"Uva de caminhão" 150

10 1938-1939
O que é que a baiana tem 167

11 1939
O sim a Shubert 182

12 1939
"Brazilian bombshell" 200

13 1939
Cápsulas mágicas 219

14 1940
Silêncio na Urca 237

15 1940
Estrela da Fox 258

16 1940
Deusa do cinema 276

Look Carmen

*Na ausência do turbante, o
penteado; a baiana dava lugar
ao soirée, mas o resultado era
sempre tipicamente Carmen*

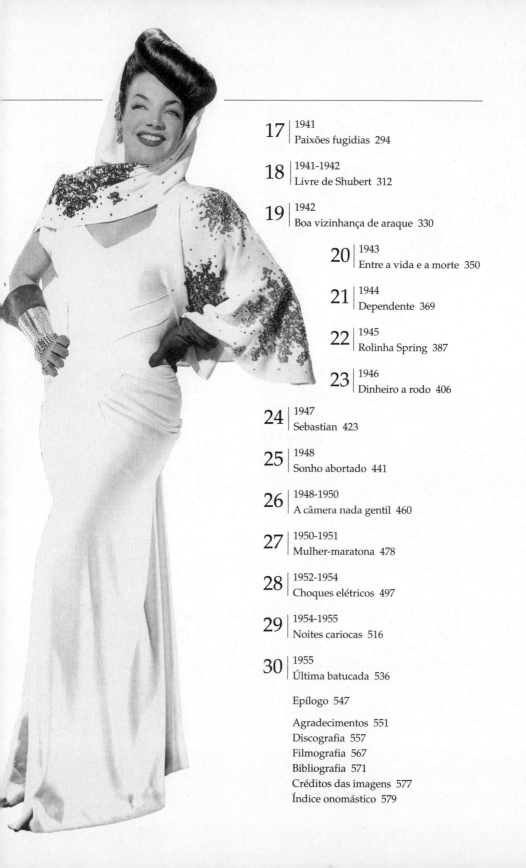

17 | 1941
Paixões fugidias 294

18 | 1941-1942
Livre de Shubert 312

19 | 1942
Boa vizinhança de araque 330

20 | 1943
Entre a vida e a morte 350

21 | 1944
Dependente 369

22 | 1945
Rolinha Spring 387

23 | 1946
Dinheiro a rodo 406

24 | 1947
Sebastian 423

25 | 1948
Sonho abortado 441

26 | 1948-1950
A câmera nada gentil 460

27 | 1950-1951
Mulher-maratona 478

28 | 1952-1954
Choques elétricos 497

29 | 1954-1955
Noites cariocas 516

30 | 1955
Última batucada 536

Epílogo 547

Agradecimentos 551
Discografia 557
Filmografia 567
Bibliografia 571
Créditos das imagens 577
Índice onomástico 579

Carmen no Rio em 1935

PRÓLOGO

No fim da tarde de 1º de fevereiro de 1908, o rei de Portugal, dom Carlos I, fardado de generalíssimo, desceu do vapor S. Luís no Terreiro do Paço, em Lisboa. Passou a tropa em revista, conferiu a presença dos ministros, piscou para uma ou duas marquesas de sua intimidade e subiu à carruagem puxada por cavalos de penacho. Com ele estavam sua mulher, dona Amélia de Orleans, princesa da França, e os dois filhos, o príncipe herdeiro Luís Filipe e o infante Manuel. Voltavam de uma temporada de caça no Palácio de Vila Viçosa, no Alentejo, onde dom Carlos, senhor de mira implacável, desfalcara a fauna local em alguns milhares, entre tordos, coelhos, corças, veados e raposas. A corte e o ministério tinham ido recebê-lo e formar o séquito que rumaria ao Palácio das Necessidades. Entre os quiosques do Paço, no entanto, dois homens esperavam o rei com intenções nada regulamentares. Estavam ali para matá-lo.

Poucos dias antes, com dom Carlos ainda em férias, a polícia abortara mais uma tentativa de insurreição republicana e prendera o sombrio Luz de Almeida, líder de uma sociedade de embuçados que faziam juramentos de sangue e se comunicavam por códigos — a Carbonária. O chefe de polícia aconselhara a que, devido à turbulência política, o percurso do rei ao palácio fosse em carro fechado. Mas dom Carlos insistira no landau — o que diriam do rei se não pudesse mostrar-se ao povo?

Não que, aos 45 anos, ele fosse um monarca dos mais populares. Os portugueses se queixavam de que, nos dezenove anos de reinado de dom Carlos, os ingleses só faltaram dar-lhe ordens e, na prática, já tinham se apossado dos diamantes das colônias africanas. O analfabetismo no país passava de 75%. E, numa população de 5 milhões de habitantes, 420 mil cidadãos (a maioria, homens, jovens e solteiros) tinham vindo, a partir de 1890, para o Brasil, numa cruel hemorragia populacional. O rei via esse fato como dos males o menor, porque eram as remessas dos emigrados, principalmente os radicados no Rio, que equilibravam as contas nacionais.

O fato de dom Carlos ser também um cientista, um oceanógrafo de respeito, não queria dizer muito. Os súditos não perdoavam seu desinteresse pelos negócios de Estado, a obsessão pelas caçadas, a constante troca de iates (todos chamados Amélia, em homenagem à rainha) e os sobrados que comprava com dinheiro público para seus recreios extraconjugais. Por tudo isso, a pregação republicana era intensa nas tribunas, na imprensa e nas esquinas. Só a Carbonária não perdia tempo com palavras — preferia jogar bombas e atirar para matar.

O carbonário Manuel Buíça, de capa comprida até os pés e barba preta quase idem, postou-se na calçada. O rei, a rainha e os jovens príncipes se acomodaram nos assentos do landau e o cocheiro deu a partida. Quando a carruagem passou, Buíça, em segundos, tirou da capa uma carabina Winchester, dobrou um joelho para fazer a mira e, a cinco metros, fuzilou o rei pelas costas. Um dos tiros acertou a nuca de dom Carlos, matando-o no ato. Outro carbonário, Alfredo Costa, armado com uma pistola Browning, materializou-se ao lado de Buíça, saltou para o estribo do carro e também disparou várias vezes, à queima-roupa, contra o rei já morto. Os cavalos, assustados, davam coices no vento. O príncipe Luís Filipe sacou seu Colt .38 e apontou contra Costa. Costa foi mais rápido e atingiu-o no peito, com a bala atravessando o pulmão do herdeiro. Mesmo assim, Luís Filipe ainda conseguiu dar quatro tiros em Costa, que tombou morto na rua. O barbudo Buíça voltou a disparar: acertou um tiro na cabeça de Luís Filipe e feriu o infante Manuel no braço. Um tenente investiu contra Buíça e o matou com uma estocada de baioneta. Cessado o fogo, o cocheiro, também ferido, conseguiu conter os cavalos. O tiroteio durara pouco mais de um minuto, mas o cheiro de pólvora e uma grande comoção tomavam o Terreiro do Paço.

A condessa de Figueiró, o marquês de Lavradio e os outros nobres correram para a carruagem ensanguentada. O corpo do rei pendia sobre o ombro da rainha, que estava em choque. Luís Filipe, de vinte anos, morreu nos braços da condessa. Se dom Carlos pudesse ter usado o Smith & Wesson .32 que trazia no bolso, os fados seriam outros. Mas, do jeito que eles se deram, pode-se dizer que a brava monarquia portuguesa, velha de oito séculos, acabava ali.

O resto seria mera formalidade. Três meses depois, o infante, de dezoito anos, assumiria o trono, com o nome dom Manuel II. Seu tíbio reinado, abalado por golpes e conjuras, só chegaria até o dia 5 de outubro de 1910, quando uma insurreição final proclamaria a República em Portugal.

1 | 1909-1924
Coquete

O futuro não costumava figurar na agenda dos cerca de trezentos habitantes de Várzea de Ovelha, uma aldeola da freguesia de São Martinho da Aliviada, concelho de Marco de Canavezes, distrito do Porto, no Norte de Portugal. (Na divisão administrativa brasileira, Várzea de Ovelha seria um subdistrito do município de Marco de Canavezes.) Até então, só o passado existia, e mesmo o presente custava a chegar àquele platô perdido nas montanhas, a que se tinha acesso, a pé ou a cavalo, por uma trilha cheia de curvas e contornando os despenhadeiros da serra do Marão. Um lugar tão bonito e fora do mundo quanto algumas das outras freguesias de Marco de Canavezes, com seus nomes tão sugestivos: Magrelos, Rio de Galinhas, Paredes de Viadores, Paços de Gaiolos. O Ovelha e o Tâmega, os poéticos rios da região, seguiam seu curso sem perturbações. Mas, depois do que acontecera no Terreiro do Paço, em Lisboa, nem a poesia conseguiria poupar Várzea de Ovelha das atribulações nacionais — porque a incerteza já fazia parte da vida de todos os portugueses.

Os jovens José Maria e Maria Emilia, recém-casados, eram protegidos da família de Francisco de Assis Teixeira de Miranda, rico proprietário de terras na região, inclusive do sobrado em que o casalzinho morava de graça. Os Assis, como o povo chamava os donos do lugar, eram monarquistas com intensa atuação política e muito ligados à Coroa. A morte do rei, a ascensão de um menino ao trono e a iminência de queda do regime faziam antever uma crise que tornaria as coisas ainda mais difíceis. A guerra e a fome no campo eram uma possibilidade. Os Assis ficariam para defender suas terras. Mas, para José Maria e Maria Emilia, que eram pobres, só restava tomar o vapor para onde zarpavam tantos de seus patrícios: o Brasil.

Dois anos antes, em 1906, quando eles se casaram, nada parecia indicar esse destino. José Maria Pinto da Cunha tinha dezenove anos. Os pais dele, José Pinto da Cunha e Emilia de Jesus, eram camponeses, curvados por séculos de enxada. Mas José Maria, moreno e aprumado, fizera o serviço militar na Cavalaria e atraía os olhares das moças nas datas patrióticas, ao desfilar a cavalo no uniforme dos Lanceiros da Rainha. Um dos olhares que ele atraiu foi o da bela tecelã Maria Emilia de Barros Miranda, vinte anos, filha de José

Miranda e Maria da Conceição Miranda. O pai de Maria Emilia era entalhador, habilidoso em trabalhos de madeira, mas um homem simples. Já a mãe dela tinha algum parentesco com os Assis, e seu próprio casamento fora um problema: a família não aprovava seu amor por um artesão. José e Conceição se casaram assim mesmo e tiveram uma fieira de filhos: Eulalia, Amaro, João, Cecilia, Felisbela, Aurora e Maria Emilia. Vinte anos depois, ao se casar com José Maria, a intrépida Maria Emilia repetiria o gesto da mãe, porque seu noivo também não tinha eira nem beira: apesar de Lanceiro da Rainha — título meramente simbólico de seu regimento —, José Maria era simples lavrador, empregado nos olivais dos Assis, e, nas horas vagas, barbeiro — um reles rapa-queixos, como se dizia com desprezo.

Quando lhes nasceu a primeira filha, Olinda, no dia 8 de dezembro de 1907, Várzea de Ovelha ainda estava fora do mundo. Dois meses depois aconteceram o assassinato de dom Carlos, os desaires da monarquia e o começo das perseguições aos Assis. Foi então que José Maria decidiu mudar-se com mulher e filha para o Brasil. Planejou a viagem para o segundo semestre de 1908 e começou a cuidar dos papéis para a imigração. Mas, então, Maria Emilia viu-se de novo grávida. A burocracia atrasou, porque os documentos tinham de ser tratados na Cidade do Porto, a quarenta quilômetros de distância, e a gravidez avançou. A mudança foi adiada, por medo de perder o filho ou de que a criança viesse à luz no meio do Atlântico, num porão de navio, atapetado de ratos, em pavorosas condições de higiene e talvez sem médico a bordo.

E apenas por isso Maria do Carmo Miranda da Cunha, como a chamaram, nasceu em Várzea de Ovelha, no dia 9 de fevereiro de 1909 — um ano e oito dias depois do regicídio —, e Carmen Miranda deixou de nascer no Brasil.

Maria do Carmo nasceu às três horas da tarde de um inverno gelado, no sobrado de pedra composto de um térreo e de um andar, com chão de terra batida, sem luz e sem água, em que seus pais moravam de favor. Nasceu de bruços — donde, como rezava a superstição, seu pai pensou que fosse um menino. (A superstição dizia também que mulher que nasce de bruços é estéril.) Cinco dias depois, a miúda foi batizada na igrejinha de São Martinho, severa, rústica, de pedra, junto a um muro também de pedra. Os padrinhos foram o sr. Assis e sua mulher, dona Maria do Carmo Monteiro, de quem Maria do Carmo herdou o nome. Normalmente, as Marias do Carmo portuguesas tornavam-se apenas Carmo. Mas Amaro, irmão de Maria Emilia e eventualmente também barbeiro, era boêmio, tocava violino e cantava — talvez nunca tivesse ouvido falar em Prosper Mérimée, mas sabia uns tostões de ópera e, ao ver a pequena Maria do Carmo, "morena como uma espanhola", associou-a à então popularíssima *Carmen* de Bizet. O apelido pegou em família, e Maria do Carmo tornou-se, para sempre, Carmen.

Amaro (que os parentes preferiam chamar de Mario) não era o único Miranda com veia artística. Eulalia, Cecilia, Felisbela e Aurora, irmãs de Maria Emilia, também eram musicais e festeiras: gostavam de cantar, dançar, fantasiar-se e se destacavam nas *janeiras* e *reisadas*, que eram os prolongamentos das celebrações de Natal e Ano-Bom. Outro hábito era o de cantar enquanto ceifavam o trigo, entoando cantigas de sentido dúbio e, às vezes, francamente malicioso. Já Maria Emilia, mais católica do que as irmãs, e, se calhar, mais até do que o pároco de São Martinho, reservava sua voz para cantar nas festas e procissões de santo Antônio.

Em setembro de 1909, deixando para trás a mulher e as duas filhas — Olinda, dois anos e nove meses; Carmen, sete meses —, José Maria e seu cunhado Amaro foram para o Porto e, de lá, tomaram um navio de carga no porto de Leixões, em Matosinhos, para o Rio de Janeiro. Munido de duas tesouras, uma navalha e dinheiro para se manter pelas primeiras semanas, José Maria resolvera vir na frente. Primeiro, tentaria estabelecer-se; quando isso acontecesse, mandaria buscar a família. Somente naquele navio, cerca de cem emigrantes legais, fora os clandestinos, uns sobre os outros na terceira classe, rumavam para a aventura brasileira — como seus compatriotas vinham fazendo havia quatrocentos anos. O mar, para os portugueses, era historicamente apenas outro nome para o seu próprio litoral e, exceto pelo cheiro de vômito no dormitório coletivo, os dez ou onze dias de travessia pareciam uma continuação da vida na província — muitos desses imigrantes eram parentes entre si ou já se conheciam de antes do embarque. E o Rio em que eles desembarcaram era tão português quanto a terra de onde tinham saído — talvez mais.

Já havia muitas avenidas ao figurino de Paris, mas a cidade em que José Maria pôs os pés, ao descer na praça Mauá no dia 27 de setembro de 1909, podia lhe ser bem familiar — pelas ruas calçadas com pedras, ora veja, portuguesas; pelo traçado irregular dos becos e das vielas coloniais; pelas fachadas mouriscas dos sobrados e manuelinas das igrejas; pelas conservas e latarias nas prateleiras dos armazéns; e pelo aroma dos chouriços, sardinhas, rabadas, dobradinhas e ovos moles que emanava dos restaurantes, tascas e biroscas. A música de sua língua era a mesma que ele já começou a ouvir no próprio cais, bradada pelos estivadores, cocheiros e puxadores de carroças, e que também saía dos açougues, armarinhos e casas de ferragem. Os portugueses dominavam no Rio o comércio de tecidos, cigarros, feijão, café, milho, azeite, pescado, vinhos, gelo e praticamente todo o varejo. Numa população de cerca de 1 milhão, o Rio tinha perto de 200 mil portugueses natos — muito mais do que o Porto, cuja população era de 150 mil, incluindo os estrangeiros que lá viviam. Se se contassem os descendentes diretos dos imigrantes (e muitos eram cariocas filhos de pai e mãe portugueses), esse número seria ainda mais espetacular — seria o dobro. Era normal que um português recém-chegado, ao andar pelas ruas do Rio, encontrasse não apenas patrícios aos magotes, reconhecíveis pelos bigodes, mas gente de sua aldeia ou freguesia, conterrâneos já aclimatados e, bem ou mal, postos na vida.

É quase certo que, ao tomar o navio, José Maria trouxesse na algibeira o nome de alguém a procurar no Rio — fala-se de um comerciante de secos e molhados na rua Primeiro de Março. Seja como for, foi um conterrâneo que o instalou numa pensão na rua da Misericórdia e, dali a alguns dias, o levou a um cidadão também de Marco de Canavezes, só que da freguesia de Aviz: Álvaro Vieira Pinto, dono de um salão de barbearia na esquina da então avenida Central com a rua Mayrink Veiga. Seguindo uma prática comum na colônia, seu Álvaro estava à cata de um patrício que fosse seu sócio minoritário, e tanto fazia que este entrasse apenas com o trabalho — com isso, ele dobraria o faturamento e se dispensaria de pagar o salário de um auxiliar. Mas, como candidatos, só lhe apareciam estroinas e aldrabões. José Maria lhe cheirou a um rapaz sério: tinha 22 anos, era casado e pai de filhos, que pretendia mandar buscar na aldeia. Seu Álvaro propôs-lhe sociedade e José Maria aceitou. Dois meses depois, já situado em seu novo país, José Maria despachou o dinheiro para a vinda da família.

Carmen chegou ao Rio, com sua mãe e irmã, no dia 17 de dezembro de 1909. Tinha dez meses e oito dias. E, se parece pequeno o intervalo entre a chegada de José Maria e a da família, teria sido menor ainda se dependesse de Maria Emilia. As esfuziantes cartas que seu irmão Amaro enviava do Rio, contando as peripécias da dupla na cidade, davam a entender que tanto ele como José Maria estavam se esbaldando entre mulheres, chopes duplos e patuscadas — o que não deixava de ser verdade. Ciosa de seu casamento, Maria Emilia exigiu que José Maria mandasse o dinheiro e, assim que este lhe chegou às mãos, embarcou, também num vapor de carga. Era uma jornada heroica, mesmo para uma mulher que sabia ler bem, escrever razoavelmente e fazer as quatro operações. Tratava-se de cruzar sozinha o oceano, em condições indescritíveis, com uma criança no colo e outra pela mão. Uma tarefa que exigia coragem e determinação, e, por sorte, ela tinha essas qualidades.

Ser sócio-proprietário de uma barbearia no Centro do Rio também podia ser uma proeza para um camponês recém-chegado de Várzea de Ovelha, mas não permitia a José Maria dar luxos à família. Em seus primeiros quatro anos no Rio, eles tiveram três endereços. O primeiro foi em São Cristóvão, tradicional reduto da imigração portuguesa e para onde marchara uma parte dos desalojados pelas demolições que o prefeito Pereira Passos promovera entre 1903 e 1906. Mas o antigo bairro imperial, já sem as românticas ilhotas que tinham sido engolidas pelos aterros para as obras de expansão do cais do porto, começava a se tornar uma zona industrial. Além disso, para os padrões de distância de José Maria, ficava muito longe de seu trabalho.

Em 1911, à custa de milhares de queixos raspados, José Maria desfez a sociedade com seu Álvaro, de quem continuou amigo, e instalou com o cunhado o seu próprio salão de barbeiro, na rua da Misericórdia, 70, perto do Mercado Municipal. Pouco depois, nesse mesmo ano, a família se mudou para um sobrado na rua Senhor dos Passos, 59, no Centro — relativamente perto da barbearia, mas bem na zona de prostituição que transbordava da praça Tiradentes pela avenida Passos. Não era o ambiente ideal para uma família, mas eles não tinham escolha. Amaro Miranda da Cunha, o terceiro filho do casal, o primeiro do sexo masculino e o primeiro a nascer no Brasil, veio à luz ali, no dia 15 de junho de 1912. Uma das testemunhas do registro (daí o nome da criança) foi o cunhado Amaro, e esta foi a última informação que a família guardou a seu respeito — sabe-se que, dali a algum tempo, ele fechou a navalha, tomou alegremente o navio de volta para a Europa em busca de uns "negócios de pescaria" na Inglaterra, e nunca mais deu notícias. E, com grande coerência familiar, o pequeno Amaro, assim como seu tio, também passou a ser chamado de Mario.

Quando Maria Emilia se pôs de pé, depois do parto, a família se mudou novamente, agora para uma vizinhança não muito distante, mas bem melhor: outro sobrado, na rua da Candelária, 50, de esquina com o beco do Bragança, em cima de uma serraria. Ali nasceram as outras duas filhas, Cecilia, no dia 20 de outubro de 1913, e Aurora, no dia 20 de abril de 1915 — nomes também em homenagem às irmãs de Maria Emilia. Com o aumento da família, os rendimentos da barbearia deixaram de ser suficientes — nem sempre o bacalhau dava para todos. Para complementá-los, o casal espremeu-se em dois quartos e alugou os restantes para dois comerciantes portugueses que José Maria conhecera no Mercado. Numa casa onde o jantar era à base de caldo verde e em que se lia um dos cinco jornais portugueses publicados diariamente no Rio com as notícias da terra, era normal que Carmen, aos cinco anos, chamada a cantar para seu pai num dia de aniversário, apresentasse a única música que conhecia: um fado que lhe fora ensinado por Olinda.

A região da Candelária, desde a reforma de Pereira Passos, estava deixando de ser uma zona residencial para se tornar uma área exclusiva de negócios. Já era então o distrito de menor população fixa na cidade: das dezenas de milhares de pessoas que passavam por ali durante o dia, apenas 5 mil eram residentes efetivos. Qualquer prédio decrépito ou terreno baldio ficara supervalorizado, e em breve os Miranda não teriam como pagar o aluguel. Além disso, um andar num prédio cercado por bancos, escritórios e lojas, e com um trânsito de bondes, carroças e automóveis era uma prisão para a penca de crianças que eles agora tinham em casa: Olinda, oito anos; Carmen, seis; Mario, três; Cecilia, dois; e a recém-nascida Aurora.

Os acidentes já tinham começado a acontecer. Aos cinco anos, Carmen debruçara-se em uma das janelas do sobrado para mostrar sua boneca à menina do prédio em frente e caíra lá de cima. Por sorte, sua queda foi amortecida por um rolo de fios telefônicos, e Carmen nada sofreu. Meses depois, foi a vez de

Cecilia despencar de outra janela. Da mesma maneira, sua queda também foi atenuada, mas por alguns barris deitados na calçada do prédio. O pequeno Mario, sentado na porta do sobrado, assistiu desesperado à queda da irmã e, chorando, correu para avisar à mãe. Cecilia não quebrou nenhum osso, mas ficou estrábica, pelo provável deslocamento de um nervo ocular. O folclore da família atribuiu o estrabismo ao susto. Quanto a Mario, por coincidência ou não, ficou gago pelo resto da vida.

José Maria e Maria Emilia decidiram que as crianças precisavam de uma casa com quintal, perto de uma escola e em uma rua onde elas pudessem brincar. Por isso, em 1915 mudaram-se para uma casa de vila na Lapa — rua Joaquim Silva, 53, casa 4, bem no começo da curva em que, descendo, se chegava à praia da Lapa. (Sim, havia uma prainha ali, chamada oficialmente de praia das Areias de Espanha, rente à avenida Augusto Severo, que já existia.)

Nesse endereço, eles passariam os dez anos seguintes, dos seis aos dezesseis anos de Carmen — justamente a idade em que, para a criança, o mundo se torna maior que a família. E, a quem já se perguntou onde e quando Carmen começou a ser Carmen Miranda, eis aí a resposta: na Lapa.

Para seus novos vizinhos da rua Joaquim Silva, os ainda jovens José Maria, 28 anos, e Maria Emilia, 29, tornaram-se seu Pinto e dona Maria — ele, pelo sobrenome; ela porque era assim que todas as portuguesas, cedo ou tarde, acabavam se chamando. Os moleques gritavam quando ela passava:

"Dona Maria, como vai o seu Pinto?". A malícia na Lapa começava cedo.

Não que tivesse sido sempre assim. Em seus primeiros 150 anos de história, a Lapa fora um dos bairros mais pacatos do Rio. Em 1750, era um reduto de padres em torno de um convento, um seminário e uma igreja, a da Lapa do Desterro, e os únicos frissons eram os que aconteciam nos confessionários. O sossego não foi perturbado nem pela inauguração, em 1783, do Passeio Público, o primeiro espaço criado para o lazer no Brasil. À noite, a rua em frente ao portão do jardim se iluminava e havia canto e dança — daí o seu nome, rua das Belas Noites (depois, rua das Marrecas). Mas a agitação parava na esquina com a rua dos Barbonos (depois, Evaristo da Veiga), e o resto da Lapa dormia em paz. Em 1808, com a chegada da Corte, a aristocracia tomou a Lapa com seus casarões e atraiu a classe média que lhe oferecia comércio e serviços. Em 1830, quando os bacanas começaram a se mudar para Botafogo, a classe média ficou na Lapa e, pelas décadas seguintes, a ela se juntaram as famílias pobres de imigrantes portugueses, espanhóis e italianos. Ao entrar no século xx, a região já estava tomada por casebres e cortiços, muitos dos quais foram arrasados pelo prefeito Pereira Passos em 1904 para a abertura da avenida Mem de Sá. Mas a nova avenida logo atraiu a prostituição, tendo como primeiros clientes os estudantes de direito e medicina vindos da província, que se instalavam nas pensões baratas dirigidas pelos portugueses. E só então as noites da Lapa conheceram os cafetões, os leões-de-chácara e os navalhistas.

Durante o dia, no entanto, a Lapa continuava estritamente família, e foi nessas condições que seu Pinto instalou a sua na rua Joaquim Silva, em 1915. No ano seguinte, Olinda e Carmen foram matriculadas no Colégio Santa Teresa, das freiras vicentinas, na rua da Lapa, 24, a duzentos passos de sua casa. O colégio era dirigido pela irmã Maria de Jesus (também Maria do Carmo na vida secular) e, apesar de singelo, as mensalidades pesavam no bolso de seu Pinto. Para garantir o toucinho à mesa, dona Maria passou a lavar roupa para fora, principalmente para uma loja famosa, a Casa das Fazendas Pretas, na esquina da rua Sete de Setembro com a avenida Rio Branco.

Não era um trabalho fácil. A água tinha de ser apanhada em alguma bica fora de casa (as bicas mais próximas ficavam na rua da Glória e no largo da Lapa) e levada em latões até o tanque no quintal. A lavagem consistia em ferver a roupa em bacias. Depois de fervida, a roupa era esfregada, torcida, batida, anilada, enxaguada, torcida e batida de novo, e finalmente engomada. Os tecidos — sempre nobres, como linho, algodão, morim, pesadíssimos quando molhados — eram postos e tirados dos quaradouros, presos às cordas para secar, recolhidos, feitos em trouxas e só então levados de volta à loja — o que dona Maria também fazia, equilibrando-as na cabeça, às vezes com a ajuda dos filhos. Falando em filhos, dona Maria ainda encontrou tempo e forças para ter outro — o último: Oscar, chamado Tatá, nascido na rua Joaquim Silva, no dia 19 de julho de 1917.

O regime do colégio não era de internato ou, pelo menos, Carmen não era interna. Seu horário na escola era das oito às três da tarde, o que lhe deixava o resto do dia para ajudar a mãe nas entregas e varejar a rua com seus amiguinhos Rita, Josefa, Arnaldo, José Joaquim, Mário, Armando, Glória e Guilherme. Havia na Joaquim Silva uma casa abandonada, em que brincavam de teatrinho, fazendo pequenas encenações, cantando e declamando. Um garoto retardado, Constantino, também morava por ali — tinha um jeito torto de andar e Carmen, com a crueldade típica das crianças, o imitava. Com os meninos, Carmen jogava futebol. E, com as meninas, ia para um terreno nos fundos da casa abandonada — arriavam as calcinhas e disputavam para ver quem fazia xixi mais longe.

Aos oito ou nove anos, o jeito de Carmen já devia ser especial porque, pelo menos uma vez, suas colegas no Santa Teresa se juntaram para agredi-la na hora do recreio. Mas Olinda, dois anos mais velha, a defendeu. Com as mãos, Olinda produziu o som de um tabefe e disse: "É comigo e é lá fora, depois da aula". Horas depois, saiu de lá vitoriosa, mas com a pasta de livros e cadernos estropiada. Fora isso, não tinha nada de anjo — em casa, Olinda gostava de botar as pequenas Cecilia e Aurora para brigar no chão e ficava torcendo, como numa rinha doméstica. Mas seus pais confiavam no seu jeito responsável, e era ela que, aos domingos, bem cedo de manhã, antes da missa, levava seus irmãos à praia da Lapa, onde eles aprenderam a nadar.

Por ser a mais velha, Olinda foi também a mais sacrificada: aos doze anos, em 1919, teve de largar os estudos, na terceira série primária, para trabalhar como aprendiz no ateliê de chapéus de uma francesa, Madame Anaïs Grandjean, na rua do Passeio, para quem dona Maria também lavava roupa.

Nessa mesma época, aos dez anos, Carmen já demonstrava habilidades e aptidões que, um dia, lhe seriam fundamentais. Sua coleção de bonequinhas tinha um vasto estoque de roupas, costuradas à mão por ela mesma com os retalhos de dona Maria. Era boa aluna de francês e espanhol, com facilidade para reproduzir os sons dessas línguas. Em setembro de 1920, quando Carmen estava na quinta série, o colégio levou as alunas à embaixada da Bélgica, na rua Paissandu, para formar alas numa recepção aos reis daquele país, Alberto e Elizabeth, em visita ao Rio. O Rei-Herói, como o chamavam (pela bravura ao resistir à invasão do território belga pelos alemães na Grande Guerra), muito alto e bonito, foi o primeiro homem a impressionar Carmen — e estabeleceria um padrão de estampa masculina para suas preferências futuras. A embaixada belga foi o primeiro ambiente de luxo que ela conheceu, além da igreja da Lapa, onde ajudava a dizer a missa fazendo as vezes do sacristão. Também nessa altura, Carmen declamou um poema para o núncio apostólico quando este visitou o colégio, e ganhou seu primeiro cachê: uma bênção e um beijo na testa.

As freiras admiravam seu desembaraço ao se apresentar nos corais e nas peças da escola, embora lhe reprovassem a gesticulação e a tendência a enxertar cacos nos textos (no íntimo de suas vestes pretas, achavam que isso denotava voluntarismo e pouca humildade). Segundo relato de uma delas, por mais de uma vez, em 1923, as religiosas levaram esses pequenos recitais ao estúdio da Rádio Sociedade do Rio de Janeiro, na rua da Carioca, a primeira emissora brasileira, inaugurada naquele ano pelo escritor e antropologo Edgar Roquette-Pinto e pelo cientista Henrique Morize. A ser verdade, terá sido a estreia de Carmen ao microfone, ainda que perdida entre as trinta meninas do coral e sem quase ninguém ouvindo — ao começar no Brasil, o rádio era uma ação entre meia dúzia de amigos de Roquette, que se cotizavam para receber as transmissões em aparelhos feitos com uma caixa de charutos, uma vara de bambu à guisa de antena, e um fio terra ligado na torneira da pia. O ano de 1923 foi também o último de Carmen na escola — ao completar o ginásio, aos catorze anos, tornou-se a única dos filhos de seu Pinto e dona Maria a receber uma instrução razoável.

Data também daí a propalada vontade de Carmen, nunca muito bem explicada, de entrar para um convento. Pode ter sido por uma real (e passageira) devoção pela vida religiosa ou por uma sensação de vazio ao deixar o colégio. O mais provável é que a ideia ou o estímulo tenha partido de dona

Maria, cujo apego à religião era assombroso — ia à igreja todos os dias, rezava terços intermináveis e suas leituras se limitavam ao missal ou à vida dos santos. Seja como for, a ideia de Carmen tornar-se freira encontrou a pronta oposição de seu pai, católico só até certo ponto, e não se falou mais no assunto. Com seu Pinto, aliás, falava-se apenas o essencial. Para ele, as refeições deviam ser feitas em silêncio — e mantinha uma vara de marmelo à mesa, para acertar a mão de quem piasse fora de hora.

Mas, com toda a sua lusitana autoridade, seu Pinto não podia obrigar o mundo a girar ao contrário. Três anos antes, em 1920, uma moradora da rua Joaquim Silva perguntara a Carmen se não queria ganhar uns trocados varrendo sua casa no fim da tarde. Carmen aceitou, toda contente. Levou alguns dias para a família descobrir e, horrorizada, proibi-la de voltar lá.

Não era o tipo de casa em que uma menina de onze anos devesse entrar, nem mesmo para varrer.

Definitivamente, a Lapa de 1920 — pelo menos, à noite — já não era a mesma de 1915. A proximidade com o Palácio do Catete, o Senado, a Câmara e os ministérios tornou-a ideal para os políticos e comerciantes de visita, nacionais e estrangeiros. A Lapa ficara, de repente, importante. Na rua Visconde de Maranguape, surgiram hotéis com portas de bronze, mensageiros de luvas e saguões iluminados: o Bragança, o Nacional e, fazendo jus ao nome, o Grande Hotel da Lapa. O trânsito não parava: além dos bondes elétricos, havia agora também os táxis — um deles, com ponto no largo da Lapa, dirigido pelo futuro cantor Francisco Alves. Abriram-se cafés e restaurantes com orquestras de violinos, chopes-berrantes, cafés-cantantes. A música estava em toda parte — a quantidade de pianos per capita devia ser a maior do Rio. E a mistura de intelectuais, boêmios e malandros dava à Lapa uma nova e deliciosa atmosfera canalha.

Era agora uma Lapa noturna e cosmopolita, frequentada ao mesmo tempo por homens de smoking e cavanhaque e por apaches de dente furado e chinelo, e em que se marcavam encontros para as três da manhã, em restaurantes que serviam lagosta ou canja de galinha. Discutia-se Mallarmé em cabarés de luxo, regado a champanhe e pernod, ao som de valsas francesas como "Amoureuse" e "Frou-frou". A cocaína, fabricada pelos grandes laboratórios e chamada de "fubá Mimoso", era vendida às claras em vidrinhos. Não faltava na Lapa nem uma célula leninista, nos fundos de uma banca de sapateiro na rua do Lavradio, onde a queda de Kerenski, em outubro de 1917, foi ruidosamente comemorada. Era a Lapa ultramoderna de Villa-Lobos, Di Cavalcanti, Jaime Ovalle, Ribeiro Couto, Zeca Patrocínio e dos outros músicos, pintores, poetas, cronistas e jornalistas que começavam a fazer dela uma Montmartre guanabarina; e das mulheres de lábios pintados e vestidos coloridos, cuja presença já fora percebida havia algum tempo em uma crônica pelo romancista Lima Barreto. À luz do dia, fingindo indiferença, as famílias continuavam tocando a vida. Os armarinhos e as farmácias funcionavam normalmente, e o seminário, a igreja, o convento e as freiras do colégio impregnavam o bairro de piedade e contrição. Mas ninguém mais era inocente na Lapa.

A prostituição, enxotada da avenida Mem de Sá, mudara-se para a beira do mar, na avenida Augusto Severo. Tomara o beco dos Carmelitas, espalhara-se pela rua Moraes e Vale e começava a penetrar pelos baixos da Joaquim Silva. Três madames ligadas às máfias francesa e judaica — Suzanne Casterat, Lina Tatti e Lina Bonalis — instalaram suas *pensions* em estilo art nouveau e iniciaram a importação de meretrizes internacionais, algumas com um passado de lenda: ex-mulheres de embaixadores, ex-favoritas de cortes europeias, ex-dançarinas de balés russos — a imaginação era livre. Com toda a pompa, ali estavam agora, de porta com os bordéis mais ordinários, que só podiam oferecer o artigo nacional. Essas mulheres eram também as principais vítimas da cocaína — muitas tinham um fim ainda pior que o das mulatas e nordestinas cafetinadas pela também célebre Alice Cavalo de Pau.

De repente, a Lapa já não era tão Montmartre; era Pigalle. Em 1923, na tentativa de sanear a beira-mar, a polícia obrigou a prostituição a subir as ruas, fazendo-a cruzar a rua da Lapa e empurrando-a até que atingisse as ruas Taylor e Conde de Lage e dominasse também a parte alta da Joaquim Silva. Quando isso aconteceu, quase toda a Joaquim Silva foi ocupada pelas *pensões*. Para seu Pinto e dona Maria, era humilhante viver entre casas em que, apesar de as portas serem mantidas fechadas, as mulheres chegavam quase nuas às janelas, pelas quais os homens espiavam com olhos lúbricos e a boca cheia d'água. E se esses homens pensassem que suas filhas também eram da bagunça?

Seu Pinto e dona Maria decidiram sair dali. Mas não era fácil encontrar um lugar que os acomodasse e que eles pudessem pagar com seus rendimentos de barbeiro e lavadeira. Finalmente, em 1925, os burros sem rabo recolheram os trastes da família e eles levaram seus filhos — Olinda, dezoito anos; Carmen, dezesseis; Mario, treze; Cecilia, doze; Aurora, dez; e Tatá, oito — de volta para a zona comercial do Rio: um sobrado na travessa do Comércio, 13, de propriedade da Santa Casa de Misericórdia.

A Lapa ficara para trás, mas só na geografia. Tudo que, por dez anos, a menina Carmen testemunhara nas ruas ao se construir como pessoa — os esplendores e as misérias, as euforias e solidões, os vícios e virtudes de seus habitantes — a acompanharia para sempre.

Pele morena, olhos verdes e muito vivos, boca rasgada, dentes brancos e perfeitos, farto cabelo castanho-claro. Pequenina, é verdade — 1,52 metro e nunca passaria disso —, mas um pitéu: seios de granito, quadris anchos, pernas grossas e firmes, Carmen já estava pronta desde a adolescência. Só não gostava de seu nariz, que, de tão arrebitado, comparava ao de Cyrano, e de uma pinta amarela que trazia no olho esquerdo. Mas era coquete — sabia de seu poder de sedução e gostava disso. Deixava-se ficar conversando com algum rapaz na porta do sobrado e não via o tempo passar. Sua mãe chegava à janela e gritava: "Suba, Carmen!". Mas dona Maria tinha de dar a ordem várias vezes até que ela subisse.

Na Lapa, ela ouvira precocemente sobre os "fatos da vida" e, pelo visto, sem nenhum trauma. (Diria depois que, aos doze anos, adorara a primeira menstruação — donde, ao contrário de muitas meninas de seu tempo, sabia bem do que se tratava.) Pela simples observação de seus vizinhos, Carmen desenvolvera a agilidade de raciocínio, a capacidade de ser safa e de ter sempre uma resposta pronta. Numa época em que se exigia das moças um recato de porcelana, inclusive linguístico, ela trouxera da Lapa um farto repertório de gíria, talvez em reação aos excessivos bons modos impostos pelas freiras. Para ela, uma pessoa era "velhinho", "filhote" ou "meu nego"; íntima até de estranhos, "querido" e "meu bem" eram tratamentos que ela dispensava à primeira vista; uma coisa boa e diferente era "de matar"; um sucesso era "um chuá"; dinheiro era "arame"; fugir ou desaparecer era "azular"; flertar ou exibir-se era "fazer farol". Dominava também o patoá portenho que, através do tango, tinha se implantado na fala do Rio: "bacana", "otário", "engrupir", "afanar". A gíria era a moeda corrente que igualava finos e grossos e fazia de todos, não importava a origem, cariocas. E, com todo o peso de sua família portuguesa, a jovem Carmen era carioquíssima, íntima das manemolências e à vontade em qualquer situação.

Não era só a gíria. Muito cedo Carmen incorporou os palavrões ao seu dia a dia, embora, nesse caso, a Lapa não fosse a única responsável — parte do crédito deveria caber a seu pai. Como tantos portugueses de sua origem, seu Pinto era exuberantemente desbocado, e as palavras cabeludas (algumas, como "cu" ou "puto", sem conotação negativa em Portugal) lhe escapavam com simplicidade, quase com candura. Todos os seus filhos, inclusive Olinda, Cecilia e Aurora, saíram a ele nessa exuberância. A Lapa era apenas um território onde as palavras menos nobres não causavam sobressaltos.

A velha travessa do Comércio, uma viela da praça Quinze com entrada pelo arco do Telles e saída em L pela rua do Ouvidor, era bem diferente — néris de liberalismo ou sofisticação. Desde 1730 era um reduto de mascates, por onde circulavam mulheres com cestas de peixes às costas e homens arrastando sacos de farinha. Os tamancos ressoavam no calçamento de pedras. Quase duzentos anos depois, em 1925, ainda era uma rua de secos e molhados, onde alguns viviam, todos comerciavam, e o cheiro vinha do fundo do mar.

O sobrado onde os Miranda foram morar era apenas suficiente para acomodá-los. Subindo-se a escada da rua, saía-se numa boa sala, com cozinha adjacente. Um longo corredor levava a uma saleta, aos quatro quartos e ao único banheiro. No térreo, havia um armazém de propriedade de outro português. Uma das vantagens de morar ali era que a travessa do Comércio ficava a cinco minutos a pé da barbearia de seu Pinto, a passos descansados. Mas a família teria de apertar o cinto ou inventar outras fontes de renda para se virar — o aluguel era mais caro que o da Lapa e, apesar de um pequeno quintal nos fundos, a lavagem de roupa para fora ficara difícil. Mario, Cecilia e Aurora estavam matriculados no Liceu de Artes e Ofícios. Olinda, efetivada no ateliê de costura, era a única a contribuir para o orçamento. Carmen saíra do colégio e não trabalhava. Assim, várias decisões foram tomadas. Dona Maria daria pensão para a vizinhança, com Cecilia de copeira e Mario trazendo as compras do mercado — para isso, os dois sairiam da escola. E Carmen iria à cata de um emprego.

A pensão diurna, oferecendo exclusivamente refeições, era outro serviço dominado pelos portugueses no Rio. Os clientes eram, quase sempre, os patrícios empregados no comércio. Daí o cardápio quase fixo: uma sopa, pão à vontade, uma bacalhoada ou peixada, e vinho verde acompanhando. Pagava-se por mês ou por quinzena. Com o tempo, os portugueses levavam seus colegas brasileiros, e dona Maria logo conquistou uma boa clientela: os atacadistas de mantimentos da rua do Acre e os funcionários dos bancos ali perto. A boia era servida numa grande mesa da sala, com capacidade para dez ou doze pessoas. Os comensais podiam variar, menos a presença de seu Pinto à cabeceira — ia almoçar em casa todos os dias, não só pela proximidade da barbearia, mas para mostrar que o chefe da família estava atento. Com tantas filhas bonitas à solta, convinha não facilitar com aqueles rapazes famintos.

A mais bonita — morena, de traços finos, bem-proporcionada — raramente aparecia, porque trabalhava fora. Ela era exultante, independente e feliz. Gostava de cantar e, para todos, sua voz era sem concorrentes na família. Na verdade, sonhava ser cantora e já se apresentara nos festivais de amadores do Teatro Lyrico, na rua Treze de Maio. Ou atriz, porque, quando queria, também sabia ser engraçada — ninguém resistia às suas imitações. E tinha um senso natural de elegância, com as roupas que ela mesma costurava, copiadas do que via nas vitrines ou nos figurinos estrangeiros. No Carnaval, era quem criava as fantasias para si mesma e para as irmãs — a dela era a de melindrosa —, e as liderava nas batalhas de confete da avenida Rio Branco. Sua entrega à festa era tão avassaladora que, no Carnaval de 1923, seu pai mandara-a para o sítio de seu amigo e ex-sócio Álvaro Vieira Pinto, em Teresópolis, para afastá-la da folia. Pois ela se dera ao luxo de mastigar uma pedrinha para quebrar um dente de trás de propósito e, com isso, ter de voltar ao Rio para se tratar no dentista — e se meter nos blocos e cordões.

Pode parecer uma descrição de Carmen, mas essa é Olinda — que o destino impediria de tentar tornar-se o que estava reservado à sua irmã.

Foi em Olinda que Carmen encontrou um espelho para seu temperamento. Ambas eram falantes, criativas, esfuziantes. Era Olinda quem ensinava a Carmen os sambas, os tangos e as modinhas que aprendia na rua. Ensinou-a também a costurar e a fazer de qualquer pedaço de pano uma saia ou uma blusa, a combinar as roupas e a se vestir, a se maquiar e a valorizar seus pontos fortes e esconder os fracos. (Só não conseguia ensinar-lhe que, depois de remover com o dedo o excesso de batom, era feio limpá-lo na parede, como Carmen insistia em fazer, em vez de ir lavar a mão.)

Com tantas virtudes, não faltavam candidatos para Olinda. E, de fato, desde a Lapa, ela tinha um namorado, que a família aprovava e que ela via como firme: um comerciante um pouco mais velho, chamado Feliciano, também de família portuguesa. A tradição na colônia era a de que os rapazes se casassem com brasileiras (brancas, negras ou mulatas, não importava), mas que as raparigas dessem preferência aos patrícios ou aos filhos deles. Não era uma imposição — mesmo porque, em pouco tempo, já não se sabia quem era português ou carioca. Mas, mesmo que fosse, Olinda a dispensaria, porque gostava de verdade de Feliciano e os dois já tinham até falado em casamento.

Daí sua surpresa, em certo dia de 1925, ao atender à porta de sua casa e ver uma mulher em adiantado estado de gravidez, que lhe jogou na cara:

"Você é Olinda, não é? Pois você pode ser a noiva do Feliciano. Mas quem vai ter um filho com ele sou eu!"

Ao ouvir isso, foi como se o chão lhe fugisse, o céu desabasse, ou outra sensação que se tem quando se recebe esse tipo de notícia. Mas Olinda refez-se da surpresa, juntou os pedaços de sua dignidade e disse apenas:

"Se isso é verdade, você pode ficar com o filho e com o Feliciano. Ele não me deve nada", querendo dizer que nunca tinha havido nada mais drástico entre os dois.

Era verdade — como o próprio rapaz, de orelhas murchas, teve de admitir. A mulher estava grávida dele. Feliciano ainda lutou com os argumentos de praxe (que tinha sido enganado, que a mulher não lhe significava nada, que fora apenas uma aventura), mas Olinda encerrou o noivado ali mesmo. E caiu numa tristeza sem paralelo nem nas letras dos fados cantados por sua família.

Carmen seguiu as pegadas de Olinda inclusive ao sair para trabalhar: foi ser aprendiz no mesmo ateliê de Madame Anaïs, na rua do Passeio. No começo, sua função não passava de catar grampos no chão, varrer retalhos ou cantarolar modinhas para as colegas. Ao lado do ateliê havia um bistrô, Le Chat Noir, em que, ao fim do expediente, ela e Olinda às vezes cantavam de brincadeira. Os clientes do bistrô gostavam delas. Carmen pode ter passado ainda por outra casa de chapéus, a Maison Marigny, também dirigida por uma francesa, na rua Uruguaiana. Mas, para valer mesmo, o primeiro salário a que fez jus lhe foi pago por outra casa do gênero, La Femme Chic, de Luiz Vassalo Caruso, na rua do Ouvidor, 141.

Em 1925, Luiz Caruso era sócio de seu irmão Domingos em uma rede de cinemas na Zona Norte. Com os lucros da exibição de filmes, abriu uma loja de chapéus femininos, de confecção própria, no ponto mais disputado da cidade. Não era um capricho de empresário. Na época, se uma mulher saísse à rua sem chapéu, era melhor que saísse logo nua, e por isso tantas casas especializadas. Ainda mais na Ouvidor, que continuava a ser o ponto elegante, francês por excelência, do Rio, e com nomes de acordo, como La Femme Chic. A oficina nos fundos da loja de Caruso era comandada por Madame Boss. Foi ela quem admitiu Carmen entre as oficiais, diplomou-a na arte de fazer chapéus, ensinou-a a decorar vitrines e deu um trato mais mundano ao francês tipo "Frère Jacques" que ela aprendera com as freiras. Injustamente passou à história como a ferrabrás que reprimia Carmen por cantar em serviço, terminando por demiti-la — o que nunca aconteceu.

Que Carmen cantava à meia-voz enquanto preparava os chapéus, não há dúvida, e os sucessos do momento eram as marchinhas de José Francisco de Freitas, o Freitinhas, como "Zizinha", e os sambas de Sinhô, como "Ora, vejam só". Segundo Caruso, que ficara amigo de seu Pinto e frequentava a pensão de dona Maria, todos gostavam de ouvir Carmen cantando, inclusive Madame Boss. Se esta a repreendia, era em nome da disciplina:

"Menina, isto aqui não é lugar para cantar."

Assim que a contramestra virava as costas, as colegas de Carmen pediam:

"Canta mais, canta mais!"

Carmen acedia, mas avisava, meio de molecagem:

"Eu vou acabar sendo despedida por causa de vocês!"

Não foi despedida. Ao contrário: por ser "alegre, bonita e comunicativa", Caruso promoveu-a da oficina para o balcão, onde ela se tornou sua melhor funcionária, capaz de vender qualquer peça. Diante de uma cliente em dúvida sobre se determinado chapéu lhe ficava bem, Carmen fazia uma demonstração: sacudia a cascata de cabelos, prendia-os e experimentava o chapéu em si mesma. Como tudo assentava em Carmen, a cliente se via como em um espelho, convencia-se de que ficaria linda e acabava levando o objeto. Certo dia, aconteceu de Carmen estar andando na rua, usando um chapéu de sua própria invenção, e ser abordada por uma mulher que lhe perguntou onde o tinha comprado. Ao saber que ela o havia criado, fez-lhe ali mesmo, na calçada, uma oferta por ele — que Carmen, achando graça, aceitou.

Seu jeito para desenhar ou dar um toque diferente em qualquer tipo de adereço foi percebido fora da loja e passou a render-lhe uns trocados extras, na forma de chapéus para as amigas ou para as mães delas. E, nos fins de semana, Carmen ainda encontrava tempo para costurar seus próprios vestidos. Resolvia de manhã que, à noite, sairia de vestido novo, inspirado em algum modelo que vira no cinema ou no *Jornal das Moças* — cortava o tecido, levava-o à Singer e, no fim da tarde, estava pronto. Já tinha, então, um considerável guarda-roupa, que praticamente só lhe custara a matéria-prima.

Carmen trocou de emprego naquele mesmo ano, mas por um salário melhor. Foi trabalhar em A Principal, uma loja de artigos masculinos na rua Gonçalves Dias, 55, em frente à Confeitaria Colombo. O proprietário era o português Cepeda, fanático torcedor do Fluminense. Quando se tratava de gravatas, camisas e acessórios para homens, havia duas casas bem reputadas no Centro: a Soares & Maia, procurada pelos mais conservadores, e A Principal, preferida pelos *smarts*, os janotas de 1925, com seus chapéus de palhinha e paletós peço-a-palavra. A presença de Carmen entre as três vendedoras atraiu uma quantidade de novos clientes para A Principal. Para o patrão Cepeda, era óbvio que aqueles rapazes que ele nunca tinha visto, e que passavam uma hora no recinto para comprar um simples par de abotoaduras, estavam de olho na sua funcionária. Nada de surpreendente nisso — porque ele também estava.

Até pouco antes, um programa típico para Carmen eram as matinês do Cinema Lapa, com atrações virginais como *Pollyanna*, com Mary Pickford, e o seriado *Os perigos de Paulina*, com Pearl (Pérola) White, heroínas de olhos claros e cabelos cacheados, como os das bonecas, e sempre em alguma espécie de apuro. Mas, para a adolescente Carmen, morando na travessa do Comércio, trabalhando no eixo Ouvidor—Gonçalves Dias e com uma súbita autonomia de voo, o cinema agora queria dizer Rodolfo Valentino, John Gilbert e John Barrymore, ou Vilma Banky, Norma Talmadge e Clara Bow — astros maduros, sensuais, com olheiras, e ainda mais sedutores e misteriosos porque os filmes eram mudos e não se ouviam suas vozes. O carioca chamava Clara Bow de Clara Boa. Ao assistir aos filmes de Clara, a fornida Carmen também se sentia parte da categoria. E tinha bons motivos para se certificar disso, porque os estudantes, ao passar de bonde pela Cinelândia e vê-la comprando o ingresso para o cinema, gritavam em coro:

"Olha a boa!"

Sob o pretexto de comprar uma gravata — e pedir que ela lhes desse o laço no pescoço —, inúmeros rapazes passaram o ano sussurrando-lhe propostas entre os balcões d'A Principal. Mas só um deles, ao convidá-la para um cinema ao fim do expediente, teve um sim como resposta.

2 | 1925-1928
"'It' girl"

Mario Cunha era bonito, queimado de sol e, com seu 1,81 metro, não se contentava em ser alto para os padrões da época — julgava-se ainda mais alto. E era forte à beça, tipo atleta de caricatura: os ternos bem cortados, quase sempre brancos, ressaltavam-lhe os ombros largos, o tórax amplo e os quadris estreitos, resultado do treinamento com o banco fixo de areia que usava para simular remadas. Para conquistar Carmen em uma de suas visitas à Principal bastaram-lhe um olhar e uma frase. Mas o olhar e a frase foram irrelevantes, porque foi Carmen, quase trinta centímetros menor que ele, quem decidiu deixar-se conquistar. Mario Cunha fazia o seu tipo de homem, até o último milímetro.

Era remador do Flamengo, e não apenas isso. Seu pai, José Agostinho Pereira da Cunha, fora o jovem que, em 1895, perguntara numa roda de praia no Flamengo: "E se nós fundássemos um clube de regatas?". E fundaram: o Clube de Regatas do Flamengo, que, ao incorporar o futebol em 1912, se tornaria o mais popular do Brasil. Em 1925, o futebol já superara o remo em matéria de público, mas os domingos de regatas no Pavilhão de Botafogo continuavam a ser grandes eventos, especialmente em dia de Flamengo × Vasco. Numa população de pálidos e esquálidos, aqueles remadores que faziam saltar os músculos dos braços eram comidos com os olhos pelas moças. No barco, com sua camiseta de listras vermelhas e pretas, sem mangas, Mario Augusto Pereira da Cunha, de 24 anos, era um banquete aos olhos de Carmen, com seus ardentes dezesseis.

Carmen se referia a Mario Cunha como "o meu pedaço", uma simplificação da gíria "pedaço de homem", significando um homem que chamava a atenção. E ele não deixava por menos. Não fumava, não bebia e passava longe dos "vícios elegantes", como aspirar cocaína ou tomar champanhe com éter. Praticava ginástica respiratória e seguia uma alimentação especial para competir — ao sair para uma regata, tomava uma gemada com três ovos e açúcar, porque sabia que o açúcar era o que mais se queimava ao remar. Numa ocasião, ao ajudar a carregar uma baleeira para a largada, houve um acidente e o barco caiu sobre ele, quebrando-lhe uma costela — Mario Cunha fingiu que isso era rotina, tomou o seu lugar no barco e remou assim mesmo, até o fim. De outra feita, participou de três páreos numa só manhã, para que o Flamengo não perdesse pontos por falta de um representante. Para Carmen, atitudes como essas beiravam os feitos do rei Alberto da Bélgica.

Toda a família de Mario Cunha a impressionava, e ela nem precisava compará-la à sua. Entre os avós e bisavós do rapaz, contavam-se marqueses do Império, médicos da Corte, fornecedores do Exército na Guerra do Paraguai e um diplomata que fora redator da primeira Constituição do Brasil, a de 1824, e regente por três dias na menoridade de dom Pedro II. Nessa galeria de ilustres, a ovelha negra era justamente o pai dele, José Agostinho, o único que nunca quisera saber de estudar. Ou uma ovelha rubro-negra porque, de certo modo, o Brasil lhe devia o Flamengo, do qual tinha os títulos de fundador, sócio número um, ex-presidente e patrono. O próprio Mario Cunha era funcionário da Caixa Econômica, na sede da rua Treze de Maio, o que o tornava um bom partido sob qualquer circunstância.

Apesar disso, entre o primeiro beijo e o dia em que Carmen apresentou o namorado à família, passaram-se semanas, por ela não saber como seu Pinto reagiria. Enquanto foi possível, os dois namoraram às escondidas — ou era o que pensavam porque, com tanto lugar para se esconderem, preferiam se exibir na mais recente e brilhante vitrine da cidade: a Cinelândia.

Esta era a última sensação do Rio. O empresário Francisco Serrador acabara de converter o terreno do antigo Convento da Ajuda numa espécie de Broadway carioca, com *palácios* cinematográficos em que as fachadas, piscando o título do filme e os nomes das estrelas, tomavam dois dos oito andares de cada edifício e só faltavam atirar-se sobre os pedestres. Os primeiros desses novos cinemas foram o Império, o Glória, o Capitólio e o Odeon. Serrador cercou-os de ruas internas ou adjacentes, com teatros, lojas, bares, tabacarias, e injetou vida 24 horas por dia naqueles quarteirões. Na Cinelândia podia-se engraxar os sapatos, comprar charutos ou mandar flores, digamos, às quatro da manhã. Duas confeitarias dominavam o território: a Brasileira, com suas porcelanas, o waffle com mel e o quarteto de piano, flauta, cello e violino; e a Americana, igualmente elegante, mas eleita pelos mais jovens, atraídos pelos sundaes, bananas split, milk-shakes e cachorros-quentes. Em poucos meses, a Cinelândia se tornara a passarela carioca e um permanente desfile de modas. Ao passearem por ela aos arrufos, Carmen e Mario Cunha não tinham como evitar os olhares. Nem queriam: cientes de sua beleza, elegância e juventude, eles se orgulhavam de ser vistos juntos.

Com a diferença de altura a separá-los, Carmen, mesmo de salto alto, precisava pôr-se na ponta dos pés para beijá-lo. Milhares de beijos depois, trocados no cinema ou entre as alamedas do Passeio Público, Carmen levou Mario Cunha à sua casa e apresentou-o aos pais. Se já sabiam do caso, seu Pinto e dona Maria não passaram recibo nem fizeram objeção, exceto quanto à hora-limite para Carmen ficar na rua: dez da noite. Mas essa hora se prolongava quando Mario Cunha a levava em casa e os dois arfavam até a meia-noite à porta do sobrado da travessa do Comércio. Numa noite de temporal, dona Maria preocupou-se com a volta de Mario Cunha para a casa de seus pais na Glória e, num rasgo de ousadia para a vizinhança, convenceu-o a dormir lá. Nos fins de semana, Carmen e Mario Cunha também iam muito a Paquetá, embora, em quase todos os passeios, uma das meninas, Cecilia ou Aurora, estivesse *à côté*.

O encantamento da família por ele estendeu-se a Mario, irmão de Carmen, então com catorze anos. Por artes de Mario Cunha, o jovem Mario arranjou um bom emprego de vendedor ("zangão", como se dizia) numa firma de cereais na rua do Acre. E, também por sua influência, começou a praticar remo — não no Flamengo, mas no Vasco da Gama, para onde foi levado por seus patrões portugueses. Três anos depois, em 1928, Mario já se destacaria no remo do Vasco, como proeiro de iole a oito ou a quatro, por seu perfeito controle das remadas. Em altura, nunca passaria de 1,61 metro, mas era socado, troncudinho, e seus tornozelos e pernas grossas (uma constante na família) lhe valeram o apelido pelo qual seria conhecido pelo resto da vida: Mocotó.

Iniciada por Mario Cunha, cuja família significava o próprio Flamengo, Carmen passou a ser torcedora do clube e a acompanhar as regatas. E, como namorada de um famoso *sportsman*, tinha acesso à tribuna especial do Pavilhão de Botafogo, onde as moças exibiam chapéus e toaletes. Mas era toda a cidade, com os seus deslumbramentos, que se abria para ela. Em fins dos anos 20, começava no Rio o uso da praia a toda hora, para lazer ou mesmo volúpia, e não mais de cinco às oito da manhã, para fins "medicinais". Com Mario Cunha para transportá-las, Carmen e suas irmãs abandonaram a velha praia do Boqueirão, a que iam a pé, de tão pertinho, pelas praias mais distantes e bonitas, na Urca, no Lido ou em frente ao Copacabana Palace, onde havia os melhores balneários — bares e restaurantes com acomodações para se tomar uma chuveirada e trocar de roupa. Os próprios trajes de praia estavam ficando galopantemente mais leves: caíam aqueles tétricos vestidos frouxos, com gola à marinheira e touca, e surgiam os primeiros maiôs, com um saiote que deixava à mostra metade das coxas (e que logo seria também abolido, revelando a perna inteira). Carmen, com a boquinha em coração, axilas sem raspar e uma pinta a lápis que dançava em lugares diferentes de seu rosto, foi assídua personagem dessas transformações.

À noite, em qualquer época do ano, a vida no Rio parecia intensa para eles — às vezes, intensa demais. Carmen e Mario Cunha podiam escolher entre uma serenata na Glória; um sorvete-dançante no Catete; o footing noturno, ao cheiro gelado do mar, na Praia do Flamengo ou na avenida Atlântica; o rinque de patinação da praça do Lido e, a partir de 1928, jantar e dançar ao som da orquestra Kolman no Pavilhão Normando, também no Lido, sem falar nos bailes de Carnaval que se realizavam ali e que iam até às onze da manhã seguinte. Havia ainda os bailes ao som de Pixinguinha na sede do Fluminense, nas Laranjeiras, onde Mario Cunha, apesar de sua ligação umbilical com o Flamengo, era muito bem recebido. Há registros da presença deles em todos esses lugares, nos quais, por serem instâncias em que os jovens formavam a grande maioria, pairava sempre uma atmosfera de flerte e conquista. Mas Carmen só tinha olhos para Mario Cunha.

Sua paixão por ele era absoluta, como se vê pelas dedicatórias das fotos cuidadosamente posadas, que tirava em estúdios da avenida Rio Branco e lambe-lambes do Passeio, e de que lhe fazia presente a mancheias. Os dois chamavam um ao outro de Bituca, ou pelo menos Carmen se assinava e o chamava assim (às vezes assinava-se Carminha e o chamava de Marinho ou Marico): "Para o meu Bituca, oferece a sua Vênus de Milo" (Carmen, mais do que ciente de suas formas); "Ao meu moreninho piquinininho, com um milhão de beijinhos da sua nenenzinha, sim? Sim?" (os diminutivos infantis e os sins com interrogação, marcas de Carmen); "Marinho, meu único amor, como eu te amo, minino. Como eu tenho ciúmes de ti, meu Marinho, se tu soubesses... Meu Marinho, como eu te adoro e te desejo" (Carmen, mal conseguindo conter seus calores). Com esse desejo tão incendiário e, claro, recíproco, era inevitável que o namoro fosse além dos beijos e afagos em lugares públicos. E, como era inevitável, aconteceu.

Homem de seu século e de sua década, fascinado pela nova velocidade, Mario Cunha tinha sempre à mão um carro ou moto último tipo. Gostava de contar como, ao descer chispado a rua Santo Amaro numa Harley-Davidson, o bonde surgiu sem aviso à sua frente. Freou com força e foi projetado da moto. Incrivelmente, atravessou voando o bonde, caiu do outro lado da calçada e não se machucou. Incrível, mesmo — mas, se Carmen não acreditava nessa história, Mario Cunha nunca percebeu. Num misto de hobby e negócios, Mario vivia trocando de carro: importava um deles, usava-o para exibi-lo pela cidade e o vendia, sempre com lucro (afinal, era o carro "do Mario Cunha"), para comprar um novo. Um dos que conservou por mais tempo foi uma barata Ford, em que às vezes "sequestrava" Carmen para lugares então remotos, como o Joá, o Alto da Boa Vista e, mais remoto ainda, Jacarepaguá, que, para o carioca, era uma espécie de sertão. Em fins dos anos 20, esses bairros do Rio, acessíveis apenas a quem fosse motorizado, eram desertos e ideais para carícias mais radicais — e sem irmãs por perto. Em algum deles, escondidos entre pés de cambucá ou de abio, e com trilha sonora de canários e coleiros, Carmen e Mario Cunha foram às últimas consequências.

A depender do fogo de Carmen, não havia por que esperar para ter sua primeira relação. E o implacável Mario também não era de deixar para depois. Os dois fizeram amor pouco depois de se conhecerem, com Carmen absolutamente "de menor" e Mario Cunha arriscando-se a aborrecimentos caso algo desse errado. Mas nada deu errado — ao contrário. No futuro, ela diria que, ao perder a virgindade, só sentira algo parecido com "uma dorzinha de dente; culpa, nenhuma".

Essa ausência de culpa pode parecer estranha em uma jovem educada por uma mãe como dona Maria, tão religiosa e ciosa dos sacramentos. Não esquecer, no entanto, que ao redor de Carmen em criança havia a Lapa, de cujo surgimento ela foi contemporânea — assim como seria, depois, da Cinelândia e da praia. Todos esses eram enclaves onde as noções de pecado e culpa eram, no mínimo, relativas. E, como não há memória de crise na família por causa do assunto, é de se supor que dona Maria não tenha ficado sabendo logo, ou que a verdade só lhe tenha sido revelada muito depois, quando Carmen já estava em outro patamar. Patamar que Carmen galgaria subindo os degraus de dois em dois.

De braço com Mario Cunha, passara a circular num meio privilegiado, em que as moças cortavam os cabelos *à la garçonne*, fumavam sem tragar, cruzavam as pernas em público e se misturavam às profissionais chiques nos fins de tarde — *l'heure bleue* — na Colombo. Essas moças tinham diplomatas e políticos na família, falavam uma ou duas línguas, liam Colette e D'Annunzio, frequentavam a Hípica, o Yacht e o Aeroclube, praticavam esportes como tênis ou arco e flecha e se vestiam por Londres e Paris. No inverno carioca, então muito mais frio e sujeito a neblina, saíam à rua embrulhadas em mantôs forrados de peles. Mas, no verão, comportavam-se como cariocas — eram as primeiras a aparecer de maiô nos clichês de *Beira-Mar*, o jornal-society de Copacabana, dirigido pelo escritor Théo-Filho. De algumas, sussurrava-se que eram "moças livres", porque se sabia que tinham relações sexuais com os namorados. (E, exceto pelo banco traseiro das baratas, onde isso acontecia? Nas garçonnières dos rapazes, que ficavam em prédios comerciais de ruas como Santa Luzia ou Senador Dantas, no Centro — mais discretos que o Hotel Leblon, no pé da avenida Niemeyer, ou que os edifícios de apartamentos da Glória ou do Flamengo.) Pela posição social de suas famílias, ou pela simples independência em relação a seus pais, essas moças passavam ao largo de certas condenações morais.

Carmen estava longe de ter um pedigree como o delas, mas seu à vontade nesse meio era absoluto. Para todos os efeitos, ela era a namorada de Mario Cunha, não a caixeira da loja de gravatas. Na verdade, Carmen conquistava qualquer meio com seu temperamento radiante, cômico, espontâneo e franco — os próprios palavrões que disparava como se fossem vírgulas eram mais *aceitos* nesse ambiente do que entre suas colegas de balcão. E, ao mesmo tempo que divertia os amigos de Mario Cunha e se divertia, Carmen observava — e aprendia depressa. Sua família também aprendia depressa.

Depois que Carmen passara a ter vida amorosa, suas dedicatórias nas fotos para Mario Cunha continuaram infantis, mas refletiam a nova situação:

"Eu te quero muito, meu Marinho. Não quero que o meu amorzinho pense que essa piquinininha deseja outra pessoa na vida. Eu só quero a ti, meu idolatrado maridinho. [...] Meu minino, fostes tu o primeiro que me ensinastes a gozar a vida" (Carmen tentando mostrar a Mario Cunha que só se entregara a ele por amor). Ou: "Meu maridinho... Meu grande e profundo amor. Minha alegria. Meu Marinho, como eu te desejo quando estou longe de ti. Meu Marinho, como eu sintó que te adoro, piquinininho, e tu não acreditas. Hominho de meus sonhos. Meu maridinho. Sim? Sim? Sim?".

"Maridinho"? Sim. Mas Mario Cunha — com quem Carmen ficaria por sete anos, dos dezesseis aos 23 — seria apenas o primeiro namorado que ela chamaria assim. Como se, para Carmen, a paixão, por si só, já configurasse um casamento.

Para Olinda, ferida no seu íntimo, a paixão era outra coisa. A vida perdera o sentido para ela ao saber que seu noivo engravidara uma mulher com quem teria de se casar. O choque deu lugar à depressão. Sair para o trabalho, ir ao teatro, cantar, dançar, pintar-se e até comer, nada mais tinha graça. A fraqueza e a perda de peso se instalaram e, em pouco tempo, começaram a tosse, a febre, os suores noturnos e os primeiros vestígios de sangue no escarro. Para o médico da família, dr. Agenor Pôrto, não havia dúvida: tuberculose pulmonar. Foi tão rápido que, segundo ele, era certo que, desde a Lapa, o organismo de Olinda já hospedasse o bacilo, que afinal se manifestara porque ela parecia ter abdicado da vida.

Desde o século XIX, a tuberculose era considerada a "doença romântica", por atingir músicos, atores e poetas. Na verdade, atingia todo mundo, mas somente aqueles eram famosos. Para a família, Olinda ficara "tuberculosa de paixão". Em 1925, qualquer que fosse a causa, esses diagnósticos eram apenas uma filigrana poética para uma quase inevitável condenação à morte.

Sete anos antes, a família de seu Pinto passara incólume por uma ameaça ainda mais assustadora, porque súbita e maciça: a "gripe espanhola", que, em quinze dias de outubro de 1918, dizimara 15 mil pessoas no Rio. Fora uma epidemia trazida pelos navios que vinham da Europa e, dizia-se, provocada pelos cadáveres insepultos da Primeira Guerra. A "espanhola" atacara a população carioca sem distinção de classe, matando desde favelados até famílias inteiras de classe média, e o próprio presidente da República eleito, Rodrigues Alves. A família de seu Pinto morava na Lapa, bairro densamente povoado, com gente morrendo na porta ao lado — e, mesmo assim, fora poupada. Nenhum deles caíra doente. Por quê? Para dona Maria, porque eram abençoados. Para os médicos, porque eram fortes e seus organismos tinham as defesas para resistir à gripe. Não era de se esperar que, tanto tempo depois, por causa de uma decepção amorosa, uma filha do casal ficasse tuberculosa.

A estreptomicina ainda levaria algumas décadas para existir, e o procedimento de praxe, sem garantia de sucesso, era a longa internação num sanatório em lugar montanhoso e de clima seco. O tratamento consistia de alimentação, repouso e, às vezes, práticas brutais, como o pneumotórax (injeções diretamente no pulmão) e o corte de costelas. Olinda poderia se tratar aqui mesmo, em Corrêas, distrito de Petrópolis, ou em Campos do Jordão, no estado de São Paulo, onde havia bons sanatórios. Mas a proximidade de seu ex-noivo Feliciano era perigosa — ele a procuraria nos dias de visita, reacenderia suas esperanças e agravaria ainda mais a doença. A alternativa foi sugerida pelo dr. Agenor: uma internação na nova mas já respeitada Estação Sanatorial do Caramulo, em Portugal, a sessenta quilômetros do Porto, perto de Tondela e Viseu, a 1200 metros de altitude. Lá, Olinda teria por perto a família de seus tios, em Várzea de Ovelha, e haveria um oceano a separá-la de Feliciano.

Quando Olinda ficou doente, eles tinham se mudado havia pouco para a travessa do Comércio. Seu Pinto tocava a barbearia, dona Maria inaugurara a pensão diurna, e Carmen já começara a trabalhar na chapelaria. Mas o dinheiro continuava curto, e a perspectiva de manter uma filha numa clínica particular em outro país estava além de suas possibilidades. Uma troca de cartas com os parentes de Várzea de Ovelha animou-os, pela garantia de ajuda que lhes seria dada por um casal da região, o dr. Antunes Guimarães e sua mulher, dona Cecília. Essa ajuda pode ter se materializado numa internação a preço reduzido, por uma possível amizade entre o dr. Antunes e o médico Jerônimo Lacerda, fundador e proprietário do sanatório do Caramulo.

Assim, em 1926, antes que a doença chegasse a um estado desesperador, Olinda separou-se de seus pais e irmãos e tomou o navio para uma terra que, embora fosse sua de origem, lhe era completamente estranha. Embarcou sozinha para os dez dias e noites de viagem, consciente de que podia estar indo ao encontro da morte. Tinha dezoito anos.

Olinda foi recebida pelos tios na Cidade do Porto e levada de início para Várzea de Ovelha. Lá conheceu seus benfeitores e eles a apresentaram a outras pessoas de posses na região de Marco de Canavezes. Por algumas semanas, Olinda recuperou a alegria. Nas festas, fantasiava-se, dançava, cantava músicas brasileiras e encantava os locais com sua graça carioca e o jeito de falar. Mas era difícil manter seu estado de saúde em segredo e, assim que a sabiam tuberculosa, as pessoas ficavam reticentes ou evitavam aproximar-se. Para visitar outros parentes que moravam na margem oposta do rio Ovelha, Olinda tinha de usar os serviços de um canoeiro. Ele a transportava, mas, quando chegavam à margem, recusava-se a lhe dar a mão para ajudá-la a descer da canoa. Como era arriscado continuar adiando a internação, Olinda foi finalmente levada para o Caramulo, a cem quilômetros de Várzea de Ovelha — uma imensidão para os padrões portugueses.

O sanatório ficava na serra do Caramulo, depois de uma longa subida por estrada de terra, cortando uma região coberta de maias amarelas e roxas, cercada de pinheiros e carvalhos bravios e abundante em lebres e raposas. O ar era muito seco, como convém aos tuberculosos, e ficou famosa a frase de um paciente que não pensou antes de falar: "É preciso ter uma saúde de ferro para aguentar esse clima!". Embora fundado havia apenas seis anos, o sanatório já se tornara a maior instituição do gênero na península Ibérica e era procurado por doentes de todo o país e da Espanha. No alto da serra, ao fim de uma estrada em forma de ferradura (para "dar sorte"), via-se a entrada do sanatório, guarnecida por dois leões de bronze. Um pouco abaixo ficava a aldeia do Caramulo, onde moravam as famílias da região, uma delas a do futuro ditador Antonio de Oliveira Salazar, que em 1928 tomaria o poder no país e se atracaria ao cargo pelos 42 anos seguintes. Os pacientes eram proibidos de atravessar os leões em direção à aldeia, para evitar constrangimentos provocados pelo temor do contágio.

O Caramulo consistia de dezesseis sanatórios, dos mais diversos níveis, entre os quais um militar e um infantil, todos pagos. Não havia enfermarias, o que salvava os internos da triste cacofonia de tosses e gemidos noturnos — cada qual, em seu quarto, só ouvia a si próprio. Os sanatórios eram mistos, com o que namoros entre pacientes (ou entre pacientes e médicos) eram possíveis. Mas nada de escandaloso acontecia, nem os amantes tinham muita saúde para arroubos. A liberdade de locomoção entre as unidades era total, exceto das duas às quatro da tarde, a hora de "fazer a cura", com os pacientes sentados em cadeiras de palhinha nas varandas e mantendo obrigatório silêncio. Havia também uma capela e um café, além de um palco para pequenos espetáculos montados por eles mesmos. Era nele que Olinda às vezes se apresentava, com seu repertório de choros e tangos e de trechos de revistas a que tinha assistido nos teatros da praça Tiradentes. Contava anedotas para os colegas, ajudava-os a se fantasiar e a se maquiar, dirigia-os no palco. Seu jeito para o teatro era evidente, e seu lado palhaço e musical parecia o melhor remédio contra a doença.

Em 1927, Olinda escreveu às tias em Várzea de Ovelha e à família no Rio, insinuando que um médico do sanatório estava apaixonado por ela. Nunca deu o nome, mas pela frequência com que falava de um certo dr. Arnaldo Quintela, convenceram-se de que só podia ser ele. O reencontro com o amor era, talvez, um sinal de sua recuperação e a esperança de que um dia a tivessem de volta. Mas Olinda nunca mais voltaria ao Rio. Na verdade, não sairia viva do Caramulo.

Carmen ficou menos de um ano vendendo gravatas e colarinhos em A Principal. O proprietário, o português Cepeda, não a deixava em paz. Quase grená de paixão, seguia-a pela loja sussurrando-lhe propostas indecentes e prometendo aumentos e gratificações. Carmen fingia ignorá-lo ou levava na brincadeira, mas Cepeda falava sério. Quando descobriu que sua funcionária só queria saber do remador que ia buscá-la quase todos os dias ao fim do serviço, adotou a mesquinha atitude de obrigá-la a ficar até mais tarde, redecorando as vitrines, para atrasar os seus encontros. Por causa disso, Carmen preferiu pedir demissão. Podia ganhar a vida fabricando chapéus em casa, enquanto não lhe surgisse coisa melhor. E teria todo o tempo para vigiar Mario Cunha.

Aquele era um namoro turbulento. Se Carmen registrava, mas não respondia aos olhares que a despiam na rua ou às graçolas que ouvia dia e noite, não se podia dizer o mesmo de seu namorado. Mario Cunha se orgulhava de seu poder de sedução sobre as mulheres. E não recusava serviço — se percebesse um indício de flerte, e a costa estivesse limpa, atacava. Carmen não fora a primeira virgem que ele deflorara e não seria a última, mas ele não fazia exigências nesse particular — não distinguia entre as muito jovens ou um pouco mais velhas, louras ou morenas, solteiras ou casadas, com ou sem óculos. As únicas que não o interessavam eram as profissionais, nem Mario Cunha precisava delas. E, para um homem sobre quem não restava a menor dúvida, ele podia ser um prodígio de vaidade. Ao se arrumar para sair, passava um bom tempo ao espelho produzindo largas ondas no cabelo, como as de Richard Dix ou Ronald Colman nos filmes americanos.

Quando um amigo o repreendia por tanto capricho, justificava-se:

"É nessas ondas que elas se afogam..."

Ninguém o pegava desprevenido: estava sempre impecável, do chapéu aos sapatos, e seu toque final na indumentária costumava ser um cachecol, mesmo que a noite lá fora estivesse pelos trinta graus.

Durante todo o namoro com Carmen, Mario Cunha dedicou-se a um considerável estoque de mulheres, manobrando os encontros de modo que a titular não ficasse sabendo. Nem sempre conseguia — como na vez em que, ao visitar uma delas, na rua do Catete, ele foi imprudente ao estacionar a barata defronte à casa da fulana. Passou horas lá dentro e, ao sair, quem estava sentada dentro do carro, à espera? Carmen — que passara casualmente pela rua, reconhecera a barata e, sabendo que ali morava uma mulher que Mario frequentava, resolveu esperá-lo para tomar satisfações.

As brigas eram muitas, quase todas provocadas por justos ciúmes de Carmen. Mas, de alguma forma, Mario Cunha sabia que sempre sairia ganhando e que ela não seria capaz de romper com ele. A própria Carmen devia achar isso — que as aventuras de Mario eram algo com que teria de conviver. E, por essa razão, não dispensava um toque de humor nem quando se irritava. Como nesta dedicatória no verso de uma bela foto de seu rosto: "Para o meu bestalhão, para que, olhando para essa linda boquinha, me troque menos pelas outras vacas. Bituca". Mario nunca abandonou a militância sexual, mas, na onipotência da juventude, conseguia aplacar a violenta atração que Carmen sentia por ele e ainda dava brilhantemente conta das outras. O impressionante é que ainda tivesse forças para remar.

Em dado momento, Carmen sugeriu que, para maior conforto, deveriam ter um ninho fixo para os seus encontros. Nesse caso, o normal seria que Mario Cunha fizesse como os amigos e montasse uma garçonnière — um pequeno apartamento de solteiro, que ele teria de alugar e, minimamente, mobiliar. Mas ali entrava outra de suas características: a sovinice. Às vezes dava presentes a Carmen, como perfumes e lenços, mas nunca joias — no máximo, bijuterias. Numa relação custo-benefício, a garçonnière lhe sairia antieconômica, porque ele não poderia usá-la para aventuras extracurriculares — estaria sempre sujeito às incertas de Carmen. Além disso, a existência de um apartamento só para os dois se aproximaria muito da ideia de um casamento — algo que ele sempre conseguia contornar quando Carmen tocava no assunto. Então, continuou a ir com ela aonde ia com todas: aos pequenos hotéis da Glória que alugavam quartos para casais, de preferência um na rua Santo Amaro, não muito longe da Beneficência Portuguesa.

Mario, surpreendentemente, não tinha ciúmes de Carmen — ou por confiança no próprio taco ou, quem sabe, porque ela ainda não fosse Carmen Miranda. Numa das poucas vezes em que a briga partiu dele, com os dois dentro do carro, Carmen, olhando-o fixo e sorrindo, deixou-o esbravejar à vontade. Em meio ao estrilo, foi levantando devagarinho a saia e, quando esta lhe chegou acima dos joelhos, perguntou, sempre sorrindo:

"Vai continuar brigando?"

Nem ela sabia, mas era Carmen Miranda que já estava a caminho.

As garotas mais românticas sonhavam com que Ramon Novarro descesse da tela, vestido de Ben-Hur, e as arrebatasse da poltrona com um beijo de sufocar. As mais ambiciosas, ao contrário, já se viam na própria tela, com moldura de volutas e cortinas, nos braços de um daqueles deuses mudos, nem que fosse Lon Chaney ou Buster Keaton. Em 1926, Hollywood tinha pouco mais de dez anos e já era a grande ilusão. Os estúdios inventaram o *star system*, passaram a abastecer gratuitamente as revistas com centenas de fotos de suas estrelas e, no mundo todo, as mulheres queriam se parecer com elas. No Rio, desfilavam garçonetes com pestanas à Joan Crawford, manicures com batom à Gloria Swanson, e até jornalistas com franjinha à Pola Negri. Entrar para o cinema era uma aspiração geral e, já que Hollywood parecia inatingível, uma chance no cinema nacional também servia. Por isso, revistas como *Selecta*, *Para... Todos* e a especializada *Cinearte* tentavam inventar similares nacionais das estrelas americanas, para criar uma espécie de *star system* que estimulasse o cinema brasileiro.

E, bem ou mal, este já tinha a sua estrela: a portuguesa Carmen Santos, de

22 anos, no Brasil desde os doze. Era uma mulher bonita, expedita e esperta. Suas fotos saíam nas revistas a três por dois, mostrando-a em cena nos importantes filmes que vivia produzindo, dirigindo e interpretando. O problema era: onde estavam esses filmes? Por vários motivos, ninguém conseguia vê--los. Ou não eram completados ou não saíam do papel. De um deles, se disse que foi rodado sem filme na máquina; outro "incendiou-se" sem que ninguém lhe deitasse os olhos. Carmen Santos se considerava vítima de produtores e colegas desonestos. Mas, com ou sem filmes para mostrar, era uma celebridade. Na sua esteira, milhares de jovens brasileiras mandavam cartas com fotos para as revistas, esperando ser "descobertas". Entre elas, Carmen Miranda.

Possivelmente por intermédio de seu ex-patrão Luiz Caruso, Carmen conheceu um rapaz chamado Marcos, programador dos cinemas de Francisco Serrador e amigo de Pedro Lima, que, por sua vez, era redator da *Selecta* e participava das filmagens da Benedetti Film como assistente de produção. Marcos apresentou-a a Pedro Lima como uma jovem que "sabia cantar e tinha vontade de trabalhar no cinema". O jornalista, pelo visto, aprovou-a, porque a foto de Carmen, sorriso aberto, chapéu de aba debruada e segurando a barra do vestido, foi publicada na edição de 7 de julho daquele ano de 1926, ilustrando o artigo "Quem será a rainha do cinema brasileiro?". O artigo referia-se a um concurso de calouros cinematográficos promovido pelo Circuito Nacional dos Exibidores. O nome de Carmen não era mencionado nem na legenda, que, mesmo assim, a tratava com carinho: "Uma extra de nossa filmagem... E depois disso haverá ainda quem duvide se podemos ou não ter estrelas?".

Não, nenhuma dúvida. A dúvida é sobre se Carmen chegou a participar como figurante em tal filmagem. Ninguém viu essa figuração, e o filme em produção na época do artigo de Pedro Lima, *A esposa do solteiro*, se perdeu — só restaram três minutos, nos quais não há sinal de Carmen. Mas é possível que, passando a frequentar o "estúdio" — uma vila na rua Tavares Bastos, nos altos do Catete, onde Paulo Benedetti rodava suas produções —, ela tivesse sido aproveitada pelo menos numa cena, nem que fosse de costas, para compor um grupo.

Nos dois ou três anos seguintes, Carmen continuou incansável em suas tentativas de entrar para o cinema. Se já conhecia Paulo Benedetti e Pedro Lima, podia dispensar-se de continuar mandando fotos para "concursos de fotogenia feminina e varonil". Mas um desses concursos a atraiu: o da companhia americana Fox Films, por intermédio de seu escritório brasileiro — porque, nele, o prêmio ao rapaz e à moça vencedores era um contrato para trabalhar em Hollywood.

Em janeiro de 1927, quando a Fox anunciou sua caçada aos "novos talentos", chegaram cartas com fotos de concorrentes de todo o Brasil, entupindo as salas da empresa, na rua da Constituição. Um júri de figurões nacionais, presidido por um representante do magnata William Fox, foi encarregado da seleção inicial. A primeira peneirada levou semanas para se completar, rendendo a cobertura diária da imprensa com o farto material publicitário produzido pela Fox. As mais lindas expectativas se frustraram logo nesse estágio, porque o grosso dos aspirantes já parou por ali mesmo. Entre as que foram reprovadas de saída pelo júri inicial estavam Carmen e a paulistana Patricia Galvão, que em breve se tornaria Pagu, mulher de Oswald de Andrade e militante comunista. Várias peneiradas depois, restaram três sobreviventes de cada sexo, que foram submetidos a testes de cinema supervisionados pelo famoso diretor de fotografia da Fox, Paul Ivano, vindo especialmente de Hollywood. Ser filmado por Ivano já era um acontecimento, porque ele era o fotógrafo e amante da atriz russa Alla Nazimova, que contracenara com Valentino em *A dama das camélias* em 1921 — e era de retalhos como esses que se faziam os sonhos.

Os testes foram levados para Hollywood e, dois meses depois, anunciaram-se os vencedores: a carioca Lia Torá (*née* Horacia Corrêa d'Avila), de vinte anos, com alguma experiência em dança clássica e popular, e o jornalista paulistano Olympio Guilherme, 22 anos, sem experiência nenhuma. Em agosto, os dois embarcaram festivamente para Hollywood via Nova York, sob as luzes e as câmeras da Fox e abençoados pela esperança de milhares de jovens brasileiros: a de que valia a pena sonhar — Hollywood não era uma utopia.

Enquanto Lia Torá partia para a glória, Carmen via a sua realidade com desgosto. Até mesmo o pífio cinema nacional parecia inatingível para ela. E quais eram as alternativas para alguém, como ela, que tinha a arte no sangue, no coração e no arco da sobrancelha? Do ponto de vista da época, muito poucas.

O rádio, ainda amador e incipiente, não contava — só havia duas emissoras, a Rádio Sociedade e a Rádio Clube do Brasil, que transmitiam em horários alternados (não havia público para as duas ao mesmo tempo). Como eram amadoras, não podiam sequer convidar oficialmente alguém para se apresentar. Mas nada as impedia de receber "visitas", daí os exercícios de piano por senhorinhas da sociedade ou recitais de poesia pelo Clube das Vitórias-Régias. O grosso da sua programação musical, no entanto, consistia em tocar discos de ópera e de concertos, como os do famoso selo vermelho da Victor, todos importados. As rádios, portanto, não contavam. A indústria de discos nacionais, por sua vez, estava em expansão, mas era quase monopolizada por uma gravadora, a inglesa Odeon, representada pela Casa Edison — os outros selos nacionais eram insignificantes. E, mesmo que houvesse muitos, o predomínio da música instrumental era absoluto, com espaço apenas para meia dúzia de cantores (e nenhuma mulher).

O melhor veículo para uma garota com alguma vocação artística era o teatro — aliás, o teatro musicado da praça Tiradentes, onde reinavam Margarida Max, Aracy Côrtes, Lia Binatti e Ottilia Amorim. Este, sim, era uma indústria que sustentava uma multidão de dramaturgos, coristas, músicos, técnicos e carpinteiros. Era também do palco que saíam os maxixes, foxes, valsas, sambas e marchas que o povo cantava durante o ano. Como espectadora, Carmen assistia a todas as principais revistas. Voltava para casa cantarolando, *"Dondoca, Dondoca/ Anda depressa que eu belisco essa pernoca"*, do popular Freitinhas, e imitando as cantoras e os comediantes. Mas não há registro de que tenha tentado aproximar-se das grandes companhias, como a Ba-ta-clan, a Tro-lo-ló ou a de Manuel Pinto, para pedir emprego.

Visto de hoje, no entanto, o acaso não poderia ter escolhido época mais favorável para Carmen despontar. Em 1927, o cinema sonoro acabara de surgir em Hollywood. A princípio fanho e desajeitado, mas, dois anos depois, com os primeiros filmes "falados, cantados e dançados", provar-se-ia irreversível — e, cedo ou tarde, a novidade chegaria por aqui. Também em 1927, no Rio, a fábrica Odeon aderiu à gravação elétrica, lançada dois anos antes nos Estados Unidos e que fazia com que até os cantores "sem voz" pudessem gravar. A qualidade do som melhoraria muito, impulsionando a venda de discos e revelando o primeiro cantor nacional de grande público: Francisco Alves. Isso atrairia outras gravadoras para o Brasil, como a também inglesa Parlophon, subsidiária da Odeon, a alemã Brunswick e a americana Victor, dispostas a revelar seus próprios cartazes. A radiofonia também ganharia em potência com a instalação de novos transmissores. Com o surgimento de mais estações, o rádio perderia aos poucos a mania de só tocar discos de música clássica e começaria a se abrir para a música popular. Finalmente, a partir de 1930, o samba seria entronizado como a música brasileira por excelência e, junto com as marchinhas de Carnaval, produziria uma extraordinária geração de compositores, letristas e cantores. E também de cantoras.

Os antigos patrões não gostavam que Carmen cantasse ao fabricar chapéus ou vender gravatas. Mas ninguém a impedia de fazer isso na pensão de sua mãe, enquanto ajudava a servir à mesa ou a preparar marmitas para os clientes da vizinhança (e que ela própria ia entregar, cantando pelo caminho). Os comensais, por sinal, gostavam muito. Um deles parecia admirá-la mais que todos: o baiano Anibal Duarte de Oliveira, de quarenta anos, filho de usineiros e políticos também baianos. Anibal era boêmio, pé-de-valsa, aprendiz de violão, cantor de banheiro e, de profissão, vagamente jornalista. Como sua carga diária de trabalho não chegasse a extenuá-lo, podia dedicar-se a organizar festivais (shows) beneficentes de música, balé e poesia, com amadores recrutados na sociedade e o enxerto de um ou outro profissional. Para um show a realizar-se em janeiro de 1929 no Instituto Nacional de Música, na rua do Passeio, em benefício da Policlínica de Botafogo, pensou imediatamente em Carmen. Mas o convite dependeria da aprovação do homem que ele chamara para dirigir a parte musical do espetáculo: seu conterrâneo, o violonista e compositor Josué de Barros. Anibal falou-lhe da garota, mas todo o seu entusiasmo não foi suficiente — Josué insistiu em que precisava ouvi-la.

Cerca de um mês antes do festival, em dezembro de 1928, Anibal levou Carmen a Josué. O encontro foi marcado para as oito da noite, debaixo do relógio da Galeria Cruzeiro, na avenida Rio Branco. Como Josué contaria depois, Carmen "chegou tímida, vestida à Clara Bow" — vestidinho curto e leve, chapéu cloche, sobrancelhas a lápis, um pega-rapaz na testa e outro em cada orelha. A mistura de timidez com Clara Bow (famosa pelos namoros na tela e fora dela) parecia uma contradição em termos, mas o instinto de Josué estava certo. Clara Bow era a "'it' girl" oficial, eleita em Hollywood pela criadora da expressão, a escritora Elinor Glyn. Desde então, as revistas não falavam em outra coisa, e ter "it" tornara-se uma questão de vida ou morte para todas as mulheres do mundo. Mas, o que era "it"? Nem Elinor Glyn sabia. Segundo ela, era um quê de difícil definição, "algo que poucas mulheres têm, que as torna diferentes, carismáticas, e de que elas não são conscientes". Fosse o que fosse, não era artigo que, no Rio, se comprasse na Notre Dame ou se encomendasse à modista da rua do Ouvidor. A ditadura do "it" ficou tão asfixiante que, por suspeitar que não o tinham, mulheres ameaçavam atirar-se do terraço do cinema Capitólio, que era o prédio mais alto do Rio. Carmen tinha "it" — como Josué de Barros foi o primeiro a perceber.

Não que aquele mulato alto e sisudo parecesse uma autoridade no assunto. Aos quarenta anos, mesma idade de Anibal, Josué aparentava muito mais. Mas seu ar cansado, paternal e quase triste apenas escondia a vida agitada que ele levara em jovem, da Bahia à Europa, onde se apresentara em toda espécie de palco. Com essa experiência, aprendera a reconhecer à primeira vista o potencial de uma estrela.

"Havia uma luz intensa nos olhos de Carmen e algo de elétrico no seu sorriso", ele diria depois.

Mas cantar era outra coisa, e só ouvindo-a para saber.

Então tomaram o carro de Anibal e foram para o palacete de um diplomata amigo deles, na Lagoa. Ali, acompanhada por Josué ao violão, Carmen cantou um repertório com o qual estava familiarizada: os tangos "Garufa", de Juan Antonio Collazo, Roberto Fontaina e Victor Soliño, e "Mama, yo quiero un novio", de Ramón Collazo e do mesmo Roberto Fontaina, ambos em espanhol.

Josué vibrou com o que ouviu. O "it" da moça também se revelava no jeito de cantar: visual, interpretativo, cheio de ademanes vocais e um jogo de mãos e braços — mas com uma firmeza de cantora, uma musicalidade natural e uma impecável afinação. A história dessa audição de Carmen para Josué de Barros é conhecida, mas, no futuro, o que daria margem a especulações seria a escolha das canções. Por que uma jovem cantora brasileira, submetendo-se a uma espécie de teste, escolheria tangos para cantar?

A resposta é: porque sim. Desde pelo menos 1910, o tango saíra dos puteiros portenhos para se consagrar nos salões de Paris e de lá voltar como a música mais popular das Américas. E, por incrível que pareça, sua mais forte penetração fora nos Estados Unidos. A primeira parte de "St. Louis blues" (1914), por exemplo, era um tango. No filme *Os quatro cavaleiros do Apocalipse* (1921), Rodolfo Valentino fazia um argentino e, embora o filme fosse mudo, milhões de mulheres queriam estar em seus braços na sequência em que ele dançava o tango com Alice Terry. E o que era o charleston, a dança da juventude americana, senão um tango acelerado? No Brasil, a presença do tango era tão maciça que não nos contentávamos com a produção dos argentinos Discépolo, Gardel e Le Pera — nos anos 20, até os brasileiríssimos Eduardo Souto, Freire Júnior, Américo Jacomino, Joubert de Carvalho, Gastão Lamounier, Marcelo Tupinambá, Augusto Vasseur, Henrique Vogeler e o próprio Josué de Barros já tinham composto os seus tangos.

E Carmen estava sendo apenas coerente em relação ao que ela depois se tornaria. Na audição para Josué, em vez de cantar os habituais dramalhões de adiós muchachos à média luz, Carmen escolheu dois tangos *arrabaleros*, cafajestes e humorísticos:

Garufa
Pucha que sos divertido!
Garufa
Ya sos un caso perdido!
Tu mama
Dice que sos un bandido
Porque supo que te vieron
La otra noche
En el Parque Japonés.

e

Mama, yo quiero un novio
Que sea milonguero
Guapo y compadrón!
Que no se ponga gomina
Ni fume tabaco inglés.
Que non sea un almidonado
Con perfil de medallón
Mama, yo quiero un novio
Que al bailar se arrugue
Como un bandoneón!

O impressionante era o grau de atualização de Carmen — porque aqueles tangos tinham acabado de ser lançados lá fora. "Mama, yo quiero un novio" fora gravado pelo cantor Alberto Vila no dia 21 de setembro de 1928, menos de dois meses antes. E "Garufa" era mais recente ainda: fora gravado, também por Vila, no dia 2 de novembro! Se estávamos em dezembro de 1928, Carmen deve ter sido das primeiras a comprar os discos, ambos da Victor, assim que eles chegaram ao Rio. Detalhe: nem Alberto Vila, nem os autores daqueles tangos eram argentinos. Eram uruguaios, do grupo tangueiro Los Atenienses, de Montevidéu — onde, aliás, os discos foram gravados, e não em Buenos Aires.

A atualização de Carmen não se limitava aos tangos. Sua canção seguinte na audição para Josué foi a toada "Chora, violão", recém-gravada por Aracy Côrtes e lançada também em novembro, pela Parlophon. Era o outro lado do disco em que Aracy cantava "Jura", de Sinhô. Já era curioso que, ao escolher um dos lados desse disco, Carmen tivesse preferido o que fora esmagado pelo espetacular sucesso de "Jura". E, a se acreditar em Josué, houve também o diálogo em que Carmen, ainda toda cerimoniosa, lhe teria dito:

"Estou encantada com a maneira como o senhor me acompanhou nesta toada."

E o modesto Josué, com o rubor lhe aflorando à pele escura:

"É que eu sou o autor da letra e da música..."

Se Carmen realmente não sabia que Josué era o autor de "Chora, violão", isso o conquistou de vez para a cantora. A partir dali, ele a consideraria sua descoberta e, com um coração de pai, guiaria seus primeiros passos. Mas talvez ela soubesse muito bem que a música era dele e só por isso a tivesse escolhido. Não importa. Esse tipo de esperteza inocente também fazia parte do seu "it".

Novos ventos iriam varrer a música popular. Até então, as canções vinham do teatro. Não se aprendiam canções novas pelo rádio. A presença de sambas em discos era insignificante e a de marchinhas, quase nula. Tudo isso logo mudaria e, em grande parte, porque haveria uma Carmen Miranda.

3 | 1929-1930
"Taí"

Quando o baiano Josué de Barros chegou ao Rio aos dezessete anos, em 1905, quem fosse visto com um violão na rua sem motivo justo podia acabar em cana. Para a polícia, o violão era a arma dos vagabundos, principalmente quando mal tocado. E, por acaso, toda a bagagem de Josué consistia em um violão, um colarinho sobressalente e as gingas que aprendera com os boêmios de Salvador. Não era muito, mas, pelo visto, suficiente. No Rio, Josué foi morar na rua do Senado e fez amizade com compositores da praça Onze, como o suave Caninha, o valentão Chico da Baiana e outros bambambãs que, como ele, eram dedicados às mulheres, ao chope e à música. Josué deu-se bem nas duas primeiras categorias e um pouco menos na última. Até que, em 1912, sua sorte começou a mudar.

Como acompanhante de um cantor chamado Arthur Castro Budd, gravou alguns discos que foram percebidos pelo dançarino Duque, de férias no Rio e já famoso na Europa por ter introduzido o maxixe como dança nos salões parisienses. Estimulados por Duque, resolveram tentar a carreira na França. Embarcaram e, não se sabe como, aguentaram-se por alguns meses em Paris, embora suas temporadas nas boates se limitassem a uma noite: os proprietários gostavam da música, mas não da letra (Budd só cantava em português), e os dispensavam de voltar no dia seguinte. Quando o pão começou a faltar, e o brioche também, decidiram tomar o barco de volta, o que só foi possível porque o cônsul brasileiro lhes pagou a passagem. Na escala do navio em Lisboa, Josué e Budd pensaram em se dar uma nova chance. Ali, quem sabe, pela identidade de língua, talvez fossem mais bem entendidos. E foram mesmo — nem tanto pelos portugueses, mas por um alemão, proprietário do selo Bekka, que os convidou a ir para Berlim a fim de gravar discos de música brasileira. Eles aceitaram e, segundo Josué, em um ano produziram na Alemanha 140 discos de maxixes, modinhas e valsas —, o que, a ser verdade, os tornou os primeiros a gravar música brasileira na Europa. Ganharam dinheiro, namoraram louras de tranças e, quando já estavam se habituando a comer joelho de porco com chucrute no café da manhã, Budd preferiu desfazer a dupla e voltar. E Josué, sem o cantor, teve de voltar também. O dinheiro já fora integralmente torrado.

De novo no Brasil, e sem ilusões para com a música, Josué começou um longo período em que fez de tudo, inclusive casar-se, em 1915, com a alagoana Hosanna, prima em terceiro grau do marechal Floriano Peixoto, ex-presidente da República. Josué tinha 27 anos; Hosanna, catorze. Em 1918, nasceu seu filho Betinho, a quem Josué, meio que por desfastio, começou a ensinar violão quase nos intervalos das mamadeiras. Em 1922, como capataz das obras de demolição do morro do Castelo, no Rio, e já descrente da lenda de que havia tesouros entre os escombros, Josué assistiu à chegada dos aviadores portugueses Gago Coutinho e Sacadura Cabral, vindos de Lisboa na primeira travessia aérea do Atlântico Sul. Para espanto até dele próprio, Josué resolveu igualar a proeza: pediu demissão da obra, pegou suas economias e investiu-as na invenção de um guarda-chuva aéreo — um paraquedas em forma de guarda-chuva —, com que pretendia atirar-se de um avião e pousar em triunfo no Jockey Club.

Comprou gorgorão de seda verde-amarela, barbatanas de junco e, para servir de cabo, uma bengala de maçaranduba. Com a ajuda de um empregado numa fábrica de guarda-chuvas, Josué conseguiu construir o bicho, no quintal de sua casa, em Santa Teresa. Marcou o voo para o dia seguinte e foi pegar a licença na polícia. Assustada, Hosanna correu a uma cartomante para saber o que o baralho reservava a seu marido. O baralho estava contra: só saíram espadas e paus, cartas pretas, sinal de morte certa. Mas, por sorte, a polícia negou a licença para a façanha. Josué voltou para casa arrasado, sob forte chuva e ventania, apenas para descobrir que, apesar dos esforços de seu parceiro, o vento arrancara o guarda-chuva do cavalete em que estava montado e o levara céu afora — àquela altura, já devia estar sobrevoando o Méier.

Baldado o delírio aéreo, Josué dedicou-se de novo à música. Naquele mesmo ano, aceitou um convite de Pixinguinha para juntar-se aos Oito Batutas, e seguiu com eles para Buenos Aires. Apresentaram-se no Teatro Empire, gravaram na Victor argentina, beberam todo o dinheiro, brigaram entre si e também só conseguiram voltar porque o embaixador lhes pagou as passagens. Menos Josué, que ficou por lá — mas, para ganhar a vida, foi trabalhar como faquir. Seu número consistia em ficar preso em uma garrafa gigante arrolhada, sem comer, enquanto Hosanna, que o acompanhara, jazia numa urna de cristal iluminada por quatro círios. Josué pretendia bater o recorde do faquirismo local, chegando a dez dias dentro da garrafa. Quando estava a ponto de igualar a marca, a mulher do chefe de polícia fez com que o libertassem — não por compaixão, mas porque o recorde pertencia a um argentino. Josué e Hosanna trouxeram o número para o Brasil e se apresentaram em São Paulo, na Bahia, em Pernambuco e no Ceará. Em meados da década, cansado de aventuras, Josué finalmente tomou jeito. Voltou a levar o violão a sério e a compor e se apresentar. Tornou-se um homem grave e respeitado, a quem os novos cantores iam pedir conselhos e chamavam de "professor". E, de repente, viu-se com um cristal bruto nas mãos — Carmen Miranda.

44 | CARMEN

Foi Josué quem ensaiou Carmen para o festival no Instituto Nacional de Música em janeiro de 1929. O estranho é ele ter se apresentado num número à parte, em vez de acompanhá-la no espetáculo. Como revelou o cronista Jota Efegê, o acompanhante de Carmen naquela noite foi o pianista e compositor Julio de Oliveira. Aquela seria a primeira apresentação de Carmen para uma plateia — quatro números num programa de amadores e principiantes, mas de que participou também um lendário profissional: o compositor e pianista Ernesto Nazareth, aos 66 anos. Numa histórica foto dessa noite, veem-se Nazareth, de pé, na fila de trás, várias pessoas não identificadas, e, na frente, sentadas no chão, Carmen e a pequena Aurora, aos catorze anos, ambas fingindo tocar violão.

Assim como fizera na audição para Josué, Carmen abriu sua participação com dois tangos, mas não os mesmos. Um deles, "Che, papusa, oí" (aproximadamente, "Hei, beleza, escuta"), também fora lançado por Alberto Vila, em 1927, e era igualmente de autores uruguaios, Hernán Matos Rodríguez e Domingo Enrico Cadícamo. Se não podia ser classificado de humorístico, "Che, papusa, oí" era um tango de costumes, vivaz e sugestivo:

> *Muñeca, muñequita, que hablás com zeta*
> *Y que con gracia posta batís "Miché"*
> *Que con tus aspavientos de pandereta*
> *Sos la milonguerita de más chiqué...*
> *Trajeada de bacana, bailás con corte*
> *Y por raro snobismo tomás prissé*
> *Y que en un auto camba, de Sur a Norte*
> *Paseás como una dama de gran cachet...*

Talvez vivaz e sugestivo demais: a letra falava de uma jovem airosa e demi--mondaine. Mas era tão carregada de lunfardo e letras trocadas (*camba*, por exemplo, era o mesmo que *bacan*, bacana, com as sílabas invertidas) que devia ser incompreensível — tanto que ninguém na plateia se chocou. (A própria Carmen não deve ter entendido metade do que cantou.) O outro tango, o já famoso "Caminito", de 1926, era um digno tango argentino, dos portenhos Juan de Dios Filiberto e Gabino Coria Peñaloza, e, ao contrário do que se pensa, não era uma homenagem à velha rua de Buenos Aires — a rua é que mudara de nome por causa dele. E também estava longe de ser um tango trágico e melodramático.

Muito mais tristes eram os dois outros números de Carmen no festival, ambos brasileiros: o "Chora, violão", de Josué, e o novíssimo samba "Linda flor", de Henrique Vogeler, ainda com a letra de Candido Costa com que fora lançado pela cantora Dulce de Almeida no Teatro Carlos Gomes, cinco meses antes, em agosto de 1928:

Linda flor
Tu não sabes talvez
Quanto é puro o amor
Que me inspira, não crês...,

e não com a de Luiz Peixoto, que o transformara em "Ai, ioiô" para Aracy Côrtes no Teatro Recreio, em dezembro:

Ai, ioiô
Eu nasci pra sofrê
Fui oiá pra você
Meus oinho fechô...

"Linda flor" era um samba, um ritmo ainda considerado impróprio para a fidalguia de certos salões — mas um samba-canção, o primeiro de que se teve notícia, inaugurando o gênero. Em 1929, essas escolhas eram quase as únicas possíveis num palco como o do Instituto Nacional de Música — um reduto de eruditos e engomados, em que a simples palavra "nacional" já impunha um tom de sobriedade e circunspecção. Nada de saracoteios em território federal.

Carmen não tomou conhecimento dessas formalidades. Ao subir ao palco, ela era apenas parte do programa ou, mais precisamente, ninguém. Dez minutos depois, ao descer dele, os aplausos entusiasmados já lhe conferiam sua identidade. Chamava-se Carmen Miranda, era de uma graça e um rebuliço nunca vistos, e dali a um mês estaria completando vinte anos.

É certo que, naquela noite, seu Pinto, dona Maria e os irmãos de Carmen estavam na plateia do Instituto Nacional de Música — e nem podia haver palco mais nobre para uma estreante. Isso desfaz a história que Carmen inventaria anos depois (e repetiria inúmeras vezes), de que começara a cantar às escondidas do pai. A prova de que seu Pinto nada tinha a opor a uma possível carreira artística da filha é que Carmen apresentou Josué de Barros à família assim que o conheceu. Josué passou a frequentar o sobrado da travessa do Comércio e se tornou mais que um cliente da pensão. Os ensaios com Carmen (dos quais Cecilia e Aurora também se beneficiavam) eram feitos na saleta, depois das refeições, e Josué tinha a boia garantida em troca do trabalho com ela. Seus planos para Carmen eram discutidos em conselho. E seu Pinto gostou dele: com o severo Josué como tutor, sua filha estaria "protegida" no trêfego meio musical — ninguém lhe contou sobre o guarda-chuva aéreo e o passado de Josué como faquir. Além disso, eles conheceram sua mulher, Hosanna, e as duas famílias se tornaram uma só. Quanto a Carmen, em poucos dias despiu-se de qualquer cerimônia para com Josué e passou a chamá-lo de "Barrocas".

Pelos cinco meses seguintes, durante o primeiro semestre de 1929, Josué dedicou-se a aprimorar Carmen, apresentá-la a seus amigos da música e levá-la para cantar nas estações de rádio. A principal ainda era a Rádio Sociedade, onde ele atuava esporadicamente — e, mais uma vez, não é verdade que os pais vissem com desagrado a presença de suas filhas no rádio. Pelo menos, não em 1929. Em seu sexto ano no ar, a Rádio Sociedade, agora com o italiano Felicio Mastrangelo como diretor artístico, continuava a ser uma espécie de grêmio literomusical cujas atividades eram captadas por um aparelho em forma de catedral e em torno do qual as famílias ainda se reuniam com solenidade. Não por acaso, seu diretor, Roquette-Pinto, era tido como um candidato a santo. Mas Roquette teria de adiar a canonização — nem ele podia ser tão inflexível quanto à programação. Sua rádio deixara de ser a única no ar. Além da Rádio Clube, tinham surgido a Mayrink Veiga, a Philips e a Educadora, e todas, naquele ano crucial, iriam se abrir para a música popular. Nada que constrangesse as famílias, mas era o fim do monopólio do éter pelos discos do *Rigoletto*, de Verdi, ou do *I pagliacci*, de Leoncavallo.

Quando Josué iniciou o périplo de Carmen pelas emissoras, já havia várias moças "de família" se apresentando nelas — por "família", leia-se que não eram filhas de artistas de circo ou de teatro. Algumas eram cantoras com um sotaque lírico-dramático, como Jesy (pronuncia-se Jeci) Barbosa; popular, como Elisa Coelho; ou folclórico, como Stefana de Macedo e Olga Praguer. Elas eram jovens, disputadas pelos compositores, cantavam bem, e, como tinham começado um ou dois anos antes de Carmen, podiam se orgulhar de alguns discos gravados. Mas, em menos de um ano, Carmen já as teria eclipsado.

Em 1929, no entanto, mesmo com o sucesso no Instituto Nacional de Música, o coração de Carmen continuava balançando entre a música e o cinema. Para uma jovem com as suas aspirações, era impossível resistir à magia dos filmes. Carmen teve certeza disso quando foi inaugurado o maior e mais bonito cineteatro da Cinelândia, o Palácio, na rua do Passeio, com 2115 lugares entre orquestra, balcões, frisas e camarotes. Pela primeira vez no Rio, um cinema se parecia com o nome que lhe tinham dado. A fachada era no estilo neomourisco, típico de seu autor, o arquiteto Adolfo Morales de los Rios. As vitrines do foyer exibiam as roupas usadas pelas estrelas do filme, deixando Carmen extática diante dos vestidos que acabara de ver na tela e que ali estavam, quase palpáveis, através do vidro. As salas de espera eram perfumadas, os lanterninhas se vestiam como soldadinhos de chumbo, as bonbonnières vendiam produtos da Suíça. Foi no Palácio, em junho, que Carmen assistiu a *Melodia da Broadway*, o primeiro musical "de verdade", ou seja, todo sonoro, com Bessie Love e Charles King. O cinema era mesmo uma coisa de reis.

Por uma foto que mandou para a revista *Cinearte* (e que foi publicada), Carmen candidatou-se a um dos três papéis femininos em *Barro humano*, o filme que Adhemar Gonzaga estava produzindo em parceria com Paulo Benedetti e que já se anunciava como o mais ambicioso do cinema brasileiro. Mas, pesando-se os prós e os contras, sabia-se que Carmen jamais ganharia esse papel. Podia ser desinibida e com um "despropósito de dengues", como depois diria a seu respeito o escritor Marques Rebêlo, mas era imatura para uma personagem principal. E seu rosto, com aquele encanto moreno, era bonito no conjunto, mas fino e anguloso, e os padrões da época exigiam caras de lua cheia. O máximo que lhe permitiriam seria uma figuração. Carmen tornou-se habituée das filmagens de *Barro humano* na rua Tavares Bastos e, de fato, há de novo uma possibilidade de que ela tenha aparecido como figurante em alguma cena. Mas, se isso aconteceu, ao assistir à estreia do filme em junho, no Império, de mãos dadas com Mario Cunha, deve ter deixado escapar uma furtiva lágrima ao constatar que sua cena ficara no chão da sala de montagem.

Barro humano foi o filme nacional de maior bilheteria até então, e fez com que Gonzaga, que o dirigira e escrevera, partisse para um projeto ambicioso: a construção de um estúdio, a Cinédia, num terreno de 8 mil metros quadrados, de propriedade de sua família, em São Cristóvão. O entusiasmo de Gonzaga contaminou o pessoal do cinema. Um figurante de *Barro humano*, Lourival Agra, fundou uma produtora, a Agra Film, e enxergou um grande talento dramático em Carmen — tanto que, temerariamente, a convidou a estrelar o primeiro filme de sua empresa, o drama *Degraus da vida*. Com isso, dessa vez, Carmen foi um pouco mais longe: chegou a posar para fotos de publicidade da futura produção. Mas tudo em vão porque, depois de algumas cenas filmadas na quinta da Boa Vista — que não a incluíam —, o projeto foi abandonado. Carmen nem chegou perto da câmera Mitchell.

Um dos empecilhos à sonhada carreira cinematográfica de Carmen eram certas imperfeições em seu rosto: os vestígios da violenta acne que ela tivera quando adolescente. Certo dia, ao sair à rua com a mãe, com o rosto cheio de bolhas supuradas, fora apontada por uma mulher que, sem o menor tato, comentara em voz alta:

"Como é que a saúde pública permite isso?" — atribuindo seu estado a uma varicela ou coisa pior, e insinuando que ela deveria ser isolada.

A menina Carmen fora chorando para casa. Em 1925 ou 1926, sua mãe a levara à Beneficência Portuguesa, onde lhe fizeram um tratamento com vacina autógena, à base da própria acne. As espinhas secaram, mas deixaram inúmeras pequenas cicatrizes, que Carmen tentava esconder com maquiagem. Em 1929, um amigo de Josué, o dr. Hernani de Irajá, médico e frequentador da Lapa, ofereceu-se para tentar resolver o problema. O tratamento, em seu consultório na Cinelândia, consistiu na aplicação de ácido tricloro acético e radioterapia. Por causa do ácido, Carmen teve de ficar escondida durante mais de uma semana, esperando que as crostas caíssem para dar lugar à pele nova. O resultado foi satisfatório, mas Carmen nunca teria uma pele perfeita.

Enquanto, para ela, o cinema insistia em ser uma miragem, a música era cada vez mais uma realidade. Josué conseguiu que Carmen se apresentasse nas rádios, sempre de graça. E, sob a promessa de "Vou trazer uma menina que é um colosso!", levou-a para cantar em festas e reuniões de famílias da sociedade.

Mas o importante era gravar um disco — e, para isso, melhor do que cavar um espaço na Odeon, já cheia de cartazes, o ideal seria submetê-la a uma gravadora ainda sem cast, que se instalara no Rio em meados daquele ano: a Brunswick.

Em agosto ou setembro, Josué levou Carmen ao diretor artístico da Brunswick, o pianista e compositor Henrique Vogeler — o mesmo autor da melodia de "Linda flor" ("Ai, ioiô"). Se Vogeler não ouvira Carmen cantar seu samba-canção no Instituto Nacional de Música, ouviu-a ali mesmo, no estúdio da rua Sotero dos Reis, na praça da Bandeira, e gostou. Mas, para a gravação do disco, talvez por insistência de Carmen, selecionaram duas composições de Josué: o samba "Não vá simbora" [sic] e o choro "Se o samba é moda".

Hoje, com tudo que Carmen e que nós, por tabela, ficamos devendo a Josué de Barros, pode-se dizer que ele talvez fosse bom instrumentista, era um homem humilde e tinha um coração do tamanho de um bonde — mas era limitado como compositor. Pertencia à mesma geração de Eduardo Souto, Caninha, João Pernambuco, Donga e Sinhô, e era dez anos mais velho que Pixinguinha e Heitor dos Prazeres, mas sem o brilho de qualquer um deles. E, como letrista, aderiu a uma praga da época: os versos em estilo matuto, popularizados em 1927 pelos Turunas da Mauriceia, o grande conjunto pernambucano que o Rio canhestramente tentou copiar. (Josué era um homem de poucas letras, donde certos erros típicos, como "muié", "vancê" e "Carnavá", lhe caíam com naturalidade. Mas a praga contaminaria também, por algum tempo, rapazes instruídos como Luiz Peixoto, Ary Barroso, Almirante, João de Barro e até Noel Rosa.)

Tudo, no entanto, deve ser perdoado a Josué — porque apresentar Carmen ao mundo tornou-se, para ele, uma obsessão. E Josué tinha de lidar com as gafes que ela cometia. No corredor da Brunswick, a caminho do estúdio onde gravaria as duas músicas, Carmen passou por um homem alto e gordo, com uma barriga intransponível, e que ela nunca vira. Deu-lhe uma palmadinha na pança e comentou, com linda desfaçatez:

"Chope, hein?"

O gordo era o alemão presidente da companhia.

A Brunswick gravou Carmen e, como aconteceu com todos os artistas que revelou, não soube o que fazer com ela. Em seu ano e meio de atividade no Brasil, a companhia revelaria jovens promissores, como os cantores Sylvio Caldas e Gastão Formenti, o flautista Benedito Lacerda e seu grupo Gente do Morro, o conjunto vocal Bando da Lua e o cantor e compositor Paulo de Oliveira, mais tarde lendário como Paulo da Portela. Mas nenhum deles arrebatou de saída os lojistas. A Brunswick, fiel à sua origem — começara na Alemanha como uma fábrica de artigos de sinuca e se habituara a lucros rápidos —, ficou desapontada com as vendas e não teve paciência para esperar. Em 1931, empacotou as máquinas, voltou para casa e incendiou as pontes. Não quis saber nem dos copyrights que deixava para trás. Pior para ela: quase em seguida, todos aqueles novatos se tornaram grandes nomes nas outras gravadoras.

Mas os alemães nunca se enganaram tanto quanto no caso de Carmen Miranda. Eles a tiveram em primeira mão, em fins de 1929, e a deixaram escapar enquanto apostavam em outras que não pagaram nem o custo da cera. Com o disco pronto desde pelo menos setembro, Carmen e Josué foram informados de que ele só sairia em janeiro de 1930. Os dois viram nisso um sinal de pouco-caso e não estavam dispostos a esperar pelo resultado para saber se teriam nova chance. E a Brunswick não era a única nova gravadora no mercado.

A outra recém-chegada ao Brasil era a Victor, singelamente conhecida como "a marca do cachorrinho". Mas a Victor — cujos discos ajudavam a vender os amplificadores, alto-falantes e vitrolas que sua coirmã, a gigante RCA, fabricava nos Estados Unidos — não tinha nada de singelo. Seu diretor artístico no Rio, o americano Walter George Ridge, sabia o que fazia. Para começar, cercou-se de dois eminentes músicos brasileiros: o compositor e ás do violão Rogério Guimarães, para responder pelo cast e pelo repertório, e Pixinguinha, para cuidar dos arranjos e da regência dos vários grupos instrumentais da gravadora. Esta última contratação era audaciosa: pela primeira vez no Brasil, uma gravadora se atrevia a ter um músico brasileiro — e, como se não bastasse, negro — à frente de uma orquestra, composta de brasileiros de todas as cores, para acompanhar seus cantores. Até então, eram os maestros e os músicos europeus que imperavam nos estúdios por aqui. Podiam ser formidáveis em seus países, mas maxixe nunca foi tarantela ou mazurca — o que explica o caráter meio invertebrado e arrítmico da música gravada no Brasil até 1929. Com Pixinguinha na caneta e na batuta, isso iria mudar.

Em novembro, Josué de Barros foi ao escritório da Victor, na rua do Ouvidor, 15, a cem metros do sobrado onde Carmen morava, para tentar que Rogério Guimarães ouvisse sua protegida. Mas Rogério não estava interessado. Não que tivesse algo contra ela — apenas a Victor contratara Jesy Barbosa e já se julgava servida no quesito cantora. O que se passou ali, pelo que Rogério contaria depois, lembrava uma cena de comédia de Harold Lloyd: o querido Josué, de joelhos, implorando para que ele aceitasse testar Carmen. Finalmente, Rogério concordou — embora em sua decisão deva ter pesado a opinião de Pixinguinha, que, desde que a Victor se instalara ao lado da travessa do Comércio, se tornara cliente da pensão de dona Maria e já ouvira Carmen cantar. Rogério não apenas ouviu Carmen e a aprovou como se encantou com sua voz e sua personalidade.

Ali estava uma cantora como nenhuma outra no Brasil. Aliás, praticamente não havia com quem compará-la. Havia as cantoras de salão, como Elisinha Coelho e a própria Jesy, muito competentes, mas de uma reverência quase religiosa diante do microfone. E havia as cantoras do teatro, que só às vezes gravavam, como a estupenda Aracy Côrtes, uma soprano valente e afinadíssima, mas mais interessada na nota certa (que ela infalivelmente alcançava) do que na interpretação. Seus agudos causavam sensação no palco. Só que o teatro era uma coisa e o disco, outra. Carmen, também soprano e também afinadíssima, com uma dicção de cristal, não alcançava a extensão de Aracy nos agudos, mas tinha mais peso na voz e capacidade de trabalhar igualmente nos médios. Isso indicava seu potencial para cantar numa variedade de ritmos e estilos. E Carmen tinha a interpretação, a bossa da cantora de rua — um talento para enxergar nas entrelinhas das frases, tomar liberdades com a melodia e surpreender o ouvinte com seus achados. Não precisava ser vista para agradar — embora quando isso acontecesse, nas fotos e nas apresentações em público, sua beleza e vivacidade e o fato de cantar sorrindo pudessem torná-la muito popular.

Rogério pensou em termos estratégicos. Ali se decidiu que Carmen ganharia um contrato para alguns discos, a ser assinado por seu pai, por ela ainda não ter 21 anos. Se os discos dessem certo, firmaria um contrato de exclusividade. Mais importante: só cantaria música brasileira (nada de tangos) e, enquanto pudesse, a publicidade da companhia omitiria o fato de ela ter nascido em Portugal — para não pensarem que era uma cantora de fados, viras e fandangos.

O estúdio da Victor ficava na rua do Mercado, 22, também a cem metros da travessa do Comércio — jamais alguém precisou andar tão pouco para sair do anonimato. Foi essa a distância que, no dia 4 de dezembro, Carmen percorreu entre sua casa e o microfone para gravar a canção-toada "Triste jandaia" e o samba "Dona Balbina", sempre de Josué. Dias depois, ao voltar à Victor para escutar a prova, Carmen gostou tanto do som de sua voz que se sentou no chão para rir.

A Victor não perdeu tempo. Acelerou a prensagem em sua fábrica, instalada em São Paulo, e pôs o disco nas lojas do Rio em princípios de janeiro de 1930, quase ao mesmo tempo que o da Brunswick. E, enquanto este passou em branco pelas lojas, o da Victor não deixou dúvidas para o público: havia uma nova cantora na praça. Ou duas — uma em cada lado do disco. A Carmen de "Triste jandaia" era ingênua, quase infantil, bem de acordo com a letra; a de "Dona Balbina" era adulta, sensual e maliciosa, especialmente com os cacos de "meu nego" e "não é?", acrescentados à letra por ela. Ao se escutar os dois lados, tinha-se a impressão de uma intérprete completa. Mas era só impressão — porque o ano de 1930 ainda reservava um punhado de outras Carmens para revelar.

Nos dias 22 e 23 de janeiro, muito antes do que esperava, Carmen foi chamada de volta ao estúdio para gravar. Dessa vez o repertório consistia do samba "Burucutum", de Sinhô, o samba-canção "Mamãe não quer...", de Américo de Carvalho, e a marchinha "Iaiá, ioiô", de Josué. De olho no Carnaval, que cairia no começo de março, a Victor acoplou as duas faixas mais alegres, "Burucutum" e "Iaiá, ioiô", e mandou prensar. Mas, antes que o novo disco chegasse às lojas, um encontro fortuito, numa loja de música, reuniu Carmen e o compositor Joubert de Carvalho.

Fortuito mesmo, porque, pela soma de improbabilidades, dele não deveria ter saído nada de mais. Mas desse encontro, em janeiro, resultou a marchinha "Pra você gostar de mim", mais conhecida por "Taí". E, dali, a fulminante consagração de Carmen, num Carnaval tão rico que dividiria a música popular brasileira em antes e depois daqueles três ou quatro dias de 1930.

Conforme a história já muito contada, o educado e retraído Joubert de Carvalho, então famoso pela canção "Tutu marambá", passava pela rua Gonçalves Dias quando foi chamado pelo sr. Abreu, gerente de A Melodia, loja de discos e partituras ao lado da Confeitaria Colombo, para ouvir um disco que acabara de sair. O disco era "Triste jandaia", com a desconhecida Carmen Miranda. Segundo Joubert, a audição lhe provocou uma sensação inédita: a de estar *vendo* a cantora, "como se ela estivesse dentro da vitrola". Joubert fez Abreu tocar o disco várias vezes, sempre gostando mais, e lhe pediu que, um dia, o apresentasse à garota. Abreu respondeu que não haveria dificuldade nisso, porque Carmen, como muitos cantores e compositores, ia com frequência à loja. O acaso então fez das suas, e Carmen em pessoa — maquiada, saltos altos, elegantíssima — entrou pela porta da Melodia.

"Taí a nova cantora!", exclamou Abreu.

Os dois foram apresentados e Joubert falou de seu interesse em compor algo para ela. Carmen, encantada, deu-lhe o endereço, e os dois se despediram. Joubert saiu da loja com uma palavra — "Taí" — e uma melodia na cabeça. Menos de 24 horas depois, com a partitura debaixo do braço, tocou a campainha de Carmen na travessa do Comércio.

A porta se abriu lá em cima e Carmen surgiu no alto da escada, com um vestido caseiro, sem pintura e descalça. A princípio, Joubert não a identificou.

"Sou eu mesma", disse Carmen. "Você não está me reconhecendo porque estou sem a máscara de ontem. Vamos lá, suba!"

A música era uma marchinha, "Pra você gostar de mim", não necessariamente carnavalesca. Não havia piano em casa — sintoma de pobreza numa família cheia de moças —, donde Joubert cantou-a para Carmen em seu estilo seresteiro:

Taí!
Eu fiz tudo pra você gostar de mim
Oh, meu bem, não faz assim comigo, não...

Carmen a aprendeu logo e, quando Joubert tentou orientar sua interpretação, ela disse, com um brilho no olhar:

"Não precisa me ensinar, não, que, na hora da bossa, eu entro com a boçalidade."

E, captando um certo choque no rosto do educado Joubert, logo se corrigiu:

"Desculpe, mas eu sou assim mesmo, meio desabrida!"

Não se sabe o dia do encontro entre Carmen e Joubert na Melodia. Pode-se garantir que foi nos primeiros dias de janeiro de 1930, porque "Triste jandaia" tinha acabado de sair. Mas sabe-se o dia exato em que ela gravou "Pra você gostar de mim": 27 de janeiro. Isso significa que, em cerca de vinte dias, Carmen criou sua interpretação da marchinha, submeteu-a a Rogério Guimarães, este a aprovou, ela foi orquestrada por Pixinguinha, ensaiada por Carmen com a orquestra e finalmente gravada. A matriz foi enviada para São Paulo, prensaram-se os discos e eles foram despachados para o Rio. A Victor pode ter açulado a fábrica para acelerar o processo, mas, com o abismo de comunicação entre as duas cidades, dificilmente os discos chegaram às lojas cariocas antes de 10 de fevereiro.

Quando isso aconteceu, a cidade, já numa euforia de pré-Carnaval, cantava dois surpreendentes sucessos: "Iaiá, ioiô", o disco anterior de Carmen, e "Dá nela", do também novato Ary Barroso, gravada por Francisco Alves na Odeon. Nas duas semanas e meia seguintes, deu-se a outra surpresa: "Taí", como o povo chamou "Pra você gostar de mim", alastrou-se pelos blocos de rua e pelos bailes, e chegou ao sábado de Carnaval, no dia 1º de março, cantada por milhares de bocas. Por que a surpresa? Porque eram três marchinhas — coisa praticamente inédita na história do Carnaval.

Não havia, até então, o Carnaval das marchinhas. As poucas que o povo cantara desde a invenção do gênero, por volta de 1920, nunca tinham suplantado os sambas, que dominavam o Carnaval. O próprio samba, só ali, pelo fim da década, começava a perder o acento do maxixe, substituído pelas frases longas e langorosas dos sambistas do Estácio, mais fáceis de cantar em movimento. Mesmo assim, em 1930, foi ainda um samba (chamado de choro no selo do disco) que prevaleceu: "Na Pavuna", de Homero Dornellas e Almirante, gravado por este e pelo Bando de Tangarás num revolucionário disco da Parlophon. E por que revolucionário? Por ter sido o primeiro a usar os instrumentos de percussão dos blocos numa gravação — pandeiros, cuícas, tamborins, surdo e ganzá. Que diferença isso passou a fazer numa orquestra! Era como se, de repente, um exército de arma branca fosse equipado com canhões. A ideia do acompanhamento também tinha sido de Almirante, mas ele tivera primeiro de convencer Herr Strauss, diretor da gravadora, a permitir a entrada em estúdio daqueles negros portando os instrumentos da barbárie. O resultado foi o que se viu — e não admira que, pelos anos afora, Almirante falasse na "loucura do Carnaval de 1930".

Foi nessa maravilhosa loucura que Carmen e Almirante se conheceram — um encontro festivo na Avenida, provocado pela multidão que os espremeu e aproximou, sob muita chuva, em meio a nuvens de confete molhado e jatos de lança-perfume. Naquele momento, ao som de seus discos nos alto-falantes e da massa que fazia coro, o Rio lhes pertencia. Carmen, com "Iaiá, ioiô" e "Taí", e Almirante, com "Na Pavuna", eram os porta-vozes da alegria nacional. Para a asfixiante juventude de ambos — ela, 21 anos recém-feitos; ele, 22 —, aquele Carnaval deveria durar para sempre, estender-se pelo resto do ano, atropelar a Quaresma, não chegar nunca à Quarta-Feira de Cinzas. Pouco depois, uma nova onda de foliões fantasiados os separou, cada qual com sua glória. Carmen e Almirante não sabiam, mas, graças a eles, os ecos daquele Carnaval ficariam no ar por muitos anos: as marchinhas reinariam por três décadas e os estúdios de gravação nunca mais calariam os tamborins.

Por ter saído pelo menos uma semana antes, "Iaiá, ioiô" superou "Taí" em popularidade no Carnaval de 1930. Mas a marchinha de Josué de Barros morreu de morte natural na Quarta-Feira de Cinzas, ao passo que a de Joubert de Carvalho continuou a ser executada o ano inteiro e chegou com toda a força ao Carnaval de 1931 — primeira e única vez que isso aconteceu na história do Carnaval. A Victor estimou a venda de "Taí" em 35 mil discos somente no primeiro ano — número descomunal, sabendo-se que, até então, mil discos representavam uma vendagem muito boa até para cartazes como Chico Alves ou Mario Reis. (Se isso parece pouco, deve-se considerar que o Brasil tinha menos de 40 milhões de habitantes, 70% dos quais vivendo na roça ou em pequenas cidades, aonde os discos mal chegavam; que, na maioria das capitais, o número de vitrolas era ínfimo; e que o rádio, com seus aparelhos baratos e audição gratuita, provocara uma crise mundial na indústria fonográfica. Em 1930, os 35 mil discos de "Taí" eram o equivalente a 3 milhões e meio de hoje.)

Ninguém mais espantado com aqueles números do que o mineiro Joubert de Carvalho, filho de ricos fazendeiros e pianista autodidata. Aos trinta anos, e já com uma fieira de sucessos no embornal, nunca escrevera uma marchinha, nem mesmo um samba, e o Carnaval era a última de suas preocupações. Seu forte eram os tangos, valsas, foxes, canções e outros andamentos românticos, em que ele próprio, ou Olegario Mariano, o "poeta das cigarras", pudesse encaixar letras que falassem ao coração. Na vida profana, Joubert era, não por acaso, cardiologista, formado pela Faculdade Nacional de Medicina — sua tese de conclusão do curso, em 1925, se intitulara "Sopros musicais do coração". Era também casado, constante leitor de filosofia e com forte inclinação mística. Por dormir cedo, ou por timidez, não se passava pela boemia musical da Lapa e, quando encontrava os colegas na calçada do Café Nice, na avenida Rio Branco, mantinha-se a um braço de distância. Os sambistas o tratavam, com respeito ou ironia, por "Doutor Joubert". É quase incompreensível que, depois de ouvir Carmen num disco e vê-la por menos de cinco minutos, ela lhe tenha inspirado uma marchinha tão incendiariamente carnavalesca.

Na verdade, Joubert não criara "Taí" com essa intenção. Escrevera-a como uma marcha-canção, a ser cantada, talvez, com olhos cismadores e um travo de melancolia — como faria, dois anos depois, com "Maringá", para Gastão Formenti. Foi Carmen quem transformou "Taí" numa marcha de Carnaval, e o arranjo de Pixinguinha, com a cumplicidade de Rogério Guimarães, completou a mágica. A Victor fingiu respeitar a concepção de Joubert e imprimiu "marcha-canção" no selo do disco — mas, na folha de registro da gravação, para uso interno, o funcionário escreveu: "Marcha carnavalesca". E foi assim que a Victor a tratou, apressando sua prensagem para que ela conseguisse sair antes do Carnaval.

Ao contrário da norma de então — que era a de o compositor assistir à gravação de dentro do estúdio —, Joubert, de acordo com sua personalidade, não participou. Só foi ouvir o disco depois que ele ficou pronto. E sua reação é conhecida: gostou de Carmen, mas detestou o acompanhamento. Acusou Pixinguinha de ter feito um arranjo de "bandinha de circo", confessou ter ficado "indignado" e ameaçou "armar um bruto barulho", inclusive para impedir a circulação do disco. Mas teve bom senso e ficou só na ameaça. O espantoso sucesso da marchinha dissipou as querelas.

Para Carmen, "Taí" foi o primeiro sinal do que a vida lhe reservava — o dinheiro em dimensões que ela nunca imaginara. O contrato com a Victor, relativo apenas àquela gravação, lhe assegurava duzentos réis por face (ou seja, quatrocentos réis por disco vendido). Ninguém deu atenção ao lado A do disco, com "Mamãe não quer...", do obscuro Américo de Carvalho. Foi "Taí", no lado B, que vendeu as 35 mil cópias e rendeu a Carmen a fortuna de catorze contos de réis — cerca de quinhentos dólares de 1930.* Para se avaliar melhor esse valor, o grande prêmio da Loteria Federal pagava, na mesma época, 25 contos — donde "Taí" equivaleu a mais de meio bilhete premiado. Mas Carmen não recebeu os bagarotes todos de uma vez. A praxe era o cantor passar de tempos em tempos na gravadora, para saber se havia "algum". O pagamento era feito em dinheiro, na boca do caixa, e, de mês em mês, Carmen voltava para casa com a carteira estufada de notas.

---

* As quantias em dólar devem ser multiplicadas por pelo menos trinta para se ter uma ideia do seu valor em nossos dias. E, quando se diz que Carmen ou qualquer cantor "gravou um disco", isso se refere a um disco simples, de 78 rpm, com uma música em cada lado (ou "face").

A cada bolada que recebia, Carmen tomava uma providência quanto à família. A primeira foi contratar uma cozinheira para dona Maria, para aliviá-la da estiva no fogão, a que a obrigavam os pensionistas. Depois, tirou seu Pinto das modestas instalações da barbearia na rua da Misericórdia e montou-lhe um grande salão na rua Primeiro de Março, 95 — ainda mais perto de casa e com uma cadeira de luxo só para ele. Comprou também um telefone para a família (embora fosse ela a usá-lo quase o tempo todo) e uma nova mobília de quarto para os pais. Juntando seus rendimentos aos da barbearia e da pensão, já não se podia dizer que levavam uma vida apertada. E Carmen começou a fazer planos para se mudarem da travessa do Comércio.

Naquele ano de 1930, a família se reuniu para uma foto num estúdio da cidade. O resultado foi um belo retrato para o álbum. Na frente, dona Maria e seu Pinto, entre Tatá e Mocotó. Atrás, as quatro filhas: Olinda, Aurora, Carmen e Cecilia, com Carmen bem ao centro, entre os pais, e a única ensaiando um sorriso. Era uma bonita família. As moças eram todas morenas — morenice herdada do pai. Os rapazes eram mais claros, principalmente o caçula Tatá. Mas os únicos olhos verdes eram os de Carmen, puxados de um irmão de dona Maria. E dona Maria também era bonita. Tinha dentes grandes e bem alinhados. Todos os seus filhos nasceram com esses dentes.

A foto só tinha um senão: ao bater-se a chapa, Olinda não estava ali. Era uma colagem. Uma foto sua, tirada em outro lugar e época, fora recortada e aplicada à foto da família, talvez pelo mesmo profissional. As cópias já foram feitas com a inclusão de Olinda. Era falso, mas, com isso, dona Maria tinha a ilusão de estar cercada pela família completa. Naquele dia, Olinda continuava no sanatório do Caramulo, em Portugal, e o rosto sereno que ela exibe na montagem não correspondia ao tormento que voltara à sua vida.

Um ano antes, quando parecia ter superado o trauma que a levara à tuberculose, ela recebera uma inesperada visita no sanatório: seu ex-noivo Feliciano. Ele lhe aparecera sozinho, sem aliança no dedo e alegando ter se separado da mulher com quem, segundo jurou, tivera de se casar à força. Agora propunha que, quando Olinda recebesse alta e voltasse para o Rio, ela lhe desse uma nova oportunidade. Olinda acreditou em Feliciano e, por alguns dias, viveu com ele um idílio no Caramulo. Quando Feliciano se despediu para o retorno ao Brasil, era como se estivessem mais uma vez noivos. Nos meses seguintes, escrevendo para a família, Olinda falou de sua alegria e de como aquilo contribuía para sua recuperação. Até chegar a notícia fatal: numa carta, Feliciano contou que se casara de novo no Rio, não se sabe se com a mesma ou se com outra mulher. Olinda voltou a se abater e, dessa vez, para sempre.

Enquanto Olinda vivia seu drama no sanatório, outra irmã de Carmen, Cecilia, protagonizava momentos mais felizes no Rio. Aos dezesseis anos, ela gostou de Abilio, jovem comerciante português da rua do Acre, amigo de Mocotó e que tomava pensão com dona Maria. Abilio também gostou de Cecilia e a pediu em casamento, embora se sentisse muito olhado por Carmen e até por Aurora, que só tinha quinze anos. O interesse de Carmen por Abilio era apenas esportivo, sabendo-se de sua paixão por Mario Cunha. Mas isso não a impediu de, ao passar por ele, dizer, com ar gaiato:

"Aí, hein? Escolheu a zarolha, né?" — numa referência ao estrabismo de Cecilia, que se seguira à sua queda da janela na rua da Candelária.

Seu Pinto e dona Maria consentiram no casamento, que foi marcado para julho de 1931. A única nota destoante na festa de noivado foi dada por Joubert de Carvalho, em sua função de médico. Já amigo da família e conhecendo Abílio (pode tê-lo examinado em seu consultório), ele se sentiu na obrigação de advertir seu Pinto:

"Abílio sofre de reumatismo muscular cardíaco. Pode escrever o que estou dizendo: Cecilia só terá marido para sete ou oito anos."

Mario Cunha assistia ao sucesso de Carmen com indisfarçável orgulho. Nos primeiros anos do namoro, por ser a vedete do remo do Flamengo, era ele a celebridade do casal. Agora, a situação se invertera: Carmen é que era a estrela, com nome nos jornais e foto nas revistas. Mario Cunha, a seu lado em público, limitava-se a fazer número, mas nem por isso sentia seu status diminuído. Nas ruas, de carro ou a pé, era apontado como "o namorado de Carmen Miranda" — o que o tornava ainda mais desejável para as mulheres. E com Carmen tão ocupada, sobrava tempo para Mario Cunha dedicar-se às matinês e vesperais amorosas. Mas a notoriedade extra que adquirira o deixara também mais exposto, e não faltava quem informasse a Carmen ou a uma de suas irmãs que ele tinha sido visto a bordo de alguma mulher. Por fazer Carmen sofrer, a cotação de Mario Cunha perdeu pontos junto a dona Maria. Suas visitas à travessa do Comércio escassearam.

Carmen calculou que era hora de dar-lhe uma lição. E a melhor maneira de fazer isso seria simular interesse por um dos muitos que, ultimamente, caíam feito moscas sobre ela.

Um deles era um importante comerciante, baixinho e obeso, que lhe mandava, todos os dias, um vidro de perfume francês. Quando o motorista estacionava o Lancia do patrão na porta da travessa da Comércio, Carmen dizia, com tédio:

"Xiii! Lá vem mais um frasco de perfume. Acho que vou abrir uma botica!"

Mario Cunha e toda a rua sabiam dele, e sabiam também que ela o achava ridículo. Donde este estava fora de questão. Mas havia um colega de Carmen na Victor, o cantor Breno Ferreira, boa-pinta, descendente de alemães e futuro autor de "Andorinha preta". Breno arrastou a asa para Carmen e ela lhe deu corda, especialmente quando sabia que Mario Cunha estava nas proximidades. Nunca houve nada entre eles, no máximo um jantar em São Paulo, onde os dois foram gravar em agosto. Mas isso foi suficiente para Breno sair da história convencido de que namorara Carmen. E o efeito sobre Mario Cunha também foi nenhum, porque ele sabia que era uma encenação. Assim, Mario continuou nas lides, como sempre.

Uma rica madame, moradora da praia do Russell, pediu a seu amigo, o violonista Bororó, que convidasse para cear com ela, a sós e à luz de velas, "aquele rapaz bonito que se veste de branco e que vive grudado na Carmen Miranda". Bororó ainda estava longe de ser o autor de "Curare" e "Da cor do pecado", e embolsou alegremente os 200 mil-réis que ela lhe deu pelo serviço de alcoviteiro. Mario Cunha aceitou o convite e bateu à porta do palacete na hora marcada. Talvez por a mulher não preencher certos requisitos — devia ser muito, muito velha —, ele se limitou a exibir seus bíceps e arcada dentária e a falar de seus feitos náuticos. Mais tarde, a excelente comida e os vinhos, a que ele não estava habituado, fizeram efeito — e Mario Cunha teve de ser conduzido a um sofá, onde dormiu e roncou direto. No meio da noite, a mulher telefonou para Bororó:

"Quer ganhar mais duzentos, Bororó? Então venha tirar esse 'atleta' daqui."

No dia seguinte, Bororó, morrendo de rir, contou a história a Carmen, que fingiu também achar uma pândega. Mas, à noite, cobrou-a, dente por dente, de Mario Cunha. E, como sempre, o perdoou.

Mario Cunha tinha razões até por escrito para se sentir tão seguro em relação a Carmen. Era só ler as dedicatórias das fotos que ela lhe oferecia — "Bituca, todo o meu sucesso será para você, se eu o tiver, sim? Bituquinha", ou: "Para você, para que te lembres sempre desta feia, sim?", ou: "Marinho, meu idolatrado. Como eu tenho ciúmes de ti". Pois todas essas dedicatórias são *posteriores* a "Taí", quando Carmen já não conseguia dar conta de seus compromissos de estúdio, apresentações em clubes e teatros, solicitações para fotos e entrevistas.

E quando, no papel de Carmen Miranda, estava se tornando a mulher mais admirada e desejada do Brasil.

4 | 1930-1931
Rainha do disco

No dia 13 de setembro de 1930, Carmen estava na coxia do Teatro João Caetano, na praça Tiradentes, pronta para entrar e cantar "Taí" em *Vai dar o que falar*, a nova revista musical da cidade. A produção era caprichada, com cenários que tomavam o enorme palco do João Caetano. No fosso, uma orquestra de vinte figuras. Do teto, efeitos de luz "dignos de Paris". O espetáculo tinha 35 quadros, entre esquetes humorísticos de Luiz Peixoto e Marques Porto e números musicais a cargo do veterano Augusto Vasseur e do compositor revelação do ano, Ary Barroso.

Era a estreia de Carmen no gênero que tradicionalmente consagrava os cantores brasileiros. Mas Carmen, invertendo essa longa tradição, já chegava a ele consagrada. Até ali, os cantores tinham de se tornar estrelas do teatro de revista para serem convidados a gravar um disco. Carmen começara por cima, pelos discos, e só agora, pelo assédio de Luiz Peixoto, se dava ao luxo de aparecer numa revista. Houve até quem se espantasse por ela ter aceitado — o que só fez sob a garantia de não ter de participar de esquetes cômicos, limitando-se a cantar alguns de seus sucessos. Mas, pelo que aconteceu no João Caetano pouco antes de sua entrada em cena, a carreira de Carmen no teatro de revista não passaria daquela noite.

O número que a antecedia mostrava o Mangue, a zona do baixo meretrício carioca, num cenário altamente estilizado, com malandros, marinheiros e cafetões desfilando diante de janelas em que se viam silhuetas de mulheres seminuas. Em dado momento, PMs montando cavalos de verdade desfilariam pelo palco, certificando-se de que a zona estava em paz e sossego. Não se sabe quais seriam as demais atrações do quadro, porque ele acabou logo depois de começar.

Assim que o pano subiu e o elenco se movimentou, parte da plateia reconheceu o cenário e começou a vaiar. Os que tentavam fazer "Psiu!" foram silenciados pelos assobios e pela pateada. Ouviram-se gritos de "Canalhas! Imorais! Depravados!". Um homem nas frisas berrou, apoplético: "Isto é uma afronta à família brasileira!". Objetos eram atirados ao palco. O elenco fugiu correndo, com as coristas chorando e os figurantes se chocando no atropelo. Em meio ao pandemônio, ouviu-se um estampido, talvez de tiro. Os cavalos se assustaram nas coxias e invadiram o cenário a galope. Zoeira geral — caos no palco, na plateia e nos bastidores. As cortinas desceram e continuaram a ser bombardeadas por objetos, enquanto metade dos espectadores se retirava. Lá dentro, o telão do Mangue foi levantado às pressas, deixando o palco nu. O espetáculo tinha sido literalmente posto abaixo.

O contrarregra ordenou:

"Vai, Carmen! Vai!"

Era sob esse clima que a aturdida Carmen, também chorando, deveria entrar para cantar "Taí".

O experiente comediante Palitos, tio de um jovem chamado Oscarito, mandou Carmen esperar e entrou na frente. Pediu calma à plateia e chamou de volta os espectadores que estavam indo embora. Depois se desculpou em nome da companhia. Mas fez isso só formalmente, porque não havia do que se desculpar — o quadro do Mangue não era muito diferente do que se praticava no teatro de revista que, desde 1859, fazia a delícia da "família brasileira". E desde quando a prostituição era novidade? Pois, se era a especialidade do bairro mais famoso do Rio, a Lapa — frequentada pelas mesmas pessoas que estavam ali vaiando!

Na verdade, a aversão a *Vai dar o que falar* começara na véspera, como se tivesse sido encomendada. Os jornais de oposição ao prefeito estavam revoltados pela cessão do Teatro João Caetano, controlado pela prefeitura, a um tipo de espetáculo que para eles só cabia em palcos fuleiros, como o do Teatro Recreio. Mas o Recreio estava em obras, e o produtor, o português Antonio Neves, misto de importador de banha e empresário teatral, conseguira justamente o João Caetano. E aí estava o problema: a cidade ainda não se recuperara da demolição do lindo Teatro São Pedro de Alcântara, que existia naquele lugar desde 1813, e sua substituição pelo João Caetano, inaugurado em junho, menos de três meses antes. O velho São Pedro tinha toda uma história. Fora de seu camarote real, quando ainda se chamava Teatro São João, que, na noite de 10 de janeiro de 1822, o príncipe dom Pedro foi aclamado pela sociedade ao repetir o "Fico!" que dissera à tarde de uma janela do Paço. Depois, o teatro se tornara o favorito do imperador Pedro II, e seu palco recebera um naipe de divas europeias, de Bernhardt a Galli-Curci. Mesmo assim, fora derrubado pelo prefeito do Rio, o paulista Prado Junior, nomeado pelo presidente Washington Luiz. E, quando se pensava que o novo prédio, apesar da fachada futurista e art déco, fosse respeitar aquele passado, vinha a prefeitura e o cedia à "troupe da maxixada". O quadro do Mangue fora só o pretexto para o tumulto.

Outra versão, muito menos nobre, afirmava que o distúrbio fora incitado por Mathias da Silva, o notório proprietário da Casa Mathias, uma loja de artigos gerais na avenida Passos. Teria sido dele o grito contra a "afronta à família brasileira" — mas por motivos estritamente pessoais contra seu patrício Antonio Neves. Só podia ser, dizia-se — porque Mathias estava longe de poder dar lições de moral a quem quer que fosse. Os anúncios de seu estabelecimento nos jornais, escritos por ele, também eram uma "afronta à família", pela formidável grossura. Tinham como mote as aventuras entre o próprio Mathias e a cabrocha Virgulina (que o chamava de "meu xodó cheiroso"), porta-bandeira do Bloco dos Lanfranhudos, o qual saía da Casa Mathias no Carnaval. (Lanfranhudo queria dizer valentão.) Não admira que Mathias visse Antonio Neves como seu concorrente direto na colônia. Os dois deviam estar às turras naquela época. Mathias tentou melar o sucesso do rival e, com isso, quem quase levou a breca foi o elenco da revista.

Palitos conseguiu acalmar a turba e convocou Carmen. Isso é que era prova de fogo — principalmente porque, de certa forma, era a primeira vez que ela enfrentava uma plateia de verdade, não a dos shows beneficentes. Carmen recompôs-se. Entrou, cantou "Taí", relampejou o brilho dos dentes, despejou chispas com os olhos e saiu sob aplausos. Depois disso, a revista pôde chegar ao final. No dia seguinte, os jornais arrasaram todo mundo — os autores, o espetáculo e a plateia —, e pouparam Carmen, em quem viram um talento para o teatro musicado. Mas Carmen não precisava daquilo. Pediu dispensa a Luiz Peixoto. Não voltou mais e *Vai dar o que falar*, mesmo com o expurgo do quadro maldito, só se aguentou por uma semana em cartaz.

Nada atingia Carmen. Seu começo de carreira fora tão explosivo que, em apenas nove meses daquele ano, de janeiro a setembro, ela fizera de si uma estrela. Apenas nesse período, enquanto as vendas de "Taí" exigiam prensagens sucessivas, a Victor lhe dera outras 28 músicas — catorze discos — para gravar. Era um investimento inédito de uma gravadora brasileira numa só artista. Significava que, a cada dezoito dias de 1930, saía um disco novo de Carmen Miranda.

Um ano antes, em novembro de 1929, quando Carmen ainda não tinha nenhum disco na praça e só uns poucos a conheciam, *Beira-Mar* publicara uma foto sua (de maiô, na praia) com a legenda "Mlle. Carmen Miranda, silhueta iluminada e galante de nossa sociedade, que será uma séria competidora ao concurso de beleza de 1930". O jornal se referia ao concurso que escolheria a Miss Rio de Janeiro, a qual disputaria o concurso de Miss Brasil, e a vencedora deste, o de Miss Universo — tudo isso no Rio, no primeiro semestre de 1930. A iniciativa de lançar Carmen parece ter partido do jornal, embora não se possa desprezar um possível dedo de Mario Cunha na história. Mas, entre a publicação da foto, em novembro, e a disputa do título de Miss Rio de Janeiro, no dia 20 de março, Carmen já não poderia ser candidata a miss, mesmo que quisesse — ficara famosa demais como cantora.

E, assim, em vez de desfilar pelo Praia Club, na avenida Atlântica, como uma humilde representante da praça Quinze ou de qualquer bairro na festa em homenagem às misses cariocas, Carmen foi a convidada de honra do evento. "Taí" a tornara mais importante que a vencedora, que acabou sendo a srta. Marina Torre, ou que a beldade gaúcha Yolanda Pereira, que, meses depois, venceria o Miss Brasil e o Miss Universo. (Não que Carmen não *pudesse* ter concorrido. Como se não bastassem seus atributos óbvios, o humorista Barbosa Junior a definiria como tendo "um quequequé-catrai" — um quê qualquer que atrai.)

No começo de 1930, Carmen já não chegava para os convites. Os colegas da música exigiam sua presença nas "noites de arte" ou "de samba e violões" que realizavam nos teatros e cinemas. Eram espetáculos em que vários artistas se apresentavam (de graça) em torno de um deles. Em março, cantou com Vicente Celestino numa cerimônia religiosa na Igreja do Salete, no Catumbi; em abril, Francisco Alves a chamou para sua "noite brasileira" no Teatro República; em maio, Pixinguinha a arrastou para a sua "tarde do folclore" no Lyrico. Em junho, Carmen promoveu seu próprio festival no Lyrico, para o qual convidou grandes nomes da cidade, como os cronistas Eugenia e Alvaro Moreyra, os atores Procópio Ferreira, Alda Garrido e Raul Roulien, os cantores Gastão Formenti e Patrício Teixeira e a Orquestra Victor. Todos os veteranos com quem ela dividia o palco já a viam como um deles. Os acenos para se apresentar no rádio eram agora semanais e vinham com promessa de cachê, como os convites de Valdo Abreu, que fazia o *Esplêndido Programa*, na Mayrink Veiga. O rádio começava a sair da fase romântica e, a exemplo do futebol, vivia a época do amadorismo marrom, em que o artista recebia por apresentação — 50 mil-réis era o maior cachê da praça, e só dois cantores valiam esse dinheiro: Carmen Miranda e Francisco Alves.

Ali também Carmen começou sua associação com o Leite de Rosas. O desodorante tinha sido criado no Rio havia apenas dois anos e ainda era fabricado no quintal da casa de seu inventor, na estrada das Paineiras. Com toda essa simplicidade, ele surpreendeu os potentados concorrentes e foi o primeiro produto a explorar a imagem de Carmen num anúncio. Se Carmen era sinônimo de "it", o Leite de Rosas prometia dar "it" a quem o usasse. A campanha agradou, porque Carmen seria a garota-propaganda do produto pelos anos seguintes. Na mesma época, Francisco Alves anunciava o cigarro Monroe, "o único que nunca fez mal à garganta" (embora o fizesse cuspir em seco de dois em dois minutos). Mas Carmen e Chico eram exceções. A cidade regurgitava de celebridades do teatro, da literatura e da música popular, mas a utilização de famosos para endossar produtos ainda era quase inexistente na propaganda brasileira. E talvez fosse melhor assim, porque o grosso dos anúncios em jornais e revistas referia-se a purgantes, xaropes e remédios para brotoejas.

Mesmo nos lugares a que ia para se divertir, Carmen era obrigada a cantar. O teatrólogo (e autor do hino do Flamengo) Paulo Magalhães levou-a ao Praia Club, e ela teve de dar um recital. Em outra ocasião, Arnaldo Guinle, presidente do Fluminense, convidou-a pessoalmente a se apresentar na festa de inauguração de uma piscina de seu clube. Quando Carmen terminou o show, o dirigente tricolor Mario Polo entregou-lhe um cheque. Carmen nem abriu o envelope para saber o valor. Rasgou-o ali mesmo, dizendo:

"O Fluminense é uma sociedade amadorista. Eu não vim cantar por dinheiro. Vim porque vim."

A partir dali, Arnaldo Guinle passou a reservar-lhe uma mesa nos bailes a rigor do Fluminense, todos os sábados, animados pela orquestra de Pixinguinha — que, também por causa de Guinle, era uma atração fixa do clube. Sempre que Carmen comparecia, Pixinguinha lhe pedia um ou dois números. Ao se ver cercada pelos amigos da orquestra — Donga, ao violão, e sua mulher, a soprano Zaira de Oliveira; João da Baiana, ao pandeiro; Eleazar de Carvalho, à tuba; Radamés Gnatalli, ao piano; Luiz Americano, ao saxofone; Bonfiglio de Oliveira, ao trompete; e tantos outros músicos de primeira —, Carmen não tinha como recusar. E como sempre acontecia quando esses músicos a acompanhavam, nenhum deles olhava para a batuta de Pixinguinha a fim de seguir o andamento. Olhavam para as cadeiras de Carmen dentro dos vestidos justos e para o seu requebrado, que marcava o ritmo tão bem quanto o maestro.

Mario Cunha, que escoltava Carmen por toda parte, perguntou a ela:

"Por quanto tempo você quer ser Carmen Miranda?"

"Por muito tempo, ué! Por quê?"

"Porque, se continuar assim, vai durar pouco. Comece a recusar alguns convites."

Carmen deve ter escutado o conselho. Em agosto, ao comparecer como espectadora à festa da eleição de "O melhor escoteiro do Brasil", promovida pelo *Diário Carioca* (o que ela estava fazendo ali?), a plateia, de cáqui e calças curtas, a reconheceu e começou a gritar seu nome, chamando-a ao palco. Dessa vez, para desgosto dos escoteiros, Carmen se recusou.

Com tantos compromissos, gratuitos ou remunerados, a vida de Carmen mudou. A voz tornou-se uma de suas preocupações — para proteger a garganta, trocou os milk-shakes da Americana pelos chás da Brasileira. A falta de tempo impediu também que continuasse a costurar suas roupas — não abria mão de desenhar os modelos, mas contratou uma costureira, dona Helena, para executá-los. E, nos fins de semana, continuou indo à praia no Lido com Mario Cunha e os irmãos, mas os fãs já não lhe davam sossego para se dedicar à sua prática favorita na areia enquanto tomava sol: fazer crochê.

Na praia ou na rua, a aproximação dos admiradores era respeitosa, mas acontecia de um ou outro fã se exceder. Um desses afoitos foi o que se meteu pela janela do carro de Mario Cunha para falar com Carmen, mas cometeu o erro de fazer isso pelo lado do motorista. Mario Cunha enfiou dois dedos no colarinho do sujeito e acelerou, arrastando-o por vários metros pela avenida Rio Branco e quase lhe quebrando o pescoço.

Uma coisa não mudara em Carmen. Em meados de 1930, quando os jornais já a chamavam de "rainha do disco" e "a maior expressão da nossa música popular", ela não via nada de mais em pegar as marmitas preparadas por sua mãe e, vestida como estivesse, atravessar a rua e levá-las para Pixinguinha, Donga e João da Baiana no estúdio da Victor, impossibilitados de ir à pensão por estarem gravando. A luz vermelha da porta se apagava, indicando o fim de uma gravação, e Carmen entrava anunciando:

"Olha o grude, pessoal!"

Ninguém mais pensava em Carmen como "a cantora de Josué de Barros". Agora era a Victor que lhe fornecia material escrito especialmente para ela, com Rogério Guimarães instruindo os compositores a produzir sambas e marchas que explorassem seu lado "ingênuo", malandro ou humorístico. Rogério fez isso com André Filho, do que saiu "Eu quero casar com você", e com Ary Barroso, do que resultou "Sou da pontinha" — que começava com o verso: "*Meu bem, eu dei...*", e só depois se explicava: "*Não sei em quem/ Um beijinho que me fez mal*". A Victor cooptou até Joubert de Carvalho, que, sem guardar rancor pelo tratamento que a gravadora dera a "Taí", abriu seu leque rítmico e passou a produzir ótimos sambas para Carmen, como "Gostinho diferente" e "Esta vida é muito engraçada", e marchinhas, como "Eu sou do barulho" e "Quero ver você chorar", estas para o Carnaval de 1931. Foi também a Victor que tornou Carmen "parceira" de Pixinguinha, no samba "Os home implica comigo" — a ideia da letra pode ter sido dela, mas os versos tortos tinham todos os cacoetes de Josué. E foi ainda a Victor que encomendou a Randoval Montenegro o samba "Eu gosto da minha terra", dias depois de Carmen ter traído a estratégia da gravadora de esconder sua origem portuguesa.

Carmen fizera isso em uma entrevista a R. Magalhães Jr. para a revista *Vida Doméstica*, de julho de 1930, ao responder candidamente sobre se nascera "aqui mesmo, no Rio". Antes de Magalhães Jr., a ninguém ocorrera fazer essa pergunta.

"Aí uma coisa interessante", disse Carmen ao repórter. "Todos que me conhecem pensam que sou brasileira, nascida no Rio. Como se vê, sou morena e tenho o verdadeiro tipo da brasileira. Mas sou filha de Portugal. Nasci em Marco de Canavezes e vim para o Brasil com um ano de idade [na verdade, menos]. Mas meu coração é brasileiro e, se assim não fosse, eu não compreenderia tão bem a música desta maravilhosa e encantadora terra."

Rogério Guimarães e os americanos da Victor leram aquilo e subiram pelas paredes. O Rio ainda era uma cidade profundamente portuguesa, mas, até por isso, certos setores, inclusive da imprensa, se dedicavam a uma amarga lusofobia. Uma confissão como aquela não contribuía em nada para firmar a posição de Carmen como a cantora mais brasileira que já existira. Daí a Victor ter pedido socorro ao pianista e compositor Randoval Montenegro, uma espécie de pau para toda obra junto à gravadora. Montenegro, ex-colega de Noel Rosa na Faculdade Nacional de Medicina, produziu em dois tempos o ótimo "Eu gosto da minha terra", um autêntico precursor do samba-exaltação, gravado por Carmen em agosto:

> Deste Brasil tão formoso
> Eu filha sou, vivo feliz
> Tenho orgulho da raça
> Da gente pura do meu país.
> Sou brasileira, reparem
> No meu olhar, que ele diz
> E o meu sambar denuncia
> Que eu filha sou deste país...

e mais quatro estrofes de brasileirismos roxos, sobrando até para o foxtrote:

> Que não se compara
> Ao nosso samba
> Que é coisa rara.

Pau para toda obra, mesmo: apenas dois meses antes, em junho, Carmen gravara um foxtrote, "De quem eu gosto", de quem? De Randoval Montenegro.

Mas, como se descobriu, não havia motivo para alvoroço. O público não tomou conhecimento da origem portuguesa de Carmen nem se ofendeu quando, naquele mesmo mês de agosto, ela gravou dois tangos em espanhol — inéditos, escritos para ela por brasileiros, e um deles, "Muchachito de mi amor", composto também por Montenegro.

A Victor montara um estúdio em São Paulo, no quinto andar da praça da República, 44, para concentrar sua produção regional. Mas, de tempos em tempos, levava os artistas do Rio para gravar nele. Por falta de uma estrada decente, a viagem levava dias. Iam de navio até Santos, bem devagar para apreciar as belezas do caminho, dormindo a bordo e parando para almoços e passeios em Angra dos Reis, Ubatuba, São Sebastião. Finalmente em Santos, dependendo da hora da chegada, tinham de pernoitar, e só então, de lá, tomavam o trem para a capital paulista, diminuindo a marcha para subir a serra e atravessar os túneis. Para garantir o decoro, Carmen viajava acompanhada de seu Pinto, que deixava a barbearia com um auxiliar e ia com ela na maior satisfação.

Essas excursões faziam parte de um esforço promocional da Victor, movimentando fotógrafos, comitês de recepção e muitas braçadas de flores em cada escala da viagem. O grupo, liderado por Rogério Guimarães, levava as músicas e os arranjos e consistia de dois ou mais cantores do cast — Carmen, Sylvio Caldas, Breno Ferreira, Jesy Barbosa — e dos ritmistas da orquestra carioca, porque se considerava que os de São Paulo ainda se atrapalhavam com o samba. Os sopros, as cordas e o coro eram paulistas, regidos pelo maestro Ghiraldini. Entre as sessões de gravação, os artistas iam às estações de rádio, participavam de eventos organizados pela Victor e eram convidados a cantar em recepções nas casas da elite paulistana — como a que lhes foi oferecida pela sra. Arthur Bernardes Filho, em que Carmen cantou "Taí" e conheceu um jovem locutor chamado Cesar Ladeira. A comitiva ficava hospedada no Hotel Terminus, na avenida Ipiranga, ou no Esplanada, na praça Ramos de Azevedo. Quando saíam para comer, a pedida, quase invariável, era o restaurante Palhaço, na avenida São João. O prato forte do Palhaço chamava-se "Catarina" — risoto de frango com batata palha e um ovo estrelado —, em homenagem a seu inventor, o boêmio Catarina.

Não se fazia uma viagem dessas para gravar somente um disco. Na primeira ida de Carmen, em agosto de 1930, ela gravou catorze músicas em seis sessões durante doze dias, resultando em sete discos que foram lançados um a um até o fim do ano — mantendo sua média de soltar um disco na praça a cada dezoito dias. Em dezembro, Carmen voltou a São Paulo, gravando doze músicas em seis sessões durante sete dias, resultando em seis discos que foram distribuídos durante o primeiro semestre de 1931, inclusive os feitos para o Carnaval.

O processo de gravação era o mesmo em qualquer estúdio. O registro era feito direto numa mistura de goma-laca com cera de carnaúba, de uma só vez, com o cantor e a orquestra juntos, diante de um único microfone — o cantor, com a boca bem perto dele, e a orquestra, logo atrás; terminada a sua parte, o cantor tinha de se agachar ou de sair da frente, para não bloquear o som da orquestra. Gravavam-se dois takes de cada música; no máximo, três. O primeiro, para repassar o arranjo em relação ao tempo — um relógio na parede marcava o limite dos três minutos e meio, compatível com o espaço de um disco normal, de dez polegadas (preferia-se que a gravação não ultrapassasse três minutos). O segundo take já era para valer. No caso de alguma imperfeição (quase sempre técnica, porque era raro um artista errar), tirava-se um terceiro, que era o definitivo, embora às vezes o segundo take fosse conservado. Um disco, correspondendo a duas faces, podia ser gravado em menos de vinte minutos.

Carmen chegou ao fim de 1930 com quarenta músicas gravadas, entre sambas, sambas-canção, marchinhas, toadas, cançonetas cômicas e até um lundu, sem falar no foxtrote e nos tangos (os jornais às vezes a chamavam de "folclorista" — o termo sambista ainda não entrara de todo em circulação). Era um recorde para qualquer cantor e mais ainda para uma estreante. Carmen só foi superada em quantidade de músicas pelo já consagrado Francisco Alves, que, naquele ano, gravou mais de oitenta, embora nem todas na Odeon com seu próprio nome — dezenas foram com seu pseudônimo de Chico Viola, na Parlophon. Por via das dúvidas, Chico passou a despachar emissários para assistir às apresentações de Carmen em clubes e teatros. Queria saber se ela enchia casas como ele.

Quando o emissário voltava, a resposta era sim.

Carmen estava tão nas nuvens com sua ascensão que nem devia se lembrar de Lia Torá e Olympio Guilherme, os brasileiros eleitos em 1927 para o estrelato em Hollywood. Em 1931 eles estavam de volta ao Brasil, e só então se soube o que lhes acontecera na "fábrica dos sonhos". No caso de Lia, tão bonita e talentosa, ficava explicado por que ninguém jamais a vira sendo disputada a floretes nos filmes por Douglas Fairbanks ou Adolphe Menjou. Simplesmente porque esses filmes não existiam.

O retumbante concurso de fotogenia "feminina e varonil", que empolgara tantos corações, inclusive o de Carmen, tinha sido um golpe da Fox para ganhar publicidade de graça no Brasil. Sem dúvida, Lia fora levada sob contrato para Hollywood como prometido — mas na condição de figurante, com o salário mínimo do sindicato e sem a menor garantia de que lhe dariam bons papéis. É verdade também que a Fox a escalara em cinco filmes em 1928, mas sua presença na tela era tão a jato que, em cada um deles, sua participação só lhe tomara um dia de trabalho. Nos outros 360 dias do ano, Lia ficara em casa, à espera de um telefonema do estúdio — que não vinha nunca. Não passou fome, como milhares de outras jovens na sua situação em Hollywood, mas apenas porque, antes de embarcar, se casara com um rico empresário carioca, Julio de Moraes, que fora para lá com ela.

Em 1929, revoltado com o tratamento dado à sua mulher, Julio submeteu à Fox um argumento de sua autoria, o drama *A mulher-enigma*, e se ofereceu para bancar a produção, desde que Lia fosse a atriz principal. A Fox aceitou e rodou o filme, mas engavetou-o e, quando o lançou, meses depois, foi num cinema de subúrbio em Los Angeles. Naquele ano, para piorar, os estúdios reconheceram a vitória definitiva do cinema falado e a situação ficou difícil para os atores estrangeiros, por causa do sotaque. Nem os maiores nomes, como o alemão Emil Jannings e a francesa Renée Adorée, foram poupados. Eles não eram demitidos — os estúdios os encostavam e os deixavam sofrendo, enquanto decidiam o que fazer com eles. Para abreviar o suplício de Lia, Julio comprou seu contrato da Fox (que o vendeu correndo) e criou uma pequena produtora em Hollywood, com a qual fizeram um filme mudo, *Alma camponesa*, dirigido por ele e com um elenco quase todo de brasileiros.

Em 1930, os estúdios começaram a produzir versões em espanhol de seus filmes para exibição na América Latina. Essas versões eram rodadas simultaneamente — quando uma cena do filme original ficava pronta, o diretor e os atores americanos saíam de cena e entravam um diretor americano de segunda ou terceira linha e o elenco latino. Com isso, muitos atores de cabelo preto e sobrenome terminado em vogal ganharam um certo mercado de trabalho. Lia participou de alguns desses filmes, mas não fora para isso que saíra do Rio. Em 1931, deu adeus a Hollywood e voltou para o Brasil.

O destino de Olympio Guilherme, que esperava se tornar o Valentino da sua geração, foi ainda mais terrível. A exemplo do que fizera com Lia, a Fox o recebeu festivamente em Hollywood e o fotografou ao lado dos astros do estúdio, como se ele fizesse parte da turma. As fotos saíram no Brasil. Mas, assim que o fotógrafo terminou o serviço, os astros lhe deram as costas e ele nunca mais os viu. Era só uma encenação. A Fox o mandou ficar em casa esperando ser chamado. Nas poucas vezes em que o estúdio o solicitou, era para aparecer de costas ou de longe em algum filme bobo. Com seu salário de figurante, Olympio passou fome em Hollywood — que ele depois descreveria "não como a fome sórdida, sem poesia, esfarrapada e trágica, de cidades como Londres, Paris ou Chicago", mas a fome típica de Hollywood, "que se barbeia duas vezes por dia, a fome dandy, que sorri e passeia pelo Sunset Boulevard à tardinha, com uma flor na lapela".

Olympio tinha vergonha de que no Brasil soubessem de seu fracasso. Por isso, engoliu as humilhações e passou a ir diariamente ao estúdio, nem que fosse para aprender como se fazia um filme. Em 1929, com dinheiro que economizou centavo a centavo, escreveu, produziu e dirigiu um filme nas ruas de Hollywood — um drama de ficção ultrarrealista, intitulado *Fome*, mostrando o dia a dia dos desempregados, dos que assaltavam latas de lixo para comer, e dos que eram atropelados na rua e enterrados como indigentes na cidade mais glamourosa do mundo.

Como não podia pagar atores profissionais, Olympio usou técnica de documentário, filmando gente de verdade com a câmera camuflada. E, quando tinha de encenar uma situação mais complicada, ele próprio ia para a frente da câmera. Em duas dessas cenas, quase se deu mal. A primeira foi ao roubar a mamadeira de um bebê num carrinho — a mãe fez um escândalo, o bebê idem, e ele quase foi preso (mas conseguiu filmar tudo). Na segunda, com uma coragem inacreditável, deixou-se atropelar por um automóvel — por sorte, o motorista freou em cima e o choque foi mínimo (mas a cena também foi feita). O pior, no entanto, aconteceu quando ele foi pesquisar o cenário para uma locação em Pasadena, a cidade dos grã-finos, separada de Los Angeles por uma ponte sob a qual não havia um rio, mas uma garganta de pedra. No meio da ponte, pela janela do carro, percebeu uma mulher que ameaçava atirar-se da amurada. Olympio desceu do carro e correu para tentar salvá-la, mas não houve tempo. Quando a moça se jogou, ele estava muito perto dela. Os ocupantes de outro carro que passava acharam que ele a tinha atirado e alertaram a polícia no outro lado da ponte. Olympio foi preso por suspeita de assassinato. Seu clichê saiu nos tabloides e só a intervenção do cônsul brasileiro o livrou de boa. *Fome* foi terminado, mas Olympio teve dificuldade para distribuí-lo e poucos o assistiram. Em 1931, também voltou para o Brasil. Radicou-se no Rio e escreveu um romance chamado *Hollywood* — a história, do seu ponto de vista, da capital da solidão.

Se ainda havia por aqui algum tolo que suspirasse pela "fábrica de sonhos", devia ter se desiludido ao saber das desventuras de Lia e Olympio. Mas, àquela altura, outro artista brasileiro já tinha partido para a aventura do cinema americano: o ator, compositor e cantor Raul Roulien.

De longe, entregue a seu martírio no sanatório, Olinda participou dos primeiros sucessos de Carmen. A família lhe mandava os discos, as fotos de publicidade e os recortes sobre sua irmã, que ficara famosa quase da noite para o dia. As cartas de Olinda não chegaram até nós, mas sabe-se que, em várias, ela falou de sua felicidade pela carreira de Carmen — carreira que, embora nunca tocasse no assunto, poderia estar sendo também a dela.

Em 1931, com o dinheiro entrando em quantidade nem sequer sonhada, parte do que Carmen entregava a dona Maria era enviada para os parentes em Portugal, a fim de custear o tratamento de Olinda. Mas, para esta, já era tarde demais — tarde para o amor, tarde para uma possível carreira, e tarde até mesmo para a vida. Olinda morreu no Caramulo, pouco depois do Carnaval, no dia 3 de março, com a discrição e o silêncio com que se morria nessas instituições — um dia, a pessoa estava à vista e participando das atividades; no dia seguinte, já não aparecia e ninguém dava ou pedia explicações. O corpo era removido pelos fundos e os amigos não o viam sair. O de Olinda foi levado para Várzea de Ovelha, onde o enterraram no pequeno cemitério de São Martinho. Tinha 23 anos.

O fato de a notícia ser esperada não diminuiu seu impacto ao chegar ao Rio. Dona Maria se cobriu de luto e fez toda a família se vestir de preto por um bom tempo. Segundo alguns, Carmen teria cogitado abandonar a carreira — sua ligação com Olinda era muito forte e ela sempre se referia à irmã como sua inspiradora. Na prática, Carmen se afastou por três meses das atividades — só voltou a gravar em junho e, dali por diante, sempre no Rio. Para amenizar a dor, prometeu que, um dia, iriam todos a Portugal para visitar o túmulo de Olinda.

No meio do ano, Carmen cumpriu uma outra promessa que se fizera: a de levar sua família para um lugar melhor, mais residencial, longe do inferno comercial do Rio. Para tanto, teve de convencer dona Maria a fechar a pensão, argumentando que, com os rendimentos de seus discos e apresentações, já não era necessário que ela trabalhasse para fora. Na verdade, nem ficava bem para uma artista tão importante que sua mãe continuasse a manter uma pensão — não pela atividade em si, mas por Carmen ser agora uma figura pública, e a pensão funcionar na própria residência da família. Era um entra e sai de homens, supostamente para comer, mas que não tiravam os olhos de suas coxas, as quais só faltavam estourar as costuras dos calções justos que ela gostava de usar em casa.

Numa conversa com o cineasta Adhemar Gonzaga, Carmen ficou sabendo de uma casa no Curvelo, em Santa Teresa, de propriedade da família Peixoto de Castro, parente de Gonzaga. Eles lhe fariam um aluguel camarada. Carmen foi vê-la, gostou e levou seus pais, que também a aprovaram. Com isso, adeus, travessa do Comércio, onde tinham passado seis anos.

A nova casa ficava na rua André Cavalcanti, 229, e era aprazível, com boa sala e cinco quartos — um para o casal e um para cada filho. (Logo depois, em julho, quando Cecilia se casou com Abilio e foram morar no Rio Comprido, vagou o quarto da irmã e Carmen o transformou num estúdio, onde acomodou sua coleção de bonecas japonesas.) Na frente, havia um jardim com pés de caju, goiaba, acerola, romã, sapoti, abacate e onze mangueiras (entre duas delas, Carmen armou uma rede), além de um mirante com a vista abrangendo da baía de Guanabara à velha estação da Central do Brasil. Nos fundos, o quintal tinha uma casinha independente para os empregados, uma horta, um galinheiro e um tanque para patos. Carmen ganhou um cachorro preto, ao qual deu o nome Kiss, e um gato siamês cinza, dignamente vesgo.

O único problema era a localização: a casa ficava no alto da rua, num cocuruto a cume — um teste para qualquer carro e quase mortal para quem tentava subi-la a pé vindo da rua do Riachuelo, na Lapa. O melhor acesso era pela rua Almirante Alexandrino, já em Santa Teresa. Como ninguém da família tinha automóvel, os deslocamentos eram feitos de bonde até o largo da Carioca e, de lá, se tomava a condução para o destino.

Por mal dos pecados, assim que se mudaram para lá, Carmen teve uma crise de apendicite e foi obrigada a encarar uma cirurgia na Beneficência Portuguesa (da qual, como toda a sua família, também se tornara sócia). Ficou internada de 24 de agosto a 4 de setembro, e, para se vingar da inatividade, não sossegou nem um minuto. Ia para a enfermaria e contava piadas, imitava pessoas famosas e fazia toda espécie de macaquices para os colegas de internação. As gargalhadas estouravam em uníssono. Às vezes, juntava três ou quatro numa rodinha e cantava, aos sussurros, uma hilariante paródia pornográfica de algum samba ou marchinha recente.

As enfermeiras não se aguentavam de rir — uma delas, na verdade, não se aguentou, molhou as calcinhas — e suplicavam:

"Pelo amor de Deus, Carmen, pare!"

Tinham medo de que os pacientes, vários também recém-operados, estourassem os pontos de tanto se sacudir. Quem passasse por ali, e não soubesse do que se tratava, acharia que tinha entrado no hospital errado.

Quando Carmen recebeu alta, Mario Cunha apanhou-a e levou-a para o Curvelo. Carmen contratou um chofer de praça para ficar à sua disposição enquanto se recuperava, mas isso não eliminava o problema de ter se instalado num lugar meio fora de mão. Na mesma época, os outros dois cantores da sua magnitude gozavam de muito mais conforto: Chico Alves morava numa casa no Leme; Mario Reis, num casarão na Tijuca; e ambos tinham carro, sendo que Chico tinha também um motorista — o sambista Germano Augusto, que, apesar de português nato, era o rei da gíria carioca.

Chico Alves e Mario Reis ainda eram as maiores potências da música popular. Chico Alves era uma máquina de cantar. Em 1928 e 1929, gravara quase trezentas músicas pela Odeon e sua subsidiária Parlophon — ou seja, cerca de 150 discos em dois anos, um recorde que nem Bing Crosby alcançaria. Dava-se bem em qualquer gênero e qualquer ritmo, com ou sem microfone, com qualquer parceiro ou qualquer acompanhamento. Por ser o cantor mais poderoso, era também o mais influente, e seu tenor robusto, redondo e caudaloso, de opereta, gerava um imitador em cada esquina. Nenhum deles abalava seu prestígio. O único cantor que, ao surgir, sacudiu sua popularidade foi Mario Reis, que era justamente o anti-Chico — voz muito menor, quase coloquial, mas alegre e articulada, uma espécie de irmã sonora das caricaturas de J. Carlos. Quando Chico Alves e Mario Reis, gravando para o mesmo selo, formaram uma dupla, o resultado foi mágico: a seriedade de um contrabalançada pelo humor do outro, e as duas vozes se completando, com Chico, surpreendentemente, cedendo o primeiro plano a Mario. Mais surpreendente ainda: a partir dali, ao gravar em solo, Chico Alves passaria a controlar seus arroubos, como se um invisível Mario Reis estivesse a seu lado, medindo o nível dos decibéis. Depois deles, a única novidade na música brasileira era Carmen Miranda.

Não por acaso, Chico Alves e Mario Reis foram os primeiros a ser contratados por um empresário argentino para uma temporada de música brasileira, em outubro, no Cine-Teatro Broadway, de Buenos Aires. Carmen foi a terceira. Com eles embarcaram, pelo *Desna*, no dia 30 de setembro, o bandolinista Luperce Miranda, o violonista Arthur ("Tute") Nascimento e os dançarinos Celia Zenatti, mulher de Chico, e Nestor Americano. (Como se vê, nenhum percussionista, e nem isso era tido como indispensável — os próprios músicos faziam o ritmo.) Chico já se apresentara em Buenos Aires no ano anterior e sobrevivera à dura crítica portenha, habituada a chacinar os mais pomposos artistas estrangeiros. Para Carmen e Mario Reis era o batismo, a estreia internacional.

Internacional era a palavra, porque, então, poucas cidades faziam frente à capital argentina. Em 1931, quando a população do Rio era de 1 milhão e 800 mil habitantes, Buenos Aires já tinha 3 milhões — a maioria dos quais viajava de metrô desde 1913, usava ternos ingleses e fora criada a costela e picanha. Em várias de suas ruas, o movimento às quatro da manhã era o mesmo que o das quatro da tarde. E seu rádio já era o segundo do mundo, com duas possantes emissoras, a Belgrano e a El Mundo, só perdendo para o dos Estados Unidos. Era também uma cidade cheia de teatros, e o Broadway, pioneiro continental dos espetáculos de "palco e tela" (com artistas que se apresentavam nos intervalos das sessões de cinema), engolia 3 mil espectadores de cada vez. Com todo esse tamanho, o Broadway podia manter a mesma atração em cartaz durante um mês, em duas sessões diárias de trinta minutos, às 18h30 e às 23h30, formando filas na calle Corrientes, tantos eram os portenhos com *plata* para prestigiá-lo. Pois era o que se esperava dos artistas brasileiros — que tivessem público para se aguentar por um mês. Naturalmente, Carlos Gardel, o grande ídolo nacional, ficaria em cartaz o ano inteiro — ou pelo resto da vida — se quisesse. Aliás, Gardel fazia o show das 21 horas e, às vezes, permanecia no teatro para assistir ao show dos brasileiros.

Apesar da concorrência, Chico Alves, Carmen e Mario Reis tiveram casa lotada e críticas brilhantes durante os trinta dias da temporada, cantando solo, em dupla ou em trio. O repertório de Chico e Mario Reis, juntos, incluía os sambas que eles tinham descoberto no bairro carioca do Estácio, como "Se você jurar" e "Deixa essa mulher chorar", e que estavam dando os contornos modernos ao ritmo. Para os portenhos, isso não queria dizer muito, embora fosse uma revolução equivalente à feita por Gardel dez anos antes, ao limar as asperezas do tango e criar o tango-canção. Chico, em números solo, lhes soava mais familiar, por ser um cantor ao estilo Gardel e, por isso, sujeito a comparações com o mestre. Daí terem valor extra os aplausos às suas interpretações de "A voz do violão" e, segundo Mario Reis, de "Confesión", um sucesso de Gardel que Chico se atreveu a cantar em espanhol. Já o próprio Mario Reis não tinha nenhum similar argentino — sua enunciação natural, cheia de síncopes e fraturas, sem os gorjeios do bel canto, pareceu-lhes coisa de marciano. Quanto a Carmen, podiam não entender o que ela estava fazendo com as letras, mas sabiam que, ao contrário do que estavam habituados, ali havia uma mulher que combinava doses maciças de sensualidade e alegria. Eles nunca tinham visto nada igual.

Cada um cantava cerca de cinco números por show. Chico era o diretor musical do grupo — ou assim se julgava, ao se referir ao fato de que era ele quem "ensaiava Mario e Carmen". Chico só não podia ser o diretor dos figurinos. Cada espetáculo obrigava a uma troca de indumentária, o que não era problema para Mario Reis e Carmen — cada qual tinha levado um vasto guarda-roupa e passava as horas de folga reforçando-o nas lojas chiques de Buenos Aires. Chico Alves, às vezes, também trocava de terno — mas, segundo Mario Reis, todos de ombros tortos e calças malfeitas, de autoria do mesmo alfaiate da rua Maxwell, na Aldeia Campista, que lhe fazia as roupas nos tempos em que ele era pobre.

A excursão aproximou Carmen de Mario Reis. Os dois se entenderam como irmãos — e nisso está dito tudo. Muitos anos depois, em seus devaneios entre amigos à beira da piscina do Country, em Ipanema, Mario Reis deixaria no ar a suspeita de que algo se passara entre eles.

Mas os amigos sabiam: Carmen e Mario Reis juntos? Só se fosse dentro da cabeça do cantor.

Como acontecera nas suas idas a São Paulo, Carmen fora a Buenos Aires acompanhada do pai. Isso não impediria que, se fosse o caso — num surto inadiável de desejo —, Carmen e Mario Reis achassem um jeito de burlar a vigilância (nem tão severa) de seu Pinto. Mas não era absolutamente o caso. Carmen admirava Mario Reis como cantor e o adorava como amigo. Mas, para fins imorais — pouco mais alto que ela, com um histórico amoroso zero, cavalheiro *demais*, nada viril, quase efeminado —, ele era exatamente o contrário do seu tipo.

Mesmo porque, enquanto cumpria a temporada em Buenos Aires, Carmen pensava em seu namorado, Mario Cunha, perigosamente à solta no harém. Ao viajar, ela lhe deixara mais uma foto com dedicatória: "Bituquinha, meu, só meu. Fica muito direitinho no Rio, sim? Senão eu choro, ouviu? E não faço mais nada pensando em ti, sabe? Um beijinho bem chupadinho, da sua Bituca".

Mas, dessa vez, Carmen não tinha tantos motivos para se preocupar. Exceto por uma eventual escapada a algum colchão ilícito, Mario Cunha, assim como outros remadores do Flamengo, do Botafogo, do Boqueirão do Passeio e do Icaraí, estava mais ocupado naquela época com outro esporte: arranjar briga com os gaúchos que, um ano depois da Revolução de 1930, não paravam de chegar ao Rio e desfilavam pela cidade como se fossem os donos da situação. E, na verdade, eram mesmo, porque o presidente provisório, o gaúcho Getulio Vargas, ocupara o governo com os conterrâneos, os quais tinham trazido seus amigos, e agora era a vez de estes trazerem os seus.

No começo, a cidade se divertia ao ver aqueles homens de chapelão, poncho, bombacha e botas, suando ao sol de 35 graus do Rio. Mas, quando eles começaram a ocupar todos os cargos federais e a namorar as cariocas, deixaram de ter graça — e já ninguém dizia "deixa disso" quando um grupo de remadores, fortíssimos e cruéis, criava qualquer pretexto para justiçá-los.

Ou, como aconteceu pelo menos uma vez, amarrá-los no Obelisco — como eles tinham feito com seus cavalos na vitória da Revolução.

O coro que acompanhava o cantor Castro Barbosa na gravação original de "Teu cabelo não nega", feita na Victor no dia 21 de dezembro de 1931, continha cinco vozes masculinas e uma feminina. A voz feminina, inconfundível, era a de Carmen Miranda. Seu nome não apareceu no disco.

Nem era para aparecer. Carmen estava no estúdio, cuidando da sua vida, quando ouviu a marchinha sendo repassada pelos músicos de Pixinguinha, e a adorou. Era amiga de Castro Barbosa e resolveu juntar-se ao coro na gravação. Naquele dia, ninguém poderia adivinhar que "Teu cabelo não nega" se tornaria o hino do Carnaval carioca. Seis meses antes, outro amigo, Sylvio Caldas, também fizera um contracanto para um disco seu — apenas dez minutos depois de ter gravado "Faceira", o samba de Ary Barroso que o projetaria como um dos maiores nomes da música popular. Eles eram assim, acima de mesquinharias.

Era possível que, nos bastidores do Teatro Recreio, um ator desse um calço *sem querer* num concorrente e o fizesse esbodegar-se escada abaixo pouco antes de entrar em cena. Ou que, na Editora Leite Ribeiro, um escritor derramasse *acidentalmente* um tinteiro sobre o manuscrito que um rival deixara em cima da mesa. Mas, no meio musical, era o coleguismo que imperava. No Café Nice, ponto de encontro dos sambistas na esquina de Rio Branco com a rua Bitencourt da Silva, um compositor se oferecia para fazer a segunda parte do samba de outro, ou um letrista escrevia uma introdução nova para a marchinha de um amigo — sem pedir parceria e, às vezes, até sem aceitá-la. Nas gravadoras, a mesma coisa: um cantor de passagem pelo estúdio se metia na gravação do colega, participando do coro ou contribuindo com uma segunda voz, sem que seu nome aparecesse no disco. Em meio a esse clima de camaradagem, se fazia história.

Carmen tinha ido à Victor naquele dia para gravar outra marchinha, a divertida "Isola! Isola!", em dueto com Murilo Caldas, irmão de Sylvio. Era um dos três ou quatro discos que estava produzindo para o Carnaval de 1932, embora apenas um deles, o samba "Bamboleô", de André Filho, gravado dias antes, fosse fazer sucesso. Terminado o registro de "Isola! Isola!", Carmen se deixou ficar por ali. Menos de dez minutos depois, Castro Barbosa iria gravar uma marchinha adaptada por Lamartine Babo de um frevo que chegara à Victor, enviado pelos irmãos João e Raul Valença, dois compositores pernambucanos.

Lamartine só aproveitara o estribilho dos dois irmãos:

O teu cabelo não nega, mulata
Porque és mulata na cor
Mas como a cor não pega, mulata
Mulata, eu quero o teu amor

— tão elegante em seu absurdo que custa a crer que o resto da letra, ruim de doer, fosse dos mesmos autores. Como a estrofe:

> *Tu nunca morre de fome*
> *Que os home*
> *Te dá sapato de sarto*
> *Bem arto*
> *Pra tudo abalançá o gererê...,*

que Lamartine transformou em:

> *Quem te inventou*
> *Meu pancadão*
> *Teve uma consagração*
> *A lua te invejando fez careta*
> *Porque, mulata, tu não és deste planeta.*

Depois de alterar outras partes da melodia e criar uma nova introdução instrumental, Lamartine deu a música por pronta. Hoje sabemos que "Teu cabelo não nega" nasceu obra-prima, mas, se você pensa que os cantores se atiraram mutuamente às aortas para disputá-la, engana-se. O primeiro cantor a quem Lamartine a ofereceu foi Francisco Alves, que a recusou. Chico preferiu outra, a também excepcional "Marchinha do amor", que Lamartine lhe mostrara pouco antes. A segunda opção do compositor foi a dupla Castro Barbosa e Jonjoca. Eles gostaram e se dispuseram a gravá-la. Mas Jonjoca tinha um samba, "Bandonô", que achava pouco adequado para a dupla e que ele pretendia gravar sozinho. Mesmo assim, propôs a Castro que disputassem as duas músicas no cara ou coroa. Castro topou. Deu cara, e Jonjoca ficou com "Bandonô", que teve o seu momento e sumiu. Castro Barbosa, derrotado na moedinha, gravou "Teu cabelo não nega". Com o dinheiro que o disco lhe rendeu, Castro comprou um apartamento em Copacabana e entrou para a história do Carnaval.

A dupla tinha se conhecido no ano anterior, no Lloyd Brasileiro, do qual Castro, 25 anos, era funcionário. Jonjoca, dezenove, era filho do comandante. Castro cantava parecido com Chico Alves; Jonjoca, com Mario Reis. A Victor fez deles uma dupla para tentar concorrer com Chico e Mario, que gravavam em duo na Odeon. Mas era impossível superar o charme da dupla original. Na Victor, Castro e Jonjoca ficaram amigos de Carmen. Era apenas normal que ela, incógnita, tomasse parte no coro de "Teu cabelo não nega" (do qual Jonjoca também participou). Com o tempo, Carmen se aproximou mais de Jonjoca, de quem chegou a gravar dois sambas.

Jonjoca ainda pegou os últimos tempos da família na travessa do Comércio e acompanhou a ida para Santa Teresa. De tanto conviver com Carmen, em casa, na rua e no estúdio, desenvolveu por ela uma fatal paixonite — que, por saber sem futuro, tentou manter em segredo. A já experiente Carmen entrou no jogo: se percebeu o que ele sentia por ela, fez de conta que não. Mas, para Jonjoca, era claro que ela sabia. Tanto que, um dia, Carmen lhe deu um longo beijo na boca — um beijo de verdade. Só que de farra, entre risos, como quem dissesse que, entre amigos, tais carinhos não eram para valer. Mas o jovem e sonhador Jonjoca quase desmaiou.

Era bem o jeito de Carmen: a sedutora que se misturava com os rapazes, como se fosse um deles, e com isso neutralizava os possíveis avanços. O mesmo quanto aos palavrões, que disparava como se fossem vírgulas e, se houvesse uma senhora presente, que pusesse algodão nas oiças. Ou às piadas de papagaio, de que sabia dezenas — quando Carmen as contava, elas eram só engraçadas, nada licenciosas, e tão infantis quanto suas dedicatórias para Mario Cunha ou seus palavrões.

Ninguém podia fazer qualquer restrição a Carmen do ponto de vista moral. Mas os que não a conheciam direito tinham razão de se assustar. Quando ela se encontrava com o humorista Jorge Murad, na Mayrink Veiga, ou com o compositor e pianista Gadé, na Victor (seus principais interlocutores no item papagaio), a rádio saía do ar e a gravadora perdia horas de trabalho — porque os microfones tinham de ser desligados.

Em fins de 1931, uma fabulosa geração de compositores e letristas brasileiros, que vinha se formando havia dois anos, já estava pronta. Seus instrumentos para compor eram o violão, o piano, um ou outro instrumento de sopro ou percussão e, em último caso, a caixa de fósforos (os sambistas preferiam os da marca Olho — mais fáceis de afinar —, fabricados pela Companhia Fiat Lux, do Rio). Poucos liam ou escreviam música, mas não faltava quem fizesse isso por eles nos estúdios. Como letristas, alguns tinham diploma de médico ou de advogado, embora seus amigos não fossem malucos de se tratar ou se deixar defender por eles. Outros desses letristas mal haviam sido apresentados à cartilha, mas eram capazes de citações até em francês. A maioria tinha um insuperável jeito para as palavras, uma veia poética intuitiva e um olho afiado para a observação romântica ou humorística. Todos (uma ou duas exceções) eram homens da rua e da esquina, bons de café e de botequim. Sua língua comum era o samba, enfim estabelecido como o ritmo nacional, com suas novas e ricas variações: o samba-canção, o samba-choro, o samba de breque. Mas eles dominavam também outros idiomas, como a marchinha, a valsa, o fox, o tango, a toada, o cateretê, a embolada, a batucada e até a macumba. E, claro, todos, mesmo os nascidos em outros estados, tinham a verve carioca — a alma da Avenida, a malandragem dos morros, a sabedoria dos subúrbios. Em 1932, o país inteiro iria cantar o que sairia de sua inspiração.

Alguns desses rapazes (e uma moça) eram Ary Barroso, Noel Rosa, Lamartine Babo, João de Barro (Braguinha), Almirante, Antonio Nássara, André

Filho, Benedito Lacerda, Ismael Silva, Newton Bastos, Alcebíades Barcellos, Armando Marçal, Cartola, Custodio Mesquita, Orestes Barbosa, Luiz Peixoto, a dupla Gadé e Walfrido Silva, Hervê Cordovil, Ataulpho Alves, Frazão, Synval Silva, Assis Valente, Alcyr Pires Vermelho, Oswaldo Santiago, Vicente Paiva, Cristóvão de Alencar, José Maria de Abreu, Mario Travassos de Araújo, Alberto Ribeiro, Wilson Batista, Herivelto Martins, os irmãos Henrique e Marilia Batista. Exceto Orestes Barbosa, nenhum tinha mais de trinta anos. Com aquele presente, a música brasileira podia ter a certeza de um glorioso futuro.

Com todo esse sangue novo em cena, a música do passado não estava absolutamente morta em 1932. Quem morrera fora Sinhô, em agosto de 1930, a bordo da barca *Sétima*, entre Rio e Ilha do Governador, e, com ele, o maxixe. Mas vários de seus contemporâneos, sobreviventes da casa da Tia Ciata, das salas de espera do cinema mudo e dos antigos orquidários líricos, continuavam ativos, como Caninha, Pixinguinha, Donga, João da Baiana, Heitor dos Prazeres, Augusto Vasseur, Eduardo Souto, Freire Júnior, Candido das Neves, Hekel Tavares, Joubert de Carvalho, Olegario Mariano e, naturalmente, Josué de Barros. Incrível, Chiquinha Gonzaga e Ernesto Nazareth ainda estavam vivos — e também produzindo! Bolas, em 1932, a própria Tia Ciata continuava viva, embora aposentada das mandingas no terreiro e da venda de acarajés no largo da Carioca.

Para cantar a música daquele escrete de criadores, também surgira uma nova geração de intérpretes: Carmen, Mario Reis, Sylvio Caldas, Almirante, Luiz Barbosa, Moreira da Silva, Gastão Formenti, Breno Ferreira, Jorge Fernandes, Patrício Teixeira, Carlos Galhardo, João Petra de Barros, Albenzio Perrone, Castro Barbosa e Jonjoca, Joel e Gaúcho, os irmãos Tapajós, o Bando da Lua e, dali a pouco, Dircinha Baptista, Marilia Batista, Aracy de Almeida e Aurora Miranda. Todos tinham também menos de trinta anos; algumas das moças, menos de vinte — e Dircinha Baptista, acredite ou não, menos de *dez*.

Havia também os mais velhos, que vinham do tempo do microfone de chifre, e que nem eram tão velhos assim: Vicente Celestino estava com 38 anos em 1932; Francisco Alves, com 34. Aracy Côrtes era vista como uma veterana, uma cantora da outra geração, mas tinha apenas 28 anos. E, por diversos motivos, todas as cantoras que haviam surgido com Carmen naqueles idos de 1929 perderiam espaço no decorrer dos anos 30: Elisinha Coelho, Jesy Barbosa, Olga Praguer Coelho, Stefana de Macedo, a mirandiana Yolanda Ozorio, a linda Laura Suarez. Algumas iriam se casar e mudar, outras sairiam de cena, e ainda outras apenas se apagariam — e um motivo para isso seria a existência de Carmen.

Em 1932, haveria novidades radicais no Carnaval, no rádio, no disco, no teatro, no cinema e nos direitos autorais. Era o começo de uma era que se chamaria a época de ouro da música popular brasileira. Ouro artístico, bem entendido, porque, para o bolso dos que o produziram, não foi quase nenhum.

Mas, como sempre, haveria exceções. E pelo menos um desses artistas enriqueceria: Carmen.

5 | 1932-1933
Aurora

O Carnaval de 1932, no Rio, não esperou fevereiro. Começou cedo, em janeiro mesmo, com batalhas de flores e de confete em Vila Isabel e na avenida Rio Branco, banhos de mar a fantasia no Flamengo e em Copacabana (as fantasias eram de papel crepom), e bailes em teatros, clubes e praças pela cidade inteira. Sem falar nos bondes, que eram a folia sobre trilhos. A cidade cantava, de Lamartine Babo e Noel Rosa:

A-e-i-o-u
Dabliú, dabliú
Na cartilha da Juju
Juju...,

ou, de Ismael Silva e Noel,

Olha, escuta, meu bem
É com você que eu estou falando, neném
Esse negócio de amor não convém
Gosto de você, mas não é mui... to
Mui... to,

e, claro, "Teu cabelo não nega", de Lamartine e irmãos Valença. Eram as marchinhas que vinham para se tornar a voz da cidade nessa época. Para se fazer ouvir no resto do Brasil, bastava a uma delas ser cantada da praça Tiradentes à Cinelândia. O problema era sobreviver a esse curto percurso — a concorrência era colossal.

A partir do sábado de Carnaval, 6 de fevereiro, houve corso todas as tardes nas avenidas; desfiles de blocos, ranchos e cordões nos bairros; e música, éter e beijos a todo tempo e hora. Aquele seria um Carnaval de estreias. No domingo, aconteceu o primeiro campeonato das escolas de samba, promovido pelo jornal *Mundo Sportivo*, de Mario Filho, na praça Onze, e vencido pela Mangueira. Na segunda-feira, o primeiro baile do Theatro Municipal, de gala, para os gringos e granfas, com três orquestras, concurso de fantasias e a presença de 4 mil foliões, entre os quais Getulio Vargas. E, na terça, o ponto alto do Carnaval: o tradicional desfile das grandes sociedades — Fenianos, Democratas, Tenentes do Diabo, Pierrôs da Caverna —, com seus dragões de boca aberta, mulheres jogando beijos para as sacadas da Avenida e, quem sabe, o próprio Diabo disfarçado entre os fantasiados de diabo. Na madrugada de quarta-feira, foliões e folionas voltaram para casa com as roupas rasgadas, o batom borrado, as ilusões perdidas, e já antecipando a frase do escritor Dante Milano: "Brasileiros, vocês hão de ter saudades do Carnaval".

Mal os confetes foram varridos, os cariocas puderam se ver no filme *O Carnaval cantado de 1932*, produzido pelo exibidor Vital Ramos de Castro com o apoio do pessoal da Cinédia. Era um documentário sonoro, de cerca de quarenta minutos, mostrando, talvez, boa parte do que se descreveu acima. Infelizmente só se pode presumir porque, cumprida sua temporada nas telas do Rio, o filme saiu para percorrer o país e as poucas cópias foram se destruindo pelo caminho, deixando um pedaço em cada poeira, até que todas desapareceram. Como o negativo também sumiu, o filme se perdeu para sempre. Foi pena — pela primeira vez, tinham sido filmadas externas noturnas do Carnaval, com a equipe de Adhemar Gonzaga usando refletores emprestados pelo Exército para iluminar a Avenida e compensar a baixa sensibilidade da película.

E pena ainda maior porque o filme continha a primeira aparição de Carmen no cinema, cantando "Bamboleô". Ou parecendo cantar — porque o que se ouvia era a sua gravação da Victor, aplicada aos discos Vitaphone de dezesseis polegadas que rodavam sincronizados com o projetor. (Aliás, todo o áudio do filme era pré-gravado — naquele ano, nenhuma equipe brasileira de filmagem tinha condições de gravar o som na rua, muito menos na barafunda do Carnaval.) O irônico é que, quando Carmen finalmente realizou o sonho de se ver na tela, isso foi apenas uma consequência inevitável de seu sucesso nos discos — como se, subitamente, o cinema não pudesse prescindir mais dela, e ela lhe fizesse um favor em se deixar filmar.

Nas pequenas questões práticas, Carmen não tinha tanto poder assim. Uma famosa foto de lambe-lambe mostra Carmen naquele Carnaval, ao volante da barata de Mario Cunha, com ele a seu lado, de pernas cruzadas para fora do carro, e este abarrotado de foliões, todos de camisa listrada e boné, prontos para sair no corso. Entre eles, é possível identificar Aurora, Mocotó, Tatá e as amigas de Carmen, as irmãs Lulu e Sylvia Henriques. E Carmen estava mesmo ao volante — mas só para a fotografia. Poucos minutos depois, teria de ceder o lugar a Mario Cunha e voltar para o banco do carona. Por mais que ela insistisse, ele não a ensinava a dirigir e não permitia que outro o fizesse. A maior estrela da música popular poderia comprar um carro, se quisesse, mas não tinha autonomia para dirigi-lo.

A desculpa de Mario Cunha era a de que ele tinha o maior orgulho em transportá-la — o que era verdade. Carmen se submetia. Em janeiro, ele a escoltara mais uma vez pela sede do Fluminense, para suas apresentações nos bailes pré-carnavalescos do tricolor, acompanhada pela orquestra de Pixinguinha. No mesmo mês, estava à sua espera na porta do Cine Eldorado, na avenida Rio Branco, ao fim de cada um dos shows que ela fizera para a Victor com seus novos colegas de gravadora, Lamartine Babo e Almirante. E Mario Cunha não era apenas um homem galante. Era também solidário e compreensivo: enquanto o mundo se divertia, sua namorada tinha de trabalhar no Carnaval, mas ele não reclamava.

Em termos estritos de folia (ou seja, sem que Carmen precisasse cantar), o ponto alto do tríduo de 1932, para eles, foi o baile promovido por Jonjoca em casa de seus pais, na rua Sorocaba, em Botafogo, animado pelo incansável Pixinguinha. Eram dezenas de amigos eufóricos, ruidosos e com fantasias iguais. Mocotó, Mario Travassos (pianista, niteroiense, autor de "Palavra doce"), Laércio, Zuza, Inácio, Maurício e o próprio Jonjoca, entre outros, estavam de havaianos; Carmen, Aurora e mais seis amigas estavam à marinheira. "Teu cabelo não nega" — a marchinha que o dono da casa perdera na moeda — foi tocada incontáveis vezes pela orquestra aquela noite. Carmen e Mario Cunha pularam, suaram e se esbaldaram, indiferentes às horas. E, enquanto seus amigos adernavam pelos cantos ou já estavam indo embora, os dois continuaram brincando até o sol raiar. Era o sétimo Carnaval que passavam juntos e, para todos os efeitos, ainda tinham muitos pela frente.

Mas sete é um número traiçoeiro, e um relacionamento não vive só de confetes e serpentinas — ou do que as duas pessoas fazem quando ninguém está olhando. Coincidência ou não, aquele seria o último Carnaval em que Carmen e Mario Cunha fariam suas fantasias na mesma costureira.

Na tarde de 19 de junho, domingo, o presidente Getulio Vargas foi ao estádio do Fluminense para assistir às apresentações dos atletas que iriam representar o Brasil nas Olimpíadas de Los Angeles, em julho. A caçula e única mulher da delegação, a nadadora Maria Lenk, de dezessete anos, deu um show na piscina e entusiasmou Getulio. Mas, aos rapazes de remo, ele só desejou boa sorte, porque, naturalmente, nas Laranjeiras não se podia vê-los em ação. Dois desses rapazes eram o remador rubro-negro Mario Cunha, trinta anos, e o sota-proa do oito vascaíno, Mocotó, vinte anos. Não há indício de que Carmen tenha comparecido ao evento. O fato de que seu irmão estava a ponto de se tornar um atleta olímpico era um motivo de orgulho para ela, mas a ideia de ver seu namorado saracoteando no estrangeiro a deixava uma arara. Por conhecer Mario Cunha tão bem, ela já o via aproveitando cada minuto de folga em Los Angeles para ir a Hollywood e penetrar em algum estúdio para seduzir Jean Harlow, Myrna Loy ou alguma outra sirigaita do cinema. Decidiu dar-lhe um ultimato: se ele embarcasse, o namoro estava encerrado.

CARMEN

Contraditoriamente, Carmen acabara de assinar um contrato para se apresentar no Teatro Jandaia, em Salvador, em setembro — mais ou menos na época em que a delegação olímpica deveria estar voltando de Los Angeles. Quando Carmen o encostou à parede, Mario Cunha tentou argumentar:

"Mas, Carminha, você foi não sei quantas vezes a São Paulo e eu nunca disse nada. Já foi até a Buenos Aires. E essa excursão à Bahia, eu é que fiz força para você aceitar. Agora eu tenho uma oportunidade de conhecer os Estados Unidos, de graça, sem o menor ônus, e você não quer que eu vá?"

Carmen não queria saber:

"Se você for, nós terminamos."

Então, para grande surpresa de ambos, ouviu-se a voz de Mario Cunha, como que saindo de outra pessoa, dizendo:

"Então terminamos!"

E terminaram mesmo.

Poucos dias depois, Mario Cunha, Mocotó e os outros atletas começaram a viagem para Los Angeles a bordo do *Itaquicê*. Tudo deu errado no caminho. Sem verba oficial, a delegação levava 55 mil sacas de café, que precisaria vender nas escalas para pagar as inscrições dos atletas — uma média de 671 sacas por atleta, e quem não vendesse sua cota não seria inscrito. Mas as vendas foram fracas e, por causa daquela carga, o navio foi retido na entrada do canal do Panamá, acusado de contrabando. Ficou duas semanas parado ali, com os atletas proibidos de ir a terra, enferrujando as juntas e sonhando com o que estavam perdendo em Los Angeles. A monotonia só era quebrada por Mocotó, que às vezes se vestia de Carmen e fazia perfeitas imitações da irmã, rebolando e gesticulando ao cantar — sem gaguejar — "Taí" ou "Bamboleô". As gargalhadas quase sacudiam o navio.

Mario Cunha era o único que não achava graça na brincadeira. No bolso do macacão, trazia a última foto que Carmen lhe mandara, com a dedicatória: "Ao Mario, ofereço esta insignificante recordação da... tua ex. Carmen". Pela primeira vez, nada de Bitucas, Maricos, Marinhos ou maridinhos.

O impasse quase absurdo criado por Carmen a respeito da viagem não passara de um gatilho para o rompimento. A crise era mais profunda. O que a ligava a Mario Cunha era a atração física e, depois de sete anos, ela podia ter se cansado dele. Não havia, para nenhum dos dois, nenhuma perspectiva de casamento — ele, por não ser do tipo casadouro; ela, por não ter a menor intenção de encerrar a carreira (o que precisaria acontecer se se tornasse a sra. Mario Cunha). O namoro caíra num chove não molha, conveniente para ele, que a tinha com exclusividade, e incômodo para ela, que se sabia traída a três por dois. Outra humilhação era a de que os pais de Mario Cunha nunca se interessaram por conhecê-la e a viam apenas como uma das conquistas do filho.

Só que, ao mover-se agora nos mais variados círculos, inclusive intelectuais, e sendo requisitada, adulada e desejada 24 horas por dia, Carmen já não precisava se submeter a esse desprezo. E também se ressentia do tipo de autoridade que Mario Cunha insistia em exercer sobre ela, como ao impedi-la de dirigir automóvel — como se ela ainda fosse a guria de dezesseis anos que ele conhecera na loja de gravatas.

Como se tivesse se livrado de um peso morto, Carmen sobreviveu muito bem ao fim do namoro. Mario Cunha, menos — e a brincadeira de Mocotó no navio o deixava com gosto de cabo de guarda-chuva na boca.

O Itamaraty resolveu o problema da carga de café e o Brasil seguiu viagem para Los Angeles, aonde custou, mas chegou. Devido à parada no canal, a delegação já pegou os Jogos pelo meio. Os atletas estavam miseravelmente fora de forma. Tinham passado seis semanas a bordo, sem poder treinar (não havia sequer uma piscina para Maria Lenk dar umas braçadas) e se limitando a alguma ginástica no convés. Ganhar medalhas, nem pensar, e a simples possibilidade de fazer bonito era remota. Por algum motivo, Maria Lenk teve de nadar com um maiô emprestado, mas chegou à semifinal no nado de peito. No remo, o barco de Amaro foi logo eliminado, e Mario Cunha, como outros atletas, nem chegou a competir. Foi a pior participação do Brasil nas Olimpíadas em todo o século xx.

Para não dizer que a viagem foi em vão, a delegação visitou o estúdio da Fox, ciceroneada por Raul Roulien, o brasileiro que fora para Hollywood dois anos antes e, ao contrário de Lia Torá e Olympio Guilherme, se dera surpreendentemente bem. Roulien já fizera vários filmes americanos, todos exibidos no Brasil. Os atletas ficaram de boca aberta quando, na Fox, ele passou por Spencer Tracy, disse "Oi, Spence!", e ouviu de volta "Oi, Raul!". Mas, se Roulien apresentou Jean Harlow ou Myrna Loy a Mario Cunha, não há notícia de que o ex-namorado de Carmen tenha conseguido alguma coisa.

Aliás, Roulien também nunca conseguiu.

Meses antes, no dia 1º de março, o governo federal baixara um decreto-lei permitindo a propaganda no rádio. A partir dali, os programas poderiam apresentar toda espécie de anúncios pagos — o que equivalia a soltar uma raposa (ou um papagaio) no galinheiro. Isso permitiu às emissoras estabelecer uma programação fixa, com cada minuto valorizado, e formar profissionais que, até então, não precisavam existir. Surgiram os corretores, que iam buscar os anúncios no comércio, e os redatores que os criavam, com ou sem música, para ser lidos ou interpretados ao vivo pelos locutores, radioatores e cantores. O primeiro anúncio cantado foi composto por Nássara para o *Programa Casé*, na Rádio Philips, com Luiz Barbosa, o inventor do samba de breque, apregoando as delícias do pão Bragança, fabricado por uma padaria em Botafogo. Sem querer, havia algo de simbólico nesse pioneiro jingle sobre um pão — por causa dele, e de muitos outros comerciais com música, as patroas desses compo-

82 CARMEN

sitores já podiam acertar as contas na quitanda ou fazer a feira duas vezes por semana. Os anúncios eram criados na própria rádio, em cima da perna, e tratavam geralmente do varejo carioca — um dos mais famosos, com música e letra de Noel Rosa, era o do Dragão, a histórica loja do tipo tem-tudo, na rua Larga.

As rádios começaram a competir pelas maiores atrações e, com isso, os cachês dos artistas melhoraram. Mas não era o profissionalismo para valer, porque os cantores não tinham contrato de trabalho, apenas vínculos ocasionais. Foi ainda sob esse regime que Carmen inaugurou no dia 8 de abril o seu programa semanal de quinze minutos na Mayrink Veiga — e também ali havia algo de simbólico, porque a emissora, na rua Mayrink Veiga, 15, ficava quase em frente à barbearia onde, 23 anos antes, seu pai começara a vida no Brasil. O cachê de Carmen era de 500 mil-réis para cantar quatro vezes por mês. Razoável para ela, talvez, mas insignificante para a emissora. As rádios cobravam aos anunciantes o valor de mil-réis por segundo — donde, com oito minutos e meio de anúncios no ar, todo o mês de Carmen estava pago.

Como ainda não era o profissionalismo à vera, certos artistas — Sylvio Caldas era um — não perdiam o hábito de, com o programa já no ar, deixar a rádio "um instantinho" para ir tomar algo na esquina. E, com frequência, esqueciam-se de voltar, obrigando os desesperados contrarregras a ir catá-los nos botequins da vizinhança e levá-los de volta quase pela orelha. Carmen não fazia isso, porque não bebia, mas vivia se atrasando para o seu próprio programa. Em casa, os ouvintes já achavam graça quando Felicio Mastrangelo, agora na Mayrink, anunciava o seu nome. A orquestra dava a deixa e nada de Carmen entrar. Duas ou três deixas depois, Carmen chegava esbaforida ao microfone, depois de subir correndo os quase trinta degraus entre a calçada e o palco.

Se os compositores anônimos já a cercavam na rua para lhe mostrar seus sambas, o assédio aumentou por causa do programa. Eles agora sabiam onde e quando encontrá-la: à saída da Mayrink, terminado o seu horário. Mas Carmen tinha um guarda-costas tão informal quanto eficiente: o fiel Josué de Barros. Imponente, cara feia, sobraçando o violão sem capa e conhecendo todo mundo, ele se punha entre ela e os que se aproximavam — como se tivessem de passar primeiro por ele. Josué continuava a ser seu violonista e mentor profissional. Mas sua própria sensibilidade já lhe dissera que, depois de ter dez músicas gravadas por Carmen — todas em 1929 e 1930, quando ela estava começando —, era melhor que ele agora dirigisse sua produção para outros cantores. Carmen crescera demais e havia novos compositores na praça, como Ary Barroso, André Filho, Lamartine Babo, Ismael Silva e Noel Rosa, muitos compondo para ela — e com quem ele não podia nem sonhar em competir. A partir de 1931, Josué só seria gravado por cantores novatos como Floriano Belham, Sonia Veiga e Sonia Burlamaqui — nenhum deles pegou —, ou por ele mesmo ao violão.

Outro mulato alto, também baiano e compositor, só que bonito e muito jovem — 21 anos —, tentou aproximar-se de Carmen em 1932: Assis Valente. E, como todos, Assis esbarrou em Josué. A solução que encontrou foi a de tomar aulas de violão com Josué, na esperança de ter acesso a ela. Enquanto isso, exercia dupla militância e buscava também uma aproximação com Aracy Côrtes. Com Aracy, foi fácil: Assis fez campana à porta do Teatro Carlos Gomes; ela chegou de carro e ele lhe mostrou seu samba "Tem francesa no morro", uma variante francófona de "Canção para inglês ver", de Lamartine, que ela também lançara no teatro no ano anterior. Aracy gostou de "Tem francesa no morro" e, em meados do ano, gravou-o na Columbia. O disco não teve nenhuma repercussão, mas não por culpa da música. Aracy, a deusa das revistas, é que não dava a menor importância a discos nem se rebaixava a fazer o circuito das rádios para lançá-los. Só por isso a carreira de "Tem francesa no morro" nunca esteve à altura de sua qualidade:

Donê muá si vu plé
Lonér de dancê aveque muá
Dance, ioiô
Dance, iaiá
Si vu freqüentê macumbê
Entrê na virada e fini pur sambá...

Assis estava no Rio desde os dezessete anos, em 1928, e seu talento extrapolava a facilidade para fazer música e letra. Era também desenhista (já publicara alguns desenhos nas revistas *Shimmy* e *Fon-Fon!*) e escultor. Com algum esforço, poderia tentar uma carreira nas artes plásticas. Mas, para ganhar a vida, preferia esculpir dentaduras. Era protético de um laboratório na rua da Carioca e, segundo voz geral, dos bons. Uma piada recorrente dizia que suas dentaduras só faltavam falar. Sua própria dentadura (autêntica, dele mesmo) merecia ser exposta numa galeria de arte e, aliás, ele a exibia à menor solicitação: dentes muito brancos e alinhados, um sorriso cativante, de lábios finos, e, encimando tudo isso, um provocante bigodinho. Vestia-se na pinta e era fino e educado — diante de Brancura, um áspero sambista do Estácio, podia se passar pelo príncipe de Gales. Por um hábito adquirido na Bahia, Assis cortava o cabelo rente, para aplainar a escadinha, e não se considerava mulato, mas "bronzeado". No Rio, evidentemente, isso era besteira, e o que impressionou Carmen, quando Assis finalmente chegou a ela, em julho, foram as duas músicas que ele lhe mostrou, quase que uma depois da outra: o samba "Etc..." e a marchinha "Good-bye". Nenhum principiante lhe oferecera até então um material daquela categoria.

No dia 8 de agosto, Francisco Alves, Carmen Miranda, Noel Rosa e Almirante, acompanhados pelos violões de Josué de Barros, subiram ao palco do

Cine-Teatro Broadway, na rua do Passeio, para uma temporada de uma semana. O Broadway era o antigo Capitólio, rebatizado como o seu homônimo de Buenos Aires e adaptado para espetáculos de palco e tela pelo exibidor Ponce & Irmão (para quem o muito jovem Nelson Rodrigues escrevia os textos publicitários). Às cinco da tarde, Chico, Carmen, Noel e Almirante faziam o primeiro show. Seguiam-se duas sessões do filme *Eram treze* (*Eran trece*), com Raul Roulien, e, às nove, eles voltavam para o segundo show. Logo no primeiro espetáculo, Josué, por "distração", tocou a introdução de "Good-bye" — que, pouco antes, tinha sido retirada do programa por Francisco Alves sob a alegação de que Carmen ainda "não dominara a música". Mas Carmen se fez de boba e cantou a marchinha de Assis. A plateia delirou e ela convocou o compositor ao palco. Chico Alves fez cara de tacho e Assis Valente estava consagrado.

Os irmãos Ponce chamaram essa série de *Broadway Cocktail*. Uma semana antes, já tinham promovido com sucesso o primeiro "coquetel", estrelado por Sylvio Caldas, Laura Suarez, Lamartine Babo e a pianista Carolina Cardoso de Menezes. A ideia era trocar semanalmente o show e o filme. Mas, no *Cocktail nº 2*, com Chico, Carmen, Noel e Almirante, a semana de 8 a 15 de agosto não bastou. A massa acorreu, intuindo que estava tendo o privilégio de assistir a algo único — estava mesmo —, e eles tiveram de dobrar a temporada, até o dia 21 (o filme é que mudou para *A vida é uma dança*, ou *Ten Cents a Dance*, com Barbara Stanwyck e Ricardo Cortez). E só não continuaram em cartaz por ainda mais tempo porque, para tristeza de Ponce & Irmão, os dois principais, Chico e Carmen, tinham outros compromissos.

Os Ponce não se conformavam: um dos compromissos de Carmen era um show beneficente no Cine Atlântico, um cineminha de segunda na avenida Nossa Senhora de Copacabana, com renda destinada à Casa do Pobre. Ela não poderia pedir desculpas e faltar? Neca, disse Carmen. E nem ao menos era a única atração — também estariam no palco Sylvio Caldas, Custodio Mesquita, Patrício Teixeira e Elisinha Coelho. Que diferença faria se ela fosse ou não? Eu prometi, respondeu Carmen. E se nós lhe pagássemos um cachê maior que o de Francisco Alves? Nada feito, insistiu Carmen, e podem ir pentear macacos.

Carmen ignorou o dinheiro e os argumentos de Ponce & Irmão. Fez o show de graça para a Casa do Pobre num pulgueiro e ainda foi criticada por seu amigo Theo-Filho, em *Beira-Mar*, por ter cantado, de piada, dois tangos humorísticos. A rainha do samba não podia mais se aventurar por certos ritmos exóticos, nem de brincadeira.

Mas havia outro motivo importante para Carmen não abrir mão desse show no Cine Atlântico. Nele, ela apresentou, quase clandestinamente, uma nova e promissora cantora, que lhe era muito chegada: sua irmã Aurora. Aurora Miranda.

■

No dia 14 de setembro, Carmen tomou o *Cuyabá* para Salvador, Bahia. Diz a lenda que, ao cruzar a barra do Rio, seu navio cruzou com o *Itaquicê*, que voltava de Los Angeles com a delegação olímpica. Os dois navios podem ter apitado cordialmente um para o outro, mas não é crível que Carmen e Mario Cunha, cada qual em seu convés, tenham se acenado com lenços brancos.

A excursão de Carmen compreendia shows em Salvador, Cachoeira, São Félix e Alagoinhas, todos na Bahia, e dali até o Recife, para mais shows, de onde voltaria para o Rio. Como Carmen não acreditava em agentes, o convite lhe foi feito diretamente pelo exibidor baiano José Oliveira, proprietário do Jandaia, o enorme cineteatro de Salvador, na Baixa dos Sapateiros, com custos divididos entre as demais praças. Com Carmen viajaram, como sempre, seu pai — a essa altura, mais chaperon do que barbeiro — e seus dois acompanhantes musicais, Josué e seu filho Betinho, já um profissional do violão aos quinze anos.

A viagem tomava quase uma semana, e Carmen chegou a Salvador no dia 20 de setembro, terça-feira, a tempo de descansar um pouco antes de estrear no sábado, dia 24. Segundo uma história contada por Almirante, e depois muito repetida, essa estreia teria sido um desastre: o teatro era um poeira; não havia microfone; a acústica era péssima; e a plateia, muito grossa, infernizara Carmen durante o espetáculo, aos gritos de "Rebola! Rebola!". Diante disso — continua Almirante —, ela suspendera a temporada e mandara um telegrama para ele no Rio, convocando-o a ir salvá-la e a dividir o show com ela, cantando emboladas e contando piadas. Almirante teria tomado o primeiro vapor, passado fome na viagem (embarcara com pouco dinheiro) e chegado a tempo de Carmen reestrear o show no dia 26, segunda-feira, dando início a uma temporada de sucesso.

É difícil saber como nascem certas lendas — e essa é uma história mal contada em toda linha. Entre outras coisas, o Jandaia não era um poeira. Na verdade, era um teatro de luxo, novo em folha, inaugurado um ano antes. A falta de microfones era normal na época, donde a acústica era planejada de acordo. É possível que, num teatro daquele tamanho (2260 lugares), a voz de Carmen não chegasse bem a certos setores da plateia e, justamente desses — as galerias, onde ficavam os estudantes universitários, de pé e sem pagar —, partissem gritos de "Rebola! Rebola!". Mas seria essa uma crise com que a tarimbada Carmen não soubesse lidar? O importante, no entanto, não é isso. É a participação de Almirante.

Muito antes do início da temporada, o jornal *A Tarde* já anunciava a presença de Carmen e de Almirante em Salvador para uma série de shows no Jandaia. O anúncio, falando de ambos, saiu diversas vezes. Ou seja, Almirante iria de qualquer maneira. A estreia, marcada para o dia 24 de setembro, foi transferida para o dia 26 e, segundo todos os jornais, lá estava Almirante ao lado de Carmen. Em nenhum jornal baiano do período se lê sobre uma estreia desastrada no dia 24. Mas, supondo que tenha havido, como seria possível a Almirante, no Rio, receber um telegrama nesse dia, embarcar correndo e chegar a Salvador menos de dois dias depois? A resposta, levantada pelo pesquisador baiano Waldir Freitas Oliveira nos arquivos de *A Tarde*, é simples: Almirante perdeu o vapor em que deveria ter embarcado com Carmen no dia 14, e o navio seguinte deve ter levado dois ou três dias para sair. Donde Carmen chegou a Salvador no dia 20, e Almirante não conseguiu chegar antes do 24. E só por isso a estreia passara para o dia 26. Enfim, nenhum mistério, exceto o de que a memória de Almirante, sempre tão acurada, lhe faltou nesse episódio.

Carmen e sua trupe se hospedaram no Palace, o melhor hotel da cidade. Foram à praia algumas vezes, certamente em Itapuã, por ser mais afastada e de difícil acesso. Sabe-se que Carmen foi ao Bonfim e fez uma promessa para o Nosso Senhor do Bonfim, mas não há a menor possibilidade de que tenha sido levada a terreiros de candomblé — eles ainda não faziam parte dos roteiros turísticos. Um dos lugares em que almoçou em Salvador foi o restaurante de Maria de São Pedro no antigo Mercado Modelo, ponto tradicional das "baianas" vendedoras de quitutes em tabuleiros. E pode ter visitado uma loja de discos de Salvador, a Casa Trianon, que imprimiu um postal com sua foto tendo no verso a letra de "Good-bye", para distribuir aos clientes. Nos cerca de trinta dias que passou na cidade, Carmen fez dez shows no Jandaia, sem nenhuma atribulação. Num desses shows, sentado anonimamente na torrinha e hipnotizado por Carmen, um aspirante a artista: Dorival Caymmi, de dezoito anos. O único compositor baiano com quem se sabe que Carmen falou em Salvador foi o jovem Humberto Porto. Ela gostou dele e o estimulou a ir para o Rio. Anos depois, Humberto seguiu o conselho, para benefício da música popular.

Carmen entrava em cena por volta das sete e meia, sempre depois de um filme, que era trocado a cada dois dias. Aos domingos, o espetáculo era em matinê. Carmen contou depois que seu camarim era visitado após cada show pelas "melhores famílias baianas" — o que ela achava significativo, porque logo percebeu o elitismo e o nariz empinado da sociedade de Salvador. Em todos os shows, Carmen cantava nove ou dez músicas, revezando com as emboladas e anedotas de Almirante e os números instrumentais por Josué e Betinho. O final, apoteótico, era "Good-bye" — que, segundo Carmen, ela teve de bisar doze vezes em determinada noite no Jandaia. Sua despedida da cidade se deu em duas noites no Guarani, teatro um pouco mais central, nos dias 17 e 18 de outubro.

De Salvador, agora de trem, foram no dia 20 para Cachoeiro e São Félix, cidades gêmeas à beira de um rio, a oeste da baía de Todos os Santos e famosas pela produção de charutos. Em São Félix, o teatro era de fato tão pobre que Carmen teve de improvisar uma cortina junto ao comércio local. Dali, rumaram para Alagoinhas, na direção de Sergipe, onde se apresentaram no Cine Popular. Um orador local deixou-se arrebatar por Carmen e debruçou-se tão estouvadamente sobre o balcão para saudá-la — "Beleza doce dos seus luares, veneno que não mata, pimenta que dá saúde!" — que quase despencou lá do alto. E um fazendeiro jovem, rico e boa-pinta, Mariozinho do Ouro — o apelido tinha a ver com seu apreço pelo metal —, caiu-lhe em cima de forma implacável, com promessas de presentes dourados. Carmen o manteve à distância, mas Mariozinho se gabaria pelos anos seguintes de lhe ter dado um bracelete de ouro. De lá, sempre de trem, Carmen, Almirante & Cia. voltaram a Salvador e, dali, tomaram o navio — o *Ruy Barbosa* — para o Recife.

Na primeira noite de Carmen no Teatro Santa Isabel, no Recife, no dia 29, uma quarta-feira, o poeta pernambucano Ascenso Ferreira subiu ao palco para apresentá-la e rasgou o verbo:

"Com ela, a tragédia foi morta pelo bom humor e a tristeza nativa mudou-se em festa de batuque e bombos", terminando sua introdução com a frase: "Deus permita que tu botes diamantes pela boca!".

E, pelo visto, ela botou. Os estudantes, apinhados nas torrinhas neoclássicas do velho Santa Isabel, jogavam-lhe serpentinas e gritavam: "Morena do céu!". Ao fim do espetáculo, o interventor de Getulio Vargas no estado, Carlos Lima Cavalcanti, foi ao palco entregar-lhe um buquê, ao mesmo tempo que um segundo buquê, sem cartão, também era entregue a Carmen. No Recife, como em toda parte, ela teve um admirador que a seguia sem aproximar-se. Ficava de tocaia à porta do Hotel Central, onde ela se hospedara, e acompanhava cada movimento seu — o homem fazia isso à distância, respeitosamente, mas que era esquisito, era. Quem estava também de passagem pela cidade, vindo do Rio a caminho de Hollywood, era Will Rogers, então o astro mais bem pago do mundo — 15 mil dólares por semana, pela Fox — e que morreria poucos meses depois, num desastre aéreo no Alasca.

Carmen fez mais dois shows no Recife, nos dias 3 e 5 de novembro, e, de lá, tomou o *Zelândia* direto para o Rio. Mais cinco dias de viagem e entrou na baía de Guanabara no dia 11 de novembro, exausta. A longa viagem só não era insuportável porque, à noite, os passageiros cantavam e dançavam no convés.

A imprensa foi recebê-la no cais como se ela estivesse chegando do exterior. E, pensando bem, não era muito diferente. A excursão a obrigara a passar quase dois meses fora do Rio — tempo em que ficou longe do centro dos acontecimentos, fora do alcance dos compositores, e impossibilitada de gravar. Tudo isso para fazer apenas dezesseis shows, com cachês nem sempre compensadores, em teatros de acústica imprevisível — foi quando decidiu que, um dia, teria seu próprio equipamento de som, que passaria a viajar com ela.

Era assim que as coisas se davam no Brasil de 1932. A falta de estradas e as enormes distâncias levavam os artistas a concentrar suas carreiras nas regiões Sudeste e Sul, enquanto o resto do país, que os admirava pelos discos e pelo rádio, tinha de ficar chupando o dedo. Uma excursão como essa, com tantos sacrifícios, era uma homenagem que o artista prestava à região que visitava. Carmen prestou a sua à Bahia e a Pernambuco.

Por ter ficado tanto tempo fora do Rio, somente em novembro Carmen gravou "Etc..." e "Good-bye". Mas, antes da viagem, já os cantara tantas vezes, até com a presença do autor, que o samba e a marchinha estavam na boca do povo, e Assis Valente já começara a ser abordado na rua. Quando isso acontecia, Assis faiscava seu melhor sorriso e tirava do bolso do paletó um maço de fotos, batidas em estúdio, com ele em close, de perfil e à distância. Escolhia uma, assinava-a e a presenteava ao fã. A popularidade assentava bem em Assis, e ele foi o primeiro compositor brasileiro a sair prevenido de casa, com fotos de reserva e com uma Parker cheia de tinta para os autógrafos. Ao mesmo tempo, era grato a Carmen. Numa tarde em que ela foi visitá-lo no laboratório de prótese, encontrou-o usando as raspas dos moldes preliminares das dentaduras, feitos de um material flexível chamado godiva, para esculpir uma cabeça de mulher. Era uma cabeça com o rosto de Carmen.

Carmen cantou "Good-bye" em *Voz do Carnaval*, o musical que a Cinédia filmou em dezembro de 1932 e janeiro de 1933. Era o primeiro filme brasileiro usando o sistema alemão Movietone: o som óptico, gravado direto na película, usado pela primeira vez por Fritz Lang em *O anel dos nibelungos* (*Die Nibelungen*), em 1926. William Fox comprara-o em 1927 como alternativa ao desajeitado processo Vitaphone adotado pela Warner, e só agora, quase seis anos depois, o estava liberando para o resto do mundo. Adhemar Gonzaga e Humberto Mauro, os diretores de *Voz do Carnaval*, puderam finalmente gravar o som das ruas, permitindo ao carioca se ouvir. "Pela primeira vez no Brasil, o Carnaval gravado em filme com todos os seus ruídos", disseram os anúncios.

Por um triz não se perdeu tudo: durante uma filmagem na avenida Rio Branco, em frente ao *Jornal do Brasil*, um jovem advogado tentou incitar a multidão a destruir o equipamento porque este era "americano". Por sorte, a multidão não aderiu. Deixou o advogado falando sozinho, e o Carnaval e o filme seguiram incólumes.

Voz do Carnaval era um filme-revista carnavalesco, com um fio de trama escrito pelo dramaturgo Joracy Camargo. Mostrava a chegada do rei Momo (o autêntico, Moraes Cardoso, o primeiro rei Momo carioca, recém-eleito) descendo do navio *Macangüê* na praça Mauá e sendo aclamado pelo povo em frente ao edifício do jornal *A Noite* — por sinal, um dos financiadores da produção. Dali, Momo é levado ao Cassino Beira-Mar, no Passeio, onde é oficialmente entronizado. Momo acha tudo isso muito, digamos, oficial, e foge para ver o verdadeiro Carnaval carioca. Desse ponto em diante, passa a ser interpretado pelo comediante Palitos, mas todas as sequências de rua são reais. Momo vai à praça Onze, à gafieira Kananga do Japão, e aos desfiles dos ranchos (entre os quais o Ameno Resedá, o Flor de Abacate e o Mimosas Cravinas). Sobe aos morros, assiste à batucada, e desce à Avenida, onde acompanha o corso e as grandes sociedades. Visita a Rádio Mayrink Veiga, onde conhece Carmen. Vai aos bailes dos cassinos e dos clubes, aos bailes infantis e aos banhos de mar a fantasia. Entre uma e outra aventura, descobre-se no meio dos clóvis, perde-se entre os préstitos e pinta o sete. Tudo é pretexto para números musicais, com os cantores e compositores apresentando sua safra para o Carnaval de 1933.

Safra, essa, de uma riqueza quase inacreditável. Foi o ano em que Lamartine Babo lançou "Linda morena", "Aí, hein?" e "Moleque indigesto"; Noel Rosa apresentou "Fita amarela" e, com Walfrido Silva, "Vai haver barulho no chatô"; Nássara e J. Rui fizeram "Formosa"; João de Barro, "Moreninha da praia"; e não esquecer Assis Valente com "Good-bye". Essa era a trilha do filme, e todas se tornariam clássicos do Carnaval e da música brasileira. As partes de Carmen foram filmadas em janeiro, no estúdio da Mayrink, com ela cantando "Good-bye" e, em dupla com Lamartine, "Moleque indigesto".

O filme estreou em março, no Odeon. Depois correu o Brasil e, como era a sina dos filmes brasileiros, as cópias foram desaparecendo uma a uma e finalmente o negativo também sumiu. (Há uma remotíssima chance de existir uma cópia em Paris. Na época, o embaixador da França no Brasil, Louis Hermitte, entusiasmou-se com o filme e levou-o para ser exibido no Eliseu. Por sinal, dizia-se que Mme. Hermitte não era a embaixatriz francesa no Brasil, mas a embaixadora do Rio em Paris, tamanho o seu amor pela cidade.) Para todos os fins, no entanto, *Voz do Carnaval* também é um filme perdido. E, mais uma vez, ficamos sem um grande documento da vida do Rio e do Brasil. Entre outros pioneirismos, o Carnaval de 1933 foi o primeiro em que os foliões já não dançaram apenas aos pares, enlaçados — mas em grupos, formando cordões, ou cada um por si, ao ritmo das orquestras e batucadas.

Os artigos da época, única maneira pela qual sabemos hoje como era o filme, dizem que, em determinada cena, passando pela rua na maior animação, via-se Mario Cunha. Pelo visto, ele perdera a namorada mas não perdera o aplomb. Quando Carmen voltou da Bahia e não quis muita conversa, ficou claro para Mario que o rompimento era definitivo. Então, ele se aprumou ao espelho, refez suas mortíferas ondas no cabelo e mandou imprimir novos cartões de visita dizendo:

MARIO CUNHA
EX-PEQUENO DE CARMEN MIRANDA

O que levaria Assis Valente a compor para Carmen, tempos depois, "Tão grande e tão bobo", com o mote inspirado nele. Mas Mario Cunha não se ofendeu, e provou que, apesar de grande, não tinha nada de bobo. Sua condição de "ex" de Carmen o tornou o partido mais disputado do Rio.

Aurora era morena, olhos vivos, belos dentes, cabelo farto e cacheado. Era também esportiva: fazia ginástica, jogava vôlei, nadava e ia muito à praia.

Mas nada disso a fez crescer muito, porque tinha a mesma altura de Carmen, 1,52 metro. Todos no meio artístico a conheciam, por causa de seu nome bonito e sonoro, e por ser, desde cedo, a sombra de Carmen nas idas à rádio ou à gravadora — não apenas para fazer companhia à irmã, mas para participar de um coro ou coisa assim. Era evidente que havia uma carreira musical no seu horizonte.

Hoje é evidente também que, por uma exigência familiar, esperaram que ela completasse dezoito anos, em abril de 1933, para lançá-la profissionalmente. Aurora já cantava desde os catorze, em 1929, quando Josué de Barros ia à travessa do Comércio para ensaiar Carmen e, aproveitando, ensinava também uma coisinha ou outra a Cecilia e Aurora. As duas tinham bossa para cantar, mas Cecilia casou-se muito cedo, o que dificultaria que se dedicasse à música. Já Aurora só tinha de esperar a hora — e, enquanto esta não chegava, Josué às vezes a levava informalmente às rádios Philips e Mayrink Veiga, para ganhar experiência. Em agosto de 1932, Carmen a apresentara no palco do Cine Atlântico. Mas só em maio de 1933, um mês depois de seu aniversário, decidiu-se que ela estava pronta.

A convite da Odeon, Aurora gravou em dupla com Francisco Alves a marchinha junina "Cai, cai, balão", de Assis Valente, além de um samba para o lado B. A curiosidade em torno da irmã de Carmen, a presença de Chico Alves a seu lado no microfone e o nome de Assis Valente como autor da música asseguraram o sucesso do disco. Mas por que Aurora o gravou na Odeon, se Carmen era da Victor?

Por isso mesmo — para eliminar possíveis confusões. Era inevitável que Aurora cantasse parecido com Carmen: o timbre era semelhante (afinal, eram irmãs) e nem sempre ela conseguiria evitar algumas bossas típicas da mais velha, adquiridas pela constante observação (e quem mais do que Aurora já vira e ouvira Carmen?). No futuro, Aurora evoluiria para um estilo próprio, mas, no começo, não interessava à Victor ter em seu cast uma Carmen a minuta, para concorrer com a própria. Já para a Odeon, interessava, e muito, ter uma voz que competisse com a de Carmen.

E para o generoso, mas esperto, Chico Alves, era uma delícia prestigiar alguém que poderia dividir o público de sua maior rival em popularidade. Chico não apenas insistiu em fazer dupla com Aurora no primeiro disco da garota como a levou para cantar "Cai, cai, balão" com ele, em junho, no Teatro Recreio, na noite que se tornou a da apresentação oficial de Aurora ao público. E, menos de um mês depois, convidou-a a gravarem, de novo em dupla, o foxtrote de Noel e Helio Rosa, "Você só... mente", que se tornaria um dos discos mais tocados de 1933. Com apenas dois meses de carreira, Aurora emplacara dois sucessos. E, naquele ano, ainda haveria um terceiro e mais retumbante sucesso: a marchinha "Se a lua contasse", de Custodio Mesquita. Aurora gravou-a em outubro, a Odeon lançou-a em novembro, e o disco chegou fervendo ao Carnaval de 1934.

Como todo mundo, Felicio Mastrangelo, diretor artístico da Mayrink Veiga, estava empolgado com Aurora. Mas, quando ele a chamou de "uma joia", no contexto de uma conversa sobre Carmen, Aurora rebateu de pronto:

"Eu sou uma joia da Sloper [referindo-se à loja de bijuterias da avenida Rio Branco]. A joia verdadeira é Carmen."

Queria deixar claro que, entre elas, não havia rivalidade. E não havia mesmo. As duas moravam com a família, como se ainda fossem crianças, e eram muito mais unidas do que costuma acontecer entre irmãs. Carmen participara das reuniões com Josué de Barros e Assis Valente para o lançamento de Aurora, inclusive na escolha de "Cai, cai, balão" para o disco de estreia. Assis, naquele momento, era o compositor quase exclusivo de Carmen. Mas, se fora para ela que ele fizera "Cai, cai, balão", Carmen abria mão da marchinha em função de Aurora. E, se não fosse por isso, havia ainda outro motivo para Carmen ser tão magnânima. É que Lamartine Babo acabara de lhe oferecer uma marchinha também junina: "Chegou a hora da fogueira" — que ela cantaria na mesma noite do lançamento de Aurora no Teatro Recreio e gravaria dias depois, em dupla com Mario Reis, agora também na Victor. "Chegou a hora da fogueira" não se limitaria a ser um dos grandes sucessos do meio do ano de 1933. Era apenas a melhor marchinha junina de todos os tempos.

Sem um namorado para ocupá-la, Carmen passara a sair mais com Aurora. As duas tornaram-se pares constantes de Castro Barbosa e Jonjoca — não para namorar ou para algum fim suspeito, mas apenas para farrear, se divertirem. Os quatro entravam no Plymouth de Jonjoca, com este ao volante, e varavam a madrugada, de Santa Teresa à avenida Niemeyer, cantando e contando piadas. Os passeios às vezes se prolongavam até as oito da manhã. Quando Jonjoca as deixava em casa, com o sol quente, e ia embora com Castro, dali a pouco o telefone tocava. Era Jonjoca — com quem Carmen continuava a fofoca interminável, ambos se fingindo de tatibitates ao telefone.

Ao mesmo tempo que parecia frágil em sua vida amorosa e pessoal, Carmen estava fazendo uma revolução na música brasileira, tornando-a adulta, urbana, maliciosa, e estimulando os compositores a explorar esses caminhos. Ethel Waters vinha fazendo o mesmo na música americana, e exatamente na mesma época. Com elas, a cantora popular deixava de ser a soprano olímpica, para quem a letra da música era apenas uma pista de corrida tendo os agudos como obstáculos, ou a moçoila ingênua e infantilizada que cantava versos matutos ou piegas. A cantora agora era uma mulher que tomava liberdades com o ritmo, adiantando-se ou atrasando-se em relação a ele — ditando o próprio ritmo —, escandindo sílabas, dando um toque picante às letras. Enfim, tornando-se dona da canção.

Pela sua escolha das letras ou pelo jeito de cantar — um jeito positivo, afirmativo, na batata —, Carmen incorporou também uma nova personagem à música brasileira: a mulher do bamba, a namorada do malandro, a morena que sabia se virar e, mesmo apanhando, caía de pé. Fez isso numa série de sambas que gravou em 1932 e 1933, como "Tenho um novo amor", de Cartola, "Mulato de qualidade", de André Filho, "Para um samba de cadência", de Randoval Montenegro, "Quando você morrer", de Donga e Aldo Taranto, "Por amor a este branco", de Custodio Mesquita, "Não há razão para haver barulho", de Walfrido Silva, e em várias marchinhas, entre elas "Elogio da raça", de Assis Valente. Carmen às vezes se dizia "sambista de favela" e alegava ter aprendido a rebolar com "as mulatas dos morros". Mas teria um dia subido a algum?

No Carnaval de 1934, sim. Levada por Almirante, Carmen foi ao morro do Salgueiro, onde assistiu à batucada e à roda de samba das pequenas escolas que, vinte anos depois, se fundiriam na Acadêmicos do Salgueiro. Naquela noite, Carmen conheceu os sambistas históricos do pedaço, como Boruca e o célebre Antenor Santíssimo de Araújo, o Gargalhada, já candidato a lenda. Gargalhada era o líder da Azul e Branco, uma das escolas, e, naquele ano, comandaria a comunidade do Salgueiro na vitoriosa resistência contra o calabrês Emilio Turano, que tentaria despejar a população para ficar com o morro.

Não se sabe se Carmen subiu a outros morros, e havia um claro exagero na sua autoclassificação como "sambista de favela". Ela era uma artista que transitara desde cedo nos mais diversos ambientes, grossos e finos, e aprendera a se sentir em casa neles todos. A Carmen que, naquele Carnaval, confraternizou com Antenor Gargalhada, herói do samba e da guerra no Salgueiro, era a mesma que, dias antes, estava presidindo a comissão julgadora do banho de mar a fantasia no Flamengo, disputado pelos blocos Estou com Calor, Donzelas de Copacabana e Entra sem Machucar. Ou que, sem querer, iria parar o baile de Carnaval do High Life, na Glória, ao entrar com uma gloriosa fantasia de espanhola (assim que a viu entrar, o maestro interrompeu a orquestra e atacou de "Taí"). E que, paradoxalmente, ainda podia ser vista pela Cidade, comprando ilhoses e sinhaninhas no armarinho, comendo torrada Petrópolis na Colombo e andando de bonde como qualquer mortal. Podia fazer tudo isso porque, quisesse ou não, já era Carmen Miranda.

Aos olhos e ouvidos do público, era a primeira mulher brasileira a criar para si uma personalidade pública — e viver dela.

6 | 1933-1934
Pequena Notável

Em 1933, Carmen inaugurou no Brasil o grito dos casaquinhos quase masculinos, de casimira inglesa, em padrões axadrezados. Usou-os, primeiro, com saias; depois, com calças compridas mesmo. Carmen não os mandava fazer na costureira, mas em Victor & Lupovici, reputada alfaiataria na avenida Rio Branco, entre Buenos Aires e Alfândega. Victor era o alfaiate da dupla; Lupovici, o administrador, e, com seu porte de manequim, o melhor garoto-propaganda do talento de seu sócio. Carmen conhecera Lupovici na Rádio Mayrink Veiga e admirara o corte de seu terno — daí a ideia de fazer roupa com eles. Tempos depois, Lupovici saiu da sociedade e se tornou o compositor, cabaretier e ator Ronaldo Lupo, que teria quatro sambas gravados por Aurora (e, mais tarde, um namorico com ela).

Os ternos masculinos eram uma ideia que Carmen tirara dos figurinos de Marlene Dietrich, em filmes como *Marrocos* (*Morocco*, 1931) e *O expresso de Xangai* (*The Shanghai Express*, 1932), criados pelo estilista da Paramount, Travis Banton. (Carmen achava que era Marlene quem inventava os modelos. Jamais adivinharia que, dali a oito anos, o grande Travis Banton estaria costurando para ela na Fox.) Mas aquela era uma ideia que exigia coragem. Uma coisa era ver Dietrich na tela, desfilando de smoking entre chineses fumando ópio e soldados da Legião Estrangeira. Outra era sair pela rua da Alfândega, no Centro do Rio, à luz do dia, usando um terninho parecido com o dos homens que estavam ali a negócios. Por causa disso, houve quem confundisse Carmen ou tirasse conclusões apressadas sobre sua sexualidade — principalmente pela companhia de sua amiga Sylvia Henriques.

Alguns desses apressados talvez estivessem certos a respeito de Sylvia. Era uma mulher feia e não muito feminina, que, desde pelo menos 1930, se dedicava a Carmen com uma devoção que superava a simples condição de fã. Era amiga, humilde, serviçal, sempre pronta a ajudar e, por causa de Carmen, essa dedicação se estendia a dona Maria e ao resto da família, da qual ela se considerava membro. Os de fora viam nessa paixão por Carmen um lesbianismo mal resolvido e platônico, mas não de todo desinteressado — porque Sylvia se beneficiava da situação. Por opção pessoal, não trabalhava, não procurava emprego e não tinha renda. Mas herdava as roupas de Carmen, tinha contas pagas por ela e usufruía o conforto da família. E por que Carmen, como sempre, se submetia? Porque, como toda artista, gostava de saber que contava com um séquito de adoradores — e Sylvia, sozinha, valia por um séquito. Para Carmen, que diferença fazia dar-lhe uns vestidos velhos e ajudá-la a saldar seus compromissos se, com isso, podia tê-la full-time como faz-tudo e dama de companhia?

Carmen só se irritava quando Sylvia ficava possessiva, chata e, por se julgar com direitos, passava do ponto. Sylvia não gostava de Mario Cunha, e não perdia uma chance de dizer algo contra ele. Nem sempre Carmen podia rebater esses venenos — porque sabia que era a verdade. (Uma foto dos três, na rua, em 1930, é bem significativa: mostra Sylvia de braço dado com Carmen, como que a puxando para si — e a afastando de Mario Cunha, que está a um metro de distância, aparentemente alheio à manobra da mulher.) Outras vezes, Sylvia fazia beicinho quando Carmen dispensava uma atenção a seu ver excessiva a algum novo amigo ou amiga. Ao perceber isso, Carmen lhe dava um fora:

"Ah, está com ciúme? Pois vá mudando a chapa, batuta. Não aguento ciúme de macho, vou aguentar de mulher?"

Sylvia vibrou com o fim de caso entre Carmen e Mario Cunha. Mas não ganhou nada com isso. Com ou sem ele, Carmen tinha períodos em que a deixava de lado e parava de rebocá-la por toda parte. Nessas ocasiões, Sylvia engolia seu orgulho e se afastava para esperar — sabia que Carmen a convocaria de novo. Ou então transferia seu foco de interesse para Aurora, que sempre a tratava bem e não se importava de se deixar explorar.

A partir do segundo semestre de 1933, foi a vez também de Aurora começar a viver o turbilhão do estrelato, com o rádio, os discos, os ensaios e as viagens. Já não tinha a mesma liberdade de antes — como descobriu a duras penas no fim daquele ano, na praia do Lido, quando nadou até um pouco mais longe do que costumava e foi reconhecida por um fã numa lanchinha. O ocupante da lanchinha embicou na sua direção, gritando "Aurora! Aurora!", e aproximou-se tanto que, ao passar por ela, não evitou que a hélice raspasse de leve em sua perna. Aurora sentiu o golpe e a dor, mas o que aconteceu em seguida é impreciso. Sangrando muito, e talvez desmaiada, foi tirada do mar por um salva-vidas do Lido, ou mesmo por seu involuntário agressor, e levada para o posto médico do balneário. A hélice lhe provocara um corte de cerca de cinco centímetros na coxa direita. Eles lhe fizeram um curativo de emergência (a cicatriz ficaria para o resto da vida) e a mandaram para casa. Mas, por causa do "acidente marítimo", como o chamou, Aurora não pôde se apresentar no Carnaval do Teatro Glória, na Cinelândia, com Carmen. E, a partir daí, tornou-se mais atenta em sua relação com o mar — e com os fãs.

Nem todos os admiradores de Aurora eram desastrados a esse ponto. Alguns eram tão educados que ela nem percebeu que a admiravam — como o jovem milionário Jorginho Guinle, que, na insegurança dos seus dezessete anos, cortejava-a de longe e em silêncio. Na mesma época houve outro, a quem ela correspondeu — e que era, não por acaso, um dos rapazes mais requisitados da cidade: Cesar Ladeira.

Em julho, agosto e setembro de 1932, quando São Paulo pegou em armas contra o governo federal, uma voz obrigou boa parte do Brasil a dormir mais tarde: a do jovem locutor paulista Cesar Ladeira, pela Rádio Record. Durante aqueles três meses, revezando com seus colegas Renato Macedo e Nicolau Tuma, ele foi o microfone oficial dos revoltosos. Todas as noites, das duas às quatro da manhã, com as demais estações já fora do ar, sua voz — insone, incansável, sincera — exortava os outros estados a aderir à insurreição. Ao fim de cada locução, Cesar repetia o esperançoso slogan: "Renuncie o ditador!" — com uma pororoca de erres dobrados que faziam as válvulas do rádio vibrar como se dançassem uma rumba.

O ditador em questão era Getulio Vargas, *bête noire* dos cafeicultores e industriais paulistas. Em seu quarto no Palácio Guanabara, no Rio, tomando um chimarrão para dormir, Getulio também ouvia as transmissões de Cesar Ladeira pelo rádio e deixava que elas o embalassem. O país não se juntou à guerra dos paulistas e, quando eles se renderam, os líderes do movimento foram presos. Cesar Ladeira, que não era líder, também foi preso e levado para um presídio no bairro paulistano do Paraíso. Os vitoriosos consideraram que a beleza de sua voz, a clareza de sua dicção e a força de seus erres tinham feito a insurreição se prolongar por mais tempo do que devia. Mas, para mostrar que não guardavam rancor, libertaram-no em dezesseis dias e ele pôde reassumir seu posto na Rádio Record, desde que transmitisse coisas mais amenas.

Um ano depois, a convite do empresário Antenor Mayrink Veiga, Cesar Ladeira veio para o Rio em nome de outra revolução: assumir a direção artística da Rádio Mayrink Veiga, no lugar do burocrático Felicio Mastrangelo, e fazer dela a mais ouvida do país.

Cesar chegou à Mayrink Veiga em agosto de 1933. Começou a trabalhar no mesmo dia e saiu-se muito melhor do que a encomenda. Em tabelinha com o novo diretor-gerente, Edmar Machado, aproveitou-se do decreto-lei que liberara a publicidade no rádio e tornou a Mayrink a emissora mais profissional do Brasil. Foi a primeira a trocar os cachês por contratos de trabalho, com horários e vencimentos fixos e direito a férias — e os benefícios abrangiam todo mundo: redatores, locutores, contrarregras, arranjadores, músicos, cantores. A primeira artista a ser contratada foi Carmen, que continuou com seu programa semanal às sextas-feiras, às oito da noite, mas, agora, com o salário de um conto e 400 mil-réis por mês e a obrigação de chegar na hora. Outros que Cesar contratou nas semanas seguintes foram Francisco Alves, Sylvio Caldas, Lamartine Babo, Pixinguinha — os grandes nomes — e a jovem estrela Aurora Miranda.

A Mayrink Veiga não se tornou apenas a emissora mais profissional. Era também a mais experimental. Nela criaram-se os primeiros programas humorísticos (com Barbosa Junior e Jorge Murad), os primeiros radioteatros e as primeiras radionovelas. Pela Mayrink, o locutor Gilson Amado comentou, in loco, durante meses, os debates da Assembleia Nacional Constituinte (que resultariam na Constituição de 1934) e promoveu as primeiras mesas-redondas no rádio. Foi também a primeira emissora brasileira a ficar 24 horas no ar, a levar o microfone para as ruas, e ainda a primeira a fazer uma transmissão internacional — em sintonia com a Rádio Belgrano, de Buenos Aires, controlada pelo poderoso empresário argentino Jaime Yankelevich, com as vozes de Carmen, Aurora, Patrício Teixeira, Madelou de Assis e o piano de Custodio Mesquita na transmissão inaugural. A Mayrink era tão competente e inovadora que as outras estações tiveram de se mexer e, com isso, também melhoraram.

Em quase todas essas medidas havia o dedo de Cesar Ladeira. Apesar da pouca idade, sua intuição e criatividade para o rádio eram assombrosas. Em troca, a Mayrink lhe pagava dois contos de réis por mês, pouco mais do que a Carmen, só que, no seu caso, simbólicos. Seu verdadeiro faturamento eram os 5% sobre os anúncios que ele, como locutor, lesse no ar — fazendo com que, aos 23 anos, em 1933, Cesar ganhasse mais dinheiro do que conseguiria gastar, mesmo que o atirasse pela janela do bondinho do Pão de Açúcar.

Mal se instalou no Rio, ele passou a ser a sensação da cidade. A princípio, era apenas uma voz. Mas uma voz incomum, inesquecível, e suas ouvintes o fantasiavam como possuidor de uma beleza atlética ou hollywoodiana. Quando ele lia pela Mayrink a crônica diária de Genolino Amado, "Cidade maravilhosa" — escandindo enfaticamente a palavra "ma-ra-vi-lho-sa" —, os maridos ouviam suas mulheres suspirando e, irritados, desligavam o aparelho (mas, assim que eles viravam as costas, elas o ligavam de novo). Aos poucos, Cesar foi deixando de ser apenas uma voz e se tornando uma onipresença física, na praia, nos palcos, nos auditórios e nos grandes salões do Rio. Viu-se então que ele não tinha nada de Atlas nem de Hollywood. Era baixinho, mais para o roliço, de pescoço grosso e pernas curtas. Mas as mulheres não quiseram nem saber. Elas o achavam bem-apanhado, muito bem penteado e se apaixonavam pelo seu sorriso e pela curva do seu bigode. Além disso, havia sua voz — e seu poder. Em seus primeiros meses no Rio, Cesar não teve mãos a medir: todas as mulheres da cidade pareciam querer jogar-se sobre (ou sob) ele.

Numa festa em noite de lua cheia, na casa dos pais de Custodio Mesquita, nas Laranjeiras, Cesar enfurnou-se pelo jardim com uma garota e sumiu por algum tempo. Quando reapareceu com ela, passou por Custodio, que fez o comentário velhaco:

"Se a lua contasse..."

Cesar fez que não ouviu, mas Custodio ficou com o mote na cabeça. Dias depois, produziu a marchinha com esse título, que ofereceu a Aurora Miranda.

Em fins de outubro, Aurora gravou "Se a lua contasse" em dupla com João Petra de Barros. O disco saiu às ruas, Aurora cantou a marchinha na Mayrink e o país cantou junto com ela. Foi um estouro para Custodio, que começava ali sua fabulosa carreira, e para Aurora, que tinha o seu terceiro sucesso seguido. O fato de, por aqueles dias, a cantora — Aurora — começar a namorar o inspirador da música — Cesar — foi apenas uma coincidência.

Até ali, Aurora só tivera um namorado: Plinio, funcionário da Caixa Econômica e colega de Mario Cunha, então namorado de Carmen. Os dois rapazes se pareciam. Plinio também era bem-posto, bom partido e um militante na arte da conquista — ou seja, alguém a não se levar muito a sério como namorado. Ao acompanhar o rompimento entre Carmen e Mario Cunha, Aurora pode ter resolvido apressar também o fim de sua história com Plinio. Um ano depois, na Mayrink, conheceu Cesar, e houve um instantâneo clique entre eles. Alguns achavam que, por uma liturgia hierárquica, o normal seria Cesar se interessar por Carmen. Mas isso não aconteceu: seu alvo era a irmã mais nova da estrela. Não foi difícil para Cesar fisgar Aurora — porque ela também estava de olho nele.

Entre os talentos de Cesar estava o de inventar bordões para seus contratados, expressões que os marcassem popularmente. Foi assim que Carmen, lançada inicialmente pela Victor como "A cantora com 'it' na voz", tornou-se, depois de Cesar, "A ditadora risonha do samba" — numa referência meio oblíqua a Getulio, ele próprio um ditador risonho (e o primeiro governante brasileiro a não ter pelos no rosto). Só em 1934 Cesar chegaria à forma definitiva para Carmen: "A pequena notável" (pequena era sinônimo de garota; não tinha necessariamente a ver com a estatura). Francisco Alves tornou-se "O rei da voz" — também um grande achado, porque era exatamente o que ele era. Almirante, "A maior patente do rádio". João Petra de Barros, "A voz de dezoito quilates". E Sylvio Caldas, "O caboclinho querido" — caboclinho, sim, mas nem tão querido dos diretores de rádio, principalmente quando desaparecia por semanas e deixava um buraco na programação. Quanto a Aurora, supunha-se que, por ser sua namorada, o slogan que Cesar inventasse para ela seria o mais feliz e criativo. Criativo ele foi, mas muito infeliz e, por isso, não pegou: "O micróbio do samba" (querendo dizer que ela era contagiosa). Levaria tempo para ele chegar à formulação óbvia e perfeita para Aurora: "A outra pequena notável".

Contagioso era Cesar: enxames de mulheres zumbiam ao seu redor, e ele não fazia nada para afastá-las. Aurora percebeu isso e, com o pragmatismo que começou a aplicar desde cedo às questões do coração, decidiu que era melhor ter Cesar como amigo e como colega do que como namorado. O romance acabou antes do fim do ano. Mas "Se a lua contasse" chegou com sucesso àquele Carnaval e a muitos Carnavais seguintes.

Ninguém resistia a Cesar Ladeira. Com poucas semanas de Rio, foi chamado a palácio pelo homem que, menos de um ano antes, ele queria a todo custo derrubar: Getulio Vargas — que ainda nem ao menos se tornara presidente constitucional (o que só aconteceria em 1934) e continuava a ser o mesmo odioso ditador contra o qual Cesar e seus conterrâneos tinham ido à guerra e arriscado a vida. O que o infame ditador queria com ele?

Getulio recebeu Cesar cordialmente no Catete. Não tocou no passado. Elogiou-o pelo trabalho na Mayrink e disse que, sem prejuízo de suas importantes funções na rádio, tinha uma proposta a lhe fazer: convidava-o a ser seu locutor pessoal nos eventos oficiais.

E não é que Cesar aceitou? Ninguém resistia a Getulio.

Carmen não gostava de ver seu nome escrito como "Carmem". Mas, quando isso acontecia, era um pouco por sua culpa. As amigas iam visitá-la e a encontravam enchendo cadernos com sua assinatura.

"O que é isso, Carmen?", perguntavam.

"Estou treinando meu autógrafo", ela dizia.

E mostrava as páginas cobertas com uma assinatura tão rococó que a quantidade de pernas torneadas no M de Miranda daria para escrever vários emes — um deles ameaçando escapulir e se pregar indevidamente a Carmen.

Sua enorme popularidade podia ser checada a cada instante: na lotação dos cinemas e dos clubes em que se apresentava, na quantidade de discos que vendia, e nos convites para visitar oficialmente todo tipo de estabelecimento — desde a piscina do Copacabana Palace, "para tomar um drinque", até a Casa Hermanny, loja de perfumes na rua Gonçalves Dias, para experimentar um novo aroma. O Rio a tinha como sua namorada. Homens e mulheres a admiravam por igual e a paravam na rua para lhe dizer isso. Não seria absurdo supor que ela se elegeria para qualquer cargo político que quisesse ou que venceria facilmente qualquer concurso de popularidade, não?

Não. Quando um determinado produto se associava a um jornal e patrocinava um concurso de popularidade entre cantores, Carmen, assim como Chico Alves ou Mario Reis, não ganhava nunca. O vencedor ou vencedora era sempre um cantor menor, que contava com "cabos eleitorais" dispostos a comprar centenas de jornais diariamente, inclusive os encalhes dos jornaleiros, recortar os cupons, preenchê-los e levá-los em sacos às juntas apuradoras. Quase sempre, essa azáfama era financiada pelo próprio artista ou por uma casa comercial ligada ao tal produto. Carmen, Chico Alves e Mario Reis não se rebaixavam a isso e, mesmo assim, recebiam milhares de votos — espontâneos, verdadeiros, mas insuficientes para vencer.

Em agosto de 1933, o analgésico Untisal, indicado para lumbagos e reumatismos, e o jornal *A Nação* promoveram um desses concursos. O objetivo era eleger um cantor, uma cantora e quatro músicos para uma temporada de um mês, em novembro, numa rádio de Buenos Aires. Ou seja, a orgulhosa plateia portenha estava delegando ao público carioca o direito de escolher, através do suspeito sistema de cupons, que artistas brasileiros iriam se apresentar para ela. Havia algo de estranho nisso, mas as pessoas fizeram de conta. O Untisal era um remédio multinacional, e estava na boca do povo como mote da paródia à marchinha de Lamartine Babo, "Ride, palhaço", que dizia:

> *Ride, palhaço*
> *Lararara-rará*
> *Lararara-rará*
> *Lararara-rará...*

O carioca a completara para:

> *Ride, palhaço*
> *Passa Untisal no braço*
> *E se a dor for profunda*
> *Passa Untisal na bunda.*

A votação levou os dois meses seguintes e Carmen foi a surpreendente vencedora, sem comprar votos no atacado e sem nenhuma concorrente à vista. Já o cantor eleito foi o veterano Roberto Vilmar, especialista em modinhas e quase inexistente em discos, mas com espantosos 30 mil votos a mais que Mario Reis e 50 mil a mais que Francisco Alves. O resultado era estapafúrdio, mas foi o que deu. E, assim, no dia 30 de outubro, a trupe composta de Carmen, Roberto Vilmar, os violonistas Josué de Barros, Betinho e Medina, e o pianista Mario Cabral rumou para Buenos Aires a bordo do *Highland Monarch*. Assim que o navio levantou ferros, Carmen chegou à amurada e se despediu do público, bem à brasileira e bem à sua moda:

"Até a volta, macacada!"

Dessa vez, seu Pinto ficou no Rio e, como acompanhante de Carmen, seguiu dona Maria — já nem tanto como chaperonne, mas para ajudar Carmen com seus chapéus. O contrato era para três apresentações por semana, durante quatro semanas, na Rádio Excelsior, com hospedagem e despesas pagas pelo Untisal argentino, além dos cachês semanais. Para cumprir essa programação, Carmen teve de pedir uma licença na Mayrink Veiga. Mas antes tivesse ficado em casa — porque o Untisal podia entender de cãibras e bicos de papagaio, mas não de patrocinar artistas. O hotel de Buenos Aires que lhes fora reservado era de terceira, as despesas, muito reguladas, e os cachês viviam atrasados — o que os obrigava a sacar de suas reservas para comer um sanduíche na esquina ou para comprar um bilhete de metrô. Mais um pouco e não teriam o suficiente para se manter na viagem de volta ao Rio.

Carmen e a trupe foram salvas por uma amiga que ela tinha feito em sua primeira viagem a Buenos Aires, três anos antes, e que acabara de reencontrar: a fotógrafa alemã Annemarie Heinrich. Em 1930, a família Heinrich acabara de chegar à Argentina, vinda da Alemanha — o pai de Annemarie, violinista e mecânico de bicicletas, sentia que seu país ia se meter em outra guerra e não queria estar por perto quando isso acontecesse. Annemarie, então com dezoito anos, começara a fotografar porque, nesse ofício, não havia tanto o obstáculo da língua. Em 1933, aos 21, ela já dominava tanto o espanhol quanto o métier, e se tornara a grande fotógrafa dos meios artísticos e sociais de Buenos Aires. Por seu estúdio, no número 728 da calle Córdoba, passavam atores, cantores, músicos, dançarinos e todos os elegantes nacionais e estrangeiros. Muitas fotos lhe eram encomendadas pelas estações de rádio, e foi assim que Carmen a reencontrou.

O estúdio de Annemarie era acoplado à casa onde ela morava com sua irmã Ursula, com seus pais Walter e Erna, e com uma empregada, Delia. Todos trabalhavam para Annemarie. Sem dinheiro para grandes deslocamentos, Carmen e dona Maria passavam boa parte do tempo ali, e a mãe de Annemarie as tinha como convidadas quase diárias para almoço e jantar. A comida era sempre alemã e não se podia reclamar. Mas, certa vez em que Frau Erna lhes serviu salsichão com chucrute, Carmen pediu uma banana, amassou-a até se tornar um purê e misturou-a com o chucrute, para horror da senhora. Carmen era a única a sacudir a rigidez prussiana da velha alemã, fazendo-a rir com suas marchinhas ou tirando-a para dançar. Quando não havia ensaio à tarde na rádio, ou sessão de fotos, Carmen se trancava no quartinho de costura com Frau Erna, para trocarem pontos de bordado, ou fabricava chapéus para Annemarie. À noite, depois do programa, iam todos cear numa pizzaria ou numa bodega barata. Nos fins de semana, Annemarie as levava a andar de bicicleta e, quando havia dinheiro, a cavalgar nos bosques de Palermo.

Muitas das melhores fotos de Carmen nos anos 30 foram tiradas em Buenos Aires por Annemarie Heinrich. Mais do que ninguém na Argentina, Annemarie dominara a técnica dos mestres americanos do still (um deles, George Hurrell) e a adaptara ao temperamento portenho, tornando-a dramática, cheia de sombras e volumes. Como Hurrell, ela também fazia com que suas modelos ostentassem pele de porcelana, lábios úmidos, sobrancelhas grossas e cabelos brilhantes, e qualquer suspeita de imperfeição era retocada à mão no negativo. Mas Annemarie tinha ideias próprias a respeito de iluminação e de dispor a modelo no quadro, principalmente quanto à postura das mãos — talvez porque, antes de se tornar fotógrafa, seu sonho fosse o de ser bailarina clássica. Quanto às roupas que usava nas modelos, Annemarie costumava tomá-las por empréstimo em casas de moda de Buenos Aires, como a de Marilu Bragance ou a de Fridl Loos — e ambas tinham o maior prazer em vestir Carmen.

Mas, em toda a carreira de Annemarie, Carmen foi das poucas a abrir uma mala e tirar, de lá de dentro, roupas pessoais perfeitas para as suas lentes.

Nessa excursão a Buenos Aires, aconteceu a comovente despedida entre Carmen e o homem a quem ela tanto devia: Josué de Barros. Antes do fim da temporada, Josué foi convidado a ficar por lá e formar (com Betinho) um conjunto brasileiro para se apresentar nas rádios e na boate mais chique de Buenos Aires, a Embassy, na calle Florida. Josué topou e nem voltou para o Rio. No dia da partida, levou Carmen ao navio e os dois choraram abraçados, sem saber quando voltariam a se ver. Dez anos antes, ele também resolvera ficar na Argentina e acabara trabalhando como faquir. Mas, dessa vez, foi diferente: Josué se deu tão bem que, em dois meses, mandou buscar a família, inclusive a filha Zuleika, também cantora, e só voltou para o Brasil em 1939.

Quando Carmen desembarcou de volta no Rio, no dia 4 de dezembro, só teve coisas boas a dizer sobre sua breve excursão portenha — que, exceto pelos dissabores com o organizador, fora um sucesso. Os programas de rádio tiveram ótima imprensa, e o público de Buenos Aires ia ao estúdio para assistir às transmissões. Queriam ver de perto "a canção feito carne — Carmen Miranda" de que falou, com propriedade, um articulista. E os que a viram não se decepcionaram — mas, se alimentaram alguma fantasia, fizeram bem em acordar *rapidito*. Naquela temporada, Carmen só deu atenção a um admirador local: Alfredo Bárbara, personagem da crônica social de Buenos Aires, com quem ela saiu para jantar algumas vezes e que pode ter ido visitar no apartamento dele. Um homem imponente, vistoso, de família influente, e, sem que Carmen soubesse, conhecido nas rodas musicais portenhas como cauda de cometa — sempre pendurado em alguma estrela.

Carmen desceu do navio pela manhã e, na tarde do mesmo dia 4, já estava no estúdio da Victor para gravar o samba de Walfrido Silva "Me respeite, ouviu?", em dupla com Mario Reis. Considerando-se que, antes disso, dera um pulinho ao Curvelo para deixar dona Maria, depositar as malas e trocar pelo menos de chapéu, quando teria aprendido o samba e a que horas o teria ensaiado? Em momento algum. Carmen fez tudo isso no estúdio, a poucos minutos da gravação. Mas você nunca desconfiaria ao ouvir o disco — seu entrosamento com Mario Reis era mágico.

"Me respeite, ouviu?" seria o lado A de outro magnífico samba, "Alô... alô?...", de André Filho, que Carmen e Mario Reis também gravariam dias depois, e os dois lados da chapa chegariam com toda a força ao Carnaval de 1934. Aquelas não foram as únicas solicitações urgentes. Assim que pôs os pés no Rio, Carmen recebeu um samba e uma marchinha de Assis Valente, duas marchinhas de Joubert de Carvalho e *quatro* de Lamartine Babo — e teve de gravar tudo nas últimas semanas do ano. Por que essa sangria desatada? Por causa do Carnaval. Nenhum daqueles autores podia se dar ao luxo de não ter alguma coisa na voz de Carmen naquela época do ano.

Ou em qualquer época. Já então começava a formar-se à sua volta um núcleo de compositores que a tinham como primeira opção para sua produção. Os principais eram André Filho e Assis Valente, não por acaso os mais íntimos da casa do Curvelo — dos poucos que apareciam sem avisar, entravam sem bater, e não precisavam de convite para se sentar e se servir das tripas à moda do Porto preparadas por dona Maria. (Assis depois sairia contando para todo mundo que já se cansara de ver Carmen de penhoar.) Outros jovens assíduos ao Curvelo eram Walfrido Silva e Custodio Mesquita, que compunham principalmente para Aurora. Daí se vê por que Carmen e Aurora, mesmo que quisessem, não precisavam frequentar o Café Nice — primeiro, porque as cantoras não costumavam ir ao Nice; segundo, porque, no caso de Carmen e Aurora, os compositores iam com muito prazer a elas.

Pouco antes de Carmen embarcar para Buenos Aires, Assis Valente fora à sua casa mostrar-lhe material novo e levara com ele um garoto que conhecera na Mayrink Veiga, Synval Silva, de 22 anos. Carmen não se empolgou com o que Assis lhe ofereceu, mas se dispôs a ouvir alguma coisa do tímido Synval. Este lhe mostrou um samba, "Alvorada", em que Carmen percebeu delicadezas típicas de um músico de verdade — como Synval, que tocava violão e clarineta. A letra falava em morro, cuíca e batucada, e Carmen se espantou ao descobrir que ele só sabia dessas coisas por ouvir falar — mineiro, recém-chegado de Juiz de Fora, morava com a família na Muda da Tijuca e nunca fora à praça Onze nem subira a um morro. Carmen insistiu para que Synval mergulhasse no universo do samba, e ele obedeceu. O resultado, em março de 1934, foi o surpreendente "Ao voltar do samba", feito especialmente para Carmen — uma crônica sobre uma sambista entediada e blasée, para quem já não há diferença entre perder o seu mulato e sua sandália quebrar o salto. Carmen gravou-o, com "Alvorada" no outro lado — e ali nascia o finíssimo compositor Synval Silva.

Os jovens compositores ligados a Carmen enfrentavam uma dura competição: a dos autores experientes e consagrados que, mês sim, mês não, também iam ao Curvelo levar-lhe um samba ou uma marcha que ela poderia transformar num sucesso, num clássico ou nas duas coisas ao mesmo tempo. E, quanto a isso, 1934 foi impressionante — era como se os compositores se atropelassem para lhe dar o melhor que tinham. Em março, Carmen gravou o samba-canção de Ary Barroso e Luiz Peixoto, "Na batucada da vida":

> *No dia*
> *Em que apareci no mundo*
> *Juntou*
> *Uma porção de vagabundo*
> *Da orgia...*

Em maio, em dupla com Mario Reis, Carmen gravou outra grande marchinha junina de Lamartine Babo, "Isto é lá com Santo Antônio":

Eu pedi numa oração
Ao querido são João
Que me desse um matrimônio...

E, em agosto, gravou a marchinha de João de Barro que se supunha definitiva sobre a cidade, "Primavera no Rio":

O Rio amanheceu cantando
Toda a cidade amanheceu em flor...

Mas "Primavera no Rio" seria apenas a marchinha *quase* definitiva sobre o Rio — porque, com diferença de dias, Aurora gravaria "Cidade maravilhosa", de e com André Filho, e *esta* é que seria a última palavra no assunto.

Carmen gravou "Primavera no Rio" na Victor, no dia 20 de agosto; Aurora, "Cidade maravilhosa" na Odeon, no dia 4 de setembro. E se um dia você se perguntou por que Carmen teria *deixado* "Cidade maravilhosa" para a irmã — quando ela própria, Carmen, poderia tê-la gravado —, não perca seu tempo. André Filho ofereceu "Cidade maravilhosa" diretamente a Aurora. Ela já gravara outras músicas dele, os dois eram amigos, e Aurora era uma cantora em fulminante ascensão. Além disso, ninguém poderia adivinhar que, no futuro, "Cidade maravilhosa" iria atravessar as décadas e o século como sinônimo do Carnaval e do próprio Rio — porque, quando foi lançada, quase ao mesmo tempo que "Primavera no Rio", não houve uma supremacia inicial de qualquer delas. E, entre Carmen e Aurora, não havia também um senso rígido de propriedade sobre as marchinhas: nas apresentações que fariam juntas nos meses seguintes, Carmen tanto cantaria "Cidade maravilhosa" e Aurora, "Primavera no Rio", quanto aquela que a posteridade reservara a cada uma.

Não se cogitava, nem por brincadeira, uma competição entre as irmãs, mas, para alguns compositores, a grande alternativa a Carmen em 1934 já era Aurora. Depois de "Se a lua contasse", Aurora se tornara também a cantora favorita de Custodio Mesquita e, nos dois anos seguintes, gravaria outras dezoito músicas dele, marchas e sambas na maioria. E, com ou sem Carmen, viajaria com Custodio para apresentações em São Paulo, Santos, Caxambu, Lambari e Poços de Caldas.

Custodio era um homem esguio, de traços finos e bem-vestido. Seu rigor quanto a ternos e gravatas incluía os ternos e gravatas dos amigos. Se discordasse da gravata de um interlocutor, saía com ele do botequim em que estivessem conversando e, sem se desviar da conversa, levava-o pelo braço a um *magazin* defronte, comprava-lhe uma gravata nova, jogava a velha na cesta e o

104 | CARMEN

conduzia de volta ao botequim — tudo isso sem perder o fio da meada. Além da presença física e da elegância, Custodio tinha algo de aventuresco e romântico — se fosse ator de Hollywood, faria, talvez, papéis de espadachim. Sua família tinha fumaças aristocráticas e era dona de mais de trinta imóveis nas Laranjeiras. Quando ele demonstrou vontade de ser músico, ninguém discutiu: deram-lhe logo os melhores professores de piano. Custodio foi um aluno aplicado e cedo dominou tudo, do "Clair de lune" ao "Corta-jaca". O traquejo, adquiriu-o tocando em filmes mudos nos cinemas e acompanhando cantores nas estações de rádio. O talento melódico e harmônico, claro, nasceu com ele.

Para outros, no entanto, o que Custodio mais tinha, além do talento, era a vaidade. Grande músico, era fraco como letrista, mas, como não gostava de dividir o selo do disco com parceiros, pedia letras aos amigos e as assinava com seu nome (a de "Se a lua contasse", dizia-se que era de Orestes Barbosa). Às vezes parecia bestíssimo, como quem se julgava acima do meio — seus sapatos bicolores raramente pisavam os ladrilhos do Nice ou mesmo do Café Papagaio, na rua Gonçalves Dias, que era o outro ponto dos sambistas.

De outra feita, ao ser solicitado a mostrar a carteira de identidade para entrar numa repartição oficial, respondeu na lata:

"Quem usa carteira de identidade é ladrão ou vagabundo. Um cavalheiro usa cartão de visita."

E, com um floreio de mão, produziu o dito cartão, chegou-o ao nariz do porteiro, já com a pontinha dobrada, e penetrou direto.

Apesar disso, tinha um ar acabrunhado e não parecia muito saudável. Estava sempre tomando comprimidos, embora ninguém soubesse por quê. Custodio era de grande discrição sobre si mesmo: não falava de sua saúde nem de problemas pessoais, e ninguém o ouvia gabar-se de uma conquista. Isso o tornava ainda mais atraente para as mulheres, e não foi difícil que, passando tanto tempo juntos, Aurora se deixasse encantar por ele. Os dois tiveram um namoro quase secreto entre 1934 e 1935, incluindo bons momentos nas cidades menores onde se apresentavam e com o beneplácito bem-humorado de Carmen. Numa dessas temporadas, em Santos, o humorista caipira Nhô Totico ouviu Carmen provocar Aurora sobre o namoro com Custodio. Carmen também admirava Custodio, mas como pianista — na verdade, fizera dele seu acompanhante favorito.

Custodio foi também o acompanhante de ninguém menos que o astro mexicano do cinema americano Ramon Novarro, em julho de 1934, quando ele passou pelo Rio na volta de uma temporada em Buenos Aires, onde se apresentou como cantor na Rádio Belgrano e no Teatro Monumental. O empresário Jaime Yankelevich, dono da rádio e do teatro, agendara-lhe também uma série de apresentações no Cine Palácio e na Rádio Mayrink Veiga, no Rio.

Oito anos antes, em 1926, Novarro subira a uma biga para interpretar *Ben-Hur*, e descera dela como o maior nome da tela muda. Com seu sorriso radiante, sustentou essa posição em filmes como *O príncipe estudante* e *O pagão* —

a tal ponto que, quando *Cinearte* publicava seu esperado álbum anual, com closes dos astros de Hollywood, ele era o único que a revista identificava somente pelo nome, seguido de uma exclamação: "Ramon!". Mas o cinema falado foi cruel para com os heróis do silencioso — até para os que, como ele, com sua voz de tenor dramático, sabiam inclusive cantar. A MGM ainda lhe deu *Mata-Hari* em 1932, com Greta Garbo, mas ali começou o seu lento declínio. Lento, mas firme — tanto que, em 1934, Ramon já podia ser chamado de "ex-grande astro". Abandonado pelo público nos Estados Unidos e com seus dias contados na MGM, só lhe restavam excursões como esta, à América do Sul, como cantor.

Mesmo assim, quando Ramon desembarcou na praça Mauá, a cidade foi recebê-lo com as honras devidas a um membro da realeza. Visto de perto, e comparado ao bravo Ben-Hur do filme, sentiu-se que ele tinha tudo do herói, menos a masculinidade. Mas a imprensa o poupou, mantendo o seu mito intacto para as donzelas que sonhavam se casar com ele. Nos recitais do Palácio (do qual também faziam parte sua irmã, a dançarina Carmencita Samaniego, e o Bando da Lua), Novarro cantou árias da *Aída* e da *Traviata*, canções mexicanas, francesas, americanas e, para surpresa geral, "Se a lua contasse", de Custodio, em português, cuja letra aprendeu com Carmen e Aurora. E, quando ouviu Carmen cantar em seu programa na Mayrink Veiga, garantiu-lhe que ela seria um sucesso em Hollywood.

Em outros tempos, uma recomendação como essa, mesmo vinda de alguém cujo prestígio já conhecera dias melhores, seria para se soltar foguetes. Mas, em 1934, ninguém podia garantir nada sobre Hollywood, e muito menos sobre o destino dos astros de origem latina. Assim como Ramon, todos os mexicanos que tinham feito seu nome no cinema mudo estavam agora por baixo: Antonio Moreno, Ricardo Cortez e Gilbert Roland. A busca-pé Lupe Velez também já passara do ponto e, segundo Novarro, só era lembrada porque, casada com Johnny Weissmuller, Lupe obrigava os maquiadores da MGM a perder horas disfarçando os sulcos em carne viva que suas unhas deixavam no peito depilado de Tarzan. E, quanto a Raul Roulien, o brasileiro que chegara a sentir um certo bafejo da glória, era melhor não dizer muito. Ele também acabara de descobrir o que Hollywood lhe reservava: dor, crueldade e desprezo.

Quatro anos antes, em 1930, o carioca Roulien, de 25 anos, já tinha uma carreira mais do que mirabolante em sua terra. Era ator, autor e empresário de teatro, cantor, compositor e chefe de orquestra, ídolo popular, amigo de gente importante, amante de grandes mulheres, e isso em doses iguais, tanto no Brasil quanto na Argentina. Estava para se inventar algo que Roulien não pudesse ou não soubesse fazer no palco. Assim, em 1931, Roulien decidiu que iria vencer em Hollywood. Para isso, embarcou com a cara e a coragem e com sua mulher, a ex-girl de teatro de revista Diva Tosca. E, graças a seu inacreditável desembaraço, Roulien foi, de fato, logo contratado pela Fox. Mais espantoso ainda: depois de apenas um filme para o mercado hispânico, apareceu num filme americano de verdade, *Deliciosa* (*Delicious*, 1931), em que cantava a canção-título, "Delishious", de George e Ira Gershwin, e tinha a duvidosa honra de "ceder" a heroína (Janet Gaynor) para o galã americano (Charles Farrell). A Fox fez tanta fé em suas possibilidades que lhe operou as orelhas de abano, escalou-o em um filme depois do outro, e ainda arranjou um emprego para Diva na sala de montagem. Em 1932, Roulien alternou filmes hispânicos e americanos, nenhum deles bom, mas sua vitória em Hollywood era tão inegável que ele veio ao Brasil para se deixar homenagear. Em janeiro de 1933, ao descer do navio no Rio, arrastou uma multidão à avenida Rio Branco e foi simbolicamente beijado por toda a nação. Naquele momento, ele era o artista brasileiro que mais alto chegara na cotação internacional.

Roulien voltou para Hollywood e, em junho, a Fox o emprestou à RKO para o que seria a grande tacada de sua carreira: o musical *Voando para o Rio* (*Flying Down to Rio*) estrelado pela mexicana Dolores Del Rio (no papel de uma rica herdeira carioca) e pelo galã Gene Raymond. Vivendo um brasileiro, Roulien era o terceiro nome do elenco, que se completava com uma corista recém-egressa da Broadway, Ginger Rogers, e, em quinto lugar, na lanterninha do elenco, um dançarino também importado de Nova York, e em quem poucos acreditavam: Fred Astaire (o mundo ainda não sabia que, de "The Carioca", o falso maxixe dançado por eles no filme, resultaria a dupla Fred & Ginger).

Era o primeiro filme de Hollywood ambientado no Brasil, com espetaculares cenas aéreas do Rio, usadas nas *back projections*, e outras de cenário, como as do Copacabana Palace, que foi reconstituído no estúdio da RKO. Dois meses depois, terminadas as filmagens, Raul podia se orgulhar da sua participação: tinha boas falas, cantava o tango (também falso) "Orchids in the Moonlight" e, mais uma vez, "cedia" gentilmente a mocinha para o galã americano. Mas, enquanto *Voando para o Rio* estava sendo montado, sonorizado e recebendo os acabamentos para ser lançado em dezembro de 1933, o destino caiu como uma clava sobre Raul Roulien.

Na noite de 27 de setembro, ao atravessar uma rua em Hollywood, Diva Tosca, 23 anos, foi atropelada e morta por um carro em velocidade. O motorista, 27 anos, estava embriagado e se chamava John Huston — sim, o próprio. Nesse tempo, Huston ainda não era diretor, nem sequer roteirista. Seus créditos se limitavam a alguns "diálogos adicionais" para filmes da Universal estrelados por seu pai, o astro Walter Huston. E então foi isto: o filho de um famoso ator americano matou sem querer a mulher de um semiobscuro ator latino.

John e seu pai esperavam que a tragédia se esgotasse por si, sem muita imprensa além da inevitável. Mas não contavam que Roulien os processasse, exigindo uma indenização em dinheiro ("É a única linguagem que eles entendem", dizia Raul). O caso não saía dos jornais. Walter Huston empenhou-se pessoalmente no caso, mandou seu filho para a Irlanda (para afastá-lo do cenário) e infernizou a vida de Roulien pelos intermináveis dois anos em que o processo rolou. Enquanto isso, Roulien ainda fez alguns filmes na Fox. Em 1935, para surpresa geral, Roulien ganhou o processo — mas foi uma vitória irreal, porque era óbvio que a cidade iria fechar-se para ele. Voltou para o Brasil. Seu sonho de um estrelato americano terminara.

Carmen já estava se habituando a ouvir dos gringos em visita ao Rio que seu lugar era em Hollywood — a própria equipe que viera filmar as externas de *Voando para o Rio* em meados de 1933, e assistira a uma apresentação sua, lhe dissera isso. Mas, depois das desventuras de Olympio Guilherme, Lia Torá e Raul Roulien na "fábrica dos sonhos", uma mulher como ela já não podia sonhar ingenuamente com Hollywood. A era da inocência acabara.

Carmen se dava muito bem com Elisinha Coelho e as duas não se consideravam concorrentes. Elisinha pouco ligava para gravar discos e seu único sucesso considerável, embora definitivo, fora "No rancho fundo", de Ary Barroso e Lamartine Babo, que ela lançara em 1931. Estava casada com o jornalista e teatrólogo Goulart de Andrade, de quem esperava um filho, e queria que Carmen fosse a madrinha. Carmen, louca por crianças, aceitou. O menino nasceu, chamou-se Luiz Filipe, e, nos anos seguintes, ela seria uma madrinha atuante. Sempre que Elisinha viajava a trabalho, Carmen sentia o garoto à sua disposição e o sequestrava para lanches na Colombo ou para passar a tarde com ela em Santa Teresa. Na mesma época, Elisinha fez algo que estatelou Carmen: separou-se de seu marido e se dispôs a criar o filho sozinha. Carmen não a censurava, apenas achava aquilo incrível. E façanha ainda maior já tinha sido cometida pela própria mãe de Elisinha, a jornalista Acy Carvalho, encarregada da seção feminina de *O Jornal*: ela igualmente se separara do marido — só que fizera isso nos anos 10, quando tal atitude, por parte de uma mulher, era de uma impressionante audácia. Carmen se deslumbrava com a coragem das duas, embora sua formação católica lhe dissesse que, como ninguém era obrigado a casar, se fizesse isso devia ser para sempre.

Carmen era também grande amiga da atriz Aída Izquierdo, ex-mulher de Procópio Ferreira e mãe da pequena Bibi. Quando as duas saíam para almoçar, Bibi ia junto, de fita no cabelo. Seus lugares preferidos eram a filial da Confeitaria Americana, na esquina de Paissandu com Marquês de Abrantes — onde Carmen se segurava para não atacar os queijos quentes e as *bananes royales*, que a engordavam —, e o restaurante ok, no Lido, onde podia dedicar-se a seu prato favorito: frango, principalmente asas, "rabinho" (ou sobrecu) e salada de palmito. Carmen admirava Aída porque ela estava conseguindo dar uma boa educação a Bibi, apesar de a menina ter sido recusada em colégios por ser filha de atores e, pior ainda, de pais separados. Procópio e Aída se separaram quando Bibi tinha um ano, mas a corajosa Aída fora em frente e levara Bibi com ela, até mesmo para o palco. A coragem parecia ser a primeira característica que fazia

Carmen respeitar uma mulher — e talvez sentir uma ponta de inveja, já que, de certa maneira, sua própria coragem nunca precisara ser testada. Para ela, Elisinha e Aída transmitiam essa coragem.

Carmen transmitia outras coisas: eletricidade, excitação, e não apenas nos discos, no rádio ou no palco — em pessoa também. Seu amigo Braguinha, autor de "Primavera no Rio", jurava sentir a presença de Carmen até quando ela passava em silêncio por trás dele, no estúdio da Victor. Carmen transmitia também autoridade. Nas reuniões com executivos e empresários, em que se discutiam propostas e se assinavam contratos para shows ou excursões, era ela quem comparecia para discutir e assinar — não tinha empresário ou agente, e não delegava essa tarefa a ninguém. E, no dia a dia, Carmen transmitia uma soberana naturalidade. Ao sair à rua, não tentava se esconder da multidão — as calçadas eram sua passarela, como se a cidade fosse uma extensão de sua sala. É conhecida a história do amigo que, ao passar por Carmen na Avenida, lamentou que sua filhinha tivesse perdido o programa dela na Mayrink Veiga.

"E agora, quando é que ela vai poder ouvir o 'Taí'?", ele perguntou.

"Agora mesmo", respondeu Carmen.

Entrou com o amigo num botequim, pediu ao português para usar o telefone, e cantou baixinho, ao aparelho, a marchinha para a criança.

Em casa, na presença da mãe, Carmen fazia exatamente o contrário: saltava um ou dois estágios para trás e regredia quase à infância. Não somente ela, mas todos os seus irmãos. Em 1934, dona Maria, formidanda nos seus 48 anos e sem o fardo dos tempos da dureza, governava a casa como se ainda tangesse benignamente as cabras nas serras da Beira-Alta. Controlava os horários de Carmen, Aurora, Amaro e Tatá, e queria saber com quem saíam e para onde iam, alheia ao fato de que suas filhas eram as maiores estrelas da música popular e que os rapazes eram independentes e tinham sua vida. (O caçula, Tatá, que acabara de fazer dezoito anos, caprichava na gomalina e no bigodinho ao estilo fatal do galã John Boles.) Bem sintomático desse poder foi quando, com os filhos já crescidos no que tinham de crescer, descobriu-se que dona Maria, com seu quase 1,65 metro, seria sempre a pessoa mais alta da família — nisso se incluindo seu Pinto, dois ou três dedos mais baixo.

Só havia uma instância em que dona Maria não conseguia exercer sua autoridade doméstica: os palavrões. Era a única pessoa da casa que não os usava. Quando Aurora, normalmente tão suave, soltava um expletivo mais dramático — algo assim como: "Puta que pariu, caralho! Porra!!!" —, dona Maria apenas suspirava:

"Ah, minha filha... Por que, em vez disso, você não diz 'Ai, Jesus!'?"

O que Carmen praticava todos os dias era a generosidade. Ao receber uma homenagem na Hermanny, loja de perfumes na Cidade, compadeceu-se de uma vendedora ameaçada de ser despedida por ter os dentes muito estragados. Carmen financiou-lhe um tratamento dentário completo (por intermédio de Assis Valente) e salvou o emprego da moça. Era generosa também com seus compositores favoritos, entre os quais Synval Silva.

Carmen ficara tão satisfeita com o sucesso de "Ao voltar do samba" que prometera a Synval dois contos de réis se ele fizesse outro samba que lhe rendesse metade do sucesso do primeiro. Synval levou-lhe "Coração",

Coração
Governador da embarcação do amor
Coração
Meu companheiro na alegria e na dor...,

que Carmen gravou em 11 de outubro, junto com outro samba de primeira para o lado B, "Comigo não!...", de Heitor Catumby e Valentina Biosca:

Eu te conheci nos teus tamancos
Pelas ruas dando trancos
Numa bruta cavação...

O disco superou qualquer expectativa, e Carmen cumpriu a promessa com Synval. Em 1934, dois contos representavam dez vezes o salário mensal médio de um operário no Rio e em São Paulo. Uma fortuna para o compositor — e, por aí, pode-se pelo menos calcular o dinheiro que entrava para Carmen.

O dinheiro do samba não subiu à cabeça de Synval, que continuou a trabalhar em sua outra especialidade: mecânica de automóveis. Foi ao ouvi-lo falar de carros que Carmen se empolgou com a ideia de comprar um — e fazer com que Synval a ensinasse a dirigir. Os dois foram a uma loja da Cidade, e Synval ajudou-a a escolher o Terraplane, uma barata de duas portas, da Hudson, modelo do ano, muito popular no Rio.

Fechado o negócio, Synval pegou o carro, deu várias voltas com Carmen, e pode ter começado as aulas de direção naquele mesmo dia. Sabe-se que, por precaução, as primeiras foram nos terrenos baldios da nova esplanada do Castelo e nas proximidades do Aeroporto Santos Dumont. Ao fim de cada aula, Synval devolvia Carmen e o carro ao Curvelo. Mas houve ocasiões em que, com autorização de Carmen, Synval usou-o também para transportar seu próprio pai adoentado de hospital em hospital. Um dia, Carmen tornou-se efetivamente motorista, mas, em todas as ocasiões em que não ficava bem para a estrela chegar ao volante de um automóvel, Synval continuou a ser o seu chofer.

E, eventualmente, ele ainda lhe compunha uma ou outra obra-prima. Por exemplo, "Adeus, batucada".

7 | 1934-1935
Cantoras do rádio

O Guedes, sapateiro chique da rua do Catete, 64, não se conformava:

"Mas, dona Carmen, isso vai parecer sapato de aleijado!"

"Não interessa, Guedes. Faça o que estou dizendo", ordenou Carmen.

O sapateiro tinha razão — ou pensava ter. O que Carmen lhe pedia para executar era o cruzamento de um sapato ortopédico com um tamanco português. Ou seja, a adaptação do salto ortopédico a uma plataforma de madeira estilo tamanco — como se sobre essa plataforma, já três vezes mais grossa que a de um tamanco normal, começasse outro sapato, semelhante ao usado pelos deficientes. Guedes fez o que a cliente ordenara e, para sua sorte, viveu para ver o resultado. Com aquele modelo primitivo, em forma de ferro de engomar e adornado apenas por algumas tachinhas coloridas imitando confete, Carmen acabara de inventar a primeira de suas marcas registradas. (Anos depois, a lenda diria que ela se inspirara num sapato de sola grossa, para praia, que vira numa revista de moda americana — como se, criada na colônia portuguesa carioca, Carmen precisasse disso para ser apresentada ao humílimo tamanco.) Os novos formatos e adereços daqueles sapatos viriam aos poucos, assim como o exagerado crescimento da plataforma — que chegaria a quinze centímetros de altura e, quando ela dançasse, exigiria um prodígio de equilíbrio para seu pezinho 34.

Carmen queria parecer mais alta do que o 1,52 metro que o destino lhe reservara na vertical — e mais alta do que lhe permitiam os saltos Luís XV que já usava. Em todos os documentos em que tinha de declarar a sua altura, tanto os do consulado português como os do Ministério do Trabalho, não vacilava em conceder-se nove centímetros extras, com o que passava para 1,61 metro. E, se lhe aplicassem a fita métrica, era o que ela teria mesmo — desde que plantada sobre os novos sapatos. Princípio idêntico fizera com que, naquele mesmo ano de 1934, Carmen adotasse o turbante como peça frequente (embora não obrigatória) de seu guarda-roupa nos shows. Se bem que, nesse caso, não estava inventando nada: os turbantes já eram socialmente aceitos como opção aos chapéus na indumentária feminina, e sua colega Jesy Barbosa às vezes os usava. Mas a combinação de turbante e plataforma, aliada à brejeirice radical, deu a Carmen o toque de absurdo, alegria e extravagância que passou a caracterizá-la. A partir dali, ficava claro que ninguém mais contasse com Carmen Miranda para discussões sobre Nietzsche ou Kierkegaard.

Os turbantes e as plataformas de Carmen fizeram sua primeira aparição no Cine-Teatro Broadway, em Buenos Aires, para onde ela partira no dia 26 de outubro, ao lado, também pela primeira vez, de Aurora e de um conjunto vocal que o argentino Jaime Yankelevich, responsável pela excursão, conhecera no Rio durante os shows de Ramon Novarro: o Bando da Lua. Nos anos seguintes, a carreira e a vida dos membros do Bando da Lua iriam misturar-se às de Carmen a ponto de se confundirem com as dela. Mas, naquela viagem de navio, a principal colaboração do conjunto foi a de pregar as tachinhas que caíam das plataformas quando Carmen ensaiava em sua cabine. (Às vésperas do embarque, ela pedira ao Guedes que lhe fizesse vários pares, mas só no navio estava podendo testá-los em ação.)

Carmen conhecia os meninos do Bando da Lua desde o dia 9 de fevereiro de 1930, quando eles foram à sua festa de aniversário na travessa do Comércio, levados pelo homem que também os descobrira e os orientava em sua carreira: Josué de Barros — não era mesmo um mundinho pequeno? Naquela noite, em meio aos prógonos da folia (já se ouviam ao longe os clarins do "Zé Pereira"), Carmen estava completando 21 anos — e "Taí", alastrando-se pelas ruas do Rio, era o resultado do que Josué fizera por ela em pouco mais de um ano. O trabalho de Josué com o Bando da Lua também já tinha um ano e ainda não rendera frutos, mas os rapazes eram novos e podiam esperar. O mais velho, o cavaquinista Stenio Ozorio, regulava em idade com Carmen: 21 anos. Todos os outros eram mais jovens: o banjista Ivo Astolfi tinha vinte anos; o violonista Armando Ozorio, dezenove; o pandeirista Oswaldo Eboli, o Vadeco, dezoito; o ritmista Affonso Ozorio, dezessete; o violonista Helio Jordão Pereira, dezesseis; e o violonista e cantor Aloysio de Oliveira ainda estava com quinze — a maioria não tinha idade nem para frequentar a praça Tiradentes.

Vadeco, Helio e Aloysio eram cariocas; Ivo, gaúcho; e os irmãos Ozorio, cearenses (mas, desde garotos, radicados no Rio). Todos moravam com suas famílias na vila Martins da Mota, um beco tipicamente classe média que saía da rua do Catete, 92, entre as ruas Pedro Américo e Andrade Pertence. Até pouco antes, eles integravam uma organização bem maior: o Bloco do Bimbo, um grupo que, no Carnaval, saía do Catete com dezenas de integrantes fantasiados de havaianos, cada qual cantando ou tocando um instrumento, e ia de bonde para as batalhas de confete em Vila Isabel. Em 1929, oito ou nove daqueles meninos resolveram trocar a animação do bloco pela criação de um conjunto vocal que funcionasse o ano inteiro, inspirado no Bando de Tangarás, grupo formado em Vila Isabel por Almirante, Braguinha (João de Barro), Noel Rosa e outros. É verdade que as intenções dos rapazes do Catete, apesar de honradas, não eram só musicais — o conjunto lhes facilitaria muito a vida quanto a flertes e namoros. Especialmente depois que, numa noite de footing ao luar na Praia do Flamengo, um nome, de autoria nunca identificada, caiu do céu para defini-los: Bando da Lua.

Começaram a cantar em festinhas, geralmente em torno de um bolo de aniversário. Em uma delas, numa casa na Lagoa, foram vistos por Josué de Barros, que se dispôs a ajudá-los. Aceitaram orgulhosos a oferta, e Josué, de saída, podou-os de nove para sete elementos. Queria enxugá-los ainda mais — o ideal para um conjunto vocal eram quatro, no máximo cinco figuras —, mas isso eles não permitiram. Afinal, eram amigos de infância (fora Helio quem ensinara violão a Aloysio), moravam porta com porta, viam-se todos os dias, e ninguém podia ficar de fora. Josué suspeitou que, para aqueles rapazes bonitos e pretensiosos, a música era um hobby, não uma profissão — a maioria estudava, outros já trabalhavam em alguma coisa. Por isso, relaxou seu cansado corpo quanto ao Bando da Lua e resolveu concentrar-se em Carmen, em quem sentia uma gana carnívora de vencer.

Mesmo assim, em fevereiro de 1931, Josué conseguiu que eles gravassem um disco na combalida Brunswick, quando esta já estava para ir embora do Brasil. O disco saiu e ninguém tomou conhecimento. Em 1932 Josué foi com Carmen para Buenos Aires e ficou por lá. O Bando da Lua só voltaria a gravar (e, de novo, dois discos sem expressão) em 1933, dessa vez na Odeon. Mas, nesse interregno, já estava começando a se apresentar em cinemas, teatros e até igrejas, sendo anunciado como "um grupo de rapazes da nossa melhor sociedade". Era possível ser cantor e continuar pertencendo à "melhor sociedade" — bastava não ser pago para cantar.

O rádio finalmente os descobriu e, na primeira vez em que foram ao *Programa Casé*, na Rádio Sociedade, em 1932, Ivo Astolfi agradeceu e recusou em nome do conjunto o cachê que Adhemar Casé lhes ofereceu.

"Somos amadores puros", balbuciou Ivo.

Nem tanto — na verdade, não podiam receber cachês por não terem como justificar aquele dinheiro para suas famílias. Semanas depois, aceitaram o primeiro — 20 mil-réis para dividir por sete —, e mesmo assim porque Almirante tomou o envelope da mão de Casé e o enfiou na mão de um deles. Para torrar o dinheiro antes de voltar para casa, comeram e beberam à gorda numa leiteria da Galeria Cruzeiro e, com o que sobrou, foram de táxi para o Catete.

Estava quebrado o lacre. Vivendo no meio do rádio, roçando cotovelos com artistas como Carmen e Aurora e tendo sido notados por Assis Valente, que prometeu compor para eles, a profissionalização era inevitável. Foram obrigados a confessar a seus pais que estavam ganhando dinheiro para cantar. E, para surpresa deles — talvez suas famílias não os levassem muito a sério como artistas, ou talvez o mundo estivesse mudando —, seus pais não se opuseram, desde que eles "não parassem de estudar". A partir daí, foi aquela água.

Com os cachês, mandaram fazer jaquetões num alfaiate do Catete (as lapelas tinham de se cruzar três dedos abaixo do nó da gravata) e encomendaram novos instrumentos à Guitarra de Prata, na rua da Carioca (violões e cavaquinhos escuros com uma lua clara gravada na madeira, e vice-versa). Compraram um equipamento de som da RCA e alugaram um apartamento na praça José de Alencar para servir de almoxarife do conjunto, estúdio para ensaios, escritório e garçonnière. Em setembro de 1933, Cesar Ladeira contratou-os para a Mayrink Veiga. Em dezembro, a Victor também assinou com eles, e a primeira gravação do Bando foi a marchinha "A hora é boa", de Mazinho e do próprio Aloysio, cuja letra dizia:

A hora é boa
Pra virar pangaio
No meio desse povaréu...

Ninguém sabia ao certo o que era virar pangaio, mas, dependendo do povaréu — com todas aquelas moças fantasiadas de pirata ou de odalisca —, devia valer a pena. A marchinha foi um sucesso do Carnaval de 1934.

Nos meses seguintes, o Bando da Lua foi visto e, às vezes, ouvido em alguns dos ambientes mais disputados do Rio. Um deles era o salão de dona Laurinda Santos Lobo, a "marechala da elegância", em Santa Teresa — já longe de seu apogeu, é verdade, mas ainda uma anfitriã de grande classe no Rio e, por acaso, vizinha de Carmen no Curvelo. Outra casa fina a que iam como convidados era a dos escritores Ana Amélia e Marcos Carneiro de Mendonça, na rua Marquês de Abrantes. E, para espanto de todos, menos deles, foram mais de uma vez ao Palácio do Catete, sede do governo, a convite de Alzira Vargas, filha do presidente. Alzirinha, da mesma idade que Aloysio, estudava na Faculdade de Direito e já os conhecia de tertúlias no bairro. Certa noite, Getulio, de pijama de alamares, passou por um corredor do palácio e ela o convocou:

"Papai, quero te apresentar os rapazes do Bando da Lua."

Eles eram vaidosos e ficavam bem de smoking, principalmente ao assistir à temporada de ópera, balés e concertos do Municipal. Mas sabiam quando era hora de trocar a fatiota por calças brancas, camisa de malandro e lenço no pescoço, para tocar nos intervalos das sessões do recém-inaugurado Cine Alhambra, na Cinelândia, do qual se tornaram atração frequente. O Alhambra, em si, também era uma atração: foi o primeiro prédio do Rio a ostentar uma fachada Bauhaus e o primeiro cinema a oferecer *tapis-roulant* (escada rolante), elevadores para 24 pessoas e ar refrigerado em todos os ambientes. Um dos filmes com que o Bando da Lua se apresentou foi o drama *A Severa*, o primeiro filme falado português, que marcou época junto à colônia lusa do Rio e deixou por aqui a atriz Maria Sampaio, que se casaria com o gerente da Mayrink Veiga, Edmar Machado. Outro foi *Escândalos da Broadway* (*George White's Scandals*), com os astros do momento: Alice Faye, Rudy Vallée e Jimmy

114 | CARMEN

Durante — e com quem, graças a Carmen, o Bando da Lua estaria trabalhando em menos de cinco anos.

Em outubro de 1934, ao serem contratados por Yankelevich para excursionar com Carmen e Aurora a Buenos Aires, os rapazes foram logo avisando ao argentino que eram um número à parte — ou seja, não acompanhavam ninguém. Tinham repertório próprio, eram muito bem ensaiados, e não fazia sentido subordinar seu estilo ao de um cantor ou cantora, por maior que fosse. Yankelevich apenas ouvia enquanto os rapazes pavoneavam seus méritos.

O Bando da Lua, diziam eles, era o único conjunto brasileiro a "harmonizar" as vozes e colorir os arranjos com variações em trio, em dupla ou solo. Arranjos, por sinal, que eram do conjunto todo — não havia *um* arranjador. Assim como não tinham um líder — *todos* eram líderes. E cada cantor tocava mais de um instrumento: Helio se encarregava do violão, flautim, lápis no dente e pente com celofane; os irmãos Ozorio alternavam no cavaquinho, percussão, berimbau de boca e pistom nasal (e Stenio ainda estudava violino); Ivo dublava no banjo e no violão-tenor; Vadeco, sem contar o pandeiro, era dançarino; e por aí afora. E, além dos sambas e das marchinhas, cantavam (em inglês) foxes americanos, ao estilo dos Mills Brothers — "Sweet Sue, Just You", "You Are My Lucky Star", "It Don't Mean a Thing". Ou, quando se reduziam a três, ao estilo dos Rhythm Boys, o extinto trio vocal da orquestra de Paul Whiteman, com Aloysio fazendo uma passável imitação do ex-crooner dos Rhythm Boys — Bing Crosby.

Enfim, conjunto vocal que se prezasse não acompanhava cantor — essa era a sólida disposição artística do Bando da Lua. Mas Yankelevich, sempre concordando com tudo, não teve a menor dificuldade para convencê-los de que, tratando-se de uma temporada no exterior, ninguém ficaria sabendo e, quem sabe, não abririam uma exceção?

Assim, em outubro e novembro de 1934, pela primeira vez o Bando da Lua acompanhou Carmen em vários programas da rádio argentina, sendo apresentados por um jovem locutor local chamado Fernando Lamas. E Vadeco dançou com Carmen (e, depois, com Aurora) um esquentado maxixe no palco do Monumental — onde presenciou, nos bastidores, a perseguição a Carmen por uma jovem e deslumbrada atriz, fascinada pela estrela brasileira: Eva Duarte. No futuro, Eva Perón ou, simplesmente, Evita.

No estúdio da calle Córdoba ou em sua chácara em Villa Balester, perto de Buenos Aires, onde recebia os brasileiros nos dias de folga, a fotógrafa Annemarie Heinrich percebia como Aloysio de Oliveira, não mais um adolescente, não desgrudava os olhos de Carmen. E por que desgrudaria? Para o quase incontrolável Aloysio, ali estava o ser mais desejável do mundo: a mulher multiplicada pela estrela — e ele tinha o privilégio de conviver com as duas.

Num momento de intimidade, fora do palco, Carmen era a colega acessível e divertida, enfiada em roupas curtas e justas, com quadris firmes, pernas carnudas e uma pele que, sempre que ele a tocava "sem querer", o deixava instantaneamente excitado. Em outro momento, ela era a deusa que, do seu ponto de vista — o Bando da Lua sempre às suas costas no palco —, parecia estar engolindo a plateia com os olhos, a boca, os braços e o corpo inteiro. Para Aloysio, Carmen era apaixonante, arrebatadora, irresistível. E, pelo que Annemarie intuía, Carmen também não era de todo indiferente a Aloysio — embora a fotógrafa não visse nada que sugerisse a existência de um caso.

Não via porque não existia. Carmen, como mulher e artista, estava na majestade de seus 25 anos. E Aloysio, com todo o porte que adquirira em altura e compleição, podia ser ótimo para Moreninha, uma menina de dezessete anos que ele namorava no Catete. Mas ainda era muito verde para Carmen. Afinal, tinha somente vinte aninhos.

E havia outro motivo, aliás o principal: Carmen deixara no Rio um caso sério.

Se Carmen namorou alguém no Rio desde o rompimento com Mario Cunha, em 1932, ninguém ficou sabendo. Mas a ninguém escapou o rapaz atraente com quem ela passou a ser vista a partir de meados de 1934, em chás na Brasileira e na Colombo, tardes na pelouse do Jockey e no deque do Yacht, e passeios de carro à praia do Pepino e à Vista Chinesa. Não que eles quisessem se mostrar. Ao contrário, tentavam ao máximo se esconder. Mas como passar em branco quando se namora a mulher mais famosa do Brasil?

Ele se chamava Carlos Alberto da Rocha Faria e, como Carmen, tinha 25 anos, menos alguns meses. Sua descrição coincidia com o gosto de Carmen para homens: alto, moreno (tez rosada), forte (mas não uma máquina de músculos), bons ternos, rosto bonito e másculo, cabelo preto, brilhantina abundante. Num mano a mano com Mario Cunha, Carlos Alberto levaria vantagem em certos itens: era menos vaidoso, nada galinha, e mais dedicado a Carmen. E — importante para ela — também tinha berço, tradições, quem sabe até brasão.

Carlos Alberto era um dos melhores partidos da cidade, desde que essa noção de bom partido não envolvesse dinheiro em caixa. Sim, ele pertencia a uma família rica. Seu tio, Carlos da Rocha Faria, era um dos donos da América Fabril, a poderosa indústria têxtil fundada em 1871 pelos ingleses em Pau Grande, distrito de Magé, no estado do Rio, e que, esgotada a concessão para que estes continuassem a explorá-la, fora parar nas mãos de três grupos nacionais: os Bebiano, os Seabra e os Rocha Faria. Depois de uma série de desaires a seguir ao crack de 1929, a América Fabril estava forte de novo. Daí, podia supor-se que bastaria a um jovem se chamar Rocha Faria para ter o futuro assegurado. Só que não era bem assim. Um dia, Carlos Alberto poderia ser um dos altos diretores da fábrica, mas dificilmente estaria entre seus herdeiros — tinha vários primos pela frente. Era apenas um membro remediado de uma família rica e esnobe, com todas as desvantagens que isso encerrava.

Uma delas era a de que, para seus parentes, "não convinha" que ele namorasse uma profissional do rádio — uma cantora. (O preconceito da elite estendia-se às profissionais em geral. Para os ricos, uma mulher poderia até trabalhar, desde que por hobby ou para fins beneficentes — nunca para viver. As profissionais do rádio eram apenas um pouco mais malvistas do que, digamos, as jornalistas.) Mas nada era tão simples, e esta poderia ser apenas uma impressão: até então, ninguém da família se atrevera a chamá-lo para uma conversa, e nem sequer se podia afirmar que o assunto Carmen Miranda tivesse sido discutido entre eles — os Rocha Faria eram muito finos para se imiscuir em tais questões.

Para Carlos Alberto, a aversão de sua família a Carmen não era declarada, mas palpável. Nunca partiria da casa de seus pais, no Flamengo, ou de seus tios, no Humaitá, um convite para que Carmen os visitasse. O pior era quando ele estava com seu tio Carlos no Humaitá, e Carmen ligava para lá à sua procura. Todos sabiam que era ela — como não identificar sua voz? O telefone lhe era passado por quem o atendera e sentia-se o bloco de gelo ao redor do aparelho. Portanto, Carlos Alberto tomou uma atitude corajosa. Como ninguém lhe dizia nada, fez de conta que não sabia o que sua família pensava, e continuou saindo e sendo visto com Carmen.

Mas, em consequência de sua própria educação, ele tampouco ficava à vontade ao passar com ela na rua e se ver apontado por populares. Ao contrário de Mario Cunha, que gostava disso, Carlos Alberto sentia-se diminuído ao ser identificado como "o pequeno de Carmen Miranda". Outra coisa que o ofendia era ouvir, à sua passagem, o nome de Carmen dito por alguém — como se qualquer pé-rapado se sentisse no direito de referir-se à intimidade dela e ao fato de ele ser seu namorado. Mas Carlos Alberto avaliou a situação e decidiu que, se fosse esse o ônus a pagar por gostar da mulher com quem tantos sonhavam, ele iria em frente — porque, de tantos que sonhavam, só ele a conquistara.

E era bom que pensasse assim porque, se o tamanho da popularidade de Carmen já era uma complicação desde o começo do namoro, agora é que seriam elas. Além do disco, do rádio e do palco, vinha aí mais um veículo que Carmen transformaria num feudo só para ela — o cinema.

Wallace Downey era o típico americano nos trópicos, só que em versão desenho animado: boa-praça, forte, suarento, avermelhado, uns 35 anos presumíveis, chapéu de palhinha, terno de linho branco amarrotado, meia dúzia de palavras em português, sotaque execrável, um uísque na mão — e um oportunismo para o qual os nativos não estavam preparados.

A Columbia Records o mandara ao Brasil em 1928, para instalar em São Paulo a filial brasileira da gravadora, se possível com dinheiro local. Este foi fornecido pelo empresário paulista Alberto Byington Jr., que ficou como sócio nacional. Downey deu uma voltinha pelo território, percebeu a diversidade musical em estado quase virgem e concluiu que havia *muita* grana a ganhar com a nossa inspiração — em discos, em filmes e, especialmente, em edições musicais. E não se sentiu nem um pouco culpado por isso — os frutos cairiam de podre do mesmo jeito, se não fossem colhidos dos galhos.

Em 1931, Downey convenceu Byington a produzir em São Paulo um filme-revista sonoro, pelo sistema Vitaphone, a ser dirigido por ele. O fato de ser americano não significava que Downey soubesse dirigir cinema — e, de fato, ele só foi apresentado a uma câmera no primeiro dia de filmagem. Bem ou mal, conseguiu filmar Stefana de Macedo, Paraguaçu, Príncipe Maluco, maestro Gaó e outros nomes locais cantando toadas, serestas, emboladas e foxtrotes. Filmou também um poema declamado por Guilherme de Almeida, um número de ventriloquia com Batista Junior, um monólogo com Procópio Ferreira e uma paródia de "Singin' in the Rain", sucesso do filme *Hollywood Revue*, com um cantor debaixo do chuveiro. Depois, montou uma sequência ao lado da outra, sem muito nexo, e mandou o filme para a tela com o título de *Coisas nossas*. E — incrível — foi um sucesso.

Downey viu que o caminho era por aí, mas havia um atalho melhor: o Carnaval. Mudou-se para o Rio e aproximou-se dos grandes nomes da música popular, entre eles Alberto Ribeiro e Braguinha, dublês de compositores e letristas. Fundou uma produtora de cinema, a Waldow S.A., com escritório no oitavo andar do Cine Odeon — uma sociedade anônima com um capital de 250 contos, dos quais Downey detinha 243 contos e seus sete sócios, cinco americanos e dois brasileiros, os sete restantes. E, em parceria com a Cinédia, de Adhemar Gonzaga, começou a produzir filmes com um mínimo de enredo e um máximo de música, toda ela voltada para o Carnaval: os sambas e as marchinhas que estourariam naquele ano, cantados pelos maiores nomes do rádio, quase todos, por acaso, da Mayrink Veiga. Os filmes seriam programados para estrear no Rio algumas semanas antes do Carnaval e, dali, percorrer o país nas fagulhas da folia.

O primeiro foi *Alô, alô, Brasil!*, rodado em menos de um mês, entre dezembro de 1934 e janeiro de 1935, e estreado no Alhambra em começos de fevereiro, às vésperas do tríduo. E, se você acha que ele rodou o filme em tempo recorde, saiba que, para os padrões de Downey, essa foi uma produção demorada. O título era um alô, alô explícito ao rádio, veículo com que o Brasil estava vivendo um caso de amor.

Em 1934, havia 65 emissoras de rádio no país. A Mayrink Veiga, com seu transmissor de 25 quilowatts, era a rainha das ondas médias. Do Rio, que era o Distrito Federal, ela tomava todo o estado do Rio, o Espírito Santo e Minas Gerais, parte do estado de São Paulo, chegava à Bahia e a Pernambuco e, graças ao canal livre internacional de que dispunha, avançava bem pelo resto do Nordeste, principalmente à noite. Funcionavam outras com um alcance parecido. Em São Paulo, a Rádio Record cobria todo o Sul do país e chegava também ao Rio e ao resto do Sudeste. Os locutores, comediantes, cantores e até compositores eram os novos xodós nacionais. Um dos mais populares era Lamartine Babo, não apenas pela voz inconfundível, quase infantil, mas porque sua figurinha era a mais fácil das distribuídas aquele ano pelas balas Ruth. E ser "cantora do rádio" substituíra aquela antiga aspiração das moçoilas nacionais de se tornarem artistas de cinema. Nenhuma brasileirinha de pituca ou maria-chiquinha queria mais ser Joan Crawford ou Norma Shearer — o que ela queria agora era ser Carmen Miranda.

Braguinha e Alberto Ribeiro foram os roteiristas e assistentes de direção de *Alô, alô, Brasil!*, embora também nunca tivessem visto uma câmera. A trama — um fã de rádio apaixonado por uma cantora inexistente — era o que menos importava. As multidões que se estapearam para assistir a ele durante três semanas no Alhambra só queriam saber dos números musicais: um naipe de grandes canções como, entre outras, "Deixa a lua sossegada", com Almirante; "Menina internacional (Eu vi você no Posto 3)", com Dircinha Baptista; "Rasguei a minha fantasia", com Mario Reis; "Foi ela", com Francisco Alves; "Cidade maravilhosa", com Aurora; e "Primavera no Rio", com Carmen.

Se Chico Alves ainda tinha dúvida sobre quem era o maior cartaz do Brasil, os cartazes propriamente ditos de *Alô, alô, Brasil!*, enormes, na fachada do Alhambra, não deixavam dúvida: em todos eles o nome de Carmen vinha em primeiro lugar — e o dele em segundo. Por ser o primeiro nome do elenco, era Carmen quem fechava o filme, cantando "Primavera no Rio", de chapéu e vestido de organdi, fotografada por Aphrodisio de Castro num jardim da Cinédia. Era também a única em todo o elenco com direito a um close. Mas, para a plateia, o grande sucesso já explodira alguns rolos antes: "Cidade maravilhosa", com Aurora.

Wallace Downey, que estava pouco ligando para o filme em si, tinha seus motivos para caprichar no repertório musical. Para ele, a música usada no filme podia ter uma próspera sobrevida depois que o filme encerrasse a carreira. Não se sabe o que aconteceu àqueles sambas e marchinhas, porque a documentação sobre a Waldow está perdida e, mesmo no impressionante arquivo da Cinédia, há muito pouco a respeito. Mas não é absurdo supor que cada compositor, ao ceder a Downey o uso de sua música para o filme, estivesse também lhe cedendo, sem saber, os direitos para sua exploração lá fora.

Alguns anos depois, no fim da década, muitos levariam um susto ao saber que Downey era o "representante no Rio" da Robbins Music Corporation, uma editora musical de Nova York que — surpresa! — tinha sob seu controle um sem-número de sambas e marchinhas. Pelo volume de material em poder da Robbins, tudo indica que essa associação tenha começado logo nos primeiros anos da década de 30. E, se assim foi, não seria nada de mais.

As editoras musicais americanas já tinham descoberto o filão "latino" desde a década de 10, assim que o tango argentino pôs a cabeça de fora na Europa. No começo, era no Velho Mundo, principalmente em Paris, que os editores americanos iam às compras dos tangos. Mas logo chegaram à óbvia conclusão: para que lidar com intermediários? Por que não ir direto às fontes? E por que se limitar à Argentina?

E, assim, desde aqueles primórdios, vários *scouts* (batedores) musicais americanos vieram palmilhar as madrugadas boêmias de Buenos Aires, Havana e Cidade do México, em busca de material produzido em seus botecos, biroscas e bodegas — lugares frequentados por pessoas com grande facilidade para fazer música e nenhuma para fazer negócios. Uma rodada da pinga local e, *presto!*, produzia-se um papel assinado — às vezes, um simples recibo sobre uma quantia insignificante —, e lá se ia uma melodia batendo asas rumo a Nova York. Em Tin Pan Alley (o quarteirão da Rua 28 entre a Quinta e a Sexta Avenida onde se concentravam as editoras musicais), essa melodia era retrabalhada, ganhava um título em inglês, e o autor original — se seu nome ainda constasse da partitura — era agraciado com um parceiro americano que se tornava o efetivo dono da canção.

Há algo de sinistro nessa imagem do americano simpático que se fazia de amigo de homens simples, talentosos e de pele escura, e se juntava a eles nos botequins para ouvir e cantar sua música — talvez escrevendo-a por baixo da mesa — e saía dali dando risada, sabendo que tinha bom material para vender em Nova York, não? Mas essa prática existiu. Foi assim, com ou sem papel assinado, que tangos como "El choclo", de 1913, "La cumparsita", de 1916, e "Jalousie", de 1927, a canção mexicana "Cielito lindo", de 1919, o bolero cubano "Quiereme mucho", de 1924, e inúmeras outras canções ficaram famosas e renderam muito dinheiro — não necessariamente para seus verdadeiros autores — fora de seus países de origem. Mas, o que dizer das que saíram sem que esses autores se dessem conta e que também renderam dinheiro, e apenas não ficaram famosas? (Às vezes saíam sob disfarce: boleros se tornavam valsas, tangos se metamorfoseavam em rumbas; pasos dobles viravam foxtrotes.)

Podia não haver nada de ilegal nisso — tecnicamente, seria apenas uma operação de compra e venda. Mas que era imoral, era. Equivalia ao que, no Rio, cantores como Francisco Alves e outros faziam com os compositores do Estácio e do morro, ao comprar-lhes os sambas in natura (mal saídos do violão ou da caixa de fósforos, antes que um editor os ouvisse) e, às vezes, até os enxotando da parceria. Foi justamente a explosão do samba a partir de 1930 (assim como da rumba em Havana) que tornou o Rio tão atraente para aqueles batedores musicais.

120 | CARMEN

Downey levava uma vantagem em relação àqueles batedores: já estava instalado aqui e era amigo dos compositores. E tinha uma isca infalível para seduzi-los — os filmes que produzia.

Em dezembro, ao dar um pulo à Victor para rever os amigos, Carmen foi convidada a cantar para o presidente regional da gravadora, um americano sediado em Buenos Aires e de passagem pelo estúdio no Rio. Carmen disse "com prazer" e pediu ao compositor Hervê Cordovil que a acompanhasse ao piano. De Hervê, ela gravara meses antes uma marchinha tão maliciosa que só sua voz a redimia e permitia que fosse tocada numa vitrola de família: "Inconstitucionalissimamente". A letra brincava com o clima político nacional, às voltas com a Constituinte, e dava a entender que o namorado engravidara a moça e dera o fora:

> O meu amor
> Me deixou para a semente
> Inconstitucionalissimamente...

Hervê sentou-se ao piano e Carmen começou.

No meio da primeira música, alguém abriu a porta do estúdio, esticou o pescoço pondo a cabeça para dentro e disse tibiamente: "Com licença?". Foram suas últimas palavras. Era o cantor Carlos Galhardo, ainda pouco conhecido apesar de ter lançado pela Victor, no ano anterior, o que seria depois a maior canção natalina brasileira de todos os tempos: "Boas festas", de Assis Valente.

O americano não quis saber se ele era Carlos Galhardo ou o próprio Papai Noel. Esbanjando grossura, esbravejou e soltou-lhe os cachorros em espanhol por causa da involuntária interrupção. Galhardo fez *gulp*, recolheu o pescoço, e nunca mais foi visto — pelo menos naquele dia.

Carmen, que assistiu à cena estupefata, deu um tapa no piano e ordenou:

"Hervê, fecha o piano. Eu não canto mais para esse filho da puta. Não canto para gringos que tratam mal os meus patrícios."

E, virando-se para o americano:

"Eu sou brasileira, ele é brasileiro, e o senhor tem que nos respeitar."

Deu uma rabanada na saia e, toda pimpona e digna, saiu marchando do estúdio.

Apesar da arrogância de alguns de seus executivos, a Victor, em 1934, tornara-se disparado a maior gravadora brasileira, superando pela primeira vez a Odeon. Com os talentos que ela revelara e soubera manter, e mais os que tomara da concorrência, quase toda a grande música popular estava de repente sob a sua bandeira: Carmen, Francisco Alves, Sylvio Caldas, Mario Reis, Almirante, Luiz Barbosa, Lamartine Babo, Moreira da Silva, o Bando da Lua, Carlos Galhardo, os Irmãos Tapajós, Gastão Formenti e Castro Barbosa. E quem sobrara para a Odeon? Aurora Miranda, João Petra de Barros, a bissexta Aracy Côrtes, os jovens Joel e Gaúcho, e, fazendo o percurso inverso, Sylvio Caldas, que iria da Victor para a Odeon no fim do ano. Mas, nome a nome, mês a mês, a Victor esteve absoluta em 1934 — em termos de cast, foi o seu maior ano no Brasil.

Com tantos colegas do primeiro time a seu lado na gravadora, Carmen pôde gravar memoráveis discos em dupla, além dos que já tinha criado com Mario Reis e Lamartine Babo. Alguns deles, "Pra quem sabe dar valor", de Assis Valente, com Carlos Galhardo; "Pra que amar", também de Assis, com Almirante; "Vou espalhando por aí", ainda de Assis, com Castro Barbosa; "Quando a saudade apertar", de André Filho, com Sylvio Caldas; o impagável "As cinco estações do ano", de Lamartine, com nada menos que Mario Reis, Almirante e o próprio Lamartine; e — pena que tenha sido o único — "Retiro da saudade", de Noel Rosa e Nássara, com Francisco Alves. Apenas de ouvi-la em dupla com Chico, é de lamber os beiços a simples ideia do que Carmen poderia ter gravado com todos aqueles ases que a Victor tinha agora sob contrato.

Mas isso não aconteceu — porque, em março de 1935, mal passado o Carnaval, a notícia levantou poeira nos terreiros e salões do Rio. Carmen saíra da Victor e se mudara justamente para a grande rival, a Odeon. Era como pisar no pé de Nipper, o cachorrinho do gramofone, se ele existisse.

Foi a maior transação da década no mercado discográfico brasileiro. Nem a saída de Chico Alves em sentido contrário, indo da Odeon para a Victor um ano antes, causara tanto rebuliço. Carmen ouviu dizer que, na opinião de alguns, ela estava sendo ingrata ao dar uma banana para o estúdio que a "fizera" e ao qual ela tanto devia. Ouviu e não gostou. Comentou com amigos que a verdade era bem outra: ela é que fizera a Victor no Brasil. Durante os primeiros anos, fora quase a única estrela do seu elenco — no tempo de "Taí", carregara o selo nas costas, com cachorrinho e tudo. Em cinco anos de Victor, levara à cera 150 músicas, das quais setenta marchas e 66 sambas — nenhuma outra cantora brasileira gravara tantos discos até então. E, mesmo nos últimos meses, quando já estava pensando em mudar de ares, gravara material formidável, como o samba "Minha embaixada chegou", de Assis Valente (que se tornaria um dos seus standards); a canção natalina "Recadinho de Papai Noel", outro triunfo de Assis; e a contagiante marcha "Mulatinho bamba", de Ary Barroso e Kid Pepe. A Victor não tinha do que se queixar.

Quando a Odeon a sondara para mudar de ares, Carmen pensara bem e só vira vantagens nessa troca. Primeiro, a Odeon, inconformada por ter perdido Chico Alves, daria qualquer coisa para tirá-la da Victor. E teria de dar mesmo: quatrocentos réis por face gravada e um certo valor em dinheiro, à vista e por fora, cujo montante ninguém precisava saber. Outra coisa: com a debandada de seu cast para a Victor, o estúdio da Odeon, na rua Santo Cristo, na Zona Portuária, com o maestro Simon Bountman na direção artística, poderia dedicar-se muito mais a ela. Finalmente: ao sair da Victor, Carmen perderia Pixinguinha como regente de orquestra, mas ganharia Benedito Lacerda, cujo conjunto regional, estrelado por Russo do Pandeiro, era o melhor do planeta.

Mesmo assim, não era fácil abandonar uma empresa onde se dava com todo mundo, da presidência à faxina — a Victor, afinal, era a sua casa. Mas a discussão com o gringo no estúdio acabou por influenciá-la. Carmen ficara importante demais para ouvir desaforos, mesmo que não dirigidos a ela. Era o seu brasileirismo falando alto — um sentimento que enfatizava sempre que podia, para compensar o acaso de não ter nascido no Brasil. Como se não lhe bastasse sentir-se totalmente brasileira — como se precisasse parecer mais brasileira do que os brasileiros natos.

Carmen se entristecia e se ofendia quando alguém lembrava, mesmo sem querer, que ela nascera em outro país. Daí sua relação com o letrista e jornalista Orestes Barbosa ser tão complicada. Orestes, hidrofobamente antiportuguês, vivia se dedicando por escrito a "denunciar" sua cidadania lusa. Fez isso em seu livro *Samba*, de 1933, e voltava à carga quase diariamente pelo jornal *A Hora*, em que escrevia.

Para Carmen, aquilo era uma perseguição. Na Argentina, ninguém queria saber se Carlos Gardel era francês, uruguaio ou argentino. Gardel era francês, claro — nascido em Toulouse, na França, de pai e mãe franceses, e criado em Montevidéu —, mas era também o maior cantor argentino de todos os tempos, o tango encarnado, e ninguém em Buenos Aires se achava mais portenho que ele. Nos Estados Unidos, a mesma coisa com Al Jolson. E daí que Jolson tivesse nascido na Rússia (como aconteceu) ou na Lua, e não no Alabama? Ele era o cantor americano por excelência, o homem que dominava a Broadway, Hollywood e o coração de milhões de americanos.

"Que diferença faz se esses putos nasceram em outro lugar?", dizia Carmen. "A culpa é da mãe deles, que estava no país errado ao parir."

Em *Samba*, Orestes Barbosa dedicou cinco parágrafos a Carmen, todos venenosos. Começou por acusar a Victor de ter revelado em seu catálogo a "nacionalidade lusitana" de Carmen para "agradar à colônia portuguesa no Brasil". Mas, como sabemos, quem se confessou nascida em Portugal foi a própria Carmen, na famosa entrevista a R. Magalhães Jr. em *Vida Doméstica*, quatro anos antes, e a Victor ficara até braba com ela. Para Orestes, tal revelação teria provocado um "choque de tristeza" em seus fãs. Por quê?

Numa lógica confusa, ele diz que Carmen era tão sensacional que não passava pela cabeça de ninguém que ela tivesse nascido em Portugal, "porque Portugal não nos envia sensações". E continuou: "Tudo quanto nos vem de lá é chilro, anêmico e caixeiral" — preconceituosa referência aos portugueses do Rio, inúmeros deles caixeiros no comércio —, para concluir que Carmen só não ficou chilra, anêmica e caixeiral graças à "força trituradora do Rio, que refina, como numa usina, os elementos aportados ao seu torrão". Ora, ora. Se o Rio "refinou Carmen" e a tornou quem ela era — "uma sambista carioca, tal o seu prodígio de adaptação", segundo o próprio Orestes mais adiante —, vamos cair nos braços uns dos outros e sambar até o sol raiar. Para que ficar insistindo no assunto?

Além disso, se ter portugueses na família fosse um crime de lesa-samba, Orestes estava se sentando sobre o próprio rabo. Seu prenome podia ter ecos de um remoto herói grego, mas os sobrenomes de sua família — Bragança Dias, por parte de mãe, e Silva Barbosa, por parte de pai — não tinham nada de helênicos ou heroicos. Eram sobrenomes portugueses, e dos bons, com perfumes de alheiras e carapaus. E se Carmen não podia ser sambista por ter nascido em Portugal, o que dizer de outros que, nascidos no Rio, manifestavam tão pouca disposição para o samba? Pois Orestes — carioca da gema, do bairro da princesa, e que, ao caminhar, andava meio de banda, como os malandros — estava nesse caso. Grande letrista, sua obra quase não tinha sambas. O futuro só se lembraria dele por suas valsas e canções com Sylvio Caldas ou Chico Alves: "Chão de estrelas", "Suburbana", "Dona da minha vontade", "Serenata", "Arranha-céu", "A mulher que ficou na taça" — páginas eternas da lírica romântica em língua portuguesa. Mas, perdão, Orestes, impróprias para tamborins.

Nada atingia Carmen, nem as ranhetices de Orestes, nem as fofocas por sua mudança de gravadora. Em fins de abril de 1935 estreou na Odeon com um disco da maior competência, composto do samba "Queixas de colombina" e da marcha "Foi numa noite assim", ambos pela dupla Arlindo Marques Jr. e Roberto Roberti. E, nos primeiros dias de maio, começou sua participação em *Estudantes*, o filme que Wallace Downey, entusiasmado com o sucesso de *Alô, alô, Brasil!*, resolveu fazer para o meio do ano.

Estudantes também era um musical, mas sem Carnaval. Dessa vez, a ação se transferia para um idílico campus universitário, em que dois estudantes (os comediantes Mesquitinha e Barbosa Junior, já bem velhuscos para o papel) cortejavam Mimi, uma cantora de rádio — Carmen, é óbvio. Mas Mimi só tinha olhos para um terceiro estudante, Mario Reis, também bem passado para um universitário. Ao redor, os suspeitos de sempre: Aurora, Almirante, Jorge Murad, Cesar Ladeira e, pela primeira vez, o Bando da Lua — este enfim reduzido a seis elementos, porque Armando, um dos irmãos Ozorio, trocara o conjunto e a vida artística pela carreira de bancário em Porto Alegre. O enredo, ou coisa parecida (como no filme anterior, a cargo de Braguinha e Alberto Ribeiro), terminava num baile de formatura. O melhor do filme estava nas nove canções, entre as quais "Linda Mimi" (só de Braguinha), com Mario Reis, e

"Lalá" (de Braguinha e Alberto), com o Bando da Lua. Os números de Carmen eram o samba "E bateu-se a chapa" (de Assis Valente) e a marchinha junina "Sonho de papel" (só de Alberto), ambos de primeira linha.

Para os cantores, as filmagens eram um martírio. "Don't move!", berrava Downey o tempo todo, secundado por um assistente: "Não se mexa!". A câmera era fixa, mas, depois de armada a cena — quase sempre no pior enquadramento possível —, o cantor tinha de atentar para a posição do microfone (uma geringonça camuflada num vaso de flores ou por trás de um cenário, gravando o som direto) e ficar firme como um poste, sob refletores que o fariam confessar o assassinato da própria mãe. Poderia dançar, se quisesse, desde que não saísse muito do lugar. Apesar desses cuidados, o som dos filmes continuava horroroso e Downey, com justiça, era cordialmente chamado pela imprensa de "o pior diretor do mundo". Mas tinha uma virtude: era rápido — rodou *Estudantes* em uma semana. E, se não fosse assim, não daria para Carmen.

Ninguém levava uma vida mais frenética do que ela. Mal terminou sua parte em *Estudantes*, Carmen tomou um Clipper da Panair no dia 23 de maio rumo a Buenos Aires, para uma nova temporada de um mês na Rádio Belgrano e nos teatros. Era sua primeira viagem de avião e, por via das dúvidas, agarrou-se a uma pequena imagem de santa Teresa, sua santa de devoção, durante o longo voo de quase um dia. E, se a santa fracassasse para conter as turbulências, seu irmão Mocotó estava na poltrona ao lado.

"Agora é que a Carmen Miranda vai nos olhar de cima", disse numa roda a cantora Heloisa Helena. A frase podia ser uma constatação ou um resmungo.

Carmen não precisava tomar um avião para se sentir por cima das cantoras emergentes que não perdiam uma oportunidade de alfinetá-la — insinuando, por exemplo, que estava na hora de ela ceder o lugar para os novos talentos. Apenas os cachês que Jaime Yankelevich lhe pagava para passar um mês em Buenos Aires, cantando duas ou três vezes por semana na Rádio Belgrano, deviam ser suficientes. Esses cachês não eram inferiores a 10 mil pesos argentinos. Com o peso cotado na época a 5 mil-réis, cada viagem representava cinquenta contos de réis para ela. Nenhum outro artista brasileiro podia se gabar de tais cifras.

Dessa vez, Carmen seguiu sem músicos, porque seus acompanhantes já estavam lá: Josué de Barros, seu filho Betinho e o conjunto brasileiro que eles lideravam. Com os dois violonistas estabelecidos em Buenos Aires, e sempre prontos para acompanhá-la, ficara mais fácil levar Carmen — e eles ainda contavam com o eventual reforço ao pandeiro de um argentino louco pela cultura brasileira: o pintor Hector Júlio Páride Bernabó, mais tarde famoso na Bahia e no Brasil como... Carybé.

As idas agora anuais de Carmen a Buenos Aires justificavam o chamego dos portenhos por ela. Eles a chamavam de Carmencita e já se sentiam com certos direitos de propriedade. Mas, dessa vez, por artes de Yankelevich, a visita de Carmen "coincidiu" com a viagem do presidente Vargas à Argentina para uma conferência de paz envolvendo o conflito entre o Paraguai e a Bolívia pela região do Chaco.

Carmen e Getulio não estiveram ao mesmo tempo na cidade — quando ela desceu do avião, ele já tomara o navio de volta —, mas era como se a temporada de Carmen também tivesse um caráter "oficial". A Conferência do Chaco continuava em andamento e as reuniões eram transmitidas para o Brasil pelo *Programa Nacional*, na voz de Cesar Ladeira, que viajara com Getulio. Às vezes, interrompia-se a transmissão dos debates para se ouvir Carmen cantando pela Rádio Belgrano. Certa noite, por sugestão de Cesar, os delegados brasileiros levaram seus colegas paraguaios e bolivianos para ir ouvi-la no teatro — e quem sabe não brotou ali, ao som de "Alô, alô..." e "Primavera no Rio", uma centelha de concórdia entre os litigantes? Um jornal a chamou de "embaixadora do samba" e, ao final da temporada, a Rádio Belgrano fez as contas: Carmen recebera 1500 cartas de ouvintes. E nunca o Brasil tivera matérias tão simpáticas na imprensa local. O final dessa viagem é que não foi feliz. Carmen tinha acabado de voltar, também de avião, quando os portenhos sofreram um dos golpes mais duros que o destino poderia lhes reservar: a incrível morte de Carlos Gardel, aos 45 anos, no dia 24 de junho — seu avião se chocou com outro e se incendiou na pista do aeroporto de Medellín, na Colômbia.

Carmen passou na volta por Porto Alegre, onde se apresentou na Rádio Sociedade Gaúcha, e chegou ao Rio a tempo para a estreia de *Estudantes*, no dia 8 de julho, no Alhambra. Pela primeira e única vez no cinema brasileiro, a plateia pôde ver uma nova Carmen — não apenas como cantora, fazendo números soltos, mas como atriz, integrada à trama, dizendo as falas de Mimi. Os críticos a elogiaram e temos de nos fiar neles, porque não é mais possível conferir: tanto *Estudantes* quanto *Alô, alô, Brasil!*, assim como os dois filmes anteriores de Carnaval em que Carmen aparecia, estão irremediavelmente perdidos.

O Brasil se beneficiava da prosperidade argentina e da garra de Jaime Yankelevich, incansável para levar atrações estrangeiras à sua Rádio Belgrano e aos teatros que controlava em Buenos Aires. Na ida ou na volta, quase sempre em ambas, essas atrações paravam no Rio e, em agosto, foi a vez de Lupe Velez, o "busca-pé mexicano" de Hollywood. Aos 32 anos e ainda uma teteia, mas meio que no desvio cinematográfico, Lupe já deixara longe a falsa ingênua que, aos dezenove, em 1927, estrelara em *O gaúcho* (*The Gaucho*) com Douglas Fairbanks e tivera um caso com ele, quase matando de desgosto sua mulher, Mary Pickford, que, nesse filme, interpretava a Virgem Maria. Mesmo assim, a ABI (Associação Brasileira de Imprensa) enfarpelou-se para recebê-la e ofereceu-lhe um pequeno espetáculo de música popular em seu auditório. Entre os convidados estava Carmen. Ela cantou "Cidade maravilhosa" e "Deixa a lua sossegada" e, ao fim da apresentação, ouviu de Lupe que "deveria tentar Hollywood". Carmen tomou nota de mais essa sugestão. Lupe seguiu caminho para Buenos Aires, cumpriu sua temporada por lá e, na volta, em outubro, parou de novo no Rio — dessa vez para apresentar-se no Cassino Atlântico, onde cantou, dançou e fez imitações. Ninguém se empolgou. Os críticos foram ferozes e a definiram como "bananeira que já deu cacho". Carmen defendeu Lupe junto a esses críticos.

A rota Rio—Buenos Aires—Rio não parava. O problema era que, em contrapartida às rebarbas que pegávamos dos argentinos, às vezes tínhamos de lhes ceder Carmen por mais tempo que se podia suportar. A cada viagem de Carmen, os jornais cariocas a cumprimentavam pelo seu sucesso, mas lamentavam que a cidade fosse se privar dela. Um ou outro dizia que, à guisa de consolo, pelo menos tínhamos Aurora. Mas, no dia 20 de outubro, Carmen tomou o Clipper para Buenos Aires pela segunda vez naquele ano, sempre sob contrato com Yankelevich — e, dessa vez, para dividir o palco com Aurora.

Se Carmen já começava a confundir-se com a paisagem de Buenos Aires, a imprensa portenha encantou-se com "Las hermanas Miranda". O sucesso da dupla foi o sintoma de um processo que ninguém julgava possível: invertendo a argentinite que assolara o Rio com o tango na década de 20, agora era a música brasileira que apaixonava os argentinos. Carmen e Aurora não eram as únicas atrações que eles requisitavam — apenas as mais caras. Por causa delas, os argentinos chamavam também Olga Praguer Coelho, Silvinha Mello, Jesy Barbosa e, todos os anos, mas pela Rádio El Mundo, o Bando da Lua.

Nessa viagem, incluindo a ida e volta e a temporada em Buenos Aires, Carmen e Aurora passaram 46 dias fora. E, para se afastarem do Rio por tanto tempo, tiveram de correr com o serviço antes de viajar, gravando quantos discos pudessem, para não deixar o mercado em falta. Como se, no caso delas, houvesse esse risco.

Em seis meses de 1935, entre maio e outubro, Carmen e Aurora gravaram 36 músicas cada uma — dezoito discos. Ou seja, nesse período, a Odeon pôs três discos de Carmen e três de Aurora *por mês* nas lojas! Junte a isso os programas semanais de rádio, espetáculos em cinemas e teatros, eventuais excursões (no fim de julho, Carmen voltara a Porto Alegre, dessa vez com Mario Reis, para inaugurar a Rádio Farroupilha, e, em fins de agosto, apresentou-se com Aurora em Juiz de Fora e Belo Horizonte), ensaios para shows e gravações e todo o lado promocional do trabalho — entrevistas para jornais e revistas, posar para fotografias e visitas a estações de rádio etc. etc. Tudo isso para se ter uma noção do grau de profissionalização a que Carmen e Aurora tinham chegado. E, a quem perguntar de onde elas tiravam tempo para descobrir e aprender novas músicas para seu repertório, a resposta é simples: a Odeon as ajudava a escolher o material, entre os incontáveis sambas e marchinhas que os compositores lhes levavam na gravadora.

Não que elas fossem inacessíveis. Amigos como Ary Barroso, Custodio

Mesquita, Assis Valente, André Filho ou Synval Silva iam à casa delas à hora que quisessem, com ou sem samba para mostrar. No caso de Synval, geralmente sem, porque sua produção era mínima, apesar de Carmen viver a provocá-lo com dinheiro. O último lance de Carmen já estava em três contos de réis — era o que ela lhe daria de bônus se Synval lhe produzisse algo que vendesse pelo menos metade de "Coração", seu samba anterior para ela. Pois, em agosto de 1935, Synval procurou Carmen com um samba. Chamava-se "Adeus, batucada".

Carmen só precisou ouvi-lo uma vez:

Adeus! Adeus!
Meu pandeiro do samba
Tamborim de bamba
Já é de madrugada...

Nem discutiu. Isso é que era samba — um samba chorado, mas com graça, sujeito a verve, perfeito para ela. Foi lá dentro, voltou com um maço de notas no valor prometido, que enfiou no bolso de Synval, e gravou o samba no dia 24 de setembro.

Synval era da família e tinha passe livre em sua casa. Mas, na mesma época, Carmen recebeu também um jovem bancário e pianista mineiro, chamado Alcyr Pires Vermelho, de quem nunca ouvira falar. O rapaz a procurara no Curvelo, em meio a uma greve de bondes no Rio. À falta de transporte, Alcyr subira a pé o morro quase a pique da rua André Cavalcanti para lhe levar um samba. Chegara lá em cima mais morto do que vivo e batera-lhe à porta tendo como única recomendação o nome de seu parceiro Walfrido Silva, amigo de Carmen.

"Esqueça o Walfrido, vamos ao samba", disse Carmen.

Ainda botando alguns bofes para fora, Alcyr abriu uma parte de piano e começou:

O tique-taque do meu coração
Marca o compasso do meu grande amor
Na alegria bate muito forte
Na tristeza bate fraco
Porque sente dor...

Era como se, a cada minuto, nascessem flores do asfalto e o samba esguichasse das nascentes. De qualquer esquina brotava um grande compositor.

Wallace Downey devia ter essa mesma impressão porque, para seu novo musical, *Alô, alô, Carnaval!* — o terceiro seguido em um ano —, o difícil foi se-

128 | CARMEN

lecionar o repertório. Só ele saberia tudo que deixou de fora, mas, mesmo assim, entre sambas e marchinhas, o filme ficou com 23 números musicais (nove compostos por Braguinha e Alberto Ribeiro). Nem a Warner punha tanta música naquelas suas superproduções com Dick Powell e Ruby Keeler, dirigidas por Busby Berkeley.

Pensando bem, por que a modéstia? *Alô, alô, Carnaval*, para os padrões brasileiros, também era uma superprodução. O cenário, construído na Cinédia, reproduzia o grill do Cassino Atlântico, e havia ainda cenas filmadas no próprio cassino. Os painéis de fundo para vários números musicais, com as caricaturas de J. Carlos, eram modernistas e combinavam com o look art déco do filme. Dessa vez, para o bem da sétima arte, Downey limitou-se a produzir, deixando a direção para Adhemar Gonzaga — um considerável avanço, embora Gonzaga também estivesse longe de ser Busby Berkeley. E a superprodução parava por aí, porque cada número de *Alô, alô, Carnaval!* foi filmado num só take, com três câmeras. Pena também que a trama — dois malandros de luxo, Barbosa Junior e Pinto Filho, tentam convencer um empresário, Jayme Costa, a montar uma revista deles no cassino — só servisse para atrasar a entrada dos números musicais.

Foi o primeiro filme brasileiro a utilizar o playback — o som previamente gravado, que o cantor apenas dublava ao filmar —, mas isso só aconteceu em alguns números musicais. E, naqueles em que foi usado, gravou-se também o som direto, o que acabou produzindo uma maçaroca sonora. A primazia de uso do playback coube a Heloisa Helena cantando "Tempo bom", de Braguinha e dela própria. Carmen foi a segunda, com "Querido Adão", a infecciosa marchinha de Benedito Lacerda e Oswaldo Santiago que você aprendia de primeira e não conseguia parar de cantar.

Vários clássicos do Carnaval brasileiro apareceram pela primeira vez em *Alô, alô, Carnaval!*: as marchinhas "Pierrô apaixonado", de Noel Rosa e Heitor dos Prazeres, com Joel e Gaúcho; "A.M.E.I", de Nássara e Frazão, com Francisco Alves; e "Cadê Mimi", de Braguinha e Alberto Ribeiro, com Mario Reis; o samba-choro "Seu Libório", também de Braguinha e Alberto, com Luiz Barbosa e seu chapéu de palha; e, no que se tornou a imagem mais marcante do filme e da época, outra marchinha: "Cantoras do rádio", de Lamartine Babo, Braguinha e Alberto, com Carmen e Aurora em casacas e cartolas de lamê dourado, criadas por Carmen:

Nós somos as cantoras do rádio
Levamos a vida a cantar
De noite embalamos teu sono
De manhã nós vamos te acordar...

Uma imagem marcante, sem dúvida, mas não graças a Carmen. Ela detestou a sequência de "Cantoras do rádio", e com razão. Em quase todos os ângulos, seu rosto estava escondido por um enorme microfone falso, que servia para embutir um pequeno microfone de verdade usado no som direto, embora a sequência tivesse sido filmada com playback. Carmen só descobriu o desastre na pré-estreia de gala do filme, no Alhambra, à meia-noite do dia 15 de janeiro de 1936, com a rua do Passeio toda iluminada e gente pendurada até nos Arcos.

Pena que um grande samba escalado para o filme não tenha sido nem filmado, porque a cantora, também com justiça, se rebelou: "Palpite infeliz", de Noel Rosa, que Aracy de Almeida, 21 anos, de lenço na cabeça e vestidinho chinfrim, cantaria lavando e esfregando roupa num tanque. Não um tanque estilizado, cheio de quinas aerodinâmicas, mas o próprio tanque de cimento do estúdio, usado pelas lavadeiras de São Cristovão. A ideia fora do próprio Noel. Ao saber que o filme lhe reservava (e só a ela) esse cenário tão deprimente, a jovem Aracy, para irritação de Noel, conferenciou com Francisco Alves sobre a atitude a tomar. Estimulada por Chico, Aracy mostrou que já era uma mulher sobre a qual não restava a menor dúvida.

Chamou os presentes à parte e declarou:

"Com todo o respeito, vão todos à merda e à berdamerda, o Noel inclusive. Eu me escafedo."

E se escafedeu.

Filmes como *Alô, alô, Carnaval!* nem precisavam ser bons para bater recordes de bilheteria pelo país. Era a única chance de os brasileiros dos grotões mais remotos, longe dos cassinos e dos auditórios, verem de corpo inteiro os ídolos que eles só conheciam pela voz e por fotos em revistas como *A Voz do Rádio*. É verdade que, em certos casos, seria melhor que continuassem a não vê-los — porque, às vezes, até os artistas mais habituados às plateias tremiam diante da câmera.

As Irmãs Pagãs, espantosamente, estavam encabuladas em *Alô, alô, Carnaval!* . E, para ver Rosina e Elvira Pagã encabuladas — dizia-se que tinham sido criadas a leite de jaguatirica —, é porque a coisa era mesmo séria. O Bando da Lua parecia rigorosamente engessado, e seu crooner Aloysio, pior ainda, como se tivesse sido empalado. Outros, sem um microfone a que se agarrar e sem um diretor que os orientasse, não sabiam onde pôr as mãos — como Chico Alves, voz insuperável, mas prejudicada por um ridículo dedo mindinho no bolso em sua interpretação de "A.M.E.I". E ainda outros, como Joel e Gaúcho, pareciam desconfiados, com o rabo do olho inquieto, como se uma câmera lateral fosse atacá-los à traição, fazendo-lhes cócegas nas costelas. Em comparação, era inacreditável o desembaraço de Dircinha Baptista, aos catorze anos incompletos, absolutíssima em seus dois números: as marchinhas "Muito riso e pouco siso" e "Pirata da areia", ambas de Braguinha e Alberto. Ou de Aurora, também muito à vontade em "Molha o pano", de Getulio Marinho e

Candido Vasconcellos. Para não falar em Carmen, um prodígio de expressão em "Querido Adão", dizendo a letra com os olhos e enchendo a tela com os braços — como os que a ouviam nos discos e no rádio sempre imaginaram que fosse. Tudo isso pode ser checado ainda hoje, porque, de todos os alô-alôs e filmes-folia, só *Alô, alô, Carnaval!* sobreviveu.

O ator Oswaldo Louzada, então com menos de vinte anos, fez uma ponta nos dois alô-alôs. E, como a maioria dos membros do elenco e da equipe técnica, desenvolveu uma violenta paixão por Carmen. Eles se encantavam com o antiestrelismo, a simplicidade, o jeito de Carmen considerar as coristas, os maquinistas e o pessoal da limpeza. Ao se verem tratados assim pela estrela máxima do filme, todos se sentiam estrelas igualmente.

"Quando ela sorria, você tinha vontade de sorrir também", disse Oswaldo.

Para não apunhalar egos ou despertar ciúmes, Downey e Gonzaga mantiveram em segredo os cachês que pagaram a seus artistas. Mas eles estavam nos borderôs da Cinédia que chegaram até nós. Por sua participação em *Alô, alô, Carnaval!*, Mario Reis recebeu quatro contos de réis; Francisco Alves, seis; e Carmen e Aurora, juntas, catorze.

Sim, elas eram *as* cantoras do rádio. E do palco, do disco e do cinema.

8 | 1936-1937
Cassino da Urca

Carmen gravara "Querido Adão" no dia 26 de setembro (de 1935), mas não ficara no Rio para trabalhar a música para o Carnaval. Embarcara dias depois com Aurora para Buenos Aires, de onde só voltaria em dezembro. E a Odeon resolveu segurar o disco para soltá-lo em janeiro, junto com os primeiros gritos de Carnaval. Benedito Lacerda e Oswaldo Santiago, autores da marchinha, não quiseram esperar tanto. Temendo que "Querido Adão" morresse pagã, resolveram entregá-la a uma bonita cantora recém-chegada de São Paulo, a loura (oxigenê) Alzirinha Camargo, de vinte anos.

Alzirinha viu ali a sua chance. Durante outubro e novembro, cantou-a com o maior élan no rádio e em bailes, e, pela animação que provocava nos salões, sentiu-se a dona da música. Downey e Gonzaga convidaram-na a participar de *Alô, alô, Carnaval!*, e, para Alzirinha, só podia ser para cantar "Querido Adão". Mas Carmen chegou de Buenos Aires no dia previsto e, com a maior tranquilidade, entre o café da manhã e a merenda, abiscoitou de volta a marchinha — bastou um telefonema para Benedito Lacerda — e a cantou em *Alô, alô, Carnaval!*, rodado no final do ano. O disco e o filme saíram em janeiro, e "Querido Adão" fez seu merecido furor no mercado. Alzirinha ficou para morrer ao se ver despojada da música, mas, no fim, as coisas até que não lhe saíram mal. Downey e Gonzaga a mantiveram no filme e lhe deram outra boa marchinha, "Cinquenta por cento", de Lamartine Babo, que também fez bonito no Carnaval.

A imprensa tentou criar uma rivalidade entre Carmen e Alzirinha — sem êxito, pela disparidade de forças. As duas nunca tinham se visto e só foram se defrontar meses depois, por acaso, no Cassino da Urca, em meados de 1936. Segundo Alzirinha, Carmen lhe teria dito ao passar por ela:

"Então é você a loura que lançou o meu 'Adão' na minha ausência? Até que enfim lhe conheci. Mas não tenho medo de você, que é mais coração, enquanto eu sou mais cérebro."

Cérebro ou coração, Carmen não precisara ter medo de cantora alguma até então — porque nem havia a quem temer. Em seu sexto ano de carreira profissional, a proporção de homens para mulheres entre os cantores na música brasileira se mantivera à base de dez para uma — e a uma era ela. Nesse período, só surgira uma cantora com relativo potencial para desafiá-la. Mas esta vivia sob o seu teto, dormia no quarto ao lado, e as duas iam juntas à praia todos os dias — Aurora. Às vezes, uma cantora se saía com um disco de grande sucesso e era aclamada — como Elisinha Coelho em 1931, com "No rancho fundo" —, mas a aclamação não tinha continuidade. E ninguém levava a sério as Irmãs Pagãs, que faziam muita espuma mas cantavam pouco. De 1930 a 1935, num meio quase que exclusivamente masculino, Carmen reinou absoluta, querida pelo público, admirada pelos colegas, disputada pelo mercado e requisitada por todos os grandes compositores — com uma única, mas gritante, exceção: Noel Rosa.

No futuro os pesquisadores se perguntariam por que Carmen gravou tão pouco de Noel — um samba, três marchinhas e olhe lá, sendo que o samba, o delicado "Tenho um novo amor", em parceria com Cartola, nem deveria contar (porque somente em 1976 a coautoria de Noel seria revelada por Cartola). A distância entre eles estaria numa frase dita por Noel, não se sabe quando ou em que contexto, a indicar que ele não gostava dela como sambista: "Isso é samba ou é aquela outra coisa que a Carmen Miranda canta?". Em seu livro *Noel Rosa — Uma vida*, João Máximo e Carlos Didier citam outra referência de Noel a Carmen: "É a rainha da marcha — longe!", também querendo dizer que, para ele, Carmen não era uma sambista, mas uma cantora de Carnaval.

Há atenuantes para ambas as frases. A ideia do que significava "ser sambista" ainda não estava clara em 1930 ou 1931 — aliás, o próprio samba mal se habituara à ideia de que, não fazia muito tempo, podia ser chamado de maxixe. Outros sinônimos de sambista eram "folclorista" ou "cantora regional". E, se Noel via em Carmen mais uma cantora de marchinhas do que de sambas, isso não era um insulto, mas um fato — na Victor, Carmen realmente gravava mais marchinhas do que sambas. Outra hipótese é a de que, para Noel, o estilo de Carmen — vivaz, alegre, festivo — não seria o veículo ideal para seus sambas reflexivos e cheios de significados. (Embora o estilo de Carmen servisse para os sambas do mesmo gênero que lhe eram levados por Ary Barroso e Synval Silva.) Ou, então, todas essas hipóteses podiam estar erradas — porque, se Noel não se reconhecia em Carmen, também não se reconhecia em cantora nenhuma. Quem cantava Noel? Os cantores de paletó e gravata: Francisco Alves, Mario Reis, Sylvio Caldas, Almirante, João Petra de Barros, o Bando da Lua, Jonjoca e Castro Barbosa e Joel e Gaúcho, além dele próprio, Noel, o perfeito intérprete de si mesmo.

Até que, em 1934, Noel revelou Marilia Batista, com quem começou a cantar em dupla no *Programa Casé*, na Rádio Philips. Marilia, dezesseis anos, talentosa, bonita e neta de barões, era uma voz feminina bem-vinda ao universo de Noel. Mas não provocou grande marola no cenário musical. Levaria mais tempo, até 1935, para que Noel descobrisse sua maior cantora: Aracy de Almeida, garota do Encantado, filha de um maquinista da Central e oriunda de coros de igreja. Foi Aracy que ele passou a levar para toda parte (inclusive aos bordéis do Mangue!) e a entregar os sambas com pedigree — "Triste cuíca", "Cansei de pedir", "Palpite infeliz", "O 'X' do problema", "Século do progresso", "O maior castigo que eu te dou" e "Último desejo". Aracy gravou-os todos entre 1935 e 1937.

Aracy foi a primeira cantora importante a surgir depois de Carmen. No começo, como era inevitável, pagava tributo à mais velha: ela *era* Carmen, só que com um choro, uma pungência na voz — tanto que, ao conhecê-la, Noel aconselhou-a a eliminar os traços de Carmen em seu estilo para valorizar o que tinha de pessoal. A Victor, que acabara de perder Carmen para a Odeon, contratou Aracy em abril de 1935. E Cesar Ladeira não demorou a levá-la para a Mayrink Veiga, já com o consagrador cognome, inventado por ele, de "O samba em pessoa". Noel morreria de tuberculose, aos 26 anos, em maio de 1937, e Aracy seria sua herdeira musical. Mas isso, a princípio, só daria prestígio à cantora. Em termos de penetração popular, ela ainda teria de esperar para produzir um sucesso que, mesmo de leve, arranhasse a supremacia de Carmen. E isso só aconteceu em fins de 1937, quando gravou o samba "Tenha pena de mim", de Cyro de Souza e Babaú, com aqueles versos fatais:

Trabalho, não tenho nada
Não saio do miserê
Ai, ai, meu Deus
Isso é pra lá de sofrer...

Nada, no entanto, que fizesse Carmen perder o sono. Aracy apenas achara seu estilo e corria em faixa própria. Seus caminhos não tinham por que se cruzar, exceto nos corredores da Mayrink, onde trabalhavam.

Outra cantora que surgia nas águas de Carmen, mas da Carmen carnavalesca, era Dircinha Baptista. Nesse caso, com as bênçãos da original, porque Carmen a adorava — "Ela não é uma gracinha?", dizia a todo mundo, como se estivesse se referindo a uma miniatura de poodle. Dircinha era filha do ventríloquo Baptista Junior e começara tão cedo sua carreira que praticamente trocara a chupeta pelo microfone. Mas estava custando a firmar-se e também teria de esperar até o Carnaval de 1938 para assustar Carmen com um sucesso: a marchinha "Periquitinho verde", de Nássara e Sá Roris — não por acaso, gravada na própria Odeon, o reduto de Carmen.

Quando isso aconteceu, Carmen acusou o susto. Enxergou em Dircinha a euforia, o dinamismo e a garra que identificava em si própria. Com a diferença de que sua rival ainda era muito jovem e, se continuasse a crescer, sabe-se lá a que alturas poderia chegar. Naquele Carnaval de "Periquitinho verde", por exemplo, Dircinha ainda não completara... dezesseis anos.

O sonho de se tornar cantora e pertencer ao mundo do rádio, que se espalhara pelo país e tinha em Carmen a prova de que era real, estava sendo vivido agora quase dentro de sua casa. Cecilia, a irmã que nascera entre Carmen e Aurora, e que se casara aos dezoito anos, em 1931, e fora morar com o marido no Rio Comprido, resolvera também se aventurar na carreira artística.

E por que não? Como todas na família (sem esquecer Olinda, antes delas), Cecilia levava jeito para cantar e dançar. Era despachada, falante e não tinha medo de palco. Assim como Carmen e Aurora, beneficiara-se da longa convivência com Josué de Barros e de suas aulas de canto na travessa do Comércio, nem que fosse como ouvinte. Além disso, conhecia todo mundo no meio — os amigos de suas irmãs eram seus amigos e, de tanto acompanhá-las em apresentações, ganhara uma invejável cancha de bastidores. Com tanto a seu favor, pode-se dizer que até custou para que alguém lhe acenasse com uma oportunidade. Mas, quando aconteceu, esse alguém não poderia ser melhor: o venerando Roquette-Pinto, que entregara sua Rádio Sociedade para o governo mas continuava à frente dela, agora chamada de Rádio Roquette-Pinto. Àquela altura, Roquette já se conformara com a ideia de que uma *boa* música popular merecia ser tocada no rádio. Por isso, e por conhecer Cecilia, convidou-a a cantar em seus programas. O marido Abilio e as irmãs a apoiaram, e ela aceitou. Não tinha filhos, não trabalhava, nada a impedia — quem sabe se, dentro dela, não havia uma nova Carmen ou Aurora pronta para desabrochar?

De meados de 1934 ao finzinho de 1935, Cecilia Miranda viveu o seu sonho no éter. A notícia de que uma terceira irmã Miranda adentrava a vida artística na incandescente idade de 21 anos foi recebida com fogos em revistas como *Carioca*, *O Cruzeiro* e *Revista da Semana* — todas abriram páginas a respeito. A colunista Creusa Mara, em *A Voz do Rádio*, escreveu: "Cecilia Miranda é das poucas legítimas estrelas. Apareceu entre Carmen e Aurora Miranda, mas brilhando com luz própria". Por luz própria talvez quisesse dizer que Cecilia não era uma cantora de bossa e ritmo como as irmãs. Ao contrário, era romântica, e o repertório que tentava desenvolver parecia aquele que um velho amigo, Custodio Mesquita, também estava começando a adotar: valsas, canções e foxes.

Mesmo assim, em outubro de 1934, Cecilia participou, ao lado de Murilo Caldas e Almirante, do coro de um disco de Lamartine Babo na Victor: a pândega e genial "Rapsódia lamartinesca", uma colcha de retalhos carnavalescos com trechos de dezenas de sambas e marchinhas, dele e de outros, em apenas dois minutos e doze segundos, tendo, no lado B, outra marchinha de Lalá, "Senhorita Carnaval". Por suas apresentações na Roquette-Pinto, Cecilia foi chamada pela Rádio Guanabara para o cast fixo de dois programas, o *Programa Suburbano* e o *Horas Cariocas*. E, em setembro de 1935, foi capa do número 24 da revista *A Voz do Rádio*. Era a glória.

Enquanto isso, mais um Miranda — o quarto! — também ingressava no rádio: Tatá, o caçula (dezessete anos em 1935), respeitosamente apresentado ao microfone como Oscar Miranda. E respeito era bom porque, a exemplo de Cecilia, Tatá — digo, Oscar — era um cantor romântico, mais para o estro seresteiro de Sylvio Caldas do que para o incêndio de salões, especialidade de Carmen e Aurora. Um crítico fez de conta que desconhecia sua pouca idade e chamou-o de "cantor de sensibilidade apurada na interpretação de músicas sentimentais". Oscar já dispunha até do arremedo de um repertório exclusivo, em que se destacavam a valsa "Primeiro amor", de Synval Silva, e o samba "Ausência", de Aristóteles Manhães. A provar que sua voz tinha futuro, foi convidado para os programas diurnos da Mayrink Veiga e, à noite, era uma presença constante do *Programa Suburbano*, na Rádio Guanabara, onde dividia o microfone com a irmã Cecilia. Quem conseguia segurar esses Miranda?

Só faltava agora Mocotó, o último irmão ainda fora do rádio, jogar os remos do Vasco para o alto e — vestido com sua camiseta regata, sem mangas, e touca cruzmaltina — invadir uma estação, chamar o diretor artístico e dizer-lhe que também estava ali para cantar. Salvou-o a consciência de que não tinha gogó para isso e que, afinal, era um dos atletas mais respeitados e bem-sucedidos do remo brasileiro, com prateleiras que vergavam ao peso dos troféus. E, ora, raios — pensou Mocotó —, já havia quatro Mirandas no ar. Para que um quinto?

Em novembro de 1935, Cecilia se viu grávida. Os primeiros enjoos a fizeram perder ensaios e programas. O avanço da gravidez levou-a a refletir sobre sua carreira — era aquilo mesmo que queria? E seria possível conciliar rádio e maternidade? Em julho de 1936, quando nasceu sua filha Carminha — o nome em homenagem a Carmen —, Cecilia já se decidira: sua carreira estava encerrada. Mas sua última participação, em janeiro, foi histórica: no coro de um disco de Carmen, a marchinha "Alô, alô, Carnaval", em que, sem os nomes no selo, grande parte da letra era cantada por um trio formado por Carmen, Aurora e Cecilia.

E Tatá, que estava conciliando o rádio com o trabalho de balconista na loja A Melodia, também largou tudo ao ser contratado por uma empresa — a americana Swift, do ramo de enchidos, presuntos e patês — que lhe fez uma fascinante proposta: disseram-lhe que ele poderia "progredir como vendedor". Tatá acreditou na promessa e não se arrependeu — trabalhou na Swift pelo resto da vida e, assim como Cecilia, só voltaria a cantar em família. O micróbio artístico não os picara com a necessária virulência. Com a defecção dos dois juniores, os Miranda voltaram a ter apenas as profissionais a representá-los: Carmen e Aurora.

E elas eram mais que suficientes. Em meados de 1935, com a concordância de todos, Carmen tirara sua família do Curvelo e a levara para o Flamengo. E, pela primeira vez, não para uma casa, mas para um apartamento tomando todo o térreo de um simpático prédio residencial de cinco andares, na rua Silveira Martins, 12. O prédio era uma mistura de modernismo e tradição: tinha elevador e escada de incêndio, mas o elevador era aparente, de ferro batido, e a escada, em espiral. Ficava quase de esquina com a Praia do Flamengo e de frente para a lateral do Palácio do Catete. Se acordasse muito cedo e chegasse à janela, Carmen veria Getulio passeando nos jardins e poderiam acenar-se com dedinhos.

Mas acordar cedo era o que Carmen em breve já não poderia fazer — assim que acrescentasse um novo e fenomenal campo de trabalho à sua agenda: os cassinos.

Em 1936, nas noites do Rio, podia-se ouvir a bolinha de marfim matraqueando nos casulos das roletas, o atrito entre as fichas de madrepérola, as cartas sendo disparadas pelas caixas de bacará e campista e, horas depois — talvez em Copacabana, num apartamento em andar alto e às escuras —, um tiro na fronte, disparado por um perdedor mais afoito. Naquele ano, os três grandes cassinos do Rio já estavam a todo pano: o do Copacabana Palace, o Atlântico e o da Urca. Antes disso, não.

O cassino do Copacabana Palace era o mais antigo: nascera junto com o hotel, em 1923, mas o jogo levara uma vida atribulada na República Velha e estivera proibido durante quase todo o governo Washington Luiz, de 1926 a 1930. Com Getulio no poder, o jogo voltou em 1932 e o Copacabana foi o primeiro a reabrir. Octavio Guinle, proprietário do hotel, nunca o explorou, preferindo arrendá-lo a terceiros por 30 mil dólares fixos por mês e o direito de ser seu fornecedor exclusivo de comida e bebida. Só exigia que o cassino, com entrada pelo teatro, na avenida Nossa Senhora de Copacabana, estivesse à altura do hotel. E o Copacabana estava.

O jogo se dava em três salões, de terça a domingo, das oito da noite às duas da manhã. O equipamento e o pessoal — os móveis, máquinas, fichas, baralhos e pagadores (crupiês) de roleta e de bacará — vinham da França. Mas o verdadeiro luxo ao estilo Copacabana Palace estava no bar e no grill, com capacidade para seiscentos lugares, uma orquídea em cada mesa (do orquidário de Guilherme Guinle, irmão de Octavio), black-tie às sextas e sábados, pista de dança (de vidro, iluminada por baixo) e o palco em que se revezavam três orquestras, uma delas a de Simon Bountman. Às quartas e sextas, o ingresso dava direito a uma garrafa de champanhe.

Diante do Copacabana, o Cassino da Urca, controlado por Joaquim Rolla, era quase um estábulo de tão pobre. Ficava na rua João Luiz Alves, nas instalações onde, desde 1925, existira o minúsculo Hotel Balneário, que Carmen frequentava quando ia à praia na Urca com Mario Cunha. O mineiro Rolla comprara o imóvel em 1933 e o convertera em cassino, assunto de que só entendia por cena de filme com Erich von Stroheim. Aliás, Rolla, então com 33 anos, podia entender de tudo, menos de cassinos. Filho de fazendeiros, começara a vida como tropeiro, tendo como maior patrimônio uma mula. Depois fora vendedor de café, empreiteiro de estrada, dono de jornal em Belo Horizonte e duas vezes revolucionário: em 1930, para depor Washington Luiz, e em 1932, para depor Getulio. Na primeira, venceu e levou a patente de capitão, por bravura; na segunda, perdeu e pegou cana. Mas não por muito tempo. Assim que o soltaram, Rolla veio para o Rio, associou-se a amigos — Caio Brant, Abgar Renault, João Daher, Nicolas Ladamy — e pediu a Getulio a concessão de um cassino. E Getulio lhe deu.

No começo, o Cassino da Urca era de um impressionante amadorismo. O grill ficava logo na entrada, aberto a qualquer transeunte que passasse pela porta do cassino e resolvesse entrar, jantar e ir embora — sem jogar. O piso era de mármore, a decoração, hospitalar, e a iluminação, de velório. Não tinha palco, nem mesmo um tablado: os artistas se apresentavam ao rés do chão — se houvesse alguém na frente, parte da plateia tinha de ficar na ponta dos pés. A orquestra se vestia nas lojas da rua Larga e as atrações eram recrutadas na Lapa. O diretor artístico era um militar (amigo de Rolla na campanha de 1930), com mais vocação para comandar um "ordinário, marche" do que para um coro de corpetes e *tutus*. Evidente que, com tudo isso, o Cassino da Urca só atraía os jogadores de baixo cacife, que iam fazer sua fezinha antes de voltar para casa. Nenhum deles levava a patroa — não era um programa social. Daí que, em seus dois primeiros anos, Rolla nem sonhou em competir com o Copacabana, e já se conformara com isso. Mas, em 1935, surgiu mais um templo do jogo no Rio, e que veio também para esmagá-lo: o Cassino Atlântico, do empresário Alberto Bianchi, no Posto 6 de Copacabana.

Este era um belo cassino. Art déco por dentro e por fora, com um pé-direito de quase dez metros, tanto nas salas de jogo como no grill — dava a sensação de se estar a céu aberto no deque de um transatlântico. Era o programa perfeito para um casal levar os amigos em visita ao Rio, para jantar, dançar, assistir ao show, estrear um carro ou um vestido novo — e jogar. "Diante dos seus olhos", dizia um volante do Cassino Atlântico distribuído nos hotéis, "[o senhor] terá o empolgante espetáculo da *féerie* noturna da praia de Copacabana, com seu colar de pérolas em cuja extremidade, como digno e deslumbrante fecho, avulta o esplendor de luzes e música do nosso cassino, realçando o mais belo panorama do mundo". Nesse caso, todos os clichês e adjetivos se justificavam. E concluía: "Faça uma visita ao grill-room do Atlântico, o centro mais elegante do Rio. Vá aos jantares dançantes, abrilhantados, em um ambiente incomparável de distinção e suntuosidade, por numerosas atrações internacionais, e guardará de sua visita ao Rio uma inesquecível recordação". Numa inteligente estratégia, nenhuma referência ao jogo.

Foi no Atlântico (sob o codinome Cassino Mosca Azul) que se passou *Alô, alô, Carnaval!*, retratando, meio sem querer, o começo de uma nova era da música popular. No filme, Jayme Costa, diretor artístico do cassino, tinha de se conformar em usar uma revista nacional, escrita por Barbosa Junior e Pinto Filho, porque a companhia francesa de ópera que ele contratara lhe dera o cano — e, por isso, tome de Carmen e Aurora, Chico Alves, Mario Reis, Dircinha Baptista e tantos outros em cena no cassino. Na vida real, graças a uma lei de Getulio Vargas também de 1935, os cassinos brasileiros ficaram obrigados a usar artistas nacionais em número equivalente ao de americanos, franceses e argentinos que até então compunham sua programação.

Os donos dos cassinos entraram em pânico. Temiam que ninguém saísse de casa para ver cantores que se podia ouvir de graça pelo rádio — embora suas atrações estrangeiras fossem quase todas oriundas do segundo time do vaudeville americano. (Uma típica atração era Miss Baby, uma acrobata americana que, equilibrando-se em três cadeiras, tocava ao violino a "Serenata" de Toselli.) A Lei Vargas foi aplicada com desconfiança e nunca cumprida à risca, mas, por causa dela, os cassinos começaram a se abrir para a música brasileira — e ainda havia quem se perguntasse por que os compositores, músicos e cantores adoravam Getulio.

Em janeiro de 1936, meio que para cumprir a lei e tentar sentir a reação da plateia, o Copacabana contratou Carmen para uma pequena temporada. Foi bom para o cassino — e decisivo para Carmen. Era sua primeira apresentação num palco que não fosse o de um teatro ou cinema, e para uma plateia de extração diferente da que a via por alguns tostões. Ali, a poucos metros das mesas, sob a apreciação de casais que bebericavam champanhe e tomavam *langouste en cocktail* às colherinhas, Carmen começou a sofisticar-se como intérprete de palco.

O Cassino Copacabana foi o primeiro lugar público a tirar de casa os grã-finos cariocas e a fixá-los no Rio. Até então, eles só dançavam e se divertiam entre si, nos salões de seus palácios em Botafogo ou Laranjeiras, e passavam seis meses por ano na Europa. Os cassinos, ao misturar a alta sociedade com os ministros de Estado, os políticos, o corpo diplomático, os grandes empresários, as celebridades internacionais, as prostitutas de alto bordo e os velhos e novos ricos europeus e argentinos, consolidaram a vocação internacional da cidade. Para que viajar se estavam todos aqui? Em certo momento de 1936, por exemplo, o Rio recebia o maestro Stravinski, o automobilista Pintacuda, o escritor Stefan Zweig, o estadista americano Cordell Hull — cada qual um expoente em seu ramo —, e todos hospedados no Copa. Pois essa era a nova plateia de Carmen.

Em seu alquebrado escritório na Urca, cheio de goteiras e infiltrações, Joaquim Rolla acompanhava alarmado essa movimentação. O Copacabana e o Atlântico estavam esmagando-o. E o que esses cassinos tinham que o dele não tinha? Classe, charme, savoir-faire. Se quisesse salvar seu cassino, Rolla teria de agir rápido. Para isso, convocou Luiz (Lulu) de Barros, o diretor mais prolífico do cinema brasileiro e também cenógrafo de teatro.

Lulu foi ao cassino, examinou as dependências uma a uma e achou tudo um horror , mas aceitou o desafio. Antes de cuidar da parte artística, no entanto, atacou a infraestrutura. Começou por mudar o grill para um grande salão interno — quem quisesse jantar ou ver o show teria de passar antes pelas salas de jogo — e instalou ar-refrigerado em todos os salões. Dividiu o cassino em duas partes, separadas pela rua. O lado que dava para a praia seria frequentado pelos menos endinheirados, com apostas mais leves. O que dava para o morro teria o grill, onde se dariam os shows e o jogo pesado. Para não discriminar ninguém, construiu uma comunicação por cima entre os dois lados: uma passagem dava acesso às galerias, de onde os menos cacifados poderiam assistir aos shows, de pé.

Acertado o lado funcional do cassino, Lulu dedicou-se à parte de criação. Primeiro, chutou o militar incompetente e escalou a si próprio como diretor artístico interino. Contratou três orquestras (uma para danças, duas para os shows), que se apresentariam em plataformas móveis, surgindo no palco sobre elevadores, vindas do porão — enquanto uma orquestra descia, como se estivesse sendo tragada pelo chão, a outra subia, já tocando. A principal delas, regida por Vicente Paiva, tinha 32 figuras, incluindo oito violinos, duas violas e dois cellos. O palco, por sua vez, ganhou uma cortina de espelhos. Por baixo dele, saía um segundo palco, que se projetava em direção à pista, como se fosse uma gaveta. De onde Lulu tirava essas ideias? Não se sabia, mas o importante é que elas funcionavam. E ele era detalhista e obstinado: cuidou pessoalmente da decoração do grill, dos figurinos das coristas, do uniforme das orquestras. Estabeleceu também que, a qualquer momento que um artista chegasse ao cassino com uma ideia, de dia ou de noite, haveria um pianista, um coreógrafo ou um ensaiador para tomar nota e desenvolver a ideia com ele. Quando Lulu se deu por satisfeito, entregou o cassino a Rolla, mandou-o contratar um diretor artístico definitivo — que tal Cesar Ladeira? — e grandes atrações brasileiras, e voltou para o mundo do cinema, que era o seu.

Mas, então, a intuição de Rolla também começou a trabalhar. Um táxi tomado em qualquer lugar do Rio, tendo como destino o Cassino da Urca, seria pago pelo porteiro do cassino. O cidadão pagaria 10 mil-réis (cerca de trinta centavos de dólar) para entrar, com direito a assistir aos dois shows, cear e — este era o truque — poderia apostar a entrada na roleta. A bolinha garantiria o lucro do cassino sobre aquele cidadão. Rolla profissionalizou tudo: os salários venciam religiosamente nos dias 1º e 15 do mês; dos funcionários aos prestadores de serviço, ninguém fazia nada, por mais insignificante, que não fosse contabilizado e pago. Essa correção e pontualidade eram inéditas no meio artístico brasileiro. O que Rolla demoraria um pouco a entender seria a relação entre o jogo e as atrações musicais. O jogo era a finalidade do cassino, mas só atrairia os apostadores profissionais. Para chamar o grande público — e transformá-lo em apostadores —, todo o cassino teria de ser atraente.

O cassino de Rolla tinha agora classe, charme e savoir-faire, mas, apesar de reinaugurado com estrondo em 1936, não parecia capaz de superar o Copacabana e o Atlântico. No fim daquele ano, um amigo perguntou a Rolla:

"Você quer encher isto aqui?"

"Quero."

"Então ponha a Carmen Miranda para cantar."

Rolla conhecia Carmen, é lógico. Pouco antes, em fins de novembro, ela já se apresentara na Urca. Mas era uma noite para convidados, em que o cassino recebera a visita do presidente dos Estados Unidos, Franklin D. Roosevelt, de passagem pelo Rio a caminho de Buenos Aires. Roosevelt ficara hospedado na mansão de Carlos e Gilda (pais de Jorginho) Guinle, na Praia de Botafogo, e o normal seria que o levassem ao cassino do Copacabana. A sugestão da ida à Urca viera do Catete, a partir de uma ponte de cooperação que começava a se estabelecer entre Rolla e a primeira-dama, dona Darcy Vargas. E também entre Rolla e o "coronel" Benjamin (Bejo) Vargas, o irmão de Getulio, que tinha mesa cativa no grill para seus amigos do poder. Bejo estava fazendo da Urca uma extensão de sua casa. Só que a sua era a casa da mãe joana. Ia para o cassino, enchia a cara, jogava, perdia, não pagava, assediava as coristas, dava tiros para o ar e ameaçava fuzilar a roleta. Mas Rolla era tão grato a Getulio que Bejo podia fazer qualquer coisa em seu cassino, exceto, talvez, urinar em cima do pano verde.

Em dezembro, Rolla chamou Carmen para oferecer-lhe um contrato de um ano com exclusividade. Carmen pediu trinta contos de réis por mês — cerca de mil dólares —, e mais o direito de ausentar-se para apresentações fora do Rio.

"Carmen, isso eu não posso pagar", disse Rolla.

"Pode, sim", ela garantiu. "Dinheiro de jogo é achado na rua. Eu vou cantar aqui duas vezes por noite e não vou repetir nem um vestido durante um mês. As mulheres virão me ver, por causa dos vestidos, e trarão os homens, que virão jogar."

Rolla pagou. E não se arrependeu. Carmen ajudou a consagrar o seu cassino e, graças a este, a Urca, uma península na entrada da baía de Guanabara, já famosa mundialmente pelo Pão de Açúcar, tinha agora um novo marco no cartão-postal.

Seu Pinto e dona Maria mal tiveram tempo para desfrutar o apartamento do Flamengo. No mesmo ano de 1935, logo depois de se mudarem, Carmen cumpriu sua velha promessa e mandou-os para uma temporada de meses junto aos parentes em Portugal. A ideia era irem juntos, a família toda, para visitar o túmulo de Olinda em Várzea de Ovelha. Mas a vida profissional, e não apenas de Carmen e Aurora, tornava aquilo impossível.

Todos os anos, entre janeiro e fevereiro, as duas tinham compromissos em São Paulo e adjacências para a pré-temporada de Carnaval. No começo, Carmen e Aurora iam de trem, promovendo a bordo uma farra musical que envolvia, além dos passageiros, os graxeiros, foguistas e maquinistas. Quando chegavam à Estação da Luz, metade do trem já consagrara seus sambas e marchinhas como sucessos daquele Carnaval. Depois passaram a ir pelo avião "Cidade do Rio de Janeiro", da Vasp, uma espécie de avô da ponte aérea. Apresentavam-se todos os dias às 19h30 na Rádio Record — considerada "o maior auditório do mundo", porque o microfone ficava próximo das janelas que davam para a praça da República. O público paulista enfrentava a garoa e lotava a praça — a imprensa a chamava de "uma enchente humana". Às vezes, quando chovia, a enchente humana enfrentava uma enchente de verdade para ver Carmen e Aurora, mas ninguém arredava pé. Na Record, elas eram acompanhadas pelo regional do violonista Rago, onde conheceram um músico pelo qual se encantaram à primeira vista, o cavaquinista e violonista José do Patrocínio de Oliveira, Zezinho, ex-funcionário do Instituto Butantan e que, quando se empolgava, falava das cobras pelos seus nomes em latim.

Terminado o programa, desciam até a praça e cruzavam a multidão a pé para suas apresentações no Cine República ou no Teatro Santana. Por via das dúvidas, eram escoltadas pessoalmente pelo proprietário da rádio, o empresário Paulo Machado de Carvalho, que não se conformaria se uma das duas fosse vítima de um sórdido bolina na multidão.

Carmen e Aurora eram convidadas quase diariamente a almoçar ou jantar com Paulo e sua mulher, Maria Luiza, em seu casarão na alameda Barros. Um dos presentes à mesa, invariavelmente, era o irmão de Paulo, Marcelino de Carvalho, ditador das boas maneiras em São Paulo e incapaz de tolerar a menor gafe de seus semelhantes. Certo dia, para chocar Marcelino, ou porque estava realmente pouco ligando, Carmen, enquanto serviam o peixe, virou-se para a dona da casa e disse:

"Maria Luiza, eu gostaria de usar o bidê."

Marcelino quase engasgou com a alcachofra. E, com o sim mudo e atônito de dona Maria Luiza, Carmen levantou-se e foi lá dentro. Como eles poderiam saber que Carmen era fanática pela higiene íntima e que a fazia várias vezes por dia?

O outro compromisso anual ou bianual de Carmen era com a Rádio Belgrano, de Buenos Aires. Jaime Yankelevich já se julgava com direitos adquiridos sobre ela quando, em março de 1936, a Rádio El Mundo, sua concorrente, entrou na parada. Os telegramas da El Mundo para Carmen no Rio eram taxativos:

"DIGA QUANTO E ESTÁ ACEITO. MAS VENHA!"

O assédio foi intenso e Carmen, por lealdade a Yankelevich, precisou inventar toda espécie de desculpa, como a de que, antes, "tinha de se apresentar em Portugal". O que era menos verdade, porque Portugal nunca lhe acenara com uma proposta. (Aliás, somente naquele ano os patrícios se deram conta de que Carmen era um deles — mais ou menos. "A criança nasceu em Portugal", escreveu sobre ela o português Fernando Rosa, na revista *Cinéfilo*, de Lisboa. "Mas a alma é brasileira e a artista é do Brasil.")

E, com esse drible de corpo na Rádio El Mundo, Carmen assinou, como sempre, com a Belgrano, onde, em julho e agosto, se apresentou com Aurora e um conjunto formado por Custodio Mesquita ao piano, os violonistas Laurindo de Almeida e Zezinho e o pandeirista Sutinho.

A presença de Carmen na capital argentina já excedia o lado musical. O jornal *El Hogar* abriu a manchete, em letras vermelhas: "Carmencita lança moda em Buenos Aires". A porta dos fundos de seus shows não se limitava aos admiradores masculinos. As mulheres portenhas também iam esperá-la à saída da rádio ou do teatro e se aproximavam para tatear suas roupas, apreciar o tecido, o corte, o acabamento, e perguntar onde poderiam comprar ou fazer igual. E o que as roupas de Carmen tinham de diferente?

Àquela altura, nem todas eram criadas por ela e executadas por suas costureiras — Carmen não tinha mais tempo para isso. Mas, mesmo os vestidos ou tailleurs *dernier bateau* que comprava prontos — vindos para ela com exclusividade de Paris pela Casa Canadá — levavam um toque pessoal seu, uma pequena adaptação, ou eram combinados com uma peça com que ninguém pensara, como um lenço ou um chapéu. Pelas centenas de fotos em que aparece nessa época, cada qual com uma roupa diferente, sua despesa com o guarda-roupa devia ser assustadora.

Com material de divulgação também. Em Buenos Aires, suas fotos eram, como sempre, de Annemarie Heinrich. A exemplo dos outros artistas que se deixavam fotografar por Annemarie, Carmen lhe encomendava entre mil e 1500 cópias de cada foto. Nunca uma artista brasileira vivera tão intensamente aquilo que os americanos chamavam de estrelato — um estágio em que as portas se abriam automaticamente, os camarins se enchiam de flores, os copos nunca ficavam vazios, e tudo que se dizia era ouvido e levado em consideração. Mesmo que para discordar.

Foi o que aconteceu na temporada de 1936 quando, ao sintonizar uma transmissão da Rádio Belgrano para o Rio, alguns brasileiros quase desmaiaram ao ouvir:

"Alô, macacada!!! Como vão as coisas por aí?"

Era Aurora, tentando imitar o jeito de Carmen e cometendo a gafe do ano ao dirigir-se nesses termos ao povo brasileiro por uma rádio argentina. E logo de onde — da cidade em que viviam nos chamando de *macaquitos*! Alguns jornais destilaram azedume sobre Aurora e Carmen, insinuando que o governo deveria exercer um controle sobre os brasileiros que nos "representavam" lá fora.

Naturalmente, não era tão grave assim. *O Globo* deu na primeira página, mas de forma jocosa, comentando: "Essa frase inocente e carinhosa, saudação íntima de alguém para os amigos, numa terra em que a gíria faz quase parte do vocabulário mais sério e circunspecto, feriu o nacionalismo verde-amarelo de meia dúzia de desconhecidos e mexeu com o civismo impossível de incríveis criaturas".

Na volta pelo *Augustus*, em meados de setembro, Carmen e Aurora deram boas risadas ao lembrar a transmissão e ao contar a resposta de Carmen aos turistas franceses em Buenos Aires, que a abordaram para perguntar se era verdade que havia cobras soltas nas ruas do Rio.

"É verdade. Tanto que, na avenida Rio Branco, há uma calçada só para elas e outra para os pedestres."

Havia uma variante da pergunta:

"O que você faz quando cruza com uma cobra em Copacabana?"

E, para esta, uma obra-prima de resposta de Carmen:

"Se for uma cobra conhecida, eu cumprimento."

Assis Chateaubriand, o tubarão dos Diários Associados, precisava de um nome bombástico para o cast da sua Rádio Tupi, que ele acabara de inaugurar no Rio. Nenhum nome tinha maior poder de fogo que o de Carmen Miranda. Mas Carmen era da Mayrink Veiga, onde ganhava um conto e 400 mil-réis mensais — o mesmo salário de 1933. Ao saber disso, Chateaubriand resolveu encurtar a conversa. Ofereceu-lhe cinco contos de réis, e luvas que nunca foram reveladas, por quatro programas semanais de quinze minutos: às quartas e aos sábados, às 20h15 e 21h15, sob o patrocínio dos Laboratórios Oforeno e do Licor de Cacau Xavier. Para acompanhá-la, Carmen teria nada menos que o regional de Benedito Lacerda, seu colega na Odeon. E outra coisa: a Tupi queria também Aurora, por um conto e oitocentos.

Carmen tinha mais que uma relação profissional com a Mayrink. Era grande amiga de Cesar Ladeira, que a aconselhava nas decisões profissionais — fora ele que a estimulara a trocar a Victor pela Odeon. Mas seu principal aliado na emissora era o diretor-gerente Edmar Machado, o homem que dera à Mayrink Veiga a estrutura necessária para que Cesar pudesse inventar à vontade. Edmar, que, de brincadeira, chamava Carmen de "Galega", servia informalmente como seu consultor financeiro, orientando-a sobre o que fazer com o dinheiro. Sua última campanha era para que Carmen comprasse uma casa para a família — o que ela faria. A mulher de Edmar, a atriz portuguesa Maria Sampaio, também era íntima de Carmen e das irmãs — fora para ela, em 1932, que Ary Barroso e Luiz Peixoto tinham composto o samba-canção "Maria":

Maria
O teu nome principia
Na palma da minha mão...

Mas a proposta da Tupi era avassaladora. Carmen implorou a Edmar que a Mayrink cobrisse essa proposta em 500 mil-réis ou mesmo a igualasse, para que ela não tivesse de sair. Para espanto de Carmen, Edmar não quis discussão. Para ele, não se tratava de dinheiro, mas de lealdade: a Mayrink era uma família para ela, e não se troca de família; Carmen e a Mayrink tinham começado juntas; pertenciam-se uma à outra; e demais clichês do gênero. Edmar fez-lhe até uma ameaça velada: os ouvintes nunca a admitiriam sob outro prefixo que não o da Mayrink — a famosa PRA-9.

Essa era uma visão surpreendentemente amadorista numa emissora que se apregoava tão profissional. Na verdade, a Mayrink *era* profissional. O bondoso Edmar é que não era tanto. Com toda a história dos contratos que tinham vindo para substituir os cachês, ele continuava disponível para que seus contratados, sempre na pendura, fossem a todo momento pedir-lhe um vale — um adiantamento. No fim do mês, em vez de somar os vales e descontá-los do salário do funcionário, o liberal Edmar os rasgava e mandava pagar o salário na íntegra. Fazia isso com Sylvio Caldas, Aracy de Almeida, Aurora e, numa emergência, pode ter feito também com Carmen.

Só então Carmen percebeu que a corte da Tupi a ela já vinha de bem antes. Em abril, Ayres de Andrade, diretor artístico da rádio, dera uma conferência na Escola Nacional de Música, intitulada "Aspectos do lirismo na música popular", e convidara Carmen, o Bando da Lua e os folcloristas Mara e Waldemar Henrique para ilustrá-la musicalmente. Era um evento "sério", acadêmico — o *Diário da Noite* falou do "ritmo bárbaro, as vozes de angústia e desespero das senzalas" —, e Carmen se sentiu honrada por ter sido chamada a participar. Ou seja, não seria o fim do mundo se ela trocasse de estação. Se os ouvintes da Mayrink não a seguissem na Tupi, ela teria novos ouvintes a conquistar.

E, assim, em dezembro de 1936, Carmen fingiu-se de surda ao coração e, sob as vistas de Ayres de Andrade e de Carlos Frias, principal locutor da emissora, assinou por um ano com a Tupi pelos ostensivos cinco contos mensais e mais uma secreta fortuna por fora e à vista. O que provocou um editorial moralista da *Revista da Semana*, de Gratuliano de Brito, resmungando contra tão alto salário para uma "cantora de sambas", enquanto os cantores de coisas clássicas, "com vários anos de estudos em conservatórios", tinham de lutar pela vida. No futuro, esse texto seria usado como um exemplo do preconceito ainda vigente contra a música popular. Mas não era o caso. Tratava-se apenas de um artigo bobo e isolado, para firmar a posição da *Revista da Semana* contra uma revista concorrente, *O Cruzeiro* — que, por também pertencer a Chateaubriand, como a Rádio Tupi, seria um forte reduto de Carmen, assim como os outros jornais do homem, como *O Jornal*, o *Diário da Noite* e o *Diário de São Paulo*.

Os contratos com a Tupi e a Urca saíram quase ao mesmo tempo, quase no mesmo dia. Carmen nunca vira tanto dinheiro junto. E, por causa da Tupi, Carmen finalmente pôde aceitar as fortunas com que a Rádio El Mundo lhe acenava para levá-la a Buenos Aires — porque as duas emissoras eram co-irmãs contra a Mayrink Veiga e a Belgrano. E, nessas novas bases, lá se foram, não apenas Carmen, mas também Aurora e o Bando da Lua a Buenos Aires.

Pela primeira vez, a excursão, em junho e julho de 1937, não se limitou à capital. Cantaram também no Teatro Municipal de Bahia Blanca, no Sul do país, quase na Patagônia, e quem abria o show para eles? Um pianista e cantor cubano, de 26 anos, futuramente lendário, chamado Bola de Nieve. Em julho, a trupe voltou pelo Uruguai e se apresentou na Radio City de Montevidéu, sob um frio de rachar. A imprensa uruguaia as recebeu ao coro de "Carmencita", "Aurorita", "hermanitas" y otras palabras catitas.

Grata por tanto carinho, Carmen armou seu melhor sorriso e dirigiu-se aos repórteres na primeira entrevista coletiva:

"Aqui estoy, muchachos!! Vocês mintendem?"

Silêncio! Façam alas
Ordem, respeito e nem um grito de bamba!
Quero os tamborins de grande gala
Que vai passar o imperador do samba!...

No palco da Urca, aos primeiros acordes da orquestra de Vicente Paiva e com todos os refletores em cima, Carmen já entrava cantando e dançando o poderoso "Imperador do samba", do quase anônimo Waldemar Silva, ritmista de tamborim da orquestra. Esse samba e o divertido samba-choro "Cachorro vira-lata":

Eu gosto muito de cachorro vagabundo
Que anda sozinho no mundo
Sem coleira e sem patrão...,

de Alberto Ribeiro, foram os seus cavalos de batalha no primeiro semestre de 1937.

Entre dois números, Carmen jogava beijos para a plateia e, em resposta, recebia aplausos, flores e mais beijos. Era uma relação sensual e amorosa com o público do cassino — homens e mulheres, sem distinção. Seus shows tinham quarenta ou 45 minutos; o primeiro entrava à uma hora da manhã; o segundo, nunca antes das três. Ao fim de cada um, Carmen não saía correndo para o camarim — também atulhado de flores, mal sobrando espaço para a *habilleuse* trabalhar. Descia e passeava entre as mesas, dirigindo-se aos conhecidos, rindo muito e deixando-se apresentar às mulheres dos desconhecidos. Não aceitava convites para sentar ou beber, mas era de uma calculada simpatia para com todo mundo. E tinha motivos para se resguardar. Um fazendeiro

— produtor de cebolas, mas arrotando champignons — mandara oferecer-lhe vinte contos de réis para que ela descesse entre as mesas, segurasse seu copo, e cantasse olhando para ele. Pelo mesmo portador, Carmen mandara dizer que nem por duzentos contos.

Carmen não podia evitar que o público criasse violentas fantasias a seu respeito. Era rara a semana em que alguém não lhe providenciava um convite de Hollywood, uma briga com uma colega de rádio, um caso amoroso com um cantor e até um amante entre as figuras graduadas da República. Imagine se podia dar essa confiança ao rústico produtor de cebolas. Tudo para não ter problemas com seu namorado, Carlos Alberto da Rocha Faria.

Contra as estimativas dos espíritos de porco, o namoro sobrevivera, e mais firme do que nunca. Os Rocha Faria insistiam em ignorar a presença de Carmen na vida de Carlos Alberto, mas isso já não fazia diferença. Em contrapartida, ele gozava de livre trânsito na casa da família dela. (E em todos os sentidos. Certo dia, não se sabe por quê, mas com autorização de seu Pinto, Carlos Alberto teve de entrar pela janela do apartamento na rua Silveira Martins, para espanto da vizinhança.) Os pais e os irmãos de Carmen torciam abertamente por um casamento — talvez influenciados pelo fato de que os dois já estavam com 28 anos —, sem pensar nas possíveis consequências disso na vida de Carmen. Uma delas, o fim de sua carreira.

O repórter Francisco Galvão entrevistou Carmen e Aurora para *A Voz do Rádio* e aplicou-lhes a mesma pergunta:

"Se não fossem artistas de rádio, o que gostariam de ser?"

Aurora foi direto ao ponto:

"Rica e nada mais."

Mas Carmen (referindo-se, sem citá-lo, ao antigo namoro com Mario Cunha) trabalhou sua resposta, surpreendentemente franca:

"Se eu não fosse artista de rádio, é porque teria me casado aos quinze anos e já teria uns cinco filhos. Seria uma boa dona de casa, bem burguesa, dessas que leem os jornais e as revistas da moda e, quando saem, vão à manicure. Mas o que você quer saber é o que eu desejaria ser — e não o que não fui, porque não quis, não é? Pois olhe, se não fosse artista de rádio, onde ganho bem, aceitaria qualquer outra profissão que me divertisse."

A imprensa sempre soube de Carmen e Mario Cunha, assim como sabia de Carmen e Carlos Alberto da Rocha Faria, mas nenhum jornalista brasileiro de 1937 teria o atrevimento de lhe fazer uma pergunta direta e publicá-la. O máximo a que chegaria seria esta, do repórter de *A Voz do Rádio*: "Você prefere os homens fortes ou inteligentes?". Carmen respondeu:

"Não concebo um homem sem inteligência. Acho que uma bela estampa impressiona, mas não convence. Se eu quiser um homem forte, tipo homem das cavernas, basta ir ao Jockey Club. Você já viu quantos lindos espécimes *cavalares* se exibem ali?"

Carmen e Carlos Alberto estavam a salvo de especulações e a cavaleiro do tempo. A respeito de seu futuro, poderiam decidir o que quisessem, quando quisessem. O único estorvo entre eles parecia ser o ciúme quase roxo de Carlos Alberto, agravado pela sua humilhação por não ter fortuna pessoal — e a insistência em manter a pose. Se, por exemplo, Carmen lhe desse um presente caro, Carlos Alberto, com seu salário de pequeno diretor da América Fabril, sentia-se na obrigação de retribuir com um igual ou mais caro. Para isso, pedia emprestado, endividava-se ou vendia alguma coisa, mas não ficava para trás.

Numa noite daquele ano, um casal de franceses perdeu muito no Cassino da Urca, e o homem pagou com as joias da mulher. Joaquim Rolla chamou Carmen ao seu escritório para mostrar-lhe as joias. Carmen se interessou por um solitário de brilhante. Rolla vendeu-o a ela por um preço camarada e, ainda assim, a ser descontado de seu salário em prestações. No primeiro show, Carmen já exibiu o solitário no palco e, com sua gesticulação à luz dos refletores, o brilhante despejou raios de cegar a plateia. No dia seguinte, Carmen ficou sabendo dos comentários de que a joia lhe teria sido dada por um dos homens de que se suspeitava que ela fosse amante — o presidente Getulio Vargas ou o empresário Gervasio Seabra.

Carlos Alberto ia pouco à Urca, mas também soube dos comentários. No fim daquela tarde, marcou um encontro com Carmen na amurada do morro da Viúva. Pediu para ver o anel. Carmen tirou-o do dedo e lhe entregou. E ele, sem nem olhá-lo direito, atirou-o no mar.

"Você não pode ter nada que eu não possa te dar", decretou.

E Carmen, o que fez? Armou uma pequena cena, mas, no fundo, ficara satisfeita. Aquela era a atitude que se esperava de um homem.

Carlos Alberto sabia muito bem que os boatos a respeito de amantes não tinham fundamento. Carmen podia ser vizinha de Getulio no Catete, mas só o vira uma vez, pouco tempo antes, ao ser convidada a cantar num evento do fechado clube Gávea Golf, em que Getulio estivera presente. E, se a simples hipótese de um caso já não fosse absurda, havia uma incompatibilidade básica entre ela e Getulio: os dois tinham quase o mesmo 1,52 metro — Getulio, um ou dois centímetros a mais — e só gostavam de parceiros altos.

No caso de Gervasio Seabra, a história envolvia um fabuloso carro Cord que pertencia a Carmen. Dizia-se que o Cord lhe fora dado por Gervasio — e por que ele lhe daria um carro como esse se não tivesse um caso com ela?

Gervasio era português, dono da indústria têxtil Seabra & Cia., e teria perto de cinquenta anos em 1937. Viera adolescente para o Rio, em 1905, para trabalhar com seu tio Adriano Seabra, um dos sócios da América Fabril e pesado importador de tecidos na rua do Acre. Em pouco tempo Gervasio já estava à frente do negócio de seu tio, ampliara-o para exportação e ficara, ele próprio, consideravelmente rico. Casou-se com Assunta Grimaldi, jovem italiana de São Paulo, mulher alta e corpulenta, que também enriquecera pelo trabalho, costurando para as mulheres dos fazendeiros paulistas. Os dois juntos formaram uma parceria de raro tino comercial. Investiram em fazendas pelo interior do Brasil, em companhias de seguros e em reprodução de cavalos. O dinheiro só não era suficiente para esconder o fato de que Gervasio chegara ao Rio num porão de navio e que, ao contrário do que se pensava, o nome Grimaldi da ex-costureira Assunta não tinha nenhum parentesco com os Grimaldi do principado de Mônaco.

Os Seabra eram sócios dos Rocha Faria na América Fabril e tinham em comum o interesse por cavalos. Carmen os conhecera no Jockey Club, a que era levada por Carlos Alberto. No Jockey, Carmen conheceu também os filhos do casal Seabra: Roberto, de vinte anos, e Nelson, de dezoito, que imediatamente se apaixonaram por ela — não uma paixão pela mulher (pelo menos por parte de Nelson), mas pela estrelíssima, pelo *glitter* e glamour que ela representava. Os jovens irmãos Seabra tornaram-se sua sombra, seguindo-a por toda parte, e Carmen se sentia grata a eles, por serem do círculo íntimo de Carlos Alberto e a *aceitarem*. No aniversário seguinte de Carmen, Roberto mandou-lhe um enorme arranjo de flores. Ao depositar as flores num jarro, Carmen percebeu que elas se mexiam. Claro — Roberto pusera um gatinho entre elas, com os olhos do exato tom de verde dos de Carmen, justificando a maneira como ele a chamava: "Gata".

Gervasio e Assunta iam também todas as noites ao Cassino da Urca, onde Carmen trabalhava. Assunta era dependente de jogo — apostava muito forte e perdia fábulas. Dizia-se que, por baixo do pano, Gervasio combinara com Joaquim Rolla um limite (já muito alto) de quanto ela poderia perder por noite; a partir desse limite, ele, Gervasio, não se responsabilizava. Às vezes, depois do último show, os Seabra — pais e filhos — levavam Carmen & Cia. para um coquetel em seu apartamento no excêntrico edifício Seabra (similar ao Dakota, de Nova York), de sua propriedade, na Praia do Flamengo.

Por tantos motivos, era normal que Carmen e os Seabra se vissem com frequência. Assim, quando Carmen apareceu pela cidade a bordo de um Cord azul-celeste, com frisos e banda branca, modelo 812 Sportsman, de 1936, conversível, dois lugares, placa P.7-655 e custando a fábula de 3 mil dólares, espalhou-se que ele teria sido dado por um deles. Como não se admitia que fedelhos como Roberto e Nelson, mesmo milionários, saíssem distribuindo presentes nesse valor, deduziu-se que só restava Gervasio — por ter um caso com ela.

Em design, beleza e desempenho (chegava fácil a 165 quilômetros por hora), o Cord já nascera um clássico da indústria automobilística americana. Do modelo que Carmen exibia pela cidade, tinham sido fabricadas apenas 2322 unidades, e quatro delas estavam em Los Angeles, nas mãos de Groucho, Chico, Harpo e Zeppo, os então Quatro Irmãos Marx. O de Carmen era o único do Rio, o que o tornava altamente conspícuo e revelador da presença de sua dona. Se Carmen quisesse ir incógnita a algum lugar, era melhor que fosse de bonde — o Cord a denunciaria onde quer que estivesse.

Carlos Alberto viajou nesse carro inúmeras vezes. Com todo o ciúme de que era capaz, e convivendo no dia a dia com os Seabra, nunca discutiu com Carmen por causa do Cord. É verdade que não podia dar-lhe um igual, nem jogar o carro no mar, como fizera com o solitário de brilhante. Mas, se acreditasse, mesmo que de passagem, na possibilidade de um presente de Gervasio para Carmen, seu dilema não se limitaria a entrar ou não no carro. Teria de optar entre Carmen, os Seabra, o emprego, e talvez até a vida. O que ele nunca precisou fazer — porque conhecia bem Gervasio. Sabia que, além de Assunta, o único interesse do empresário em mulheres eram certos rendez-vous de luxo na Lapa, a que ia com seu amigo Antonio Moreira Leite, fabricante das bolas Superball. Depois de cuidar de duas ou três mulheres ao mesmo tempo, Gervasio voltava orgulhoso para o saguão do bordel e, ainda abotoando a braguilha, exclamava:

"Eu sou um potro! Eu sou um potro!"

Tudo isso, no entanto, era ocioso, porque Carlos Alberto sabia muito bem de onde saíra o bendito carro: Carmen o comprara — com o dinheiro dela.

Com seus salários e luvas na Urca e na Tupi, com a venda dos discos e com os cachês pelas temporadas em Buenos Aires, apenas entre seus rendimentos regulares, Carmen podia muito bem comprar um carro como o Cord. E, com a ajuda de Aurora, podia fazer ainda mais: seguindo os conselhos de Edmar Machado, finalmente comprar uma casa na Zona Sul do Rio, para ela e para sua família. E não uma casa qualquer, mas um palacete na Urca.

Carmen gravou "Cachorro vira-lata", de Alberto Ribeiro, com grande sucesso. Toda semana tinha de cantá-lo na Rádio Tupi. Na saída do programa, um dos diretores da rádio, Freddy Chateaubriand, deu-lhe uma carona e passaram na rua por um cachorro faminto e estropiado. Freddy perguntou:

"Carmen, já que você gosta tanto de cachorro vagabundo que anda sozinho no mundo, por que não leva este para casa?"

"Vou levar."

Recolheu o cachorro. Na semana seguinte, Freddy perguntou por ele.

"Ah, assim que comeu foi embora", respondeu Carmen. "Era um cachorro de caráter."

9 | 1937-1938
"Uva de caminhão"

Em meados do século XVI, na Guanabara, só os bravos se aventuravam por uma picada aberta na Urca, voltada para a baía, bem debaixo do Pão de Açúcar. Um transeunte distraído poderia se ver, sem aviso, em meio ao fogo de arcabuzes trocado entre os franceses, que ocupavam a região, e os portugueses, que tentavam tomá-la. Ou à mercê de uma revoada de flechas envenenadas na guerra entre os tupinambás, aliados dos franceses, e os temiminós, que torciam pelos portugueses. Mas é claro que ali não havia transeuntes distraídos — quem passava pela Urca já usava as cores de um lado ou do outro. O banzé durou anos e, ao fim e ao cabo, venceram os portugueses, que, no dia 1º de março de 1565, para tornar a vitória oficial, desceram pela picada — o caminho de São Sebastião — até a prainha entre o Pão de Açúcar e o Cara de Cão, e ali fundaram a Cidade de São Sebastião do Rio de Janeiro.

Pela animação com que as coisas tinham começado na Urca, era de esperar que a cidade se irradiasse a partir dali. Mas o Rio deu-lhe as costas, foi à luta em outras direções, e, pelos 350 anos seguintes, a península fechou-se em si mesma, entre o mar e suas balizas de pedra. Somente no começo do século XX o carioca acordou para a beleza e o sossego da Urca, e constatou o que estava perdendo. Então providenciou aterros que multiplicaram sua área, equipou-a com os serviços básicos e urbanizou-a seguindo as trilhas originais. O caminho de São Sebastião tornou-se a avenida São Sebastião. Foi nela, entre fins de 1936 e começos de 1937, que Carmen comprou a casa que simbolizava o seu triunfo.

O endereço era avenida São Sebastião, 131. Carmen adquiriu-a de um sr. Washington Bessa, que tinha outros imóveis no bairro. Custou-lhe 150 contos de réis — cerca de 5 mil dólares —, com cinquenta contos de entrada e o restante a liquidar em quinze anos. Mas, com o dinheiro que faturaram em 1937 e 1938, Carmen e Aurora quitaram a dívida em menos de dois anos.

Era uma casa de seis quartos. Os três principais, de Carmen, de Aurora e dos pais, ficavam no nível da entrada pela avenida São Sebastião; os outros três, de Mocotó, de Tatá e da empregada Alice, num andar inferior, virado para a baía. No andar intermediário, também de frente para o mar, ficavam o belo salão com a varanda, uma saleta (que Carmen usava como sala de música), o jardim de inverno, a copa e a cozinha. Como de praxe, banheiros de menos:

um no andar de cima, outro no de baixo, e nenhum no do meio, que era o principal. A garagem só dava para um carro — raras as famílias que tinham dois. Em dezembro daquele ano, Mocotó, aos 25 anos, casou-se com Olga, de dezoito, mas não saiu de casa — Olga apenas foi morar com ele em seu quarto. Carmen mobiliou a casa de cima a baixo, em vários estilos. Seu quarto, por exemplo, era todo art déco, com móveis claros de pau-marfim e quinas arredondadas. A cama e a cabeceira faziam uma única peça, típica do estilo, com espaços embutidos nas laterais para acomodar rádio, relógio, luminária, livros e porta-retratos. Ao descer da cama, Carmen não pisava direto o chão, porque ainda havia um degrauzinho.

Para ela e sua família, a temporada no apartamento do Flamengo durara um ano, ou até menos. Uma das razões para sair de lá era que dona Maria nunca se adaptara a ter vizinhos, mesmo que de pantufas, passeando sobre sua cabeça. Mas o principal motivo não podia ser mais burguês: a casa própria. Era preciso ter uma. O irônico é que, depois de levar anos sendo doutrinada a isso por Edmar Machado na Mayrink Veiga, Carmen só pôde comprar a casa porque, além do contrato com o cassino, a mudança para a rádio Tupi lhe oferecera muitas vantagens financeiras. Mas, em um ano, a pressa em quitar a casa e o irritante fato de a Tupi não ter conseguido fixar um horário para seus programas (todo dia os horários mudavam) levaram Carmen a querer reverter o processo. Coincidência ou não, Edmar Machado voltou à carga nessa época e, dessa vez, com profissionalismo. Em novembro de 1937, findo o primeiro contrato de Carmen com a Tupi, a Mayrink a chamou de volta por seis contos de réis mensais — e luvas que também nunca foram reveladas.

Apenas o salário já era uma bolada. Reafirmava sua condição de a artista mais bem paga do rádio brasileiro — muito à frente de Francisco Alves, com quatro contos, e de Sylvio Caldas, com três, ambos na Mayrink. (Aurora também voltaria, por dois.) Era pegar ou largar, e Carmen nem hesitou. A alegria com que foi recebida de volta pela maioria dos colegas e funcionários provou-lhe que Edmar tinha razão: seu coração pertencia mesmo era à Mayrink. (E nem a entrada no ar, em 1937, da nova e ambiciosa Rádio Nacional, dirigida por Gilberto de Andrade, podia alterar isso. Carmen jamais teria qualquer ligação com a Nacional.) Cesar Ladeira não ia perder essa oportunidade e, para o programa de reestreia de Carmen na Mayrink, no dia 15 de dezembro, convocou Chico, Sylvio, Aurora, Aracy de Almeida e todos os *astringosóis* da emissora — como os astros da rádio eram chamados pelos artistas principiantes.

Carmen se dava com todo mundo na Mayrink Veiga, da copeira De Lourdes ao presidente, Antenor. Mas era também a estrela da companhia. Não podia impedir que os artistas mais jovens enrubescessem e baixassem os olhos ao passar por ela na escada de mármore negro do prédio — novatos como os cantores Roberto Paiva, Gilberto Alves e um caboclo com cabelinho estilo venha-cá-não--vou-lá-não, que ia à emissora todos os dias para tentar mostrar seus sambas:

Nelson Cavaquinho. O que Carmen ouvia ao passar por eles eram suspiros reprimidos e sabia que, ao se referir a ela, eles a chamavam de "Dona Ótima" — *d'après* "Dona Boa", uma antiga marchinha de Lamartine Babo. Mas nem todos tinham motivos para essa admiração. Durante o ano em que Carmen estivera fora, outra cantora se firmara como o maior nome feminino da Mayrink: Aracy de Almeida. A volta de Carmen devolvia-a, na melhor das hipóteses, ao segundo lugar, e isso criou um clima de maus bofes entre as duas. Foi com o fígado ardendo que Aracy participou do programa da volta de Carmen.

Certa noite, o garoto Roberto Paiva (dezessete anos e já contratado, mas ainda vestindo o uniforme do Colégio Pedro II) ia bater à porta da sala de Edmar Machado, para consultá-lo sobre alguma coisa, quando ouviu a voz de Carmen aos gritos lá dentro:

"Edmar, você precisa tomar uma providência com essa Aracy de Almeida. Ela vive me importunando, se referindo a mim com palavras de baixo calão e tremendo o beiço por minha causa. Outro dia, me deu um esbarrão de propósito na escada que me desequilibrei e quebrei a unha!"

Roberto recolheu rapidamente os nós dos dedos antes que eles fizessem toc, toc, e saiu de fininho, para não ser flagrado. Nunca soube o que Edmar respondeu ou se providências tomou. Mas, se dependesse de Roberto, admirador das formas de Carmen, ele nem piscaria. Ao contar a história para seu amigo Gilberto Alves, comentou:

"A diferença entre a Carmen e a Aracy é a mesma entre o Pão de Açúcar e o morro dos Cabritos [um morro nos fundos de Copacabana]. Carmen é o Pão de Açúcar..."

O Pão de Açúcar já prestava um serviço de milênios como sentinela da baía, mas a Urca em que Carmen foi morar em 1937 recebera o habite-se havia pouco mais de dez anos. Com toda a exuberância de suas vistas, ainda era um bairro precário: não tinha comércio, nem lazer, nem pequenos serviços. Seus primeiros moradores dependiam da vizinha Botafogo para os fins mais inocentes, como comprar um retrós, ir ao cinema ou consertar o carro. Em contrapartida, aos olhos da cidade, a Urca se tornara sinônimo do seu maior centro de diversão, prazer e excitação: o Cassino da Urca. À noite, o luminoso do cassino — dizendo apenas URCA — despejava luz sobre a enseada, formando a palavra ao contrário no espelho d'água. E Carmen tanto poderia falar que morava "na Urca", referindo-se ao bairro, como que trabalhava "na Urca", referindo-se ao cassino.

O espírito empreendedor de Joaquim Rolla pusera a Urca no nível dos cassinos Copacabana e Atlântico, e ele agora jogava a rede até onde seus braços pudessem alcançar — controlava ou tinha participação em hotéis-cassinos de Niterói, Petrópolis, Poços de Caldas, Belo Horizonte, Araxá, Santos e Guarujá, e ainda queria mais. Seus contratados se apresentavam também nessas filiais. O capital em movimento era tal que, por mais que Rolla reinvestisse os lucros nos próprios cassinos, ou o aplicasse nas fazendas da família em Minas Gerais, ainda sobrava muito dinheiro. O jeito era gastar ainda mais nos cassinos ou dar o dinheiro de presente na rua.

Rolla propôs uma parceria à Rádio Mayrink Veiga. Cesar Ladeira tornou-se também o diretor artístico da Urca e inventou o slogan: "A-é-i-ó-Urca!!!". Por sua orientação, os grandes nomes internacionais finalmente começaram a chegar: os mexicanos José Mojica, Pedro Vargas, Libertad Lamarque e Alfonso Ortiz Tirado, o casal Marta Eggerth e Jan Kiepura (ela, húngara, ele, polonês, uma espécie de Jeanette MacDonald e Nelson Eddy internacionais), os americanos Mills Brothers, os franceses Lucienne Boyer e Jean Sablon, a americana (revelada na França) Josephine Baker, o espanhol (revelado na Argentina) Gregório Barrios, e muitos outros. Bing Crosby era a maior figura do show business mundial e não costumava se apresentar fora dos Estados Unidos. Mas era proprietário de cavalos em Buenos Aires — ao ir até lá para vê-los, tinha de passar por aqui. Numa dessas, em que o navio trazendo Crosby estava parado em Santos, Rolla (com o apoio de dona Darcy Vargas) mandou um táxi buscá-lo para tê-lo na Urca em prol de alguma obra da primeira-dama. Bing veio, bebeu, jogou e, de porre, cantou "It's Easy to Remember", "Please" e "Pennies From Heaven".

Todas as noites, por volta das dez ou onze horas, antes de começar os trabalhos na Urca, os artistas saíam do cassino e caminhavam até o pequeno atracadouro na avenida João Luiz Alves, onde tomavam a lancha *Cynea* que os levava para se apresentar no Cassino Icaraí, também de Rolla, no outro lado da baía. Para os pescadores e as pessoas mais simples, que não podiam entrar no cassino e assistiam da praia à procissão engalanada, era um espetáculo e tanto o embarque daqueles homens de smoking, sobretudo e foulard e das mulheres de vestido longo, capa e capuz. (Não que fizesse tanto frio no Rio. Era para que o vento noturno da baía não afetasse suas vozes.) Todos bonitos, felizes, fumando de piteira, respingando elegância e cacarejando alegremente no deque, alguns com uma taça de champanhe na mão. Era fácil saber quando Carmen estava presente — pelo volume das vozes e dos risos. Uma das orquestras da Urca, a de Gaó ou a de Romeu Ghipsman, seguia junto, e os músicos às vezes produziam uma simpática cacofonia à medida que a lancha se afastava para a travessia de vinte minutos. Com os artistas, iam também seus amigos, e a vida parecia maravilhosa. Uma hora e meia depois, com o dever cumprido em Niterói, a lancha atracava de volta e devolvia a caravana à Urca para o verdadeiro começo do espetáculo.

Esse, naturalmente, era um cortejo profano. Uma vez por ano, no dia 29 de junho, dava-se a grande festa religiosa da Urca: a procissão marítima, em homenagem a são Pedro do Mar, com os pescadores chegando cedinho à orla em centenas de barcos enfeitados, vindos de toda a baía, inclusive de Niterói e além. Como não conseguiria acordar para assistir à chegada, Carmen virava a noite de pé. E, como ela, seus vizinhos de bairro e colegas de trabalho: o casal Herivelto Martins e Dalva de Oliveira, o maestro Vicente Paiva, o jovem comediante Grande Othelo e muitos outros artistas que tinham ido morar ali, e que faziam compras nos mercadinhos usando fichas de jogo como pagamento.

A Urca era um bairro especial, pelo menos à noite. Por abrigar tanta gente ligada à vida artística, seus códigos eram mais brandos e alguns moradores davam festas um pouco mais ousadas do que o normal no Rio — entre eles, o jovem jornalista Roberto Marinho, vizinho de Carmen na avenida São Sebastião. De dia, no entanto, a Urca era um dos bairros mais sossegados da cidade. Nos fins de tarde, durante a semana, Carmen podia ir à praia com Aurora e com a adolescente Bibi Ferreira sem ser incomodada, e até jogar peteca com Rolla — a areia era quase a continuação do escritório do empresário.

Já existia uma incipiente indústria de roupas de banho, mas era Carmen quem desenhava seus próprios maiôs e os de Aurora, tendo em vista um atributo comum às duas e de que elas não gostavam: os seios grandes.

"O que eu faço com estes mamões?", suspirava Carmen, sopesando os seios.

No dia a dia, Carmen usava bustiês e sutiãs especiais que achatavam o busto, também feitos por ela. Mas não estava satisfeita. Alguém sugeriu ginástica. Sua amiga Sylvia Henriques, sempre solícita, descobriu uma academia dentro do estádio do Botafogo, na rua General Severiano. A primeira a se entusiasmar foi Aurora, que convenceu Ivone, mulher de Ary Barroso, e Célia, mulher de Francisco Alves, a se juntarem a ela. Aurora tentou também levar Carmen, mas, na única vez em que ela compareceu, provocou uma aglomeração que perturbou o funcionamento do Botafogo. Até os profissionais do futebol — Aymoré, Nariz, Carvalho Leite, Perácio, Patesko — abandonaram o campo de treino e foram espiar pelas frestas da academia. Para que Carmen pudesse fazer ginástica, Jane Frick, a jovem responsável pela academia, ofereceu-se para ir à Urca e dar aulas particulares a ela. Mas não funcionou — sempre que Jane chegava, Carmen estava ocupada, discutindo um contrato com Almirante, ensaiando um samba com Synval Silva, ou acabara de sair com Carlos Alberto.

"Não irei para os Estados Unidos como uma mariposa atraída pela luz, fiada em contratos aéreos", disse Carmen em sua casa aos jornalistas Pedro Lima, Accioly Netto e Alceu Penna, todos de *O Cruzeiro*. "Tem muita gente querendo a minha presença ao microfone e no palco, aqui e na Argentina, e isso me chega para viver perfeitamente. Nunca sairei para Nova York sem um contrato assinado no Rio, preto no branco, e com dinheiro adiantado para depositar no banco. Assim, se fracassar na Broadway, nem tudo estará perdido."

Carmen acabara de voltar de mais uma temporada em Buenos Aires, em julho de 1937. E, como sempre, era de lá que vinham os rumores de que ela estaria na mira do teatro ou do cinema americano. O primeiro boato fora na excursão de 1935, em que se deu como certo que teria sido convidada a fazer um teste na Warner, em Hollywood. Nada aconteceu, e suspeitou-se de que a notícia fora plantada por Wallace Downey, para valorizar a estrela de seus filmes alô-alôs. O que parece ter havido de concreto foi um convite para fazer o segundo papel feminino num filme do cinema argentino — e que ela declinou delicadamente. Em junho de 1936, na volta de outra temporada em Buenos Aires, Carmen estaria de novo com um pé em Hollywood — e, para surpresa de muitos, o Bando da Lua também. Mas nenhuma surpresa para quem sabia que fora o próprio Bando, por intermédio de Aloysio ou Vadeco, que disseminara o boato.

Em 1937, Carmen, Aurora e o Bando foram duas vezes a Buenos Aires, em junho-julho e em outubro-novembro. Na volta da primeira viagem, Carmen escapou aos repórteres no desembarque do *Oceania*. Mas o Bando da Lua deu uma "exclusiva" ao *Diário da Noite*, um jornal "associado" à Rádio Tupi, onde Carmen e Aurora ainda trabalhavam.

"O Bando da Lua vai a Hollywood?", perguntou o repórter.

"O segredo é a alma do negócio", respondeu alguém do Bando — mais uma vez, Vadeco ou Aloysio.

"E Carmen, também foi convidada?"

"Sigilo absoluto."

Com esse jogo de perguntas óbvias e respostas marotas, criou-se um pseudofato, que justificou a ida de três importantes homens de *O Cruzeiro*, outra revista "associada", à casa de Carmen, para "confirmar" os rumores. Foi quando Carmen deu aquela resposta da mariposa e dos contratos aéreos. E estava sendo sincera — não havia nenhum convite para valer e, ao misturar a Broadway com Hollywood, ela podia nem saber que estava sendo usada numa estratégia para vender jornais e revistas dos Diários Associados.

Mas não se pense que fosse ingênua. Em todos aqueles anos, quando se tratara de discutir contratos e valores envolvendo rádio, cinema, cassino, gravadoras, anúncios de publicidade e apresentações no Rio e em São Paulo, Porto Alegre ou Buenos Aires, era Carmen quem decidia. (E decidia também sobre a carreira de Aurora.) Amigos como Cesar Ladeira e Edmar Machado podiam aconselhá-la, mas a palavra final era sempre a dela, funcionando como sua própria empresária. E Carmen sabia ser esperta.

Em 1935, por exemplo, falou-se com grande otimismo na possibilidade de, no futuro próximo, a televisão existir comercialmente. A revista *A Voz do Rádio* perguntou-lhe o que ela faria quando a televisão chegasse. Carmen respondeu de primeira:

"Aumentaria o preço dos meus contratos. Já não basta ouvir? Querem ver também?"

De propósito, Carmen deixava que seus contratos expirassem, e não permitia que se renovassem automaticamente. Com isso, ficava livre por alguns dias para considerar novas ofertas e até variar de ares. Na mudança da Mayrink para a Tupi, e depois o contrário, Carmen pode ter levado algo entre cinquenta e setenta contos de luvas em cada transação — um valor mais que razoável, já que nenhuma emissora teve de pagar multa por rescisão contratual. E, no Natal de 1937, provisoriamente sem contrato com a Urca, Carmen apresentou-se (com Aurora e Sylvio Caldas) no Cassino Atlântico — para alfinetar Joaquim Rolla e barganhar com a Urca um contrato melhor ainda para 1938. O que ela conseguiu.

Carmen podia fazer tudo sozinha porque estava no seu habitat, negociando em sua língua, e era assim, com esse saudável compadrio, que o meio artístico funcionava no Brasil. E tinha todos os motivos para se sentir senhora de seu universo: os proprietários de cassinos e hotéis subiam à avenida São Sebastião para implorar por seus serviços; os compositores se jogavam à sua frente na Urca e na Mayrink para que ela os gravasse; os contratos ou se assinavam nos seus termos ou não eram assinados. Se ela própria resolvia tudo, para que empresários, agentes ou mesmo uma secretária?

Para que não se diga que essa era uma característica da época, saiba que o maior jogador de futebol do país, Leônidas da Silva, do Flamengo, tinha um secretário particular: o jornalista José Maria Scassa. Na verdade, os compromissos de Carmen às vezes eram tantos que ela se enrolaria sem a ajuda de uma secretária. E essa secretária existia, mas de maneira bem informal: era Aurora. Um pouco menos ocupada e bem mais organizada do que Carmen, a caçula mantinha a mais velha a par do que esta precisava fazer — mesmo porque, em vários casos, eram compromissos que as envolviam juntas.

Os primeiros meses de 1938, por exemplo, foram frenéticos. Começaram com a volta de Carmen (e também de Aurora) ao Cassino da Urca, onde os shows nem sempre se limitavam às duas apresentações na madrugada. Uma vez ou mais por semana, Rolla abria o cassino no fim de tarde para tômbolas beneficentes ou eventos de empresas, cujos organizadores não abriam mão da presença de Carmen. Como àquela hora o cassino não estava bancando o jogo, era permitido que os convidados levassem seus filhos menores — e, graças a isso, inúmeros pequenos cariocas puderam assistir a Carmen Miranda em seu palco favorito. Terminada a apresentação, Carmen descia para confraternizar com as senhoras dos presentes e as convertia ao seu espírito e alegria, mesmo que a pesada maquiagem ou os vestidos ousadamente sem costas ou sem alças as assustassem no começo. Isso explicava um pouco a natureza de sua correspondência: de cada cinquenta cartas de fãs que recebia, quarenta eram de mulheres.

"Quando uma mulher é admirada pelas outras, pode dar-se por feliz", disse Carmen a *O Cruzeiro*. "Conseguiu muito na vida. Porque, geralmente, as mulheres não perdoam as que atraem as atenções masculinas."

Em fevereiro, antes do Carnaval, Carmen e Aurora partiram para as tradicionais temporadas na Rádio Record e no Teatro Coliseu, em São Paulo e, dessa vez, para o circuito dos hotéis e cassinos: Franca, Ribeirão Preto, Campinas, Santos, Poços de Caldas. Com elas estavam Sylvio Caldas, Almirante, Jorge Murad e a nova revelação do samba, o cantor paulistano Vassourinha, de quinze anos, que se apresentava vestido como mensageiro de hotel de luxo. Não precisavam levar músicos. Bastavam os arranjos, porque cada cassino tinha uma ou duas orquestras capaz de lê-los de primeira. E, entre esses arranjos, estavam as orquestrações originais dos enormes sucessos que eles tinham acabado de gravar para o Carnaval de 1938.

Sylvio era o dono da marcha-rancho "As pastorinhas", adaptada por Braguinha de uma marcha que o próprio Braguinha tinha feito com Noel Rosa para o Carnaval anterior e que ninguém cantara. Almirante vinha com nada menos que "Touradas em Madri", de — quem mais? — Braguinha e Alberto Ribeiro, os reis do Carnaval. E Carmen tinha um samba que dispensava comentários, "Camisa listada" (assim mesmo, sem o erre), de Assis Valente. Quem assistiu aos shows naquelas cidades presenciou momentos de eternidade, porque as três músicas entraram para a história do Carnaval.

De volta ao Rio, Carmen fez o Carnaval da Urca e, em março, ela e Aurora foram se apresentar no Cine Trianon, em Campos, no norte fluminense. E, também lá, havia músicos de primeira para acompanhá-las — eram esperadas por uma orquestra de quinze figuras (quatro saxes, dois trompetes, um trombone, piano, contrabaixo, violão, bateria e três ritmistas), organizada pelo pianista Lauro Miranda. O fato é que, em compromissos como esse do Cine Trianon, tudo precisava ser discutido de antemão: transporte, hospedagem, repertório, arranjos, orquestra, cachês. E eram Carmen e Aurora que faziam esse trabalho — não por sovinice, mas por achar que não precisavam de ninguém. E sem esquecer os compromissos com a Mayrink Veiga, que duravam o ano inteiro, ou todas as semanas que passavam no Rio.

Elas não paravam. Sabendo que iriam a Buenos Aires, a Odeon obrigou--as a passar o mês de março e parte de abril gravando, para que o mercado não se visse em falta de Carmens e Auroras no meio do ano. Na segunda semana de abril, Carmen e Aurora finalmente zarparam (com o Bando da Lua) para a capital argentina. Mas, poucos dias depois, receberam um telegrama de Mocotó comunicando que seu pai fora internado na Beneficência Portuguesa. Carmen conseguiu telefonar para Mocotó e soube por ele que o caso era grave: seu Pinto tinha sérios problemas renais, podia não escapar. Com sua autoridade sobre Jaime Yankelevich, Carmen convenceu o empresário de que, sem precisar rescindir o contrato, ela e sua irmã dariam um pulo de avião ao Rio para ver o pai e voltariam para o resto da temporada em Buenos Aires.

Assim, Carmen e Aurora tomaram um voo de carreira e chegaram ao Rio para acompanhar o sofrimento de seu Pinto. Em vez disso, presenciaram o resultado da vida dupla que seu pai sempre levara no casamento — em casa, um homem responsável e austero; na rua, um conquistador sempre disposto a um rabo de saia. Não que a flamejante trajetória galinácea do ex-barbeiro fosse segredo para a família. Desde cedo, dona Maria descobrira que seu Pinto vivia metido em aldrabices. Um de seus primeiros (e longos) casos fora ainda na rua da Candelária e com sua própria comadre, a madrinha de Cecilia. Depois, na Lapa, na travessa do Comércio e no Curvelo, as aventuras continuaram.

Outra mulher já teria chamado o marido às falas. Mas não dona Maria. Para ela, essa era uma situação com a qual se tinha de conviver, que fazia parte da sina das mulheres. No seu código conjugal não existiam separações, nem desquites, nem bate-bocas — apenas o perdão. Um dia, embora soubesse de tudo, recebera em sua casa a comadre que tivera um affaire com seu marido e, num gesto de grandeza, lhe servira café e biscoitos. E ai do filho ou filha que criticasse o pai na sua presença — dona Maria não permitia censuras a seu Pinto.

Nos últimos anos, com o que lhe sobrara de atração pessoal e o prestígio de ser "pai de Carmen Miranda", seu Pinto mantivera um apreciável estoque de namoradas rotativas. Mais recentemente, enrabichara-se por uma delas e tomara uma decisão drástica: saíra de casa e fora morar com a fulana. Depois, por algum motivo, voltara para casa — e dona Maria o aceitara de volta. Mas a amante continuara vigente e, quando ela estava de visita a seu Pinto no quarto da Beneficência Portuguesa, dona Maria, alertada pela enfermeira, tinha de ficar sentadinha no corredor, de pés juntos e cabeça baixa, à espera de que a outra saísse.

Por causa de dona Maria, que não admitia críticas a seu Pinto, Carmen e Aurora evitaram subir nas tamancas com a amante em plena Beneficência. Já que era assim, deram de ombros e aproveitaram para voltar à Odeon e gravar mais alguns discos, o que aconteceu nos dias 2 e 4 de maio. Entrementes, seu Pinto recuperou-se, recebeu alta do hospital e ainda lhes passou um pito por terem abandonado seus compromissos na Argentina. Sentindo-se liberadas, Carmen e Aurora tomaram o avião para Buenos Aires no dia 5 de maio. E estavam em plena temporada quando receberam outro telegrama de Mocotó, no dia 21 de junho: seu Pinto voltara a ser internado na Beneficência naquele dia e morrera de nefrite aguda e insuficiência cardíaca. Tinha 52 anos.

Carmen e Aurora avaliaram friamente a situação. Não havia nada a fazer nem como chegar a tempo para o enterro. Donde apenas se conformaram — e se apresentaram na rádio e no teatro portenhos na noite da morte de seu pai.

Imagine uma máquina para produzir música popular, rodando dia e noite, com tentáculos na Broadway, em Tin Pan Alley e no Harlem, além de Hollywood, Chicago e New Orleans; empregando centenas de compositores e letristas, muitos talentosíssimos e alguns, gênios; gerando milhares de canções e tendo para divulgá-las todos os veículos possíveis: partituras, pianos, orquestras, agentes, cantores, salões de bailes, discos, rádio, teatro e cinema. Nos Estados Unidos, produziram-se mais canções *a cada ano* da década de 1930 do que em toda a Viena de Strauss, a França de Offenbach e a Inglaterra de Gilbert & Sullivan somadas e multiplicadas. E nunca essas canções viajaram tão depressa e para tão longe, invadindo mercados que já produziam a sua própria música e não precisavam de importações, mas que, por causa dos discos e dos filmes americanos, não conseguiam ficar alheios a elas. Na maioria dos países, a música americana entrou e tomou o lugar. O normal era que tivesse sido assim também no Brasil — mas não foi. Nesse período, os sambas e as marchinhas sustentaram formidáveis 50% do mercado.

É mais formidável ainda quando se sabe que as três principais gravadoras então operando no Brasil — Odeon, Victor e Columbia — eram estrangeiras e duas delas, americanas. Mas, pelo visto, seus executivos entendiam o país que as hospedava. O Brasil respirava nacionalismo, o momento pertencia à música brasileira, e o samba era o ritmo nacional por excelência — produzido por brancos e negros, e encantando homens e mulheres, ricos e pobres, jovens e velhos. Em 1937, o governo Vargas (sempre ele) passou um decreto facilitando a abertura de estações de rádio no país inteiro e estimulando a instalação de serviços de alto-falantes nas praças de cidades que não tivessem uma emissora. Era a música brasileira abrindo passagem. E a turma que produzia essa música não parava de crescer.

Quase todos os compositores e cantores que haviam surgido com Carmen, sete anos antes, continuavam dando as cartas. Alguns tinham ficado ainda mais poderosos, como Ary Barroso, Braguinha e Custodio Mesquita, entre os compositores, e Chico Alves, Sylvio Caldas e Carlos Galhardo, entre os cantores. Mas, em 1937, uma nova fornada de talentos viera juntar-se a eles: os compositores e letristas Wilson Batista, Herivelto Martins, Roberto Martins, Pedro Caetano, Claudionor Cruz, Mario Lago, Bororó, Haroldo Lobo, Newton Teixeira, Arlindo Marques Jr., J. Cascata, Leonel Azevedo, José Maria de Abreu, Francisco Matoso, Roberto Roberti, Antonio Almeida, Cristovão de Alencar e, dali a mais um ano, Dorival Caymmi, Lupicinio Rodrigues e Geraldo Pereira. E os cantores Orlando Silva, Ciro Monteiro, Gilberto Alves, Roberto Paiva, Nuno Roland, os Anjos do Inferno, Dalva de Oliveira, Odette Amaral, Linda Baptista, Isaurinha Garcia. Todos também menores de trinta anos. Era outra geração excepcional e capaz de manter a música brasileira à tona por muito tempo.

Para esses homens, era fácil fazer música. Difícil era calcular o que ela valia. No começo de 1937, por exemplo, Assis Valente tinha um samba-choro que foi parar nas mãos das Irmãs Pagãs, na Victor. Elas o gravaram; a Victor não gostou; a prova foi inutilizada; o disco nunca saiu; e o samba foi esquecido — simples assim. Teria se perdido para sempre se, meses depois, por algum motivo, Assis não se lembrasse dele e o mostrasse a Carmen.

"Assis, esse samba é pra lá de lá!", ela disse, significando que gostara muito.

Carmen gravou-o na Odeon no dia 20 de setembro. O samba dizia assim:

Vestiu uma camisa listada
E saiu por aí
Em vez de tomar chá com torrada
Ele bebeu parati
Levava um canivete no cinto
E um pandeiro na mão
E sorria quando o povo dizia
"Sossega, leão! Sossega, leão"...

Lançado em novembro, "Camisa listada" foi um dos maiores sucessos do Carnaval de 1938 e — quem podia suspeitar? — sua permanência estava garantida na música brasileira. Rosina e Elvira, as Irmãs Pagãs, não se conformaram. Ficaram tiriricas porque sua gravação do samba fora rejeitada e destruída, enquanto a de Carmen era um abafa. E então começaram os rumores.

Fofocas circularam nos corredores da Mayrink a respeito de um namoro entre Mario Cunha, ex-Carmen, e Rosina Pagã. Falou-se em casamento para breve, que os noivos já estavam vendo as alianças e contratando a lua de mel em Cambuquira. Se isso se espalhou para irritar Carmen, não funcionou: ela ria de dar gaitadas ao ouvir a história. Namoro, até podia ser, mas casamento, só quando as cotias do Campo de Santana aprendessem a falar — Carmen sabia que Mario Cunha não era de casar. Sabia ainda que metade do Rio de Janeiro já namorara Rosina, enquanto a outra metade se encarregara de Elvira — e que elas também não eram loucas por casamento.

Pior foi a acusação anônima que tentou atingir Assis Valente, insinuando que ele "tinha comprado 'Camisa listada' no morro". O zunzunzum começou entre as xicrinhas do Café Nice, que Assis frequentava pouco, e cresceu antes que ele pudesse reagir. Indignado, Assis foi à redação de *O Globo*, na rua Bitencourt da Silva, e, pelo jornal, ofereceu cinco contos de réis a quem provasse que o samba não era dele. Esperou alguns dias. Como ninguém se apresentasse, voltou ao *Globo*, atacou seus caluniadores e, macho à beça, dobrou a oferta.

Assis não sabia, mas estava correndo grande risco. A preços de 1937, dez contos de réis eram dinheiro mais que suficiente para que um advogado desonesto se associasse a algum obscuro compositor de morro e o fizesse passar por autor de "Camisa listada". Mas, novamente, ninguém se atreveu, e Assis saiu invicto da história, com sua reputação de sambista intacta.

Infelizmente, a reputação de Assis era mais fosca em outro capítulo. Como faziam quase todos os compositores — inclusive Cole Porter, nos Estados Unidos, Noël Coward, na Inglaterra, e Charles Trenet, na França —, suas letras

Boquinhas pintadas

Inocência e malícia em Carmen por volta de 1930, auge das "'It' girls"

Carnavalesca

Olinda, a irmã mais velha e mais bonita, gostava de cantar, dançar, costurar fantasias e brincar o Carnaval. Abaixo, no sanatório em que morreu em 1932, aos 23 anos

Morenas

Cecilia (acima) e Aurora seguiram a tradição de beleza das Miranda, que começou com dona Maria (no alto, com seu Pinto, o pai mulherengo)

Grandes irmãos

Mocotó (abaixo, à esq.) era patrão de remo do Vasco e do Brasil; Tatá tinha boa voz, mas a mosca artística não o picou

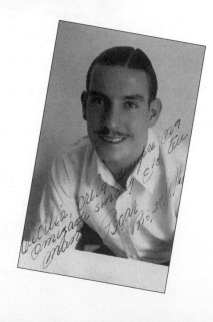

Estreias

Em 1929, no Instituto
Nacional de Música,
a primeira aparição de
Carmen (com Aurora, à esq.).
Atrás, ao centro, o veterano
Ernesto Nazareth.
No anúncio, um show
de 1932 que nunca mais
se repetiria: no mesmo palco,
Chico Alves, Carmen,
Noel e Almirante

Revelação

Carmen abafou com "Triste jandaia", seu primeiro disco na Victor, e ganhou uma chique sessão de autógrafos na Casa Paul J. Christophe

"Victor... iosa"

Em 1930, com a explosão de "Taí" ("Pra você gostar de mim"), uma montagem fotográfica...

JULHO — 1930

VIDA DOMESTICA
Revista do Lar e da Mulher

OUVINDO CIGARRAS HUMANAS...

CARMEN MIRANDA, A FESTEJADA INTERPRETE DA MUSICA FOLK-LORICA BRASILEIRA, FALA-NOS DA SUA VICTORIOSA CARREIRA ARTISTICA

O "totó" da Victor é a "mascotte" de Carmen Miranda, de quem são todos estes lindos retratos.

Ao alto: Carmen Miranda com o professor Josué de Barros, a quem deve o seu successo artistico.

VIDA DOMESTICA resolveu fazer uma série de entrevistas com as cigarras humanas, que não dão importancia aos conselhos de La Fontaine e cantam para os microphones, dando um pouco de poesia á vida attribulada e vertiginosa dos nossos dias. A primeira cigarra que ouvimos foi Carmen Miranda, artista cheia de graça e de vivacidade, que já se vae notabilisando como uma das melhores interpretes da musica typica nacional, do samba, das canções folk-loricas, tão pittorescas na sua gyria bizarra. Carmen Miranda attendeu gentilmente á solicitação de *Vida Domestica* e assim nos falou de sua victoriosa carreira artistica:

— Desde creança, dediquei-me a interpretar canções. As minhas primeiras exhibições foram nas festas escolares e o successo que então obtive, animou-me a proseguir. Mais tarde, cantei em

... da revista Vida Doméstica *revelou Carmen (e sua origem portuguesa) ao grande público*

Primeiro amor

Mario Cunha (no alto, à esq., com o pai, fundador do Flamengo) encantou a adolescente Carmen. O namoro durou sete anos e rendeu centenas de fotos com dedicatórias apaixonadas

Amor eterno

Carlos Alberto (acima, em 1935, com Carmen e Aurora em Copacabana) não gostava de ser apontado na rua como "o pequeno da Carmen". Daí a dedicatória desconfiada num retrato "oferecido com muito amor"

Casacas de lamê

Aurora estourou três anos depois de Carmen. Em Alô, alô, Carnaval!, brilhou sob a flauta de Benedito Lacerda em "Molha o pano" (acima) e com a irmã mais famosa em "Cantoras do rádio"

Amadora profissional

*A carteira da Beneficência
Portuguesa (no alto)
foi muito usada.
Já a carteira profissional
nunca teve um registro.
Sucessos permanentes
como "Camisa listada"
e "Adeus batucada"
valiam por um salário*

Moderníssima

O carro era para fins promocionais, porque, no começo dos anos 30, ela ainda não dirigia. Mas a Carmen abaixo era real e irresistível: amada como cantora, admirada pela elegância e desejada como mulher

Carioca

Mesmo famosa e reconhecida por onde passasse, Carmen não abria mão de seus hábitos, como ir à praia quase todos os dias. Apenas escolhia uma praia mais tranquila, como o Leme

Rumo à Broadway

Entre os dançarinos do Cassino da Urca, Carmen estreia a baiana cantando "O que é que a baiana tem?" no filme Banana da Terra. *No navio Normandie (abaixo), em fevereiro de 1939, o americano Shubert (segundo à esq.) contrata Carmen, cuja carreira internacional ainda se limitava às viagens anuais ou semestrais à Argentina (pág. ao lado)*

Malandra chiquérrima

Com a baiana de losangos modernistas e a maquiagem escura (depois abandonada), Carmen, a bordo do Uruguay, abre o caminho que a levaria para os Estados Unidos

se referiam ao amor homem-mulher. Mas, na vida real, embora o Nice não costumasse discutir a vida pessoal dos sambistas — nem Assis fosse efeminado ou escandaloso —, corria que ele era homossexual. Não há registro de que isso lhe tenha sido atirado à face ou de que, um dia, alguém lhe faltasse ao respeito. Podia também ser uma intriga, alimentada pelo fato de Assis ser vistoso, elegante, bem-sucedido e ter sua própria turma. E talvez fosse este o problema: a turma. Vivia cercado de protegidos e afilhados, que entravam e saíam de sua vida e a quem ele não poupava em generosidade. Mas essa generosidade às vezes consistia de encaminhá-los nas rodas musicais.

Synval Silva foi o primeiro grande sambista que Assis descobriu e levou para Carmen. Outro foi Nelson Petersen, um garoto de dezessete anos que Assis apresentou a Carmen e de quem, no dia 9 de março de 1938, ela gravou um sambinha apenas mais ou menos, "Foi embora pra Europa" — na mesma sessão em que, para o lado A, gravara mais uma obra-prima de Assis: o samba-choro "... E o mundo não se acabou":

> *Anunciaram e garantiram*
> *Que o mundo ia se acabar*
> *Por causa disso a minha gente lá de casa*
> *Começou a rezar*
> *E até disseram que o sol ia nascer*
> *Antes da madrugada*
> *Por causa disso nessa noite*
> *Lá no morro não se fez batucada...*

Ou seja: Assis não somente levou um desconhecido a Carmen, mas fez com que ele fosse gravado no lado B de um disco de sucesso inevitável. Ele era assim.

Independentemente de Assis, Carmen gostou de Nelson porque, em dois dias seguidos de agosto, gravou outros dois sambas do garoto: o valentiano "Quem condena a batucada" (cuja letra fala em "gente bronzeada", uma marca de Assis) e o sensacional "Deixa falar":

> *Todos têm seu valor*
> *Deixa falar!*
> *Este samba tem Flamengo*
> *Tem São Paulo e São Cristóvão*
> *Tem pimenta e vatapá*
> *Fluminense e Botafogo*
> *Já têm seu lugar...*

Com Assis como padrinho, Nelson teve músicas gravadas também por Aurora, Orlando Silva e pelas Irmãs Pagãs, tudo isso em 1938. E, de repente, depois desse começo arrasador, encerrou-se abruptamente a carreira musical de Nelson Petersen — antes que ele completasse dezenove anos.

Seu pai, o professor Fernando Petersen, um baiano enfezado e dono de colégio na Tijuca (o Instituto Petersen, na rua Conde de Bonfim), obrigou-o a abandonar a música popular e a afastar-se de Assis. Por mais que isso lhe doesse, Nelson não discutiu. Obedeceu — e foi ser professor de inglês, como o pai. Nunca mais compôs um samba.

Em 1937 e 1938, todos queriam ficar perto de Carmen, roçar seus cotovelos ou quadris e, se possível, gravar com ela. Naqueles dois anos, Carmen fez dupla em discos com Barbosa Junior, um deles o delicioso "Quem é?", de Custodio Mesquita e Joracy Camargo:

> *Quem é que muda os botõezinhos na camisa?*
> *Quem é que diz um adeusinho no portão?*
> *E de manhã não faz barulho quando pisa?*
> *E quando pedes qualquer coisa não diz "não"?;*

vários com Sylvio Caldas, seu parceiro favorito para gravações; um com Dalva de Oliveira e a Dupla Preto e Branco (o samba "Na Bahia", de Herivelto e do compositor que Carmen conhecera em Salvador, Humberto Porto); outro com Almirante (o já clássico "Boneca de piche", de Ary Barroso e Luiz Peixoto); e até com o próprio Ary, cuja voz involuntariamente cômica em "Como 'vais' você?" desatava o riso em Carmen e a fazia inutilizar a chapa de gravação. Dividir um disco com Carmen era garantia de um salto na carreira de qualquer cantor e, por isso, a Odeon pediu-lhe que gravasse com o quase estreante, mas competente, Nuno Roland. E outro com quem ela gravou em dupla nesse período foi o também pouco conhecido Fernando Alvarez — mas, aí, graças a uma cilada que, segundo o pesquisador Abel Cardoso Junior, o esperto Alvarez armou para Carmen.

O gaúcho Fernando Alvarez, de 25 anos, cantava na Mayrink Veiga e na Urca, de olho numa improvável carreira nos Estados Unidos. Gravar com a maior estrela do Brasil seria um trunfo que ele poderia usar lá fora. Então convenceu o compositor Cyro de Souza a escrever um samba e oferecê-lo a Carmen — com Cyro levando dez contos de réis por fora se Carmen aceitasse gravá-lo em dupla com Alvarez. Era infalível — porque Alvarez conhecia o coração de Carmen. Sabia que era amiga de Cyro e que, ao lhe contar do dinheiro em jogo, ela não permitiria que ele, sem tostão como todo músico, perdesse aquela grana.

"Puxa, Cyro! É tudo isso mesmo, meu nego?", ela perguntou.

"É isso mesmo, Carmen", disse Cyro. "Dez 'pacotes' na mão. Mas só se você gravar com o garoto."

Era uma chantagem. Mas o samba, "Onde é que você anda?", era bom, e Carmen topou fazer o disco. Alvarez também deu conta do recado na gravação e, como queria, acabou indo mesmo para os Estados Unidos.

Nessa fase da carreira, Carmen parecia incapaz de errar. Tinha total domínio sobre sua voz em relação ao microfone — sabia até onde ir ou não ir. Seus truques de interpretação eram inesgotáveis e faziam de cada disco uma revelação. Podia experimentar com ritmos, sotaques e até com outras línguas. No samba-tango "O samba e o tango", de Amado Regis, ajustou contas com o ritmo que fizera furor em sua juventude. Na marchinha "Paris", de Alcyr Pires Vermelho e Alberto Ribeiro, misturou Lucienne Boyer com ela mesma ao cantar:

Que lindas mulheres, de olhos azuis
Tu és a Cidade-Lu-u-uz
Paris, Paris, je t'aime
Mas eu gosto muito mais do Leme...

E rumbas, gravou duas, altamente subversivas: "Dance rumba" e "Sai da toca, Brasil". A primeira, com letra de Bucy Moreira, propunha que o Brasil se convertesse ao ritmo do Caribe — detalhe: Bucy era neto de ninguém menos que Tia Ciata, cuja casa na praça Onze tinha sido o berço do samba. E a segunda pregava o fim do batuque e da macumba pela dança de salão — música e letra de quem? Joubert de Carvalho. Pois Carmen gravou isso e saiu incólume.

Duplos sentidos que, em outras vozes, soariam grosseiros e ofensivos tornavam-se esquetes de humor com ela. A marchinha "Fon-fon", de João de Barro e Alberto Ribeiro, que Carmen gravou em dupla com Sylvio Caldas, descrevia um casal dentro de um carro: *"Esta buzina não tem bom som/ Eu gosto mais da que faz assim, fon-fon"*, dizia Sylvio. *"Mas não avances, olha o sinal/ Podes partir o diferencial"*, respondia Carmen. Em outra marchinha, "A pensão da Dona Estela", de Paulo Barbosa e Oswaldo Santiago, Carmen e Barbosa Junior injetavam maldade em nomes de pratos e frutas, fazendo-os parecer a receita de um bordel. E em "Uva de caminhão", outro grande samba de Assis Valente, Carmen se superava em malícia:

Já me disseram que você
Andou pintando o sete
Andou chupando uva
E até de caminhão
Agora anda dizendo que
Está de apendicite

Vai entrar no canivete
Vai fazer operação...

— referências nada cifradas a sexo, gravidez e aborto. Uma rádio anunciou que a censura proibira a música — mas a censura desmentiu a informação. Com Carmen, tudo se reduzia a uma grande piada.

"Uva de caminhão", como quase toda a produção do baiano Assis Valente, era um samba enfaticamente carioca. Uma crônica da cidade, um instantâneo do morro ou do subúrbio, uma enciclopédia da gíria, assim como "Good-bye", "Minha embaixada chegou", "E bateu-se a chapa", "Camisa listada" e "... E o mundo não se acabou", para ficar só em alguns dos que Assis fizera para Carmen. Ele era um legítimo compositor do Rio. Quem o ouvisse falar, no entanto, jamais adivinharia — porque Assis nunca perdera a música da fala baiana e às vezes carregava de propósito nos "Ó, xente!". Mas era só a fala. Em sua cabeça, Assis era tão carioca quanto os ultracariocas Nássara, Orestes Barbosa ou Bororó. Seu interesse pelas coisas da Bahia era zero, e, com exceção do já remoto "Etc.", de 1932, nunca se preocupara em explorá-las musicalmente.

Mesmo porque essa temática baiana parecia já ter dono: Ary Barroso, nascido em Ubá, Minas Gerais, mas com uma boa quilometragem carioca. O que poucos sabiam era que Ary tivera também um mínimo de vivência baiana — graças a uma temporada de três meses que passara em Salvador, aos 26 anos, como pianista da orquestra de Napoleão Tavares, no Carnaval de 1929. Não se sabe exatamente o que Ary ouviu naqueles três meses na Bahia ou que espécie de contato teve com os ritos e ritmos africanos — a depender de muitos baianos brancos, que se envergonhavam dos rituais negros, não teria chegado nem perto. Mas sabe-se que ficou amigo do diretor da Banda do Corpo de Bombeiros de Salvador, provavelmente mulato ou negro, e que este o levou a pelo menos uma cerimônia de candomblé (talvez das mais brandas) e doutrinou-o sobre a religião. Por conta própria, Ary observou os costumes da rua e participou de memoráveis almoços "de azeite" — leia-se dendê. Voltou para o Rio e, a partir de 1930, raro foi o ano em que não produziu uma canção "baiana".

Ou uma canção de temática baiana, como ele a concebera: uma enumeração de ritos, roupas ou pratos típicos, quase sempre em associação com um moreno ou uma morena que se deixou para trás, e o máximo de rimas com ioiô e iaiá — expressões que já não se usavam na Bahia desde o tempo do imperador. (Por causa das enumerações, as canções "baianas" equivaliam às *list songs* da música americana, inventadas pouco antes por Cole Porter, como "Let's Do It, Let's Fall In Love", "You're the Top" e "A Picture of Me Without You".) Uma das primeiras canções "baianas" que se conhecem, "Cristo nasceu na Bahia" (1924), do bailarino Duque em parceria com Sebastião Cirino, já era, à sua maneira, uma *list song*. Mas seria Ary a desenvolvê-las nos anos 30 e a transformá-las numa fórmula musical.

As canções "baianas" tinham um indiscutível sotaque turístico — só alguém de fora veria a Bahia com aqueles olhos. Por trás dessa temática, o ritmo era sempre o samba, cadenciado pelo jongo ou acelerado pelo choro. Foi essa fórmula que ganhou força durante a década, tornou-se quase um subgênero e influenciou inúmeros compositores. O próprio Ary a explorou de várias maneiras até depurá-la em três obras-primas, todas lançadas por Carmen. "No tabuleiro da baiana", em dupla com Luiz Barbosa, em setembro de 1936:

> No tabuleiro da baiana tem
> Vatapá, oi, caruru, mungunzá, oi
> Tem umbu pra ioiô
> Se eu pedir você me dá
> ... Lhe dou
> O seu coração, o seu amor de iaiá?...,

"Quando eu penso na Bahia", em dupla com Sylvio Caldas, em setembro de 1937:

> Quando eu penso na Bahia
> Nem sei que dor que me dá
> Oi, me dá, me, me dá, ioiô
> Ai que lhe dá, lhe dá, iaiá...,

e o insuperável "Na Baixa do Sapateiro", que gravou sozinha, em outubro de 1938:

> Oi, amor, ai, ai
> Amor, bobagem que a gente
> Não explica, ai, ai
> Prova um bocadinho, oi
> Fica envenenado, oi
> E pro resto da vida
> É um tal de sofrer, olará, olerê...

Nos anos seguintes, já sem Carmen, Ary continuaria explorando o veio e produziria pelo menos dois outros gigantes: "Os quindins de Iaiá", lançado por Ciro Monteiro em 1941, e "Faixa de cetim", por Orlando Silva, em 1942.

A temática baiana ficava tão bem em Carmen que outros compositores, baianos ou não, passaram a abarrotá-la de material do gênero. Mas é claro que ela só aceitou o que havia de melhor. O carioca Roberto Martins deu-lhe "Canjiquinha quente", que Carmen gravou em maio de 1937; três meses depois, em agosto, foi a vez de "Baiana do tabuleiro", do também carioca André

Filho; em março de 1938 surgiu "Nas cadeiras da baiana", de Portello Juno e Leo Cardoso, que Carmen gravou em dupla com Nuno Roland; e, dali a dois meses, em maio, veio "Na Bahia", do fluminense Herivelto Martins e do baiano Humberto Porto. Contando as de Ary, Carmen gravara sete canções "baianas" em menos de dois anos.

Mas, para todos os efeitos, foi como se sua identidade "baiana" só fosse se estabelecer quando, em fins de 1938, Carmen se dirigiu ao estúdio da Sonofilms, a produtora de Wallace Downey, para filmar suas duas participações no musical *Banana da terra*. Na primeira, de cara preta à Al Jolson, Carmen e Almirante cantaram a marchinha "Pirolito", de Braguinha e Alberto Ribeiro — que nada tinha a ver com a Bahia. Na segunda, vestida como uma baiana — bata, saia rodada, colares, pulseiras, balangandãs e um turbante com cesta e frutinhas —, Carmen lançou o samba do novato Dorival Caymmi, "O que é que a baiana tem?".

Ioiôs e iaiás nunca mais seriam os mesmos.

10 | 1938-1939
O que é que a baiana tem

O baiano Dorival Caymmi, fininho, moreno e sestroso, foi levado à casa de Carmen por Almirante. Era outubro de 1938, domingo, noite de primavera. Carmen os recebeu de plataformas, short cavadinho nas virilhas, camisa amarrada na cintura e um lenço colorido na cabeça. Nenhuma maldade nisso. Era como andava pela casa e recebia todo mundo — repórteres, fotógrafos, compositores, amigos. Os menos habituados a pernas de fora e a um naco de barriga deviam desejá-la em sofrido e intenso silêncio; mas Caymmi tinha 24 anos, era moleque de praia na Bahia e diria depois que, naquele dia, só enxergara nela "a estrelíssima". Presentes também, na casa de Carmen, outros dois famosos: Aloysio de Oliveira, do Bando da Lua (que, Caymmi ouvira dizer, era o "namoradinho dela"), e Braguinha. Nitidamente não estavam ali para jogar buraco.

Carmen mandou Caymmi sentar-se e pediu-lhe que cantasse "O que é que a baiana tem?". Caymmi pegou o violão e começou:

Tem torço de seda, tem
Tem brincos de ouro, tem
Corrente de ouro, tem
Tem pano da costa, tem...

Carmen nem o deixou acabar:

"Batatal, Almirante. É muito melhor do que no disco!"

Que disco? "O que é que a baiana tem?" nunca saíra em disco! Ah, sim. Na véspera, Caymmi fora convidado pelo cantor e compositor Newton Teixeira, seu colega na Rádio Transmissora, a ir a um estúdio para, de brincadeira, ouvir "sua voz gravada". Newton o levara à Sonofilms, um novo estúdio na avenida Venezuela, junto ao cais do porto. Com Moacyr Fenelon nos controles da técnica, Caymmi, sem saber que era uma artimanha e sem caprichar muito, gravara uma canção, "O mar". E, a pedido de Newton, um samba, "O que é que a baiana tem?". Eram duas músicas que trouxera da Bahia em embrião e completara ao chegar ao Rio.

A Sonofilms ficava num antigo armazém de café, não muito distante do Armazém 13, em que ele desembarcara em abril, decidido a vencer como desenhista, que julgava ser a sua principal vocação — mais precisamente, como ilustrador de revistas. Nos primeiros meses, armado de um estojo de penas Speed Ball, Caymmi zanzara pelas redações da cidade, inclusive a de *O Cruzeiro*, onde conheceu um garoto, Millôr Fernandes, treze anos e já esperto. Mas não arranjou nada em nenhuma delas e, quando já estava pensando em voltar para a Bahia, alguém descobriu o violão no seu quarto de pensão, na rua São José. Levaram-no a uma rádio, depois a outra e, finalmente, à Transmissora, onde ele cantou "O que é que a baiana tem?" — e, de passagem, Alberto Ribeiro o ouviu. Ouviu e gostou. Era a música de que estavam precisando desesperadamente na Sonofilms para o filme que iam começar a rodar.

O filme, *Banana da terra*, era um musical carnavalesco na linha dos alô-alôs de dois anos antes e, como estes, também produzido por Wallace Downey. O americano dissolvera a Waldow, sua produtora, para fundar a Sonofilms, um estúdio equipado com material trazido por ele dos Estados Unidos. Com isso, Downey dispensara também a parceria com a Cinédia e como, pela primeira vez, o dinheiro da produção estava saindo de seu bolso, ele não queria correr riscos. Dava palpite nos figurinos, maquiagem, iluminação e montagem, sempre para economizar tostões, e, depois de filmada uma cena, só faltava recolher os confetes do chão para usá-los na cena seguinte (na verdade, *fazia* isso escondido). Braguinha e Mario Lago, autores do roteiro, certificaram-se de que *Banana da terra* contaria a história mais bisonha possível, para não perturbar a sequência de números musicais. E ponha bisonho nisso: uma monarquia fictícia, a ilha da Bananolândia, produz mais bananas do que consegue comer; o primeiro-ministro (Oscarito) sugere que a rainha (Linda Baptista) venha ao Brasil para vender o excesso; ela chega ao Rio em pleno Carnaval e...

Downey não queria nem saber. O que importava era o repertório musical. Em todas as partituras de canções apresentadas nos filmes produzidos por ele, podia-se ler no rodapé: "Direitos para os países estrangeiros controlados pela Música Internacional Downey Rio de Janeiro — Buenos Aires". E, para *Banana da terra*, ele já garantira a posse de boas marchinhas e intérpretes, como "Menina do regimento", de Braguinha e Alberto Ribeiro, com Aurora; "A tirolesa", de Paulo Barbosa e Oswaldo Santiago, com Dircinha Baptista; e uma que prometia ficar para sempre, "A jardineira", de Benedito Lacerda e Humberto Porto, com Orlando Silva; além de bons sambas, como "Sei que é covardia", de Ataulpho Alves e Claudionor Cruz, com Carlos Galhardo, e "Amei demais", de Paulo Barbosa e Oswaldo Santiago, com Castro Barbosa. Mas os dois principais números, com caprichos de Hollywood na produção, seriam "Boneca de piche", de Ary Barroso e Luiz Iglesias, com Carmen e Almirante, e "Na Baixa do Sapateiro", também de Ary, só com Carmen. Amarrados todos os custos e com boa parte da produção já encaminhada, Downey calculava que o diretor, seu amigo J. Rui Costa, poderia acabar de filmar tudo em um mês.

E, de repente, sem um muxoxo prévio e sem nada que fizesse prever tal atitude, Ary Barroso puxou o tapete sob os pés de Downey. Mandou dizer-lhe que, para assinar o contrato autorizando o uso de suas duas canções no filme, queria cinco contos de réis por cada uma.

Foi como se uma granada explodisse no bananal. Diante daqueles valores, o orçamento de *Banana da terra* iria à Lua. E o precedente que isso abriria? De repente, qualquer tocador de caixa de fósforos no morro da Formiga iria cobrar fortunas para ter seu samba num filme — pensou Downey. Não adiantaram os telefonemas de Carmen e de Braguinha, a pedido de Downey, para dissuadir Ary. Ele não arredava pé: se Downey quisesse usar suas músicas, teria de morrer num total de dez contos de réis. Essa soma equivalia a perto de quinhentos dólares, muito arame em 1938. Downey, habituado a conseguir as músicas na bacia das almas, parecia apoplético: não fora isso que combinara com Ary semanas antes. E não fora mesmo — mas, então, Ary talvez ainda não tivesse se tocado para o fato de que, uma vez "cedida" a Downey para uso num filme, a dita canção se tornava propriedade dele, Downey, e ia fazer a América por conta própria. Assim, para garantir um mínimo de retorno financeiro no caso de suas canções baterem asas, Ary resolvera pedir alto de saída. Se Downey pagasse, ótimo; se não, que fosse para o diabo.

Downey não pagou, Ary não cedeu as músicas, e abriu-se um rombo na produção de *Banana da terra* — porque os cenários para os dois números já estavam prontos e os figurinos e a maquiagem, decididos. Em "Boneca de piche", Carmen apareceria de nega maluca, com vestido e lenço quadriculados, e Almirante, de jaquetão branco e chapéu-coco, ambos em *black face*, num cenário tipo "senzala". Em "Na Baixa do Sapateiro", o cenário era uma rua da Bahia, com lua, casario e coqueiros, e Carmen estaria usando uma baiana estilizada. Mas, sem as canções de Ary, o que fazer? Músicas novas o obrigariam a refazer tudo, o que significaria mais dinheiro e mais tempo. A não ser — decidiu Downey — que Braguinha e Alberto Ribeiro produzissem canções que se encaixassem nos cenários e figurinos já prontos.

A primeira foi fácil: no lugar de "Boneca de piche" havia a marchinha "Pirolito", que eles tinham acabado de compor para o Carnaval. Sem muito esforço, ficaria bem no cenário da "senzala". Mas, e a do cenário "baiano"? Nesse caso, foi Alberto quem salvou o dia: acabara de ouvir pela Rádio Transmissora um samba, "O que é que a baiana tem?", pelo próprio autor, um sujeito de voz grossa chamado Caymmi. Era tiro e queda. Braguinha consultou Almirante e este deu seu aval: por intermédio de um amigo, Paulo Trepadeira, conhecia o samba e o sambista, e ambos eram bons.

E por que não seriam? "O que é que a baiana tem?" era feito das mesmas enumerações tipo *list song* que marcavam as canções "baianas" de Ary Barroso:

Tem bata rendada, tem
Pulseira de ouro, tem

Tem saia engomada, tem
Sandália enfeitada, tem
Tem graça como ninguém
Como ela requebra bem...

A diferença estava na originalidade das enumerações de Caymmi (afinal, ele era baiano) e na graça com que as construíra. Caymmi logo encontraria seu estilo e dispensaria esse recurso, mas, por enquanto, ainda estava sob a influência de Ary, e não se visse nenhum desdouro nisso.

Uma minioperação de guerra foi montada. O compositor Newton Teixeira, autor de "Errei... erramos", amigo de Braguinha e Alberto, e já por dentro da história, perguntou a Caymmi se ele não queria ouvir "sua voz gravada". Caymmi disse que sim, queria muito. Newton o levou ao estúdio quase deserto da Sonofilms no sábado e fez-se a gravação, tendo de um lado "O que é que a baiana tem?". Caymmi pediu, mas inventaram uma desculpa e não lhe deram o disco. Sem que ele soubesse, a cópia única foi mandada no mesmo dia para a casa de Carmen — que a ouviu e não gostou, pelo excesso de langor no andamento escolhido pelo cantor. Mas aceitou que Almirante levasse o rapaz à sua casa na noite seguinte.

Ao vivo, cantado por Caymmi, o samba caiu-lhe muito melhor. Carmen achou-o "batatal" e começou a ver as possibilidades de sua interpretação. Caymmi explicou-lhe o significado de certas referências da letra. O torço de seda era o turbante; o pano da costa, o xale.

Um rosário de ouro
Uma bolota assim
Quem não tem balangandãs
Não vai no Bonfim...

Os balangandãs eram pencas de figas e amuletos feitos de metais nobres, lavrados por finos ourives, e de quaisquer objetos de ferro, madeira ou osso que representassem um pedido ao santo ou o pagamento de uma promessa. Quem os usava eram as formidáveis negras do partido-alto da Bahia, ex-escravas que tinham ouro e prata escondidos em casa. E a própria palavra balangandã, por mais sugestiva, era uma novidade: exceto os dicionaristas, ninguém a conhecia no Rio. (Muito menos o seu sinônimo ou variante: berenguendém.)

Quando Caymmi e os outros foram embora, por volta da meia-noite, estava decidido que "O que é que a baiana tem?" entraria no filme em lugar de "Na Baixa do Sapateiro", e que Caymmi participaria da gravação do playback, além de assessorar Carmen na produção da fantasia e dirigir sua coreografia durante a filmagem do número. Tudo isso pela eloquente quantia de cem mil-réis — cinco dólares —, a serem pagos à vista ao sr. Dorival Caymmi na assinatura do contrato. Um valor cinquenta vezes menor do que Ary Barroso pedira para autorizar cada música. Mas nada de contar isso a Caymmi, recomendou Downey: o que ele não soubesse não lhe podia fazer mal, e o problema de Ary não era da conta dele.

Wallace Downey não falhava: um dólar economizado era um dólar ganho, e ele acreditava firmemente nisso, centavo por centavo.

Dois dias depois, com Caymmi e Almirante no coro, Carmen gravou na Sonofilms o playback de "O que é que a baiana tem?", usando uma roupa comum, e Caymmi lhe ensinando as impostações — porque a fantasia que ela vestiria no filme ainda não existia. Mas estava por pouco.

Carmen imaginava uma baiana tal qual a descrita por Caymmi, inspirada na roupa que, desde os primórdios, as negras e as mulatas da Bahia usavam para acompanhar procissões ou vender quitutes nas ruas. Muitas dessas mulheres tinham ido para o Rio no começo do século XIX. Na viagem, a roupa se simplificara: conservaram-se os turbantes, as batas, as saias e as anáguas, mas os ornamentos, originalmente de ouro e prata, perderam em luxo e variedade. Com a vinda da Corte portuguesa, em 1808, a chegada da Missão Francesa, em 1816, e a invasão da cidade pelas costureiras francesas, as baianas do Rio incrementaram suas roupas com rendas e babados, mas ainda longe do esplendor original. Mesmo assim, era bonito — e uma postura municipal carioca do próprio século XIX exigia que elas só podiam trabalhar nas ruas como quituteiras se mantivessem suas roupas de baiana absolutamente alvas.

A venda de cocadas e acarajés costumava ser apenas a fachada legal dessas senhoras gordas e joviais que, na verdade, eram as líderes religiosas de suas comunidades nos entornos da praça Onze. Essa religião, naturalmente, era o candomblé. Mas elas eram também as animadoras dos sambas e choros que se tocavam em suas casas. Quando as escolas de samba foram fundadas, em fins da década de 1920, as baianas foram das primeiras a formar uma ala e conquistar o seu lugar nos desfiles — ala essa oficialmente obrigatória desde 1933. E a baiana como fantasia — uma bata de algodão, uma saia de renda, alguns colares e pulseiras de pedraria e um turbante, com ou sem a cestinha de frutas de cera — já existia havia muito entre as moças da classe média no Carnaval.

Por ser uma fantasia simples, e que podia ser feita até de chita, a baiana não era bem recebida nos bailes de gala do Carnaval. Daí que as atrizes, ao usá-la em seus números "baianos" no teatro de revista e nos cassinos, tivessem de estilizá-la, para que parecesse mais luxuosa. E isso não começou com Carmen, mas muito antes. A primeira baiana estilizada de que se tem notícia no teatro de revista foi a da estrela Pepa Ruiz — em 1892. E, desde então, as baianas nunca saíram do palco. As duas maiores atrizes de seu tempo as usaram: Ottilia Amorim, desde 1926, e Aracy Côrtes, desde 1928. Em 1933, as baianas pareciam tão integradas à paisagem teatral carioca que o filme *Voando para o Rio* (Astaire e Rogers, lembra-se?) mostrava um coro delas no show do Copacabana Palace. Elisinha Coelho usou uma no Cassino da Urca, em 1935; Heloisa Helena vestiu outra, para cantar a marchinha "Tempo bom", dela e de Braguinha, no filme *Alô, alô, Carnaval!*, em 1936; e, no mesmo ano, a mulata Déo Maia exibiu a sua, dizem que lindíssima, ao cantar "No tabuleiro da baiana" com Grande Othelo na revista *Maravilhosa!*, de Jardel Jércolis. Não seria por falta de baianas que o mundo acabaria naquela época.

A baiana de *Banana da terra* foi a primeira de Carmen e uma criação dela própria, seguindo o figurino da letra de Caymmi. E o que é que essa baiana tinha? Tudo que a letra dizia, mas foram os toques pessoais de Carmen que fizeram a diferença. O turbante ainda era modesto para os padrões futuros — a cestinha, menor que um tamborim —, mas já levava apliques de pérolas e pedras. Os brincos, enormes, eram duas argolas de contas. O xale era de renda, com fios dourados, disparando uma profusão de brilhos para a câmera. A bata e a saia eram de cetim, em listras verdes, douradas e vermelho-fúcsia — Carmen intuitivamente atenta para as cores que fotografassem bem em preto e branco. A bata, muito sensual, deixava entrever os ombros e o estômago (mas não o umbigo) e quase desaparecia sob a gargantilha dourada, com colares de contas graúdas e a torrente de balangandãs: rosários, correntes e bolotas "de ouro" como usadas pelas grandes negras baianas — sim, porque essa era uma roupa de festa, não para vender mungunzá na esquina. A saia, por sua vez, dispensava as anáguas e tinha um caimento natural até o chão, escondendo as plataformas e emprestando a Carmen uma silhueta mais esguia.

Todos os penduricalhos, assim como a cestinha de frutas, foram comprados por Carmen, com assessoria de Caymmi, na já veneranda Casa Turuna, especializada em fantasias para o teatro e para o Carnaval, na avenida Passos. Mas o importante é que, pela primeira vez na saga das baianas estilizadas, surgiam os balangandãs.

Carmen filmou os dois números de *Banana da terra* em novembro. Por se ouvir a voz de Caymmi no coro de "O que é que a baiana tem?", imaginou-se que ele fosse um dos rapazes de camisa listrada e chapéu de palhinha que assessoram Carmen em cena. Mas não era — aqueles eram dançarinos profissionais da Urca. O que Caymmi fez foi servir de "ponto" para Carmen fora da câmera, fazendo os gestos com as mãos ao apontar para cada parte da roupa e ensinando-lhe outros dengos, como o de revirar os olhinhos.

Em *Banana da terra*, Carmen inaugurou uma prática que nunca mais abandonaria: terminada a filmagem, conservou a baiana para usar em seus shows. E, pressentindo a força de "O que é que a baiana tem?", dois meses antes de o filme ser lançado, resolveu incluir uma nova baiana em seu guarda-roupa.

Mas, dessa vez, encomendou-a ao versátil artista J. Luiz, como ele se assinava — ou Jotinha, para os amigos, como ela.

Jotinha era de sobrenome Borgerth Teixeira, família nobre no Rio, e morava com os pais numa mansão na rua Sorocaba, em Botafogo — não que eles aprovassem 100% suas opções profissionais. Foi um pioneiro da maquiagem no Brasil. Numa época em que pancake e rímel não existiam por aqui, Jotinha improvisava com pó de arroz, maquiava com guache, e aplicava cilion, uma espécie de brilhantina. Os cílios postiços de suas clientes eram colados por ele um a um. Mas Jotinha era também pintor de retratos e figurinista da revista *Fon-fon!*, e foi nessa última condição que Carmen, com Caymmi, o procurou em seu ateliê, também em Botafogo.

Quando ela lhe pediu que desenhasse uma baiana, não imaginava que, sem querer, Jotinha iria abrir o caminho para todas as liberdades tomadas pelos estilistas que lhe sucederiam trabalhando com Carmen. Se se tratava de estilizar a baiana, Jotinha exorbitou, e fez bem. A bata e a saia foram feitas em material e cores diferentes. A saia era agora de veludo, com retalhos de losangos de várias cores, num eco modernista de Di Cavalcanti. O turbante começou a crescer, passando a acomodar duas cestinhas, e as frutas deram lugar a arranjos de folhas ou do que se quisesse. A palavra mágica eram os balangandãs: se eles existiam, tudo era permitido. A baiana tornou-se apenas um veículo para o que se quisesse pôr em cima dela.

Foi com a baiana de J. Luiz e uma maquiagem facial mais escura que Carmen se apresentou na Urca em fins de novembro, e recebeu de outro visitante ilustre — o astro do cinema Tyrone Power — a certeza de que, se tentasse a sorte em Hollywood, teria grandes chances de vencer. Quando Tyrone, com seus cílios do tamanho daquelas plumas que os núbios usavam para abanar, se levantou para dizer-lhe isso e lhe dar um beijo na face, a Urca inteira ouviu e tomou nota. Este, pelo menos, devia saber o que dizia. Afinal, era o galã número um da 20th Century-Fox e considerado o rosto mais bonito de Hollywood — incluindo os das mulheres.

Tyrone acabara de chegar para uma temporada de um mês de férias no Rio, onde, "por acaso", encontrara sua noiva, a minúscula atriz francesa Annabella, estrela de René Clair no clássico *O milhão* (*Le Million*, de 1931). Incrível, Annabella também estava "casualmente" por aqui. Era uma farsa, é claro, mas por quê? Porque, pelos códigos vigentes em Hollywood, tais encontros só podiam ser fruto de coincidência. O público americano não gostaria de saber que um ator e uma atriz, ambos solteiros, estavam viajando juntos e, quem sabe, dormindo sob o mesmo teto. Só que, no caso de Tyrone, a intenção da Fox era exatamente o contrário: o estúdio queria que o público americano soubesse da aventura — se possível, com o detalhe de que Tyrone e Annabella eram hóspedes de um milionário brasileiro (o hoteleiro Octavio Guinle) numa ilha (a idílica Brocoió, junto a Paquetá) na mágica baía de Guanabara, e sabe-se lá o que não ficavam fazendo quando se viam a sós. Que esforço da Fox. Tudo para dissipar os rumores — bem fundados, por sinal — de que seu maior patrimônio artístico era homo, no máximo bi.

Annabella e Tyrone acabariam se casando no ano seguinte — um casamento conveniente para ambos. Mas a fama de Annabella no Brasil se deveu a um certo tipo de saltinho e solado inteiriços de sapato que ela popularizou nos quase quarenta dias que eles passaram aqui, e que a carioca chamou de "salto Annabella" — até hoje.

Um show com Carmen e Aurora Miranda, Francisco Alves, Sylvio Caldas, Carlos Galhardo, Almirante, Dircinha Baptista, Orlando Silva, João Petra de Barros, Aracy de Almeida, o Bando da Lua e muitos outros, mais as orquestras de Donga, Benedito Lacerda e Napoleão Tavares, um coral de pastoras dirigido por Heitor dos Prazeres e, como mestre de cerimônias, o humorista Barbosa Junior. (Nessa noite, ou pouco antes, Carmen e Aracy fizeram-se espetacularmente as pazes e confessaram suas admirações mútuas.) Ali estariam, juntos, no mesmo palco, quase ao mesmo tempo, os maiores nomes do samba. Não admira que, segundo todos os relatos, as borboletas da Feira de Amostras, na esplanada do Castelo, tivessem registrado 200 mil pessoas — 10% da população do Rio — no dia 4 de janeiro de 1939, escolhido como o "Dia da Música Popular" na Exposição Nacional do Estado Novo. Que chance para Carmen apresentar a baiana ao grande público, não? Mas ela ainda devia considerá-la uma fantasia de gala, porque preferiu não usá-la nesse dia — ou temeu vê-la destruída na tentativa de chegar ao palco.

"Os cantores vinham chegando, um a um, depois de tremendos sacrifícios", escreveu o *Correio da Manhã*:

Era quase impossível atravessar a massa popular que tomava as entradas. Carlos Galhardo suava por todos os poros quando entrou no palco por uma porta dos fundos. Francisco Alves tinha a roupa completamente amarrotada. Almirante aguardava a chegada de Carmen Miranda, para cantar com ela "Boneca de piche". Mas a popular cantora não aparecia. O povo lhe aclamava constantemente o nome. Um cavalheiro foi ao microfone e pediu que dessem passagem a Carmen Miranda, a qual ainda não chegara porque não conseguia romper a multidão. Nervoso, Ary Barroso passeava de um lado para o outro, receoso de que sua canção não pudesse ser executada. Afinal, apareceu a criadora de "Taí". Veio com sua irmã, Aurora Miranda. Foram imediatamente cercadas por amigos e admiradores, aos quais narraram a odisseia daquela marcha penosa através da massa popular.

Um ano e pouco antes, em novembro de 1937, Getulio Vargas, até então presidente constitucional, dera um golpe de Estado, fechando o Congresso, impondo uma Constituição fascista e mandando a sucessão presidencial para as calendas. Era de novo a ditadura escarrada, agora sob o nome de Estado Novo, e seria natural que muitos artistas se pusessem contra ele. Mas, pelas leis que passara nos últimos anos beneficiando a música popular, o teatro, o cinema, o rádio e os cassinos, Getulio parecia ter crédito ilimitado junto à categoria. Os artistas o idolatravam.

Uma típica declaração de amor foi a do ator Reis e Silva, feita ao *Correio da Noite*:

"Para mim, o sr. Getulio Vargas é o maior homem do mundo. Maior que Mussolini, maior que Hitler!"

E um evento como o "Dia da Música Popular" era irresistível para os cantores testarem sua popularidade — em que outra época na história do Brasil alguém tinha cantado para 200 mil pessoas? A nenhum deles (nem a Ary Barroso, futuro político) ocorreu que os artistas estavam ali para prestigiar a megalomania do ditador e as torturas e outros crimes de seu regime.

Na segunda quinzena de janeiro, Carmen pôs na mala a baiana de *Banana da terra* para sua habitual excursão pelo circuito dos cassinos e das águas: São Paulo, Santos, Campinas, Poços de Caldas. Com ela estavam, mais uma vez, Aurora, Sylvio Caldas, Almirante e Vassourinha. Carmen não sabia, mas seria a sua última viagem com aquela turma. E também a última vez que se maquiaria de "morena" ao usar a baiana — a partir dali, sua morenice natural seria suficiente.

Em São Paulo, a Rádio Clube do Brasil, que pertencia às Organizações Byington, investiu sobre ela no saguão do hotel para roubá-la da Mayrink Veiga. Gagliano Netto, diretor da rádio e famoso locutor esportivo, encurralou-a num canto e, como se fosse apenas questão de dinheiro, disparou:

"É só abrir a boca e pedir. Quanto, Carmen?"

Carmen abriu a boca, mas para sorrir. Não pediu nada. Disse apenas que preferia continuar na Mayrink — e soube depois que, por causa disso, as Organizações Byington estavam boicotando seus discos.

Na escala em Campinas, a poucas horas do espetáculo, Carmen pegou emprestado o carro de um fã para dar uma volta. Com sua pouca prática ao volante (no Rio, era Synval Silva quem a transportava para toda parte), tentou se desviar do bonde e acertou uma árvore na esquina das ruas Saldanha Marinho e Benjamin Constant. Nada de grave, mas Carmen sofreu uma luxação no joelho, que doía e a fazia mancar. Mesmo assim, à noite, entrou no palco e, no calor da performance — principalmente ao voltar de baiana para o apoteótico final com "Pirolito" e "O que é que a baiana tem?" em dupla com Almirante —, dançou, cantou e esqueceu a dor. Ao fim do show, teve de ser levada carregada para o hotel. Os jornais de Campinas louvaram o seu profissionalismo.

Em Poços de Caldas, a última escala da excursão, Carmen e Aurora conheceram um disputado jovem local: Walther Moreira Salles, 26 anos, pinta de galã e já pronto a dar o salto, de banqueiro da cidade pequena para banqueiro da cidade grande. Ele gostou de Aurora e, depois do show, brincaram juntos no baile de pré-Carnaval do cassino. Nas semanas seguintes, sempre que Walther foi ao Rio, não deixava de convidar Aurora para sair. Em duas ocasiões, levou-lhe caixas de bombons; numa terceira, um pequeno relógio de ouro. Sabendo quando seria sua próxima visita, Aurora convidou-o a jantar em sua casa na Urca e até comprou um aparelho de porcelana para a ocasião. No coração da bela Aurora, a bacalhoada de dona Maria seria o prelúdio, quem sabe, para a possibilidade de um noivado. Infelizmente, no dia marcado, Walther deu-lhe o bolo. Aurora ficou desapontada. Poderia tê-lo perdoado — até descobrir que ele estivera no Rio aquela noite e saíra com a cantora Alzirinha Camargo, rival de Carmen em "Querido Adão". Nessas condições, não havia perdão possível. E já se arrependia de ter comprado o bendito aparelho.

Por sorte, Aurora acabara de conhecer um rapaz chamado Gabriel Richaid. O aparelho de jantar acabaria compensando amplamente o investimento porque, dali a um ano, seria usado na recepção que se seguiria ao casamento deles.

A vida amorosa de Carmen era muito mais complicada. Em 1938, Carlos Alberto da Rocha Faria escrevera uma dedicatória no verso de uma foto que dera a Carmen três anos antes: "Para a minha rainha do samba, da grã-finagem e de muita coisa ruim, oferece este 'cara' que só sente não ser escritor para fazer um romance intitulado 'Ela'! (Dedicatória em janeiro de 1938, com um bocado de experiência!)".

Por que uma dedicatória com tanto atraso? Seja como for, não eram palavras de um homem apaixonado. Soavam mais como de um fã de Carmen Miranda, com acesso privilegiado à estrela e ligeiramente ressentido por alguma coisa — apesar da tentativa de humor no "de muita coisa ruim". Deslumbrado, também: admirava-a tanto que gostaria de escrever sobre ela — mas, ao mesmo tempo, distante o suficiente para querer transformá-la numa heroína de ficção. (E logo qual: "Ela", de H. Rider Haggard, era uma sacerdotisa branca e imortal que reinava sobre várias gerações de africanos.) E o que significaria aquele "com um bocado de experiência"? Eram indícios de que alguma coisa não ia bem no namoro.

Nos primeiros tempos, Carlos Alberto cogitara seriamente casar-se com Carmen, mesmo que, para isso, tivesse de cortar as amarras com a família Rocha Faria. Carmen, mais humilde e realista, via a coisa de outra maneira:

"Você é um príncipe, Carlos Alberto. Já nasceu com uma colher de prata na boca. Eu sou a filha do barbeiro."

Carmen estava exagerando a distância social entre eles. Na sua condição de a maior estrela do show business nacional, já não precisava rebaixar-se para ninguém. Mas sabia que o casamento com Carlos Alberto exigiria seu imediato afastamento dos microfones. (Óbvio. Que casamento é esse em que o marido fica em casa dormindo, enquanto sua mulher sai toda noite às três da manhã para dar um show no cassino?) O problema, para Carmen, era trocar sua segurança profissional por alguém que, já perto dos trinta, como Carlos Alberto, mal conseguia sustentar a si próprio. (Carmen ganhava pelo menos vinte vezes mais do que ele.) E havia também a questão da sua própria família. Embora todos os irmãos trabalhassem, Carmen ainda se sentia responsável por eles e por sua mãe. Para completar, sua carreira não parava de crescer — seria absurda qualquer ideia de interrompê-la nesse momento.

Isso podia explicar a dedicatória de Carlos Alberto no verso da foto: "Para a minha rainha do samba" — referindo-se à opção de Carmen pela carreira, opção que o excluía. Seu problema de inadequação para com ela continuava igualmente insuperável. Em todos aqueles anos, Carmen e Carlos Alberto nunca tinham viajado juntos, nem para se encontrar "casualmente" em, digamos, Buenos Aires. E raras foram as vezes em que ele assistira a ela no cassino ou na rádio. Era como se, para Carlos Alberto, fosse insuportável vê-la no ambiente em que era a deusa.

Para o réveillon de 1939, em que tinha show marcado na Urca, Carmen mandara vir de Paris um vestido pela Casa Canadá e chamou Carlos Alberto à sua casa para apreciá-lo. Mas algo no vestido o magoou — talvez o preço —, porque, quando Carmen se distraiu por um minuto, Carlos Alberto pegou uma tesoura e a aplicou com ferocidade à roupa, destruindo-a. Era uma atitude doente, inexplicável — e que não combinava com a educação dele. Mas, como parecia ser um padrão em seus namoros, Carmen aceitou passivamente esse e outros rompantes de Carlos Alberto.

Seu namorado nunca soube de episódios que mostravam a aparente desimportância do dinheiro para Carmen — talvez porque ela o ganhasse em quantidade — e seus repetidos gestos de generosidade. Carmen cedia roupas às amigas mais pobres (como sua professora de ginástica Jane Frick) para que elas pudessem ir vê-la no cassino, ou se "esquecia" de que Sylvia Henriques lhe tomara emprestados tais ou quais vestidos e nunca os devolvera. Assis Valente, sempre precisando de uns cobres, pedia a Carmen que escrevesse bilhetes para o editor musical Vitale informando que estava para gravar este ou aquele samba de Assis. Isso servia de garantia para Vitale adiantar a Assis o dinheiro sobre uma música ainda a ser composta. Quando a música não se materializava, Vitale cobrava de Assis, que pedia socorro a Carmen — e ela comparecia com o dinheiro. Em fins de 1937, o empresário teatral Antonio Neves (o mesmo da fatídica peça *Vai dar o que falar*, de 1930) convidou Carmen a tentar de novo o teatro de revista. Carmen considerou a proposta, mas exigiu de Neves um inicial por fora, de seis contos de réis. Não para ela, mas a ser entregue em segredo à família do cantor Luiz Barbosa, que estava em casa, no Estácio, lutando contra a tuberculose. A peça nunca saiu do papel, mas o dinheiro ajudou a atenuar as dificuldades do cantor até sua morte, em outubro de 1938. (Essa história só seria revelada décadas depois, pelo memorialista Bricio de Abreu.)

Carlos Alberto, por sua vez, não era precisamente um santo e, em algum momento de 1938, escorregou feio aos olhos de Carmen: teve um flerte com outra mulher. Para piorar, com alguém do ramo: uma cantora. E, como se não bastasse, ela era — quem mais? — Alzirinha Camargo, que, pelo visto, nunca superara a perda de "Querido Adão". Carmen descobriu a escapada de Carlos Alberto e infernizou sua vida por semanas, mas, até para sua própria surpresa, isso não provocou o fim do namoro. Apenas o esfriou a quase zero e fez com que Carmen passasse a espiar melhor à sua volta.

E a figura mais próxima na paisagem era Aloysio de Oliveira.

Aos 23 anos, Aloysio parecia ter finalmente adquirido a personalidade que faltava para combinar com seus ombros largos, peito amplo e pernas compridas. Sua relação amorosa com Carmen começou ali, premiando uma campanha que, da parte dele, já vinha desde as primeiras viagens a Buenos Aires. Mas essa relação ainda não podia ser chamada de integral. Pela primeira vez, Carmen exerceu uma dupla militância, sustentando o caso com Aloysio, mas sem dispensar Carlos Alberto e sem deixar que este percebesse.

Tal segredo era então perfeitamente possível. Não havia a indústria de fofocas da imprensa, e um jornalista pensava várias vezes antes de escrever sobre a intimidade de um artista — até decidir que não escreveria nada. Os mexericos circulavam apenas dentro de cada grupo, e Carlos Alberto não frequentava o meio musical. Dorival Caymmi, ao contrário, soube logo da história porque, mesmo recém-chegado ao Rio, já entrara no circuito. Tanto que, ao ir pela primeira vez à casa de Carmen e deparar com Aloysio tão à vontade, achou aquilo muito natural — era "o namoradinho dela".

Além disso, até onde Carlos Alberto enxergasse, não havia nenhuma alteração nas relações entre Carmen e Aloysio. Assim como já faziam antes de começar o caso, eles continuaram indo à praia no Arpoador, sozinhos ou com outros membros do Bando da Lua e suas namoradas. À noite, depois do trabalho, quando se apresentavam no mesmo recinto, era comum um levar o outro em casa. E, com Aloysio, Carmen podia fazer algo que, com Carlos Alberto, era inconcebível (e nem ele podia saber que acontecia): ir com os colegas da Mayrink nadar na lagoa de Marapendi, na deserta Barra da Tijuca, onde — dizia-se — alguns, como Aracy de Almeida, ficavam seminus e se divertiam como crianças.

Aloysio era "artista", como ela. Seus valores eram coincidentes. Na hipótese de um casamento entre eles, ela nem precisaria parar de trabalhar — o mundo do espetáculo estava cheio de casais assim. Talvez por isso, ao planejar com Caymmi o disco de "O que é que a baiana tem?" (com outro samba do baiano, "A preta do acarajé", no lado B), Carmen tenha se aberto para ele:

"Caymmi, quer saber de uma coisa? Daqui a uns dias, vou completar dez anos de atividade. Estou querendo mudar de vida. Acho que vou me casar com o Aloysio."

Carmen podia estar sendo sincera. Mas olhe para a folhinha: fevereiro de 1939. Ninguém sabia, mas algo muito importante estava por acontecer.

Quaisquer que fossem seus planos, e por melhores as intenções de Carmen, tais planos e intenções seriam virados de pernas para o ar em questão de dias. Na verdade, antes do fim do mês, toda a vida de Carmen, e a dos que a cercavam, seria transformada para sempre.

No começo de fevereiro, duas semanas antes do Carnaval, *Banana da terra* estreou no novo Metro, na rua do Passeio. A baiana entrava triunfalmente em circulação. Dias depois, Carmen foi ao estúdio da Odeon para gravar "O que é que a baiana tem?" e "A preta do acarajé", com Caymmi. Entre as figuras do coro feminino, ela reconheceu a menina Carmelita, que vira uma vez, em 1935, como doméstica na casa de Francisco Alves, no Leme. Naquela noite distante, Carmelita, quinze anos, servira cafezinho a Carmen. Confessara-se sua fã e perguntara: "Posso cantar para a senhora?". Carmen disse que sim. A menina cantou "Taí", e Carmen gostou: "Você promete, garota!". Quatro anos depois, a promessa se cumpria: Carmelita se revelara nos programas de auditório, mudara seu nome para Carmen Costa e ali estava, no coro, acompanhando sua heroína em "O que é que a baiana tem?". Em três meses, iria gravar o primeiro disco em seu nome pela Odeon. Outro que, graças a Carmen, também logo estrearia na cera pela Odeon seria Caymmi. E quem fizera o caminho inverso, alguns meses antes, sucumbindo à tentadora proposta de trezentos réis por face para trocar a Odeon pela Victor, fora Aurora.

Desde sua estreia, em 1933, com "Cai, cai, balão", Aurora gravara 137 músicas em cinco anos na Odeon. Depois de Carmen, era, de longe, a cantora brasileira que mais gravara em todos os tempos: uma média de 27 músicas por ano, o que equivalia a mais de um disco por mês, chovesse ou fizesse sol. Era algo que as gravadoras só concediam a quem apresentasse venda firme o ano todo, como ela — e seus sucessos não se limitavam aos campeoníssimos "Se a lua contasse", "Cidade maravilhosa" e "Cantoras do rádio". O primeiro a abastecê-la de triunfos foi Custodio Mesquita, que, em 1934, lhe deu o samba-canção "Moreno cor de bronze" e a marcha "Ladrãozinho". Em 1935, Aurora venceu com a meiga "Fiz castelos de amores", um dos primeiros samba-choros, de Gadé e Walfrido Silva, os indisputados inventores do gênero.

180 | CARMEN

Também naquele ano foi bem com "Onde está seu carneirinho?", uma incursão de Custodio pela marcha junina, território de Assis Valente e Lamartine Babo. Em 1936, Aurora fez aquilo que as gravadoras detestavam, mas às vezes acontecia: sucesso com os dois lados do disco — o samba "Bibelô" e a marcha "Canto ao microfone", ambos de André Filho. E, ainda naquele ano, popularizou outro samba-choro de Gadé e Walfrido, "Boa noite, passe bem". Era uma carreira do barulho.

Aurora tinha à sua disposição todos os grandes compositores e letristas do mercado. Aparecia com destaque nos filmes, era disputada pelas estações de rádio, fizera centenas de shows em teatros e cassinos, com ou sem Carmen, e já experimentara a sensação de engarrafar o trânsito, passar no meio de multidões que a adoravam e despertar paixões como cantora e como mulher. E era também uma profissional completa. Apesar disso, nunca escondeu para os mais íntimos que — ao contrário de Carmen — trocaria sem piscar sua carreira por um casamento. A ida para a Victor seria uma forma de estimular-se a continuar cantando.

Em fins de 1938, um homem ligara para sua casa. Mandara chamá-la e brincara com ela ao telefone sem se identificar. Normalmente Aurora teria desligado, mas algo a fez submeter-se ao trote. O rapaz finalmente disse o nome: chamava-se Gabriel Richaid, tinha 29 anos, trabalhava no comércio e queria conhecê-la. Aurora aceitou um convite para jantar. Gabriel a impressionou bem — era de uma família de comerciantes de Niterói, frequentava Icaraí, a praia, e o Canto do Rio, o clube, e parecia sempre alegre. Mas nada resultou dali. Em seguida, Aurora partiu com Carmen para a excursão que incluía Poços de Caldas — e Walther Moreira Salles. Na volta ao Rio, Aurora explicou a situação a Gabriel — o qual, ante o poder do jovem banqueiro mineiro, inventou para si próprio um apelido que cativou Aurora: "Pobre-diabo". Mas, poucas semanas depois, Walther autoexcluiu-se de cena nas águas de Alzirinha Camargo, e Gabriel acabou sabendo. Voltou à carga sobre Aurora e se deu bem.

Na verdade, deu-se melhor do que a encomenda — porque, na terceira vez em que ele e Aurora saíram para jantar, *ela* o pediu em casamento.

O Carnaval de 1939 tinha marchinhas como "A jardineira", com Orlando Silva; "Florisbela", de Nássara e Frazão, com Sylvio Caldas; e o "Hino do Carnaval brasileiro", de Lamartine Babo, com Almirante; e sambas estupendos como "Meu consolo é você", de Roberto Martins e Nássara, e "O homem sem mulher não vale nada", de Arlindo Marques Jr. e Roberto Roberti, ambos também com Orlando.

O Rio recebia um enxame de turistas. Dia e noite pela cidade, eles se misturavam aos foliões, cantavam nos estribos dos bondes, sentavam-se nos cafés da Avenida, compravam quadros de asas de borboleta, beijavam bocas morenas, tinham a carteira batida e, alta madrugada, com confete até a alma, voltavam para dormir em seus navios. Alguns desses navios ficavam à distância, porque o cais não tinha profundidade suficiente, e a ligação era feita por serviços de lanchas especiais.

O maior e mais bonito deles, o transatlântico francês *Normandie* — no mar desde 1935 com seus 308 metros de comprimento e 82 800 toneladas —, chegara ao Rio no dia 15 de fevereiro, quarta-feira anterior ao Carnaval. Ficara ainda mais longe do porto e era servido pelas lanchas do empresário Darke de Mattos. Entre seus quase mil passageiros naquela viagem, estavam o magnata americano dos teatros, o empresário Lee Shubert, seu libretista Marc Connelly, e, sem nenhum vínculo com eles, exceto o das tênues amizades do Olimpo, a patinadora e estrela da 20th Century-Fox, a norueguesa Sonja (pronuncia-se, naturalmente, Sonia) Henie.

Naquela noite, os três foram à Urca e viram Carmen.

11 | 1939
O sim a Shubert

"Se você não quiser, quem vai contratá-la sou eu", disse, entusiasmada, Sonja Henie para Lee Shubert, em meio ao número de Carmen no Cassino da Urca — como quem descobrisse uma pechincha num bazar ou numa liquidação.

O *Normandie* tinha feito reservas em peso para a Urca aquela noite e o grill estava cheio de americanos. Quase todos esperavam assistir apenas a um show de Carnaval ou o que isso significasse. O nome em letras grandes no cartaz — CARMEN MIRANDA —, encimando um elenco que incluía o Bando da Lua, Grande Otelo, o dançarino de frevo e maxixe Jayme Ferreira, duas bailarinas e doze girls, não lhes dizia nada. Mas, quando Carmen entrou, tudo mudou. Seu repertório naquela época consistia de sambas e marchinhas de levantar a plateia, com acompanhamento da orquestra de Vicente Paiva, como "Samba rasgado", "E o mundo não se acabou", "Paris", "Deixa falar", "Camisa listada", "Uva de caminhão", os que tinham a ver com a baiana — "Na Baixa do Sapateiro", "A preta do acarajé", "O que é que a baiana tem?" — e sucessos de Carnavais recentes, como "Mamãe, eu quero" e "Touradas em Madri".

Shubert registrou o impacto. Como não entendia o que Carmen estava dizendo, foi o geral que o interessou: a gesticulação da cantora, seus olhos, seu magnetismo, seu ritmo e aquela roupa maluca, com o turbante, os colares e os sapatos. Pela excitação provocada por Carmen, Shubert concluiu que a ida à Urca para vê-la já tinha se justificado. Mas daí a contratá-la ia uma certa distância: o que fazer em Nova York com uma artista sul-americana que ninguém conhecia e que, com toda a certeza, não falava inglês?

Se Lee Shubert, 68 anos, não soubesse a resposta, ninguém mais saberia. Shubert operava teatros em Nova York desde 1900 com seus irmãos Sam e Jacob. O mais velho, Sam, morrera cedo, mas Lee e Jacob construíram o maior império teatral do mundo — um império construído sobre risos, música e lágrimas. Florenz Ziegfeld, falecido em 1932, podia ser mais famoso e seu nome se tornara sinônimo de um certo tipo de espetáculo, os *Ziegfeld Follies*, mas, Flo, como o chamavam, nunca fora páreo para os dois irmãos — seus últimos *Follies* foram produzidos pelos Shubert, porque ele não tinha mais dinheiro.

Os Shubert eram proprietários de cerca de cem teatros nos Estados Unidos

— metade da Broadway era deles — e, contando os teatros que controlavam ou em que detinham alguma participação, inclusive em Londres, esse número chegava a centenas de casas. Não havia um artista importante de quem já não tivessem sido patrões: Eleonora Duse, Sarah Bernhardt, Al Jolson, Fanny Brice, Noël Coward, Fred e Adele Astaire, Ethel Waters, Eddie Cantor, os Irmãos Marx, Gypsy Rose Lee, Mae West, Jimmy Durante, Bob Hope, toda a família Barrymore e qualquer animal, de elefante para baixo, que soubesse fazer um quatro. Produziam também teatro "sério" e, entre os teatrólogos que lhes davam a primeira leitura de suas peças, havia gente importante como Robert E. Sherwood, que se afastaria da ribalta em 1940 para se tornar redator dos discursos do presidente Roosevelt, e Marc Connelly, que viera com Shubert no *Normandie*, com todas as despesas pagas, apenas para que Shubert tivesse alguém inteligente com quem conversar.

Connelly ficara famoso em 1930 como o autor de *The Green Pastures*, uma fantasia religiosa passada entre os negros do Sul dos Estados Unidos. Antes, fora um dos membros da "mesa redonda" do Hotel Algonquin, de Nova York, e duelava de igual para igual com os reis das tiradas rápidas, como Dorothy Parker, Robert Benchley e George S. Kaufman. Sua melhor frase, no entanto, não fora dita para nenhum deles. Conta-se que um sujeito que mal o conhecia, mas tentando demonstrar intimidade, passou por Connelly na mesa do Algonquin e acariciou sua careca, dizendo:

"Que interessante, Marc. Parece a bunda da minha mulher!"

Ato contínuo, Connelly acariciou a própria careca e respondeu:

"É mesmo!"

Não havia nada de acaso na presença de Shubert na Urca, nem ele estava ali somente a passeio. Nos últimos anos, ouvira falar insistentemente de Carmen pelas cartas que uma amiga, a ex-atriz Clairborne Foster, residente no Rio, mandava para Claude P. Greneker, seu chefe de imprensa em Nova York. No passado, Clairborne fora um grande nome dos palcos, em *The Bluebird*, de Maeterlinck, e outras peças produzidas por Shubert, que sempre a tivera em alta estima. Em 1932, Clairborne abandonara o teatro para se casar com Maxwell Jay Rice, executivo da empresa de aviação Pan American junto à Panair no Rio, e se apaixonara pela cidade: "As praias, a baía, os nightclubs, a comunidade diplomática — a mais chique do mundo", ela dizia. Para Clairborne, os Shubert deveriam contratar Carmen imediatamente, antes que outro americano a levasse, e por isso bombardeava Greneker com cartas. Sua fé no sucesso de Carmen nos Estados Unidos era absoluta, mas, para não dizerem que era parcial, Clairborne às vezes acrescentava testemunhos de americanos de passagem por aqui — o último fora o de Tyrone Power. Assim, ao tomar o *Normandie* em Nova York, rumo ao que seria uma viagem de lazer pela América do Sul, Shubert pediu a Clairborne e Maxwell que lhe reservassem uma mesa onde Carmen Miranda estivesse se apresentando.

Sonja Henie, por sua vez, nunca ouvira falar de Carmen. Mas não precisou de mais que um minuto para se convencer de que estava diante de algo espetacular — e poucos em Hollywood tinham mais noção de espetáculo do que Sonja Henie. Como atleta, ela fora medalha de ouro em patinação no gelo nas Olimpíadas de 1928, 1932 e 1936 e transformara um simples esporte num misto de balé, teatro e beleza. Em 1936, aos 24 anos, Sonja trocou sua Noruega natal por Hollywood. Ninguém a convidara, mas ela armou um espetáculo de gelo e luzes na cidade do cinema e induziu Darryl F. Zanuck, chefão da Fox, a contratá-la sob suas — dela — condições: ou era a estrela dos filmes ou não queria conversa. Zanuck a contratou como estrela, e os três primeiros títulos de Sonja foram grandes sucessos: *A rainha do patim* (*One in a Million*, 1937), *Ela e o príncipe* (*Thin Ice*, 1937, e o príncipe era Tyrone Power) e *Feliz aterrissagem* (*Happy Landing*, 1938). Suas pernocas de bailarina, saindo da calcinha sob o saiote plissado e terminando nos patins em forma de botinhas, combinadas ao rosto de boneca e ao infalível sorriso, provocaram salivações numa massa de tarados potenciais — alguns até passaram a se interessar por patinação. A Fox chamou-a de "A Pavlova dos rinques" e construiu-lhe um rinque de 80 mil dólares no meio do estúdio. Sonja era a melhor coisa a vir da Noruega desde o bacalhau e o Papai Noel.

Mas quem a via na tela, tão doce e angelical, não imaginava que, fora das câmeras, Henie pudesse ser uma águia sobre o território americano. Além dos filmes, armou uma companhia para seus espetáculos ao vivo; montou uma linha de produtos (patins, luvas, bonecas) que lhe rendia uma fortuna; abriu escolas de patinação com seu nome em vários estados; e ainda era ela quem alugava para a Fox o equipamento que mantinha gelado o rinque do estúdio. Durante seus dois primeiros anos nos Estados Unidos, foi a atriz que mais faturou em Hollywood. Infelizmente, seus filmes só funcionavam quando ela estava em cena e, de preferência, patinando. Bastou que *Minha boa estrela* (*My Lucky Star*, 1938), *Dúvidas de um coração* (*Second Fiddle*, 1938) e *Idílio nos Alpes* (*Everything Happens at Night*, 1939), um atrás do outro, fossem mal na bilheteria para que Zanuck, que nunca a suportara, desligasse a tomada da geladeira. Naquela noite na Urca, Sonja ainda não sabia, mas seu status de maior estrela da Fox já começara a derreter e ela só voltaria a filmar em 1941. Se contratasse Carmen, seria para seu show itinerante — seria possível imaginar Carmen com uma baiana de arminho, um turbante de pele de foca e calçando patins de plataforma, sambando "O que é que a baiana tem?" sobre uma camada de gelo?

Mas, se Shubert estava indeciso, foi o impulso de Sonja Henie que o fez pedir a Clairborne e Maxwell Rice para conduzi-lo à mesa de Joaquim Rolla, ao fim do primeiro show, para ele dizer que gostaria de levar sua artista para os Estados Unidos. Rolla respondeu que isso só dependeria de Carmen. Tinham um contrato de um ano, recém-assinado e quase todo por cumprir, mas ele o rasgaria a qualquer momento se fosse para o bem dela.

Não era a primeira vez que essa situação se apresentava para Rolla. Outros empresários estrangeiros, ou que assim se diziam, já lhe tinham feito "propostas" por Carmen na Urca. Tudo blefe. Quando Rolla pegou Carmen no meio do salão e a levou, ainda de baiana, à mesa de Shubert, Carmen também não fez fé no homenzinho moreno, com cara de camundongo, fumando um charuto maior que ele e que nem parecia americano. (Nem podia parecer: os Shubert diziam-se americanos natos, mas eram imigrantes da Lituânia.) Foi preciso que sua amiga Clairborne lhe desse a ficha do sujeito: Lee Shubert era apenas o homem mais poderoso do teatro nos Estados Unidos.

Shubert dirigiu-se em inglês a Carmen, elogiando-a, e certificou-se de que ela não entendia abacate (como ele, ao chegar à América). Quanto a Sonja Henie, claro que Carmen já a conhecia do cinema. Mas, se houve um alarido de reconhecimento de uma para a outra, foi de Sonja. Ficou extasiada ao ver de perto a baiana de Carmen e poder tocá-la — à distância, na plateia, não podia imaginar a textura dos tecidos, a riqueza dos adereços, o requinte dos detalhes, o brilho do conjunto. A conversa se prolongou no camarim de Carmen, quando se acertou que Shubert voltaria à Urca para vê-la na noite seguinte e que, depois do show, ele lhe ofereceria um jantar black-tie no *Normandie* — e uma proposta de trabalho na América.

Shubert efetivamente voltou ao cassino na quinta-feira para ver Carmen e escoltá-la ao navio. À mesa de Shubert na Urca, saído de trás de uma pilastra ou cortina, juntou-se um inesperado personagem: seu patrício, dublê de produtor cinematográfico e agente musical, o sempre alerta Wallace Downey.

Carmen armou o cabelo no seu melhor coque duplo e escolheu um vestido "distinto" para o jantar. Mas, ao entrar no *Normandie*, de braço com Shubert, foi ficando de boca progressivamente aberta. Não era apenas o maior navio do mundo. Era o mais bonito, o mais rico, o mais chique. Era a França flutuante. Painéis, tapetes, móveis, cortinas, objetos, tudo que vestia ou recheava os salões e corredores da primeira classe fora encomendado aos grandes artistas franceses de cada especialidade. Na sala de jantar, por exemplo, os jarros, copos, bibelôs, estatuetas, abajures e candelabros eram de cristal por Lalique — até as colunas e paredes eram de cristal iluminado. Foi nessa sala (do comprimento da Sala dos Espelhos do Palácio de Versalhes, com três deques de altura e capacidade para mil pessoas) que Shubert e seus convidados se sentaram para jantar e discutir negócios. Carmen já se habituara ao dinheiro, mas era a primeira vez que se defrontava com a opulência.

Shubert lhe falou de um espetáculo que estava preparando para a Broadway e em que poderia encaixá-la: uma revista musical intitulada *Streets of Paris*, com canções de Jimmy McHugh e Al Dubin. Apesar do título, e de o francês Jean Sablon estar no elenco, o clima da revista estaria mais para o infalível trivial nova-iorquino, estrelando o comediante Bobby Clark (com seus óculos falsos pintados ao redor dos olhos), a divertida Luella Gear e uma nova dupla de cômicos, Abbott & Costello — com espaço para três ou quatro números por uma cantora e dançarina "latina", que poderia ser ela. Shubert mencionou algumas canções, como "Touradas em Madri" e "O que é que a baiana tem?" (os títulos lhe foram passados por Clairborne), em que via possibilidades de aproveitamento no espetáculo.

O empresário explicou que uma produção como essa, a estrear em maio, ficaria cerca de um ano em cartaz, incluindo a excursão por outras cidades depois de concluída a temporada na Broadway. Shubert oferecia a Carmen quinhentos dólares por semana — 2 mil dólares por mês — e acenava com a possibilidade de ela ser convidada para apresentações em rádios e nightclubs, caso em que, como seu agente exclusivo, ele lhe pagaria outros 250 dólares por semana, ou seja, mais mil dólares por mês. O contrato seria por um ano, tendo Shubert a "opção" para os dois anos seguintes, durante os quais aqueles valores semanais subiriam para, respectivamente, setecentos e 350 dólares, no primeiro ano, e mil e 450 dólares, no segundo.

Como sempre, Carmen fora sozinha para o encontro, sem seus segundos — como se Shubert fosse Rolla ou qualquer empresário brasileiro que ela chamava de "degas" e em cujas bochechas dava beliscões. Ao discutir aquele que poderia ser o contrato de sua vida, estava falando por si própria. Ninguém a representava, ninguém lhe soprava palpites ao pé do ouvido. No máximo, poderia ser aconselhada por Clairborne e Maxwell Rice, que, de certo modo, estavam ali a serviço de Shubert. A outra palavra "desinteressada" partiu de Marc Connelly, que assegurou a Carmen que o sr. Shubert era "um homem honesto" e que, no caso de ela ir para Nova York, a maneira certa de cumprimentar alguém nos Estados Unidos era dizer, "I love Marc Connelly".

Para surpresa de Shubert, Carmen não saiu dançando entre as mesas ao ouvir aqueles números. Na verdade, para ela, estava longe de ser uma proposta das arábias. Dois mil dólares fixos por mês eram cerca de cinquenta contos de réis — que ela já ganhava na Urca, depois do último aumento que arrancara de Rolla. Com tudo o mais que tinha aqui — os agora sete contos por mês da Mayrink Veiga, a renda dos discos e as temporadas em São Paulo, Santos e Buenos Aires, além dos filmes —, seu faturamento médio mensal chegava a muito mais de 3 mil dólares, que eram o máximo sugerido por Shubert. (Na verdade, em alguns meses, encostava em 5 mil dólares.)

Shubert argumentou que, enquanto Carmen levara anos para ganhar isso no Brasil, o que ele lhe estava oferecendo era apenas um rendimento inicial — e bem razoável, considerando-se que ela ainda era desconhecida em Nova York e não falava inglês. As possibilidades eram muitas, insistiu, e Carmen teria a seu favor o peso do departamento de imprensa de sua organização. Na verdade, era impossível prever tudo que lhe poderia vir de bom, ele concluiu. Havia o rádio, os nightclubs e o próprio cinema. A única condição era que seu principal compromisso seria para com *Streets of Paris* e que ela só poderia trabalhar para outros com autorização dele, Shubert, e isso lhe custaria 50% do que lhe pagariam.

Carmen deixou a conversa inconclusa para ganhar tempo, pensar melhor e fazer algumas consultas. No dia seguinte, levou Shubert & Co. a almoçar no restaurante do Corcovado — talvez na esperança de que, ao olhar para baixo, para a beleza da cidade que se derramava dos morros em direção à baía, Shubert fizesse uma ideia do território sob seu domínio, e que ela estaria deixando para trás. Para não falar na família, nos amigos e no namorado — nominalmente, Carlos Alberto da Rocha Faria.

Ela já sabia o que Carlos Alberto achava da possibilidade de sua ida para Nova York: era contra. Em certo momento nos últimos dias, ele lhe teria dito, de brincadeira ou não, que "preferia vê-la morta a embarcando para os Estados Unidos" — sem explicar que medidas tomaria para impedir o embarque. Na cabeça de Carlos Alberto, a opção de Carmen teria de ser entre ele e a viagem. Mas, se Carmen optasse por ele, o que isso mudaria as coisas para ela no Brasil? Ao mesmo tempo, surgia no ar uma outra pergunta que, de certa forma, resolveria também esse problema: musicalmente, quem seriam seus acompanhantes em Nova York?

Quando Carmen falou sobre isso a Shubert no Corcovado, ele não entendeu. A ideia de que ela quisesse viajar com seus próprios músicos nunca passara pelas cogitações do americano. Para ele, Carmen iria cantar músicas "latinas", e Nova York estava cheia de músicos "latinos" prontos a tocar com ela. Mas Carmen insistia em ser acompanhada por brasileiros, que dominassem o idioma do samba. Lembrava-se de que, em 1931, Carlos Gardel contara a ela e a Chico Alves em Buenos Aires que preferira encerrar seu contrato com a rádio NBC, de Nova York, por não poder ser acompanhado nos tangos por seus três guitarristas. Ao saber que Carmen já tinha um grupo em mente para viajar com ela — um conjunto vocal e instrumental, o Bando da Lua, composto de *seis* elementos —, Shubert preferiu contemporizar. Não valia a pena fechar questão sobre esse ponto agora — e, com habilidade, conseguiu deixar o problema dos músicos para depois. Em vez disso, pôs-se a discutir sobre as possibilidades comerciais nos Estados Unidos de outro legítimo artigo brasileiro: o guaraná.

Carmen telefonou a seu amigo Paulo Machado de Carvalho, proprietário da Rádio Record, de São Paulo, de quem, no passado, já recebera bons conselhos. Perguntou-lhe o que ele achava da ideia de ela ir para os Estados Unidos mesmo que o dinheiro não fosse dos mais compensadores. Paulo de Carvalho respondeu-lhe:

"Acho que você deve ir, Carmen. A coisa parece incerta e pouco rendosa, mas há certas vantagens que você precisa levar em consideração. Um sucesso nos Estados Unidos, mesmo relativo, aumentará a sua fama na América do Sul. Além disso, há os programas de rádio, os nightclubs. E Hollywood. Se, com tudo isso, você fracassar, pode voltar que eu lhe darei um emprego na Record até o fim dos seus dias."

Isso definiu Carmen. Um ano antes, numa entrevista, ela se referira à sua vontade de apresentar-se por algum tempo em Nova York (como se para coroar a carreira), voltar para o Brasil, aposentar-se, casar-se e ter cinco filhos. O que teria a perder aceitando a oferta de Shubert? Na pior das hipóteses, um ano (ou menos). E sempre haveria um país — o Brasil — à sua espera.

Sempre através de Rice, Carmen mandou dizer a Shubert no dia 18, sábado de Carnaval, que aceitava a proposta. Em resposta, Shubert falou de sua satisfação por tê-la entre seus contratados e comunicou que o *Normandie* seguiria viagem no dia seguinte. Assim que chegasse a Nova York, ele providenciaria o contrato. Os papéis chegariam ao Rio no começo de março, em duas vias, para que Rice os traduzisse para o português, Carmen os assinasse, e ele pudesse começar imediatamente a publicidade. A partir dali, era só marcar a data da viagem — sabendo-se que Carmen deveria estar em Nova York até fins de abril para os ensaios. Shubert pedia também a Rice que lhe enviasse as partituras de "Mamãe, eu quero", "Touradas em Madri" e "O que é que a baiana tem?".

Com o sim a Shubert, Carmen decidira por sua carreira. Não pela sua continuação, mas pelo recomeço dela — sozinha, entre estranhos, numa terra que não conhecia, e numa língua em que dominava pouco mais que o *good bye, boy*. Era como voltar aos dias de "Taí", quando nenhum sacrifício importava. Podia preparar-se para ficar cansada — só que já não tinha vinte anos. Tinha trinta — acabara de completar. E se, além de tudo, o dinheiro ainda era uma incógnita, por que aceitara?

Porque, depois de dez anos de carreira — e por mais que idealizasse uma mudança de vida —, Carmen não conseguia se ver em outro cenário que não um palco. Era mais fácil tocar para a frente do que parar e pensar. Era mais fácil dizer sim a Shubert do que a um noivo. Com isso, seus planos para um casamento e cinco filhos ficavam adiados — e talvez isso fosse um alívio.

No mesmo dia, Carmen despachou pelo estafeta uma caixa de vestido para Sonja Henie no *Normandie*, contendo uma baiana. A rainha dos patins usou-a na noite seguinte, no baile de Carnaval que estourou a bordo quando o navio se afastou da barra e o Rio se distanciou no horizonte. Lee Shubert ficou impressionado ao ver os passageiros gritando em coro "Carmen! Carmen!" — e, por causa dela, dando a Sonja, por aclamação, o primeiro prêmio no concurso de fantasias.

"Faz, Pery! Faz xixi na cama da titia!"

Pery tinha um ano e quatro meses e era filho de Dalva de Oliveira e Herivelto Martins. Carmen estava aflita porque março já ia pela metade e os papéis de Shubert ainda não tinham chegado — como se ele tivesse mudado de ideia ou melado a negociação. Então fizera uma promessa: botar uma criança para urinar em sua cama todos os dias, até que o contrato chegasse. Crianças aptas a fazer xixi não faltavam em seu círculo de amigas, mas Dalva e Herivelto eram seus vizinhos na Urca. Dalva a visitava com frequência, levando o garoto, e Pery tinha preferência. Carmen sentava-o na cama, de camisinha de pagão e sem fraldas, e o entupia de guaraná na mamadeira. Mas Pery, nada.

Shubert chegara a Nova York em 1º de março e, já no dia 3, mandara o contrato para Rice, como combinado. O contrato estipulava que Carmen receberia "não menos que oito semanas de salário", declarava que ela era sua artista exclusiva "para todas e quaisquer formas de entretenimento", e só fazia uma vaga referência aos "rapazes com quem ela queria se apresentar". Num bilhete à parte, Shubert pedia a Rice que lhe telegrafasse assim que Carmen tivesse o contrato em mãos. Ou seja, estava com pressa de ver tudo resolvido — e sem a menor dúvida de que fizera um grande negócio. (No próprio dia de sua chegada, telefonara para Dorothy Dey, colunista do *Morning Star*, de Miami, para lhe falar de sua contratação sul-americana.)

Mas, três semanas depois, o silêncio do Rio era total, e Shubert achou que alguma coisa encrencara por aqui. Só faltou também fazer uma promessa de botar uma criança para urinar em sua cama.

Alguma coisa encrencara, mas não no Rio. Fora o próprio secretário de Shubert que, em vez de despachar o envelope por via aérea, mandara-o de navio, como era o normal. Rice só o recebeu no dia 27 de março e telefonou logo a Carmen para comunicar-lhe. Por coincidência, poucas horas antes, Pery produzira uma vasta poça na cama de Carmen — e, quando isso aconteceu, ela o cobrira de beijos exclamando:

"Meu mijão! Meu mijãozinho!"

Rice tentou correr contra o tempo. Ignorou seus afazeres de presidente da Panair com escritório no Aeroporto Santos Dumont, traduziu a jato os contratos e levou-os a Carmen na Urca. Carmen os assinou, mas escreveu uma carta a Shubert (ditada a Rice e também vertida por ele para o inglês) para reafirmar um ponto "da maior importância": a ida do Bando da Lua. Em sua carta, Carmen explicava que o Bando trabalhava de forma "independente" e que era "extremamente conhecido", não apenas no Brasil, mas também na Argentina e no Chile. O nome Bando da Lua significava "Band of the Moon". E ela até se atrevia a uma exigência: a de que, em toda a publicidade, o crédito fosse para "Carmen Miranda *and* Bando da Lua". A ingenuidade desses argumentos (como se fizesse diferença para Shubert que alguém fosse conhecido no Chile ou na Argentina) só não era maior porque Rice, surpreendentemente, concordava com Carmen. Ele também achava que o Bando da Lua deveria ir com ela, e escreveu isso num bilhete para Shubert: "Pelo menos por um período inicial, porque o ritmo e o canto únicos da música popular brasileira são de difícil assimilação pelos nossos músicos".

Pelo tipo de argumentação, e pela infantil exigência de crédito à parte para o Bando da Lua, qualquer um entenderia o que estava se passando: Carmen e Aloysio estavam mais firmes do que nunca.

Sem dúvida, o Bando da Lua era um conjunto independente e com uma apreciável carreira própria. De sua estreia em disco, em 1931, até aquele momento, os rapazes tinham gravado setenta músicas e podiam se orgulhar de alguns sucessos: a marchinha que os revelara no Carnaval de 1934, "A hora é boa", do próprio Aloysio; o grande samba "Mangueira", de Assis Valente e Zequinha Reis, lançado por eles em maio de 1935:

> *Não há, nem pode haver*
> *Como Mangueira não há*
> *O samba vem de lá*
> *Alegria, também*
> *Morena faceira*
> *Só Mangueira tem...,*

a impagável marchinha "Lalá", de Braguinha e Alberto Ribeiro, também em 1935; um Noel menor, em parceria com Hervê Cordovil, "Não resta a menor dúvida", mas popular por ter aparecido no filme *Alô, alô, Carnaval!*, em 1936; outra marchinha, a explosiva "Maria boa", também de Assis Valente, sucesso do Carnaval de 1936; e, naquele próprio Carnaval de 1939, a marchinha "Pegando fogo", de José Maria de Abreu e Francisco Matoso:

> *Meu coração amanheceu pegando fogo*
> *Fogo! Fogo!*
> *Foi uma morena que passou perto de mim*
> *E que me deixou assim.*

Era um cartel de responsabilidade.

Naqueles anos, o Bando da Lua tinha dado incontáveis shows e aparecera de graça em outros tantos eventos beneficentes. As instituições os disputavam porque eles eram rapazes "de família", cantavam bem e faziam um grupo vistoso, sempre na última pinta — ternos bem passados, os lenços à mesma altura no bolsinho do paletó, tinta e graxa impecáveis nos sapatos. E eram educados, bem informados, sabiam conversar — às vezes, até demais. Seus colegas, por exemplo, riam quando Aloysio dizia que tinha se formado em odontologia (quando o conjunto se profissionalizou, todos abandonaram os estudos). Mas eles realmente gozavam de certa penetração na sociedade e Vadeco, o mais atirado, tinha amigos que iam do *bas fond* aos altos escalões do governo. (Tinha amigos também em *O Globo*, para o qual mandava matérias de onde quer que estivesse.)

Sem falar na cancha internacional. A partir de 1934, o Bando da Lua fora todos os anos a Buenos Aires, e em alguns anos, mais de uma vez. Na excursão de 1937, quando Carmen voltou pelo Uruguai, eles subiram até o Chile, onde cantaram e foram recebidos em palácio pelo presidente Arturo Alessandri. Durante a excursão, viram-se em meio a uma tentativa de golpe de Estado, com bombas e tiroteios nas ruas de Santiago. Nenhum deles se apertou, e Vadeco ainda mandou, pelo telégrafo, relatos sobre a revolução para *O Globo*.

Até então, a ligação do Bando da Lua com Carmen era principalmente de amizade e pelos shows que tinham feito juntos na Argentina. No Brasil, às vezes apareciam no mesmo espetáculo, mas sempre em números separados. Uma exceção fora a dos dias 23, 24 e 25 de outubro de 1937, no Cine-Teatro Broadway, na Cinelândia, quando Carmen, Aurora e o Bando da Lua entraram no palco e cantaram, a oito vozes, arranjos especiais de seus sucessos "Primavera no Rio", "Ladrãozinho" e "Maria boa", despedindo-se do público para a longa temporada que iriam fazer em Buenos Aires.

Carmen e o Bando tinham uma história em comum. Mas, se fosse para tentar a aventura de Nova York, o Bando da Lua precisaria resignar-se a ser coadjuvante. A estrela era Carmen — e não havia romance com Aloysio que alterasse esse status quo.

No mesmo dia em que recebeu o contrato de Shubert, 27 de março, o diligente Rice o traduziu, pegou a assinatura de Carmen nas duas vias, juntou a carta em que ela falava do Bando da Lua e acrescentou, de sua autoria, um esboço de "biografia" de Carmen, a ser trabalhado em Nova York por Claude Greneker para os futuros releases sobre ela.

Por esse texto de Rice, estabeleceu-se que Carmen "tinha 25 anos", não trinta. Ou seja, nascera em 1914, não em 1909. Dizia também que ela fora "educada num convento", não num simples colégio de freiras. O convento era uma fixação dos americanos a respeito da "pureza" de suas estrelas latinas — pelo visto, a única forma de salvá-las de uma adolescência presumivelmente sórdida em seus países de origem, envolvendo miséria, abusos sexuais e, quem sabe, prostituição. A ideia era que, se crescera internada num convento, a moça passara ao largo de tais mazelas. E o texto informava ainda que Carmen era "boa nadadora e grande fã de regatas e de corridas de automóveis". Nada a opor quanto a esse item, embora ele se aplicasse muito mais a Aurora, que não perdia uma corrida de baratinha no Circuito da Gávea. Boa parte da publicidade de Carmen nos Estados Unidos pelas décadas seguintes seria derivada desse texto de Rice.

Rice juntou-o aos contratos, enfiou tudo num envelope em que escreveu "Mr. Lee Shubert, Select Operating Corporation, 234 West 44th Street, New York, N.Y.", e mandou-o por via aérea naquele mesmo dia. Isso é que se chamava eficiência. A Select era o guarda-chuva que abrigava as organizações Shubert, e seu endereço era o coração do "distrito teatral" de Manhattan — se é que tal distrito tinha coração.

No dia 12 de abril, Shubert escreveu a Rice dizendo que estava tendo problemas com o Sindicato dos Músicos Americanos para importar o Bando da Lua — mas que iria tomar providências para que "Miranda pudesse trabalhar perfeitamente sozinha". Pedia também que ela embarcasse no dia 27 de abril pelo *Furness* ou que fosse de avião — o importante era estar em Nova York até 10 de maio. Era quase um ultimato. Era também uma maneira de confundir Carmen e mostrar a ela como havia coisas mais urgentes a resolver do que essa história do Bando da Lua. E, de fato, em meados de abril, a situação dos rapazes era triplamente desesperadora: 1) Shubert não os queria; 2) Mesmo que os aceitasse, não pagaria suas passagens; 3) E era verdade que o sindicato americano estava impedindo que cantores estrangeiros entrassem nos Estados Unidos com seus próprios conjuntos ou orquestras — para não agravar uma suposta crise na categoria, com, segundo eles, 14 mil músicos desempregados no país.

Mas a manobra de Shubert não parecia estar dando certo. Em 20 de abril, Rice mandou-lhe um alarmante telegrama:

MIRANDA IMPOSSIBILITADA SEGUIR ANTES DE 3 DE MAIO POR NÃO PODER INTERROMPER CONTRATOS LOCAIS VIGENTES. SERIAMENTE PREOCUPADA COM [A SUA] INCAPACIDADE DE ARRANJAR COM QUE RAPAZES [DO BANDO DA LUA] A ACOMPANHEM. RELUTA ESTREAR EM NOVA YORK SEM TER ESSENCIAL BACKGROUND RÍTMICO BRASILEIRO, SEM O QUAL SEU TRABALHO CERTAMENTE FRACASSARÁ POR NÃO SER FAMILIAR A MÚSICOS AMERICANOS. QUASE CERTEZA DE COMPLICAÇÕES DE ÚLTIMA HORA SE ESSE PROBLEMA NÃO FOR RESOLVIDO. SE FOR POSSÍVEL RESOLVER PROBLEMA COM SINDICATO, SUGIRO ACERTAR COM RAPAZES TRANSPORTE EM CLASSE TURÍSTICA COM DESPESAS INTEIRAMENTE POR CONTA DELES OU QUEM SABE RAPAZES TRABALHAREM EM MEIO EXPEDIENTE NO PAVILHÃO DO BRASIL NA [PRESTES A SER INAUGURADA] FEIRA MUNDIAL [DE NOVA YORK].

Shubert, de propósito, não acusou recebimento. O Bando da Lua gelou. Mas, quando se convenceu de que, a depender do empresário, eles ficariam a ver navios na praça Mauá, um dos membros do conjunto resolveu agir: o expedito Vadeco. Era hora de acionar suas amizades — e de mobilizar os poderes da República para a ideia de que a ida do Bando da Lua com Carmen Miranda para a América era fundamental para a salvaguarda do samba e das instituições nacionais. Havia dois problemas imediatos a resolver: encontrar quem pagasse as passagens do Bando para Nova York e conseguir permissão para o conjunto trabalhar lá.

Vadeco atacou nas duas frentes quase ao mesmo tempo. Primeiro, procurou sua influente vizinha no Catete, Alzirinha Vargas, filha do ditador. Ela se interessou pelo caso e o encaminhou a Lourival Fontes, diretor do DNP (Departamento Nacional de Propaganda), órgão encarregado de censurar a imprensa e promover as glórias do Estado Novo dentro e fora do país. Ora, facilitar a ida do Bando da Lua — para garantir que Carmen Miranda pudesse cantar em Nova York num contexto brasileiro — se aplicava à perfeição aos desígnios do DNP.

O DNP não estava sujeito ao Ministério da Justiça. Respondia direto à Presidência da República, inclusive quanto à manipulação de verbas. Mesmo assim, certos limites precisavam ser observados — não ficava bem ao sergipano Lourival Fontes abrir uma gaveta na sede do órgão, no Castelo, tirar de lá um maço de cédulas e enfiá-las no bolsinho do blusão de Vadeco. Um mínimo de legalidade deveria existir. Assim, no decorrer das semanas seguintes, acertou-se que, mesmo sem contrato com Shubert, os rapazes teriam suas passagens de ida e volta, na classe turística, pagas pelo DNP, para que, seguindo a sugestão de Rice, se apresentassem durante seis meses no Pavilhão do Brasil na Feira Mundial de Nova York. Mas isso era apenas para justificar a viagem — o importante era que, vendo-os em Nova York, Shubert os contratasse. Além disso, era preciso garantir-lhes a subsistência nos primeiros tempos na cidade. Para tanto, Lourival mandou Vadeco a Ilka Labarthe, responsável pela *Hora do Brasil*, o novo programa oficial do Estado Novo que, durante uma hora por dia, no horário noturno, ocupava todas as estações de rádio. Resolveu-se que o Bando da Lua faria quatro apresentações na *Hora do Brasil*, recebendo um cachê em dinheiro para aqueles fins.

Ao mesmo tempo, Vadeco procurou Vavau Aranha, filho do ministro das Relações Exteriores de Vargas, Oswaldo Aranha. Para Vavau, o urgente era resolver o problema com o sindicato americano. Comunicou-se com o radialista Teophilo de Barros, organizador do Pavilhão do Brasil, e com o chefe dele, Decio Moura, primeiro-secretário do consulado brasileiro em Nova York e homem ligado à vida artística local. Decio já aprovara a participação do Bando da Lua entre as atrações musicais do Pavilhão e, depois de consultas aos peritos em tecnicalidades, surgira a ideia de o conjunto entrar nos Estados Unidos como um "número à parte", não como uma "orquestra acompanhante". Isso era verdade, pelo menos no que se referia às apresentações na Feira Mundial, e o tornaria aceitável para o sindicato.

Com as passagens garantidas e a permissão de trabalho em dia, Shubert não teria mais como recusar o Bando da Lua — eles pensaram. Vendo-se vencido, Shubert não recusou o Bando, mas, quase às vésperas do embarque, contrapropôs que só os contrataria, a 35 dólares por semana cada, se se reduzissem de seis para quatro elementos — caso contrário, "Miranda terá de se virar sozinha". Carmen não admitiu a hipótese e garantiu que pagaria os salários dos outros dois.

No dia 29 de abril, Rice confirmou para Shubert que, ainda com algumas arestas a aparar, Carmen e o Bando da Lua embarcariam no *Uruguay* no dia 4 de maio, chegando a Nova York no dia 15, e que a passagem de Carmen, na primeira classe, ele a comprara de seu bolso. Rice estava guardando para o embarque a descrição do inacreditável clima que se apossara do Rio e do Brasil, provocado pela simples decisão de um empresário americano de contratar uma artista brasileira para sua trupe.

Às vésperas da viagem, a ida de Carmen para Nova York começara a tomar, em todos os jornais e rádios, dimensões de uma embaixada, de uma representação diplomática, quase de uma incursão de guerra. Já não eram apenas Carmen e o Bando da Lua. Era o samba, ou o próprio Brasil, de turbante e balangandãs, que ia viajar para se impor "lá fora". A palavra *missão* era usada com a maior naturalidade pela imprensa. O que parecia um exagero de Vadeco — sensibilizar os poderes para tornar possível a ida de Carmen e do Bando, juntos, para Nova York — materializara-se por uma incrível conjunção de fatores. Um desses, a situação política pós-novembro de 1937, com a instauração do Estado Novo. Desde então, sob um regime que lembrava um fascismo mirim, o Brasil se tornara nacionalista do papo amarelo. Por toda parte, estimulados pelo departamento de propaganda do regime, começavam a pulular os virundus, os lábaros estrelados, os auriverdes pendões e toda sorte de patriotadas, destinadas na verdade a colorir o projeto pessoal do ditador.

Sendo assim, caíra do céu que a maior estrela da música popular brasileira tivesse sido convidada a se apresentar no palco mais importante do mundo. Nem mesmo Lourival Fontes, com seu ar de louco de filme B — o olhar dos desvairados, o cabelo que passava meses sem ver uma tesoura ou um pente —, ousaria ter tal ideia. Mas, já que acontecera, era importante capitalizá-la: Carmen tinha de vencer na Broadway — porque seria uma "vitória do Brasil". E, para isso, o próprio Getulio, talvez por orientação de Alzirinha, decidiu meter-se na história. Na segunda quinzena de abril, ele saiu de seus cuidados em Caxambu, Minas Gerais, onde fazia uma estação de águas, para receber Carmen e o Bando da Lua — que lhe deram um show no hotel — e certificar-se de que, em Nova York, por trás do exotismo e da graça da cantora, haveria o "verdadeiro ritmo brasileiro", dado pelo conjunto.

Os últimos dias de Carmen no Rio foram uma *féerie* de homenagens, despedidas e providências — às vezes tudo ao mesmo tempo, como ir comprar roupas de viagem nas lojas da rua Gonçalves Dias e, sem querer, fazer a rua parar, porque todos os lojistas saíram para abraçá-la. Carmen encomendou também cinco baianas ao figurinista e ilustrador de *O Cruzeiro*, Gilberto Trompowski. Entre uma e outra prova a que Trompowski a submetia, Carmen voltou várias vezes à avenida Passos em busca de mais material para as fantasias — foi quando lhe ocorreu que os turbantes, batas e balangandãs podiam ser combinados de forma a gerar baianas diferentes. E havia sua vida profissional, ou o que restaria dela. Carmen não tinha grandes pendências, mas nomeou Edmar Machado como seu procurador. Para as questões domésticas, fez o mesmo com seu irmão Mocotó.

Com tudo acertado, começou o festival de adeuses. Na noite de 1º de maio, despediu-se de seus ouvintes no rádio diretamente do auditório da Mayrink Veiga, com Cesar Ladeira abrindo os trabalhos, solene e bombástico:

"Carmen vai dar ao samba um cartaz mundial. Vai ver seu nome, para alegria nossa, ardendo no incêndio colorido dos anúncios luminosos da ilha de Manhattan."

Carmen cantou sete números, chorou no último — "Adeus, batucada" —, que não conseguiu terminar, e emendou com um discurso em que dizia:

"Lembrem-se sempre de mim, que eu jamais os esquecerei."

E, com isso, mais gente chorou no auditório.

Foi comovente, mas não tanto quanto o show de adeus, duas noites depois, em 3 de maio — véspera do embarque —, no Cassino da Urca. Começou com o Bando da Lua cantando "Mangueira", "Maria boa" e outros de seus sucessos. Em seguida, o cantor Fernando Alvarez anunciou Carmen. Quando ela entrou, sob um ponto de luz, o palco se cobriu de rosas e os aplausos não paravam. Na plateia, mais do que nunca, muita gente da chamada sociedade, alguns na condição de seus amigos pessoais. Carmen começou a cantar "Camisa listada" — não aguentou e prorrompeu em choro. Nas outras salas, as quinze roletas pararam no duplo zero — ninguém estava interessado em jogar. Os quase trezentos funcionários do cassino puseram-se contra as paredes, imóveis, em sinal de respeito — ou de saudade antecipada da vizinha ilustre em cuja casa alguns deles subiam para tomar um café com dona Maria antes do início do batente. Carmen assoou-se, retomou o controle e o show, cantou tudo que lhe pediram e, junto com o Bando da Lua, encerrou com "O que é que a baiana tem?".

Quando todo mundo já estava se esquecendo de que aquela era uma despedida, Joaquim Rolla tomou o microfone e disse que Carmen e o Bando da Lua estavam "partindo para a Broadway, direto do Cassino da Urca". Isso desatou mais lágrimas, no palco e na plateia. E com razão: quando Carmen viajava para Buenos Aires, que era ali na esquina, e se demorava por algumas semanas, os jornais falavam que "a ausência da querida estrela já era sentida nos microfones cariocas". Imagine a ida para Nova York, sem perspectiva definida de volta — se é que haveria volta.

A revista *Carioca*, daquele mesmo mês de maio, publicou uma colaboração de um leitor de Belo Horizonte, Fernando Tavares Sabino, que profetizava:

[Nos Estados Unidos] Carmen Miranda arrebanhará milhares de fãs com sua voz expressiva de legítima sambista. É até capaz — e eu protesto desde já — de querer ficar por Hollywood, pois contratos vantajosos não lhe faltarão. Mesmo porque, além de sua garganta de ouro, tem ela uma fachada bem jeitosinha e um corpinho de se tirar o chapéu.

O leitor, bem safadinho, era o futuro cronista Fernando Sabino, ainda cheio de espinhas aos quinze anos e meio.

A Odeon também suspeitou de que sua maior cantora não voltasse tão cedo e resolveu precaver-se. Nas semanas anteriores, Carmen foi repetidamente convocada ao estúdio e eles a fizeram gravar o máximo que puderam, para ir soltando os discos aos poucos, durante a sua ausência. No dia 21 de março, Carmen gravou quatro músicas, inclusive "Uva de caminhão", de Assis Valente; no dia 5 de abril, mais quatro, entre as quais dois bons sambas de Laurindo de Almeida, "Mulato antimetropolitano" e "Você nasceu pra ser grã-fina"; no dia 18, três; no dia 29, duas; e, nos próprios dias 2 e 3 de maio, vésperas do embarque, a Odeon não perdoou e a obrigou a gravar mais duas com Almirante. Todas essas músicas tiveram de ser aprendidas e ensaiadas enquanto o mundo pegava fogo à sua volta, dezenas de pequenas providências precisavam ser tomadas, e centenas de pessoas a solicitavam sem parar. O resultado final revelou o velho profissionalismo: os discos não refletem o que era o lufa-lufa de sua vida naqueles dias.

Apenas no que se referia aos discos, Carmen estava deixando para trás uma carreira maravilhosa. Em dez anos, gravara 281 músicas, recorde absoluto entre as cantoras brasileiras — sambas e marchas na imensa maioria, mas também choros, canções e até ritmos exóticos, como rumbas, foxes e tangos. Os sucessos eram incontáveis. Fizera dupla com os maiores cartazes de sua geração — nenhum maior do que ela —, como Chico Alves, Mario Reis, Sylvio Caldas, Carlos Galhardo, Almirante, Aurora. Todos os grandes compositores brasileiros tinham passado pela sua voz e ela fora responsável pela consagração de pelo menos três: Assis Valente, Synval Silva e Dorival Caymmi. E tivera a acompanhá-la os maiores músicos do país, como os flautistas Pixinguinha e Benedito Lacerda, o saxofonista Luiz Americano, os violonistas Rogério Guimarães, Jayme Florence (o Meira) e Laurindo de Almeida, o bandolinista Luperce Miranda, o pianista Nonô e grandes pioneiros do ritmo, como Bide ao tamborim, Walfrido Silva à bateria, e Russo do Pandeiro.

Os shows nos cassinos, os programas de rádio, as apresentações em cinemas e teatros, tudo isso passara sem registro e seria privilégio exclusivo da memória de quem estivera lá para vê-los e ouvi-los. E os próprios filmes iriam se perder. Só os discos ficariam. Foi sorte que Carmen tivesse gravado em tal abundância durante sua carreira brasileira. E, boy, como nós, um dia, iríamos precisar desses discos.

O Rio foi despedir-se da Pequena Notável, da Embaixadora do Samba, da Namorada do Brasil. O *Uruguay*, da Moore-McCormack, sairia às dez da noite de 4 de maio, uma quinta-feira. A multidão tomou a Zona Portuária e dificultou a chegada de Carmen com Aurora ao Touring Club, mesmo com os batedores abrindo caminho com as motos. Dona Maria e os outros filhos tinham ido na frente, para esperá-la dentro do navio. Mas a massa que cercava a estrela afastou-os da escada e espremeu-os contra o outro lado do tombadilho. Carmen, de blusa listrada (listras largas em azul e amarelo), casaco (com monograma), saia grená e, à guisa de cinto, um intrigante puxador de cortina, subiu muito atrasada ao *Uruguay*. No seu vácuo, uma multidão de amigos, jornalistas, colegas — entre os quais Francisco Alves, Cesar Ladeira, Almirante, Linda e Dircinha Baptista, Ciro Monteiro, Odette Amaral, Moreira da Silva, Aracy de Almeida — e gente que ela nunca vira. Todos queriam entrar no camarote 102 da primeira classe.

Ela comandava:

"Vão entrando! Nada de cerimônias!"

As pessoas se sentavam na cama, na mesa, nos baús de Carmen, e tomavam o resto do espaço que não tinha sido ocupado pelas flores. Carmen estava levando vitrola e discos para a viagem, e a música já começou ali. "Onde está mamãe?", perguntava. Ninguém sabia. No meio da confusão, uma repórter, Sarah Harsah, da *Carioca*, conseguiu arrancar-lhe bonitas declarações:

> Eu quero que o americano conheça o samba e compreenda que samba não é rumba. Não pretendo abafar ninguém, só levar um pouco da nossa música para os Estados Unidos, como levei para a Argentina. Não vou esquecer minha terra, nem me americanizar. Serei sempre a Carmen que adora o Rio e é amiga de todos. Não voltarei exótica, pedante, cantando foxes ou blues. Diga que eu virei sempre para ver os meus amigos. Em todas as folgas dos meus contratos, tomarei um avião para o Rio. Cantarei no cassino. Aparecerei no palco. Todos me verão. Matarei as saudades. Vou me sentir tão pequenina na América, perdida naquela imensidão.

Grandes esperanças, altas aspirações. Outro repórter perguntou-lhe se ela pretendia "anexar os Estados Unidos ao império do samba".

O Bando da Lua também estava ali, completo, apenas esperando a partida para se dirigir à classe turística, no deque inferior. Mas por pouco não viajava desfalcado de dois de seus membros: os violonistas Helio Jordão Pereira e Ivo Astolfi. Dias antes do embarque, eles estavam demissionários do conjunto. Não porque Shubert ameaçasse pagar apenas o salário de quatro deles — mas porque temiam a descaracterização de seu estilo se eles se reduzissem ao acompanhamento de Carmen.

Foi a primeira fissura numa amizade musical que já vinha de dez anos. Helio e Ivo foram votos vencidos contra Aloysio, Vadeco e os irmãos Ozorio —

que, para seus lugares, já tinham assegurado a participação de dois jovens violonistas: Laurindo de Almeida e Garoto. (Fora com Laurindo e Garoto que eles tinham se apresentado para Getulio em Caxambu, dez dias antes.) Mas, na última hora, Helio e Ivo voltaram atrás e se reintegraram.

Pouco depois da chegada do Bando, um funcionário da agência nacional conseguiu localizá-los no camarote de Carmen e entregou-lhes uma caixa de sapatos abarrotada de dinheiro. Eram os cachês pelas quatro participações na *Hora do Brasil*. O pagamento era em mil-réis, mas Vadeco conseguiu trocá-los por dólares com o pessoal do navio.

Faltando dez minutos para o *Uruguay* levantar a escada, Carmen foi levada ao tombadilho para responder ao povo que lhe acenava com lenços brancos. Só então conseguiu encontrar dona Maria. Mãe e filha se atiraram uma à outra e, por alguns momentos, a cena foi Várzea de Ovelha em seu apogeu. O povo desceu e dona Maria teve de descer também, aos soluços, amparada por Aurora e Cecilia. Ninguém sabia quando voltariam a se ver.

O *Uruguay* começou a se mover, todo iluminado, levando seus quinhentos passageiros. Aos poucos, os colegas de Carmen foram embora do píer. O último a ser visto, sozinho, chorando lá embaixo, foi Almirante. Por um instante — como diria no futuro à amiga Ruth Almeida Prado —, Carmen pensou ter visto outra pessoa à distância: Carlos Alberto da Rocha Faria.

Carmen e Carlos Alberto não se falavam havia semanas. Para ela, o silêncio dele caracterizara um rompimento, e Carmen se lembrou da ameaça de que ele preferia vê-la morta a tomando aquele navio. Naquele momento, a alternativa era clara para ela: "Prefiro que ele venha me matar a que não venha". Mas, evidentemente, ninguém foi matá-la, nem ela poderia jurar que o homem no cais fosse Carlos Alberto. Carmen entrou chorando em seu camarote.

Não muito longe dali, o Pathezinho ainda estava levando *Banana da terra*. A frase de um jornal daquele dia, sobre Carmen, parecia resumir o sentimento geral:

"Ela merece tudo."

No dia seguinte, 5 de maio, Rice escreveu a Shubert, não sem uma certa dose de alívio:

> Finalmente Miranda embarcou ontem no *S.S. Uruguay*, num esplendor de glória misturado com muita propaganda. Pena que você não leia português, porque se divertiria ao ver as vastas referências ao seu nome, em toda a imprensa brasileira, com dezenas de louvores e encômios por ter sido o "descobridor" de um grande talento teatral brasileiro e o primeiro "grande empresário americano" a vir ao Brasil com um olho para isso etc. etc.

Como antecipei em meus últimos telegramas, houve muita confusão de última hora devido à relutância de Miranda em embarcar sem seus acompanhantes do Bando da Lua. Transmiti-lhes sua oferta de pagar a quatro deles 35 dólares por semana e, até o dia da partida do navio, não tinham decidido se iriam. Finalmente, conseguiram que o governo brasileiro lhes pagasse as passagens, por intermédio do Pavilhão do Brasil na Feira de Nova York, e todos os seis decidiram ir, mesmo que você só possa usar quatro. Deixei bem claro que sua oferta só se referia a quatro deles a 35 dólares por semana, sem outras garantias ou auxílios.

Pelo que fui informado, o *Uruguay* tem chegada prevista a Nova York no dia 16 de maio. Assegurei a Miranda que você providenciará para que ela seja recebida por alguém que fale português ou espanhol. Aliás, não sei se você sabe, mas ela fala espanhol fluentemente.

Segue anexo um relatório detalhado de minhas despesas relativas às nossas várias comunicações por telegrama e o pagamento da passagem de navio Rio—Nova York para Miranda. Como o correio aqui é pouco confiável quando se trata de transmissão de cheques, ao invés de me enviar diretamente, você faria a gentileza de endossar seu cheque para depósito em minha conta na filial da Rua 42 do National City Bank, em Nova York. Para sua conveniência, estou anexando a ficha de depósito que acompanhará o cheque.

Clairborne e eu temos esperança de que, sob sua competente orientação, Miranda será um enorme sucesso. Se for possível, para Clairborne e eu, continuarmos a ser de alguma ajuda para você a esse respeito, por favor, não hesite em nos contatar.

Sinceramente,

Jay Rice

12 | 1939
"Brazilian bombshell"

Carmen soltou as mechas, que caíram como um manto sobre as costas da cadeira, e disse à cabeleireira do navio:

"Não tenha pena de mim, minha filha. Quero o cabelo mais preto que um urubu."

Ao sair do Rio, seu cabelo, originalmente castanho-claro, estava mais para um suspeito louro-carambola. Quando se viu ao largo, e por estar indo para um país de louras natas, resolveu escurecê-lo. A moça seguiu suas ordens e carregou tanto na tinta que, ao se olhar no espelho, Carmen exclamou:

"Cruz, credo!"

Não gostou. Ficara "latina" demais, e não queria ser confundida com uma cubana ou mexicana. Pegou um lenço, improvisou um turbante — um turbante de passeio —, e, pelo resto da viagem, raramente foi vista sem um.

Nos treze dias que passaram a bordo, ensaiando nos camarotes, Carmen e o Bando da Lua tiveram muito tempo para especular sobre o que os esperava em Nova York. Uma quase certeza era que os americanos não iriam entender nada que ela cantasse. Mas a esperança era que a bossa e as roupas de Carmen e o próprio micróbio do samba equilibrassem a balança. E, se Shubert a contratara, era porque sabia o que estava fazendo. Na segunda metade da viagem, à saída do porto de Trinidad, tiveram a prova. O comandante William Oakley pediu-lhes um show no salão principal. Carmen e o Bando cantaram sob aplausos o repertório que vinham ensaiando, bem rítmico e dinâmico. Em meio a um samba mais esquentado, Vadeco esqueceu o pandeiro e tirou-a para dançar. Todo o navio vibrou, e mais da metade dos passageiros era de americanos. Ali, Carmen convenceu-se de que não havia nada a temer. Na sequência, o comandante ofereceu-lhes um banquete à base de peru trufado e molho de frutas vermelhas.

O *Uruguay* atracou em Nova York na manhã de 17 de maio. Shubert mandara seu chefe de imprensa Claude Greneker e mais cinco funcionários, um deles falando espanhol, para receber Carmen. Para surpresa de Greneker, o consulado brasileiro também mandara cinco pessoas, além do primeiro-secretário, Decio Moura. Para os repórteres e fotógrafos que, alertados por Greneker, tinham ido entrevistá-la nas docas, aquele aparato oficial era inusitado. Por que tanta gente para uma simples cantora?

Carmen desceu do navio, com seus 55 quilos distribuídos pelos 152 centímetros — mais dez ou doze centímetros acima do *skyline* com as plataformas —, e apresentou-se a Nova York com seus olhos verdes, lábios carnudos e dentes perfeitos. A roupa, talvez por superstição, era a do embarque — a mesma camisa listrada, quase de malandro, e a saia grená, mais um par de luvas e um mantô jogado sobre os ombros. Greneker, Decio e respectivas trupes atiraram-se sobre ela para as boas-vindas e trocaram-se alaridos em inglês, português e espanhol. Quando os fotógrafos a convocaram para trabalhar, Carmen sentou-se sobre um baú, abriu seu panorâmico sorriso, cruzou as pernas douradas e, com um frescor e uma alegria de quem ainda não saíra do Rio — oh! —, estava sem meias!

Assim que lhe deram uma oportunidade para *falar* inglês, mostrou por que os repórteres de Nova York seriam sempre loucos por ela. Ao responder sobre que palavras sabia dizer na língua de seu novo país, Carmen disparou, com voz de criança em disco infantil:

"*I say money* [pronunciando *móney*], *money, money. I say money, money, money, and I say hot dog. I say yes, and I say no, and I say money, money, money. And I say turkey sandwich, and I say grape juice*" — e por aí foi, como uma matraca, acrescentando em outra resposta: "*I say mens, mens, mens*".

O que dera em Carmen? Mesmo para os que não a conheciam muito bem, esse surto materialista, glutão e sexual não se parecia com ela. Era como se lhe tivessem rodado a manivela e uma geringonça de corda falasse por sua boca. Antes que a imprensa de Nova York pudesse acusá-la de crassa vulgaridade, alguém (Aloysio, segundo o próprio) foi em seu socorro, argumentando que "money", dinheiro, era a primeira palavra que se aprendia ao se chegar aos Estados Unidos. E que fora no navio que ela aprendera sobre "turkey sandwich", sanduíche de peru, e "grape juice", suco de uva. Mas Aloysio não precisava ter-se dado o trabalho.

Ninguém percebera ainda que, naquele momento, Carmen acabara de assumir — talvez sem saber — um papel que nunca tinha sido seu no Brasil, mas que ela desempenharia pelo resto da vida nos Estados Unidos: o de uma pura comediante.

Dois dias depois da chegada, Carmen e o Bando da Lua fizeram um show para Shubert e seus homens no Broadhurst Theatre, a fim de definir o material que ela cantaria em *Streets of Paris*. Um resfriado trazido do navio não a impediu de empolgar o diretor Edward Dureya Dowling, o coreógrafo Robert Alton, o diretor musical Hugh Martin, a figurinista Irene Sharaff e, principalmente, a dupla de comediantes Ole Olsen e Chic Johnson, parceiros de Shubert na produção. Entre os vários números apresentados, eles decidiram por "O que é que a baiana tem?", "Touradas em Madri", a embolada "Bambu, bambu", que

Carmen aprendera no navio com Aloysio, e uma pseudorrumba de Jimmy McHugh e Al Dubin, "South American Way", feita especialmente para o espetáculo e, sabe-se lá por quê, até então reservada ao francês Jean Sablon. Surpresa: quem se materializou no Broadhurst naquele fim de tarde, serviu cordialmente de intérprete e até deu palpite na escolha dos números musicais foi um velho conhecido dos brasileiros — Wallace Downey.

O desempenho do Bando da Lua também agradou a Shubert, tanto que ali mesmo se decidiu que os seis membros do conjunto fariam jus aos 35 dólares por semana cada um. Não que Shubert estivesse sendo magnânimo. Acontece que a orquestra do teatro, a quem tinham sido repassadas as partes das músicas brasileiras que Maxwell Jay Rice lhe enviara, não conseguira reproduzir a vibração e o calor que Shubert sentira no Cassino da Urca. O jeito era usar o reforço do Bando da Lua, mesmo que o sindicato o obrigasse a pagar uma taxa equivalente a cada músico brasileiro — o que iria acontecer. E nem assim Shubert quis fazer um contrato direto com o conjunto. Apenas lavrou-se um acordo à parte, assinado e anexado ao contrato de Carmen no dia 26, para que ela ficasse responsável por receber o dinheiro e pagar os rapazes.

Naquela mesma noite, Shubert levou Carmen e a turma ao 46th Street Theatre para assistir à revista *Mexicana*, outra produção sua. Deve ter achado que eles estavam com saudades de casa: o espetáculo era falado em espanhol, com o elenco todo mexicano, e financiado pelo governo mexicano (ele apenas o produzira, como uma encomenda). Mas, em seguida, Shubert redimiu-se porque esticou com eles ao novo Cotton Club, na esquina da Broadway com a Rua 48, onde se deliciaram com Cab Calloway e sua orquestra e com o dançarino Bill "Bojangles" Robinson. Nas noites seguintes, foi o diplomata Decio Moura quem se encarregou de mostrar-lhes a cidade — e o primeiro lugar a que os levou foi o Café Society Downtown, na Sheridan Square, em Greenwich Village, onde as atrações eram a cantora Billie Holiday, o pianista Art Tatum e a grande sensação: a dupla de pianistas de boogie-woogie, Albert Ammons e Pete Johnson.

Decio Moura foi decisivo para conciliar alguns dos membros do Bando da Lua com Nova York. Ao descerem do navio, dias antes, Carmen e os rapazes tinham partido em três limusines para dois destinos diferentes, reservados por Shubert. Carmen fora para o esnobe hotel St. Moritz, na esquina de Central Park South com Sexta Avenida, de cuja janela os quase sessenta quarteirões de verde do parque perdiam-se no horizonte. Já o Bando da Lua fora para dois apartamentos no modesto Chesterfield, na Rua 49 Oeste, ambos com vista para as escadas de incêndio do prédio ao lado. Seus vizinhos de andar deviam ser Nathan Detroit, Harry the Horse ou algum outro personagem pinta-braba de Damon Runyon.

Nos primeiros dias, os mais tímidos do Bando, como os irmãos Ozorio e o gaúcho Ivo, hesitavam em se afastar do hotel. Faziam as refeições no apartamento, por vergonha de ir ao restaurante, e se assustavam na rua quando um negro acima de dois metros lhes pedia fogo ou perguntava as horas. Helio e Vadeco não tinham esse problema, muito menos Aloysio, com seu inglês de colégio e dos discos de Bing Crosby. Um lugar que eles gostaram de descobrir foi o Jack Dempsey's, o *cocktail lounge* do ex-campeão mundial de boxe, na Broadway com Rua 49, bem perto do hotel. Mas Aloysio passava mais tempo com Carmen no St. Moritz do que com os colegas no Chesterfield. Foi Decio Moura quem botou todo mundo para andar na rua e os convenceu de que, quem estava habituado à gigantesca Buenos Aires, não podia se assustar com a minúscula ilha de Manhattan — a única diferença eram os prédios altos.

Decio, 33 anos em 1939, era um homem elegante, carismático, atencioso com as mulheres e de olheiras românticas, à Valentino. Usava monóculo. Era também um homem do mundo e, com sua classe internacional, tinha passe livre na sociedade de Nova York. Ao mesmo tempo, circulava em meio ao pessoal da Broadway e era namorado da soprano Kitty Carlisle, famosa pelo filme *Uma noite na Ópera* (*A Night at the Opera*, 1935), com os Irmãos Marx. Mais que namorado — já falavam em casamento, e ele em breve levaria Kitty ao Rio para submetê-la à sua família (o casamento não aconteceu).

Graças a Decio, o Bando da Lua soltou-se em Nova York e, nos poucos dias que tiveram antes de *Streets of Paris* absorvê-los, eles correram a cidade. Stenio, fã de swing, perdeu qualquer inibição e passou a ir com frequência ao Savoy Ballroom, no Harlem, para ouvir as grandes orquestras do pedaço, como as de Fletcher Henderson e Jimmie Lunceford. Às vezes havia duelos entre as big bands, e os bailes só terminavam às sete da manhã. Carmen, por sua vez, preferia ir dançar com Aloysio no *roof* do Hotel Astor, em Times Square, ao som de uma orquestra-society. Poucas semanas depois, foram todos ao Roseland Ballroom, na Broadway, onde se apresentava uma orquestra desconhecida, mas com um líder de grande personalidade: o trompetista Harry James. Ao fim da dança, pediram seu autógrafo e ficaram com pena do "boy singer" — também muito bom, magérrimo e com um jeito amuado ao lado do líder. Pois pediram o dele também. Era Frank Sinatra, muito antes das *bobby-soxers*, antes de "All or Nothing at All", antes de qualquer imortalidade.

E foram, evidentemente, dar uma espiada na Feira Mundial, embora o compromisso do Bando com o Pavilhão do Brasil só começasse depois da estreia de *Streets of Paris* na Broadway. A Feira — um empreendimento de 150 milhões de dólares, com a participação de 1300 empresas americanas e 64 países, entre os quais o Brasil e a União Soviética — acabara de ser inaugurada no dia 30 de abril, e previa-se que duraria dois anos. Ficava em Flushing Meadows, em Queens, e propunha-se a mostrar como seria lindo o futuro (a primeira transmissão de televisão, ainda experimental, já estava acontecendo lá). Mas países importantes como a Alemanha e o Japão fizeram forfait, preferindo se exibir de outra maneira na Europa e na Ásia, e a Feira meio que se resumiu a uma vitrine da tecnologia americana. Sua estética podia ser a de *Buck Rogers no século XXV*, mas o espírito era o de um mafuá tamanho-família, com roda-gigante, montanha-russa, bicho-da-seda, anões performáticos, nightclubs com stripteases futuristas (um deles, *The Frozen Alive Girl*, criado por Salvador Dalí) e o realmente fabuloso *Aquacade*, o balé aquático de Billy Rose, com Johnny (Tarzan) Weissmuller e, aos dezesseis anos, Esther Williams. (Em sua autobiografia, Esther iria contar o que fazia debaixo d'água com Weissmuller, deixando-o vexadíssimo.)

A Feira ficava aberta das nove às duas da manhã e, logo no primeiro dia, atraiu 200 mil pessoas. A partir dali, a média diária não seria muito menor. Ou seja, eram 200 mil a menos por dia para ir ao cinema em Nova York, comer pipoca, assistir aos espetáculos da Broadway e jantar no El Morocco (que os verdadeiros frequentadores, não os turistas, só chamavam de Morocco). Com isso, não admira que todos os estabelecimentos estivessem sofrendo, inclusive os pipoqueiros, e o Morocco quase fechando. O Pavilhão do Brasil era dos mais visitados, por servir cafezinho e compota de goiaba de graça, e por ficar colado ao pavilhão mais chique e prestigiado de todos: o da França. Trazida de avião do Brasil, quem tocava no restaurante do pavilhão brasileiro era a orquestra de Romeu Silva, apresentando o violonista Zezinho, com quem Carmen trabalhara em São Paulo e em Buenos Aires, e o pianista Vadico, ex-parceiro de Noel Rosa em "Conversa de botequim", "Feitio de oração" e outros sambas. Outra que se apresentou no pavilhão foi a estrela do Metropolitan Opera de Nova York, a brasileira Bidu Sayão, cantando as *Bachianas*, de Villa-Lobos.

Carmen e os rapazes não podiam esbaldar-se na rua até altas horas porque os ensaios de *Streets of Paris* já estavam acontecendo full-time desde o começo de maio no próprio Broadhurst, o teatro onde a revista seria levada. No dia 29, a companhia partiria para uma série de *try-outs* — uma pequena temporada prévia numa cidade próxima, no caso Boston, com todos os cenários, roupas e orquestra, para os ajustes finais antes da estreia em Nova York. O fato de ser uma revista (em dois atos e 28 quadros), e não uma comédia musical, podia tornar *Streets of Paris* menos nobre aos olhos dos críticos, mas não do público. E certamente não a tornava mais fácil de fazer. Tinha duas horas e meia de duração, contando com o intervalo, e um dos fatores que determinariam o seu triunfo ou fracasso seria a sequência correta dos números musicais e de comédia — a alternância de uns e outros, quem se seguiria a quem, quem fecharia o primeiro ato etc.

Streets of Paris contava com dez canções novas de Jimmy McHugh e Al Dubin, trabalhando pela primeira vez em parceria. No passado, o consagrado McHugh produzira obras-primas com outros letristas, como "I Can't Give You Anything but Love", "On the Sunny Side of the Street", "I'm in the Mood for Love", "Exactly Like You", "Don't Blame Me", "Can't Get Out of this Mood", "When My Sugar Walks Down the Street" e "Let's Get Lost". O letrista Al Dubin, por sua vez, conhecera a glória e a fortuna como parceiro de Harry Warren nos filmes musicais da Warner a que Carmen assistira no Rio, como *Rua 42* (*42nd Street*, 1933), *Cavadoras de ouro* (*Gold Diggers of 1933*) e *Mulheres e música* (*Dames*, 1934). Desses filmes tinham saído enormes sucessos, como "I Only Have Eyes for You", "Lullaby of Broadway", "Shadow Waltz", "We're in the Money" e "You're Getting to Be a Habit With Me". Dubin era um talento e suas letras tinham um fascinante lado marginal, quase bandido. Na vida real, ele não era muito diferente disso: com seu 1,90 metro e 150 quilos, comia seis filés de uma sentada, bebia uma prateleira sem piscar, fechava um bordel só para ele e jogava pôquer durante uma semana sem dormir — perdendo. Era um porrista hilariante, que, em pouco tempo, deixou de ter graça para seus chefes: sumia do estúdio deixando Harry Warren na mão e, semanas depois, era encontrado num fétido hotel a 1500 quilômetros de Hollywood, sem um centavo e num estado deplorável. Era também dependente de morfina. Em 1938, quando ninguém mais queria saber dele na Warner, Dubin voltou para Nova York e foi trabalhar para Shubert com Jimmy McHugh. Mas os dois, juntos, nunca igualaram o que já tinham feito antes.

Nenhuma de suas canções para *Streets of Paris* era particularmente boa. A menos ruim, "South American Way", recebeu uma pequena transfusão de samba pelo Bando da Lua para disfarçar o rebolado rumbeiro. Decidiu-se também que suas letras em inglês e espanhol (feitas para... Jean Sablon) seriam substituídas por uma de Aloysio em português, para poupar Carmen de, em tão pouco tempo, ter de decorar foneticamente um texto e correr o risco de se atrapalhar no palco.

Aloysio aproveitou o mote da letra em espanhol (*"Ay ay, ay ay/ Es el canto del pregonero..."*) e o adaptou para mais uma *list song* baiana:

> *Ai, ai, ai, ai*
> *É o canto do pregoneiro*
> *Que com sua harmonia traz alegria*
> *In South American Way*
> *Ai, ai, ai, ai*
> *E o que traz no seu tabuleiro*
> *Vende pra ioiô, vende pra iaiá*
> *In South American Way*
> *E vende vatapá, e vende caruru*
> *E vende mungunzá, e vende umbu*
> *Se o tabuleiro tem*
> *De tudo que convém*
> *Mas só lhe falta, ai, ai*
> *Berenguendém...*

Uma letra tola e inofensiva — exceto que, com seu então arraigado platinismo,

Aloysio deixara passar "pregoneiro", palavra inexistente em português. O correto seria pregoeiro, aquele que canta ou alardeia os pregões.

Da letra em inglês conservou-se apenas o verso-título ao fim das primeiras estrofes. Verso esse que Carmen, sem querer, pronunciou "Souse American way" — e provocou uma explosão de risos em todos os americanos no recinto. "Souse" queria dizer bêbado. Era uma piada tão natural que Carmen foi orientada a manter essa pronúncia durante toda a duração de *Streets of Paris* — até muitos meses depois, quando já poderia, se quisesse, pronunciar "South" perfeitamente.

E desse inocente "souse" surgiria, mais tarde, a ideia de Carmen falar errado — o que também iria definir toda a sua vida profissional nos Estados Unidos.

Duzentos brasileiros residentes em Boston foram receber Carmen na estação e, quando ela desceu do trem, fizeram a fuzarca que se espera de duzentos brasileiros carentes e longe de casa. Muitos deles nunca tinham visto ou ouvido Carmen, mas sabiam dela por seus parentes no Brasil, e o que lhes fora dito justificava aquele Carnaval em maio na severa Boston. Eles a seguiram em caravana até o hotel Ritz-Carlton, onde a companhia ficou hospedada e Carmen deu uma coletiva para a imprensa. Um dos repórteres, Paul Harrison, teve uma amostra do que aconteceria no palco em poucos dias: os olhos, as mãos e o sorriso de Carmen, compensando em expressividade o seu liliputiano vocabulário em inglês. À inevitável pergunta sobre se era casada ou solteira, Carmen respondeu inventando ali mesmo um "noivo" deixado no Brasil e cujo nome ela não revelou — mas que só podia ser Carlos Alberto da Rocha Faria, embora o coitado não soubesse disso. E ainda pediu a cumplicidade de seu amigo Cesar Ladeira, que se divertia assistindo à entrevista:

"É ou não é, Cesar?"

Cesar Ladeira tomara um navio no Rio com antecedência suficiente para pegar a estreia de Carmen em Boston. Chegara a tempo, inclusive, de ver a marquise e os cartazes na porta do Shubert Theatre anunciando, acima do título, Bobby Clark, Luella Gear e Abbott & Costello em *Streets of Paris* e, logo abaixo, Jean Sablon, sem nenhuma referência à brasileira. Para quem vinha em missão oficial — cobrir o inevitável sucesso de Carmen na Broadway, para a Rádio Mayrink Veiga e para vários jornais e revistas —, o começo não parecia muito auspicioso. E foi com o coração pesado que ele tomou o seu lugar na estreia de *Street of Paris* em Boston, na noite de 29 de maio. Sua apreensão durou exatamente uma hora — tempo que levava para Carmen entrar em cena.

Aos sessenta minutos cravados do primeiro ato, um cantor mexicano atacou uma rumba (!), acompanhado pela orquestra e pelas dezenas de "girls" — Cesar explicaria depois que, segundo o diretor Edward Dowling, a rumba era para "marcar o contraste com o ritmo brasileiro". Ao fundo, um letreiro começou a piscar anunciando o nome de um cabaré: *Páteo Miranda*. Finda a rumba, todo o elenco no palco gritou, como se a convocasse:

"Miranda! Miranda! Miranda!"

Ouviu-se o ritmo do samba. Um lance de cortina, e os seis rapazes do Bando da Lua já apareceram tocando, como um batalhão de choque. Carmen, de baiana, surgiu entre eles, esbanjando malícia, sensualidade e graça em "O que é que a baiana tem?". Os microfones camuflados no chão permitiam que ela cantasse, dançasse e evoluísse pelo palco com toda a liberdade — e Aloysio diria depois que, aquela noite, ali estava uma Carmen que ele próprio nunca tinha visto:

"Os olhos não brilhavam: faiscavam. Seus movimentos pareciam ter sido preparados por uma Eleonora Duse."

Carmen emendou com a suavidade bem-humorada de "Touradas em Madri", o quebra-língua de "Bambu, bambu", e, já com a plateia nas mãos, preparou-se para encerrar com "South American Way", que continha as únicas palavras em inglês em todo o número. Até aquele instante, só pronunciara sons que, para quem não fosse brasileiro, poderiam muito bem ser confundidos com neo-aramaico ou sânscrito arcaico. Mas, para os atarantados bostonianos, não era a música que importava e, menos ainda, as palavras. Era toda a presença de Carmen, com as duas cestinhas de frutas na cabeça, a festa de balangandãs sobre o peito, a flamejante saia de losangos e as inacreditáveis plataformas — tudo em movimento, formando cores e padrões que ninguém ali vira num palco, ao ritmo infeccioso daqueles violões e tambores.

Durante seis minutos, o espetáculo fora dela. Quando Carmen encerrou e se curvou, ainda ao som do Bando da Lua, a plateia de Boston começou a aplaudir e a gritar seu nome. Não queriam deixá-la ir embora. Nas coxias, Abbott & Costello estavam prontos para entrar e fazer o grande número de encerramento do primeiro ato. Mas, enquanto os espectadores continuassem com aquela algazarra, teriam de esperar. O show parara — a glória suprema do teatro. Carmen e o Bando precisaram "estender" a duração de "South American Way" — para irritação de Abbott & Costello —, e depois voltar para mais aplausos. Quando Carmen finalmente saiu, a dupla americana entrou quase sob vaias, e o espetáculo caiu a uma temperatura polar.

Em 1939, Bud Abbott e Lou Costello estavam longe de ser garotos. Abbott, que fazia o *straight-man* brusco e mal-humorado, já tinha 44 anos. Costello, o cômico gordinho e genial, era mais novo, mas nem tanto: 33 anos. Os dois já contavam décadas de estrada no vaudeville em carreiras separadas, e só sentiram que tinham um futuro quando se conheceram e formaram a dupla em 1936. Mesmo assim, Costello era complicado: bebia para valer, perdia muito dinheiro no jogo e, de vez em quando, seu coração lhe mandava uma carta de demissão. *Streets of Paris* era a primeira grande chance da dupla num espetáculo destinado à Broadway — a oportunidade pela qual tanto esperavam.

E, então, a poucos minutos de se consagrarem, estavam sendo caroneados por uma cantora sul-americana que acabara de chegar aos Estados Unidos falando um inglês atroz e que ninguém conhecia.

Foi isso que os críticos perceberam na noite da estreia e escreveram no dia seguinte:

"Os brasileiros é que deveriam fechar o ato. E precisam aparecer mais", disse um deles.

Shubert, que estava no teatro, também percebeu. Impiedoso, mandou Dowling inverter as posições de Carmen e Abbott & Costello no fim do primeiro ato. Mas não estava sendo impiedoso — era apenas um homem de teatro. Afinal, Carmen tinha parado o show, e não é todo dia que isso acontece. A partir da segunda noite, o privilégio de fechar o ato caberia a ela. Sem ter de sair às pressas para a entrada dos comediantes, Carmen e o Bando da Lua puderam esticar o número e ir ficando enquanto a plateia aplaudisse.

"Carmen está promovendo uma indigestão de samba na turma embasbacada de Boston", escreveu Cesar Ladeira no *Correio da Noite*.

Inúmeros artistas americanos trabalharam por dez anos ou mais para conquistar a glória de fechar um ato. A maioria morreu sem conseguir. Carmen só precisou de seis minutos para isso.

Nada mau para quem chegara aos Estados Unidos havia apenas doze dias.

Numa tarde de turfe, o Hipódromo de Boston batizou um de seus páreos em homenagem a Carmen. De luvinhas brancas, ela acenou da tribuna de honra e foi muito aplaudida; desceu para cumprimentar o jóquei vencedor e foi aplaudida de novo. Shubert pensava ficar com *Streets of Paris* somente uma semana em Boston, até o dia 4 de junho, para apertar os últimos parafusos e estrear na Broadway no dia 12. Mas, quando os jornalistas de Nova York começaram a chegar à cidade expressamente para ver Carmen, percebeu que uma semana a mais em Boston, até o dia 11, aumentaria a expectativa em Nova York, geraria muito espaço grátis na imprensa e faria a peça chegar rutilante ao Broadhurst Theatre no dia 19.

Shubert concluiu que estava certo quando o Rainbow Room, um cabaré de Nova York cobiçado por muitos artistas, preferiu não esperar pela chegada de *Streets of Paris* à Broadway. Seus emissários foram a Boston oferecer-lhe quinhentos dólares por semana para Carmen e o Bando da Lua se apresentarem no seu palco, no septuagésimo andar do edifício da RCA Victor. Pois Shubert recusou — achou pouco. Para que negociar Carmen às pressas, se ele já sabia que tinha em mãos um bilhete premiado?

Depois de duas semanas parando o show todas as noites, e tendo que bisar "South American Way", Carmen e a companhia voltaram para Nova York no dia 12, segunda-feira. Por mais alguns dias — e pela última vez na vida —, ela ainda pôde passear pela Quinta Avenida como uma terráquea anônima. Já era uma pequena celebridade, mas restrita ao meio da imprensa e das pessoas que se interessavam por teatro. Isso ainda não era suficiente para que a reconhecessem nas ruas.

Os que se viravam para olhá-la o faziam pelo exotismo das roupas e dos sapatos ou pela beleza de sua figurinha. Mas, a partir das dez da noite da segunda-feira seguinte, 19 de junho de 1939, todos os olhares na sua direção saberiam para quem estavam indo: Carmen Miranda, *Streets of Paris*, Broadhurst Theatre, Nova York, NY.

Dez da noite — cerca de setenta minutos do primeiro ato do espetáculo de estreia. Foi quando Carmen tomou de assalto o palco de *Streets of Paris* no Broadhurst, tal como fizera em Boston. Mas, aqui, já com uma palpitante expectativa criada pela imprensa e com a presença de todos os críticos de jornais e revistas — de volta às pressas de seus chalés nas montanhas para assistir a uma revista de Shubert que, em condições normais, seria caridosamente ignorada. Era uma estreia de gala, com toilettes de noite e smokings, e teatro lotado apesar da chuva daquela noite.

Dois dias antes, Cesar Ladeira já mandara dizer pelo *Correio da Noite*: "Não há mais lugares para a primeira noite. Trezentos críticos [sic] de jornais e revistas americanos comparecerão à estreia de *Streets of Paris*. Segunda-feira será, portanto, a noite que decidirá definitivamente o sucesso de Carmen nos Estados Unidos. A nossa 'pequena notável' possui todos os atributos para vencer. E vencerá — é a minha opinião".

A própria Carmen não estava tão segura. Aloysio de Oliveira também sabia que a prova de fogo estava na Broadway, mas tentava tapeá-la:

"Olha, Carmen. Não vá ficar nervosa. Você já passou por Boston. Nova York é a mesma sopa."

O Broadhurst, na Rua 44 Oeste, entre a Sétima e a Oitava Avenida, era uma das joias dos Shubert. Quatro anos antes, um ator desconhecido se consagrara naquele palco: Humphrey Bogart, no papel do assassino Duke Mantee em *A floresta petrificada* (*The Petrified Forest*), de Robert Sherwood, com Leslie Howard. E nem tivera tempo de bisar o sucesso em outra peça — fora direto para Hollywood, na pele do próprio Mantee.

Carmen entrou com "Bambu, bambu" à máxima velocidade. A plateia recebeu-a em silêncio — atônita — e levou trinta segundos para reagir. Foi o tempo que algumas pessoas precisaram para começar a se mexer na cadeira, picadas pelo embalo incompreensível, mas irresistível das palavras:

Olha o bambo de bambu, bambu
Olha o bambo de bambu, bambu-le-lê

E olha o bambo de bambu, bambu-la-lá
Eu quero ver dizer três vezes bambu-lê, bambu-la-lá.

Ali, as paredes do Broadhurst esqueceram-se de que já tinham ecoado os textos de Ibsen, Shaw e O'Neill, e trataram de se adaptar aos novos tempos. Carmen "cantava" com as mãos, os olhos, os quadris, os pés — "O que é que a baiana tem?", "Touradas em Madri" e "South American Way", pela nova ordem — e todo um repertório de meneios, dengos e chamegos que dispensavam tradução. Ninguém entendia uma sílaba do que ela dizia, exceto o verso "Souse American way", que arrancou as infalíveis gargalhadas. E nem era preciso. Carmen estava falando numa língua que a plateia de Nova York, habituada às grandes estreias, estava farta de entender: a do talento, talvez do gênio. A Broadway já operara aquela química muitas vezes — entre duas cortinas, transformar uma estreante numa deusa. Quase dez minutos depois, o número de Carmen e o primeiro ato de *Streets of Paris* terminaram em apoteose e consagração. Entre os drinques, cigarros e cafés do intervalo, e já vazando para as ruas em volta do teatro, só um assunto interessava: Carmen Miranda.

Quando chegou ao camarim, Carmen já o encontrou abarrotado de flores. Os telegramas vinham do Rio e de Nova York — um deles, do compositor Jimmy McHugh, dizendo: *"Potatoes! Potatoes! Potatoes!"*. Cesar Ladeira perguntou a Carmen o que aquilo significava.

"É que, nos ensaios de 'South American Way', quando eu gostava de alguma coisa, dizia ao Jimmy que estava 'na batata'. Ele quis saber o que queria dizer e eu expliquei: *'It's potatoes!'*. Parece que ele também gostou!"

Ao fim do espetáculo, ninguém queria sair do teatro — o pessoal de Shubert, seus pequenos investidores, os amigos do elenco. E ninguém queria ir para casa. Em meio ao violento engarrafamento na Rua 44 provocado pela peça, o elenco espalhou-se pelos cafés nas imediações do teatro, para esperar os matutinos que já traiam as primeiras críticas. As xícaras e os copos iam sendo tomados sob grande nervosismo, enquanto Aloysio, de quinze em quinze minutos, ia às bancas do quarteirão para ver se os jornais tinham chegado. Numa dessas, voltou carregado. Leu as críticas para eles.

A maioria arrasou *Streets of Paris*, classificando-a de medíocre para baixo, com duas brilhantes ressalvas: Abbott & Costello, que, apesar de tudo, mereceram elogios — e a rendição incondicional a Carmen e ao Bando da Lua.

"Uma nova e grande estrela nasceu na Broadway. Carmen Miranda e o Bando da Lua são as únicas coisas que conseguem tirar o teatro do marasmo em que se encontra devido à Feira Mundial", escreveu Walter Winchell no *Daily Mirror*.

Não era qualquer um dizendo isso. Era Winchell — e não só no *Daily Mirror*, mas nos 2 mil jornais que reproduziam sua coluna, e em seu programa diário na cadeia de rádio ABC, que atingia 55 milhões de ouvintes. De sua mesa no Stork Club, na Rua 53 Leste, onde os poderosos iam beijar-lhe a mão, Winchell influía em Nova York, Washington e Hollywood. Roosevelt gostava dele, mas isso fazia pouca diferença. O importante é que *ele* gostava de Roosevelt. E, como ele gostara de Carmen, ela estava feita. O apreço de Winchell por Carmen era ainda mais marcante porque ele e Shubert eram brigados. Shubert detestava Winchell e o barrava de todas as suas estreias. Mas Winchell, quando se interessava por um espetáculo, ia a um *try-out* em alguma cidade. Fizera isso com *Streets of Paris* em Boston e se deixara hipnotizar por Carmen.

Os outros jornalistas não esperaram por Winchell para dar sua opinião. Todos já tinham a sua — que, por coincidência, era a mesma. John Anderson, do *New York Journal-American*: "Miranda parou o show, parou o trânsito na Rua 44 e provavelmente foi registrada no sismógrafo Fordham. Essa máquina, embora habituada a terremotos, está tremendo até agora. [...] Miranda é o maior evento em nossas relações com a América do Sul desde o canal do Panamá [sic]". Wilella Waldorf, do *New York Post*: "Pode-se ver o branco de seus olhos desde a 25ª fila... e o efeito é devastador". Clifford Adams, de uma agência de notícias: "Ela é brasileira, e estaremos sempre em dívida para com o Brasil por nos tê-la mandado. Não há palavras em inglês ou em qualquer língua para fazer justiça a essa artista. Ela é a personificação de tudo". O veterano Brooks Atkinson, do *New York Times*: "O calor que ela irradia vai sobrecarregar as fábricas de ar-condicionado neste verão". E, mal as luzes do teatro tinham se apagado, os jornalistas americanos, loucos por aliterações, começaram a procurar slogans para defini-la. Surgiram "The siren from South America" (a sereia da América do Sul), "The Latin lallapalooza" (a labareda latina), "The pearl of the pampas" (a pérola dos pampas) e outras asneiras. Earl Wilson, do *Daily News*, teve o melhor achado e o que pegou: "The Brazilian bombshell" — a granada brasileira.

Dias depois, saíram as revistas, e a adoração por Carmen continuou ilimitada. Wolcott Gibbs, em *The New Yorker*: "Ela é uma 'Flammenwerfer' [lança-chamas] brasileira, que canta em sua língua natal e ondula as mãos de um jeito que provocou em meus colegas emoções difíceis de descrever com discrição". Henry F. Pringle, na *Collier*: "Carmen poderia ter sido descoberta há mais tempo, se não fosse o bárbaro provincianismo dos Estados Unidos". Um articulista anônimo da *Look*: "[Carmen] cantou coisas que ninguém entendeu, mexeu os braços e o corpo, revirou os olhos e — zás! — conquistou a Broadway".

Conquistou mesmo — não havia outra definição. Na noite de estreia, antes de o pano subir, o nome de Carmen fora promovido ao quarto lugar na marquise do Broadhurst, atrás de Bobby Clark, Luella Gear e Abbott & Costello, e assim ficou durante a semana. Na segunda semana, pulou para o primeiro lugar. No primeiro mês, a revista *Playbill*, preparada com muita antecedência, ignorou o seu nome ao tratar da peça. No mês seguinte, sua foto foi para a capa. Outro indício foram os ingressos: na bilheteria do Broadhurst, saíam a 4,40 e 6,60 dólares. Mas, poucos dias depois da estreia, certos lugares só podiam ser encontrados nas mãos dos cambistas — a cinquenta dólares por cabeça. E nem por isso o teatro deixava de lotar.

Look e *Collier* já tinham tocado no assunto, mas foi a revista *Click*, com Carmen na capa, que sintetizou tudo ao dizer, "Carmen Miranda — A garota que está salvando a Broadway da Feira Mundial". Referia-se aos excedentes de *Streets of Paris* — os que voltavam da porta do Broadhurst todos os dias e, para não perder a noite, iam procurar as outras atrações da vizinhança. Não que a Broadway estivesse em falta de grandes peças. Concorrendo com *Streets of Paris*, em todas as semanas que a revista ficou em cartaz, podia-se escolher entre *Abe Lincoln in Illinois*, de Robert Sherwood, com Raymond Massey; *The Little Foxes*, de Lillian Hellman, com Tallulah Bankhead; *No time for comedy*, de S. N. Behrman, com Katharine Cornell; e *The Philadelphia Story*, de Philip Barry, com Katharine Hepburn (escrito especialmente para ela), Joseph Cotten e Van Heflin. Todas essas peças ficariam como clássicos do teatro americano — mas, em junho de 1939, estavam às moscas na Broadway, porque o grosso da manada preferia ir à Feira Mundial para apreciar a mulher-gorila ou saltar do paraquedas a 75 metros de altura. Foi *Streets of Paris* que levou o público de volta para elas.

Shubert não gostava que seus artistas recebessem fãs dentro do teatro — principalmente os que levavam flores ou champanhe, produzissem uma grande quantidade de lixo e ameaçassem incendiar a casa com seus cigarros, apesar dos avisos de proibido fumar. Mas, quando se tratava de visitantes brasileiros, Carmen não respeitava a proibição. Ao receber um cartão em português, ou ao saber que era alguém do Rio, gritava lá de dentro do camarim: "Espera eu tirar a beca!" — como se a pessoa pudesse ouvi-la —, e logo se despencava de roupão pela escada para falar com a visita.

Shubert era compreensivelmente mais liberal quando o visitante era uma celebridade da Broadway ou de Hollywood, como Claudette Colbert, Paulette Goddard, Ethel Merman, David Niven, Edward G. Robinson, Claire Trevor, Martha Raye, Joan Fontaine — todos foram ao camarim de Carmen para cumprimentá-la.

Poucos meses antes, no Rio, ela pagava ingresso para vê-los na tela do Palácio ou do Metro, e suspirava com seus dramas. Agora eram eles que iam render-lhe homenagens e, se Carmen se deixasse embriagar pelo sucesso, ninguém poderia censurá-la. Não esquecer, porém, que ela não era nenhuma principiante — bem ou mal, já tivera a sua cota de bajulações e beijos.

Outra celebridade que Carmen recebeu no Broadhurst foi o almirante Gago Coutinho, herói da aviação portuguesa que, com Sacadura Cabral, realizara em 1922 a primeira travessia aérea do Atlântico Sul, de Lisboa ao Rio. O velho Gago elogiou-a, mas, ao sabê-la nascida em Portugal, perguntou-lhe:

"Portanto, minha filha, por que é que não canta um fado ou um vira, em vez de sambas? E, em vez de 'O que é que a baiana tem?', por que é que não canta 'O que é que a m'nina do Minho tem?'"

Shubert tinha suas idiossincrasias, mas sabia ser grato. No dia 21, dois dias depois da estreia em Nova York, passou um comovido cabograma para Clairborne Foster no Rio, falando de como devia tudo aquilo a ela. Clairborne respondeu: "Querido Lee. Foi gentil de sua parte nos contar imediatamente do grande sucesso de Carmen. Desnecessário dizer que Jay e eu estamos radiantes com a notícia. Estava rezando para que ela não nos decepcionasse, embora eu não acreditasse que isso pudesse acontecer. Obrigada por se lembrar de nós no meio de toda a excitação. Clairborne". E, com indisfarçável satisfação, informou: "Josephine Baker está no Cassino da Urca, fazendo uma imitação de Carmen — perfeitamente horrível".

Clairborne e a torcida do Flamengo souberam do sucesso de Carmen, mal a cortina do Broadhurst acabara de cair. Os vespertinos deram logo no dia seguinte à estreia, com foto na primeira página e acurada descrição. Mas ninguém podia superar *O Globo*, porque seu correspondente em Nova York estava numa posição privilegiada: dentro do palco, com um pandeiro na mão, a dois metros de Carmen — evidentemente, Oswaldo Eboli, Vadeco. Mas nem sempre era ele. Em *O Globo* de 26 de junho, o redator anônimo resumia o sentimento geral: "Indo além de todas as expectativas, a criadora de 'O que é que a baiana tem?' nos encheu de orgulho e vaidade. A música popular brasileira está em festa. E lá, na América, entre as luzes da Broadway, que riscam em claridades os nomes famosos dos grandes cartazes, ela pensa no Brasil, principalmente neste seu mundo carioca, onde os fãs recebem com o maior contentamento as notícias de suas vitórias".

No dia 27, por intermédio da rádio americana NBC, Cesar Ladeira fez um programa com um show do Bando da Lua na Feira Mundial, direto para o Brasil pela Mayrink Veiga, em combinação com *O Globo* e o Cassino da Urca. Carmen estaria lá — não poderia cantar, por seu contrato com Shubert, mas podia ser entrevistada. Cesar falou da imensa saudade que ela deixara no Rio e contou-lhe que estava todo mundo orgulhoso pela "vitória do samba" na Broadway.

A "vitória" era sempre da música popular brasileira ou do samba — não dela. A resposta de Carmen podia revelar um travo de gozação:

"Sim, foi mesmo um desacato. Um não-sei-que-diga!"

No Rio, Braguinha aceitara o convite para ouvir a irradiação na casa da família de Vadeco, no Catete. Quando Cesar anunciou o Bando da Lua como "um conjunto de ritmo e melodia autenticamente brasileiros", ele se grudou ao rádio para escutar melhor. Mas, assim que o Bando declarou que abriria os trabalhos com a marchinha "Lalá", dele e de Alberto Ribeiro, Braguinha saiu pela sala, aos berros:

"Não! Essa, não! Qualquer uma, menos essa!"

O Bando da Lua não o ouviu e atacou de "Lalá" — cuja melodia era descaradamente a de "On the Trail", um tema encantador da *Grand Canyon Suite*, composta por Ferde Grofé em 1931 e um dos pilares da música erudita americana. Braguinha gelou. Se descobrissem que ele a plagiara, meter-lhe-iam um processo e tomariam tudo que ele tinha. Talvez tomassem até a Fábrica de Tecidos Confiança, de sua família — aquela do apito de que falava Noel Rosa em "Três apitos". Mas nada aconteceu. Na Feira, se algum americano percebeu a semelhança entre "Lalá" e "On the Trail", só deve ter se espantado com o fato de que, no Brasil, alguém tivera uma ideia parecida com a do seu compositor. E mais intrigado ficaria se entendesse a debochada letra que Braguinha e Alberto acoplaram à melodia de Grofé:

Amei Lalá
Mas foi Lelé
Quem me deixou jururu
Lili foi má
Agora só quero Lulu...

Em *Streets of Paris*, a única região da anatomia de Carmen à mostra na baiana foi mapeada pelo repórter Robert Sullivan como "entre a sétima costela e um ponto na altura da cintura" — ou seja, acima do umbigo, este pudicamente coberto. Mesmo assim, Sullivan classificou aquela região de "zona tórrida". Outro, ao falar das mãos de Carmen, escreveu que elas podiam fazer "do mais inocente gesto decorativo uma positiva violação dos estatutos". Mas, se o gesto era inocente e decorativo, essa violação dos estatutos não estaria na cabeça do repórter? E a frase de Wolcott Gibbs na *New Yorker* não era tão inocente assim. Em inglês, as emoções que ele atribuía a seus colegas eram *"rather hard to get down discretely on paper"* — Gibbs, ex-colega de Marc Connelly na "mesa redonda" do Algonquin, estaria insinuando que Carmen provocou ereções em seus colegas? Ao mesmo tempo, havia quem elogiasse Carmen por não fazer "gestos sugestivos" em *Streets of Paris* e por ter apenas "quatro dedos de pele à mostra" (entre a bata de renda e a saia de losangos), numa referência ao que se considerava um festival de nudez na Feira Mundial.

Durante as primeiras semanas, os jornalistas ficaram na dúvida sobre se Carmen se enquadrava na única categoria de "latinas" a que eles estavam habituados: a das vamps e mulheres fatais que, desde o estouro de Lupe Velez e Dolores Del Rio, dez anos antes, chegavam regularmente a Nova York para ocupar o lugar delas. Mas Carmen não tinha nada de vamp ou de mulher fatal. Ao contrário, era engraçada — ou, pelo menos, fazia rir com suas tentativas iniciais de falar inglês a partir das duas aulas semanais que tomava na Barbizon School of Languages.

Carmen certamente tropeçou nessas tentativas, mas foi Claude Greneker, chefe de imprensa de Shubert, quem inventou o inglês de pé quebrado que a caracterizaria — e a personalidade meio aluada que falava daquele jeito.

Um jornal a descreveu, no seu terceiro mês em Nova York, indo a um nightclub com os rapazes do Bando da Lua e dando ordens a que não se sentassem com ela:

"You three seet at this table, you three seet at that. I seet alone. How would eet look for one girl to seet weeth six mens?"

Com três meses de Nova York, o inglês de Carmen ainda não chegava para construções gramaticais complexas como a da última frase. E por que ela falaria inglês com o Bando da Lua se eram todos brasileiros? E por que faria questão de se sentar sozinha se um deles era seu namorado?

Outro jornal a mostra se queixando de que todo mundo que lhe é apresentado convida-a a jantar, obriga-a a beber e, por causa disso, ela está engordando:

"Everee day the mens come and want I most go in de cafés. Always dey want I most dreenk. But I will not dreenk — he is bad for de leever. So I eat and eat and eat and I get beeg like de horses. Always I eat in dis contree. De eat is verree, verree good. I must stop him!"

Era hilariante, mas tudo inventado. Nesse segundo caso, a construção gramatical era um horror, tanto quanto a "pronúncia" que lhe atribuíam. A esses imaginativos jornalistas, jamais ocorreu que Carmen tinha um ouvido de cantora — um ouvido que conseguia reproduzir qualquer som e era craque em imitações. Mas ali já estava em andamento, para Greneker, a ideia de que, se Carmen falasse "errado" e com sotaque, o público e a imprensa gostariam ainda mais dela. E ele se encarregava de abastecer os repórteres com histórias desse tipo, já devidamente traduzidas para o inglês fonético que se atribuía a Carmen.

Não apenas isso, mas do escritório de Greneker saiu também uma nova versão da vida de Carmen, em "primeira pessoa", criada por ele, ela própria e Aloysio e, depois, também vertida para inglês fonético. Por essa história, que passou a ser a oficial, a origem da família de Carmen era agora Lisboa, por ser a capital, não mais a região do Porto. Seu pai nunca fora barbeiro. Começara a vida em Portugal como caixeiro-viajante e, no Brasil, tornara-se um próspero atacadista e exportador de frutas — tudo a ver com as frutas que ela usava no turbante, não? Aliás, sua família chegara ao Rio quando ela tinha três meses — e o ano, já se sabe, era 1914. Por essa versão, Carmen se descreve como "uma moça de convento" que "gostava de cantar" e teve de enfrentar uma séria oposição de seus pais para se tornar cantora. Conta ainda que, no Brasil, "as pessoas de boa família não se misturam socialmente com os artistas" — o que podia ser verdade, mas não no seu caso, que tinha livre trânsito entre as melhores famílias e até namorava rapazes saídos delas. E era estranho também que, segundo Carmen, nenhuma moça brasileira pudesse "sair à rua desacompanhada" — quando ela própria tivera todas as ruas do Rio à sua disposição desde os dezesseis anos. Contraditoriamente, disse também a um repórter que, ao sair da escola aos quinze anos, seu pai lhe arranjara um emprego como modelo numa loja de departamentos, onde ficara três anos. Se o repórter tivesse lhe perguntado o nome da loja, Carmen ficaria em apuros para responder.

Greneker alimentava os jornalistas com esse material, mas não podia controlar Carmen o tempo todo. Para cada repórter que lhe perguntava a idade, por exemplo, Carmen dava uma resposta diferente — sempre entre 25 e 28, nunca chegando aos verdadeiros trinta. E, tentando ser amável com os americanos, ela às vezes os idealizava:

"Na América do Sul, uma cantora não é considerada 'boa coisa'", disse Carmen para o repórter Peter Kihss, do *New York World-Telegram*. "Uma cantora de rádio ainda pode ter vida social. Mas uma pequena de cabaré, de cassino, de nightclub — pu! Aqui [nos Estados Unidos] é diferente. Tenho convites todos os dias. Deixam cartões em meu camarim. Sabe quem era aquele rapaz alinhado? Pois nada menos que o governador de Massachusetts. *It's a maravilha!*"

Mais uma vez, Carmen estava sendo injusta para com os grã-finos e rapazes de boa família que a cortejaram no Rio, dois dos quais ela namorou e com quem era vista em toda parte. Se mais não namorou, foi porque não quis. Além disso, ninguém podia garantir que os alinhados rapazes americanos que lhe deixavam cartões no camarim estivessem dispostos a se casar com ela. E a julgar pelo número de vezes em que passara a falar no assunto, esta parecia ser a sua grande preocupação: trabalhar mais dois ou três anos, casar, ter filhos e se aposentar.

Uma reportagem na *Carioca* (não assinada, mas, com toda a certeza, de sua amiga Sarah Harsah, que estava em Nova York) fala do número de cartas perguntando à revista se Carmen tinha "alguém na América". Docemente constrangida, a revista entregou Aloysio de Oliveira, classificando-o como o "novo romance" de Carmen:

> Essa é, talvez, a razão pelo qual o Bando da Lua, que sempre foi um agrupamento independente, trabalhando por conta própria, sem acompanhar ninguém, aceitou nesta excursão aos Estados Unidos um papel secundário, de simples acompanhador, aparecendo frequentemente citado como a "orquestra de Carmen Miranda". O amor produz maravilhas. E os rapazes do Bando da Lua são seis d'Artagnans sorridentes e pacíficos, cujo lema é "um por todos e todos por um". Neste momento, todos são por Aloysio de Oliveira, que continua, assim, perto de Carmen Miranda, prolongando um romance que nasceu quando atuavam, a artista e a orquestra, no Cassino da Urca.

Pouco afeita a ler sobre seus namoros em letra de fôrma, Carmen negou isso em um dos números seguintes de *Carioca*:

A baiana tem torço de seda, sim, mas romance, não tem não. Os rapazes do Bando da Lua sempre constituíram para mim seis irmãos. Bons amigos e boa companhia, por serem rapazes de boa família e bem-educados, dignos de ser apresentados em qualquer sociedade. Se Aloysio aparece como meu *scort* por toda parte, é porque é o único, no Bando da Lua, que fala inglês com desembaraço, tendo sido contratado pela empresa Shubert para a função de meu intérprete.

O caso com Aloysio era verdade — mas não era exato que os rapazes do Bando da Lua fossem um bando de d'Artagnans torcendo por ele. Seu apelido entre os demais do Bando era "macaquinho de madame". Na verdade, Aloysio era o pivô de uma discórdia que já começara a rachar o grupo.

No dia 30 de agosto, o violonista Ivo Astolfi fez o show do Bando da Lua no Pavilhão do Brasil na Feira Mundial, no Queens, no fim da tarde. Correu para o metrô com os colegas e chisparam para Manhattan a tempo de pegar a entrada de Carmen em *Streets of Paris*. E, assim que o espetáculo terminou, perto das onze da noite, Ivo despediu-se de Carmen e da turma no camarim, pegou as malas no hotel e tomou o vapor que saía para o Rio à meia-noite. Pedira demissão. Com menos de quatro meses em Nova York, Ivo estava fora do Bando da Lua.

A explicação oficial foi que ele estava com saudade da noiva que deixara em Porto Alegre — e, de fato, casou-se com ela e nunca mais pertenceu ao Bando da Lua ou a qualquer bando. Mas havia outro motivo. Ivo achava que o conjunto deveria continuar a ter vida própria, como acontecia no Brasil, e não concordava com as recusas de Aloysio aos convites que o Bando recebia para se apresentar sem Carmen. Além disso, não lhe agradava a crescente liderança de Aloysio. O Bando nunca tivera um líder — mas, por Aloysio funcionar como intérprete de Carmen, Shubert pagava a ele mais dez ou quinze dólares por semana que aos outros. Por causa disso, Aloysio não tinha mais tempo para nada, só para Carmen, com quem estava praticamente morando. Para Ivo, quebrara-se a união dentro do Bando, a confiança e, talvez, a amizade. O jeito era pegar o boné — e o navio — e voltar para o Brasil.

Meses antes, às vésperas da viagem para Nova York, Ivo e Helio estavam demissionários e até já tinham substitutos: Laurindo de Almeida e Garoto. Na última hora, os dois mudaram de ideia e embarcaram. Agora, Ivo estava fora, definitivamente. A pedido de Aloysio, Carmen escreveu para Garoto no Rio, convidando-o a juntar-se ao Bando — dessa vez, para valer. Garoto respondeu que aceitava e prometeu embarcar o mais depressa possível. Cumpriu a promessa.

Na verdade, embarcou tão depressa que só se lembrou de enfiar no bolso uma escova de dentes, a carta de Carmen e o passaporte — e nenhum documento americano autorizando sua entrada nos Estados Unidos. Por causa disso, ficou retido mais de uma semana na sinistra Ellis Island, da qual só foi liberado por interferência pessoal de Shubert. Entre a saída de Ivo e a chegada definitiva de Garoto, o Bando da Lua se virou com outro notável interino: Zezinho, membro da orquestra de Romeu Silva no Pavilhão do Brasil na Feira Mundial.

Não havia mais volta para Carmen, e ela já se convencera disso. Tanto que saíra do St. Moritz e alugara um flat mobiliado no Century Apartments, um apart-hotel no número 25 de Central Park West, ao lado de Columbus Circle. Seu telefone era Circle 6-5692. E, assim que foi instalado, começou a tocar. Toda Nova York a chamava.

13 | 1939
Cápsulas mágicas

Bem que Marc Connelly lhe garantira que o sr. Shubert era um "homem honesto". *Streets of Paris* mal entrara em cartaz e as possibilidades com que Shubert acenara para Carmen começavam a se concretizar. No dia 29 de junho, meros dez dias depois da estreia em Nova York, Carmen e o Bando da Lua foram contratados para aparecer durante três meses no programa semanal de maior audiência do rádio americano: *The Fleischmann Hour*, comandado pelo cantor Rudy Vallée (pronuncia-se Valêi), na NBC, às quintas-feiras. Era bom dinheiro: quinhentos dólares por semana para Carmen e cinquenta para cada membro do Bando da Lua, começando no dia 3 de julho.

Só que, como combinado, metade desse valor ia para Shubert, e descontado na fonte: o pagamento era feito à Select, que tirava o seu, repassava o restante a Carmen, e esta pagava ao Bando. Seja como for, pelos três meses seguintes, eram mil dólares a mais por mês para Carmen e cem para cada homem do Bando, por meia hora de participação por semana — tempo em que ela cantava duas ou três músicas e "dialogava" em inglês e português com o comediante Lou Holtz, especialista em imitações linguísticas, e com Vallée. Quando Carmen falava em português, todos riam e ela também ria — fazendo com que, desde o começo, os americanos rissem com ela, não dela. Quando parecia falar em inglês, estava apenas lendo foneticamente os diálogos escritos pelos redatores do programa.

Se Carmen achou que era fácil, enganou-se. Para dar conta de sua meia hora semanal, ela e o Bando tinham de ir várias vezes à estação para aprender os arranjos e ensaiar as falas, porque o programa precisava estar no ponto para parecer "espontâneo" quando fosse ao ar ao vivo — nada daquela irresponsável (e deliciosa) improvisação da Mayrink. Era trabalhoso para Rudy também. Foi difícil para ele aprender foneticamente as letras de "O que é que a baiana tem?" e "No tabuleiro da baiana" para fazer dupla com Carmen em português.

Um dos colegas fixos de Carmen no programa era John Barrymore — por quem ela tanto suspirara ao vê-lo em *Don Juan* (1927) e em muitos outros filmes. Barrymore tinha sido o maior ator do teatro americano nos anos 10 e 20 e um tremendo ídolo romântico do cinema mudo. Seu apelido era "The great profile" — o grande perfil —, e os diretores obrigavam-no a passar boa parte do filme de ladinho para a câmera. Mas a bebida devastara seu rosto, de frente e de perfil, e liquidara seu intestino grosso, fígado e pâncreas. Aos 57 anos, Barrymore vivia a suprema ironia: sua participação em cinema, teatro e rádio limitava-se a paródias da sua velha glória — só lhe davam o papel de um ator bêbado e decadente. Carmen e o Bando ficavam passados quando ele tirava do bolso uma *flask* preta contendo um vermute aguado, preparado por seu enfermeiro — porque uma simples dose já bastava para alterá-lo.

Num dos programas, Carmen dividiu o microfone com Bing Crosby e as Andrews Sisters. Alguns artistas veriam isso como o ponto alto de suas vidas — não pelas Andrews, é claro, mas por Bing. Em 1939, ele já era considerado o melhor, o maior e o mais influente cantor popular do milênio, e sua carreira ainda estava longe do apogeu. O antecessor de Crosby na música americana fora justamente Rudy Vallée, o primeiro a tentar cantar com a clareza e a suavidade que o microfone permitia. Crosby entrou em cena logo em seguida, e não sobrou para ninguém. Mesmo assim, Rudy continuou popularíssimo e, tantos anos depois, seu programa ainda era o mais ouvido do país. O patrocinador, a família Fleischmann, era a conhecida fabricante de aveia, fermento e gelatina, e também proprietária da revista *The New Yorker*.

As coisas estavam acontecendo muito depressa para Carmen. Já na primeira semana de julho, Hollywood bateu à porta. Vários estúdios sondaram Shubert em busca de uma "opção" pelos serviços de Carmen, mas o primeiro a apresentar-lhe algo definido foi a 20th Century-Fox. Com autorização de Shubert, Joseph Pincus, "caçador de talentos" da Fox em Nova York, foi conversar com Carmen no camarim do Broadhurst tendo em vista sua participação num filme musical em Technicolor. A certeza de um acordo era tão grande que, para adiantar o serviço, um assistente de Pincus já começou a tomar as medidas de Carmen e do Bando da Lua ali mesmo, para o guarda-roupa, e disse que, em Hollywood, o figurinista Travis Banton estava esfregando as mãos diante do que pensava em criar para Carmen. Quanto ao Bando da Lua, a ideia era vesti-los com um traje "tipicamente brasileiro": chapéu de palha, camisa quadriculada, calças de zuarte, chicote e botas. Ao ouvir isso, os ultra-urbanos Aloysio, Vadeco e demais reagiram revoltados contra essa caipirice. Pediram a Pincus que aplicasse seu fino tato aos ternos que eles estavam usando — feitos por seu alfaiate do largo do Machado —, e lhe informaram que aqueles eram trajes "tipicamente brasileiros". Pincus murchou as orelhas e prometeu informar Banton.

Shubert e a Fox acertaram a realização de um teste em Technicolor e, no dia 17 de julho, às 10h30 da manhã, Carmen e o Bando foram filmados cantando duas ou três músicas no velho estúdio Movietone, da própria Fox, na Rua 14, no bairro do Queens, em Nova York. O teste foi mandado para Darryl F. Zanuck em Hollywood. Se Zanuck gostasse e os contratasse para o filme, Carmen receberia 10 mil dólares e o Bando da Lua, 2400 dólares (quatrocentos para cada branco) por três semanas de trabalho, mais 555,55 e 133,33 dólares, respectivamente, por semana extra. Outros 10 mil dólares iriam para o bolso de Shubert — e mais quinhentos dólares para Shubert pela cessão da canção "South American Way", cujos autores, Jimmy McHugh e Al Dubin, também levariam quinhentos. Não havia menção no contrato sobre o uso das canções brasileiras no filme.

O teste de Carmen foi considerado um dos melhores em cores já vistos pelo estúdio. O fotógrafo Leon Shamroy deu o seu voto:

"A câmera vai dar pulos quando a fotografar. É extraordinária!"

Zanuck ordenou sua contratação imediata para o filme e os papéis foram assinados por Shubert e pelo homem de Zanuck na Costa Leste, Joseph Moskowitz. As filmagens com Carmen estavam previstas para janeiro de 1940 e normalmente seriam feitas em Hollywood, mas, nesse caso — e fazendo uma exceção inédita —, a Fox concordou em rodá-las em Nova York, porque Carmen ainda estaria em cartaz com *Streets of Paris* e não poderia viajar. As sequências musicais de Carmen seriam filmadas antes que o roteiro ficasse pronto. Decidiu-se então que Carmen só apareceria no palco e, deste, se cortaria para a plateia, onde a ação continuaria.

Shubert e a Fox transformaram Carmen em objeto de uma guerra de exigências. Uma cláusula exigida por William Klein, advogado de Shubert, rezava que "em hipótese alguma Miss Miranda terá de filmar entre dez da noite e oito da manhã" — cláusula mais que conveniente, porque permitiria a Shubert acertar compromissos para Carmen em nightclubs durante a filmagem. Já a Fox exigia que Carmen não fizesse nenhuma referência a seus filmes brasileiros nas entrevistas à imprensa. Ela deveria ser uma "descoberta" de Hollywood. O motivo principal dessa exigência era evitar que se repetisse o caso de *Êxtase* (*Ekstase*), filme tcheco de 1933 em que a estreante Hedy Lamarr aparecia nua e tendo um orgasmo explícito — seis anos depois, a Metro acabara de contratá-la e estava indo de ceca em meca, à cata de cópias do filme, para destruí-las. Não havia a menor chance de os alô-alôs da Cinédia e de Wallace Downey serem como *Êxtase* (quem dera!), mas a Fox não queria correr riscos.

Shubert poderia ter feito um balanço da situação. Nas primeiras três semanas desde a estreia de *Streets of Paris*, sua contratada Carmen Miranda já tivera matérias de arromba em revistas como *Life*, *Look*, *Vogue*, *Esquire*, *Pic* e *Harper's Bazaar*, e fora capa do *Sunday Mirror*. Estava no programa de rádio de Rudy Vallée e acabara de ser contratada para um filme musical da Fox — sem falar nas hordas que, diariamente, voltavam da porta do Broadhurst. O salário de Carmen em *Streets of Paris* — quinhentos dólares fixos, mais 250 por um "segundo compromisso" — já se tornara nominal. O que ela estava ganhando por fora superava, e muito, o que ele lhe pagava. E Carmen também já sabia disso, mas não podia se queixar. Fora por causa de *Streets of Paris* que a Fox se dispunha a lhe dar 10 mil dólares por três semanas de batente. E 10 mil mangos dos deles eram 220 contos de réis — o que, no Rio, ela levaria mais de dois meses para ganhar.

Teatro, rádio e cinema — tudo isso já era seu em menos de um mês. O que faltava? O maior palco de todos: as ruas de Nova York.

As primeiras a imitar as roupas de Carmen tinham sido as coristas de *Streets of Paris*, ainda em Boston. Pouco depois de a conhecerem, várias delas começaram a aparecer para os ensaios usando turbantes de passeio e plataformas. Em troca, fora com elas que Carmen aprendera a usar unhas postiças. Sua falta de prática, no entanto, estava sujeita a acidentes — como no dia em que, ao tomar banho, perdeu uma unha postiça dentro da vagina e teve de ir a um ginecologista para extraí-la.

Com o estouro de *Streets of Paris* e as muitas fotos de Carmen nas revistas, um fabricante de blusas, Mitchell & Weber, de Nova York, consultou Shubert sobre a possibilidade de explorar o nome e a imagem de Carmen em troca de uma porcentagem nas vendas — e desde que ela fizesse algumas aparições ao vivo nos estandes de seus produtos nas lojas de departamentos em Manhattan. Shubert aceitou e acertou-se com ele. Outra indústria, a Blume Knitware, Inc., fabricante de suéteres femininos, conseguiu o mesmo de Shubert, com Carmen recebendo de 35 a cinquenta centavos de dólar por dúzia de suéteres vendidos. Claude Greneker observou essa tendência e, com a criatividade de um homem que bebia uísque com leite (sim, fazia isso), resolveu tomar a iniciativa. Escreveu a alguns pesos-pesados do setor de moda, sugerindo-lhes adotar as inovações de Carmen.

A resposta foi esmagadora. Várias empresas atiraram-se à sua sugestão — Carmen, àquela altura, já era irresistível — e nenhuma contestou a exigência de Shubert de que os anúncios, cartazes e vitrines ostentassem o mote: *"Hy-yi the South American Way!"*. O magazine Macy's foi o primeiro. Logo em julho, começou a vender batas, saias e plataformas — roupas "ao estilo de Carmen Miranda" — e a publicar enormes anúncios de varejo, com o nome e a foto de Carmen remetendo ao Broadhurst Theatre. Era o que Shubert queria: a roupa vendendo o espetáculo, este vendendo a roupa, e ambos vendendo Carmen. Seguiu-se-lhe a Saks Fifth Avenue, com a proeminente presença de Carmen em suas vitrines, inclusive no rosto e nos gestos dos manequins, e um cartaz com a ampliação da letra (em português) de "O que é que a baiana tem?" numa das paredes. E o mesmo com as bijuterias copiadas de Carmen, fabricadas por Leo Glass & Co. e vendidas como sendo "os balangandãs usados por Carmen Miranda em *Streets of Paris*". Em troca de exclusividade como fabricante e fornecedor, a Leo Glass pagava a Schubert 5% da receita bruta de venda de seu material. Em todos esses casos, Carmen fazia jus a uma participação.

O mesmo ainda quanto aos turbantes produzidos por Ben Kanrich, "criados" por Carmen e vendidos a 2,77 dólares, com um texto que dizia: "Tão encantador quanto o original usado por Miss Miranda, você achará mais fácil adotar a nossa versão de seu turbante. Ele tem o mesmo 'sabor' e personalidade de Carmen Miranda: é exótico, vivaz e diferente". O texto queria dizer que era um turbante prêt-à-porter, que já vinha enrolado.

Mas quem conseguia suplantar o original? Carmen podia inventar um turbante por hora, se quisesse, adornando-o com penas de faisão, rabos de galo e espigas de milho — em pouco tempo, tudo isso começaria a aparecer nos seus turbantes de palco. Além disso, era no turbante que ela prendia os brincos, não nas orelhas — quem mais teria essa ideia? Um repórter lhe perguntou:

"Agora que todas as mulheres aderiram aos turbantes, você continuará a usá-los?"

Carmen nem vacilou:

"Enquanto gostar, vou continuar usando. As outras podem ir lamber sabão."

Eram tantas as ofertas e solicitações que Shubert destacou o advogado William Klein para cuidar exclusivamente das negociações envolvendo Carmen. Mas Klein, sozinho, não estava dando conta do recado. Em 22 de setembro, Herbert L. Kneeter, seu colega no departamento jurídico, alertou-o para o fato de que a apropriação do nome e da imagem de Carmen estava se tornando "rapidamente intolerável". Através de recortes de jornais, Kneeter descobrira que as bijuterias inspiradas em Carmen, fabricadas pelo joalheiro Leo Glass com exclusividade para uma determinada rede de lojas, estavam aparecendo em lojas da concorrência em três cidades diferentes. Com isso, as lojas que tinham contratado o material de Glass estavam devolvendo as bijuterias, e Glass estava furioso. No mesmo memo, Kneeter se refere a um advogado de Nova York, Franklin Simon, que teria publicado um anúncio incluindo Carmen entre seus clientes. Ou seja, Carmen mal chegara aos Estados Unidos e já era pirateada, tinha artigos com a sua imagem contrabandeados e via o seu nome sendo indevidamente usado por espertalhões.

A própria Carmen já sentira o alcance dessa rede clandestina à sua volta. Ao sair para fazer compras numa grande loja, uma vendedora, que não a reconheceu, tentou vender-lhe "joias legítimas de Carmen Miranda". Tudo isso, contado no Brasil, quem acreditaria? Mas três amigos brasileiros, de passagem por Nova York, foram testemunhas da aceitação fulminante, quase absurda, de Carmen pelo público americano: o jornalista Accioly Netto, diretor de *O Cruzeiro*, e sua mulher, Alice, e o figurinista Alceu Penna. O casal Accioly logo voltaria para o Brasil, mas Alceu ficaria em Nova York por mais de um ano, tentando vender trabalhos para as revistas americanas e desenhando baianas para Carmen.

Quase ao mesmo tempo, Carmen começou a aparecer em anúncios de publicidade, apregoando produtos com os quais não tinha nenhuma ligação pessoal. O primeiro foi um carro da Ford, marca que ela nunca usara no Brasil. Depois, o da pasta dental Kolynos, embora seu dentifrício favorito fosse Diamond, de que comprara o exagero de seis caixas de quatro dúzias assim que chegara a Nova York. Outro anúncio foi o da cerveja Rheingold: *"My beer is the dry beer — says Carmen Miranda"*, diziam os outdoors de costa a costa — indiferentes ao fato de que Carmen não tomava álcool de espécie alguma e sua bebida favorita em Nova York era Coca-Cola, ainda inexistente no Brasil. E o mais irônico foi o do curso de línguas Barbizon, certamente uma permuta tramada por Shubert para que Carmen tivesse aulas gratuitas de inglês. Se o Barbizon pudesse adivinhar que Carmen se tornaria o símbolo do inglês caricato e mal falado, ela seria a última que o curso escolheria como sua garota-propaganda. Mas assim era o capitalismo. No Brasil, Carmen passara dez anos no olho e no coração do público — e só anunciara o singelo Leite de Rosas.

Os homens de Shubert não discriminavam entre os convites para Carmen. Aceitavam todos. E não queriam saber se esse ou aquele compromisso obrigaria a que Carmen achasse uma brecha em sua agenda já quase impossível. Por exemplo, quase todos os fabricantes de produtos ligados a ela, como roupas, turbantes e bijuterias, exigiam sua presença pessoal nas grandes lojas. Shubert costumava acatar tais pedidos, "desde que razoáveis", mas isso significava que, com frequência, Carmen tinha de passar algumas horas por dia exposta à visitação pública numa loja. Se os manequins das vitrines da Saks reproduziam seu rosto e seus gestos, era porque ela posara para um molde de sua cabeça e "dirigira" os manequins para o vitrinista. No caso dos anúncios, as agências de publicidade precisavam que ela posasse para os fotógrafos ou para os ilustradores ao lado do produto. Some a isso as sete apresentações semanais de *Streets of Paris* às 20h30, de segunda a segunda, e outras duas às 14h30 nas matinês de quartas e sábados, além do programa de Rudy Vallée às quintas, do qual ela iria participar por catorze semanas seguidas, para avaliar quanto Carmen estava sendo fisicamente solicitada.

Não apenas os empresários e publicitários queriam Carmen. A imprensa parecia não se cansar dela. Ainda em julho, o temido colunista do *Herald Tribune* Lucius Beebe quis ver Carmen com os próprios olhos e levou-a a almoçar no Sardi's, o restaurante do pessoal do teatro, na Rua 44 Oeste. Greneker foi com ela, para tornar possível a comunicação e aparar possíveis foras. Beebe era uma figura à parte na imprensa de Nova York: rico, bem-nascido, podre de chique, homossexual e com enorme prestígio na sociedade. Sua opinião podia definir quem era "aceitável" ou não nas altas-rodas. (O personagem de Waldo Lydeker, interpretado por Clifton Webb no filme *Laura*, de Otto Preminger, em 1944, seria parcialmente inspirado nele.) Pois Beebe gostou de Carmen e se lembrou de que, anos antes, seu amigo Edward P. Maffitt, da embaixada americana em Buenos Aires, já lhe falava maravilhas do samba, do Carnaval carioca e, especialmente, de Carmen Miranda.

Para Beebe, Carmen era a resposta às preces dos costureiros dos Estados Unidos, presos ao mau gosto das mulheres americanas ou à cópia dos estilistas franceses. Quem sabe se, inspirados no exemplo dela, eles não começavam a ousar? — ele se perguntava. Beebe quis saber se as mulheres brasileiras se vestiam como ela. Carmen respondeu que não, que aquela era uma roupa quase de Carnaval. Perguntou também se os gestos e as fantasias de seu estilo eram parte do samba "autêntico".

A resposta de Carmen o surpreendeu:

"Não. Eles fazem parte da minha interpretação e só servem para dar uma ideia do que é o samba, que é a dança nacional do Brasil. Mas não sou dançarina, nunca dancei profissionalmente, e toda animação que dou às minhas músicas é puramente acidental."

Habituado às pompas vazias e às poses e respostas pré-fabricadas da maioria das estrelas, Beebe se encantou com a sinceridade de Carmen. Ele perguntou ainda se ela já sabia muitos palavrões em inglês. Ela disse que não, mas que ele não se iludisse — ela pretendia aprender todos. Beebe vibrava. À saída do Sardi's, os dois tiveram de vencer a multidão que pedia autógrafos — e Beebe se divertiu ao constatar que, diante de Carmen, pela primeira vez ninguém estava interessado no autógrafo dele.

Carmen caiu também nas graças do brasileiro Victor Viana de Carvalho, um auxiliar contratado (ou seja, não da *carrière*) do consulado de Nova York, com uma impressionante facilidade para circular entre matronas, condessas, herdeiras, debutantes e outros espécimes da aristocracia americana e europeia. Victor (aliás, Victorino), gaúcho, 34 anos e também homossexual, seria, anos depois, cronista de *O Globo*, com o pseudônimo de Marcos André. Ele conhecera Carmen no Cassino do Copacabana Palace em 1935, e, agora, se dispunha a apresentá-la às "grandes damas de Nova York". Não que, com isso, estivesse fazendo um favor a Carmen. Na verdade, fazia um favor a si mesmo, porque algumas dessas grandes damas estavam loucas para ter Carmen em seus salões — assim como, na França do século XVI, os papagaios e araras brasileiros faziam o maior sucesso nos precintos da corte. Uma das casas a que Victor a levou foi a de seu amigo, o excêntrico marquês de Cuevas, patrono da ópera em dois continentes e que, apesar de às vezes abusar do batom e do rouge, era casado com Margaret Rockefeller.

A ida de Carmen à mansão Cuevas, na Quinta Avenida, deve ter sido uma grande noite. Entre muitos notáveis, ali estavam as sopranos Bidu Sayão, a brasileira recém-consagrada no Metropolitan, e Grace Moore; o escritor Erich Maria Remarque, celebérrimo autor de *Nada de novo no front* e grande garanhão; o presidente da CBS, William S. Paley; o pintor Salvador Dalí; o duque de Verdura (ex-amante de Linda Porter, mulher de Cole); e duas brasileiras de linhagem internacional, Aimée de Herrin e Vera Plunkett. Mas, quando Victor entrou com Carmen, a festa inteira olhou para a porta — Carmen entrou usando uma capa de veludo preto sobre um vestido de veludo preto, com um turbante prata — e passou a noite ao redor dela.

Se Victor realmente entrava em algumas casas da nova aristocracia americana, Decio Moura, seu superior no consulado, é quem tinha portas abertas em casas que não se abriam para quase ninguém. Uma delas era a de Grace Vanderbilt, também na Quinta Avenida — onde, segundo Jorginho Guinle, os Rockefeller não eram recebidos porque ainda "não faziam parte da sociedade". Pois Decio teria levado Carmen até lá, a pedido de Grace.

Talvez para atender a esse tipo de compromissos, Carmen compraria cerca de 2 mil dólares em joias até o final de 1939. Mas esse não era o seu consumo favorito. A loja que ela frequentava em suas poucas horas de folga era a Woolworth's, matriz original da cadeia que, no Brasil, seria conhecida como Lojas Americanas. Na Woolworth's, Carmen comprava desde acessórios para seus turbantes até xampu seco (indispensável para quem, como ela, gostava de lavar o cabelo em cada intervalo dos vários compromissos). Foi lá também que Carmen comprou, para uso pessoal, um objeto que nunca passaria pela cabeça de outras estrelas da sua magnitude.

Uma máquina de costura Singer.

Não se sabe a que horas Carmen encontrava tempo para costurar porque, no dia 13 de setembro, ela e o Bando da Lua (com Zezinho provisoriamente no lugar de Ivo, já que Garoto ainda não chegara) estrearam no grill do Waldorf-Astoria Hotel, na Park Avenue, com dois shows de 45 minutos por noite. O cachê era de 2 mil dólares por semana, dos quais trezentos dólares eram distribuídos entre o Bando e os restantes 1700 eram divididos entre Carmen e Shubert (850 para cada um), menos a comissão de 5% da agência MCA (Music Corporation of América), que intermediara o contrato. O que atraíra Carmen nesse compromisso não fora tanto o dinheiro — já irrisório para os seus grampos e berenguendéns, mas a honra de ser a atração principal do Waldorf, então o maior hotel do mundo. E dividindo o palco com a orquestra residente: a do espanhol (formado em Cuba) Xavier Cugat, com quem o santo de Carmen combinou imediatamente. Cugat, 39 anos, violinista, caricaturista e sempre com uma crooner de fechar o comércio (com quem ele se casava), era o maior nome da música latina nos Estados Unidos.

A temporada de Carmen seria de quatro semanas, mas, mal chegara à metade, a MCA pediu a Shubert prorrogação por mais três semanas e opção para uma quarta. No fim, Carmen e o Bando acabariam ficando doze semanas. Entre os que foram vê-la no Waldorf estavam Paul Muni, George Raft, Errol Flynn, James Stewart, Dorothy Lamour, Al Jolson, Ann Sheridan, Don Ameche, Alice Faye e seu marido, Tony Martin (que lhe pediu a partitura de "No tabuleiro da baiana" para aprendê-la), e, não por último, a mãe e o filho do presidente Roosevelt — não se sabe o que prendeu Franklin D. na Casa Branca.

De acordo com seu contrato original com Shubert, a temporada no Waldorf equivalia ao "segundo compromisso" que renderia a Carmen 250 dólares por semana — significando que, se ele quisesse embolsar integralmente os 2 mil, ela não poderia protestar. Mas Shubert, um homem ladino, ignorou a cláusula que o protegia e pagou a Carmen metade do cachê do Waldorf, ao mesmo tempo que honrava os 250 dólares do contrato original. Com isso, a temporada no Waldorf passou a render a Carmen 1100 dólares por semana, a que se somavam os quinhentos dólares de *Streets of Paris*, mais os 250 do programa de Rudy Vallée — tudo isso por semana —, mais os cachês de publicidade e os royalties pelo uso de seu nome e imagem nos produtos. Era impossível para Carmen calcular seus rendimentos porque eles variavam a cada mês, e sempre para mais. Mas pode-se dizer que, em outubro de 1939 — seis meses após a chegada —, eles estariam perto de 9 mil dólares por mês.

Nelson Seabra, o jovem milionário carioca e amigo de Carmen no Rio, estava hospedado no Waldorf (onde a diária mais barata custava escorchantes dez dólares). Todas as noites ele ia vê-la no grill. Numa visita ao apartamento de Carmen em Central Park West, Nelson, sentado casualmente em sua cama, perguntou-lhe onde ela estava aplicando o dinheiro.

Carmen riu:

"Você está sentado em cima dele."

Levantou o colchão e tirou uma caixa recheada de dólares em notas altas. Nelson descobriu, maravilhado, que Carmen não confiava em bancos, nunca ouvira falar no imposto de renda e se sentia muito bem com o dinheiro estocado debaixo do colchão. Era o que fazia no Brasil, onde nenhum artista jamais se preocupava em prestar contas do que ganhava. Ninguém a instruíra que, nos Estados Unidos, as coisas eram diferentes.

Os rapazes do Bando da Lua, apesar de seu menor valor de mercado, também não podiam se queixar. Com menos de dois meses de América, Stenio comprara um Chevrolet de segunda mão e todos já estavam mandando dinheiro regularmente para os parentes no Brasil. Sem falar nos vários brasileiros em disponibilidade em Nova York, que viviam adejando ao redor deles. Um desses prestativos patrícios, de volta ao Rio, ofereceu-se para levar um envelope de Aloysio para a família, contendo mil dólares, e outro, de Alceu Penna para *O Cruzeiro*, contendo desenhos para várias edições. Nenhum dos envelopes chegou ao destino.

No dia 15 de outubro, Shubert promoveu uma ceia de gala no Starlight Roof do Waldorf, "Night Flight to Rio", para convidados especiais, brasileiros e americanos. O "voo noturno para o Rio" começava com música de dança (um programa de rumbas, é lógico) pela orquestra de Cugat, enquanto os convidados beliscavam legítimos [sic] "Brazilian hors d'oeuvres", como tortinhas de camarão e purê de atum com ovas de salmão e tâmaras. Às 22h30 começava o espetáculo, com dez atrações de canto e dança, uma delas a cargo da novata — vinte anos — e já sensacional Ann Miller. Fechando a noite, Carmen e metade do elenco de *Streets of Paris* apresentaram algumas especialidades do espetáculo. Às 11h30 veio a ceia, consistindo de caldo de galinha com linguiça e grão-de-bico, filhotes de pombo recheados com arroz e sorvete de coco na casca da própria fruta. Depois, café e charutos baianos. Apenas com os convites para aquela "noite brasileira", Shubert recuperou o dinheiro dos cachês que, benevolentemente, deixara que escorregasse para Carmen. Mas, se houve ali um brasileiro que se deu bem, foi Vadeco — porque, segundo ele próprio, namorou Ann Miller naquela noite e depois continuou seu amigo, embora só se dedicassem a trocar receitas das culinárias brasileira e americana.

Desde sua chegada a Nova York, os contatos de Carmen com o Brasil estavam mais nesse tipo de evento do que numa efetiva comunicação com seu pessoal e com os amigos no Rio. Sem tempo para escrever, respondia com telefonemas às cartas que vinham da família. Mas também eles eram problemáticos — uma ligação internacional levava às vezes um dia para ser completada, e a pessoa que a solicitara precisava ficar plantada ao pé do aparelho. Apesar da precariedade das comunicações, Carmen soube que Aurora marcara seu casamento com Gabriel Richaid para um dos meses de 1940 em que se esperava que ela estivesse no Rio, ao fim de seu primeiro ano de contrato com Shubert — muito justo, já que estava escalada como madrinha. Outra notícia, essa muito triste, era a de que, em agosto, seu cunhado Abilio, marido de Cecilia, morrera do coração — como previra em 1931 o compositor e cardiologista Joubert de Carvalho, acertando até no número de anos em que Cecilia o teria a seu lado. Nesse caso, Carmen não telefonou. Escreveu para Cecilia dizendo: "A partir de agora, vocês são minha responsabilidade", lembrando-lhe que sua sobrinha Carminha, de três anos, era "dela, Carmen, também". Carmen prometeu (e cumpriu) cuidar da educação da menina e aventou a possibilidade de, um dia, Cecilia e Carminha irem morar com ela nos Estados Unidos.

Em fins de outubro, foi a vez de Shubert receber más notícias do Brasil — via Nova York mesmo. A Robbins Music Corporation, poderosa editora musical da Sétima Avenida, notificou Shubert de que as canções "O que é que a baiana tem?" e "Touradas em Madri" eram de sua propriedade e que, instruída por seu "representante sul-americano", o uso delas num espetáculo custava "pelo menos" cem dólares por semana. Shubert ficou possesso: como ser notificado cinco meses depois — vinte semanas! — de que um material que vinha usando de "boa-fé" já estava protegido por copyright? A Robbins escreveu de volta esclarecendo que a dívida de Shubert para com eles remontava à data do copyright, e que isso significava quinhentos dólares pelas duas canções até o momento. Shubert, mesmo assim, recusou-se a pagar, e informou-os de que tiraria essas canções do espetáculo, substituindo-as por outras: "Bambu,

bambu" (que já estava no espetáculo) e "Mamãe, eu quero". Poucos dias depois, a Robbins voltou à carga, dizendo que "Bambu, bambu" e "Mamãe, eu quero" *também* lhes pertenciam. Esta última já tinha, inclusive, letra (por Al Stillman) e título em inglês: "I Want My Mama".

Como se explicava que sambas e marchinhas criados havia tão pouco no Rio já pudessem estar nas mãos de uma editora americana? E desde quando essas editoras, ocupadas com Gershwin ou Irving Berlin, sabiam da existência de Donga ou Jararaca? A resposta estava no seu "representante sul-americano": Wallace Downey — quem mais?

Downey não fora a Nova York para ver a velha, mas a serviço da ABCA (Associação Brasileira de Compositores e Autores), para "proteger" a música brasileira dos interesses americanos. Para tanto, participara (como "amigo" de Carmen) das reuniões de criação de *Streets of Paris*. Ficara sabendo quais músicas brasileiras seriam ou não usadas no espetáculo e até palpitara nessa seleção. Saindo dali, fora diretamente à Robbins e, com sua autoridade de representante de uma associação brasileira de compositores, publicara todas as canções por aquela editora. Isso feito, voltara assobiando para o Rio, sabendo que, se Shubert usasse uma delas, a Robbins iria morder a canela do empresário.

Shubert não se deu por vencido. Transferiu a dívida para Carmen, dando-lhe um susto sem tamanho. Mas Carmen estrilou de volta e Shubert "aceitou", no máximo, dividir com ela o prejuízo. Carmen ainda protestou, mas Shubert pagou o débito para com a Robbins e descontou os 250 dólares de seu salário. O impasse ameaçava perpetuar-se porque, graças a Downey, todas as músicas que ocorria a Carmen usar no espetáculo pareciam estar nas mãos da Robbins. A alternativa, que Carmen antevia com horror, era a de Shubert retaliar e desistir de usar as músicas brasileiras, obrigando-a a cantar músicas em inglês ou em espanhol. Carmen escreveu uma carta desesperada a Almirante, no Rio, pedindo-lhe para intervir junto "ao idiota do Downey", no sentido de que este fizesse um preço mais camarada — digamos, cinquenta dólares por semana — pelas músicas.

Almirante consultou Downey e respondeu detalhadamente a Carmen. Para Downey, que alegava conhecer o contrato de Carmen com Shubert (!), ela, como intérprete, não tinha de pagar um centavo de direitos autorais. Isso competia ao produtor do espetáculo, que era Shubert. Além disso, Shubert não poderia vingar-se dela obrigando-a a cantar numa língua que não fosse a sua. A argumentação de Downey, e com a qual Almirante concordava integralmente, era a de que Shubert queria fugir à sua responsabilidade perante os compositores das músicas brasileiras que usava na revista — o que não fazia com Jimmy McHugh e Al Dubin, os compositores americanos de "South American Way", cujos direitos pagou sem estrebuchar e sem exigir que Carmen dividisse o custo. Além disso, os direitos das músicas brasileiras eram muito mais baratos que os das americanas. O fato é que, a partir daquele momento, e pelo fato de Downey "ter feito o copyright [das canções]" junto à Robbins, os direitos dos compositores brasileiros "na América" estavam protegidos — suspirava, feliz, Almirante.

Carmen não acreditava nisso. Na própria carta para Almirante, ela já duvidava de que, do dinheiro arrecadado nos Estados Unidos e enviado para o Brasil, sobrasse para os compositores pouco mais do que "para a cachaça". E, pelo visto, tinha razão: Dorival Caymmi afirmaria no futuro que nunca viu um centavo de "O que é que a baiana tem?" no teatro americano. E olhe que, somente em fins de 1939, seu samba ("protegido" por Downey) era a atração de dois espetáculos de Shubert ao mesmo tempo: *Streets of Paris*, claro, e *The Straw Hat Revue*, no Ambassador Theatre, em que, apesar de estar em cena vários futuros gigantes do show business (o multitalentoso Danny Kaye, o cantor Alfred Drake e o bailarino Jerome Robbins), a única coisa que sustentou a revista em cartaz por três meses foi a imitação que Imogene Coca fazia de Carmen em "O que é que a baiana tem?"— e para a qual, a pedido de Shubert, Imogene fora ensaiada pela própria Carmen!

Numa carta posterior, Aloysio de Oliveira ponderou com Almirante que Downey fora inábil e que, graças a ele, a Robbins Music estava indo à forra de antigas diferenças com Shubert e quem sairia perdendo seriam Carmen e a música brasileira. Segundo Aloysio, Carmen estava numa posição delicada para negociar. O contrato entre ela e Shubert era de "prestação de serviços artísticos" — sem especificar se eram musicais, muito menos em que língua ela deveria cantar. Se Shubert quisesse obrigá-la a equilibrar uma bola no nariz ou atravessar o palco numa corda bamba, estaria amparado legalmente. Além disso, Shubert pagava a Carmen "mais do que o contrato o obrigava" — outro motivo para que ela não brigasse com ele. O próprio Almirante receberia algum dinheiro por sua adaptação do motivo folclórico "Bambu, bambu", em parceria com Valdo Abreu, cantado por Carmen — mas só porque se colocara como interlocutor de Downey junto a Carmen. E, mesmo assim, não seria nenhuma fortuna: pouco mais de cinco contos — cerca de 230 dólares.

Shubert e a Robbins por fim entraram em acordo, porque Carmen continuou com seu número intacto em *Streets of Paris* até o fim da temporada — e Downey teria outras fontes de onde arrancar dinheiro com aquelas músicas. Em poucas semanas, por exemplo, elas já estariam gravadas em discos Decca e filmadas pela 20th Century-Fox — por Carmen e pelo Bando da Lua.

Meses antes, ao tomar o navio para Nova York, Carmen levara na bagagem discos recém-lançados e partituras de música brasileira. Não queria ficar desatualizada com o que se produzia no Rio. Mas isso era inevitável, como ela devia saber — bastavam dois dedos e uma caixa de fósforos para produzir um inspirado sambista. Carmen escreveu para Almirante pedindo que lhe mandasse o maior número possível de partituras com as novidades. O impulso de Almirante foi obedecer, mas calculou que, se lhe enviasse as músicas no papel, alguém teria de tocá-las para Carmen. Como os rapazes do Bando da Lua não liam música, ela teria de depender de músicos americanos. E, se isso acontecesse, os sambas corriam o risco de se transformar em zarzuelas. Assim, com sua dedicação quase febril à amiga, arrancou sambas e marchinhas inéditos de compositores como Antonio Almeida, Roberto Roberti, Oswaldo Santiago e outros; contratou um estúdio, gravou-os em discos por sua conta, com Vicente Paiva ao piano e ele próprio tocando pandeiro e cantando, e mandou tudo para Carmen. Feito isso, sentou-se bonitinho e ficou esperando uma carta de Carmen, em que ela se dissesse maravilhada com o que recebera. Alguns dos compositores já se viam sendo gravados por Carmen nos Estados Unidos e se tornando novos Cole Porters ou Richard Rodgers. Mas, para desapontamento geral, Carmen não gostou de nada — achou tudo fraquíssimo — e esnobou a iniciativa de Almirante.

A resposta de Carmen se espalhou pelo Rio, e os compositores disseram-se desapontados e passaram a sussurrar contra ela, acusando-a de tê-los abandonado. Mas o que eles sabiam da realidade musical americana? E Carmen tinha razão quanto ao material enviado por Almirante: era tão fraco que ninguém nunca quis gravá-lo, nem no Brasil. Meses depois, ao circular na cidade a notícia de que Carmen assinara com a Decca para gravar três discos — seis músicas —, a pergunta que pairava sobre o Café Nice era: o que ela iria cantar?

O contrato com a Decca fora intermediado por Shubert com a MCA, a agência que acertara a temporada de Carmen no Waldorf e que também tinha participação na gravadora. Por esse contrato, Carmen receberia um royalty de 1,5 centavo de dólar pela venda de cada face gravada, perfazendo três centavos por 78 rpm. Isso equivalia a pouco mais de sessenta réis por disco, quando, no Brasil, a Odeon lhe pagava oitocentos réis pelas mesmas duas faces.

Mas havia uma diferença a justificar essa discrepância: em seu país, Carmen era a maior estrela do disco; nos Estados Unidos, era conhecida somente em Nova York e não tinha nenhum peso na indústria fonográfica. Havia ainda outro motivo para esses royalties tão mixos: Carmen os estava dividindo com Shubert, que recebia uma porcentagem igual à sua. A Decca previa também um pagamento ao artista de 25% da renda líquida pela transmissão pública dos discos. No caso, basicamente jukeboxes — e não o rádio, porque, soberbo como ele só, Jack Kapp, presidente da companhia, não autorizava a transmissão dos discos de seu selo pelo éter. E quem era a Decca para fazer isso? Muita coisa. Era a gravadora dos grandes nomes — Bing Crosby, Louis Armstrong, Ella Fitzgerald, Cab Calloway, Jimmy Dorsey, Judy Garland, os Mills Brothers e as Andrews Sisters. Dos 50 milhões de discos que os americanos comprariam em 1939, 18 milhões — 36% do mercado — seriam Decca. Essa era a plêiade a que Carmen estava se juntando.

Carmen trabalhou em *Streets of Paris* na véspera e na noite de Natal, como era comum na Broadway — fosse no Rio, teria ficado em casa comendo peru, saindo, no máximo, para ir à missa do galo, na igreja de N. Sra. do Brasil, na Urca —, e, no dia 26 de dezembro, sem contemplação, foi chamada ao estúdio da Decca, na Sétima Avenida, com o Bando da Lua. Numa simples tarde, de uma só sentada, sem erros, sem repetições e sem takes rejeitados, gravou as seis músicas que comporiam os três discos, e nesta ordem: "Mamãe, eu quero", "Bambu, bambu", "O que é que a baiana tem?", "South American Way", "Marchinha do grande galo" e "Touradas em Madri" (na verdade, sete, porque foram feitas duas matrizes de "South American Way", uma só em inglês).

Com todo o cuidado que lhe dispensaram, Carmen sentiu a diferença. No estúdio da Odeon, no Rio, tinha à sua disposição a enorme orquestra da gravadora, dirigida por Simon Bountman, que ainda podia ser enriquecida com regionais, solistas, coros e quem mais ela exigisse. Seus discos brasileiros tinham um som redondo, eufórico, extasiante. No estúdio da Decca em Nova York, Carmen só podia contar com o acompanhamento quase cool do Bando da Lua, agora já reforçado por Garoto (com crédito à parte) — e lambesse os beiços. Em compensação, em matéria de fidelidade sonora, nunca tinha sido tão bem gravada — podia-se saborear cada mínima inflexão vocal. E já fora um milagre que pudesse ter gravado tudo em português, mesmo sendo os discos voltados para o mercado americano.

Exceto "South American Way" e, de certa forma, "Bambu, bambu", nenhuma das canções era uma criação original de Carmen. Mas todas, por coincidência, tinham alguma coisa a ver com Almirante. "Mamãe, eu quero", de Jararaca e Vicente Paiva, só existira porque Almirante convencera a Odeon de que a marchinha deveria ser gravada para o Carnaval de 1937, e com Jararaca como cantor. A Odeon não queria — achava a marchinha ainda mais primária que a média das marchinhas, além de muito curta para ocupar uma face de disco. Almirante defendeu a graça quase infantil da letra e criou o diálogo da introdução, na qual, com seu rico barítono, interpretou a mãe — e o resto era história. A maliciosa "Marchinha do grande galo":

> *Co-co-có, co-có, co-ró*
> *Co-co-có, co-có, co-ró*
> *O galo tem saudade*
> *Da galinha carijó,*

de Lamartine Babo e Paulo Barbosa, fora um sucesso de Almirante, para a Victor, no Carnaval de 1936. (O interessante é que o Bando da Lua a gravara quatro dias antes de Almirante, em 16 de dezembro de 1935, e na própria Victor. Por algum motivo, o disco do Bando fora engavetado e só lançado em novembro de 1937, o que permitira a Almirante cantar de galo com a grande marchinha.) "Touradas em Madri", de Braguinha e Alberto Ribeiro, fora outro enorme sucesso seu e também na Victor, para o Carnaval de 1938. E "O que é que a baiana tem?", como se sabe, só fora usado em *Banana da terra* depois que ele dera o seu indispensável aval.

"Bambu, bambu" (ou "Bambo do bambu") era um antigo estribilho de autoria desconhecida, a que diversos compositores, em várias regiões do país, acrescentaram versos e adaptaram para ritmos diferentes. Era um motivo folclórico, de domínio público — donde ninguém poderia ser seu dono. Carmen cantou-o como uma embolada, disparando parte de uma letra que Almirante e Valdo Abreu tinham usado em outra canção, e outra parte por Donga e J. Thomaz, que realmente o haviam adaptado. Quando o disco saiu, estes últimos apareceram no selo como autores. Mas, quando se tratou de distribuir os direitos autorais, Wallace Downey optou por Almirante e seu parceiro. Donga esperneou, mas não levou. O próprio Almirante admitiu que o dinheiro não justificou o barulho em torno do caso.

Ao serem lançados, em março de 1940, os discos saíram num álbum (álbum mesmo, como os de fotografias) com uma gloriosa capa mostrando Carmen sob colares e pulseiras, a enseada de Botafogo com o Pão de Açúcar ao fundo, e o título, CARMEN MIRANDA — THE SOUTH AMERICAN WAY. Os álbuns com capas ilustradas eram a nova e revolucionária embalagem criada na concorrente Columbia pelo artista gráfico Alex Steinweiss, e já adotadas por todas as gravadoras. Os créditos identificavam as canções como sendo da produção musical *Streets of Paris* e do filme *Down Argentine Way* (que, no Brasil, se chamaria *Serenata tropical*), embora este ainda nem estivesse pronto.

Disco, teatro, cinema, rádio, nightclubs — nunca houve melhor combustível para o sucesso do que o próprio sucesso. Por aqueles dias, se você dobrasse qualquer esquina em Manhattan, defrontava-se, até sem querer, com a esmagadora presença de Carmen Miranda.

Coloque-se no dia 31 de dezembro de 1939. Nos seis meses e meio que passara em Nova York — já que chegara em 17 de maio —, Carmen fizera nove espetáculos de *Streets of Paris* por semana (a partir de 19 de junho), num total de 234 representações; catorze aparições de meia hora no programa de Rudy Vallée; e doze semanas no Waldorf com dois shows por noite, num total de 168 espetáculos. Total geral: Carmen subira profissionalmente ao palco pelo menos 416 vezes em pouco mais de meio ano nos Estados Unidos — uma média de 2,27 shows por dia, *todos* os dias.

Não estão aí incluídos os *try-outs* de *Streets of Paris* em Boston, a gravação dos discos na Decca, as homenagens na Feira Mundial (o dia 31 de outubro foi declarado "Carmen Miranda Day" na Feira), as apresentações beneficentes ordenadas por Shubert, ou as vezes em que, como "convidada especial" em festas da sociedade, acabou tendo de cantar. Também estão fora da conta os ensaios e as passagens de som, as entrevistas para a imprensa, as sessões de fotografias, as poses para publicidade, as "aparições pessoais" em lojas, os almoços a trabalho e as aulas de inglês. (O Bando da Lua não era tão solicitado fora do palco, mas acompanhou Carmen em todos os shows e ainda cumpriu a rotina de apresentar-se durante seis meses, às tardinhas, no Pavilhão do Brasil na Feira Mundial.)

Se você considera isso uma maratona de matar, ela ainda não se compararia ao que esperava por Carmen na terceira semana de janeiro de 1940 — e, se duvida, tente acompanhar.

Com *Streets of Paris* ainda em cartaz, Carmen e o Bando da Lua começaram a filmar seus números musicais em *Serenata tropical* no dia 15 de janeiro. A princípio, Carmen filmaria quatro canções, das quais duas seriam aproveitadas na montagem final — uma na abertura do filme, e outra mais para o meio da história. Mas Sidney Lanfield, o diretor que a Fox mandara a Nova York com a equipe, adorou Carmen e decidiu filmar as cinco canções para as quais o estúdio tinha a opção: "South American Way", "Mamãe, eu quero", "Bambu, bambu", "Touradas em Madri" e "O que é que a baiana tem?". (No Brasil, Carmen nunca trabalhara com um repertório tão limitado. Mas os americanos a estavam obrigando a ordenhar aquelas canções até que a última gota fosse espremida.)

O dia começava com a chegada de Carmen ao estúdio da Movietone às sete da manhã, a fim de ser maquiada — o que mais levava tempo era a boca, vermelha, bem desenhada, quase exagerada, quase cômica: a grande "boca Carmen Miranda" — e estar pronta para as câmeras a partir das oito. Cada número musical levava pelo menos uma semana para ser filmado, incluindo testes de maquiagem, roupa, luz, cor e som, repetições, ensaios com e sem a câmera, closes e mudanças de ângulo — até se rodar o número para valer, num mínimo de 25 takes e outras tantas paralisações. Às cinco da tarde Carmen e os rapazes eram liberados, mas tinham de estar no Broadhurst antes das oito para o primeiro ato de *Streets of Paris*.

Quatro dias depois, em 19 de janeiro, enquanto prosseguiam as filmagens, Carmen e o Bando estrearam no restaurante The Versailles para uma temporada de três semanas, com dois shows por noite, às dez horas e à uma da manhã. Até pelo endereço — Rua 50 Leste —, o Versailles era um bastião da elegância nova-iorquina. O cachê também era correspondente: 3 mil dólares por semana, dos quais trezentos (10%) para a agência William Morris, outros trezentos para o Bando da Lua, e os restantes 2400 a serem divididos entre Carmen e Shubert. Com mais esse compromisso, estabeleceu-se o seguinte pandemônio:

Terminado o primeiro ato de *Streets of Paris*, Carmen e o Bando corriam para o Versailles e faziam o primeiro show às dez. Voavam de volta para o

Broadhurst para a apoteose de encerramento da revista, por volta das onze e meia, e de lá voltavam para o segundo show do Versailles, que nunca acabava antes das duas da manhã. Mesmo que, ao fim de tudo, conseguissem relaxar e ir imediatamente para o berço, Carmen e o Bando da Lua precisavam estar de pé às seis da manhã para o expediente da filmagem. Mas isso era quase impossível porque, terminado o segundo show no Versailles, Carmen tinha de se deixar ficar para os cumprimentos no camarim — e algumas de suas visitas eram Norma Shearer, Fredric March, Hildegarde, Judy Garland, Mickey Rooney (que foi vê-la três dias seguidos e lhe atirava beijos da plateia) e, de chapelão, mal permitindo que se lhe contemplasse o rosto, Greta Garbo (mesmo assim, a mulher mais bonita que ela vira na vida). Como dormir depois dessas experiências? Sua média de sono diário não estava passando de duas horas.

Não esquecer que, entre uma apresentação e outra, no teatro e no restaurante, havia a correria em direção à porta dos fundos, os táxis à espera, as disparadas noturnas — da Rua 14, no Queens, para a Rua 44 Oeste, e desta para a Rua 50 Oeste, em Manhattan, e vice-versa —, as chegadas em cima da hora e, pelo menos para Carmen, uma chuveirada, uma troca de roupa e uma nova maquiagem antes de voltar ao palco para cada um desses espetáculos. Numa dessas, a poucos minutos da entrada para o segundo show no Versailles, Carmen fechou os olhos diante do espelho para uma rápida pestana e dormiu ali mesmo, sentada. O pessoal da equipe esmurrou a porta, mas ela não acordou e perdeu o show. O esforço acumulado pelo ano inteiro e o desgaste daqueles últimos dias refletiam-se no seu peso, muito abaixo do normal, e no rosto de faces escaveiradas. (Há uma maneira simples de constatar isso hoje: basta rever seus números em *Serenata tropical*.)

No dia 24 pela manhã, Carmen desmaiou no palco de filmagem da Fox. Na véspera, trabalhara o dia inteiro no filme, fizera o espetáculo no teatro e os dois shows no Versailles. Dormira menos de duas horas e chegara ao estúdio às sete da manhã. Pouco depois, desabava no palco. A filmagem foi interrompida, Carmen foi atendida e mandada para casa, com a recomendação de dormir. Mas, como era quarta-feira, às duas e meia da tarde já estava em cena no Broadhurst para a matinê de *Streets of Paris*. Depois daria normalmente o espetáculo da noite e completaria com os dois shows no Versailles. No dia seguinte, chegou inteira ao estúdio da Fox. Como Carmen conseguia?

Alguém — talvez um colega de *Streets of Paris*; ou o próprio médico da companhia; ou o seu equivalente em *Serenata tropical* — ofereceu-lhe sua primeira anfetamina: Benzedrine. Era uma cápsula mágica, ideal para os artistas. Fazia com que se aguentasse o rojão. Permitia que se varasse magnificamente a noite, emendando um show com o outro, e com o dia e a noite seguintes, sem sono, sem fome e sem cansaço.

O uso de Benzedrine começava a ficar comum no meio. Em Nova York e Hollywood, estava sendo consumido com a naturalidade com que se tomavam um ou dois uísques antes de entrar em cena. Não era visto como droga e não se tinha ideia de suas consequências. Os médicos o receitavam com refrescante tranquilidade. Carmen e o Bando da Lua (não se sabe se todos; Aloysio, sem dúvida) começaram a tomá-lo quando a situação se apresentava.

Para contrabalançar seus efeitos — afinal, às vezes, era preciso dormir —, havia os barbitúricos. Com eles, depois de passar dias inteiros no ar, acesa, tinindo, era possível finalmente apagar as luzes do proscênio, esquecer as réplicas, dispensar a plateia e dormir como uma tora: Seconal e Nembutal.

14 | 1940
Silêncio na Urca

Ao circular em trajes civis pelo salão do Versailles, antes de entrar em cena, Carmen ouviu um "psiu" vindo de uma mesa. Era o poeta carioca Augusto Frederico Schmidt, desgarrado no inverno de Nova York e talvez arrependido de um dia ter cantado num poema os "mármores gelados, rosas frias, Cristos de gelo". Schmidt não fora ao Versailles pela comida. Fora para ver Carmen, para sentir o calor brasileiro. Mas, naquela noite de fevereiro, ela também estava com frio na alma.

Abraçaram-se e Carmen desabafou:

"Hoje é sábado de Carnaval no Rio, Schmidt. Como tudo aqui é cacete e enjoado diante da lembrança de nossa cidade na folia. Estou sufocada, não sei nem como vou enfrentar o público."

Carmen não se conformava com que os americanos passassem os três dias de Carnaval como passavam os outros 362 — tensos, contidos, reprimidos. Então fez o melhor possível: cantou tudo de que se lembrou e promoveu um Carnaval pessoal para ela, para o Bando da Lua e para Schmidt no palco do Versailles. E torceu para que o show, irradiado pela NBC e captado pelos rádios dos carros, ajudasse a esquentar a temperatura lá fora, de dez ou doze graus abaixo de zero.

No Rio, o Carnaval de 1940 também tinha seu motivo de luto: era o primeiro sem Carmen em dez anos — o primeiro desde "Taí", de 1930, em que ela não tinha um sucesso para defender. Mas as duas cantoras que deixara em seu lugar estavam indo muito bem, e eram responsáveis pelas maiores marchinhas do ano: Aracy de Almeida, com "Passarinho do relógio", de Haroldo Lobo e Milton de Oliveira, e Dircinha Baptista, com "Upa-upa", de Ary Barroso. Além dessas, o Carnaval pertencia à batucada "Cai, cai", de Roberto Martins, com Joel e Gaúcho, e a dois supersambas, "Ó, seu Oscar", de Ataulpho Alves e Wilson Batista, com Ciro Monteiro, e "Despedida de Mangueira", de Benedito Lacerda e Aldo Cabral, com Francisco Alves. E, para certos momentos dos bailes, em que baixava uma agridoce lembrança de outros Carnavais, havia duas marchas-rancho, tão lindas quanto tristes: "Malmequer", de Newton Teixeira e Cristovam de Alencar, com Orlando Silva, e a quase fúnebre "Dama das camélias", de Braguinha e Alcyr Pires Vermelho, também com Chico Alves.

Naquele mês de fevereiro, enquanto o Rio cantava e brincava, Carmen estava enfrentando a neve e o vento em Nova York e posando para fotos de moda de meia-estação, com as roupas criadas pelos costureiros americanos inspiradas nas suas fantasias de palco. Os vestidos e as blusas da coleção eram vistosos, mas as grandes inovações de Carmen tinham sido os turbantes, as plataformas e as bijuterias — antes dela, ninguém os usara socialmente. Os costureiros os adaptaram à sobriedade nova-iorquina, mas eles ainda provocavam certo choque quando desfilados em horário de almoço na Quinta Avenida. Alceu Penna, que continuava na cidade, conseguiu fotos exclusivas de Carmen como modelo, e mandou uma matéria que *O Cruzeiro* publicou em 24 páginas em sua edição com data de 30 de março. A revista esgotou nas bancas, e Accioly Netto, diretor de redação, teve uma ideia-mãe: reproduziu a reportagem na íntegra e ofereceu-a gratuitamente aos leitores como um suplemento na edição de 13 de abril. Com isso, esgotou duas edições.

Outro que não descansou em fevereiro foi Shubert. Com três meses e quebrados de antecedência, ele comunicou oficialmente a Carmen seu interesse em exercer a opção de renovação do contrato por mais um ano, ao salário de setecentos dólares por semana e 350 por um segundo compromisso. (Os valores reais entre Carmen e Shubert já eram muito maiores, mas ele insistia em manter o preto no branco, para continuar pagando-a por fora e passar por generoso.) Se Carmen pensasse melhor, perceberia que já não lhe era conveniente continuar submetida a Shubert e, muito menos, sendo drenada em 50% de seus rendimentos. Mas assinou o novo contrato assim mesmo — como todas as propostas de fora lhe eram submetidas por intermédio de Shubert, ela talvez achasse ingenuamente que ele era o único responsável por elas.

Em alguns casos, esses contratos estavam de fato atrelados a Shubert. Em fins de fevereiro, ele mandou todo mundo arrumar as malas e despachou *Streets of Paris* para temporadas em Filadélfia, Washington, Toronto, Pittsburgh, St. Louis e Chicago — com apresentações extras de Carmen em nightclubs em todas essas praças, e pela duração da temporada em cada uma delas. Daí que, pelos setenta dias seguintes, até 9 de maio, Carmen atuou diariamente com o Bando da Lua em *Streets of Paris* e, à saída do teatro, ela e o conjunto marchavam, também sete noites por semana, para um nightclub local, e faziam dois, às vezes três, shows durante a madrugada.

Na noite de 5 de março, em Washington, foi diferente. Carmen e o Bando saíram do National Theatre com a roupa do espetáculo e foram levados a se apresentar na sede do Partido Democrata, num banquete em homenagem aos sete anos de mandato do presidente Roosevelt. Depois do jantar, alguns artistas foram convidados para uma recepção na Casa Branca. Carmen e o Bando estavam entre eles. Mais uma vez teriam de cantar, e o ponto alto da noite foi — como nunca mais deixaria de ser — "Mamãe, eu quero". Roosevelt, sentado em sua cadeira de rodas numa mesa de pista, cumprimentou os rapazes e beijou a mão de Carmen. Quando ele lhe tomou a mão para beijá-la, Carmen estava desprevenida e pode ter parecido desajeitada ao presidente. Mas ela aprendia depressa. Dias depois, numa recepção em sua homenagem na embaixada do Brasil, Carmen esticou rapidamente os dedinhos ao ver que os lábios do embaixador inglês, Lord Halifax, estavam atravessando a sala e vindo em sua direção com a indiscutível intenção de beijá-los. O beijo foi um sucesso. O embaixador do Brasil era o respeitado Carlos Martins, que formava com sua mulher, a escultora Maria Martins, um dos casais mais fulgurantes da comunidade diplomática internacional, pelo charme de ambos e pela audácia de terem um casamento aberto. Entediada com a vida provinciana de Washington, Maria mantinha um misto de apartamento e ateliê em Nova York, e convidou Carmen a visitá-la.

De Washington, a companhia já estava a caminho de Toronto, no Canadá, quando Carmen foi avisada por Abe Cohen, um dos homens de Shubert junto à trupe, de que o Century Apartaments, seu apart-hotel em Nova York, estava lhe cobrando a quinzena do apartamento que ela deixara de pagar ao viajar. Carmen não tinha os prepostos de Shubert em alta conta. Quando eles a procuravam com problemas desse tipo, ou lhe pediam para assinar alguma coisa, Carmen procurava o próprio Shubert para que ele confirmasse se era aquilo mesmo ou não. "Ela não confia em nós, os patetas. Só no patrão", queixara-se Cohen a seu colega Duke Kauffman.

Carmen não se conformou com a dívida. Ditou uma carta a Aloysio, que a verteu (mais ou menos) para o inglês, e Cohen enviou-a para Shubert.

"O senhor sabe que não sei ler inglês", escreveu Carmen, "e que sou uma estranha neste país, sem conhecimentos das leis locais. Quando assinei o contrato [com o Century Apartments], um dos gerentes disse que era só uma formalidade e que, quando eu excursionasse, poderia acertar as coisas com a gerência. Agora estou longe e não posso fazer nada, exceto pedir ao senhor que me ajude. Best regards from [e só então vinha a gloriosa assinatura cheia de emes rebordados] Carmen Miranda."

Com sua espontaneidade, Carmen reduzia a megaempresa de Shubert a uma quitanda e o empresário, a alguém atrás do balcão com um lápis na orelha, a quem ela podia recorrer a qualquer dia e hora, como se ele tivesse todo o tempo para atendê-la. Nesse caso, Carmen queria que Shubert largasse suas centenas de teatros e fosse em pessoa convencer o gerente a aliviar uma dívida que ela contraíra porque entendera que bastava ausentar-se do apartamento para ser dispensada de pagar o aluguel. Dívida, essa, de pouco mais de trinta dólares. Shubert não ia fazer isso, mas destacou Greneker para o trabalho, o que dava quase na mesma. No fim de março, Greneker comunicou-lhe que, depois de duas semanas tentando falar com o tal gerente, este reapareceu, queimado do sol de uma praia cubana, e disse que não podia fazer nada porque haviam gastado muito dinheiro redecorando o apartamento para Miss

Miranda. Iam tentar sublocá-lo pelo restante do tempo que ela ficasse fora, mas não seria fácil. Enquanto isso Miss Miranda teria de continuar pagando, e era bom que liquidasse as duas (agora eram duas) quinzenas em atraso. Greneker suspirou e aconselhou a Shubert que ele mesmo explicasse isso a Carmen — ela se sentiria mais acolhida e protegida.

A escala final da excursão foi Chicago, onde *Streets of Paris* ficou um mês em cartaz na Grand Opera House e Carmen cantou também, pelo mesmo período, no Colony Club. Neste, o cachê era de 2 mil dólares por semana. (Poderia ser mais, se ela tivesse concordado em fazer três shows por noite — o último às quatro da manhã.) Descontada a parte do Bando da Lua (trezentos dólares) e dividido o resto com Shubert, sobravam-lhe 850 dólares. Nada mau, mas até quando Carmen conseguiria se manter como uma máquina de cantar? E a que preço?

De volta a Nova York, Shubert concedeu-lhe uma semana de descanso, e no dia 16 de maio Carmen voltou à madrugada do Versailles para mais três semanas — enquanto isso, para os turnos da tarde e da noitinha, Shubert vendeu-a para quatro shows por dia no Paramount Theatre, de vinte minutos cada, nos intervalos de um filme. O Paramount tentou exigir que Carmen fizesse cinco shows às quartas, aos sábados e aos domingos, alegando que, como tinham mais matinês nesses dias, os shows eram mais curtos e duravam o mesmo que os outros quatro. Mas, para Carmen, o fato de durarem menos não fazia diferença, porque, depois de cada show (enquanto rolavam na tela um trailer, um desenho animado e o filme), ela tinha de tirar o vestido ensopado e arriar a maquiagem.

Somente essa operação já exigia um ritual: primeiro, Carmen removia a maquiagem com óleo de loureiro, depois lavava o rosto com sabão e água fria; em seguida, aplicava-lhe uma massagem com sabão, usando uma escova especial. Só então Carmen tomava um banho completo, se vestia e se maquiava toda de novo para o show seguinte. Multiplique essa operação pelo número de shows por dia — sendo que, depois do último show no Paramount, vinham os shows no Versailles. Daí Carmen insistir nos quatro shows por dia — sete dias por semana —, e o Paramount que a aceitasse ou não. O Paramount aceitou. Dez meses depois, em março de 1941, outro artista subiria ao palco do Paramount para a mesma moenda de quatro ou cinco shows por dia entre os filmes, e sairia de lá uma lenda: Frank Sinatra.

Se a agenda de Carmen no segundo semestre de 1939 parecera desumana, não ficou nem um pouco mais descansada no primeiro semestre de 1940. Nesse período, Carmen fez 56 shows no Versailles em janeiro e fevereiro; 140 nos nightclubs de Filadélfia, Washington etc., até Chicago, em março, abril e primeira semana de maio; e 42 no Versailles em maio e junho, junto com os brutais 84 no Paramount. Some a isso os últimos quarenta espetáculos de *Streets of Paris* na Broadway em janeiro e, no mínimo, outros cinquenta na excursão.

Total: Carmen entrou no palco pelo menos 412 vezes nos primeiros seis meses de 1940 — de novo, 2,2 shows por dia, *todos* os dias —, sem contar os 25 dias de filmagem de seus cinco números em *Serenata tropical*.

Isso significou pelo menos 412 vezes em que ela vestiu uma baiana, sentou-se ao espelho para aplicar a maquiagem, suou a baiana no palco, e, ao fim do show, despiu-a e se sentou de novo ao espelho para retirar a maquiagem. (Não esquecer as catorze sessões, de meia hora a duas horas cada uma, em que Carmen posou para Paul Meltsner, pintor de Nova York famoso por seus retratos — e, com isso, ingressou numa galeria em que constavam outras divas da Broadway, como Lynn Fontanne, Martha Graham e Gertrude Lawrence, também retratadas por Meltsner.) Em quantas dessas vezes Carmen não terá se perguntado se o esforço e o sacrifício valiam a pena — e se não era mais feliz no Rio, onde tinha menos compromissos? Ou se era a vaidade de impor-se na América, mais até do que o dinheiro, que a fazia submeter-se a essa maratona de palcos e espelhos? E, em quantas dessas vezes, o principal fator a fazê-la seguir em frente e enfrentar o público não terá sido uma cápsula branca e amarga de Benzedrine engolida no camarim?

Para quem estava de fora e apenas torcia por ela, como seu velho amigo R. Magalhães Jr., tanto trabalho só podia significar sucesso e fortuna.

"Hoje, ela é a dona de Nova York", escreveu Magalhães Jr., então correspondente da *Carioca* nos Estados Unidos. Dez anos antes, ele fizera a primeira entrevista importante com Carmen, para a *Vida Doméstica*. Agora era também o primeiro a anunciar que, depois de um ano de incontestável triunfo em Nova York, Carmen iria ao Brasil de férias em julho. Passaria três ou quatro meses, começando por uma estação de repouso em Poços de Caldas para curar a estafa, e, depois, sabe-se lá se ficaria no Rio ou para onde iria.

"Mas" — como se, de repente, fosse Nova York que não pudesse mais passar sem ela —, "em novembro [Carmen] estará de volta, para trabalhar numa nova revista musical. Talvez com Maurice Chevalier, talvez com Eddie Cantor. E a 20th Century-Fox lhe promete um filme completo — e não um número ou dois em Technicolor —, logo que seu inglês esteja mais desembaraçado."

O projeto do musical não se materializou porque Chevalier, que estava em Paris quando ela foi ocupada pelos alemães, no dia 14 de junho, preferiu continuar por lá. Então Shubert decidiu que, na volta de Carmen de suas férias no Brasil, seria melhor alugá-la à Fox antes de trazê-la de volta à Broadway.

Assim, no dia 28 de junho, Carmen tomou o *Argentina* para o Rio, sabendo que, quando voltasse, Nova York seria apenas uma escala — para Hollywood.

Enquanto Carmen ainda saboreava a ideia de embarcar para o Rio depois de um ano de ausência — e alheia a tudo o que acontecia fora dos Estados

Unidos —, os tanques da Alemanha nazista rolavam sobre a Europa. No dia 9 de abril de 1940, os alemães invadiram a Dinamarca e a Noruega; no dia 10 de maio, começaram o cerco à França, tomando a Bélgica, a Holanda e Luxemburgo; no mesmo dia, a Itália declarou guerra à França e à Inglaterra; no dia 4 de junho, os alemães derrotaram os ingleses em Dunquerque; no dia 14, ocuparam Paris; e, no começo de agosto, iniciariam o bombardeio aéreo a Londres. Com a União Soviética acuada no seu próprio front, e os Estados Unidos aparentemente à margem da guerra, nada parecia impedir a vitória do Terceiro Reich. Tempos difíceis para pierrôs, arlequins e colombinas.

No Rio, a ditadura de Getulio proclamava a "neutralidade" do Brasil diante do conflito, mas a face nacionalista do Estado Novo — muito parecida com a dos regimes de Salazar em Portugal e de Franco na Espanha — não deixava dúvidas quanto à inclinação do governo. Em 11 de junho, Dia da Marinha, num discurso a bordo do encouraçado *Minas Gerais*, Getulio jogou beijos públicos para a Alemanha ao dizer:

"Marchamos para um futuro diverso de quanto conhecíamos, em matéria de organização econômica, social ou política, e sentimos que os velhos sistemas e formas antiquadas entram em declínio. Não é, porém, o fim da civilização, mas o início tumultuoso e fecundo de uma nova era. Os povos vigorosos, aptos à vida, necessitam seguir o rumo de suas aspirações, em vez de se deterem na contemplação do que se desmorona e tomba em ruína. É preciso, portanto, compreender nossa época e remover o entulho das ideias mortas e dos ideais estéreis." E mais adiante: "Passou a época dos liberalismos imprevidentes".

O discurso de Getulio foi recebido com vivas nas repartições alemãs no Brasil e euforicamente transmitido para Berlim, onde a imprensa o interpretou à risca. O que "desmoronava e tombava em ruína" era a velha Europa — a da Inglaterra e da França. A "nova era", promovida pelos "povos vigorosos e aptos à vida", era a da Alemanha de Hitler — *ja wohl*. Da Itália, Mussolini (num recado para a imensa colônia italiana no Brasil) mandou seu embaixador no Rio cumprimentar Getulio. E, em Washington e Nova York, o governo e a imprensa americana interpretaram-no do mesmo jeito, só que com desapontamento e alerta. Por mais que Oswaldo Aranha — ministro das Relações Exteriores de Getulio e um dos poucos a favor dos Estados Unidos no governo — tentasse apagar o incêndio junto a seu amigo Sumner Welles, subsecretário de Estado americano, o discurso era inequívoco. O relatório de um órgão do governo brasileiro, a Delegacia Especial de Segurança Política e Social, assinado pelo deslumbrado capitão Batista Teixeira, confirmava isso. Ele classificou a fala presidencial como "traduzindo uma orientação diametralmente oposta à seguida pelo presidente dos Estados Unidos" e "um golpe de independência contra a orientação imperialista da política norte-americana".

Os germanófilos do governo brasileiro deram saltos de *Gemütlichkeit*. Alguns deles eram os generais Eurico Gaspar Dutra, ministro da Guerra, e Goes

Monteiro, chefe do Estado-Maior do Exército (que, em 1939, fora a Berlim para assistir às manobras do Exército alemão), o major Filinto Müller, chefe de polícia do Distrito Federal, e Lourival Fontes, agora diretor do onipotente DIP (Departamento de Imprensa e Propaganda). Se eles vibravam com o avanço da Alemanha no plano internacional, a fala de Getulio foi o seu maior motivo para triunfalismo: significava que o Brasil se comprometeria com a nova ordem.

O DIP era o sucessor do DNP, também criado por Lourival Fontes, mas aí cessava a comparação — nunca haveria no Brasil um organismo de controle tão abrangente. Dedicava-se a controlar a liberdade de pensamento e de expressão, analisando previamente todo tipo de veículo (impresso, filmado, fotografado, gravado), e a promover a propaganda do Estado Novo, criando produtos e eventos que exaltassem as virtudes do regime. Isso queria dizer tudo. O DIP controlava desde a cota de papel para todos os jornais e revistas do país — o que os mantinha de rédea curta e atentos para que não saísse nada que comprometesse a cota de papel do número seguinte — até a realização de uma festinha cívica no grêmio escolar de Deus-Me-Livre, no Guaporé, para certificar-se de que o mar de bandeirinhas brasileiras requerido para a ocasião estivesse de acordo. Controlava também as verbas de publicidade do Banco do Brasil e o valor do "subsídio" que cada órgão de imprensa recebia. Lourival era chamado, na intimidade, de "o nosso Goebbels", referindo-se ao chefe de propaganda de Hitler. Ele gostava: numa parede de sua casa, tinha retratos emoldurados de Hitler e de Mussolini, este último autografado.

No dia 28 de junho (exatamente quando Carmen estava embarcando para o Rio em Nova York), Getulio voltou à carga com um discurso em que condenava "os preparadores de guerra, os sem-pátria, prontos a tudo negociar, muitos deles, indesejáveis noutras partes, infiltrando-se clandestinamente no país com prejuízo das atividades honestas dos nacionais e abusando de nossa hospitalidade, fazendo-se instrumentos das maquinações e intrigas do financismo cosmopolita".

Dessa vez, era uma profissão de fé antissemita — e tudo isso enquanto falava em "neutralidade" e no apego do Brasil à "solidariedade pan-americana". Mas era uma neutralidade e solidariedade marota — não muito diferente da que a Argentina dizia praticar, ao mesmo tempo que flertava ostensivamente com a Alemanha.

Na correspondência entre Prüfer, embaixador alemão no Rio, e o chanceler alemão Ribbentrop (revelada depois da guerra), há várias referências à aversão de Getulio pela Inglaterra e à sua disposição de afastar-se da área de influência americana e aproximar-se da Alemanha. Prüfer e seus adidos militares ouviam isso de fontes muito próximas do ditador, como Filinto, Goes, Dutra, o ministro da Justiça Francisco Campos e o próprio irmão do ditador, Bejo Vargas, todos torcedores abertos do Reich. Não que a diplomacia alemã esperasse uma adesão brasileira à Alemanha — queria apenas que o Brasil não seguisse os Estados Unidos no caso de este entrar abertamente na guerra.

"Apesar dos protestos de amizade [aos Estados Unidos], os discursos [de Vargas] representam uma rejeição pelo presidente da política norte-americana", escreveu Prüfer a Ribbentrop. Nessa época, Getulio estava recebendo Prüfer em palácio pelas costas de Oswaldo Aranha e, como se o Catete fosse cenário de uma comédia de Feydeau, pedindo-lhe que saísse pelos fundos ao saber que Aranha estava para chegar. O intermediário desses encontros, quase um alcoviteiro, era Bejo Vargas.

Em 1940, a Alemanha já se tornara o maior parceiro comercial do Brasil, superando os Estados Unidos. Um ano antes, a metalúrgica alemã Krupp assinara um contrato com o Ministério da Guerra para rearmar o Exército brasileiro, especialmente a artilharia. Agora estava em negociações com Getulio para a construção da Companhia Siderúrgica Nacional. Nove dias depois do discurso no *Minas Gerais*, com a tranquilidade com que lhe forneceria uma válvula, a Krupp comunicou a Getulio que estava pronta a entregar-lhe uma siderúrgica no valor de 70 milhões de reichmarks. E havia também as relações pessoais. Noventa por cento dos industriais, dirigentes de empresas e técnicos alemães de alto nível residentes no Rio eram "alemães do Reich", não simples *volksdeutsche* (descendentes), como no Sul do país. A maioria frequentava os salões da elite brasileira. Diante de tantas ligações com a Alemanha, era normal que uma parte dessa elite, sempre disposta a seguir os vencedores, não escondesse sua simpatia pelos nazistas e aversão pelos ingleses e americanos.

Naquele ano, o Rio estava também infestado de agentes secretos da Gestapo, camuflados nas embaixadas, nas filiais brasileiras das empresas alemãs (principalmente as fabricantes de eletrodomésticos) e até nas associações recreativas germânicas. A função desses agentes era passar informações sobre o movimento de navios ingleses e americanos no porto — o que transportavam, para onde iam e por quais rotas — e ficar de olho na disposição brasileira de manter a neutralidade na guerra, o que era de todo o interesse dos alemães. Outras funções desses espiões incluíam enviar mensagens com tinta secreta, operar transmissões clandestinas e, se possível, eliminar (matar) agentes dos países democráticos que dessem sopa por aqui. A única atividade proibida por Berlim era a sabotagem, mas só porque poderia indispor o povo brasileiro contra a Alemanha. Tudo isso se fazia sob as vistas grossas da polícia chefiada por Filinto Müller.

Foi no auge desse clima que Carmen Miranda, a brasileirinha que se projetara nos Estados Unidos, armada apenas com seus balangandãs e que tais, desembarcou no Rio.

O DIP se encarregou de organizar a programação para a chegada de

Carmen no dia 10 de julho. E tinha razões de Estado para isso. No vernáculo típico do regime, era a volta de uma grande patrícia, que pusera nas alturas o nome do Brasil em pleno território de uma "potência estrangeira". Seu triunfo na América era uma afirmação da "raça brasileira" (uma novidade da biologia, criada por Getulio). O triunfo era também do governo, que apoiara a ida de Carmen e oferecera as passagens para o Bando da Lua, responsável pelo ritmo que possibilitara à artista "impor o samba na América".

Quando Carmen estava para chegar, os jornais anunciaram amplamente a programação do dia: o navio em que ela viria, a que horas atracaria, os barcos e lanchas que iriam ao seu encontro para escoltá-la, a festa na praça Mauá, os discursos no palanque armado no Theatro Municipal e o trajeto do desfile em carro aberto. Era como se fosse um soldado que voltasse do front, trazendo a espada do inimigo morto. Era a cantora que vencera em toda a linha — teatro, rádio, nightclub, cinema — sem ter de fazer concessões. Era a volta da música e da língua brasileiras, depois de um vitorioso bordejo por trás das linhas adversárias.

Josué de Barros, de novo no Rio, vindo de sua longa temporada portenha, estava morando na Urca. Na hora prevista, fim da tarde, foi para a amurada do bairro ver o navio passar. O *Argentina* surgiu na barra e piscou para o Pão de Açúcar, trazendo a ilustre passageira. Ninguém mais que Josué tinha o direito de ser o primeiro a abraçar Carmen, mas, quando o navio embicou em direção à ponta do Calabouço e sumiu de vista, ele desistiu de ir recebê-la no cais. Preferiu voltar para casa. A glória de Carmen agora era de muitos.

O *Argentina* atracaria entre quatro e meia e cinco da tarde, mas, desde o meio-dia, toda a área entre a praça Mauá e o Armazém 1 estava tomada pelo povo. A Mayrink Veiga, com o apoio do DIP e em cadeia com rádios de outros estados, era a emissora oficial da chegada — claro, pois era a emissora do coração de Carmen. Dos alto-falantes, abrindo a transmissão, saíam as vozes de Cesar Ladeira e Gagliano Netto, este agora na Record e empoleirado num guindaste sobre o cais. Adhemar Gonzaga mandara suas câmeras e a Cinédia iria filmar a chegada (batendo todos os recordes, o cinejornal com a reportagem seria exibido no Cineac-Glória já no dia seguinte). Uma banda de música tocava os sucessos de Carmen. Era julho e era pleno Carnaval.

Quando o navio despontou na curva da ilha das Cobras, a multidão já chegava ao Armazém 2. Os armazéns tiveram suas portas fechadas para que o povo não os usasse para ter acesso ao cais — privilégio reservado aos 3204 pagantes que passaram pelas borboletas do Touring Club para ver Carmen de perto. Frotas e frotas de pequenas embarcações, com as autoridades sanitárias e alfandegárias, foram ao encontro do *Argentina* e o acompanharam até o Armazém 2. Finalmente, o navio completou a manobra e a escada de bordo foi aberta. Repórteres e fotógrafos, às centenas, quase se engalfinhavam para chegar a ela. Carmen surgiu, poderosa, na passarela do deque superior, usando um vestido de veludo verde, com aplicações em camurça amarela pesponta-da, e uma bolsa com imensas iniciais, C. M. Ali ela era o Brasil chegando. Um Brasil viajado, cosmopolita — até o perfume era diferente.

Os primeiros a conseguir subir e abraçá-la foram seu irmão Mocotó e o colunista do *Correio da Noite*, Caribé da Rocha. Depois, dona Maria, o casal Edmar Machado e Maria Sampaio e os diretores do DIP, Julio Barata e Assis Figueiredo — estes, para lhe dar as boas-vindas oficiais. Subiu quem podia, como Cesar Ladeira, já de microfone na mão, e quem não podia. Dona Maria levou encontrões, mas conseguiu equilibrar seu chapéu.

"Como está linda a minha querida filhinha!", repetia, chorando.

Quando pôde abraçar e beijar a mãe e os irmãos, Carmen deixou escapar: "Ah, meus queridos! Que saudade mais... abafativa!"

Engolfada no deque, Carmen mal pôde posar para as fotografias. Os re-pórteres a encurralaram. As perguntas vinham de todos os lados e, quando a deixaram falar, ela se confundiu:

"Viajamos [com *Streets of Paris*] pelos Estados Unidos inteiros. Fomos até o Canadá e estivemos em Hollywood" — este, um dos poucos lugares em que ela *não* esteve. Mas o barulho era tanto que a frase passou em branco.

Os repórteres queriam provocá-la. Perguntaram-lhe se já havia esquecido o Rio.

"Como posso esquecer esse sol, esse mar, essa cidade?"

Outro intrigante perguntou-lhe sobre o "mal-entendido" a respeito de sua nacionalidade. De tanto ter de explicar aos repórteres de Nova York que não cantava em espanhol, mas em português (o próprio Brooks Atkinson, do *New York Times*, cometera essa gafe), escreveram que ela se sentia portuguesa, não brasileira. Isso repercutira mal aqui.

"Eu sou é brasileira, e no duro!", disse Carmen.

Alguém se atreveu a perguntar sobre os "rumores" de que estivesse vol-tando porque "fracassara" nos Estados Unidos.

"Vou voltar em outubro para fazer dois filmes na Fox e, se quiserem, eu mostro o contrato. Comigo é na batata."

Finalmente liberada, Carmen começou a descer a prancha. A turba rom-peu o cordão de isolamento e se colocou entre ela e o carro em que desfilaria. A PM entrou em ação, com a delicadeza de sempre. Soldados do Exército e a Guarda Civil tentaram fazer uma escolta para que ela passasse, mas a multi-dão avançava. Então, o tenente Euzébio de Queiroz tomou Carmen pela cin-tura, tirando-a do chão, e, numa ousada galanteria, abriu caminho e levou-a até o carro, que estava cheio de corbeilles e buquês, encomendados à casa A Catleya pela poetisa Adalgisa Nery, mulher de Lourival Fontes.

Os batedores da Inspetoria do Tráfego ligaram as sirenes e o carro saiu, se-guido pelo cortejo que engarrafou a avenida Rio Branco. Carmen jogava flores para o público. Em troca, funcionários públicos e comerciários, nas janelas da

Rio Branco, atiravam flores e serpentinas. O DIP podia ter organizado a festa para Carmen, mas e daí? Era o povo brasileiro que a estava recebendo e sufocando de amor. Em frente ao Theatro Municipal, parou tudo para que Carmen fosse saudada em discursos pelos luminares do órgão de propaganda. Finalmente o cortejo seguiu pela avenida Beira-Mar, sempre sob palmas e vivas, e, quando chegou à sua casa na Urca, já eram quase nove da noite. Lá, outra multidão a esperava. A polícia teve de cercar a casa para evitar que a malta invadisse. Carmen, que não se dava bem em navios e pegara um resfriado, estava quase afônica. E, com toda aquela azáfama, só dormiria no dia seguinte.

Meio que deixado para escanteio, o Bando da Lua chegara no mesmo navio, mas esse fato provocou raras comoções fora do âmbito familiar. (Aliás, suas passagens tinham sido pagas por Carmen, num total de 1800 dólares.) Aos poucos jornalistas que o procuraram, Aloysio disse que o Bando da Lua também vencera na América e que Garoto impressionara os americanos, que o chamavam de "Mr. Marvelous Hands". E que, dali a três meses, quando Carmen voltasse para os Estados Unidos, eles voltariam com ela. Mas, naquele momento, com tantas crises dentro do conjunto, nem Aloysio tinha certeza de que isso aconteceria.

As intenções de Carmen eram boas: chegar ao Rio e, no dia seguinte, esconder-se por uma ou duas semanas numa estação de águas, quem sabe Poços de Caldas, para recuperar-se do trabalho quase escravo a que se submetera em um ano de Estados Unidos. Mas não teve tempo. Os amigos iam à sua casa na Urca em romaria. Como impedir que Synval, Assis, André, Caymmi, Joubert e Braguinha, além de Edmar e Maria, entrassem para declarar que a amavam e que sentiam sua falta? Seu encontro com Josué de Barros foi comovente: "Carmen querida!", disse Josué; "Barrocas!", ela exclamou. Cada visita, ao despedir-se, levava debaixo do braço o álbum *South American Way*, de que Carmen trouxera uma coleção. Almirante foi outro que a visitou — e, para ele, Carmen reservara um rádio de pilhas, o primeiro que se viu no Brasil. As pessoas se espantavam com aquele rádio enorme que falava "sozinho", sem estar ligado à parede. Carmen trouxe também uma caixa de pilhas sobressalentes para Almirante.

Mas a visita fatal foi a do emissário de dona Darcy Vargas, esposa do presidente Vargas, para convidá-la a participar de uma noite black-tie beneficente no Cassino da Urca, dali a 72 horas, em prol da Cidade das Meninas, uma obra da primeira-dama. Esse emissário foi provavelmente seu ex-patrão, Joaquim Rolla.

O primeiro contato já fora feito por carta antes do embarque de Carmen em Nova York, e ela não dissera não. Mas, agora, Carmen tinha todos os motivos para recusar. Acabara de chegar, sentia-se esgotada, estava muito resfriada, pretendia esconder-se numa estação de águas, e não haveria tempo para ensaiar. Só que, da maneira como a coisa lhe deve ter sido colocada, jamais poderia fugir. O que se queria dela era uma simples participação num show já montado com outras atrações — Carmen não precisaria cantar mais que meia dúzia de músicas. A Cidade das Meninas (um empreendimento filantrópico a ser construído na Baixada Fluminense, destinado a dar abrigo e educação a jovens desvalidas) era a "menina dos olhos", o projeto mais querido da primeira-dama. As adesões àquela noite estavam sendo significativas. A Casa Canadá oferecera uma pele no valor de mil dólares para ser sorteada durante o espetáculo; um busto de Carmen pela escultora Celita Vaccari também seria sorteado — tudo em prol da Cidade das Meninas. E o governo estaria presente em peso. Como recusar? Depois disso, o que Rolla queria de Carmen era uma temporada de verdade na Urca, mas lá para agosto ou setembro, quando ela achasse melhor.

Com Carmen no programa, a Urca vendeu rapidamente setecentos convites a cem mil-réis para aquela noite. Para acumular forças, Carmen passou de cama toda a véspera do show, tentando vencer o resfriado que não cedia. Maria Sampaio ficou de plantão, ajudando a barrar gente que queria ver Carmen. No dia seguinte, a poucas horas do espetáculo, Carmen foi ao cassino. O médico a proibira até de ensaiar, mas ela precisava entender-se com Carlos Machado, cuja orquestra a acompanharia. Entender-se com Machado era só uma maneira de falar, porque ele não sabia uma nota de música (e se orgulhava disso). Os interlocutores eram o pianista argentino Roberto Cesari, que era quem realmente comandava a orquestra, e seu amigo Russo do Pandeiro.

Mas foi Machado quem sugeriu a Carmen dar um caráter mais "internacional" à sua apresentação — abrindo com "South American Way" e mostrando à plateia que era agora uma cidadã do mundo.

O enxame de bandeiras do Brasil no palco e no grill da Urca, providenciadas por Adalgisa Nery, que se encarregara da decoração, podia tê-lo feito suspeitar de que aquela não era uma boa ideia.

Cesar Ladeira subiu ao palco e, com seu verbo emplumado, narrou com ares épicos as façanhas de Carmen em Nova York — muitas, presenciadas por ele. Em resumo, o que Cesar tinha a dizer era: a "Pequena Notável" vencera no meio musical mais exigente do mundo, na maior cidade do mundo, no país mais poderoso do mundo. E não bastava louvar Carmen. Por qualquer ângulo que fosse analisado, o speech de Cesar era uma subliminar louvação aos Estados Unidos. E nem todos ali estavam gostando daquilo. Sob sua voz, vindo das mesas de pista, podia-se ouvir um rumor de sabres.

Enquanto Cesar falava, Carmen, na coxia, estava nervosa. Natural. Era a *rentrée* para o seu povo, em sua cidade, em seu país. Cesar encerrou chamando Carmen, e as palmas que se ouviram destinavam-se a receber a artista, não a aplaudir o locutor. A orquestra de Machado, já a toda, assomou do subsolo pelo elevador. Um segundo antes de entrar, Carmen benzeu-se e apertou distraidamente o braço de uma cantorinha que participara de um número anterior e que estava ali para espiá-la. Sem saber o que fazia, Carmen cravou as longas unhas no braço nu da menina — Emilinha Borba —, que espremeu baixinho um grito de "Aaaaiii!...".

Com a mesma baiana que usara na Casa Branca, de brocados dourados, vermelhos e prateados, Carmen finalmente entrou sob os aplausos. A cestinha de frutas crescera para os lados e para o alto; uma catarata de colares e balangandãs tinha se incorporado à fantasia; e a gesticulação também parecia diferente. Para a plateia, aquela era uma nova Carmen — e mais ainda porque *Serenata tropical* ainda não estreara por aqui. (Aliás, não estreara nem nos Estados Unidos. A "nova" Carmen ainda era um segredo dos nightclubs de Nova York a Chicago.)

Carmen dirigiu-se em inglês à plateia:

"*Good night, people!*" — em vez do tradicional (e muito mais ela) "Oi, macacada!".

Não houve grande resposta.

Carmen abriu com "South American Way". Pelos três minutos seguintes, gelo na plateia. O samba-rumba, muito fraco para os padrões brasileiros, teve de arrastar-se sozinho até a última nota. O verso "Souse American way", que, nos Estados Unidos, fazia a plateia ter convulsões de riso, passou em branco na Urca até pelos que entenderam o trocadilho. Ao fim do número, não houve vaia, mas aplausos tíbios e espaçados. E, mais que tudo, silêncio — um silêncio cheio de sons de desconforto: resmungos em surdina, bufadas involuntárias, corpos se ajeitando nas cadeiras.

Em retrospecto, não faltariam motivos para justificar a trágica passagem de Carmen pelo Cassino da Urca naquela noite. Alguns deles: fazia um ano que Carmen estava sem ouvir música brasileira, exceto a que ela própria cantava. Estava também condicionada à reação das plateias americanas, que não entendiam o que ela dizia, obrigando-a a enfatizar seus movimentos de palco. E havia o resfriado: sem muita voz ou ritmo, ela parecia sumir, sucumbir, ao peso da orquestra de Carlos Machado.

O que Carmen cantou nessa noite, além de "South American Way"? Apenas mais três músicas, embora não haja consenso sobre quais foram. Uma delas, segundo Carlos Machado, teria sido algo cubano (Machado falou em "El cumbanchero", mas esta só seria composta pelo porto-riquenho Rafael Hernández em 1943). Outra, segundo Aloysio de Oliveira, seria uma canção americana com letra em português por ele próprio — talvez "Diga diga doo", que o Bando da Lua cantava no passado e, por acaso, também de Jimmy McHugh (em parceria com Dorothy Fields). E, por último e por certo, "O que é que a baiana tem?" — mas, aí, o desastre já se consumara. Em Nova York, quando se apresentava no Waldorf ou no Versailles e uma mesa lhe pedia que cantasse algo em inglês, Carmen respondia: "*I sing the songs from Brazil*" (Eu canto as coisas do Brasil). E, logo aqui, vinha dar um fora desse tamanho! Não sabia para quem estava cantando?

Não. E nem podia saber. Aqui vai a composição de mesas no Cassino da Urca, pelo menos nas primeiras filas, naquela noite — Carmen cantou para nada menos que o estado-maior do Estado Novo. Presentes, além da primeira-dama, dona Darcy Vargas, estavam sua filha Alzirinha e o marido desta, Ernani do Amaral Peixoto, interventor do estado do Rio; general Eurico Gaspar Dutra, ministro da Guerra; general Goes Monteiro, chefe do Estado-Maior do Exército; Francisco Campos, ministro da Justiça; Waldemar Cromwell Falcão, ministro do Trabalho; Gustavo Capanema, ministro da Educação; vice-almirante Aristides Guilhem, ministro da Marinha; coronel Cordeiro de Faria, interventor do Rio Grande do Sul; capitão Filinto Müller, chefe de polícia do Distrito Federal; capitão Batista Teixeira, do Departamento de Segurança Política e Social; "coronel" Bejo Vargas, bon-vivant, lobista e primeiro-irmão; Lourival Fontes, chefe do DIP; Julio Barata, diretor da Divisão de Rádio do DIP; Assis Figueiredo, diretor da Divisão de Turismo do DIP; e o radialista Felicio Mastrangelo, italiano nato e mais tarde acusado de quinta-coluna no Brasil por vários jornalistas — apenas entre os que foi possível levantar. Cada qual com grande comitiva.

À volta deles, empresários e industriais brasileiros, muitos com sobrenomes bem conhecidos, e que, a exemplo da elite de outros países, estavam fazendo negócios com a Alemanha do Führer e se identificando com sua postura anticomunista e antijudaica.

A debutante Stella Rudge, acompanhada de suas amigas, era fã de Carmen e queria aplaudi-la. Mas, desde o primeiro número, sentiu a temperatura à sua volta e se conteve. Suas amigas também olharam ao redor e recolheram as mãozinhas. Alice Accioly, mulher do jornalista Accioly Netto, não entendia a mudez da plateia — o som das poucas palmas no vazio era terrível. Alice, que conhecia todo mundo por causa do marido, notou a presença de muita gente do governo. E Maria Sampaio se mortificava por não ter impedido Carmen de subir ao palco com aquele resfriado.

É impossível saber o que se passou na cabeça de Carmen ao atacar cada música e constatar que não estava agradando — ou que forças a fizeram chegar ao quarto número. Ao fim deste, não se conteve e saiu do palco, revoltada e chorando. Machado continuou o show e, por alguns minutos, ninguém entendeu o que estava acontecendo. Carmen voltaria ou não? Quando correu pelo grill a informação de que ela não voltaria, Alzirinha, em nome de sua mãe, foi ao camarim para ver o que havia e para convidá-la a se sentar a sua mesa. Mas Carmen mandou agradecer e disse que ia para casa porque não estava bem.

No dia seguinte, comentaria com Caribé da Rocha:

"O público que foi ao cassino não foi o mesmo que me recebeu nas ruas."

Não foi mesmo, até pelo preço do convite: dez vezes o de um ingresso normal da Urca. Os que correram atrás de seu carro na avenida Beira-Mar, gritando "Carmen!", não tinham nem para o aluguel de um smoking. No futuro, dir-se-ia que a "elite" brasileira a rejeitara por ser sambista. Não foi nada disso — pois, afinal, eles não a criticaram por voltar "pouco autêntica" e "americanizada"? E é aí que está a chave do silêncio.

Quem estava em todas as principais mesas da Urca, naquela noite, era o poder, oficial e civil, que, nos últimos meses, assumira uma nova cor política ao sabor dos acontecimentos na Europa. A Alemanha era agora a grande amiga, e os Estados Unidos, de repente, o potencial vilão. Os ministros e funcionários do governo se irritaram ao ver que a artista que emigrara com o apoio deles, para fazer valer o Brasil e sua música junto ao inimigo, voltara corrompida por esse inimigo. As bandeiras no palco e no grill da Urca deviam ter servido de aviso. Normalmente, elas poderiam ser interpretadas como o Brasil que recebia Carmen de volta. Mas o Estado Novo conspurcara o símbolo da bandeira — naquele contexto, elas significavam apenas o regime recebendo Carmen.

O "nacionalismo" da elite brasileira também era de araque. Poucos dias antes, Caribé protestava em sua coluna no *Correio da Noite* contra o enxame de foxes, blues, boleros e rumbas, em detrimento do samba, no repertório das orquestras dos cassinos — embora houvesse uma lei (passada por Getulio) obrigando essas orquestras a ter 50% de música brasileira em seu repertório. Quem impunha esse repertório estrangeiro? Caribé falava também da decepção dos turistas, que vinham aqui para ouvir samba, e não os seus próprios ritmos, e denunciava que essas orquestras não tinham entre os seus membros um único tocador de cuíca ou tamborim. A de Carlos Machado, que, por sinal, se chamava Brazilian Serenaders, não tinha esse músico — na verdade, era uma autêntica big band de swing, temperada com, às vezes, uma percussão cubana. Ou seja, não seria por falta de traquejo internacional que a plateia dos cassinos desaprovaria o repertório de Carmen. Era só uma questão de momento.

Carmen nunca entendeu isso e ninguém lhe explicou o contexto em que se dera a agressão. Por esse motivo, convenceu-se de vez que a "elite" brasileira não gostava dela. E que tudo que fizera para deixar de ser a filha do barbeiro e da lavadeira, e ser aceita por "eles", fora em vão.

No dia seguinte, o mais cedo possível, Carmen convocou uma reunião em sua casa com o pessoal da Urca. Ela ainda não se conformara. Aceitara trabalhar resfriada — numa época pré-penicilina, em que resfriados podiam evoluir para uma pneumonia —, sem ensaiar e de graça, no que imaginava ser uma festa para ela e seus amigos, e fora recebida com hostilidade. Depois do show, um estafeta fora levar-lhe no camarim uma placa em agradecimento à sua participação no espetáculo. Carmen fizera-se de desentendida e não a recebera. E, naquela manhã, já recebera telefonemas insultuosos de nacionalistas exaltados. Os fatos da véspera tinham sido um alerta — se Carmen fosse fazer uma série de shows no cassino em setembro ou outubro, precisaria de um repertório novo e adequado.

À reunião compareceram Joaquim Rolla, o *bandleader* Carlos Machado, o compositor e diretor musical do cassino Vicente Paiva e o teatrólogo, letrista e diretor artístico Luiz Peixoto. Naquele mesmo dia, os vespertinos publicaram uma nota oficial do cassino explicando que Carmen interrompera o show "por questões de saúde" — o que não deixava de ser verdade.

"Vicente, sabes que não agradei", disse Carmen para Vicente Paiva. "Não gostaram de nada que cantei. Preciso de um pouco dos seus molhos."

Ali se decidiu que Vicente Paiva e Luiz Peixoto se internariam na casa de um ou de outro e produziriam material inédito para Carmen — três ou quatro sambas, pelo menos. Isso não impediria Carmen de buscar canções novas junto a seus antigos compositores. Resolveu-se também que o acompanhamento da orquestra de Machado era inadequado para Carmen. O Bando da Lua começaria uma temporada independente na Urca no dia 31 de julho — por que não acoplá-los a ela? Grande Othelo, que estava na Bahia, seria chamado para cantar alguma coisa em dueto com Carmen. E o palco também receberia um tratamento especial com luzes. Muitas ideias, todas boas — aquele seria um show planejado e posto de pé, detalhe por detalhe.

Carmen passou alguns dias em Poços de Caldas, como planejara, antes de começar a voltar aos poucos ao trabalho. No dia 22 de agosto estreara na Mayrink Veiga sob patrocínio dos produtos Coty, acompanhada pelo regional de Luiz Americano, com auditório lotado e polícia na porta para conter a multidão. Se uma certa plateia na Urca lhe fora tão hostil, onde estava a aversão popular a ela? O único incidente foram os protestos de alguns ouvintes contra o fenomenal "Bruxinha de pano", um dos primeiros frutos da parceria de Vicente Paiva com Luiz Peixoto para ela — não pela letra, talvez, mas pelo jeito infernal de Carmen cantá-la:

"*Ó xente, tira a mão daí/ Ó xente*".

Em Nova York, Shubert sentia seu bolso sangrar a cada dia que Carmen ficava fora de sua jurisdição. Os convites não paravam de chegar — todos a queriam, e pelo preço que ele decretasse. Naquele mesmo mês, retomou o cerco para a sua volta. Num cabograma datado de 6 de agosto, perguntou se Carmen poderia voltar no dia 1º de setembro, porque já tinha dois shows em perspectiva para ela e o Bando da Lua, um em Nova York, outro em Chicago. Carmen respondeu que estava doente (era ainda o resfriado...), sem trabalhar (menos verdade) e sem sair de casa, e que tinha um contrato com o Cassino da Urca e com a primeira-dama para shows de caridade — tudo era válido para tapear Shubert e não ter de pegar correndo o navio. E acrescentou que estava até feliz pelo resfriado, porque era "a única maneira de descansar".

Shubert escreveu de volta no dia 14, desejando a Carmen "rápida recuperação" e "sucesso em seus compromissos no Rio". Mas informava que ela já estava contratada para estrear no restaurante Chez Paree, em Chicago, no dia 18 de outubro, e que deveria estar naquela cidade na véspera. Mandava abraços para ela, para Louis (Aloysio) e para o Bando — mas, discreta e ameaçadoramente, terminava o telegrama dizendo: "Gostaríamos de ter apenas cinco rapazes em vez de seis quando você voltar".

Shubert nunca soube quão perto esteve de não ter Bando nenhum na volta de Carmen. Como já acontecera antes, Helio e Vadeco estavam insatisfeitos e querendo sair. Todas as tentativas de chamar o conjunto de The Moon Gang nos Estados Unidos tinham fracassado, e eles não gostavam de se ver reduzidos, mesmo que informalmente, a The Miranda's Boys. Aloysio e os irmãos Ozorio achavam que tinham de continuar juntos, não importava o nome ou a função do conjunto. Mas, então, Garoto pediu demissão. O motivo alegado foi que, se levasse sua mulher, Dugenir, misto de pianista e dona de casa, passariam aperto na América por ela ser negra. Dugenir não poderia frequentar os lugares em que Garoto estivesse tocando e, sendo assim, eles preferiam não ir. Mas a razão principal era outra: Garoto já sabia por Shubert que, se a 20th Century-Fox formalizasse a contratação de Carmen e do Bando para os filmes, ele jamais teria um crédito à parte do conjunto — como conseguira nas gravações da Decca. E o próprio Bando se desse por feliz se ganhasse crédito.

Sem Garoto, os dissidentes Vadeco e Helio recuaram e decidiram ficar no grupo. Mas o principal motivo para isso foi o pouco-caso com que os rapazes do Bando se julgaram recebidos pelos colegas. Se achavam que, assim que pisassem na praça Mauá, seriam asfixiados de convites para se apresentar, enganaram-se. A Urca os chamara, é certo, mas, das catorze emissoras de rádio do Rio, só a Rádio Nacional os convocara, e mesmo assim para uma temporada de alguns dias. Fora isso, silêncio — e não esquecer que havia um novo e sensacional conjunto na praça: os Anjos do Inferno, liderados por Leo Villar. (O Bando da Lua acabara de ouvi-los em Icaraí, e pelo menos Aloysio ficara impressionado.)

Vadeco e Helio pensaram melhor e ajudaram Aloysio a contratar o substituto para Garoto. O primeiro que convidaram foi Laurindo de Almeida — que, embora fã de Carmen, recusou por não querer ser um "Miranda's boy". O violonista paulista Rago ofereceu-se para a vaga, mas foi vetado por Aloysio, que já tinha acertado com o também paulista Nestor Amaral, violão-tenor, violino, bandolim e igualmente cantor. Nestor foi para o Rio e, quando o Bando da Lua fosse estrear com Carmen no Cassino da Urca, a nova formação já estaria cristalizada.

Por um telegrama de 31 de agosto para Aloysio, Shubert mandou a grande notícia:

AVISE MIRANDA ACERTEI COMPROMISSO NA 20TH CENTURY-FOX HOLLYWOOD POR UM PERÍODO DE CINCO SEMANAS MAIS TRÊS SEMANAS E MEIA DE OPÇÃO A DOIS MIL DÓLARES POR SEMANA COMEÇANDO DIA 25 DE NOVEMBRO. ELA PRECISA ESTAR EM HOLLYWOOD NO DIA 18 DE NOVEMBRO PARA TESTES [DE ROUPA, DE COR ETC.]. SALÁRIO COMEÇA A VALER NO DIA 25. PODE TAMBÉM TRABALHAR EM NIGHTCLUBS ATÉ MEIA-NOITE DURANTE COMPROMISSO. ESPERO FECHAR ACORDO EM SEPARADO PARA O BANDO. FAÇA [CARMEN] ME TELEGRAFAR IMEDIATAMENTE DIZENDO "AUTORIZO-O A ASSINAR POR MIM UM CONTRATO PARA CINEMA NOS TERMOS DE SEU TELEGRAMA DE 31 DE AGOSTO E CONTENDO QUAISQUER OUTRAS PROVISÕES QUE CONSIDERE ACONSELHÁVEIS". ISTO SIGNIFICA QUE ELA NÃO RECEBERÁ MENOS DE 10 MIL DÓLARES POR CINCO SEMANAS E 330 DÓLARES/DIA POR CADA DIA A MAIS. SHUBERT.

O contrato de cinco semanas com a Fox para *That Night in Rio* (que, no Brasil, se chamaria *Uma noite no Rio*) chegou com data de 2 de setembro. Shubert só se esqueceu de acrescentar que *também* ele estava levando 10 mil dólares pelas cinco semanas, e sem ter de emitir um único ai, ai nem revirar os olhinhos. Em compensação, por telegrama de 30 de setembro, Shubert informou que decidira contratar o Bando da Lua inteiro — nominalmente, os srs. Aloysio, Vadeco, Helio, Affonso, Stenio e Nestor —, pela temporada teatral de 15 de outubro de 1940 a 1º de junho de 1941, ao mínimo de cinquenta dólares por semana para cada um mais as passagens e com sua situação junto ao Sindicato dos Músicos Americanos regularizada.

Bonzinho? Nem tanto. Shubert alugou o Bando para a Fox. Recuperou o seu e ainda ficou com um troco para seus charutos.

No dia 7 de setembro, enquanto o Estado Novo desfilava seus tanques e canhões pela cidade, Carmen chamou vários compositores à sua casa para que eles lhe mostrassem o que tinham de novo. Compareceram Braguinha, Alcyr Pires Vermelho, Nássara, Haroldo Lobo, Mario Lago, Oswaldo Santiago, os amáveis valentões Germano Augusto e Kid Pepe, e um jovem chamado David Nasser, silencioso e de orelhas em riste. Exceto Nasser, todos ali eram íntimos de Carmen e podiam se dirigir a ela com toda a liberdade:

"Como vão as coisas, nega?"

"E os dólares, Carmen? Lá é capim, não é?"

Os compositores cantaram suas músicas para Carmen, na esperança de que, dali, elas criassem asas para a América. Mas é óbvio que ela não iria aprovar ou desaprovar nenhuma ali mesmo. Ouviu todas com prazer e ficou de falar depois com cada um. O que se sabe é que, como nunca mais gravaria um samba ou marchinha de nenhum deles, uma das músicas apresentadas na reunião e que Carmen rejeitou foi o majestoso samba-exaltação de Braguinha e Alcyr, "Onde o céu azul é mais azul".

Seria correto usar a palavra rejeitar? Não queria dizer que ela não tivesse gostado deste ou daquele samba ou marchinha. De um amigo que não compareceu à reunião, Assis Valente, ela acabara de recusar nada menos que o samba então conhecido como "Chegou a hora" — *"Chegou a hora dessa gente bronzeada/ Mostrar seu valor"* — e que a posteridade consagraria como "Brasil pandeiro".

Por que Carmen recusou "Brasil pandeiro"? Porque, de certa forma, era também um samba-exaltação, mas de exaltação à sua pessoa:

O Tio Sam está querendo conhecer a nossa batucada
Está dizendo que o molho da baiana melhorou seu prato
Vai entrar no cuscuz, acarajé e abará
Na Casa Branca já dançou a batucada com ioiô e iaiá

Todas essas frases eram referências diretas a ela. A modéstia de Carmen não lhe permitiria ficar se gabando de seus feitos, e muito menos em música. Mas, a provar que nada se rompera entre eles, na mesma sessão Carmen ficara com o samba-choro "Recenseamento", uma das obras-primas de Assis:

Em 1940, lá no morro começaram o recenseamento
E o agente recenseador esmiuçou a minha vida que foi um horror
E quando viu a minha mão sem aliança
Encarou para a criança que no chão dormia
E perguntou se meu moreno era decente
E se era do batente ou se era da folia.

"A orquestra [de Carlos Machado] desaparece, desce uma cortina de espelhos e outra orquestra, agora com um ritmo de samba, com Vicente Paiva na regência, surge do subsolo", escreveu *O Globo* de 13 de setembro, narrando a estreia da véspera numa Urca superlotada. E continuou:

O speaker anuncia Carmen Miranda e o Bando da Lua. A "baiana" aparece debaixo do foco de luz, que tira cintilações de sua fantasia estilizada. A cestinha sobre o turbante, milagrosamente equilibrada, tem frutos de ouro e diamantes. E os próprios olhos da estrelíssima, à intensidade da luz reproduzida centenas de vezes pelos espelhos, são de um verde fulgurante. O sorriso branco é iluminado de forma surpreendente. O show principia. "Diz que tem" é um samba ritmadíssimo. "Os quindins de Iaiá" tem melodia bonita e a linguagem ingênua das sertanejas. "Voltei pro morro", muita, muita malandragem. Depois aparece Grande Othelo e canta com Carmen "Bruxinha de pano". É o número mais aplaudido. Quando é chamada mais uma vez à cena, depois do sucesso absoluto, Miss Miranda apresenta, com seus companheiros de excursão, "O que é que a baiana tem?". O público insiste pelo bis.

Alguns se perguntavam como, menos de dois meses depois da maior humilhação de sua vida, Carmen podia estar voltando ao mesmo palco onde aquilo acontecera. E se o fiasco se repetisse? Mas, dessa vez, Carmen sabia que não podia dar errado. Nada de black-tie, de gente do governo ou de bandeirinhas verde-amarelas. Em vez disso, lá estaria o seu público, vestido como pudesse. Como cenário, um painel mostrando uma série de Carmens em efeitos luminosos. E ela própria estava com o gogó tinindo. Quanto à reação da plateia, já tivera uma prova na véspera, à tarde, durante o último ensaio — assistido por dezenas. Ao entrar no palco na noite de estreia, sabia-se amada como sempre.

Mas não se esquecera da agressão, e seu novo repertório continha sambas que comentavam o seu status de sambista brasileira desafiado pelos bobocas: "Disseram que voltei americanizada",

> *Mas pra cima de mim, pra que tanto veneno?*
> *Eu posso lá ficar americanizada?*
> *Eu que nasci com o samba e vivo no sereno*
> *Tocando a noite inteira a velha batucada.*
> *Nas rodas de malandro, minhas preferidas*
> *Eu digo é mesmo "Eu te amo", e nunca "I love you"*
> *Enquanto houver Brasil, na hora das comidas*
> *Eu sou do camarão ensopadinho com chuchu,*

e "Voltei pro morro",

> *Voltando ao berço do samba que em outras terras cantei*
> *Pela luz que me alumia, eu juro*
> *Que sem a nossa melodia e a cadência dos pandeiros*
> *Muitas vezes eu chorei e chorei,*

ambos de Vicente Paiva e Luiz Peixoto. Vários outros sambas daquela fornada realçavam o caráter ultrabrasileiro de Carmen. E o próprio Bando da Lua lançou uma novidade que entraria para a história: "O samba da minha terra", de Dorival Caymmi.

No dia 19 de setembro, Aurora se casou com Gabriel na igrejinha da Urca. Usava um vestido em que a parte de cima era uma jaqueta bordada em dourado, que Carmen lhe trouxera de Nova York. Os padrinhos foram Paulo Machado de Carvalho e Carmen. Mas o verdadeiro presente de Carmen para eles ficara para o futuro próximo: duas passagens de navio para que fossem passar a lua de mel com ela em Hollywood, quando já estivesse instalada.

Na certidão de casamento, Gabriel classificou-se como comerciante e Aurora, surpreendentemente, como doméstica — não como cantora. Por que tanta modéstia? Porque, então, para todos os efeitos, o casamento é que iria realizá-la, não a carreira. E, sobre o casamento, parecia ter ideias bem definidas.

Em certo momento, logo depois da cerimônia, Aurora chamou Carmen de lado e ofereceu-lhe uma confidência e um conselho:

"Você reparou que Gabriel gosta mais de mim do que eu dele? Faça como eu, Carmen. Escolha para casar um homem que te trate bem e de quem você possa gostar — mas por quem não seja apaixonada. Assim você sofrerá menos."

De onde Aurora tirava essas ideias? De onde tanto pessimismo e fatalismo? Bem, ela era uma voraz leitora de romances. Seus autores favoritos em 1940 eram Machado de Assis e um novo e promissor escritor gaúcho, Erico Verissimo.

Carmen pensou no conselho de Aurora ao reencontrar Carlos Alberto da Rocha Faria. Finalmente tiveram a conversa que não fora possível um ano antes. Mas ambos já tinham se convencido de que o destino não lhes reservava nenhuma vida a dois. Cada qual cuidaria de si — embora, para Carlos Alberto, o futuro de Carmen já estivesse decidido: de Hollywood, não haveria volta.

Nos dias 2, 6 e 27 de setembro, Carmen foi ao estúdio da Odeon para gravar seus últimos discos brasileiros. Ela não sabia que seriam os últimos. Não sabia também que ali se encerrava sua carreira de insuperável intérprete de sambas-*canaille*. Obras-primas da manemolência, como o chorinho "Disso é que eu gosto", de Vicente Paiva e Luiz Peixoto, e o samba "O dengo que a nega tem", de Caymmi, ou do duplo sentido, como "Bruxinha de pano" e "Recenseamento", tudo isso — que dependia do entendimento da língua e de suas nuances — era impraticável para o mercado americano. Este só a aceitaria fazendo aquele *gibberish* infantil, que julgava tipicamente "latino". Ou, um dia, obrigando-a a cantar em inglês, com pavoroso sotaque mexicano.

A rigor, era o fim da carreira discográfica de Carmen. Os poucos discos que ela ainda gravaria nos Estados Unidos não fariam muita diferença para ela ou para ninguém. A rigor, e por mais duro que isso possa parecer, era o fim da Carmen cantora — sufocada pela personalidade colorida que também cantava e, às vezes, até representava.

15 | 1940
Estrela da Fox

No dia 2 de outubro, Carmen e o Bando da Lua tomaram o *Uruguay* para Nova York. Dessa vez, as grandes massas escusaram-se de ir ao bota-fora. Mas a família crescera. Com Carmen, embarcaram dona Maria, que iria morar com ela nos Estados Unidos; seu irmão Mocotó, para passar uns tempos; e a jovem Odila, também indo para ficar, para ajudar dona Maria na cozinha e para reencontrar seu noivo, o violonista Zezinho, e se casar com ele. Entre o pessoal do Bando, Stenio levou Andréa, violinista do Theatro Municipal, com quem se casara durante as férias; eles passariam a lua de mel a bordo. Carmen e dona Maria foram de primeira classe, onde também estavam o pianista polonês Arthur Rubinstein, vindo de Buenos Aires, e o casal de cantores Marta Eggerth e Jan Kiepura, vindos do Rio mesmo.

Marta Eggerth era uma criadora de casos. Rompera contratos em Buenos Aires e Montevidéu e quase fez o mesmo no Rio. Adiou várias apresentações na Urca (por se recusar a cantar com uma "orquestra de jazz" — a de Carlos Machado) e, quando finalmente subiu ao palco (também em benefício da Cidade das Meninas de dona Darcy Vargas), entrou atrasada, chamou a plateia de mal-educada (por alguns estarem fumando), cantou somente uma música, deu as costas e foi embora. Pobre dona Darcy. O vexame com a soprano aconteceu poucos dias depois da fatídica apresentação de Carmen. Não admira que a Cidade das Meninas nunca tenha dado muito certo.

Mais uma vez, Carmen trabalhara até o último dia no Rio. O compromisso com a Mayrink Veiga se estendera à véspera do embarque. A temporada na Urca fora até o dia 24 de setembro. No dia 25, ela dera um coquetel de despedida no Copacabana Palace para a imprensa, a "sociedade" e os amigos. E, no dia 28, fizera um show no cassino Icaraí, em Niterói, a pedido de... Alzirinha Vargas. Era como se Carmen quisesse provar que não levava mágoas. O próprio Carlos Machado, que se julgava responsável pelo que acontecera na Urca e não se perdoava por isso, teve uma surpresa: Carmen ofereceu-lhe seu carro Cord, que sabia que ele admirava, por um preço simbólico. Na verdade, só faltou dar-lhe o carro.

"Machado, você foi um amor comigo e queria lhe dar um presente", ela disse. "Mas, se não pagares nada, vão dizer que andavas me comendo. Você assina dez promissórias de um conto e vai pagando uma por mês a meu irmão Mocotó. Que tal?" Machado assinou correndo.

Se a saída do Rio fora morna, a chegada de Carmen a Nova York foi apoteótica — ou assim pareceu ao ser filmada pela Fox, já como parte do *build-up* da estrela. E o estúdio tinha mais era de promovê-la — afinal, ela estava com um filme pronto, *Serenata tropical*, e era esperada em Hollywood para rodar outro, *Uma noite no Rio*. O cinejornal Movietone, com o registro da chegada, foi exibido no Cineac, no Rio, poucos dias depois.

Dessa vez, a estada de Carmen em Nova York foi curta. Mas suficiente para Shubert convencê-la a rasgarem o contrato em vigência, assinado apenas seis meses antes, e fazerem um novo — ele não queria esperar até maio de 1941 para exercer sua opção de continuar com Carmen. *Serenata tropical* acabara de ser lançado em Los Angeles, e Shubert sabia que, assim que Carmen pisasse em Hollywood, o pessoal do cinema iria se apaixonar por ela. Era imprescindível segurá-la desde já — e a longo prazo.

Num documento do dia 17 de outubro de 1940, Shubert não apenas exerceu a opção e garantiu que Carmen seria sua até maio de 1942 como propôs estender uma nova opção até 31 de maio de 1944, para o que bastaria que ele a notificasse até trinta dias antes de maio de 1942. Para compensá-la, sugeriu duas modificações no contrato, ambas aparentemente favoráveis a Carmen: seu salário seria agora de 1200 dólares por semana e os rendimentos pelos serviços prestados a terceiros passariam a ser divididos à base de 60% para ela e 40% para ele, não mais cinquenta a cinquenta.

Pelo dinheiro real que circulava entre os dois, esses números já não significavam tanto para Carmen, e a ideia de continuar presa a Shubert pelos três anos e meio seguintes devia parecer-lhe esquisita. Mesmo assim — e incrivelmente —, Carmen aceitou.

De Nova York, escoltados por um homem de Shubert, Carmen e seu pessoal foram primeiro para Chicago, de trem, pelo ultrafuturista Twentieth Century, a fim de cumprir as duas semanas no nightclub Chez Paree. A viagem levava dezesseis horas, mas o Twentieth Century se dizia o trem mais luxuoso e confortável dos Estados Unidos. Era composto de dezessete vagões, incluindo cabines particulares do tamanho de pequenos apartamentos, e seu vagão-restaurante era do nível de um restaurante quatro-estrelas de Manhattan. A alternativa ao Twentieth Century (e ao Super-Chief, que fazia a etapa seguinte, de Chicago a Los Angeles) era o avião, que levava doze horas para o trajeto completo e só era usado pelos artistas e pelos milionários que estivessem com *muita* pressa.

Era a segunda visita de Carmen a Chicago em menos de um ano. Logo ao chegar, Carmen disse ao dono do Chez Paree, Charlie Fischetti, que já estivera antes em Chicago, mas ainda não realizara seu sonho de conhecer um gângster.

"Um gângster, senhor Fischetti! Quero conhecer um!"

No começo, ele levou a coisa na brincadeira. Não era possível que ela não soubesse. Até que se convenceu de que Carmen estava sendo sincera. Finalmente explodiu:

"Minha filha, você já conhece. O gângster sou eu."

Fischetti era primo de Al Capone e herdara algumas de suas operações quando, em 1932, Capone fora para sempre ver o sol nascer quadrado em Alcatraz.

Para ganhar tempo e permitir a Carmen começar a trabalhar assim que chegasse a Hollywood, a Fox despachara para Chicago um brasileiro radicado em Los Angeles, o paulista Zaccarias Yaconelli (na verdade, Iaconelli — o ípsilon era só um charme), para ensaiar com ela os diálogos de *Uma noite no Rio*. Carmen já estava nos Estados Unidos havia mais de um ano, mas, por sua aversão a estudar gramática, seu inglês ainda podia ser considerado precário. Em se tratando de um filme, teria de aprender as falas foneticamente e, para fazer as caras e inflexões certas, precisaria saber o que significavam. Yaconelli, com sua longa experiência nos estúdios, era o homem para ajudá-la.

Em 1922, aos 25 anos, Yaconelli trabalhava numa firma americana em São Paulo quando ganhou um prêmio de viagem para Nova York. Foi e não voltou. Passou os primeiros dois anos em Nova York e partiu para Hollywood, de onde nunca mais saiu. No começo tentou ser ator, mas sua carreira oscilou entre pontas-relâmpago, em que ninguém o via, e aparições ainda mais relâmpago, como figurante, em que nem ele se via. Seu filme mais importante foi *O rei dos reis*, de Cecil B. DeMille, em 1927, no papel de um romeiro cristão — ele e outros 2 mil figurantes, todos barbados e vestidos como ele. Para comer duas vezes por dia, Yaconelli trabalhou como intérprete em tribunais de Los Angeles e São Francisco, dublou filmes americanos para o mercado italiano, foi locutor de rádio em programas para hispânicos e atuou como mestre de cerimônias em shows de colônias estrangeiras — qualquer uma em que se falasse inglês, francês, italiano, espanhol, hebraico, iídiche, grego ou (menos requisitado) português. Sua carreira como ator estava mais encerrada que a de seu contemporâneo Francis X. Bushman, mas, quando a Fox o contratou para ser o "diretor de diálogos" de Carmen, é porque sabia de suas capacidades.

Graças a Yaconelli, Carmen logo aprendeu suas falas e, de quebra, as dos atores com quem iria contracenar, especialmente Don Ameche. Com Yaconelli seguiu também um disco com a gravação das duas canções que Carmen interpretaria no filme, "Chica Chica Boom Chic" e "I, yi, yi, yi, yi (I Like You Very Much)", cantadas por ele, para que ela as aprendesse. E, entre suas funções, estava ainda a de acompanhar Carmen às entrevistas, embora, dois meses depois, em dezembro, ela já conseguisse se virar muito bem sozinha. Por todo o serviço, que levaria quatro meses, a Fox pagaria a Yaconelli trezentos dólares — descontados do salário de Carmen.

1940 — ESTRELA DA FOX | 261

■

Na terceira semana de outubro, com Carmen abafando todas as noites no Chez Paree, em Chicago, *Serenata tropical* estreou em Nova York e, finalmente, as multidões foram apresentadas a Carmen Miranda. Ela era o terceiro nome do elenco, atrás de Don Ameche e Betty Grable, embora sua participação no filme se limitasse a três *specialties*, números isolados, numa boate ("South American Way", "Mamãe, eu quero" e "Bambu, bambu"), sem ligação com a trama e sem contracenar com ninguém. Não importava. Somente sua entrada em cena, no começo do filme, já era uma explosão em cores num mundo que virtualmente ainda se enxergava em preto e branco.

Carmen e Betty Grable foram as duas primeiras estrelas do cinema geradas pelo Technicolor. Dos seus primórdios até fins dos anos 30, os estúdios só filmavam em cores em casos excepcionais. A MGM, por exemplo, não achava que os Irmãos Marx fossem um caso excepcional — tanto que, em 1940, nenhuma criança sabia que a peruca de Harpo era vermelha. A cor encarecia brutalmente uma produção, porque tudo tinha de ser fornecido pela Technicolor Company: o filme virgem, as câmeras especiais, os técnicos, a revelação e os famosos consultores, que palpitavam sobre tudo em cena, da cor da gravata do galã à espessura do rouge nas faces da mocinha. Era quase um monopólio. E o pior é que, no começo, o resultado parecia frustrante: as cores eram anêmicas, artificiais, incapazes de superar a glória já estabelecida do preto e branco. Mas, na segunda metade da década, Herbert Kalmus, o cientista fundador da Technicolor, e sua mulher, Natalie, desbravaram a tricromia, que era a justaposição das três cores básicas sobre a película. E só então surgiram os primeiros filmes com um colorido vivo e espetacular: *As aventuras de Robin Hood* (*The Adventures of Robin Hood*,1938), *As quatro penas brancas* (*The Four Feathers*, 1939), *...E o vento levou* (*Gone with the Wind*, 1939), *Meu reino por um amor* (*The Private Lives of Elizabeth and Essex*, 1939), *O ladrão de Bagdá* (*The Thief of Bagdad*, 1940). Com tais resultados, os estúdios se convenceram de que, em alguns gêneros, valia a pena investir na cor. *Serenata tropical*, filmado no primeiro semestre de 1940, foi um dos primeiros musicais a se beneficiar dessa política.

Logo depois dos créditos, Carmen irrompia na tela cantando "South American Way" — o primeiro dos números filmados naquele distante janeiro. Sua baiana, desenhada por Travis Banton (mas inspirada na de J. Luiz), parecia o lança-chamas de que falara Wolcott Gibbs: um turbante de folhas (vermelhas de um lado, douradas no outro) recheado de contas em forma de pérolas irregulares; a bata, de renda também dourada com debrum vermelho nas mangas, revelando os ombros e o estômago; a saia, de um veludo bordô especial, com a pele aparente sob os triângulos vazados na cintura; e as plataformas, também douradas e reluzentes. As bijuterias eram um espetáculo à parte — Carmen devia estar com pelo menos quatro quilos de colares e balangandãs pendurados no pescoço e nos braços —, assim como os brincos cheios de pingentes, comicamente aplicados ao turbante, não às orelhas. Em cada parte da fantasia em que existisse uma cor dominante, havia um sutil detalhe de outra cor, a que a fotografia em Technicolor fazia justiça.

Pena que, ao reaparecer no meio do filme para cantar "Mamãe, eu quero" e "Bambu, bambu", Carmen voltasse com a mesma baiana de "South American Way". Ou Banton não teve autonomia para lhe desenhar mais baianas (a que ela usou no filme custou 1300 dólares, fora o turbante de trezentos dólares, executado por Lily Daché) — ou, mais provável, a Fox, por não conhecer Carmen direito, ainda não sabia muito bem o que a plateia esperava dela. Até então não lhes ocorrera que, quanto mais roupas lhe dessem para vestir, melhor para ela, para o público e para o filme. A Fox nunca mais cometeria esse erro, mas o impressionante é que, mesmo sem conhecê-la, lhe tenha dado tanto cartaz em *Serenata tropical*.

Com Betty Grable era o contrário. O grande público mal ligava o seu nome à bela figurinha, mas, em Hollywood, dentro dos estúdios, ela era tão conhecida quanto o luminoso HOLLYWOODLAND, em Beachwood Drive. Afinal, Betty, aos 24 anos, estava na praça desde os catorze, em 1930, quando sua mãe, Lillian, deixara para trás o marido e uma filha mais velha em St. Louis, Missouri, e se mudara com ela para Hollywood. Pagara-lhe aulas de canto, dança, piano e saxofone, obrigara-a a ir todos os dias para as filas dos estúdios a fim de disputar um lugar com milhares de outras garotas, e, com esforço e persistência, Betty começou a ganhar pequenos papéis. Tornou-se uma coadjuvante confiante e confiável.

Durante dez anos, Betty mostrou as pernas em 31 filmes de vários estúdios. Justamente no melhor desses filmes, *A alegre divorciada* (*The Gay Divorcée*, 1934), ganhou um longo número de dança, "Let's Knock Knees", em que dançava com o comediante Edward Everett Horton, mas quem mostrava as pernas era ele, não ela. (Esse número, assim como tudo o mais no filme, foi esquecido no momento em que Fred Astaire e Ginger Rogers apresentaram ao mundo uma nova canção: "Night and Day", de Cole Porter.) Foi com Betty que se originou a famosa cena, depois muito copiada, da secretária insípida que, ao tirar os óculos e soltar o cabelo, se torna irresistível para o chefe — o filme era uma comediota, *Thrill of a Lifetime* (1937); o chefe era Leif Erickson. Mas Betty raramente conseguia esquentar o assento: assinava com um estúdio, fazia quatro ou cinco filmes, o contrato expirava e ninguém quebrava lanças para segurá-la. Ela tinha consciência de sua situação: era bonitinha, mas não de fechar o comércio; como dançarina e cantora, apenas quebrava o galho; e, como atriz, não era uma Bette Davis ou Barbara Stanwyck. Enfim, era como muitas. Então, ao fim de cada contrato, a história se repetia: Betty enxugava uma lágrima e ia bater em outro estúdio.

Em fins de 1939, Betty estava havia pouco na Fox e já se sentindo encostada, quando a Broadway lhe acenou com um convite para trabalhar numa peça. Gostou da ideia, pediu uma licença no estúdio, e este a concedeu sem nem lhe perguntar por quê — sua presença ou ausência não parecia fazer nenhuma diferença. Betty tomou o trem para Nova York e foi brilhar no musical *Du Barry Was a Lady*, de Cole Porter, na Broadway — aliás, uma produção de Shubert. Ela seria o terceiro nome no elenco, logo depois de Ethel Merman e Bert Lahr, e sua canção era a divertida "Well, Did You Evah!", tendo como *partner* o então bailarino Charles Walters. (Dezesseis anos depois, Walters, já na MGM, seria o diretor do filme *Alta sociedade*, em que Frank Sinatra e Bing Crosby cantavam em dueto "Well, Did You Evah!".) *Du Barry Was a Lady* foi bem de crítica e de bilheteria, e Betty teve referências simpáticas nos jornais.

Durante dois meses, em dezembro de 1939 e janeiro de 1940, Carmen e Betty foram vizinhas de palco na Broadway: Carmen com *Streets of Paris*, no Broadhurst, e Betty, a dois quarteirões, com *Du Barry Was a Lady*, no 46th Street Theatre. Mas as duas não se conheceram. Em abril, Betty estava satisfeita da vida com o papelzinho na peça quando Darryl F. Zanuck, seu patrão na Fox, mandou que ela tomasse o trem de volta e se apresentasse no estúdio. Havia um trabalho para ela: o papel principal num musical em Technicolor com Don Ameche e — como se chamava mesmo? — Carmen Miranda. Um papel que, garantiu Zanuck, poderia fazer dela uma estrela.

A primeira opção de Zanuck tinha sido Alice Faye, sua favorita na Fox. Mas Alice estava se separando do marido, Tony Martin; além disso, sua casa em San Fernando Valley fora destruída por um incêndio; e, como se não bastasse, estava com estafa, porque Zanuck a obrigava a fazer quatro filmes por ano. Com tudo isso, Alice ainda precisou, segundo alguns, inventar uma cirurgia de apêndice para não voltar ao trabalho (segundo outros, a cirurgia existiu, mas, teria sido de hemorroidas). A recusa de Alice levou Zanuck a se arriscar com Betty Grable. Para isso, teve de convencer seus sócios, Joe Schenck e William Goetz, de que ela era uma boa pedida. A argumentação de Schenck e Goetz era a de que, nos últimos dez anos, Betty Grable já havia sido fotografada de tudo quanto era jeito e nada acontecera.

Zanuck só tinha uma resposta:

"Sim, mas nunca em cores."

Deu Zanuck — e as cores de *Serenata tropical* fizeram por Betty o que dez anos de filmes em preto e branco nunca tinham conseguido. Em cores, ela passava a ser, por definição, a maior estrela da Fox. Tanto que, pelos anos seguintes, todos os seus filmes coloridos fizeram sucesso, ao passo que os em preto e branco, só excepcionalmente. O mesmo se pode dizer de Carmen. Era como se Herbert e Natalie Kalmus já esperassem por ela quando inventaram o Technicolor, mais de vinte anos antes — mas queriam se certificar de sua chegada para aperfeiçoar o processo.

Carmen e Betty pertenciam de corpo e alma ao Technicolor. Precisavam dele até para respirar, assim como Carlitos e Buster Keaton só sabiam respirar no cinema mudo, e Groucho Marx e Mae West, no falado.

Em 14 de julho de 1940, quando as últimas cenas de *Serenata tropical* estavam sendo rodadas nos galpões da Fox em Hollywood, um milionário de Nova York, Nelson Rockefeller, de 32 anos, estava se mexendo em Washington. Naquele dia, ele entregou ao presidente Franklin Delano Roosevelt um documento propondo que os Estados Unidos tomassem medidas para "promover uma cooperação econômica" com os países das Américas Central e do Sul. A ideia era "estimular a prosperidade daquelas regiões", tendo em vista a própria segurança norte-americana no novo quadro internacional. (Leia-se: assegurar, por exemplo, que as matérias-primas não iriam para longe do alcance dos Estados Unidos.) Rockefeller não especificava as tais medidas nem fazia referência alguma à questão cultural.

Onze dias depois, em 25 de julho, com as filmagens encerradas e Zanuck já na sala de corte da Fox para supervisionar em pessoa a montagem de *Serenata tropical*, Roosevelt recebeu Rockefeller na Casa Branca para ouvir propostas mais concretas. A principal era a criação de uma agência para "coordenar os negócios interamericanos". Por negócios, podia-se entender quase tudo: desde o incremento das relações políticas e diplomáticas entre os Estados Unidos e os países do continente até a conquista de um novo mercado para compensar a perda da Europa, praticamente fechada pela guerra. No fundo, o que Rockefeller propunha era um programa de expansão comercial e política a ser executado com urgência, rumo à América do Sul, principalmente depois dos indícios de que os dois países mais importantes do continente, a Argentina e o Brasil, estavam flertando com a Alemanha nazista. E, até aí, nenhuma menção à troca de bens culturais.

No dia 16 de agosto, quando *Serenata tropical* estava recebendo os últimos acabamentos nos laboratórios da Fox em termos de dublagem, mixagem e ajustes gerais, Roosevelt aprovou o plano de Rockefeller e autorizou a criação do órgão a que chamou de Office of the Coordinator of Inter-American Affairs — Escritório do Coordenador de Negócios Interamericanos. Também apenas Office — Birô —, como o tratavam nas internas, ou CIAA, como passaria à história (não confundir com a CIA — Central Intelligence Agency —, que ainda não existia). No papel de coordenador, Rockefeller. Apesar de subordinado ao Conselho de Defesa Nacional, o Birô tinha sua sede — *não* por coincidência — no edifício da Câmara de Comércio dos Estados Unidos, na esquina da Rua 14 com a Constitution Avenue, em Washington, porque esta era a sua função: estimular negócios comerciais. A ampliação de seus interesses para a área das artes e da cultura era inevitável porque Rockefeller era um homem ligado às artes — de preferência plásticas, de maior rentabilidade —, mas seria uma consequência.

Em meados de outubro, enquanto *Serenata tropical* já estava estreando com estardalhaço no Chinese Theatre, em Los Angeles, e no Roxy, em Nova York, o Birô começou a se subdividir em departamentos para tratar de "intercâmbios culturais" com a América Latina. O recém-criado Departamento de Cinema, por exemplo, foi entregue a outro jovem milionário, só que de família tradicional, John ("Jock") Hay Whitney, muito popular em Hollywood por ser generoso, boa-praça e, desde 1937, sócio de David O. Selznick em seus filmes — no caso de ...*E o vento levou*, fora o principal investidor. Haveria outros departamentos para cuidar de imprensa, rádio, publicidade e literatura. E somente a partir daí se poderia dizer que começava, de algum modo, a Política da Boa Vizinhança — por ter o Birô como seu braço armado.

Até então, a famosa política era apenas um conceito romântico e eunuco — muito mais um "estado de espírito" do que uma política de Estado. Como ideia, a Política da Boa Vizinhança era tão antiga que já vinha desde o primeiro Roosevelt (Teddy, presidente de 1901 a 1908), mas, de tão desnecessária, jamais fora posta em prática. Em 1933, o presidente Franklin D. Roosevelt a exumara para fins políticos e, pelo mesmo motivo, ela nunca saíra do papel ou passara de iniciativas inócuas. (Os navios da Moore-McCormack, em que Carmen viajava — o *Uruguay*, o *Argentina*, e havia também o *Brasil* —, integravam a chamada Frota da Boa Vizinhança, mas nem por isso uruguaios, argentinos e brasileiros tinham desconto na passagem.) Foi preciso o *éclat* de uma guerra na Europa, com possibilidade de alastrar-se ao continente americano, para que os Estados Unidos se dispusessem a olhar para os vizinhos do andar de baixo. Mesmo assim, entre a declaração de guerra à Alemanha pelos aliados Inglaterra e França, em 3 de setembro de 1939, e a criação do Birô, em 16 de agosto de 1940, passaram-se mais de onze meses.

Tudo isso é para dizer que, quando Darryl F. Zanuck resolveu rodar *Serenata tropical* em meados de 1939, não havia uma Política da Boa Vizinhança em ação e, muito menos, comandada por um Birô. (Na verdade, não havia nem a guerra.) O único interesse de Zanuck no filme era comercial: um musical em cores, *dirigido à plateia norte-americana*, com uma locação exótica (a América Latina), e se beneficiando da publicidade grátis em torno da cantora que estava provocando todo aquele frenesi na Broadway — Carmen Miranda. Tanto que o primeiro título que lhe ocorreu, antes de rodar um único metro de filme, foi *Down Rio Away*, com a história se passando, lógico, no Rio. Depois, ao sentir que não haveria tempo para trabalhar Miranda como ela merecia, resolveu guardar o título e o Rio para um filme seguinte — já então a ideia de uma série de musicais "sul-americanos" começava a ganhar forma. Zanuck mudou a história para Buenos Aires, mandou reescrevê-la de acordo e alterou o título para *South American Way*. Mas esse também foi descartado, por ser muito generalizante. E, então, *Serenata tropical* ganhou seu título definitivo: *Down Argentine Way*.

Mas antes Zanuck tivesse feito a história se passar num país de mentirinha — porque, se sua intenção era provocar uma enorme antipatia contra os Estados Unidos, enfurecer os argentinos e fazer com que muitos passassem a torcer por Hitler, ele não poderia ter sido mais bem-sucedido.

O filme era um escândalo de ofensivo. Da primeira à última cena, só mostrava dois argentinos "dignos": o personagem de Don Ameche, que fazia o galã, e o de seu pai, interpretado por Henry Stephenson — mas, afinal, eles "estudaram em Paris". *Todos* os outros argentinos em cena (sempre interpretados por americanos) eram vigaristas, retardados ou dorminhocos — alguns, francamente repugnantes — e falavam um inglês de estraçalhar de rir.

Zanuck mandara uma equipe a Buenos Aires para filmar cenas da cidade, a fim de intercalá-las com as de estúdio e tornar estas mais realistas. A equipe, comandada pelo diretor de segunda unidade Otto Brewer, se demorara um mês por lá e voltara com 20 mil pés (três horas e quarenta minutos) de material colorido. Mas, depois de todo esse esforço, apenas três imagens chegaram à montagem final: vistas quase estáticas da Plaza de Mayo, da Casa Rosada e do hipódromo — um total de três segundos em 94 minutos de filme. E, a exemplo de quase todos os filmes de Hollywood ambientados na América Latina, cidades como Buenos Aires (ou o Rio) resumiam-se a um hotel de luxo, o qual era a extensão de uma *hacienda* onde se criavam cavalos e por onde circulavam camponeses vestidos de mexicanos. A cidade desaparecia e milhões de habitantes se evaporavam — a vida era um cabaré ou uma pista de hipismo.

Foi o que aconteceu em *Serenata tropical*: a grande tradição urbana de Buenos Aires, justo orgulho dos portenhos, reduziu-se à boate El Tigre e a uma corrida de cavalos. Isso numa época em que Buenos Aires tinha mais automóveis que Paris, mais telefones que Tóquio e mais vitrolas que Londres. Não só isso, mas era também a cidade que mais se vestia pelos alfaiates de Saville Row, só perdendo para a própria Londres. (Mas como os sabichões da Fox poderiam saber disso?)

Musicalmente, a ofensa aos argentinos era ainda maior. Não tanto pela presença de Carmen no filme — porque ela era apresentada como uma cantora brasileira e, na vida real, Carmen realmente cantara ano após ano em Buenos Aires até pouco antes. Mas porque não havia o menor eco de um tango na trilha sonora, nem sombra de um bandoneon, nem vestígio das chiquérrimas orquestras portenhas. Em vez disso, a trilha do filme era composta de rumbas, congas, castanholas, maracas, mariachis e trios de poncho e sombreiro, elementos tão estranhos à música de Buenos Aires quanto à de Nova York. Podia não ser caso para um corte de relações diplomáticas — mas quase.

No fim do ano, quando a primeira cópia do filme chegasse a Buenos Aires para ser apreciada pela censura local, a indignação seria tanta que os protestos sacudiriam os lustres da embaixada americana em Palermo e as da sala de Zanuck em Hollywood. A Junta de Censura da Argentina proibiria a exibição de

Serenata tropical no país e o governo do presidente Ramón Castillo ensaiaria um protesto oficial.

Pouco antes de Zanuck saber da fúria argentina contra seu filme, o Departamento de Cinema do Birô distribuíra um documento alertando Hollywood para a conveniência de aproximação com o mercado sul-americano devido ao estrangulamento do mercado europeu, em todos os setores, desde o começo da guerra. A Alemanha e os países que ela ocupara (entre os quais a França) não aceitavam mais os produtos americanos; e, com as restrições ao tráfego internacional aéreo e marítimo, ficaria cada vez mais difícil exportar para os países livres. Isso incluiria os filmes. Era preciso abrir novas frentes, como outros setores industriais estavam fazendo. A solução para Hollywood seria a realização de filmes com temáticas e cenários "latinos", tomando o cuidado de adular os países que servissem de palco para as histórias, enfatizando seus pontos positivos e ignorando qualquer aspecto polêmico ou — na opinião dos americanos — vexaminoso de seus costumes.

A prova de que *Serenata tropical* foi feito antes que essa política se tornasse lei é a de que poucos filmes, mesmo sem querer, podiam ser tão insultuosos para o país onde se passa a história. Nitidamente, Zanuck estava preocupado apenas com seu mercado doméstico e pouco ligando para as suscetibilidades dos argentinos, cujo mercado, até então, pesava pouco na balança. A não ser que, numa monstruosa demonstração de insensibilidade, ele achasse que os argentinos não iriam se ofender. Ao saber dos protestos e da decisão da censura argentina, o Birô teve de convencer Zanuck a aderir à "boa vizinhança" e, para isso, precisou repassar-lhe 40 mil dólares para alterar tudo que parecesse degradante no filme. Isso implicou refazer diálogos, cortar material "desaconselhável", aproveitar cenas filmadas em Buenos Aires e enxertá-las liberalmente na história. Com o tempo que se levou nesse trabalho, e mais o que a censura argentina precisou para reexaminar o filme, este só foi aprovado e lançado em Buenos Aires um ano depois, em fins de 1941.

Mas com uma hilariante característica: as alterações só foram feitas na versão para a Argentina. Os outros países continuaram assistindo ao filme original e rindo do mesmo jeito. (Na cópia brasileira, a única alteração foi o acréscimo de um letreiro antes do filme, anunciando que a Fox sabia que a Argentina era um "grande país" e que as "distorções" a que se iriam assistir tinham sido "exigidas pela comédia".)

Nenhum desses equívocos poderia acontecer no filme seguinte de Carmen na Fox: *Uma noite no Rio* — esta, sim, a primeira produção da Política da Boa Vizinhança. E a primeira a se preocupar em não cometer os tradicionais erros dos filmes americanos, como pôr brasileiros para falar espanhol, chamar Buenos Aires de capital do Rio de Janeiro, ou colocar índios nus dentro de um ônibus na avenida Rio Branco. Mas esse último ponto era discutível. O maestro Leopold Stokowski acabara de dizer à revista *Time* que, em sua recente temporada no Rio, vira exatamente isso — índios nus dentro de um ônibus na avenida Rio Branco. E nem era Carnaval.

Em outubro, encerrado o compromisso no Chez Paree, Carmen e sua turma tomaram o trem para Hollywood. De Chicago a Los Angeles viajava-se pelo Super-Chief — 39 horas de porta a porta, mas, no caso das estrelas de cinema, o ponto final ficava um pouco antes, em Pasadena, a cidade dos ricos, esnobes e metidos a tradicionais, a trinta quilômetros dos estúdios. O ritual consistia em saltar do trem ali, alegrar o dia dos fotógrafos e cinegrafistas, dar entrevistas e seguir em carro aberto, ao sol da Califórnia, para a cidade do cinema. Os estúdios não abriam mão disso. Um dos motivos era evitar que o astro desembarcasse na estação de Santa Fé, em Los Angeles, tida como horrorosa; outro era criar um clima de grande aparato, com a estrela sendo recebida em Pasadena pela imprensa e por gente importante; e, depois, o cortejo pela estrada, como se fosse o circo chegando à cidade. O que, de certa forma, era.

Como a realidade nem sempre obedece aos scripts, choveu na chegada de Carmen, aguando um pouco as festividades. Além disso, ela frustrou os publicistas da Fox, que esperavam vê-la desembarcar envolta em peles, fumando de piteira e com um staff de pelo menos meia dúzia — valete, secretário, cabeleireira, pedicure, namorado e cachorro poodle —, como as divas europeias que Hollywood importara ultimamente. Em vez disso, Carmen chegou com a mãe, o irmão e uma cozinheira, escoltados por Zaccarias Yaconelli. (O Bando da Lua era uma cota à parte.) Esperavam encontrar também uma mulher temperamental, que se zangava e saía esbravejando por qualquer coisa (afinal, as "latinas" não eram assim?), e, em lugar disso, depararam-se com o que consideraram um quindim, um merengue, um doce de coco humano.

Para recebê-la, lá estavam o cônsul brasileiro em Los Angeles, Manuel Bento Casado, já prestes a passar o posto, e sua mulher; a imprensa hollywoodiana; o pessoal do estúdio; os brasileiros residentes na região; e dois jornalistas brasileiros que a acompanhariam pelos anos seguintes: Gilberto Souto, correspondente de *Cinearte*, e Dante Orgolini, idem, só que de *A Noite*, *A Noite Ilustrada* e *Carioca*. O minúsculo, delicado e leal Gilberto estava em Hollywood desde 1931, e a primeira coisa que o encantou em Carmen foram os dentes: "Os mais belos que já vi na boca de uma mulher", escreveria depois. ("E sempre deliciosamente perfumada", acrescentaria.) Seu colega Orgolini fora para os Estados Unidos na mesma época e começara trabalhando em decoração de lojas e hotéis; depois, ganharia muito dinheiro ao introduzir a peteca em Hollywood e fundar a Peteca Manufacturing Co. Entre as duas funções, de decorador de vitrines e de tubarão das petecas, fora jornalista de cinema. Tanto Gilberto Souto como Dante Orgolini sabiam a diferença entre o sucesso de verdade e o sucesso de mentira em Hollywood.

De Pasadena a Los Angeles, a caravana de Carmen rodou por quase uma hora (de capota fechada) entre os totens da riqueza local, que se alternavam à beira da estrada: os poços e mais poços de petróleo e os milhares de pés de laranja. (Dali a um ano, o novo cônsul brasileiro, o poeta Raul Bopp, diria a Carmen que a primeira laranja a aportar na Califórnia, em 1873, tinha vindo do mesmo lugar que inspirara sua fantasia: a Bahia. Ela não acreditou.)

Carmen, dona Maria e Odila foram instaladas na cobertura do La Belle Tour, um prédio residencial na esquina de Franklin Avenue com Vista del Mar — um dos luxuosos *châteaux* construídos nos anos 20 para as estrelas em trânsito. O Bando da Lua ficou no mesmo prédio, mas num apartamento menor e menos imponente, em outro andar. Ambos tinham sido providenciados por Yaconelli. Para manter um mínimo de legalidade, a gerência proibia que se fizesse barulho depois de dez horas da noite. Mas, com o trânsito de apartamento para apartamento entre Carmen e os seis rapazes do Bando da Lua, além de Gilberto, Orgolini, Mocotó e Yaconelli, os elevadores do La Belle Tour ficaram cheios de gente falando e cantando alto, e, a partir da primeira noite, o pandeiro comeu solto nos apartamentos até altas horas. Quem também mantinha um apartamento no La Belle Tour, embora raramente aparecesse por lá, era John Barrymore, ou o que restava dele fora das garrafas.

Na manhã seguinte, uma limusine contratada pelo estúdio, já com Yaconelli a bordo, apanhou Carmen e a levou pela primeira vez ao estúdio da Fox, em Pico Boulevard, entre Beverly Hills e Santa Monica — para ser apresentada a Darryl F. Zanuck. Yaconelli contou a Carmen que, certa vez, estava numa roda na Fox quando alguém perguntou o que significava o "F" de Darryl F. Zanuck. Ninguém soube dizer Francis, que era a resposta certa. Vários riram, mas só Henry Fonda respondeu:

"'F' de 'Fodam-se' [*Fuck-it-all*]."

Na limusine, a caminho do estúdio, Carmen não queria acreditar que os contratados da Fox tivessem Zanuck nessa conta. Na sua fantasia, ele devia ser como Shubert — uma espécie de pai de plantão, protetor e compreensivo, sempre à disposição dos funcionários. Mas não era absolutamente o caso e, ao chegarem à Fox, bastou a Carmen ser levada à sala de Zanuck e medi-la com os olhos para se convencer disso. Era quase do tamanho de um campo de polo — cavalos poderiam disparar por ela. Zanuck jogava polo no Uplifters Club (diziam que bem) e não se separava do taco nem quando em reunião com os banqueiros. Era um dos instrumentos de sua autoridade. Seu personal trainer, o italiano Fidel La Barba, ex-campeão mundial dos pesos-mosca, era encarregado de lutar boxe, correr e pular corda com ele, massageá-lo e mantê-lo em forma. Um dos macetes para isso era atirar-lhe azeitonas durante as reuniões, para Zanuck rebater com o taco de polo. Parece ridículo, mas não se esqueça: isso era Hollywood.

Zanuck era baixinho — 1,54 metro —, e o gigantismo do recinto o tornava ainda mais nanico. Aos 38 anos, tinha cabelo e bigode prematuramente ralos, carinha de roedor, maus dentes, voz fina e fanhosa. Enfim, só lhe restava o poder — que ele exercia com uma convicção e um prazer inigualáveis. Mas Carmen não se intimidou. Depois de uma entrada que Yaconelli definiria como "garboesca", ela se viu frente a frente com o homem. Ao constatar que, do alto de suas plataformas, seus olhos ficavam quase um palmo acima dos dele, Carmen deixou escapar:

"*Vocêêê* é que é o Zanuck?"

Por sorte, disse-o em português, e Yaconelli, ao traduzir, corrigiu-lhe no ato a inflexão — para "Você é o *Zanuuuck*!" — antes que o chefe percebesse que estava sendo chamado de tampinha.

Se Zanuck, por sua vez, teve uma surpresa com a pouca altura de Carmen, não comentou nada. Os produtores estavam habituados às mulheres que, na tela, pareciam ter três metros de altura, mas que, ao vivo, regulavam com a altura de Carmen: Mary Pickford, Gloria Swanson, Lupe Velez, Carole Lombard, a falecida Jean Harlow, Judy Garland e até a nova sensação da cidade, Lana Turner — todas tinham abaixo de 1,55 metro.

Como já chegara consagrada a Hollywood, Carmen nunca precisou submeter-se ao "teste do sofá" — o sexo oral que as moças tinham de praticar em qualquer pessoa que detivesse um mínimo de poder nos estúdios, se quisessem ser escaladas para uma simples ponta. Os chefões, como Zanuck, exerciam uma espécie de *droit de seigneur* nesse departamento — era esperado que, ao entrar na sala de um deles, a garota não se chocasse quando ele já fosse desabotoando a braguilha antes de dizer-lhe boa tarde. (Uma piada vigente em Hollywood dizia que se considerava pudica uma moça que usasse a palavra "não" mais de uma vez em seu primeiro ano de trabalho no cinema.) Zanuck, famoso também pelo apetite sexual, gabava-se de que, se quisesse, conseguia "funcionar dia e noite [sem ejacular]". Corria a história de que, recusado por Marlene Dietrich, ele brandira seu enorme pênis na mesa e perguntara: "Qual é o problema com *isto*?". Não se conhece a resposta de Dietrich. Mas sabia-se a receita de Alice Faye como a melhor maneira de se livrar dos ataques de Zanuck em sua sala: ficar girando em volta da mesa e perguntando sobre a mulher dele, Virginia — universalmente conhecida na cidade como "Poor Virginia" [Pobre Virginia].

No que se referia a negócios, Zanuck se sentia Napoleão e, quando punha seus pelotões na rua, sempre voltava com a presa. Quando saíra à caça da raposa — a Fox —, fora assim. Anos antes, no apogeu do cinema mudo, o estúdio ainda pertencia a seu fundador, William Fox, e era o lar de Theda Bara, Tom Mix e Janet Gaynor. O magnata Fox, um dos verdadeiros pais do cinema, fora o primeiro a produzir cinejornais (o Movietone News), a adotar o sistema de gravação do som direto no filme, usado até hoje, e investir num filme em setenta milímetros (*A grande jornada* ou *The Big Trail*, de Raoul Walsh, em 1930). Em

1927, quando a Fox produziu *Aurora* (*Sunrise*), de F. W. Murnau, seu patrimônio estava na casa das centenas de milhões de dólares. Mas os concorrentes lhe moveram uma série de processos antitruste e ele perdeu sua gigantesca cadeia de cinemas. Nas longas batalhas judiciais que se seguiram, Fox foi perdendo tudo e, quando perdeu também o estúdio, tentou subornar um juiz e foi preso. Era o fim.

Zanuck, por sua vez, começara na Warner em 1922, escrevendo roteiros para os filmes do cachorro Rin Tin Tin. Dali chegou a vice-presidente de produção e foi decisivo para que a Warner produzisse filmes de gângsteres com conteúdo social, como os tremendos *Inimigo público* (*The Public Enemy*, 1930, com James Cagney) e *Alma do lodo* (*Little Caesar*, de 1931, com Edward G. Robinson). Outra façanha, em 1932, fora acoplar o coreógrafo Busby Berkeley aos compositores Harry Warren e Al Dubin e criar musicais como *Rua 42* e *Cavadoras de ouro*, requintados na forma e cafajestes na temática. Mas Zanuck era ambicioso e queria ter seu próprio estúdio. Em 1933, deixou para trás um salário de 5 mil dólares por semana na Warner e, em sociedade com Joseph (Joe) M. Schenck (pronuncia-se Skenk), fundou a 20th Century Films (não confundir com a empresa ferroviária). Deu-se bem, ganhou dinheiro, e, dois anos depois, em 1935, com Schenck e um sócio menor, William Goetz, compraram o controle da Fox. Schenck levantou o dinheiro junto ao Chase National Bank, que passou a ser o maior acionista, e se tornou presidente. Zanuck continuou a ser o vice-presidente encarregado da produção, tendo de responder a Schenck e aos acionistas. Mas ali nasceu a 20th Century-Fox, com hífen e tudo. Alguns continuaram a chamar a nova empresa de Twentieth. Mas o nome Fox acabou vencendo.

Zanuck teve sorte. Logo de saída, descobriu Shirley Temple, aos três anos e meio. Pouco depois, Tyrone Power surgiu de graça à sua frente. E, em seguida, Sonja Henie só faltou cair-lhe no colo. Ou seja, começou com uma criança e uma patinadora, dois exotismos de alto valor de mercado, e com o ator mais bonito do cinema. Mas Zanuck também sabia renovar o time quando era preciso. Em 1940, Tyrone continuava grande, mas Shirley Temple triplicara de tamanho e perdera a graça, e Sonja Henie estava levando um gelo da plateia. Os grandes nomes do estúdio eram agora Alice Faye, Don Ameche, Henry Fonda (com Fonda só então empatando com Ameche em importância) e Betty Grable. Carmen chegou e bastaram seus três números em *Serenata tropical* para que ela fizesse parte dessa elite.

Na hierarquia da Hollywood de então, a Fox pegava um quarto lugar firme atrás da MGM, da Warner e da Paramount, pela ordem. Ganhava da Columbia e da Universal (que eram estúdios "pobres"), da tão charmosa RKO (que era uma mixórdia administrativa) e da United Artists (que se reduzira basicamente a uma distribuidora). Na verdade, a grandeza da Fox de Zanuck ainda estava por começar — e começaria justamente na era dos musicais em cores com Alice-Carmen-Betty, e com o prestígio dos filmes de John Ford, como *A mocidade de Lincoln* (1939), *Vinhas da ira* (1940) e *Como era verde meu vale* (1941).

Zanuck era um dos poucos não judeus a produzir filmes em Hollywood — os outros eram Walt Disney e Howard Hughes. Comparado a Louis B. Mayer, da MGM, Adolph Zukor, da Paramount, e Harry Cohn, da Columbia, podia-se quase dizer que era um intelectual, embora sua cultura livresca nem sempre ultrapassasse o livro do mês do *Reader's Digest* ou a lista de mais vendidos do *New York Times*. A seu favor, todos achavam que era um empresário corajoso e queria produzir filmes "sérios" (o que faria de sobra no decorrer da década). E, ao contrário dos colegas, que topariam qualquer negócio para ter Clark Gable em um filme, Zanuck não estava muito preocupado com quem iria fazer este ou aquele papel. Para ele, o roteiro estava acima de tudo. Talvez porque esta tivesse sido sua primeira função no cinema — escrevê-los, ainda que fosse para Rin Tin Tin.

Na sua primeira noite para valer em Hollywood, Carmen foi levada à pré-estreia do musical *A vida é uma canção* (*Tin Pan Alley*), que a Fox rodara logo depois de *Serenata tropical* e estava lançando quase ao mesmo tempo. O filme reunia pela primeira (e única) vez Alice Faye e Betty Grable, e continha a memorável sequência em que as duas cantavam "The Sheik of Araby" fantasiadas de odaliscas — com a diferença de que o bustiê de Alice era tamanho-família, para acomodar seus enormes seios, e o de Betty, muito menor, para seus delicados peitinhos. À sua chegada ao Chinese Theatre, Carmen foi triunfalmente apresentada como "uma estrela da 20th Century-Fox". Posou para fotos, deu autógrafos e quase roubou a noite de Alice e Betty. À saída, foi sequestrada por Joe Schenck, que a levou ao Ciro's, um nightclub recém-inaugurado no Sunset Boulevard. Apesar de novo na praça, o Ciro's já se tornara o lugar oficial para depois das premières, e sua maior noite acontecera em seguida à inauguração, quando Johnny Weissmuller, devorado pelo ciúme, virara uma mesa cheia de *chili con carne* no colo de sua mulher, Lupe Velez.

A orquestra atacou uma rumba e Schenck tirou Carmen para dançar, crente de que lhe prestava uma homenagem. Veio o jantar, mais uma ou duas rumbas, e, somando toda a agitação daquela noite — pré-estreia de gala, imprensa, multidão, refletores varrendo os céus e, depois, jantar-dançante no Ciro's —, podia-se imaginar que a alegria se estendesse até pelo menos umas três da manhã, não? Não. As coisas se davam de maneira que todo mundo já estivesse em casa por volta da meia-noite, para acordar cedo no dia seguinte. Essa era a vida noturna de Hollywood — não existia.

Ao passear com Carmen e o Bando de carro pela cidade na noite da véspera, Aloysio de Oliveira já tinha observado isso. Hollywood propriamente dita era apenas a zona central de Los Angeles e, pela pacatice, lembrava-lhe a praça principal de algum bairro da Zona Norte carioca, algo assim como Madureira ou o Méier — só faltavam os homens de pijama na calçada. Como a cidade vivia para o cinema, e os estúdios começavam o expediente ao nascer do sol, era natural que a cidade dormisse com as galinhas. No dia 15 de novembro, quando as filmagens de *Uma noite no Rio* começaram de verdade, Carmen já conseguira estabelecer a rotina de dormir às oito e meia da noite e se levantar às seis da manhã, para estar no estúdio às sete, pronta para a maquiagem. E fazia isso sozinha, sem precisar de soníferos.

Carmen chegara à Califórnia no outono: sol ameno durante o dia, com um pouco de frio e nevoeiro à noite — cenário ideal para os filmes noir que dali a pouco os estúdios começariam a produzir. O sol podia ser ameno, mas Carmen e o Bando da Lua não queriam desperdiçar nem um raio dele e, nos primeiros domingos, chegaram a ir às duas principais praias da região, Malibu e Santa Monica. Ambas os decepcionaram. Malibu tinha uma faixa de areia ridiculamente estreita e pedregosa — além disso, ao se entrar no mar, davam-se dois passos e se caía numa vala; e Santa Monica era grande, mas sem graça e despovoada, exceto pela mansão de Marion Davies. Daí que o pessoal do cinema passasse o dia em suas piscinas particulares, e os que não tinham piscina usassem a do Beverly Hills Hotel — o que Carmen e os rapazes também passaram a fazer.

Mas sua chegada ao hotel, num Cadillac conversível de 1937 que ela comprara de segunda mão por trezentos dólares, devia ser uma bola: uns sobre os outros, ele acomodava Carmen, Odila, Zezinho e, interminavelmente, o Bando da Lua completo.

Antes de sair para o primeiro dia de filmagem, com a noite ainda fechada lá fora, Carmen e dona Maria acenderam uma vela e rezaram para que tudo desse certo. Dona Maria não sossegou enquanto não encontrou uma igreja católica perto de casa, a cuja missa passou a ir todos os dias. Como não se dispunha a aprender inglês e, na ausência de Carmen e Odila, não tivesse com quem falar português, a litania em latim, que ela acompanhava mecanicamente pelo missal, sem entender palavra, era sua única comunicação com o mundo.

A primeira entrada de Carmen no Café de Paris, o restaurante e lanchonete da Fox, produziu um zunzunzum. Entre atores, figurantes e técnicos, vários a reconheceram e foram falar com ela. Carmen queria conversar com eles, mas, quando não entendia a pergunta, limitava-se a dizer "Yes, yes, yes" — como fazia no começo em Nova York quando os homens de Shubert, por distração, a deixavam a sós com um jornalista. Ao ver Carmen vestida com a baiana, inúmeras mulheres do estúdio, da costureirinha mais anônima à mulher do produtor executivo, queriam ser fotografadas a seu lado e depois pediam que ela autografasse a foto (o que Carmen fazia em português). Outras levavam caricaturas que saíam na imprensa de Los Angeles e também pediam que Carmen as assinasse. Carmen não gostava muito de caricaturas, porque elas realçavam o que considerava seu ponto fraco: o nariz. Mas, no Brasil, já fora desenhada por todos os caricaturistas — J. Carlos, J. Luiz, Alvarus, Augusto Rodrigues, Mendez, Gilberto Trompowski, Alceu Penna —, ficara amiga deles e vários tinham até lhe criado baianas.

Assim como se surpreendiam com o fato de Carmen não fumar nem beber — onde já se vira isso? —, suas colegas se espantavam mais ainda com sua capacidade de comer quantidades absurdas, sem o menor medo de engordar. Num almoço comum no estúdio, Carmen podia se servir de uma salada de camarão, um descomunal bife, cinco acompanhamentos diferentes e duas sobremesas. Mandava tudo para dentro com três ou quatro Coca-Colas e, ao fim, ainda comentava que devia ter comido mais. As jovens estreletes da Fox, como Anne Baxter, Linda Darnell e Gene Tierney, que viviam de dieta, suspiravam de inveja. A imprensa hollywoodiana dedicou várias colunas ao suposto apetite de lobo de Carmen, só faltando insinuar que ela viera esfomeada do Brasil. A verdade, no entanto, não podia ser mais diferente — e havia uma intenção por trás daquilo.

Carmen estava insegura ao chegar à Fox. Seu sucesso na Broadway e nos nightclubs de Nova York já tinha ficado para trás. O importante era Hollywood, e Hollywood era diferente — para todo lado que se virasse, havia um herói de suas antigas matinês. Um fracasso no cinema a faria voltar aos tempos em que sonhava com um papel nos filmes da Cinédia ou de Paulo Benedetti. Ela precisava ser "aceita". A melhor maneira de ser "aceita" era ser engraçada. E o exagero é sempre engraçado. Ninguém sabia que, depois da infantilidade de esvaziar sete pratos no restaurante da Fox, Carmen passava o resto do dia a água e cream-cracker. Somente quando se certificou de que não havia nada a temer é que Carmen parou com as maratonas à mesa e voltou a comer o que era de seu normal: muito pouco — porque, como muita gente de sua idade, tinha tendência a engordar.

A pedido de Carmen, a Fox montou uma quitinete em seu camarim e dona Maria ia para lá com frequência, a fim de cozinhar ou fazer café. Com isso, Carmen (ela própria, não muito fã do produto) instituiu o cafezinho no estúdio, convidando os colegas a ir tomá-lo com ela nos intervalos de filmagem (e rebater com um folhado doce ou um biscoitinho amanteigado). Os colegas ficaram fregueses.

Carmen chegara a Hollywood em fins de outubro de 1940. Dali a cerca de três meses, em fevereiro de 1941, completaria 32 anos. Com essa idade, antigas beldades como Norma Shearer, Myrna Loy e Mary Astor já estavam começando a interpretar papéis de mãe. A Fox aceitara a idade falsa que Shubert lhe passara (27 anos), mas só para efeitos publicitários — em todos os documentos internos do estúdio, lá estava sua verdadeira data de nascimento: 1909.

Além disso, numa cidade em que não bastava ser bonita — havia milhares de mulheres indescritíveis desempregadas —, Carmen não poderia competir em beleza. Seu estilo seria mais o de uma Marlene Dietrich, Joan Crawford ou Barbara Stanwyck, que ninguém sabia dizer se eram bonitas ou interessantes.

Ao ver os testes de Carmen para *Serenata tropical*, um ano antes, Zanuck percebera o que tinha em mãos. Ali não estava uma beleza trágica, de orquídea, como a de Dolores Del Rio; nem a de uma planta carnívora, devoradora de homens, como a de Lupe Velez.

Carmen era dotada de um talento maior e mais raro. Era uma comediante, uma grande clown, coisa raríssima entre mulheres atraentes. Capaz de vestir uma fantasia absurda, à base de bananas e abacaxis, e fazer rir — e, ao mesmo tempo, fazer com que os homens quisessem descascá-la e comê-la.

16 | 1940
Deusa do cinema

Carmen estava dizendo, entusiasmada, a um jornalista brasileiro: "É sweetheart pra cá e honey pra lá e uma porção de darlings o dia todo!" Referia-se ao ambiente de trabalho no estúdio. A Fox podia não ser rica em sedas e cristais como a MGM ou a Warner, mas o clima entre seus 3500 empregados era tido como muito mais saudável. No primeiro dia de filmagem de *Uma noite no Rio*, Carmen fora recebida com flores pelo diretor Irving Cummings. (Isso não era incomum. O difícil era que, na semana seguinte, o diretor já não cogitasse esganar a estrela. Mas Cummings continuou a adorar Carmen.) E não havia estrelismos ou rivalidades flagrantes no elenco. Quando Betty Grable se revelou com *Serenata tropical*, Alice Faye era a imperatriz do estúdio e estava evidente que, cedo ou tarde, Betty tomaria o seu lugar. Mas Alice dera-se muito bem com Betty, e as duas estavam se dando ainda melhor com Carmen. O mesmo quanto aos rapazes: Don Ameche era amigo de Tyrone Power, embora não tanto quanto Cesar Romero, e todos foram generosos ao receber John Payne, o novo contratado que chegava para concorrer ao pódio dos galãs.

Carmen se identificou com esse espírito solidário. Em *Uma noite no Rio*, havia um pequeno papel com fala para uma das coristas. Só que essa corista ainda não fora definida. Era uma cena em que Don Ameche, no papel do barão, encontrava Inez, garota muito bonita, e não resistia a lhe jogar uma conversa. Carmen insistiu com Cummings para que testasse a morena dominicana Maria Africa Antonia Gracia Vidal de Santo Silas, de 21 anos, que saíra do coro para se dizer sua fã e pedir que Carmen falasse dela para o diretor. Cummings topou testá-la e a menina ganhou a cena. Mas a Fox não se preocupou em segurá-la com um contrato. Assim que o filme foi lançado, a Universal a viu e levou embora e, em menos de um ano, transformou-a na rainha das Arábias, numa série de filmes memoráveis com Sabu, Jon Hall e Turhan Bey — Maria Montez.

Na Fox, o trânsito era intenso de um galpão para outro porque os atores aproveitavam as pausas de filmagem para visitar os filmes dos amigos. Alguns iam ao estúdio até nos dias de folga — como Tyrone Power, que, ao saber que iriam rodar a sequência do cassino em *Uma noite no Rio*, foi ao guarda-roupa da produção, vestiu-se em segredo, e se imiscuiu como um simples extra na plateia de Carmen em "Chica Chica Boom Chic". Power fizera isso por Carmen, a quem augurara sucesso em Hollywood quando a conhecera na Urca, no ano anterior, e Cummings só descobriu a brincadeira depois de filmada a sequência. O diretor John Ford, filmando *Caminho áspero* (*Tobacco Road*) no galpão ao lado, foi visitado por seu astro favorito, Henry Fonda, e os dois também deram um pulo ao set de *Uma noite no Rio*; Gilberto Souto os apresentou a Carmen. Fonda estivera havia pouco no Rio, de onde trouxera discos dela. E o inglês George Sanders, já célebre por interpretar o galante aventureiro Simon Templar — O Santo — numa série policial da Fox, foi outro que a procurou, mas com intenções profanas. Em jovem, Sanders morara quatro anos na Argentina, donde falava fluente espanhol e entendia português. Por isso, ao convidar Carmen para jantar no Mocambo e ouvi-la dizer que aceitava, e que dona Maria, sua mãe, "iria adorar", George nem precisou de intérprete. Com uma classe digna do Santo, apenas pigarreou e desculpou-se ao se lembrar de que já tinha outro compromisso — provavelmente com uma órfã.

Carmen tinha de praticar manobras como essa. Afinal, sua relação com Aloysio de Oliveira continuava vigente. Talvez não com a volúpia de Nova York — nem isso era possível em Hollywood. Em Nova York, eles moravam praticamente juntos e ninguém tomava conhecimento. Mas, para o bem da indústria na provinciana Hollywood, não se aceitava que uma estrela coabitasse com um homem sem estar casada com ele, nem havia como fazer isso às escondidas. A solução era o casamento — e Carmen se casaria com Aloysio, se ele quisesse e à hora que ele quisesse. Mas Aloysio, já com um status confuso junto a ela — era seu músico, conselheiro, intérprete, faz-tudo e namorado —, não parecia louco para incorporar também a função de marido.

A ideia de trazer dona Maria para morar com Carmen era conveniente em termos de conforto, mas tinha a ver também com o lado moral. (Carmen não era a primeira da família Bombshell a fazer isso — a inesquecível Jean Harlow, *The Blonde Bombshell*, quase sempre morara com a mãe em Hollywood.) Ninguém pecava por ser "família" na cidade do cinema. E, em fevereiro de 1941, a família de Carmen aumentaria ainda mais: Aurora e Gabriel viriam passar, em princípio, dois meses com ela em Los Angeles ou Nova York, onde quer que estivesse. Era o presente de casamento que prometera à irmã: uma lua de mel com o glamour de Hollywood ou da Broadway, com direito a conhecer as grandes estrelas e constatar como, por baixo do rímel e do esmalte, elas eram pessoas tão simples e *normais* como qualquer um. Alice Faye, por exemplo.

Num estúdio tão sem egos ou feudos como a Fox, a entrada diária de Alice no palco de filmagem dava uma ideia completamente falsa de sua personalidade. Nariz ao vento, expressão imperturbável e olhos que, no futuro, alguém classificaria carinhosamente de "bovinos", ela parecia caminhar sem tocar o chão, seguida por sua coorte de camareira, maquiador e cabeleireira. Era a antítese de Betty Grable, que cuidava do próprio guarda-roupa, aplicava ela mesma sua maquiagem e não ficava esperando pelo calista — se neces-

sário, Betty sentava-se sobre um baú, cruzava as pernas e cortava pessoalmente seus calos de dançarina. Já Alice não dispensava o séquito. Não porque
quisesse, mas porque Zanuck insistia em que ela mantivesse uma aura de rainha, condizente com os musicais passados na Belle Époque que a obrigava a
fazer — e para camuflar a infância e a adolescência absolutamente miseráveis
que ela tivera. (Comparada à de Alice, a juventude de Carmen na Lapa, que
transcorrera quase ao mesmo tempo, fora muito melhor.)

Alice nascera num dos piores endereços de Nova York: os arredores da
Décima Avenida com a Rua 54 Oeste. Em 1912, essa zona era mais conhecida
como Hell's Kitchen, a "cozinha do inferno" — uma área superlotada de americanos de primeira ou segunda geração, descendentes de alemães, italianos,
judeus e irlandeses, que passavam o dia aos tapas, mimoseando-se com nava-
lhadas ou se odiando em silêncio. Tráfico de drogas, assaltos à mão armada e
baixa prostituição abundavam no pedaço. A família de Alice era irlandesa e
seu apartamento ficava num prédio sem elevador, calefação nem água quente.
Estava longe de ser o ambiente ideal para criar uma filha e mais dois garotos,
mas o pai de Alice não tinha escolha: era policial, ganhava mal, e sua grande
façanha diária era voltar vivo para casa — porque ninguém gostava da polícia, nem mesmo os irlandeses, que forneciam os seus maiores contingentes.
A mãe de Alice trabalhava numa fábrica, a avó morava com eles, e eram seis
para dormir onde mal cabiam três.

O inevitável então aconteceu: Alice gostava de cantar, tinha boa voz, dançava um pouco, era bonita, loura, olhos azuis, belas pernas. Com esses pre-
dicados, a pobreza a empurrou para procurar trabalho na noite. As datas são
imprecisas, mas, entre os dezesseis e os dezenove anos, ela se candidatou ao
coro da famosa companhia de revistas George White's Scandals. Foi aceita
e trabalhou lá até ser descoberta por Rudy Vallée, ele mesmo. Rudy a ouviu
cantar, gostou do seu tom grave, estilo Libby Holman, e contratou-a para sua
orquestra e para seu programa de rádio, *The Fleischmann Hour*. Em 1934, Rudy
e seu pessoal foram para Hollywood a convite da Fox, que ainda não pertencia a Zanuck. A Fox percebeu que Alice era a melhor coisa do pacote e a contratou, na esperança de que, se ela pudesse recitar minimamente um diálogo,
talvez tivessem uma estrela em embrião.

Nessa época, Alice usava cabelo platinado, sobrancelhas a lápis e várias
camadas de batom nos lábios, como Jean Harlow. Mas faltava-lhe a chama de
Jean Harlow e, com esse look de gesso, ela não iria a lugar nenhum. Zanuck as-
sumiu o estúdio em 1935 e viu logo o que era preciso fazer: suavizar a imagem
de Alice. Suas sobrancelhas voltaram a florir, o cabelo retomou o louro suave,
e ela passou a economizar batom. Seus filmes também melhoraram e, num áti-
mo, a voz de contralto e os olhos quase sempre marejados fizeram dela o maior
nome da Fox para musicais de luxo, como *Avenida dos milhões* (*On the Avenue*,
1937), *No velho Chicago* (*In Old Chicago*, 1938), *A epopeia do jazz* (*Alexander's Rag-*

time Band, 1938) e *O meu amado* (*Rose of Washington Square*, 1939). Entre um e outro filme, Alice se casara com o jovem cantor Tony Martin. Mas os dois não tinham muito tempo para brincar de marido e mulher, e o casamento naufragou. A polêmica cirurgia, de apêndice ou de hemorroidas, impediu que Alice fizesse *Serenata tropical*, mas, assim que ela voltou ao estúdio, Zanuck a escalou com Betty Grable em *A vida é uma canção* e, em seguida, com Carmen em *Uma noite no Rio* — o primeiro dos quatro filmes em que apareceriam juntas.

Alice deixou-se encantar pela personalidade efervescente de Carmen, mesmo sabendo que esta se tornara o centro das atenções e que, num filme em Technicolor, os turbantes e as baianas da brasileira lhe roubariam a cena. Na verdade, Alice não perdia o sono nem com Betty Grable. E aí é que residia a chave de sua personalidade: não dava nenhuma importância a sua posição de manda-chuva na Fox. Alice lamentava apenas o fracasso de seu primeiro casamento. Não porque fosse terrivelmente apaixonada por Tony Martin, mas porque seu projeto de vida (acredite ou não) era tornar-se uma dona de casa, mãe de filhos, e ser sustentada pelo marido. Se pudesse escolher, trocaria tudo que tinha na Fox — a adulação, o séquito, o camarim com a estrela prateada na porta — pelo avental sujo de ovo e pela rotina de ferver fraldas e preparar mamadeiras.

Zanuck fazia bem em obrigar Alice a simular um porte de rainha. Se soubessem que ela era exatamente o contrário disso, o que diriam aquelas pessoas que saíam de madrugada de seus subúrbios, viajavam horas até Hollywood, e amanheciam, famintas e com frio, no portão principal do estúdio — apenas para esperar a chegada da estrela e quase se atirar sob as rodas dos carros para conseguir um autógrafo?

O produtor William LeBaron estava impressionado:

"Ela é incrível. Trabalha o dia inteiro, vestida com aquelas roupas pesadas, coberta de joias, e não se cansa. Quando eu digo, 'Senhorita Miranda, não quer dar uma paradinha?', ela dá um salto da cadeira: 'Não, não, vamos lá!'"

Não era exagero de LeBaron. Mais especificamente: certas saias de Carmen pesavam doze quilos; turbantes, cinco quilos; e alguns brincos, como o do cacho de uvas, eram de madeira e também pesavam. Mas Carmen era a antiestrela, a antidiva. Parecia mais uma figurante ansiosa ou uma operária do estúdio. Com sua vontade quase infantil de agradar, aprendera até a ser pontual: era a primeira a chegar ao estúdio, à maquiagem e ao palco de filmagem. Estava sempre pronta para o que fosse solicitada, não fazia biquinho, não reclamava de nada — nem mesmo das catorze horas de trabalho por dia antes do início das filmagens, exigidas pelos ensaios de todo tipo, provas de roupas, incontáveis testes de maquiagem em função do Technicolor, e gravação dos números musicais para o playback. (Gravara "I, yi, yi, yi, yi (I Like You Very Much)" apenas quatro dias depois de chegar a Los Angeles.) Mas, para Irving

Cummings, a principal virtude de Carmen, assim que as câmeras começaram a rodar, era a de não precisar repetir cenas — fazia tudo certo e de primeira. Cummings chamou-a de "One-take girl".

Para que isso acontecesse, Carmen passara todo o tempo livre, em Chicago e Los Angeles, ensaiando as falas com Yaconelli. Ele "traduzira" foneticamente os diálogos num caderno e a obrigava a repeti-los dia e noite — como este, em que a personagem de Carmen, furibunda, diz as últimas a Don Ameche:

"Iú ár a lou-dáun nôu-gud ram!"

Yaconelli lhe explicava o significado:

"Você é um cretino de um canastrão de quinta categoria!"

Mas, quando os dois iam ensaiar as inflexões, Carmen não achava que estivesse fazendo direito. Então, deu sua própria versão à tradução de Yaconelli:

"Você é um escroto de um filho da puta de merda!"

E, tendo essa versão em mente, recitou direitinho a versão fonética de Yaconelli.

Pelo mesmo processo, Yaconelli ensinava-lhe também as falas de Don Ameche, para que ela entendesse o diálogo. Com sua memória de cantora, capaz de guardar centenas de letras de música, Carmen decorava tudo e acabou aprendendo os diálogos até de cenas de que não participava. Ameche, que a conhecera em Nova York e era um doce de pessoa, ajudava-a com as marcações de câmera e também com a pronúncia deliberadamente *errada* da personagem. Foi ele quem notou algo estranho nessa pronúncia.

No filme, Carmen interpretava uma cantora brasileira chamada Carmen. Donde nada de mais que falasse inglês com sotaque brasileiro. Mas, pelo que Ameche (na realidade, Dominic Felix Amici, americano de origem italiana) conseguia perceber, Carmen estava falando inglês com um sotaque... italiano. E logo descobriram por quê. O paulistano Yaconelli, também filho de italianos, não conhecia nenhuma cidade brasileira além de São Paulo. A única vez que ouvira o português falado em outras regiões do Brasil fora nas breves escalas do navio que o levara para Nova York, dezoito anos antes. Daí seu português (e inglês) carregado com o forte sotaque italiano do Brás. Quando isso foi detectado, Ameche orientou Carmen, e acertou seu sotaque para algo mais... hispânico. E o estúdio mandou um bilhete azul a Yaconelli, agradecendo pelos seus serviços. (Mas Carmen o manteve na sua folha de pagamento particular — o que não fazia diferença, já que era ela quem o pagava do mesmo jeito.)

A Fox não queria correr riscos. Depois do problema com os argentinos em *Serenata tropical*, o estúdio estava pulando miudinho para não repetir as mesmas grosserias com os brasileiros em *Uma noite no Rio*. Para isso, Zanuck (que descera da sua posição de chefe do estúdio para cuidar — com LeBaron, sem crédito — da produção do filme) mandou o argumento de *Uma noite no Rio* para a embaixada do Brasil em Washington, onde ele foi lido (e aprovado) pelo secretário Arno Konder.

E por que não seria? A história em si não tinha nada de mais. Um ator americano residente no Brasil, Larry Martin, é especialista em interpretar o playboy e aristocrata brasileiro barão Manuel Duarte, em seu show num cassino do Rio. O ator é convidado a representar o barão numa festa na casa deste, para que os adversários comerciais do nobre não desconfiem de que ele viajou para resolver problemas de negócios. Larry aceita, mas se apaixona pela mulher do barão e lhe dispensa tantas atenções que ela, sem saber do plano e habituada a ser esnobada pelo marido, começa a estranhar. O barão volta de viagem e, quando a situação se resolve, descobre que o ator salvou tanto os seus negócios como o seu casamento. Don Ameche, em papel duplo, fazia Larry e o barão Duarte. Alice Faye era a mulher do aristocrata, e Carmen, a *partner* e namorada ciumenta do ator. Por aí já se podia ver a estereotipia: Alice era a americana fina e superior; Carmen, a "latina" destemperada, chegada a destruir camarins e a atirar tamancos na cabeça do namorado — na verdade, a ideia que Hollywood fazia de quase todas as estrangeiras.

Gilberto Souto e Dante Orgolini foram contratados para assessorar a produção de *Uma noite no Rio* e prevenir eventuais mancadas que deixassem mal o Brasil. Mas não puderam impedir que a canção mais bonita do *score* de Harry Warren e Mack Gordon, "They Met in Rio" (cantada por Don Ameche em português, com letra — sem crédito — de Yaconelli), ganhasse um arranjo e uma orquestração de tango. Ou que, no show do cassino, em que Carmen canta "Chica Chica Boom Chic" (também com letra em português de Yaconelli e igualmente sem crédito), o ciclorama representando uma cena noturna do Rio mostrasse o Corcovado como ele era antes de 1931, ainda sem a estátua iluminada do Cristo Redentor. Ou que, cinquenta anos depois da Proclamação da República, alguém no Brasil ainda usasse um repolhudo título da monarquia, como o "barão Duarte".

O filme era divertido, mas, na sua preocupação de não correr riscos com a Política da Boa Vizinhança, não parecia dirigido a vizinho nenhum, nem mesmo ao Brasil. Exceto por Carmen e o Bando da Lua, *Uma noite no Rio* não tinha nada com que o público brasileiro se identificasse. Em seus noventa minutos de duração, o Rio só está presente no título e no telão do cassino (com o Corcovado sem o Cristo). Não havia sequer aquelas tomadas gerais da cidade para *estabelecer* o cenário, como tinham feito com Buenos Aires em *Serenata tropical*. E os únicos "brasileiros" em cena eram os nobres, os milionários e seus afetados serviçais, todos de fraque e colarinho alto no dia a dia — nenhum esmolambado, nenhum negro, nenhum torcedor do Flamengo. Para não dizer que faltou realismo, o palacete do barão Duarte no filme era um compósito de duas casas então célebres da burguesia carioca: a de Laurinda Santos Lobo e a de seu vizinho, o empresário Raymundo de Castro Maya (os atuais Parque das Ruínas e Chácara do Céu), em Santa Teresa. Ambas foram reproduzidas na Fox a partir de fotografias.

Para escrever as canções de *Uma noite no Rio*, Zanuck chamara Harry Warren, seu velho companheiro na Warner e agora também na folha de pagamento da Fox. Warren era um gênio da canção americana, mas sabia tanto de música brasileira quanto de pilotar um Spitfire. Para ele, o que mais devia se assemelhar a ela era a música de Cuba. Talvez por isso, as duas canções do *score* feitas para Carmen fossem "Chica Chica Boom Chic", uma rumba, e "I, yi, yi, yi, yi (I Like You Very Much)", uma conga. Para Aloysio de Oliveira, elas obviamente precisariam de um disfarce rítmico, sem o qual o filme teria problemas no Brasil. Seria fácil converter a rumba num samba e, mais ainda, a conga numa marchinha. Mas Aloysio estava cheio de dedos para propor essas interferências ao compositor. Afinal, Harry Warren era um de seus heróis. Como ousar meter o bedelho no trabalho de um homem que, em parceria com Al Dubin, escrevera as canções que o mundo inteiro, inclusive o Bando da Lua, tinha cantado nos anos 30? "I Only Have Eyes for You", "Lullaby of Broadway", "Lulu's Back in Town", "September in the Rain", "You're Getting to be a Habit With Me", "Shadow Waltz", "Boulevard of Broken Dreams", "With Plenty of Money and You" e muitas mais. E, mais recentemente, em 1938, Warren produzira outro clássico: "Jeepers Creepers", em parceria com Johnny Mercer. Para Aloysio, Cole Porter podia ser Ary Barroso, mas Harry Warren era uma espécie de Assis Valente local — o compositor americano por excelência.

Warren foi consultado sobre as alterações e, para alívio de Aloysio, disse que não fazia a menor objeção. E, para sua absoluta surpresa, Aloysio descobriu que Harry Warren — "o compositor americano por excelência" — era muito mais italiano do que americano. Seu nome verdadeiro era Salvatore Guaragno, sua família toda viera da Itália e, quando ele ia visitar os parentes em Manhattan, as reservas de orégano no estado de Nova York caíam a níveis preocupantes. Como o único ideal na vida de Warren se frustrara — o de ser o novo Puccini —, ele se contentava em ser o compositor mais bem-sucedido do cinema. Todas aquelas canções tinham sido feitas para os musicais da Warner com Dick Powell e eram apenas uma fração de seus sucessos. Mas Warren não teria a mesma sorte com *Uma noite no Rio* — da meia dúzia de canções que escrevera para o filme, apenas "Chica Chica Boom Chic" teria alguma posteridade, e, mesmo assim, graças a Carmen.

"Chica Chica Boom Chic" era o número de abertura do filme. Carmen cantava a letra de Yaconelli em português (mais uma *list song* falando da Bahia), e Don Ameche, a letra em inglês de Mack Gordon. Entre as duas partes vocais, a música incluía uma dança combinando alguns vagos elementos de samba com as tradicionais evoluções em hollywoodês. O coreógrafo era Hermes Pan, 35 anos e muito respeitado por ter sido o braço (ou o pé) direito de Fred Astaire em seus nove filmes com Ginger Rogers na RKO. Mas Fred e Ginger tinham desfeito a dupla em 1939, e Zanuck levara Pan para a Fox. Pan vinha de uma família grega e seu nome completo era Hermes Panagiotopoulous — fizera bem em abreviá-lo. Pensando que Carmen, além de cantora, fosse dançarina, ele lhe criara marcações complicadas para "Chica Chica Boom Chic". E, pela primeira vez, ela se rebelou no estúdio da Fox.

Carmen reagiu às marcações de Hermes Pan. Tinha consciência de que não sabia dançar e precisava de liberdade para fazer os movimentos do samba. Para complicar-lhe a vida, disse a ele, já bastavam a baiana prateada, o turbante de penas e as plataformas de treze centímetros. Pan entendeu e deixou-a à vontade, dentro de certos limites. Mas, com habilidade, convenceu-a a aprender a rodopiar nos braços de um bailarino, ser jogada para o alto e cair de pé, graciosamente, na pontinha da plataforma. O resultado foi um take perfeito logo de primeira, incluindo o take de segurança, filmado simultaneamente por outra câmera.

Pan e Carmen ficaram amigos. Um de seus assuntos em comum era a religião. Pan fora seminarista, por pouco não se ordenara padre, e Carmen, um dia, também quisera ser freira. Nenhum dos dois seguira o impulso religioso, e o mundo é que saíra ganhando — as malhas de Pan e as baianas de Carmen pertenciam aos palcos, não aos claustros, nem ficariam bem à sombra dos oratórios. Além das piruetas, Carmen ficou devendo outra coisa importante a Hermes Pan. Foi ele quem a fez exigir que, na montagem de seus números de canto ou dança, a sequência não fosse interrompida para mostrar outro ator ou atores "reagindo" ao que ela estivesse fazendo — recurso usado para disfarçar cortes provocados pela incapacidade de o artista sustentar um número inteiro de uma vez. Sem esses cortes é que se via quem tinha mais garrafas vazias para vender. Sete anos antes, em 1933, um dançarino fora o primeiro a fazer essa reivindicação: Fred Astaire, na RKO. Fora atendido e, com isso, emprestara uma nova dignidade à dança no cinema. Carmen seguiu a orientação e, na maioria de seus números em todos os filmes seguintes, conseguiria que o espectador pudesse apreciá-la sem a câmera cortar para atores na plateia, fazendo caras de aprovação ou não.

A terceira canção de Carmen em *Uma noite no Rio* dispensava adaptações. Era a batucada "Cai, cai", de Roberto Martins, lançada um ano antes no Rio pela dupla Joel e Gaúcho para o Carnaval de 1940:

> *Cai, cai, cai, cai*
> *Eu não vou te levantar*
> *Cai, cai, cai, cai*
> *Quem mandou escorregar.*

Para a filmagem desse número, que se passa numa festa na casa do barão, a Fox convocou um exército de mulheres estatuescas para atuar como extras. Foram recrutadas entre as principais manequins de Los Angeles, vestidas pelas casas de moda e maquiadas e penteadas no próprio set por seus profissionais particulares. Mas não adiantou: todas ficaram invisíveis à entrada de Carmen, com sua baiana de lamê vermelho-escuro e um turbante de arco-íris.

"Cai, cai" foi um grande achado, mas, musicalmente, ali começava a se delinear o tipo de música que Carmen poderia cantar em português: qualquer uma — desde que tivesse um lado cômico, rítmico e acelerado. Daí por que a outra canção que Carmen propusera para o filme tivesse sido recusada: a delicada marcha-rancho "As pastorinhas" — romântica demais para a nova Carmen que a Fox estava começando a construir.

Separada dos fatos por um ou mais oceanos, a imprensa brasileira fantasiava em letra de fôrma, com direito a fotos, sobre a vida particular de Carmen em Hollywood. Uma das especulações era sobre um possível romance, noivado ou até casamento com Don Ameche, seu galã em *Uma noite no Rio*.

Isso também era Hollywood, e é verdade que muitas dessas histórias eram armadas pelos próprios estúdios. A tática consistia em fazer com que o astro X e a estrela Y fossem vistos aos sorrisos e sussurros numa sequência de jantares, pré-estreias e nightclubs, e depois desmentir que houvesse alguma coisa entre eles. Na maioria dos casos, não havia mesmo. Mas, quando se tratava de Don Ameche, nem o mais delirante publicista da Fox ousaria envolvê-lo romanticamente com uma colega.

Don era casado com Honoré, sua namorada de infância, e formavam um dos verdadeiros "casais perfeitos" de Hollywood. Moravam em Encino, na casa que pertencera a Al Jolson e Ruby Keeler — mas qualquer associação com o mundo do espetáculo parava por aí. Os Ameche eram católicos praticantes, com padres e freiras nas duas famílias, e ele costumava ser visitado no estúdio por religiosos de batina e hábito. Don e Honoré construíram uma capela em casa, que fora abençoada pelo arcebispo de Los Angeles e onde se podiam rezar missas. Orgulhavam-se também de um retrato autografado do novo papa, Pio XII, na parede da sala. Seus filhos, Donny, de sete anos, e Ronny, de quatro, não sabiam qual era a profissão do pai, porque não iam ao cinema — só à igreja. Os garotos tinham uma voz estranhíssima para a idade: muito grave, de barítono, igual à de Ameche. Naquele ano, Donny fora levado ao cinema pela primeira vez e era um filme de seu pai. Quando este apareceu na tela, ouviu-se uma voz grossa na plateia: "Papai, o que você está fazendo aí?". Para se ver como a ideia de um caso entre Don e Carmen era remotíssima. Mais até do que se fosse entre Carmen e o monsenhor Fulton Sheen — este, pelo menos, era solteiro.

Em novembro, bem no início das filmagens de *Uma noite no Rio*, Don e Honoré deram um jantar em sua casa para Carmen — e para dona Maria, Aloysio, Yaconelli e Gilberto Souto, que foram com ela. Todos se espantaram ao ser apresentados aos filhos do casal. Quando os meninos abriram a boca para dizer "How do you do?", Carmen caiu na gargalhada — achou que eles estavam de brincadeira. Quando soube que era a voz normal deles, pediu desculpas, mas comentou baixinho com Aloysio: "Que coisa!".

Don Ameche tinha 32 anos em *Uma noite no Rio*. Era um especialista em comédia ligeira e se consagrara em *Meia-noite* (*Midnight*, 1939), com Claudette Colbert. Mas seu grande sucesso viera em seguida, com *A vida de Alexander Graham Bell* (*Alexander Graham Bell*), em que inventava o telefone. Zanuck gostava de Ameche porque ele se adaptava a todo tipo de papel e ainda sabia cantar. E também porque aceitava, sem chiar, qualquer filme em que fosse escalado. Ameche viera ao mundo para ser amável e simpático. Até sua relação com a imprensa era especial: para ele, o jornalista podia ser um influente colunista do *New York Times* ou correspondente de um hebdomadário mimeografado do Congo Belga, tanto fazia. A regra em todos os estúdios era a de que, no dia de receber a imprensa, o astro se sentasse num sofá e os jornalistas fossem se revezando na "entrevista", cerca de dez minutos cada, com direito a foto dos dois juntos — o que permitia ao repórter escrever que era "amigo" do astro. Com Ameche, isso até podia ser verdade. Se simpatizasse com o jornalista, queria saber mais dele, de sua mulher e dos filhos, e, quando o reencontrava, perguntava por todo mundo pelo nome. Isso é que era amar o próximo.

Pois Ameche, que não se perturbava com nada, indignou-se ao saber como Carmen estava subjugada a Lee Shubert e como este a obrigava a trabalhar em tantos veículos ao mesmo tempo — cinema, teatro e shows. Era uma escravidão branca, pior que a dos estúdios, com a agravante de que Shubert, como agente, abocanhava 50% do dinheiro de Carmen — quando a comissão de praxe era de 10%. Ameche pegou o telefone e pôs Carmen em contato com seu próprio agente, o experiente George Frank. Ameche pediu a Frank que examinasse todos os contratos que Carmen já assinara nos Estados Unidos. E ordenou a Carmen que nunca mais assinasse nenhum papel, nem mesmo o rol de roupa da lavanderia, sem antes mostrá-lo a Frank. (De passagem, Don e Honoré lhe perguntaram se já tinha também um médico de confiança em Hollywood. Se não, eles lhe recomendavam o seu: dr. Webster Marxer.)

Longe dali, em Nova York, contando os milhões em seu mundo de telões pintados e sem saber o que estava se cozinhando em Hollywood, Shubert não demorou a sentir os efeitos da presença de George Frank nas decisões de Carmen. Seu preposto Harry Kaufman escrevera diversas cartas a ela desde os primeiros dias de dezembro, informando-a de que deveria se apresentar em Nova York em janeiro próximo, assim que terminassem as filmagens de *Uma noite no Rio*, para começar os ensaios de *Crazy House*, a nova revista musical de Shubert. Mas, para seu desconcerto, Carmen o ignorara — até então nenhuma resposta. (Era George Frank ganhando tempo.) "Não entendemos seu silêncio, srta. Miranda", escreveu Kaufman no dia 16 de dezembro. "Já mandamos várias cartas. Temos assuntos importantes a discutir [...]."

No dia 18, cansado de esperar, Shubert tomou as rédeas e passou um longo telegrama, dessa vez para Aloysio de Oliveira, apenas comunicando-lhe imperialmente o destino de Carmen nos dois anos seguintes. Durante dez meses por ano, de fevereiro a novembro, ela faria teatro e nightclubs em Nova York ou onde ele determinasse; nos dois meses restantes, faria cinema em Hollywood. Em função disso, Shubert informava a Aloysio que "cedera Carmen à Fox" para mais dois filmes. O primeiro (que seria *Week-end in Havana* — no Brasil, *Aconteceu em Havana*), a começar no dia 8 de dezembro de 1941; o segundo (que seria *Springtime in the Rockies* — no Brasil, *Minha secretária brasileira*), na mesma data, só que em 1942.

O valor da participação de Carmen no primeiro filme seria de 45 mil dólares, divididos igualmente entre ele (Shubert) e ela, 22 500 dólares para cada um — sendo que, da parte dele, a Fox já lhe adiantara 10 mil dólares pela opção. No segundo filme, ela teria 60%, ou seja, 27 mil dólares, sobrando 18 mil dólares para ele. Durante as filmagens, Carmen poderia trabalhar em nightclubs na área de Los Angeles, desde que o último show não terminasse depois da meia-noite. Pelo contrato, prosseguia Shubert, Carmen teria de estar em Hollywood no dia 1º de dezembro de cada ano — com o que ficava estabelecido que, na maior parte do ano, ela continuaria a morar em Nova York e trabalhando em teatro. De passagem, como quem espanta uma mosca com um peteleco, Shubert comunicou a Aloysio que acertara também seu contrato com o Bando da Lua nas mesmas bases vigentes — 2400 dólares por semana para os seis rapazes. Os pagamentos de terceiros continuariam a ser feitos às organizações Shubert, que os repassariam a Carmen, e ela faria o mesmo com o Bando. Sem mais etc.

Se deixado ao julgamento de Carmen e Aloysio, eles talvez vibrassem com esses acordos. Significavam trabalho o ano inteiro e, para Carmen, um faturamento superior a 100 mil dólares por ano — ou 2400 contos, dinheiro jamais visto por ela no Brasil. Mas agora havia George Frank. Ele sabia que, assim que *Uma noite no Rio* fosse lançado, Carmen se tornaria uma das "propriedades" mais disputadas dos Estados Unidos — acima das possibilidades até de Shubert. Não que ela já não fosse quente. Naquele momento, fotos, desenhos e caricaturas de Carmen saíam com regularidade em jornais e revistas; seus discos tocavam nos jukeboxes de Nova York; as jovens infestavam as ruas usando turbantes e plataformas "de Carmen Miranda"; um esteticista de Hollywood criara uma nova tonalidade de batom em sua homenagem; e restaurantes de Los Angeles ofereciam saladas e sobremesas com seu nome, principalmente se feitas à base de frutas. Para Frank, só era preciso ganhar um pouco mais de tempo — para abalar a arrogância de Shubert e esperar pelo inevitável lance que Darryl F. Zanuck iria fazer.

No começo das filmagens de *Uma noite no Rio*, quando Zanuck falou a Carmen sobre prorrogar seu contrato com a Fox e iniciar imediatamente outro filme, ela confessou que ainda se sentia insegura quanto à sua eficiência na tela. Achava que deveria voltar à Broadway, onde sabia bem o que fazia. Mas bastou-lhe ver os primeiros *rushes* (as cenas filmadas durante o dia e projetadas na mesma noite para se ter certeza de que não precisariam ser refilmadas e assim os cenários podiam ser desmontados). Eram as cenas em que ela sapateava sobre as roupas de Don Ameche. Carmen e os colegas não conseguiam conter o riso. Ela era uma comediante natural e não sabia.

"Representei pensando que era uma cena dramática!", disse Carmen, com a maior sinceridade — mas chorando de tanto rir. E, com ela, a pequena plateia: Ameche, Zanuck, Cummings e os montadores.

Naquele momento, Carmen espanou as últimas dúvidas quanto ao seu futuro. Ela pertencia a Hollywood — aos 80 milhões de espectadores *por semana* nos Estados Unidos, que faziam do cinema uma das três indústrias mais poderosas da América; que mantinham abertos 18 mil palácios e poeiras no país; e que davam emprego a 280 mil pessoas, do magnata Louis B. Mayer ao lanterninha do Cine Bijou (30 mil apenas em Hollywood, incluindo quatrocentos repórteres e 1200 fotógrafos). Aliás, Mayer, com seu salário anual de 1 milhão de dólares, era considerado mais poderoso que o governador da Califórnia. Em 1940, Hollywood pagaria 100 milhões de dólares em impostos ao governo americano, e seu produto interno bruto, dizia-se, era maior que o do Brasil.

Imagine ser um deus ou uma deusa dentro dessa engrenagem, alguém que fizesse a roda girar e produzir dinheiro, poder e felicidade. No Brasil, Carmen já fora figurinha da bala Ruth e estampa do sabonete Eucalol. Dentro em breve, seria figurinha de bala ou estampa de sabonete em escala mundial, em cada país onde tais brindes fossem distribuídos. E imagine agora perder a divindade dentro dessa mesma engrenagem. No começo daquele ano, a Associação dos Exibidores Independentes da América divulgara uma lista de grandes nomes do cinema que, nos últimos anos, tinham se tornado "veneno de bilheteria" — os ex-deuses que ninguém mais estava comprando ingressos para ver: Greta Garbo, Marlene Dietrich, Joan Crawford, Katharine Hepburn, Mae West e Fred Astaire.

Os exibidores, porta-vozes dos milhões de famintos fãs junto à indústria, exigiam novos nomes, rostos e personalidades. E, por sorte, a indústria não deixava de atendê-los. Apenas entre a prata feminina da casa, estavam surgindo Ann Sheridan, Veronica Lake, Betty Grable. E, entre as importações, a inglesa Vivien Leigh, a sueca Ingrid Bergman, a brasileira Carmen Miranda.

A conselho de George Frank, Carmen continuou a ignorar os telegramas desesperados de Shubert conclamando-a a voltar para Nova York. Como não tivesse resposta, o aflito Shubert chegou a pensar que ela estivesse doente ou coisa pior. Em último recurso, passou a mandar a correspondência com cópia aos cuidados do consulado brasileiro em Los Angeles. E, mesmo assim, nada.

288 | CARMEN

O engraçado era que Shubert continuava escrevendo para o endereço do La Belle Tour, sem saber que, desde o começo de janeiro, Carmen nem estava mais lá. Por intermédio de George Frank, tinham se mudado — ela, dona Maria e Odila (Mocotó já pegara o navio de volta) — para uma casa no Montemar Terrace, em Cheviot Hills, tão perto da Fox que ela podia ir a pé para o estúdio. O ato de alugar uma casa e instalar-se com a família era a prova de que Carmen já não tinha intenção de voltar tão cedo para Nova York.

No dia 16 de janeiro de 1941, Carmen finalmente quebrou o silêncio com uma carta para Shubert — ditada por ela a Aloysio e vertida por este para o inglês, mas com a nítida supervisão de George Frank. Nela, Carmen fazia-se de vítima para Shubert e, de maneira vaga, deixava entender que a situação havia mudado:

> Prezado sr. Shubert. Tenho estado confusa porque não entendo direito as [nossas] negociações e, pelo que descobri, Louis [Aloysio] também não entende, portanto contratei o sr. George Frank, de Hollywood, como meu agente. Estou muito triste com essa coisa toda e espero que o sr. Frank seja capaz de entender e me ajudar. Não gostaria de ser injusta com o senhor, mas preciso que os outros também sejam justos comigo.

No dia 20, foi a vez de Shubert fingir ignorar essa carta. Em troca, disparou outro telegrama dizendo que *Crazy House* já estava com a produção adiantada; que eles sofreriam "graves prejuízos" se Carmen não seguisse imediatamente para Nova York; e que telegrafasse informando dia e hora da chegada à Grand Central Station. De novo, em troca, o silêncio de Carmen. Era uma guerra de nervos. Em 3 de fevereiro, quando ficou evidente que Carmen não voltaria para Nova York a tempo de atender às expectativas da empresa, William Klein, um dos advogados de Shubert, admitiu em memorando ao chefe que teriam de adiar *Crazy House* e que "era besteira mandar qualquer coisa para [Miranda] assinar, porque ela não vai assinar nada". E aconselhou-o a esperar para ver o que ela iria propor.

A proposta (por intermédio de Frank) finalmente chegou, e era de Zanuck: uma prorrogação do contrato de Carmen com a Fox, já sob o novo valor de 45 mil dólares, descontados os 10 mil que adiantara a Shubert, e antecipando para julho e agosto a produção de *Aconteceu em Havana*.

A princípio, Shubert recebeu mal a ideia. Mas, exceto pelo orgulho ferido (por ter de curvar-se aos caprichos de uma subalterna), acabou se deixando convencer por Klein e Kaufman. Eles o fizeram ver o lado bom da proposta de Zanuck. *Crazy House* passaria para o fim do ano — e, ao contrário do que diziam nas ameaças que faziam a Carmen, não haveria "grandes prejuízos" nisso; entrementes, com *Serenata tropical* e *Uma noite no Rio* já exibidos, e talvez com *Aconteceu em Havana* em cartaz, Carmen voltaria maior do que nunca à

1940 — DEUSA DO CINEMA | 289

Broadway e o espetáculo ganharia outra dimensão. No fim das contas, o atrevimento de Carmen viria a beneficiá-los.

Assim são os melhores negócios: quando as duas partes ficam satisfeitas e uma delas não percebe que a outra vai lhe passar uma rasteira. Shubert parecia não suspeitar que George Frank, com a leveza de quem bate uma carteira, estava se preparando para tirar Carmen de suas garras.

Aurora e Gabriel desembarcaram em Nova York em meados de fevereiro de 1941, vindos pelo *Uruguay*. Ou apenas Aurora desembarcou, porque o *New York Post* e o *New York World-Telegram*, que a receberam com a mesma manchete — "CHEGOU MIRANDA N. 2" —, não fizeram nenhuma referência a um marido. Eles a fotografaram radiante e de pernas cruzadas sobre as malas e, ao lhe perguntarem se tinha namorado, a resposta foi: "Não. Primeiro, tenho de cuidar de minha carreira" — o que, dependendo do ponto de vista, não era uma mentira.

No futuro, Aurora tentaria passar a impressão de que fora para os Estados Unidos para gozar dois meses de lua de mel, e que sua carreira por lá tinha sido um produto do acaso. Mas os documentos mostram que não foi assim. O nome de Aurora já constava das cartas enviadas pelo pessoal de Shubert para Carmen em dezembro de 1940. Na do dia 16, por exemplo, em que se queixa de que suas cartas não estavam sendo respondidas, Harry Kaufman, funcionário de Shubert, diz a Carmen: "Temos assuntos importantes a discutir com você, inclusive saber o endereço de sua irmã, já que temos um papel para ela". (O papel seria num musical intitulado *Follies*, que Shubert não chegou a produzir.) É possível que, ansioso para falar com Carmen, Kaufman estivesse usando Aurora como isca. De que importa? Significava que, talvez em outubro, Carmen lhes falara de sua irmã, de como ela era um talento, e de como estava vindo por conta própria para os Estados Unidos. Outra prova de que Aurora vinha para ficar é a de que, ao descer do navio, ficou de estalo seis anos mais nova. Para todos os efeitos, tinha agora vinte anos — quando estava a poucos meses de completar 26.

Com ou sem o apoio de Shubert, Aurora e Gabriel passaram alguns dias em Nova York e partiram para a viagem de quase cinco dias até Los Angeles, com troca de trem e de empresas em Chicago. No dia 24 de fevereiro Carmen foi recebê-los em Pasadena, como a Fox fizera com ela e como ela achava que era chique fazer. A própria Carmen conduziu-os em sua furreca pela estrada dos poços de petróleo e dos laranjais.

Graças ao prestígio da irmã, Aurora mal chegou e foi logo recebendo uma proposta: a de um teste na MGM para uma participação em *Lourinha do Panamá* (*Panama Hattie*), filme a ser rodado com Red Skelton e Ann Sothern, baseado no musical *Panama Hattie*, de Cole Porter, ainda em cartaz na Broadway. Parecia atraente, mas, ao saber que o salário de Aurora no filme seria de cem dólares por semana, Carmen se ofendeu e decretou nada feito. (Lena Horne, já sob contrato com a MGM, ficaria com o papel, sem precisar de teste.)

Para Carmen, a proposta "não estava à altura do cartaz de Aurora no Rio e em Buenos Aires". E mesmo porque achava que, nos Estados Unidos, sua irmã deveria começar pelo teatro e pelos nightclubs em Nova York — como ela —, e era para lá que pretendia levá-la quando fosse fazer *Crazy House* para Shubert. Enquanto isso, Aurora a acompanharia diariamente até a Fox, quando Carmen começasse a filmar *Aconteceu em Havana*, e aprenderia algum inglês em casa com Yaconelli.

"No ano que vem, Aurora será disputada em Hollywood", disse Carmen para o *World-Telegram*. "Até lá — cem dólares por semana? Pu!"

Acontece que os estúdios, nenhum deles louco pela "política da boa vizinhança", mas ansiosos para ter já a sua própria Carmen Miranda, talvez não quisessem esperar tanto — como a Warner. (Podia ser que Aurora *também* não tivesse muita paciência.) Com o sim de Carmen a contragosto, Aurora fez um teste na Warner, vestida de baiana e acompanhada pelo Bando da Lua, para um filme que se chamaria *Carnival in Rio*. Aurora só impôs uma condição, caso viesse a fazer o filme: não queria usar o sobrenome Miranda, para não parecer que estava se prevalecendo da fama da irmã. Queria ser apenas Aurora e vencer pelos próprios méritos. Mas, talvez por não estar pronta para Hollywood — ou ainda não poder dispensar o sobrenome Miranda —, foi reprovada no teste. O filme nunca foi feito.

Aurora deixara no Brasil uma carreira quase em ponto morto. Depois de tantos anos de sucesso na Odeon, mudara-se para a Victor em fins de 1938, mas, por algum motivo, o selo do cachorrinho nunca lhe despertara o mesmo entusiasmo que sua gravadora de origem. Gravou pouquíssimo na Victor: quatro músicas nos últimos meses de 1938, doze em todo o ano de 1939, e apenas quatro em todo o ano de 1940. Não por falta de material. Ao contrário — os melhores compositores brasileiros continuavam cumulando-a de canções, e ela gravou algumas preciosidades nesse período: a marchinha "Barbeiro de Sevilha", de Alberto Ribeiro; o bonito samba "Pau que nasce torto", de Claudionor Cruz; e o dengoso samba-choro "Paulo, Paulo", de Gadé, cantando em dupla com Grande Otelo.

A culpa, no entanto, podia não ser da gravadora, e talvez não houvesse nenhum mistério no fato de ela ter passado a gravar menos. Aurora se dedicara a trabalhar pouco ou nada porque descobrira coisa melhor: o namoro, o noivado, o casamento. Em meados de 1939, assim que decidiu se casar com Gabriel Richaid, sua produção começou a decrescer — e não se esperava que, em 1940, ano de seu casamento, ela fosse se matar de trabalhar. Mas, atados os laços indissolúveis, Aurora começou a vibrar com a ideia de uma carreira americana. A partir daí, ir para os Estados Unidos tornara-se somente "uma questão de tempo" — como estava em *todos* os jornais e revistas brasileiros que falaram a seu respeito no segundo semestre daquele ano.

Em 1940, com o triunfo de Carmen no eixo Broadway-Hollywood, foi a vez de os produtores americanos, invejosos da sorte de Shubert, virem ao Rio para assuntar a praça e tentar achar alguém parecido. Um deles foi Adolph Zukor, o veterano chefão da Paramount. Em três ou quatro noites, Zukor fez a ronda dos cassinos. A melhor coisa que viu foi a cantora Heloisa Helena, que, antes disso, já dizia que iria para Hollywood "à hora que quisesse". Heloisa apresentou-se para Zukor no grill do Copacabana. Mas o velhinho fez apenas os elogios de praxe, despediu-se e tomou o *Uruguay* de volta para Nova York.

Quem teve mais sorte foi — surpresa! — Alzirinha Camargo, que partiu para Nova York com o dançarino e *bandleader* peruano Ciro Rimac, a fim de se apresentarem na boate cubana La Conga. Alzirinha acabou se casando com Rimac e faria carreira nos shows da cadeia de cinemas da MGM, com um repertório parecido com o de Carmen e sem dispensar as baianas. E, sempre em 1940, a carioca Leonora Amar zarpou para Hollywood. Bateu à porta dos estúdios e não conseguiu nada. Mas seguiu viagem até o México, onde encontrou a felicidade: trabalhou num filme de Cantinflas, tornou-se uma poderosa produtora de cinema e não deixou por menos — casou-se com o presidente mexicano.

Em compensação, inúmeros "empresários" de gomalina no cabelo e bigodinho frito, vindos de toda parte, fizeram a festa entre as coristas do teatro de revista carioca. Contratadas para imitar Carmen em Nova York, várias dessas moças embarcaram. Mas a maioria nunca passou dos cabarés baratos de Havana ou da Cidade do México — e não exatamente para cantar ou dançar.

Nem todas as cantoras e dançarinas "latinas" se limitavam a buscar inspiração no sucesso de Carmen. Algumas iam perturbá-la diretamente — como as rumbeiras de todas as nacionalidades que, de posse de seu endereço em Los Angeles, passaram a tocar sua campainha em Cheviot Hills, intimando-a a ajudá-las. E outras, simplesmente, não se conformavam com seu sucesso, e voltavam-se contra ela. Uma dessas era Lupe Velez, que, antevendo o próprio declínio, passou a atacar Carmen, acusando-a de usar turbantes por ser careca — logo Carmen, que tinha quilos, metros de cabelo. E logo Lupe, que Carmen tanto defendera quando ela fracassara no Cassino Atlântico, no Rio, em 1935.

Se se preocupasse com Lupe, Carmen deveria convidá-la de vez em quando para assistir à sua complexa operação de se vestir e aplicar sua coroa de frutas. Para armar o turbante na cabeça, Carmen, primeiro, prendia os lados de seu cabelo com grampos. Depois, dobrava-se para a frente, deixando que o cabelo, interminável, lhe caísse à altura dos joelhos. Em seguida, de uma chicotada, trazia-o todo de volta e o enrolava numa espécie de coque, também preso por grampos. Esse coque, firmemente amarrado, ia para um compartimento "secreto" no oco do capuz ou touca do turbante, ao qual era preso por ainda mais grampos. Na verdade, era o cabelo que segurava o turbante piramidal — que podia então crescer à vontade, para cima e para os lados, acolhendo toda espécie de frutas, folhas, penas, plumas, o que se quisesse pôr em cima. O turbante perfeito dependia do cabelo, mas tinha de ser como uma luva: sem um fio de cabelo à mostra.

Meados de janeiro de 1941, fim das filmagens de *Uma noite no Rio*. Quando Leon Shamroy anunciou que aquela tinha sido a última tomada, Carmen tirou o colar de turquesas e águas-marinhas que estava usando e deu uma pedra para cada membro da equipe. Os primeiros a recebê-las olharam intrigados para o presente.

"Eu sei que é um presente esquisito para um rapaz", disse Carmen. "Mas todos vocês têm namorada, *yes*?"

A prodigalidade com que Carmen comprava joias para si própria e as presenteava, como quem jogasse milho aos pombos, era só uma amostra de sua incrível ingenuidade contábil. Sem desconfiar de que estava vivendo numa realidade diferente, continuava a levar nos Estados Unidos a mesma e airosa vida financeira que tinha por aqui. No Brasil, sua relação com bancos era quase inexistente: ganhava muito dinheiro com cassino, rádio, discos, filmes, shows e excursões, mas nunca quisera saber de poupanças ou de investimentos a longo prazo. O dinheiro era para ser gasto em perfumes, joias, roupas, sapatos, tecidos (quando voltava de Buenos Aires, trazia no navio uma fortuna em cortes franceses), móveis, carros e — pelo menos isso — na quitação de sua casa na Urca. Ou era para ser distribuído entre a mãe, os irmãos e os muitos amigos. Sua generosidade era lendária e, como sói, não faltava quem abusasse.

Nos Estados Unidos, Carmen continuara a mesma: o dinheiro servia para encomendar sapatos sob medida (ela própria admitira ter levado 150 pares de plataformas para Hollywood), comprar do estúdio as baianas criadas por Travis Banton para *Uma noite no Rio* (a uma média de 2 mil dólares cada uma), e também para ser mandado, em espécie ou em presentes, não só para os parentes no Rio, mas para as mulheres e os filhos dos compositores de quem ela dependera nos velhos tempos. (Um dos que já ajudara à distância, numa história de doença, fora Josué de Barros.) E havia outro hábito perigoso que ela levara do Brasil — e logo para a terra onde isso era considerado imperdoável: não declarar o imposto de renda.

Carmen chegara aos Estados Unidos em maio de 1939. Teria, portanto, sete meses de rendimentos a declarar naquele ano — o que ela não fez — e o ano integral de 1940, apesar dos três meses passados no Brasil. Quando os advogados de Shubert se deram conta de sua omissão e a obrigaram a declarar o imposto, Carmen já não tinha como comprovar muitas das despesas que fizera e que podiam resultar em abatimento do imposto a pagar (a fortuna que aplicara em roupas, entre outras, era uma imposição profissional). Como convencer os agentes americanos de que, no Brasil, ela e muita gente boa simplesmente não tinham de se preocupar com essas mesquinharias tipo impostos? Em 1940, Carmen teve de pagar 10 500 dólares de impostos referentes a seus ganhos em 1939, e ainda precisou desembolsar outros quinhentos dólares para a "defesa americana" — embora os Estados Unidos não estivessem na guerra e a esmagadora maioria dos americanos não soubesse que havia uma guerra em curso na Europa.

Nos dois anos seguintes, a complicação seria sua dupla condição de residente em Nova York e na Califórnia. (Carmen assinara documentos que a mostravam como residente em ambos os estados, obrigando-a a pagar esses impostos locais em dobro, sem precisar.) Os advogados de Shubert, depois os da Fox, e o próprio George Frank se desdobrariam para resolver tais pendengas, muitas vezes argumentando, e com razão, que Carmen "não sabia o que estava assinando". As questões acabariam sendo resolvidas, mas, por muito tempo, sempre sobraria algum imposto a pagar.

O que Carmen fazia sem se queixar, desde que não a aborrecessem com detalhes. A vida era um chica chica boom chic, fosse lá o que isso quisesse dizer.

17 | 1941
Paixões fugidias

Centenas de pares de olhos convergiram para um turbante de tecido laminado verde e lilás, trançado em forma de coroa, e para um bolero de brocado, todo rebordado de miçangas e paetês. Era Carmen adentrando o salão do Biltmore Hotel de Los Angeles na noite de 27 de fevereiro. Apenas por chegar, já roubou a festa de entrega do Oscar de 1941, e no cenário mais adequado para isso.

Fora em um jantar nesse mesmo hotel da South Oliver Street que, catorze anos antes, em 1927, Louis B. Mayer, Jack Warner, o diretor King Vidor, o casal Pickford-Fairbanks e outros tiveram a ideia de fundar uma "academia de artes e ciências cinematográficas", para distribuir prêmios entre eles. No mesmo instante, Cedric Gibbons, diretor de arte da MGM, rabiscara num guardanapo a figura de um homenzinho careca e pelado para servir de modelo à estatueta que, anos depois, alguém (Bette Davis, sabia?) chamaria de Oscar. A "academia" nasceu pretensiosa, mas a cerimônia de entrega dos prêmios começou sóbria e assim ficaria por muito tempo. Resumia-se a um jantar e à chamada dos vencedores ao palco — sem a entrada triunfal das estrelas, a passarela de moda ou o desfile de extravagâncias. Em 1941, desafiando os mognos e veludos do Biltmore, Carmen foi, sem querer, talvez a primeira a se vestir e a chegar com espalhafato para o Oscar.

Carmen não era o único brasileiro presente ao Oscar naquela noite. Chegado a Hollywood poucas horas antes, Jorginho Guinle fora convidado à cerimônia por seu amigo Jock Whitney, que lhe perguntara se podia ser o acompanhante de uma convidada que estava sem par. Jorginho disse: "Claro", e, poucas horas depois, entrava de braço com a Melanie Hamilton de ...*E o vento levou* — Olivia de Havilland.

Como todo o pessoal da Fox, Carmen fora torcer por *Vinhas da ira* (*Grapes of Wrath*). Era o grande trunfo do estúdio, disputando três potentes indicações: melhor filme, melhor ator (Henry Fonda) e melhor diretor (John Ford). Mas Carmen e os colegas se frustraram porque os vencedores foram *Rebecca, a mulher inesquecível* (*Rebecca*), de Alfred Hitchcock, como melhor filme, e James Stewart, em *Núpcias de escândalo* (*The Philadelphia Story*), como melhor ator. O único consolo foi que Ford venceu Hitchcock no quesito diretor — mas era como se não valesse, porque Ford ganhava um Oscar ano sim, ano não, e reagia a cada vitória com um "Grnfff!", como se não fizessem mais que a obrigação ao premiá-lo. Carmen torcera também para os técnicos de *Serenata tropical*, Leon Shamroy e Ray Rennahan, indicados para o Oscar de fotografia em cores, e Richard Day e Joseph C. Wright, para o de direção de arte em cores — mas todos perderam para seus colegas do extraordinário *O ladrão de Bagdá*, de Alexander Korda. E, antes ainda, torcera por "Down Argentine Way", a canção-título de *Serenata tropical*, por Harry Warren e Mack Gordon, justamente derrotada por "When You Wish Upon a Star", de *Pinóquio* (*Pinocchio*), por Leigh Harline e Ned Washington.

Assim como acontecera em Nova York, Carmen estava sendo exibida como novidade em Los Angeles. As duas cidades eram muito diferentes. Em Manhattan, as festas aconteciam em qualquer dia da semana e não tinham hora para terminar. As conversas iam de ópera e balé à guerra na Europa, e não era raro que um homem e uma mulher sumissem em meio ao ágape, deixando os respectivos cônjuges no ora veja. Ninguém estava interessado na vida de ninguém, e nenhum pecadilho sobrevivia por mais de quinze minutos como tema de fofoca.

As festas de Hollywood eram sempre aos domingos — o único dia livre —, e a arte da conversação, como cultivada em outras partes do globo, não existia. O único assunto era a "indústria" (cinematográfica), e muitos convidados nunca tinham ouvido falar em Winston Churchill. Todo mundo se conhecia. Quando os homens iam aos charutos, as mulheres dedicavam-se à vida sexual de alguma atriz. Flertes aconteciam nessas reuniões, mas muito dissimulados. Bebia-se aos potes. Às vezes, alguém cantava "My Melancholy Baby" ou fazia um esquete de humor, ou as duas coisas ao mesmo tempo. No fim, apagavam-se as luzes, descia uma tela e se assistia a um filme. Às onze da noite, todos já tinham ido embora, porque iriam madrugar no estúdio no dia seguinte. Exatamente por aquela época — dezembro de 1940 —, o homem que melhor descrevera o vazio de tais festas acabara de morrer de infarto, ali mesmo, em Hollywood, solidamente esquecido: F. Scott Fitzgerald.

Como toda província, Hollywood era uma sociedade de castas, em que o povo não existia. As festas mais suntuosas eram dadas por Jack Warner, cujos convidados incluíam os grandes nomes como Clark Gable, Gary Cooper e Cary Grant, e por Samuel Goldwyn, em cuja casa se jogava pôquer a cacifes siderais — o próprio Sam Goldwyn já perdera e já ganhara 150 mil dólares de uma só tacada, em dias alternados. Era a alta sociedade, a "tradicional", e, dentro dessa casta, alguns, como Cecil B. DeMille e Adolph Zukor, eram ainda mais "tradicionais" por terem sido os primeiros a chegar a Hollywood, em 1915. Mas o passado, ali, só ia até o último filme de cada um — e era bom que esse filme tivesse sido um sucesso. Fazia-se vista grossa ao *nouveau richisme* de astros recém-surgidos, que tomavam champanhe no café da manhã, mandavam fabricar carros sob medida, ensaboavam-se em banheiras de ouro e comiam caviar de quinze em quinze minutos, servidos por mordomos de luvas — quando todos sabiam que, até bem pouco, aqueles rapazes estavam dirigindo caminhões para sobreviver, passavam uma semana sem banho e comiam em pés-sujos à beira da estrada. Ou que, com todo o seu charme e elegância, alguns, como George Raft, mal soubessem ler.

Mais interessantes eram as festas nas casas de Darryl F. Zanuck e de David O. Selznick. Do mesmo modo, só se tratava de cinema, mas alguns habitués eram diretores e roteiristas que adoravam falar mal de certos produtores pseudoliberais (fingindo esquecer-se de que Zanuck e Selznick eram exatamente isso). Outro que frequentava Zanuck era Howard Hughes, 37 anos, surdo de um ouvido, podre de rico e excêntrico — porque insistia em se vestir como pobre. Excêntricos eram bem-vindos nessas reuniões. Uma novidade do momento era Benjamin "Bugsy" Siegel — 35 anos, moreno, olhos azuis —, que chegara a Los Angeles em 1939, com uma verba secreta de 500 mil dólares para implantar um braço da máfia judaica na Costa Oeste. "Bugsy" fora apresentado ao pessoal do cinema por George Raft, seu amigo de infância no Brooklyn, em Nova York, e se tornara presença assídua nos coquetéis de Hollywood. Entre uma e outra festa, dedicava-se ao controle das apostas em todos os hipódromos da Califórnia, à distribuição para os atacadistas da heroína que entrava pela fronteira mexicana e à venda de armas para Mussolini. Mas, para quase todo mundo do cinema, "Bugsy" era só um rapaz bonito e vagamente ilegal.

A presença de uma pessoa nova, como "Bugsy" — ou Carmen —, ajudava a sacudir o marasmo social. Jorginho Guinle, já residente, tinha acesso a todos os círculos. Ele levou Carmen a um ou outro *cocktail-party* das diversas turmas. (O próprio Jorginho era muito respeitado, pela inteligência, pelo charme e por pensarem que era o dono do Copacabana Palace — na verdade, era apenas sobrinho do dono, mas com carta branca para convidar quem ele quisesse para o hotel.) No começo, Carmen ia muito à casa de Zanuck. Assim que seu inglês melhorou e ela acumulou um respeitável vocabulário de nomes feios, juntou-se às campeãs dos palavrões em Hollywood, e que também a frequentavam: Carole Lombard, Ann Sheridan e Vivien Leigh.

A essas reuniões compareciam agentes, publicistas e repórteres. Quando uma atriz era recém-chegada e não se sabiam direito seus dados básicos, o estúdio se encarregava de distribuir sua "biografia". A de Carmen informava que, em Hollywood, ela morava com a mãe. E, para que não houvesse dúvida, dona Maria era citada, contando (em inglês de pé-quebrado) como ficara ao lado de Carmen, no Rio, quando ela quisera cantar nos cassinos "contra a vontade do pai". No texto, escrito em inglês fonético, dona Maria dizia:

"When one girl from nize family like stage, ees all right. Before, no. Now ees different. Theez casinos pay beeg money for arteests. If Carmen make beeg money, why not?"

A redação desse texto era de uma grosseira liberdade promocional. O pai de Carmen nunca se opusera à sua carreira — ao contrário, assinara o primeiro contrato da filha como profissional e vivia viajando com ela. E a querida dona Maria jamais poderia ter dito aquilo — muito menos, daquele jeito —, porque, em 1940, falava exclusivamente português, com generoso sotaque luso, e nem uma palavra em inglês, de pé-quebrado ou não.

Tanto que, quando ia ao mercadinho de Cheviot Hills para comprar mantimentos, dona Maria dizia para o balconista americano:

"A-mêi-joas."

Ou:

"Bel-dro-egas."

Bem devagar, escandindo as sílabas, para que o rapaz a entendesse.

No dia 5 de janeiro, Carmen e o Bando da Lua foram ao estúdio da Decca na Costa Oeste e gravaram cinco faixas: o samba-rumba "Chica Chica Boom Chic" e a batucada "Cai, cai", ambos da trilha sonora de *Uma noite no Rio*, o samba "Alô... alô?...", a embolada "Bambalê" e a marchinha "Arca de Noé", ausentes da trilha, mas, de alguma forma, dentro do espírito do filme (Carmen podia ter cantado qualquer uma delas na sequência da festa na casa do barão). "Alô... alô?..." era uma regravação do seu próprio sucesso de 1933, com o Bando da Lua no lugar de Mario Reis — o vocal do conjunto não se comparava à graça de Mario Reis, mas Carmen está melhor ainda nessa versão. "Bambalê" era uma peça para violão do compositor, gramático e poeta Francisco Eugenio Brant Horta (1876-1959), talvez recolhida do folclore (e da qual "Bambu, bambu" já era uma decorrência). E "Arca de Noé", de Nássara e Sá Roris, também era uma regravação, mas de um sucesso de Almirante pela Odeon no Carnaval de 1938.

Por que essas regravações e peças do folclore no novo repertório de Carmen? Porque era o único jeito de fugir à marcação da Ascap, a sociedade arrecadadora americana, alertada por suas afiliadas no Brasil de que havia uma cantora chamada Carmen Miranda decidida a gravar música brasileira nos Estados Unidos. Era preciso esfolá-la em valores acima dos normais se ela insistisse em levar adiante suas solertes intenções — e não seria surpresa se se detectasse o dedo de Wallace Downey nessa súbita atenção da Ascap. Por isso, Carmen passou a depender das sugestões de Aloysio, em Los Angeles, e de Almirante, no Rio, para conseguir material fora do alcance das sociedades. Não que a Decca não pudesse bancar aquelas quantias — porque, com os filmes em cartaz, Carmen tinha uma boa chance de começar a *pegar* como cantora e de seus discos passarem a ser tocados nos jukeboxes em todo o país, não apenas em Nova York. Mas a Decca não faria nada por Carmen (ou por cantor nenhum) enquanto seus discos não tocassem espontaneamente, dia e noite, nas vitrolas automáticas.

O pessoal de Shubert em Nova York estava satisfeito com o desempenho de George Frank em Hollywood. No dia 3 de março, Frank comunicara a William Klein que vendera seis apresentações de Carmen no programa de Charlie McCarthy, na NBC, patrocinado pelo café Chase & Sanborn, a 1500 dólares cada uma. Era uma das maiores audiências do rádio americano — média de 38 pontos no nobilérrimo horário das oito às nove da noite de domingo —, e Carmen já iria ao ar, ao vivo, no dia 16.

Charlie McCarthy era um boneco de madeira manipulado pelo ventríloquo Edgar Bergen e uma das maiores celebridades dos Estados Unidos — o boneco, não o ventríloquo. Aos olhos de hoje, pode parecer maluco que um número de ventriloquia fosse um sucesso *no rádio*, mas, para os americanos de 1941, aquilo era a coisa mais natural do mundo. A figura de Charlie era nacionalmente conhecida em filmes, revistas e brinquedos. (Muitos anos depois, ao se tornar uma atriz famosa, a filha de Edgar Bergen, Candice, diria que, na infância, fora criada como a irmã caçula do boneco — e que este tinha todos os privilégios por ser o ganha-pão da família.) Um dos convidados fixos do programa de Charlie era o comediante W. C. Fields, e os dois trocavam os maiores insultos pelo ar: o boneco fazia piadas com o nariz de Fields, monstruosamente inchado e vermelho de gim Beefeater, e Fields retaliava ameaçando Charlie com cupim, isqueiros e pica-paus. As frases de efeito saíam de um para o outro em alta velocidade, e isso era a prova de que, no primeiro semestre de 1941, o inglês de Carmen já era suficiente para que ela participasse daquele tiroteio verbal. É verdade que os diálogos eram escritos e ensaiados, mas Fields era um improvisador compulsivo, e a todo momento soltava uma frase que não estava no roteiro, obrigando Bergen (e Carmen) a se virar.

No mesmo telegrama, Frank informou a Klein que também acertara para Carmen e o Bando da Lua várias temporadas em nightclubs da Costa Oeste, ao cachê — recorde para ela — de 6 mil dólares por semana, começando pelo Golden Gate Theatre, em São Francisco, no dia 26. E aproveitava para comunicar que, antes disso, no dia 24, Carmen imprimiria seus sapatos, mãos e assinatura no cimento fresco do Chinese Theatre, o cinema em forma de pagode chinês construído por Sid Grauman no Hollywood Boulevard, em Los Angeles. Era uma honra com que muitos veteranos de Hollywood nem sequer sonhavam — e Carmen estava conquistando-a com apenas dois filmes, sendo que o segundo ainda nem estreara.

Mas, antes que Klein se entusiasmasse demais, Frank juntou à correspondência outra carta, também de 3 de março — esta em legalês castiço, assinada pelo escritório de advocacia Swarts & Tannembaum. Nela, os advogados propunham (aliás, impunham) a Shubert uma nova divisão de valores referente aos compromissos de Carmen, exceto os espetáculos produzidos por ele. A contar daquela data, e valendo até 31 de maio de 1942, Carmen passaria a receber 70% de todos os pagamentos, cabendo os 30% restantes a Shubert.

A partir de 1º de junho de 1942, as proporções seriam de 75% para Carmen e 25% para Shubert. Os advogados davam a entender que Shubert não tinha apoio legal nos contratos anteriores e que seria melhor que aceitasse os novos termos, sob pena de perder Carmen de vez. Para nenhuma surpresa deles, Shubert aceitou — talvez também porque, naquela conjuntura, 30% ou 25% de Carmen ainda fossem um grande negócio.

Mas, até para os leigos, era o prenúncio de que seria difícil para ele segurá-la depois de 1942. Carmen não era mais a brasileirinha inocente e eternamente grata ao sr. Shubert por tudo que lhe caíra do céu desde aquele jantar no *Normandie*, e que recorria a ele até para ir brigar com o síndico do seu prédio. Ao lado de Carmen havia agora advogados tão implacáveis quanto os do próprio Shubert — e, como estes, capazes de ler contratos, inclusive as traiçoeiras cláusulas em letrinha miúda.

Carmen finalmente se punha sob a proteção de profissionais. Com essa retaguarda, podia se espalhar pelo território com segurança. Mas somente na noite do dia 24, quando o pajem filipino de Sid Grauman a ajudou a imprimir seus pés e suas mãos no quadrado de cimento do Chinese Theatre, é que Carmen teve a certeza de estar firmemente plantada na América.

Uma noite no Rio estreou no Roxy, em Nova York, no dia 8 de março de 1941. Carmen era o terceiro nome do elenco, atrás de Alice Faye e Don Ameche, os três acima do título. Meses antes, alguém na Fox levantara a hipótese de se fazer a estreia mundial do filme no Rio, com a presença dos três principais (Don se hospedaria no Copacabana Palace e Alice ficaria com Carmen na Urca). Mas a ideia pode não ter passado de um ilusório gesto de "boa vizinhança" que a Fox nunca considerou a sério — porque jamais, até então, um filme americano tivera sua estreia de gala fora dos Estados Unidos.

Enquanto os americanos já estavam assistindo a *Uma noite no Rio*, o Brasil — desde então, sempre com um filme de atraso — ainda teria de esperar até o começo de maio para a estreia de *Serenata tropical*, no Odeon. E, quando isso aconteceu, os críticos reagiram com a mesma sem-cerimônia que dispensavam aos alô-alôs de Wallace Downey — inclusive nas comparações frutíferas. *Serenata tropical* foi classificado como um "abacaxi dourado" e, pelo pecado de ser colorido, "um autêntico cretinocolor". (Por um preconceito que ainda duraria muitos anos, achava-se que nenhum filme em cores podia ser "sério".) No Café Nice, houve também quem não aceitasse aquela nova Carmen, muito mais colorida e exuberante do que a que saíra daqui. No meio de uma discussão a respeito, alguns dos frequentadores a tacharam de "ridícula". Sylvio Caldas e o ator Oswaldo Louzada saltaram em sua defesa e, derrubando cadeiras, partiram sobre os infiéis. Por pouco não saiu briga na assembleia nacional do samba.

Se havia quem pudesse queixar-se de Carmen era Assis Valente, que ela deixara quase órfão no Rio. Por aquela mesma época de 1941, no meio da tarde de 13 de maio, Assis tomou um táxi no largo da Carioca e mandou tocar para o Corcovado. No caminho, parou numa bomba de gasolina no Silvestre e ligou ele mesmo para um distrito policial, avisando ter "ouvido dizer" que o sambista Assis Valente ia atirar-se lá de cima. E, de fato, às cinco da tarde, com uma pequena multidão como plateia, além dos bombeiros, da assistência e da polícia — todos tentando demovê-lo —, Assis, chorando, jogou-se da amurada do Corcovado, a setecentos metros de altura.

Por sorte, jogou-se para o lado da Gávea, muito mais verde e menos escarpado. Caiu setenta metros, mas a vegetação e a copa das árvores foram amenizando sua queda. Mesmo assim, poderia ter morrido, e a prova disso é que os bombeiros levaram três horas para resgatá-lo — quando finalmente o trouxeram, já era noite na mata. Assis quebrara apenas duas costelas e sofrera alguns arranhões. Piores, sem dúvida, seriam os arranhões na alma e o coração partido que o tinham levado àquele tresloucado gesto — diriam os jornais no dia seguinte.

Por que Assis fizera isso? Na semana anterior, ele saíra de sua casa na rua Amaro Cavalcanti, no Méier, abandonando a mulher, Nadyle, com quem se casara um ano antes, e sua filhinha, Nara Nadyle, de apenas dois meses. Mudara-se para uma pensão no Rio Comprido e falara a muita gente que estava para fazer "algo drástico". Se seu casamento fora uma surpresa para todo mundo, a paternidade parecia um indício de que Assis poderia levar uma vida estável, menos sujeita às euforias e depressões que o caracterizavam. Talvez servisse também para calar os rumores sobre sua vida sexual. Então, por que saíra de casa? E o que seria "algo drástico"? Podia ser qualquer coisa, menos suicídio — porque Assis estava com um big sucesso na praça: "Brasil pandeiro", com os Anjos do Inferno.

Os últimos dois anos não tinham sido fáceis para ele. Assis, que já era um homem assolado por tormentas pessoais, sentira-se roubado com a partida de Carmen para os Estados Unidos. Enquanto Carmen estava aqui, ela era a *sua* cantora — ouvia seus sambas e marchinhas em primeira mão, escolhia os que queria gravar e os sucessos se multiplicavam, para ela e para ele. Mas Carmen se fora de vez, e Assis, ao levar seus sambas para outras cantoras, costumava ouvir frases como esta, carregadas de despeito e ironia:

"Por que não dá para a 'Brazilian bombshell' cantar lá na América?"

Outros que o gravavam com frequência eram o Bando da Lua e Aurora. Mas o Bando também fora embora com Carmen para os Estados Unidos e, em fevereiro último, tinha sido a vez de Aurora. Por causa disso, Assis desenvolvera uma intensa sensação de antiamericanismo — via em tudo uma conspiração de dólares e Cadillacs com a intenção de isolá-lo e destruí-lo. Antes que fosse tarde, aproximara-se dos Anjos do Inferno. Os Anjos eram ainda melhores que o Bando da Lua, e ele passaria a abastecê-los com sua produção.

O primeiro samba fora "Brasil pandeiro", que Carmen havia rejeitado. O sucesso do disco (lançado um mês antes, em abril, pela Columbia) seria importante para Assis, mais do que pelo dinheiro que lhe renderia. Seria a prova de que, como compositor, ele podia viver sem Carmen. Mas os Anjos do Inferno passaram a ser também abastecidos por outro baiano — Dorival Caymmi —, e logo começou a faltar espaço para Assis. Ele se voltou para Aracy de Almeida, com quem emplacaria um último samba antológico e definitivo: "Fez bobagem", em março de 1942. A partir daí, *bye, bye.*

Em Los Angeles, Carmen, Aurora e o Bando da Lua levaram três semanas para saber que seu amigo Assis Valente tentara se matar. Mas Assis sobrevivera e estava a salvo, foi o que pensaram. De longe, não podiam imaginar que, aos trinta anos, o homem bonito, elegante e talentoso que conheceram já se dera por vencido nessas três categorias, e nunca mais seria o mesmo.

Carmen era a primeira a rir das imitações que se faziam dela em toda parte nos Estados Unidos. Não que tivesse tanto espírito esportivo. É que sabia que ninguém poderia superá-la em sua grande especialidade: a de *ser* Carmen Miranda — o que lhe permitia reinventar-se quando quisesse, deixando apenas os clichês para os imitadores. Em abril, numa festa dada pela Fox no Biltmore, o comediante Milton Berle parecia ter parado o show ao fazer uma rude imitação dela. Mas os aplausos só duraram até Berle ser rendido no palco por ela própria. Carmen entrou e restaurou a majestade de sua figura. Ali o show parou de verdade — porque a plateia não a deixava sair do palco.

Os comediantes americanos estavam descobrindo que imitar Carmen era infalível para agradar. E que, a exemplo de outras grandes criações originais do período, como Carlitos ou Groucho, ela era fácil de imitar. Na verdade, bastavam alguns acessórios em cena (um turbante, uma saia, alguns colares, um par de plataformas) para que qualquer pessoa na plateia "reconhecesse" Carmen. Muito mais difícil era reproduzir a expressividade de seus olhos, sorrisos e mãos, sem falar no misto de molecagem e *sagesse* que ela trouxera da Lapa — esses eram territórios inacessíveis aos imitadores. Daí que, ao filmar o musical *Calouros na Broadway* (*Babes on Broadway*), na MGM, em 1941, o diretor e coreógrafo Busby Berkeley não tivesse dúvida sobre qual dos dois astros, Judy Garland ou Mickey Rooney, deveria fazer uma paródia de Carmen.

Rooney, claro — de baiana, cantando "Mamãe, eu quero". Carmen e Mickey tinham se conhecido dois anos antes, em Nova York, quando ele ia assistir a ela no Versailles e só faltava dar cambalhotas de prazer diante do que via. Carmen adorou a ideia da paródia e insistiu em ir à MGM para "dirigir" Mickey nos ensaios. Em dois dias de agosto, Carmen trabalhou com ele no número, usando como playback o seu disco de "Mamãe, eu quero" na Decca — que Mickey reproduz no filme, num português muito pior que o inglês de Carmen.

E ela também posou de frente e de perfil, diante do espelho, para que ele copiasse sua maquiagem e criasse um nariz parecido com o dela. Carmen diria depois que nunca rira tanto.

Mickey estava em meio ao trabalho com Carmen quando viu entrar, no palco de filmagem, uma mulher cuja beleza parecia quase intolerável para o olho humano. Era uma jovem que a MGM acabara de trazer da Carolina do Norte e que estava sendo desfilada pelo estúdio por algum executivo. Mickey pediu licença a Carmen e foi até a garota. Nem se apresentou; convidou-a direto para um jantar à luz de velas — e ela recusou. Mickey não entendeu nada. Aos 21 anos, ele acabara de ultrapassar Clark Gable, Robert Taylor e Tyrone Power e se tornara a bilheteria número um de Hollywood. Por causa disso, somente na MGM havia duzentas aspirantes a atriz que dariam qualquer coisa por um convite seu para chupar um pirulito na esquina. Pois essa era a primeira vez que ele ouvia um "não" de uma delas. Só então Mickey se deu conta de que estava fantasiado de "Carmen Mirooney" — batom, brincos, nariz falso, baiana e balangandãs. A moça não o reconhecera. Ali mesmo, Mickey tirou a maquiagem, voltou a convidá-la — e foi recusado de novo. A garota, habituada a assédios desde que aprendera a andar, não se impressionava com os famosos e, nos dias seguintes, todos os convites que ele lhe fez tiveram a mesma resposta. Mickey não se abateu: garantiu a Carmen e aos amigos que se casaria com ela. E quem era ela? Ava Gardner, dezoito anos.

Calouros na Broadway estreou no dia 31 de dezembro de 1941 em Nova York. Dez dias depois, Ava Gardner e Mickey Rooney se casaram em Los Angeles — ela, aparentando 25 anos; ele, quinze. Foi o primeiro casamento de ambos e durou apenas dezessete meses (ou menos, segundo Ava, porque Mickey passou a lua de mel jogando golfe). O filme foi muito mais bem-sucedido: seria o melhor da dupla Garland e Rooney e ainda hoje pode ser visto com grande prazer. Especialmente a sequência de "Bombshell From Brazil", música e letra de Roger Edens, em que Judy e um elenco de promessas da MGM (Richard Quine, Virginia Weidler, Ray McDonald) dão a entender que teremos a legítima Carmen em cena — e, em vez disso, entra Mickey com "Mamãe, eu quero".

A marchinha de Jararaca e Vicente Paiva viajara quase clandestinamente para os Estados Unidos em 1939, no repertório da orquestra de Romeu Silva para o Pavilhão do Brasil na Feira Mundial. Naquele mesmo ano, Carmen deu-lhe o formato definitivo em *Streets of Paris* e em *Serenata tropical*, e não havia show no Waldorf ou no Versailles em que não tivesse de cantá-la. A versão Rooney, por sua vez, provocaria a gravação de Bing Crosby na Decca, acompanhado por Woody Herman e sua orquestra, no dia 18 de janeiro de 1942. Era o que bastava — estava feita a mágica. A brasileiríssima "Mamãe, eu quero", disfarçada em "Mama, yo quiero" ou "I Want My Mama", seria incorporada pelos americanos ao seu repertório e renderia fortunas nos Estados Unidos (menos, claro, para os filhos e netos de seus autores brasileiros).

Os americanos só não podiam imaginar que o principal homem por trás da deliciosa malícia de "Mamãe, eu quero" — o comediante Jararaca, querido no Brasil por homens, mulheres e crianças — era adepto do clandestino Partido Comunista brasileiro, devoto de Josef Stálin e torcedor convicto da ditadura do proletariado.

"Investigue a visita de Carmen Miranda a um médico e veja se ela não está muito doente para começar seu novo filme..."

Com essa nota em sua coluna de 17 de junho de 1941, Jimmie Fidler, correspondente em Hollywood do *Daily Mirror*, de Nova York, estava dizendo, de forma oblíqua, que Carmen fizera um aborto.

Louella Parsons e Hedda Hopper levavam a fama, mas o colunista mais temido do cinema era Jimmie Fidler — 42 anos, discípulo de Walter Winchell e tão esperto quanto o mestre. Louella e Hedda, inimigas entre si, só pensavam em dar *furos* uma na outra e, para isso, viviam fazendo "acordos" com os artistas — se um deles lhe passasse uma nota que a rival não teria, ganhava proteção na sua coluna por algum tempo. Isso significava omitir informações já levantadas, como a de que, digamos, Errol Flynn fora seduzido (de novo!) por uma menor de dezoito anos, ou que Spencer Tracy passara dez dias enxugando garrafas em algum hotel nos arraiais de Los Angeles enquanto a MGM revirava a cidade à sua procura. Louella e Hedda eram fortes por publicar menos do que sabiam. Mas Jimmie Fidler competia apenas consigo próprio. Só ele deu a nota a respeito de Carmen. Em compensação, a fofoca saiu em 360 jornais naquele dia e atingiu os 40 milhões de ouvintes de seu programa de rádio. Era esse o seu alcance.

O novo filme, *Aconteceu em Havana*, a ser rodado em julho e agosto, já estava exigindo todas as preliminares indispensáveis aos musicais — e a nota dava a entender que havia um motivo sério para Carmen não estar trabalhando. Supondo que só alguns de seus leitores e ouvintes fossem atilados e maldosos, mesmo assim seriam milhares, talvez milhões, a decifrar a informação: Carmen Miranda fizera um aborto. O truque consistia em escrever de tal forma que desse uma pista ao leitor sobre do que se tratava, fazendo com que a personagem da nota percebesse que o colunista *sabia* — ao mesmo tempo que deixava uma saída na hipótese de alguém resolver processar. Nesse caso, Fidler sempre poderia alegar que, segundo sua fonte, a ida ao médico fora para uma extração de amígdalas. Mas, nos anos 40, nenhum artista seria louco de processar um jornalista.

O restante da informação, que Fidler também devia ter, continuaria a ser privilégio dos íntimos. O pai da criança era Aloysio de Oliveira. As alternativas para Carmen eram óbvias. Ou se casava rapidamente com Aloysio e inventava uma (fácil) explicação para quando a criança nascesse, menos de nove meses após o casamento — ou assumia sozinha esse filho e encerrava de vez a carreira, porque Hollywood nunca aceitaria uma mãe solteira em 1941. Se uma atriz tivesse um filho fora do casamento, seria melhor que se volatizasse — não lhe bastaria mudar de nome, de rosto ou de país. A carreira de Gloria Swanson, por exemplo, fora liquidada em 1931 por ela ter fugido grávida para a Europa com um playboy irlandês, abandonando seu marido, o marquês de La Falaise. Joe Schenck, então na MGM, cancelou seu contrato, comprou suas ações na United Artists e expulsou-a das duas companhias. Depois disso, Swanson só voltaria a filmar esporadicamente. Bem, o mesmo Joe Schenck era agora o patrão de Carmen na Fox.

Além das hipóteses casar ou sumir, só lhe restava o aborto. A clínica (clandestina, claro) teria sido indicada a Carmen por uma colega da Fox ou por um médico de sua confiança. Fidler descobrira a história porque tinha um contato junto a essa e outras clínicas — que o informavam sobre os grandes nomes que passavam por elas.

No futuro, ao admitir que Carmen fizera um aborto dele, Aloysio diria que nunca soube disso na época em que aconteceu — e que só ficara sabendo anos depois, por intermédio de Aurora. Como outras declarações de Aloysio, essa é para ser recebida com cautela — e não apenas porque, numa entrevista gravada, Aurora riu ao ouvir tal declaração. Mas suponhamos que Aloysio não soubesse que Carmen estava grávida dele. Isso transferiria automaticamente para Carmen toda a responsabilidade pelo aborto. Significava que, tendo de escolher entre o filho e a carreira, ela não hesitara: preferira a carreira — sem dar a ele, Aloysio, a menor chance de opinar.

Essa atitude não se parecia com Carmen. Era notória sua paixão pelos filhos das amigas — no Rio, era madrinha sabe-se lá de quantas crianças. (Às vezes, pedia uma delas emprestada à mãe e só a devolvia horas depois, toda babada de beijos.) Já Aloysio nunca seria um pai dos mais extremados (ficaria muitos anos sem ver uma filha que teria com uma americana). Diante do histórico de um e de outro, é improvável que Carmen não tivesse pensado em legitimar a criança casando-se com Aloysio — e, se ela ainda contemplava a ideia daquele casamento, não podia haver ocasião melhor. A última e pior alternativa era o aborto — que Carmen, católica como era, via como uma afronta à sua religião.

Mas, por tudo que se sabe, o casamento não estava nos planos de Aloysio. Ou, pelo menos, o casamento com Carmen. Aos 26 anos em 1941, ele continuava seis anos mais novo que ela, e essa diferença, com o tempo, só tenderia a aumentar. O grande problema para Aloysio, no entanto, era a confusão quanto a seu cargo na firma naquele momento: era amante e, ao mesmo tempo, empregado de Carmen, com múltiplas atribuições — artísticas, administrativas e práticas. Era, inclusive, pago por ela — tinha um salário à parte, além do que recebia pelo Bando da Lua. Um casamento oficializaria o nome que já circulava aos cochichos para defini-lo, e que ele detestava: Mister Miranda.

É verdade que ele já era tudo isso, e mais ainda, em maio de 1939, quando Carmen e o Bando da Lua estavam recém-chegados a Nova York. Mas, então, a situação era diferente. Naquela época, eles estavam juntos na grande aventura, e Carmen dependia de Aloysio para tudo. Era ele quem falava por ela com os americanos, fosse para discutir negócios com Shubert ou para comprar um hambúrguer na carrocinha. Era ele, Aloysio, quem analisava suas propostas de trabalho, lia os contratos, escrevia suas cartas em inglês e ia conseguir a Benzedrine que os manteria, a ela e a ele, em condições de dar mais um show quando era mais intenso o cansaço — outras vezes, era uma piscadela de cumplicidade que lhes permitia continuar de pé. Os americanos o chamavam de Louis, e ela também adotou o tratamento. Passavam juntos as 24 horas do dia — de vez em quando, aplicavam um drible na turma (inclusive no Bando da Lua) e iam fazer amor onde desse, como se fosse uma travessura. Aos olhos de Carmen, Aloysio tinha três metros de altura e competia com os arranha-céus.

Mas, dois anos depois, em Hollywood, as coisas haviam mudado. Carmen voltara a ser a mulher que ele conhecera no Rio: segura, confiante, que falava grosso com qualquer um. Seus contratos eram agora discutidos entre empresas, de potência para potência. Em caso de dúvida, estava cercada de advogados poderosos, homens pagos para aconselhá-la. E já falava inglês tão bem quanto ele. E quanto ele mediria agora aos olhos dela?

Amante era também a palavra correta. Carmen e Aloysio não se podiam chamar de namorados — não rolavam na areia e caíam juntos nas águas de Santa Monica nem ficavam de mãos dadas nos concertos do Hollywood Bowl. Sua relação era "secreta", como se tivesse algo de errado — além de ostensivamente antirromântica. E, para todos os efeitos, nas entrevistas à imprensa americana, Carmen continuava a sustentar a fantasia de um "noivo brasileiro", na figura do "advogado" alto, moreno e bonitão, às vezes chamado "Carlos", eternamente à sua espera no Rio.

Essa descrição era quase um ato falho. Carmen estaria se referindo a Carlos Alberto da Rocha Faria? Ele era advogado, alto, moreno, bonitão e, por acaso, se chamava Carlos. E era também, segundo Aurora e Cecilia, o grande amor de Carmen. Ou fora — até chegar do Rio a notícia de que Carlos Alberto se casara com uma francesa chamada Josephine Marie, recém-chegada ao Brasil (*tinha de ser uma francesa*), e que teriam ido morar numa bela casa em Santa Teresa.

A notícia inundou Carmen de um compreensível *chagrin* — Carlos Alberto, casado! No mesmo instante, esqueceu-se de que fora ela que o largara no Rio ao ir para os Estados Unidos — e que, mesmo antes de embarcar, já namorava Aloysio. Em sua interpretação distorcida e injusta para consigo mesma, era mais uma vez a filha do barbeiro que não estava "à altura" de se casar com o príncipe. E tudo que a vida vinha lhe dando na América — aplausos, dinheiro, prestígio — não chegava para apagar aquela nódoa. Carmen não se tocava para o fato de que despertava a paixão de milhares e que, se realmente quisesse, não lhe faltariam bons partidos.

Talvez por isso, no confronto com Aloysio sobre o que fazer com aquela gravidez, ela tenha passado por cima de seus sonhos e convicções e, como sempre, tomado a decisão que menos a beneficiava. Fez o aborto e não se casou com Aloysio.

O rapaz mais bonito de Hollywood? Carmen nem pestanejou:

"John Payne." E, referindo-se à mulher dele, acrescentou, meio tom abaixo: "Anne Shirley soube escolher".

Bem, ela também soubera. O problema era que Anne Shirley o escolhera primeiro. Isso não impedira um caso vulcânico entre Carmen e John Payne durante as filmagens de *Aconteceu em Havana*, embora tivesse influência no seu desfecho. Quando a resposta de Carmen saiu na *Noite Ilustrada*, em 16 de setembro de 1941, o affaire já estava definido.

Carmen e Payne se conheceram na Fox. Os dois tinham chegado ao estúdio quase ao mesmo tempo, no ano anterior, mas o romance só começou quando foram filmar juntos. Payne tinha 29 anos, 1,92 metro, era atlético, educado e tímido. Os homens podiam achá-lo tão apático e sensaborão na vida real quanto ele parecia na tela, mas as mulheres discordavam — Carmen não era a única a considerá-lo altamente apetecível. A Fox queria fazer dele um novo Cary Grant e, nesse sentido, Payne tinha suas virtudes: poucos em Hollywood vestiam um terno com tanta classe e fotografavam tão bem, de pé, com as mãos nos bolsos. Havia nele algo que denunciava o rapaz fino — nitidamente, a vida entre patos com trufas e cascatas de camarão não lhe era estranha.

Payne era de extração rica e fora criado para, um dia, assumir os negócios da família. Seu pai era dono de uma vasta quantidade de terras na Virginia. Sua mãe tinha sido cantora do Metropolitan de Nova York, ainda que em papéis menores. O velho morrera em 1929, mas, quando abriram o testamento, descobriram que o filho só poderia suceder-lhe aos 35 anos. Tudo bem — exceto que, naquele ano, John ainda estava com dezoito. Ficou tão desiludido que radicalizou: saiu de casa e trocou sua boa vida nos Hamptons pela barra-pesada do Queens e do Bronx. Foi ser lutador de boxe, empregado de borracharia, telefonista de bookmaker, animador de mafuá e, finalmente, ator de teatro, contratado por — você adivinhou — Lee Shubert. Sempre em pequenos papéis, John apareceu em algumas peças na Broadway. Numa dessas, em 1936, foi "descoberto" por Samuel Goldwyn e levado para Hollywood. Depois de vários filmes menores, assinou com a Fox em 1940. Zanuck fez fé em sua estampa e o escalou com Alice Faye e Betty Grable em *A vida é uma canção*. Um ano depois, *Aconteceu em Havana* já seria seu sexto filme no estúdio, o primeiro em Technicolor e o primeiro com Carmen.

A mulher de Payne, Anne Shirley, antiga atriz infantil do cinema mudo, estava vivendo um drama típico de Hollywood: a adolescência destruíra sua carreira. Quando se casara com John, em 1937, ela tinha dezenove anos e lutava para conseguir bons papéis juvenis. Fez a filha de Barbara Stanwyck no lacrimogêneo *Stella Dallas* e foi indicada para o Oscar. Mas não ganhou, e sua carreira parou de novo. Em compensação, Payne, que até então nunca provocara um suspiro numa colegial, mudou-se para a Fox e se consagrou como galã. Seu casamento com Anne Shirley entrou em crise. Foi quando ele e Carmen se aproximaram — e, durante dois meses, viveram uma história que parecia redimi-los de suas tristezas e frustrações recentes.

Carmen estava aborrecida pelo casamento de Carlos Alberto da Rocha Faria, ainda não digerido, e pelo episódio da gravidez, conhecida ou não por Aloysio, mas que redundara em aborto. Mais uma vez, tudo leva a crer que Aloysio soubesse da gravidez e, mesmo assim, se negara a casar com Carmen — e essa certeza tem a ver com o romance entre Carmen e John Payne.

Carmen não era uma mulher que se atirasse a um homem apenas por seus braços e tórax salientes (embora, para ela, isso certamente contasse). Carmen era romântica e démodé, e sua frase para Zanuck, repetida nas duas ou três vezes em que ele a encurralou em sua sala e tentou induzi-la a fazer sexo oral nele, ficara famosa no estúdio:

"Mas, senhor Zanuck, eu não estou apaixonada pelo senhor!"

Se Carmen chegou a apaixonar-se por John Payne, só se fora assim, de estalo. Tudo indica que ela tenha sentido uma forte atração por ele e, nesse caso, achado que havia boas razões para ir em frente.

Carmen não escondia de Aloysio que ela e Payne estavam saindo juntos do estúdio — às vezes, na garupa da motocicleta do ator, e abraçada à sua cintura, para uma casa de praia que ele tinha em Santa Monica. (A Fox, com razão, não gostava dessas viagens de moto.) Ou que estavam passando muito tempo trancados no camarim de um ou do outro. Ou que flertavam sem parar durante a filmagem. Tudo isso tem um doce aroma de vingança feminina. Se a intenção foi essa, Carmen conseguiu — porque Aloysio ficou transtornado (e sem poder para retaliar). Não era apenas um chifre público que estava tendo de absorver, mas também o risco de, na possibilidade de o caso entre Carmen e Payne evoluir, ele perder seus privilégios.

Carmen só não contava com uma coisa: que John Payne, vencendo a timidez, se dissesse apaixonado por ela e começasse a falar em divorciar-se de Anne Shirley. Isso era exatamente o que ela não estava pedindo, nem permitiria que acontecesse. Todos sabiam que Payne estava com problemas no casamento, mas ela não tinha nada com isso — e não havia possibilidade de alguém desfazer um casamento por causa dela.

Em pouco tempo, Carmen se tornara muito popular na comunidade católica de Los Angeles, inclusive aos olhos do arcebispo, o cardeal John J. Cantwell.

Mandava todas as flores que recebia para as igrejas pobres da cidade, com instruções para que fossem colocadas diante da imagem de santa Teresa. Apenas por esse catolicismo militante, Carmen já seria contra o divórcio. Além disso, bastara sua observação dos costumes nos Estados Unidos para convencer-se de que, com toda a sua prodigiosa capacidade para inventar coisas como enceradeiras elétricas ou torradeiras automáticas, o povo americano era emocionalmente imaturo. Aquele era o país em que um homem propunha casamento a uma mulher apenas para ir para a cama com ela — daí tantos casamentos acabarem em divórcio. Na visão de Carmen, por que não ir direto para a cama e economizar o arroz? O que se passava na cama era de responsabilidade somente do homem e da mulher. Mas, no altar, havia uma terceira entidade envolvida, imaterial, incorpórea, representada pelo padre ou pelo juiz. Ela jamais provocaria o divórcio de um casal, assim como, quando se casasse, também seria para sempre. Payne ouviu essa explicação de Carmen meio sem entender. Mas teve de aceitar.

A filmagem de *Aconteceu em Havana* terminou em fins de agosto, e o namoro entre eles também, sem brigas ou ressentimentos. Carmen e o Bando da Lua tinham de ir para Nova York, para cumprir o contrato com Shubert e fazer *Crazy House* no teatro. Mas prometiam estar de volta a Hollywood dali a um ano.

E, da maneira como se deram as coisas, John Payne e Anne Shirley continuaram casados por inércia. Até que, certa noite, em 1943, jantando no Romanoff's, Anne anunciou tranquilamente:

"Hoje saí para procurar uma casa. Estou me separando de você, John."

O garfo que John estava levando à boca, transportando uma batata frita, nunca chegou ao destino. Os dois se separaram. Anne começou a sair com Robert Stack, Edmond O'Brien e outros jovens atores do momento. John, refeito do choque, foi visto com Jane Russell, já mamariamente famosa por *O proscrito (The Outlaw)*, embora o filme ainda não tivesse sido lançado, e acabou se casando com Gloria De Haven, que era um chuchuzinho e, no futuro, o chifraria com Dean Martin.

Em *Aconteceu em Havana*, John Payne fazia par romântico com Alice Faye; Carmen, com o cubano Cesar Romero. Curiosamente — ou não —, havia um empate de beijos em Carmen na história: dois para cada um. Romero só rodaria mais um filme com Carmen, *Minha secretária brasileira*, mas a ideia de que eles formavam um par ideal fez com que muitos acreditassem que isso acontecia também fora da tela.

E, pensando bem, por que não aconteceria? Em 1941 Romero tinha 34 anos, 1,92 metro (como Payne) e fartas ondas no cabelo, amansadas com Brylcreem. Era muito vaidoso: por estatísticas contemporâneas, havia em seu guarda-roupa quinhentos ternos, 190 paletós esporte e trinta smokings. O rosto bronzeado contrastava com a alvura dos *summer jackets*, e ele era um consumado pé de valsa. Todas essas eram qualidades que Carmen admirava em um homem.

Em 1934, quando Romero entrara para o cinema, os estúdios o viram como o *Latin lover* que estavam pedindo a Deus — o esperado sucessor de Valentino, tanto para os papéis ultrarromânticos como para os de vilões irresistíveis. Além disso, ele era um "latino de Manhattan": cubano autêntico, neto (por parte de mãe) do patriota José Martí, mas nascido em Nova York, falando perfeito inglês. Em 1935, a Paramount apostou alto: colocou-o ao lado de Marlene Dietrich em *Mulher satânica* (*The Devil is a Woman*), baseado na novela de Pierre Louÿs, *La Femme et le Pantin*, com direção de Josef von Sternberg — e até lhe inventou um romance com Marlene. E sabe o que aconteceu? Nada. Faltava-lhe um certo *flair*, uma flama, uma chispa que convencesse a plateia de que ele podia incendiar uma mulher.

Seis anos depois, no lançamento de *Aconteceu em Havana*, Carmen teve a duvidosa honra de ser a heroína de uma "Tijuana bible" (no Brasil, "catecismo"), um daqueles gibis pornográficos que circulavam clandestinamente e em que os personagens costumavam ser os astros do cinema. Na historinha, toscamente desenhada, um ladrão esfomeado entra pela janela de Carmen para se alimentar com as frutas de seu turbante. Carmen, que se masturbava com uma banana, aproveita a oportunidade e faz sexo com o ladrão em todas as posições. No último quadrinho, o bandido foge correndo porque ela lhe esfregou pimenta no pênis. Mas o diálogo revelador é quando Carmen, no auge das atividades com o ladrão, exclama:

"É muito melhor do que com o Cesar Romero!"

Tinha de ser — porque ele não era do ramo. Romero era homossexual — um dos mais tranquilos e felizes de Hollywood. Na tela, seu homossexualismo só era visível ao olho treinado, mas os produtores temiam que, quando descobrissem, as fãs dele se sentissem traídas. Assim, depois do fiasco de *Mulher satânica*, esqueceram a história do *Latin lover* e o limitaram a papéis de bandidos cômicos ou de amigo do mocinho. O público, ironicamente, continuou a pensar em Romero como um garanhão: sabia que seu apelido era "Butch" (típico de machões) e, todo dia, ao abrir os jornais, via-o de braço com alguma estrela nas festas e estreias de Hollywood. Nunca suspeitou de que a razão disso era a de que, justamente por ser gay e vistoso como companhia, Romero era muito requisitado para sair com elas. Uma que adorava dançar e o tinha como par constante era Joan Crawford. Com isso, Romero pôde evitar aquela saída adotada por todos os homossexuais de Hollywood: casar-se com alguma mulher (quase sempre a secretária) que topasse interpretar a "esposa".

E quem diria que o apelido de "Butch" lhe fora dado por Tyrone Power, com quem Cesar mantinha um caso — este, sim, um casamento — de anos?

As últimas cenas de *Aconteceu em Havana* tinham acabado de ser filmadas e Carmen já estava no camarim. Para relaxar, desabotoara a calcinha — uma espécie de cinta-fralda, presa por colchetes, que a incomodava — e se dedicava a zerar o QI olhando para o teto. Foi quando bateram à porta. Era Frank Powolny, o fotógrafo de stills do estúdio, convocando-a em regime de urgência para as últimas poses de dança com Cesar Romero, a fim de completar o material de divulgação. Distraída ou despreocupada, Carmen voltou para o palco sem se recompor. Romero tomou-a pela cintura e levantou-a com um rodopio. A saia de lamê dourado criada por Gwen Wakeling, estilista do filme, enfunou — e a câmera de Powolny registrou tudo em contre-plongée. Inclusive o que não devia.

Terminadas as fotos, Carmen suspeitou que algo do gênero pudesse ter acontecido. Tanto que perguntou a Gilberto Souto, presente à sessão, se ele percebera alguma coisa errada. Gilberto disse que não, e Carmen tranquilizou-se.

O filme foi revelado na própria Fox. Os técnicos do laboratório perceberam a gafe assim que ela apareceu no revelador — uma das fotos captara a vagina de Carmen — e podem ter comentado a respeito, mas não havia a menor dúvida sobre o que deviam fazer: destruir o negativo, sem alarde e sem protela. A medida era uma ordem superior, válida em toda Hollywood, e se aplicava a *qualquer* foto que mostrasse um astro em situação desprimorosa, o que era comum acontecer — e não precisava referir-se às partes pudendas.

Mas, no caso de Carmen, a tentação deve ter sido demais para um dos laboratoristas. Pelo menos uma cópia foi contrabandeada para fora do estúdio — e desta nasceram as outras. Mesmo assim, isso aconteceu com grande cautela, porque levou quase um ano para que as primeiras reproduções começassem a aparecer no mercado clandestino: em postos de gasolina, oficinas de carros, bares de estrada e outras galerias de arte mundanas. O FBI, acionado pela Fox, recolheu todas as que pôde, além de localizar um laboratório clandestino em Los Angeles e abortar o derrame de centenas de cópias. Uma ou outra tentativa de chantagem, ameaçando espalhar as fotos pelo país, também foi sufocada pelo FBI. Uma revista de escândalos, *True Police Cases*, de julho de 1942, deu a foto na capa, mas com uma tarja cobrindo o impublicável, e a chamada: "Quanto valem as estrelas de Hollywood no mercado de fotos imorais!".

Para os padrões de Hollywood e dos Estados Unidos, Carmen correu o risco de ter sua carreira trucidada. Tallulah Bankhead era notória por não usar calcinha, mas nunca fora fotografada com os pelos à mostra. E, um ano antes, as colunas de fofocas tinham insinuado que o diretor Anatole Litvak fizera sexo oral em Paulette Goddard sentada a uma mesa do Ciro's — ele, de gatinhas, por baixo da toalha —, mas, do mesmo modo, não havia nenhum documento para provar.

Uma simples suspeita de que Carmen se tivesse deixado fotografar sem calcinha de propósito, por estar habituada a andar assim em casa, seria suficiente para enterrá-la profissionalmente. Por sorte, ninguém duvidou de seu caráter. A Fox a protegeu, as fotos circularam muito menos do que se pensa, e sua reputação não sofreu nenhum arranhão. E havia até gente ilustre, como Hermes Pan, para quem a foto fora forjada num laboratório e nunca acontecera a genitália exposta.

Anos depois, Carmen faria um adendo humorístico ao caso, inventando que, no dia seguinte à sessão de fotos, uma cópia aparecera pregada no quadro de avisos do estúdio. Ao deparar com a pequena multidão fazendo fiu-fiu diante do quadro, ela se aproximara para espiar e se vira exposta à visitação pública. Seu único comentário fora:

"Definitivamente, esta foto não faz justiça à minha pessoa."

18 | 1941-1942
Livre de Shubert

Em *Aconteceu em Havana*, era só Carmen surgir na tela cantando "Rebola, bola" (e logo em português!) para que os cubanos mais nacionalistas fizessem justiça pelas próprias mãos vaiando a artista, a música e o filme, sacando seus canivetes de mola e estripando as poltronas do cinema.

Que "política da boa vizinhança" era essa que só fazia inimigos toda vez que distribuía um filme supostamente dedicado a angariar simpatias para a causa pan-americana? O primeiro, *Serenata tropical* (feito antes de a "política" ser criada), quase jogara todo o povo argentino contra os Estados Unidos, pelo fato de não conter um único tango e tratar os portenhos como retardados mentais ou salafrários. O segundo, *Uma noite no Rio*, já sob a vigência da "política", até que continha um belo tango — mas na cidade errada. E só não era ofensivo ao Brasil porque, exceto por Carmen e pelo Bando da Lua, o Brasil estava ausente do filme. Agora era *Aconteceu em Havana* que revoltava os cubanos, ao apresentar ritmos estranhos por uma artista brasileira e também porque todos os cubanos mostrados no filme eram pequenos vigaristas (não havia nem mesmo um grande vigarista em cena). Outra coisa em comum entre *Aconteceu em Havana* e os filmes anteriores é que, assim como já tinham feito com Buenos Aires e o Rio, a cidade onde se passava a história não existia. Havana era uma miragem representada por quatro ou cinco tomadas para "estabelecer" o cenário. A partir daí, era reduzida a um hotel-cassino cercado de canaviais e tinha-se a impressão de que seu principal meio de transporte era o carro de boi.

Em 1941, a verdadeira Havana era bem diferente. Sua vida noturna era uma festa de cassinos, cabarés e teatros, sustentados pela máfia de Miami (com seu menu de jogo, prostituição e drogas) e por turistas como a personagem de Alice Faye: americanas sonhadoras que levavam anos economizando para passar duas semanas ali, namorando e dançando — e que não se arrependiam. A variedade da música de Havana era infernal. Havia orquestras de todos os formatos — de combos e sonoras a charangas e big bands —, tocando rumbas, congas, boleros e *danzons*. A cada momento surgiam novas canções, novos ritmos e até novos instrumentos: maracas, bongôs, claves, timbales, tumbadoras. Tudo isso estava acontecendo precisamente na época em que se passa a história e em que foi rodado o filme, embora, ao vê-lo, ninguém percebia esse furor criativo. Mas pode-se garantir que os cubanos não estavam precisando de brasileiros para produzir música.

Não que a música brasileira domine *Aconteceu em Havana*. Ao contrário, Carmen canta três fox-rumbas em inglês (a burocrática "A Week-end in Havana", a menos ruim "When I love, I love" e a nhenhenhém "The ñango"), da dupla Harry Warren e Mack Gordon, e apenas uma música em português, que é "Rebola, bola". Com isso, o filme conseguiu a dupla façanha de desagradar aos brasileiros, por obrigar Carmen a cantar em inglês, e aos cubanos, por mostrar Carmen cantando em inglês e também em português — sendo o espanhol a língua oficial de Cuba. Os cubanos tinham suas razões para ficar ainda mais irritados: teoricamente, Carmen interpreta uma cubana (chamada Rosita Rivas), mas seus figurinos, criados por Gwen Wakeling, estavam mais para as baianas estilizadas do que para o guarda-roupa das rumbeiras. E, num dos números de dança (o citado "The ñango"), há traços de um suspeitíssimo maxixe que Vadeco ensinara a Hermes Pan. Alguém estava comendo moscas dentro do Birô de Rockefeller.

"Rebola, bola", segundo Abel Cardoso Junior, era uma embolada criada por Aloysio de Oliveira e Nestor Amaral em cima de um "repinicado" de Luperce Miranda e Brant Horta, intitulado "Só... papo" e gravado por Almirante em 1930. (Nenhum deles é creditado no filme.) Qualquer semelhança de "Rebola, bola" com "Bambalê" e "Bambu, bambu" não era coincidência — porque também eram adaptados de Brant Horta e o estribilho era o mesmo. A diferença é que, na segunda parte, a letra de "Rebola, bola" se transformava numa algaravia na língua do pê, com Carmen acelerando de tal forma o canto que se tornava incompreensível até para ouvidos brasileiros — donde no Brasil ninguém entendia que graça as plateias americanas podiam achar naquilo.

Pois, para elas, a graça estava justamente nisso. Os americanos recebiam a metralhadora sonora de Carmen em português como se fosse o *scat singing* do jazz, em que as palavras não precisavam ter nenhum significado — a exemplo de Louis Armstrong, Cab Calloway e Ella Fitzgerald quando faziam suas improvisações vocais. Outro fator era que, naquela época, os americanos pareciam achar uma graça louca em gente falando ou cantando depressa, mesmo que numa língua que não entendessem — como o "português-locomotiva" de Carmen, na definição do *New York Herald*. Um filme de grande sucesso de 1940, a comédia *Jejum de amor* (*His Girl Friday*), de Howard Hawks, tinha Cary Grant e Rosalind Russell falando à alucinante média de 240 palavras por minuto — quatro palavras por segundo, o dobro da velocidade de um ser humano comum — durante *todo* o filme. E, naquele ano de 1941, Danny Kaye estava fazendo história na Broadway com o musical *Lady in the Dark*, de Kurt Weill e Ira Gershwin, cantando "Tschaikowsky", em que disparava os nomes de 49 compositores russos em 39 segundos (e construiria depois toda uma carreira em cima desse truque). Portanto, não fazia diferença que Carmen cantasse em português, birmanês ou congolês — desde que cantasse depressa. E, com isso, ficávamos definitivamente de acordo em que sambas de andamento e letras delicadas, como "Adeus, batucada" ou "Camisa listada", jamais teriam sua beleza percebida nos Estados Unidos — porque Carmen não poderia cantá-los por lá.

Quando Carmen chegou a Nova York, em 1939, com a meritória missão de "anexar os Estados Unidos ao império do samba", isso não era um sonho. Estaria melhor na categoria delírio. Naquele ano, o swing — o jazz simplificado, dançante e delicioso, tocado pelas big bands — chegava ao seu apogeu em popularidade e dominava a música americana. Havia mais de quinhentas grandes orquestras em atividade, tocando ao vivo todas as noites, de costa a costa, em salões de baile que comportavam de mil a 10 mil dançarinos. Muitos desses bailes eram transmitidos ao vivo pelo rádio e reproduzidos por alto-falantes em quadras ao ar livre para outros tantos milhares de jovens. Durante o dia, enquanto os músicos dormiam dentro dos ônibus que os levavam de uma cidade a outra para tocar em bailes, os jukeboxes engoliam moedas e despejavam essa música pelos ouvidos da nação, decretando os sucessos. Como a maioria dos americanos nunca ouvira falar de Hitler, o mundo parecia governado por Artie Shaw, Benny Goodman e Glenn Miller, e isso representava 99% da música popular nos Estados Unidos. No 1% restante, a única alternativa viável ao swing era, por uma circunstância, a música de Cuba — o que vedava ainda mais o mercado ao samba que se quisesse implantar.

Seria impossível ao samba ou a qualquer ritmo de fora derrotar a rumba ou a canção cubana, cuja forte presença na vida americana — pela proximidade entre Cuba e o continente e pelo número de hispânicos nos Estados Unidos — já vinha desde, pelo menos, 1920. Só em Nova York existiam centenas de músicos e cantores cubanos e uma quantidade de orquestras, das quais as de Xavier Cugat e Desi Arnaz eram apenas as mais famosas. Os cubanos dos Estados Unidos tinham seus próprios programas de rádio e qualquer americano reconhecia o som de uma maraca ou de um bongô. Havia também o repertório: de "El manicero" ("The Peanut Vendor"), de Moises Simons, a "Aquellos ojos verdes" ("Green Eyes"), de Nilo Meléndez, passando pela produção de Ernesto Lecuona, de "Para Vigo me voy" ("Say 'si si'") a "Siboney", todos os clássicos da canção cubana estavam em circulação na América, com letra em inglês e já incorporados ao repertório. E, para completar, toda orquestra americana de swing precisava ter pelo menos uma ou duas rumbas em seu repertório.

Num caso único no mundo, era a rumba que influenciava a música americana, e não o contrário. Não porque os compositores americanos às vezes fizessem coisas de inspiração cubana, como Irving Berlin, com "I'll See You in C.U.B.A." (1920), Jimmy McHugh e Dorothy Fields, com "Cuban Love Song"

(1931) e George Gershwin, com sua *Cuban Overture* (1932). Mas porque, até inconscientemente, a rumba se infiltrara no estilo de vários deles, até daqueles cujo americanismo estava acima de qualquer suspeita. Cole Porter, por exemplo — muitas de suas principais canções tinham um secreto ondulado cubano e convidavam a um jogo de quadris oleoso, safadinho e *habanero*: "Night and Day", "What is This Thing Called Love?", "I Concentrate on You", "Just One of Those Things", "So Near and Yet So Far", "Do I Love You?", "Get Out of Town", "In the Still of the Night", "Love for Sale", "Down in the Depths", "My Heart Belongs to Daddy", "I've Got You Under My Skin" — todas parecem cubanas. E Cole só esteve em Havana uma vez, em fins dos anos 30 — "para dourar as pernas" —, quando já havia composto a maioria dessas canções.

Enquanto os cubanos estavam fisicamente presentes nos Estados Unidos, expondo os gringos à rumba, quais eram os representantes do samba por lá? Carmen Miranda, o Bando da Lua — e mais ninguém. Em novembro de 1940, com o fim da Feira Mundial, a orquestra de Romeu Silva, que tocava no Pavilhão do Brasil, voltara para casa. E era só, a não ser que se considerasse a orquestra-society do americano Emil Coleman, que se dizia um especialista em samba e tocava, num dos salões menores do Waldorf-Astoria, em Nova York, um repertório que também incluía tangos, rancheiras e mais rumbas. Aliás, quando uma orquestra americana, por melhor que fosse, anunciava um samba ou um choro, este logo se transformava em rumba. Foi precisamente o que aconteceu em 1940, quando Carmen e o Bando da Lua participaram de um programa de rádio com a orquestra de Jimmie Lunceford, tocando "Tico-tico no fubá". Veja bem, era Jimmie Lunceford, não um pé-rapado. E nem assim eles se entenderam — enquanto Carmen e o Bando requebravam o samba para um lado, Jimmie requebrava sua orquestra para o outro, rumo à rumba.

Hoje parece quase inacreditável que Carmen — sozinha e contra toda uma formidanda estrutura — tenha conseguido impor a presença de pelo menos uma música brasileira, e em português, em cada um de seus filmes. Até pela natureza desses filmes, o normal seria que, desde o começo, quisessem obrigá-la a cantar em espanhol. Mas, nos seus primeiros onze filmes de Hollywood, ela só cantou em português ou inglês.

Carmen se irritava quando a imprensa americana a chamava de "latino--americana" — ou até de "sul-americana". Queria ser chamada de brasileira, porque "não tinha nada a ver com os descendentes de espanhóis". Quando se via rotulada de hispânica em alguma publicação, irritava-se e culpava os publicistas da Fox. Mas essa era uma acusação injusta porque, pela insistente campanha de Carmen dentro do estúdio, todo mundo ali sabia que ela era brasileira. Nos memorandos de Darryl F. Zanuck que chegaram até nós, pode-se ler Zanuck recomendando aos roteiristas a necessidade de incluir uma "canção típica em português por Carmen" neste ou naquele trecho do filme.

O que mudou, quase que de um dia para o outro, foi a estratégia do estúdio a respeito de ela falar menos ou mais inglês nos filmes. Antes de sua chegada à Fox para rodar *Uma noite no Rio*, em outubro de 1940, a ideia era que Carmen falasse em inglês apenas o essencial (que lhe estava sendo "ensinado" por Zaccarias Yaconelli em Chicago) e que, quando tivesse de explodir verbalmente contra o personagem de Don Ameche, ela o fizesse em português — coroando o destempero com uma ou duas frases em inglês para o entendimento da plateia americana. (Essa recomendação também consta dos memos de Zanuck aos roteiristas.)

Na época, Zanuck não previa o efeito cômico que se poderia extrair de um inglês estropiado falado por Carmen — o que ficou claro depois da estreia do filme. Então, já tendo em vista *Aconteceu em Havana*, mudou-se a estratégia. Carmen foi estimulada a aprender inglês de verdade, para poder dominar fatias maiores de diálogo — e, em seguida, falá-lo "errado". Uma cláusula em seu contrato assegurou-lhe cinquenta centavos de dólar por palavra que aprendesse até o primeiro dia de filmagem de *Aconteceu em Havana* — sendo que, na primeira sabatina a que foi submetida pelo diretor Walter Lang, Carmen teria disparado quatrocentas palavras novas, inclusive tijolos que nem os americanos comuns usavam, como "*notwithstanding*" (não obstante) e "*quadruplicate*" (quadruplicar). O total até o começo das filmagens teria sido de mil palavras, embora não se saiba quem contou.

Seja como for, ali a Fox comprou a ideia de Claude Greneker, chefe de imprensa de Shubert, de que, também no dia a dia, Carmen deveria falar "errado" e com um cabuloso sotaque. E, assim como já fizera o pessoal de Shubert, os publicistas da Fox passaram a atribuir-lhe declarações em fonético, que distribuíam para a imprensa: "*I sink you should appear not too motch in public. On stage, your are nize for people. When you feenesh, you like take off make-up and put easy make-up, an' they don't understan*'" — coisas assim, quase tatibitates. Anos depois, quando Carmen já falava excelente inglês, os produtores da Fox insistiam em que ela continuasse errando as concordâncias e pronunciando os erres "latinos", bem roliços. Isso a irritava, por condená-la aos papéis cômicos e infantilizados e por impedir que crescesse como intérprete. A mulher emocionalmente adulta, bem-falante e equilibrada tinha de ser sempre a americana.

Na verdade, não era privilégio de Carmen ser vítima desse preconceito. Para Hollywood, nenhum negro, índio ou estrangeiro jamais conseguiu falar inglês direito. E, no caso dos estrangeiros, o preconceito não poupava nem os europeus. Greta Garbo ("*Gif me a viski*"), Marlene Dietrich, Hedy Lamarr, Luise Rainer e Simone Simon só interpretavam mulheres russas, alemãs, francesas e outras nacionalidades "exóticas" — raramente americanas. Os franceses Charles Boyer e Maurice Chevalier nunca podiam mostrar nos filmes o inglês sem sotaque que falavam no dia a dia. E mesmo um americano como Jimmy Durante, nova-iorquino da gema, nascido em Little Italy, passou sua longa carreira falando como um italiano analfabeto e recém-chegado aos Estados Unidos.

No futuro, Carmen justificaria para uma amiga brasileira sua batalha para falar direito nos filmes:

"Tentei resistir, mas não consegui." E completou, com meiguice e tristeza: "Foi uma foda".

Entre a última semana de julho e a primeira de agosto de 1941, o estúdio da Decca em Los Angeles ferveu de alegria e música brasileira. Aurora gravou ali três discos — seis faces —, acompanhada pelo Bando da Lua e por uma dupla que "perdera" o navio em Nova York e ficara para trás quando a orquestra de Romeu Silva voltara para o Brasil: o violonista Zezinho e o pianista e arranjador Vadico. Já prevendo que a "irmã de Carmen" poderia ter uma carreira nos Estados Unidos, a Decca se apressou a fazer discos com ela, em português mesmo, para o mercado americano. No primeiro disco, Aurora gravou "A jardineira" e "Cidade maravilhosa"; no segundo, gravou "Aurora" (a fabulosa marchinha de Mario Lago e Roberto Roberti para o Carnaval de 1941) e "Pastorinhas"; e, no terceiro, "Meu limão, meu limoeiro", folclore adaptado por José Carlos Burle, e "Seu condutor", de Alvarenga, Ranchinho e Herivelto Martins. A Decca soltou os dois primeiros discos, mas resolveu segurar o último. (As duas últimas músicas só seriam lançadas 35 anos depois, já em LP, e apenas no Brasil).

Por aqueles mesmos dias, o Bando da Lua também gravou três discos na Decca: "Maria boa" e "Cansado de sambar", "Na aldeia" (de Silvio Caldas, Caruzinho e De Chocolat) e "Lig lig lig lé" (de Paulo Barbosa e Oswaldo Santiago), "É bom parar" (de Rubens Soares) e "Passarinho do relógio", com Nestor Amaral como vocalista na maioria das faces. Durante uma semana, foi como se eles estivessem de novo na Victor ou na Odeon, no Rio, onde gravavam cercados de amigos, na maior animação, e sabendo que cada disco representava um sucesso certo. Na Decca, em Los Angeles, por maior que fosse o entusiasmo gerado por eles no estúdio, nada do que deixassem na cera nem sequer arranharia a superfície do mercado americano.

Aurora ainda precisava aprender que, nos Estados Unidos, era possível fazer sucesso da noite para o dia, mas, paradoxalmente, o processo que levava a isso durava anos. (A única exceção fora Carmen, que só precisara de uma noite — a da estreia de *Streets of Paris* em Boston.) E, às vezes, algo realizado apenas por amizade, sem intenções outras, podia render frutos no futuro. Como o show que Carmen, ela e o Bando fizeram para os operários da Lockheed em Los Angeles naquele mês de agosto, apenas porque Carmen ficara amiga de Howard Hughes nas reuniões dominicais na casa de Zanuck. A Lockheed estava trabalhando em segredo no projeto de um avião para a TWA, de Hughes — este, então, proibido pelas leis antitruste de fabricar seus próprios aparelhos. Hughes queria equipar sua empresa com algo mais eficaz do que os Stra-

318 | CARMEN

toliners da Boeing; então criou as linhas gerais de um novo avião, repassou o projeto para a Lockheed e, para fazer um agrado ao pessoal desta, pediu a Carmen que desse um pequeno show para eles.

Carmen deu um show completo, do qual participou Aurora — com Gabriel na plateia, na função de marido. Hughes, que voltara a fazer filmes e acabara de produzir *O proscrito*, achou Gabriel um tipo bom para o cinema. Gostou de seu jeito de árabe, ideal para papéis "exóticos", e convidou-o a tentar. Mas Gabriel agradeceu e não se interessou — além disso, não sabia inglês suficiente. O que gostaria de fazer era, primeiro, aprender a língua; depois, trabalhar com engenharia aeronáutica. Nenhum problema: dali a um ano, Gabriel faria vários cursos técnicos na Lockheed e trabalharia na engenharia aeronáutica da TWA.

Quanto ao avião que a Lockheed estava desenvolvendo para Hughes, o mundo não demoraria a chamá-lo pelo nome: Constellation.

No dia 25 de agosto, Carmen & Cia. e o Bando da Lua partiram de carro, em caravana, para Nova York — sem muita pressa para chegar, sabendo que Shubert só os esperava no dia 7 de setembro para o começo dos ensaios na revista musical *Crazy House*, agora rebatizada (para valer) de *Sons O' Fun*. Num dos três carros, seguiam Carmen, dona Maria, Aurora, Gabriel (ao volante) e a mulher de Stenio, Andréa, com sua filhinha Joyce, nascida em Hollywood um mês antes. Carmen fizera questão de que Andréa e o neném fossem no carro com ela, para poder "aproveitar e segurar bastante" o bebê de quatro semanas e "ir treinando para um dia...". (Antes disso, Carmen já a presenteara com o enxoval completo da pequena Joyce.) No outros dois carros iam o Bando da Lua, com Odila e Zezinho, e mais Zaccarias Yaconelli, além dos instrumentos do conjunto e as bagagens de todos eles, sendo que a de Carmen, com os malões abarrotados de baianas, tomava todo o espaço de um porta-malas.

A ideia de atravessar de automóvel os 4500 quilômetros do percurso Los Angeles—Nova York era a de "conhecer os Estados Unidos". O que eles fizeram num espírito meio de farra, rindo muito, parando pelo caminho (às vezes, parando para rir) e levando dez dias para cobrir um percurso que teria tomado cinco. Como se, no fundo, achassem que sua estada no país não era para valer — ou como se estivessem de passagem e não pudessem perder aquela oportunidade de conhecê-lo.

Menos Carmen. Ela não disfarçava a má vontade com que, forçada por um contrato, estava voltando para Nova York. Passara a preferir Hollywood à Broadway, e, depois de dez meses seguidos em Los Angeles, acostumara-se aos dias de sol, que lhe permitiam manter o bronzeado que trouxera do Rio, e às noites amenas e azuis da Califórnia — o suficiente para detestar o gelo e a aspereza que a esperavam em Nova York pelos próximos meses. Foi ali também que tomou completa consciência de como seu contrato com Shubert a escravizava — e de como precisava que a Fox a ajudasse a se livrar dele.

Em Nova York, conseguiu pelo menos recuperar sua antiga cobertura no 25º andar de Central Park West, 25, onde se instalou com dona Maria, Aurora, Gabriel e Odila, e onde se exercitava pulando corda no terraço e dançando ao som de seus próprios discos. Os homens de Shubert tinham escrito a George Frank garantindo que, até a estreia de *Sons O' Fun*, marcada para dezembro, Carmen se limitaria aos ensaios e poderia descansar um pouco. Mas eles pareciam incapazes de resistir a uma proposta para ela.

Em 9 de setembro, apenas três dias depois da chegada, Carmen e o Bando já estavam no estúdio da Decca em Nova York para gravar três faces: "Rebola, bola" (que ela cantava em *Aconteceu em Havana*), "The Man With the Lollipop Song" (um pseudossamba em inglês, de Harry Warren e Mack Gordon, também cantado no filme, mas por uma voz masculina anônima) e a deliciosa "Diz que tem", de Vicente Paiva e Aníbal Cruz, que nada tinha a ver com o filme e que ela gravara no Brasil apenas um ano antes, numa de suas últimas sessões na Odeon. Então, por que regravá-la? Porque era uma batucada e lhe permitia cantar acelerado:

> *Ela diz que tem*
> *Diz que tem, diz que tem*
> *Diz que tem, diz que tem*
> *Diz que tem, diz que tem*
> *Tem cheiro de mato, tem gosto de coco*
> *Tem samba nas veias, tem balangandãs.*

Àquela altura, Carmen já contava com dezoito faces de discos gravadas nos Estados Unidos, distribuídas em três álbuns com três 78s cada um (*South American Way*, *That Night in Rio* e *Week-end in Havana*). Mas de que lhe adiantavam? O sucesso dependeria de a Decca trabalhá-la junto às rádios, como as outras gravadoras faziam com suas contratadas. Os homens de Shubert viviam mordendo os calcanhares de Jack Kapp, presidente da Decca, porque, segundo os contratos, a cada dólar que coubesse a Carmen, proveniente da venda dos discos, correspondia um igual para Shubert — e os discos estavam faturando muito pouco. A Decca explicava que os lojistas demoravam para prestar contas e, no nível de vendas de Carmen, ainda muito baixo, os royalties eram assim mesmo, quase insignificantes.

Na verdade, o público americano via Carmen muito mais como uma comediante de cinema (que eventualmente cantava) do que como uma cantora de discos. Não era a única a ser vista assim. Exceto Jeanette MacDonald, nenhuma das atrizes cantoras era grande vendedora de discos — e nesse rol se incluíam Mae West, Martha Raye, Ginger Rogers, Deanna Durbin e a própria Judy Garland.

No final de setembro, dona Maria tomou o navio para o Rio a fim de ficar um pouco com Cecilia, Mocotó e Tatá, seus outros filhos que também precisavam de cuidados. Quem a acompanhou nessa viagem foi Yaconelli, que iria ao Brasil pela primeira vez desde 1922 — com passagem paga por Carmen em troca de sua escolta de dona Maria. (No Rio, Yaconelli até que não se daria mal: cativou Joaquim Rolla de tal forma que se tornou diretor artístico da Urca e de outros cassinos do empresário.)

Por ter viajado, dona Maria não assistiu à estreia de Carmen no Waldorf-Astoria e perdeu a oportunidade de ver o aplomb com que sua filha circulava na alta-roda. Shubert vendera Carmen para uma temporada de dois shows por noite no Waldorf durante três meses antes da estreia de *Sons O' Fun* — era essa a sua ideia de "descanso" para ela.

Entre os hóspedes do eclético Waldorf naquela temporada estavam o amigo de Carmen, Nelson Seabra (muito elegante, de silhueta e bigodinho impecáveis), o duque e a duquesa de Windsor, Cole e Linda Porter, e a lendária Virginia Hill, que se dizia herdeira de um tubarão do petróleo em Houston, Texas, mas cuja turma consistia de Joe Fischetti (irmão de Charlie Fischetti, do Chez Paree, de Chicago, lembra-se?) e de "Bugsy" Siegel, o gângster favorito de Hollywood, que seria morto na casa de Virginia (vizinha à de Carmen) em Beverly Hills, em 1947. Quanto mais perto do topo, menor o mundo — e, em certas noites, este parecia estar integralmente ao redor do palco de Carmen.

Nelson Seabra era amigo de Ali Khan, o misto de príncipe muçulmano e playboy internacional, filho do idem, ibidem Aga Khan. Nelson e Ali circulavam pelo planeta como se estivessem em seus quintais. A diferença era que Ali Khan era um *homme à femmes* — talvez inexpressivo fisicamente, mas com um charme e uma fortuna que o tornavam um grande partido (seria marido de, entre outras, Rita Hayworth).

Levado por Nelson, Ali foi conhecer Carmen em seu camarim no Waldorf. Nelson nunca comentou o que ele teria achado dela. Mas divertia-se contando o que ela achou dele:

"Se aquilo é príncipe, meu cu é um pêssego da Califórnia!", disse Carmen.

Outra que prestigiou aquela temporada de Carmen no Waldorf foi Alzira Vargas, a filha do ditador brasileiro. Não se sabe se discutiram a malfadada noite de 19 de julho de 1940, promovida por dona Darcy na Urca — ou se, pelo menos, comentaram as implicações políticas. Talvez não houvesse mais motivo para isso, porque, um ano depois, o governo Vargas já se entregara de peito e portos abertos aos Estados Unidos, em troca de uma siderúrgica em Volta Redonda e muitas outras vantagens. Alzirinha contou a Carmen que *Uma noite no Rio* acabara de estrear nos cinemas do Rio sob críticas favoráveis, inclusive a do respeitado Mario Nunes, no *Jornal do Brasil*. Carmen não pareceu se impressionar — sua decepção com o filme fora pessoal.

"Talvez, um dia, Hollywood faça um filme de verdade sobre o Brasil", ela disse. "Quem sabe se depois que eu já tiver feito uns três ou quatro filmes por aqui, e puder dizer o que eu quiser... O Brasil tem coisas lindas, que tenho certeza que os americanos iriam gostar de conhecer."

Uma delas estava para ser mostrada por aqueles dias, e em Nova York mesmo.

"No forget! Tomorrow... Aurora!"
Era esse o anúncio do Copacabana, o mais novo nightclub de Manhattan, que seria inaugurado no dia seguinte, 1º de outubro de 1941, no número 10 da Rua 60 Leste. Aurora seria sua primeira grande atração. Não "Aurora Miranda" — nada de Miranda n. 2 —, mas apenas Aurora, embora a identidade da cantora fosse segredo de polichinelo (todos sabiam que se tratava da irmã de Carmen). O erro na primeira frase do anúncio — *"No forget"*, em vez de *"Don't forget"* — também fora de propósito e destinava-se a identificar uma cantora "latina"... Na verdade, poderia também se referir ao declarado proprietário do Copacabana, o empresário Monte Proser — ele próprio, um homem de ternos caros, mas rústico, "espontâneo", com pouca intimidade com a gramática.

Os luminosos na fachada diziam MONTE PROSER'S COPABACANA e, em todos os documentos, Proser aparecia como principal acionista e presidente da Chip Corporation, que controlava a boate. Mas esse era outro segredo de polichinelo. Por trás dele estava o discreto Frank Costello e, por trás deste, o mais discreto ainda "Lucky" Luciano. Os dois dominavam o contrabando de pedras preciosas em grande parte dos Estados Unidos e integravam toda uma cadeia de *capi mafiosi*, para quem operações como o Copacabana eram quase nada em termos de faturamento, mas convenientes, por oferecerem uma fachada legal. Quanto a trabalhar para eles, não havia nada de incomum nisso: quase toda a atividade noturna nos Estados Unidos estava sujeita a uma *família* italiana, irlandesa ou judaica. Raríssimos os músicos ou cantores que, diretamente ou através de seus agentes, não tivessem de lidar com o crime organizado.

Proser era fã de Carmen e fora inspirado nela que criara o Copacabana. O visual tropicalista da boate era a prova disso. Na sala em que se sentavam quatrocentas pessoas, a decoração de palmeiras sugeria o Rio. Havia duas orquestras "latinas" que se revezavam e as coristas usavam turbantes. O nome Copacabana fora tirado não apenas da praia carioca, mas do hotel Copacabana Palace, cujo "proprietário", Jorginho Guinle, era também amigo de Proser e de seu lugar-tenente, Jack Entratter. O natural seria que Carmen inaugurasse o Copacabana, mas, pelo visto, não houve acordo com Shubert. Portanto, se não tinham Carmen, iriam de Aurora (com o Bando da Lua), o que não deixava também de ser interessante — especialmente porque Carmen reservara toda a primeira fila, numa noite de estreia cheia de gente de sociedade. E, com isso, Aurora estava começando na América pelos nightclubs — três shows por noite, às oito, à meia-noite e às duas da manhã —, como Carmen queria que acontecesse.

O difícil era concorrer com a própria Carmen, que, com o sucesso dos filmes e com seu novo domínio da língua, arrastava casas lotadas todas as noites ao Waldorf. Nessa temporada, numa noite em que o show dera lugar a um jantar beneficente com a participação de Bob Hope, Eddie Cantor e Joe E. ("Boca-larga") Brown, Carmen roubou o espetáculo e só faltou levar o cenário com ela, para espanto daqueles profissionais. Estava se transformando numa artista como eles, sabedora de todos os truques e de mais alguns que eram só dela. Em outubro, Carmen foi ao programa de rádio de Fred Allen na rede ABC — um programa de muito texto, com perguntas e respostas estalando como chicotadas e sendo Allen um dos maiores *wits* americanos. (Era o autor da frase: "Um cavalheiro é um homem que jamais bate numa mulher sem antes tirar o chapéu".) Pois Carmen se saíra também às maravilhas, na opinião de um colunista que podia ser seu fã, mas que não costumava perdoar maus desempenhos ao microfone: Walter Winchell.

Tanto nos shows como no rádio, Carmen tentava explicar o que eram o samba e a música popular brasileira; que sua roupa era uma fantasia e que as mulheres brasileiras não se vestiam como ela; que não falávamos espanhol e não gostávamos de ser confundidos com os outros sul-americanos. Mas o que desarmava todo mundo e enternecia quem a escutasse eram sua candura e o seu jeito de autodepreciar-se. Quando um repórter lhe pediu que contasse como conseguia cantar em alta velocidade, aparentemente sem engolir as sílabas, e se isso se devia a um treino especial de voz, Carmen respondeu:

"Não, eu não tenho voz nenhuma. O que eu tenho é bossa."

Na segunda quinzena de novembro, Carmen deixou o Waldorf porque, assim como acontecera com *Streets of Paris*, *Sons O' Fun* teria uma semana de *try-outs* em Boston antes de chegar à Broadway. Naquela primeira vez em Boston, apenas dois anos antes, o nome de Carmen nem constava da fachada do teatro. Agora, podia-se ler CARMEN MIRANDA piscando em luzes coloridas, letras maiúsculas e acima do título *nos dois lados* da Tremont Street: primeiríssima e absoluta na marquise do Shubert Theatre, com *Sons O' Fun*, e, na do cinema defronte que exibia *Aconteceu em Havana*, abaixo apenas do nome de Alice Faye, mas acima do de John Payne e Cesar Romero. E, como a garota deslumbrada que, no fundo, ainda era, Carmen deixou-se fotografar entre os dois luminosos e mandou as fotos para dona Maria no Rio.

No dia 1º de dezembro de 1941, *Sons O' Fun* estreou para 2 mil pessoas no Winter Garden Theatre, na Broadway, entre as Ruas 50 e 51. E, para variar, enfrentando uma concorrência braba: num espaço de poucos quarteirões da vizinhança, podia-se escolher entre as comédias *Arsenic and Old Lace*, de Joseph Kesselring, com Boris Karloff, e *Blithe Spirit*, de Noël Coward, com Clifton Webb; os musicais *Banjo Eyes*, de Vernon Duke e Jean Latouche, com Eddie Cantor, e *Let's Face It*, de Cole Porter, com Danny Kaye; e um revival da ópera negra *Porgy and Bess*, de George e Ira Gershwin e DuBose Hayward, com Todd Duncan, o Porgy original de 1934. Um ingresso na plateia para qualquer uma dessas atrações saía a menos de cinco dólares.

Para Carmen, *Sons O' Fun* não foi uma explosão como a de *Streets of Paris*, embora ela fechasse o primeiro ato dançando um samba com Vadeco. E nem poderia ser. Primeiro, porque ela já era conhecida. Depois, porque essa era uma revista tipicamente Olsen & Johnson, e os que sobreviveram a qualquer produção da dupla sabiam o que isso significava. Eles foram os precursores do que, décadas depois, se chamaria de "teatro de agressão" — só que em nome do humor — e do besteirol. Nos seus espetáculos, os números não tinham nenhuma coerência, exceto a loucura, e a ação não se limitava ao palco. De repente, atores e figurantes saíam correndo uns atrás dos outros, metiam-se pela plateia, e os espectadores levavam arroz, tomate e ovos pela cara. Refeitas do susto, as pessoas voltavam a se sentar e encontravam aranhas e lagartixas sobre os assentos (custavam a perceber que eram de borracha). Ou, então, o teatro ficava às escuras e as senhoras eram cutucadas por homens fantasiados de orangotango. Enquanto essa balbúrdia se dava na plateia, no palco se passava uma farsa tão hilariante quanto irresponsável, algo entre Kafka e os Três Patetas, com toques de dadaísmo e circo, e um elenco de mais de cem atores cantando, dançando ou plantando bananeiras. (Jerry Lewis testara para um papel em *Sons O' Fun* e fora recusado. Talvez por sua idade na época: quinze anos. Mas a idade mental do espetáculo, e da plateia, não ia muito além disso.)

O maior sucesso de Olsen & Johnson, como produtores e atores, fora *Hellzapoppin'* (leia-se *Hell is popping*, ou "o inferno está fervendo"), que ficara de 1938 a 1940 no mesmo Winter Garden e estava sendo levado para o cinema pela Universal (no Brasil, o filme se chamaria *Pandemônio*). Apesar da grossura, a dupla caprichava na parte musical de seus espetáculos, e os compositores em *Sons O' Fun* eram os consagrados Sammy Fain e Jack Yellen. Fain era um autor de melodias delicadas, como "I'll Be Seeing You", "You Brought a New Kind of Love to Me" e "By a Waterfall". O veterano Jack Yellen escrevia letras picantes para Sophie Tucker, mas era mais famoso pela ingênua "Ain't She Sweet". As três músicas da dupla para Carmen em *Sons o' fun* não fizeram nada por ela: "Thank You, North America", "Tête à tête" e "Manuelo". E o outro destaque do elenco, a cantora escocesa Ella Logan, logo abaixo de Carmen na marquise, teria de esperar seis anos para se consagrar no musical *Finian's Rainbow*.

Numa das primeiras noites de *Sons o' fun*, Victorino de Carvalho (Marcos André), amigo de Carmen no consulado de Nova York, levou aos camarins um diplomata brasileiro de passagem que queria conhecê-la. Carmen estava cerca-

324 | CARMEN

da de dez coristas, todas empenachadas e seminuas. O diplomata se inclinou e beijou a mão de cada uma, como se estivesse numa recepção de gala entre os cisnes do Itamaraty, no Rio, e não nas duvidosas premissas de Olsen & Johnson. Uma das garotas não se conteve e exclamou:

"Wow! What a kisser!"

Mas Carmen, sentindo uma *soupçon* de homossexualismo nos modos do diplomata, esculachou logo com a solenidade da cena:

"Hei, kisser! Você é mesmo da beijoca, hein?"

Na manhã de 7 de dezembro, com *Sons O' Fun* em cartaz havia apenas seis dias, o Japão atacou a base americana em Pearl Harbor, no Havaí. Ecoando os sentimentos de seus patrícios ingleses, que vinham sustentando a batalha sozinhos por dois anos, Noël Coward comentou:

"Bem feito. Talvez agora [os americanos] se convençam de que esta guerra é também deles."

Até então, o conceito popular nos Estados Unidos era que os americanos não tinham nada com as eternas querelas europeias e deviam ajudar a Inglaterra em tudo, menos mandando seus rapazes para a luta. Pearl Harbor retificou esse equívoco.

Os Estados Unidos declararam guerra ao Japão; a Alemanha e a Itália declararam guerra aos Estados Unidos; e a Broadway, com a queda de seus negócios entre 25% e 40%, também declarou sua guerra particular ao Eixo. Uma das primeiras medidas (e das mais generosas) foi a criação, em março de 1942, da Stage Door Canteen, um centro de convivência entre civis e militares em Nova York. Era um misto de restaurante e nightclub para toda espécie de soldados em uniforme — de todos os postos e armas, homens ou mulheres e, pode crer, brancos ou negros — com comida, bebida e diversão grátis fornecidas pelos artistas em cartaz na cidade. Tanto assim que, numa noite, podia-se ir à cantina e ouvir Gertrude Lawrence cantar os sucessos de seu musical *Lady in the Dark*, como "This is New", "The Saga of Jenny" ou "My Ship", depois dançar com aquela nova lourinha da Broadway, June Allyson, ou ter um rabo de galo servido pelas mãos de Frances Farmer. Quem se metesse pela cozinha arriscava-se a flagrar Tallulah Bankhead lavando pratos ou Katharine Hepburn fritando bolinhos — em tese, pelo menos. A Stage Door Canteen de Nova York foi a primeira instituição do gênero nos Estados Unidos e inspirou dezenas de outras durante a guerra. Ficava no porão do 44th Street Theatre, gentilmente cedido por seu proprietário — adivinhe quem: Lee Shubert.

Não há registros sobre Carmen ter atuado na Stage Door Canteen. Mas, como está registrada sua participação na Hollywood Canteen, que seria criada dali a meses, e como se supõe que Shubert tenha estimulado seus contratados a apoiar a cantina de Nova York, não pode haver dúvida quanto à passagem de Carmen por ela — e por todas as bases e agrupamentos a que a convidariam a partir dali.

A mobilização para a guerra estava agora em toda parte. Poucos dias depois de Pearl Harbor, Gilberto Souto ligou de Los Angeles para Carmen em Nova York. Queria saber se o blecaute comprometeria o funcionamento dos teatros em Manhattan e quando ela estaria de volta a Hollywood. No que Carmen começou a responder, a ligação foi interrompida por uma telefonista do Departamento de Defesa, encarregada de "acompanhar" as conversas em línguas não facilmente identificáveis. A telefonista queria saber se Gilberto e Carmen estavam falando em japonês.

Mas, de algum jeito, a vida prosseguia. Em janeiro de 1942, Shubert vendeu Carmen (e o Bando da Lua) para cinco shows diários de vinte minutos no Roxy Theatre nos intervalos de um filme, durante duas semanas. Isso, sim, era um massacre — porque a temporada era simultânea à de *Sons O' Fun*. O primeiro show no Roxy começava às dez da manhã; o último, às seis da tarde, terminando pouco antes da sua entrada em cena em *Sons O' Fun* às oito; e, como sempre, todo o intervalo entre um show e outro tinha de ser dedicado à maratona de banho, maquiagem e novas roupas, mal sobrando alguns minutos para relaxar. Não é improvável que a rotina da Benzedrine — que Carmen parecia ter deixado de lado em Hollywood — tenha sido retomada nesse período. Mas havia outra coisa, além dos medicamentos, a estimular Carmen para esse trabalho, e a fazer com que ela não o visse como uma exploração. Era o Roxy em si — a sua magia.

O Roxy, construído em 1927 pelo empresário S. L. "Roxy" Rothapfel na esquina da Rua 50 com a Sétima Avenida, era uma mistura de cinema e templo gótico, pagão ou religioso, com Gloria Swanson como sua grã-sacerdotisa — porque era ali que, no passado, ela lançava os seus filmes. Em matéria de números, era espetacular: tinha 5920 lugares, seis bilheterias, 120 recepcionistas de black-tie, um foyer com a cúpula à altura de um quinto andar, três consoles para grandes órgãos, um jogo com 21 sinos de catedral, um corpo de cinquenta bailarinos, um coro de cem vozes e uma sinfônica com quatro maestros e 110 músicos. O mote de Rothapfel era: "Não dê ao público o que ele quer. Dê-lhe coisa melhor".

Com Carmen e o Bando da Lua no palco, todos aqueles músicos, cantores e bailarinos podiam passar a semana em casa. Mas, apesar do gigantismo do cinema, os camarins do Roxy eram pequenos — pelo menos para Carmen, com suas cinco trocas diárias de roupa, o que a obrigava a transportar malas enormes. (Alguns de seus turbantes eram tão pesados que ela não podia se curvar para agradecer os aplausos — tinha de fazer isso com os olhos e as mãos.) Aurora, que só trabalhava à noite no Copacabana, ia às vezes com Carmen para o Roxy, mas se irritava ao ver como sua irmã, com um nome daquele tamanho, se submetia à mesquinharia dos camarins. Outra coisa incompreensível para Aurora era como, com a quantidade de maquiadoras à sua disposição, tanto ali quanto na Fox, Carmen não abria mão de fazer sua própria maquiagem — desenhando a boca de modo a formar dois arcos no lábio superior e ampliando o de baixo para que parecesse mais grosso do que realmente era. Carmen achava que ninguém *fazia* sua boca como ela.

Ao fim de cada apresentação de Carmen, Rothapfel postava dezenas de discretos seguranças nas laterais do palco, o que não impedia que muitas espectadoras subissem para apalpar-lhe a baiana e descobrir de que materiais era feita. À saída do cinema, esse controle era mais difícil e Rothapfel precisava da ajuda da polícia para escoltar Carmen no percurso entre o Roxy e o Winter Garden — na mesma esquina, quase de frente um para o outro, o que tornava sem sentido usar o carro, embora fosse complicado de transpor a pé. Carmen tinha de sair pelos fundos do cinema para chegar ao teatro e ser fortemente protegida, para não ter suas roupas rasgadas em busca de souvenirs.

Os shows do Roxy lhe rendiam 4 mil dólares por semana (na verdade, 2 mil, depois de descontado o de Shubert). Por sua participação em *Sons O' Fun*, Carmen recebia mil dólares por semana — numa defasagem quase imoral entre o que seu patrão lhe pagava e os preços que se praticavam fora do seu império. E os valores para o Bando da Lua eram ainda mais ridículos: Shubert pagava a cada membro sessenta dólares por semana, exceto a Aloysio de Oliveira, que levava oitenta. É óbvio que o faturamento do Bando era bem maior que isso, mas não graças a Shubert.

As dissensões no Bando, ensaiadas várias vezes no Rio, tomavam agora contornos definitivos. Começavam pela insatisfação de vários deles quanto aos créditos que tinham recebido nos filmes. Em *Serenata tropical*, eles saíram como "The Carmen Miranda Band", e, mesmo assim, só nos letreiros finais. Fora um amargo desapontamento. Em *Uma noite no Rio*, o Bando apareceu nos créditos principais, mas como Banda da Lua e com o adendo, entre parênteses, de "Carmen Miranda's orchestra". E, em *Aconteceu em Havana*, o nome do Bando não fora sequer citado, embora eles surgissem com destaque logo na primeira sequência — mas fantasiados de cubanos, com mangas bufantes e farfalhantes, acompanhando Carmen na rumba-título em inglês e com Aloysio tocando um degradante chocalho. Eles bem podiam imaginar a revolta de seus amigos cariocas ao vê-los daquele jeito. E havia a história de que o Bando da Lua era chamado de Miranda's Boys. Embora isso só acontecesse na intimidade — nunca apareceu impresso em nenhum cartaz —, já era bastante para diminuí-los.

O principal racha partiu de Helio. O violonista achava que o Bando deveria conservar sua ambição musical e lutar por projetos próprios, como no Brasil, onde cantavam de temas do folclore brasileiro a sambas de morro e de músicas americanas à última marchinha do Carnaval. Além disso, havia a possibilidade de faturar mais se buscassem trabalho fora de Carmen. Mas Aloysio achava que precisavam ficar à disposição de Carmen, e tinha com ele os votos dos irmãos Ozorio (Nestor Amaral ainda não palpitava). Helio então preferiu sair. Venceu todos os argumentos dos colegas, pagou uma multa a Shubert e desligou-se oficialmente do conjunto. Mas não voltou para o Brasil. Continuou em Nova York, onde arranjou emprego na cadeia de rádio NBC como programador musical e teria um programa de jazz por muitos anos.

Outro que concordava em tudo com Helio, e ainda tinha motivos particulares para se desligar, era o pandeirista Vadeco. Entre esses motivos incluía-se voltar ao Rio. Não que não gostasse da vida em Nova York. Aliás, sentia-se tão em casa na cidade que, ao passar por uma garota brasileira conhecida, não tinha o menor pudor de berrar de um lado a outro da rua: "Querida! Xuxu! Meu amor!". Foi o que fez com a estudante Barbara Heliodora, filha de Ana Amélia e Marcos Carneiro de Mendonça, que, aos dezoito anos, fora estudar em Nova York. E ela gritou do outro lado: "Oi, Vadeco! Quê que há?". Os nova-iorquinos, desabituados a essas efusões, se entreolhavam.

Mas Vadeco recebera cartas do Brasil informando que sua mãe estava muito doente — e, filho extremado, não sossegou enquanto não rescindiu o contrato com Shubert e tomou um navio para o Rio. Por causa da guerra, os cruzeiros estavam praticamente interrompidos e Vadeco teve de se valer de um vapor argentino que zarparia superlotado de New Orleans — no qual só conseguiu embarcar porque o comandante o reconheceu de antigas temporadas do Bando da Lua em Buenos Aires. Ao chegar ao Rio, Vadeco constatou que sua mãe, felizmente, melhorara. (Melhorara tanto, aliás, que viveria mais 41 anos e só morreria aos 99, em 1983.)

Por isso, havia no Bando quem acreditasse — Stenio era um — que Vadeco só resolvera sair às pressas dos Estados Unidos porque, com a entrada do país na guerra, ele, como qualquer estrangeiro residente, poderia ser convocado. Vadeco sofrera de tifo em criança e perdera o olho esquerdo. Se achava que isso seria suficiente para desobrigá-lo de servir, descobriu o contrário quando teve de se apresentar no 257º Centro de Alistamento de Los Angeles. Os homens o examinaram e disseram que isso até facilitaria sua mira no fuzil. (E o pior é que era verdade: nos mafuás do Lido carioca ou de Coney Island, ninguém o derrotava no tiro aos pratos.) Mas Vadeco não estava a fim de tocar pandeiro para uma metralhadora alemã. Fugindo por New Orleans, só respirou quando se viu a bordo e, quase um mês depois, atracou na praça Mauá.

No Rio, Vadeco reencontrou sua ex-namorada Haydée, filha do dramaturgo Joracy Camargo, e que estava noiva do português Sebastião, dono de uma gráfica na Cidade. O reencontro de Vadeco e Haydée foi fulminante. Ela rompeu o noivado, os dois firmaram compromisso, e Vadeco mandou imprimir os convites de casamento. Mas, sem saber, contratou justamente os serviços da gráfica do português — que só a custo foi convencido de que era uma coincidência e que Vadeco não tivera intenção de tripudiar.

Para o lugar de Helio, Aloysio chamou o violonista Zezinho. Para o de Vadeco, o pianista e arranjador Vadico. A formação pública do Bando não comportava um piano e, assim, nas filmagens e nos shows, Vadico participava como pandeirista — e reservava o piano e os arranjos para os ensaios e gravações. Dos seis que tinham embarcado originalmente com Carmen, só restavam três: Aloysio — o novo líder inconteste do Bando — e os irmãos Stenio e Affonso. E os desfalques não parariam por aí.

Enquanto o Bando da Lua se dividia e se dissolvia aos olhos de Carmen, outro símbolo inicial de sua aventura americana encontrava um triste destino: o navio francês *Normandie*, onde, apenas três anos antes, Shubert a recebera para discutir as bases de sua carreira na Broadway.

O *Normandie* estava estacionado em Nova York quando Hitler ocupou Paris, em junho de 1940. Os americanos, com toda a razão, não viram motivo para lhe mandar o navio e o apreenderam, mas conservaram-no intacto, flutuando na baía. Com a entrada dos próprios Estados Unidos na guerra, em 7 de dezembro de 1941, tomaram posse oficialmente dele, mas, já aí, com as piores intenções. O *Normandie* foi despido do seu luxo de 60 milhões de dólares para ser transformado no *Lafayette*, um navio de transporte de tropas, com capacidade para 15 mil soldados. Mas só houve tempo para a primeira operação. Em 9 de fevereiro de 1942 — no dia em que Carmen completava 33 anos —, um operário desastrado, usando uma tocha de acetileno, pôs fogo sem querer num depósito de coletes salva-vidas no deque superior. O incêndio se espalhou e os bombeiros de Nova York, contrariando os apelos do designer do navio, Vladimir Yourkewitch, completaram o desastre: jogaram tanta água dentro do *Normandie* que ele começou a adernar para um dos lados. Em poucas horas, acabou de virar, arriou pesadamente e se deixou ficar como um gigantesco animal morto, preso à lama do fundo da baía e com metade do corpo fora d'água. Nunca mais flutuou.

Se aquilo valia por uma metáfora, fora no *Normandie* que Carmen lutara por ela e pelo Bando da Lua junto a Shubert. Agora, junto com o *Normandie*, metade do Bando da Lua já não existia. Restava a Carmen lutar por si mesma.

O enorme sucesso de *Uma noite no Rio* e *Aconteceu em Havana* fizera a Fox pensar em antecipar para julho a filmagem de *Minha secretária brasileira*. Havia também o fato de que o estúdio se arriscava a ficar sem seus galãs, todos sujeitos a embarque para um front da guerra. A ordem de Zanuck era pô-los para rodar o máximo de filmes que pudessem enquanto não fossem mobilizados — como ele, Zanuck, estava fazendo, ao mesmo tempo que se preparava para largar seu estúdio e também embarcar. Mas Carmen continuava presa a Shubert por um contrato que poderia ser indefinidamente prorrogado enquanto ele exercesse suas opções. No começo de maio, com Carmen ainda em *Sons O'*

Fun, começou o assédio. Para Shubert, era óbvio que a Fox queria contratar Carmen em bases permanentes, não mais filme a filme. Então a liberou para aquele filme, na certeza de que, amarrada como estava a um contrato, ela teria de voltar sempre que ele a convocasse. Mas preparou-se para a batalha que precisaria travar para conservar sua descoberta.

Em 21 de maio, George Frank escreveu a Shubert comunicando-lhe que Carmen queria comprar seu contrato, que tinha mais um ano para vencer. Harry Kaufman, um dos advogados de Shubert, respondeu propondo que isso seria possível, ao custo de 75% dos próximos 100 mil dólares que Carmen ganhasse da Fox ou de quaisquer fontes. Antes que Frank classificasse a proposta de extorsiva — o que ela era —, Kaufman argumentou por escrito:

"No presente momento, o sr. Shubert detém 25% de todos os rendimentos da srta. Miranda. Isso seria revertido de modo a fazê-lo deter 75% nos primeiros 100 mil dólares em todos os rendimentos [da srta. Miranda] nos próximos dois anos. Quando se considera que, neste momento, o sr. Shubert faz jus a 36 mil dólares somente do compromisso da srta. Miranda com a 20th Century-Fox, a proposta parece mais que razoável".

Frank não achou razoável, mas Zanuck, o principal interessado na liberdade de Carmen, não queria que a pendenga se arrastasse a perder de vista. A questão foi resolvida com o pagamento à vista de 60 mil dólares pela 20th Century-Fox, mais a parte de Shubert no restante do compromisso de Carmen com o estúdio na filmagem de *Minha secretária brasileira* e a concordância de Carmen em não se apresentar em Nova York até 1º de outubro de 1942 e em Filadélfia, Baltimore, Washington, Detroit, Pittsburgh e Cleveland até janeiro de 1943, cidades que ainda estariam levando *Sons O' Fun*.

Em 23 de julho, Shubert, tendo lucrado tudo que esperava e podia, concordou em terminar suas relações contratuais com Carmen. Os papéis começaram a ser assinados. No dia 6 de agosto de 1942, Carmen estava livre de Shubert para sempre.

Sua vida, a partir de agora, rolaria a 24 quadros por segundo e seria na Califórnia. O contrato com a Fox previa dois filmes por ano, com três meses para cada um, e quatro semanas para *retakes*, num total de sete meses. Outros dois meses, obrigatoriamente dezembro e janeiro, podendo estender-se a fevereiro, ficavam reservados para uma temporada no Roxy, em Nova York, com shows acompanhando os grandes lançamentos do estúdio para o fim do ano.

Sobravam a Carmen três meses por ano para cuidar da vida — namorar, tomar sol, contar o dinheiro, fazer planos ou não fazer nada. Mas a guerra eliminou essa última possibilidade.

19 | 1942
Boa vizinhança de araque

Ao chegar a Hollywood em maio, para começar os trabalhos em *Minha secretária brasileira*, Carmen mal reconheceu o território. Com a entrada dos Estados Unidos na guerra, muita coisa tinha mudado. Astros que ela nunca julgara capazes de tal bravura estavam lindíssimos de uniforme — Tyrone Power, seu colega na Fox, fora dos primeiros a se alistar — e estrelas como Lana Turner, que, outro dia mesmo, nem sabiam onde ficava a Europa, discutiam o cerco de Stalingrado. Na praia, até as crianças enfiadas em boias de cavalinho estavam de olho no horizonte — para o caso de um submarino japonês botar o periscópio para fora.

Havia mudanças funcionais, também. A hora de entrar no estúdio fora antecipada para as seis e meia da manhã. Trabalhava-se enquanto houvesse luz natural, às vezes até sete da noite, e ninguém protestava. As filmagens em locação, que exigiam o deslocamento de dez ou doze caminhões, foram canceladas para poupar combustível. Antes, excesso; agora, escassez: os estúdios passaram a economizar eletricidade, gasolina, madeira, carvão, e até pregos — Carmen precisou poupar os grampos de seus turbantes. Nos dias de folga, os técnicos produziam filmetes de propaganda para o governo e os atores iam distrair tropas nas bases militares. À noite, as deusas vestiam o avental xadrez ou o vestidinho rendado e serviam costeletas ou dançavam com os soldados na Hollywood Canteen. À uma da manhã, tudo já fechara — até mesmo o Ciro's, o Mocambo, o Trocadero e o Cocoanut Grove. Era a guerra. Pela primeira vez em sua história, a cidade do cinema estava pensando em alguma coisa que não fosse em si mesma.

Ou assim parecia. Os jornais especializados, tipo *Variety*, falavam da adesão de Hollywood à Política da Boa Vizinhança com os países das Américas Central e do Sul — produzindo uma linha de filmes "latinos" para estimular o pan-americanismo. Tais filmes, ao mesmo tempo que fariam um agrado àqueles mercados, compensariam a perda de cerca de milhares de poltronas nos onze países da Europa e da Ásia dominados pelo eixo Alemanha-Itália-Japão e que já não compravam filmes americanos. Essa era a ideia, lançada em fins de 1940 pela Coordenadoria de Negócios Interamericanos — o Birô, dirigido por Nelson Rockefeller. Mas, se a dita política estava sendo adotada em Hollywood, os resultados, até ali, eram pífios.

1942 – BOA VIZINHANÇA DE ARAQUE | 331

Em meados de 1942, entre os grandes estúdios, somente a Fox parecia se dedicar a produzir esse gênero de filmes e, mesmo assim, porque tinha Carmen Miranda. Para os três maiores — a MGM, a Warner e a Paramount —, não fazia o menor sentido rodar filmes com temática "latina" para conquistar mercados como Cuba, México, Argentina ou Brasil. Esses mercados já estavam conquistados havia décadas e suas plateias, mais do que familiarizadas com as temáticas norte-americanas — se um garoto argentino ou brasileiro tivesse de citar o nome de um índio, dez contra um como citaria o cacique Touro Sentado em vez de um dos seus próprios tapuias.

Entre os estúdios menores, o único interessado no assunto era a RKO, e nem podia ser diferente. A RKO era o ramo cinematográfico da RCA (Radio Corporation of America), a gigante pioneira da radiocomunicação, parcialmente controlada pela família Rockefeller e por seu membro mais visível — Nelson, o chefe do Birô. Donde, se um estúdio estava obrigado a dar o exemplo de adesão à Política da Boa Vizinhança, só podia ser esse.

Assim, Nelson Rockefeller convenceu Walt Disney (cujos filmes eram distribuídos pela RKO) a filmar na América Latina, do que resultaram os desenhos *Alô, amigos* (*Saludos, Amigos*, 1943) e *Você já foi à Bahia?* (*The Three Caballeros*, 1945) e o personagem do papagaio Zé Carioca. E foi também Rockefeller quem literalmente intimou Orson Welles (25 anos e na crista da onda pelo recente *Cidadão Kane*) a largar o que estava fazendo na RKO e ir ao Rio para rodar um filme sobre o Carnaval, chamado *It's All True*. Para Walt, o Brasil foi um grande negócio. Para Orson, foi a sua desgraça.

No primeiro semestre de 1941, Walt Disney estava encrencado até as orelhas com o sindicalismo americano. E todas as crianças do mundo ficariam desapontadas se soubessem o motivo: Walt era considerado o pior patrão de Hollywood. Pagava salários de fome aos desenhistas e animadores, proibia seus nomes na tela, reduzia seus salários, ameaçava-os com demissões coletivas e, numa época em que isso ainda era possível nos Estados Unidos, perseguia funcionários sindicalizados, não reconhecia o direito de greve e contratava brutamontes para desmontar piquetes. Para ele, qualquer mínima luta por direitos era coisa de comunistas. Em abril daquele ano, o conflito com os empregados chegara a ponto de Walt já não poder andar pelas alamedas de seu próprio estúdio, na South Buena Vista, em Burbank, sem ser xingado de rato. Com todos os sindicatos contra si e a ponto de sofrer boicotes e sanções terríveis, Disney anunciou que preferia fechar a fábrica e acabar com tudo, menos ceder aos "comunistas".

Quem o salvou foi Nelson Rockefeller, com uma proposta providencial: Walt iria à América do Sul com uma equipe (se ainda conseguisse formar alguma e pagando ele mesmo as despesas de viagem), para pesquisar e produzir esboços tendo em vista um filme passado na região. Filme esse para o qual o Birô contribuiria com 300 mil dólares. Sem Disney por perto para atrapalhar, o governo, funcionando como interventor, negociaria com os sindicalistas e tentaria salvar o estúdio. A contragosto, Walt teve de topar. Mas o resultado final foi o melhor para todo mundo.

Na sua ausência, o governo fez todas as concessões que ele jamais faria. Com isso, a Disney ingressou no século xx em relação às leis trabalhistas e celebrou suas pazes com os sindicatos. E o material que sua equipe de dezoito membros (entre desenhistas, roteiristas e músicos) recolheu no México, na Argentina, e principalmente no Brasil, de maio a agosto, serviu-lhe não para um, mas para dois filmes, que se pagaram amplamente e lhe renderam muito dinheiro. Por uma ironia, foram as imagens desses filmes — Zé Carioca e o Pato Donald em *Alô, amigos*, e ambos com Aurora Miranda em *Você já foi à Bahia?* — que se tornaram os cartões-postais da Política da Boa Vizinhança.

Orson Welles não teve tanta sorte. Em fins de janeiro de 1942, Nelson Rockefeller e Jock Whitney o espremeram a um canto na rko e disseram que ele teria de voar nos próximos dias para o Rio, a tempo de filmar o Carnaval carioca. Welles acabara de rodar *Soberba* (*The Magnificent Ambersons*), seu segundo filme e que imaginava ainda maior que *Cidadão Kane* — só dependia da montagem, que ele estava se preparando para começar. Mas não havia tempo: já se ouviam os repiniques do Carnaval e precisavam que ele embarcasse.

"E *Soberba*?", insistiu Orson.

Nelson e Jock propuseram que ele deixasse o filme com seu montador de confiança, (o futuro diretor) Robert Wise. Este o editaria segundo suas instruções e o estúdio mandaria o corte final para o Rio, apenas para que ele conferisse. Nessas condições, Orson concordou em viajar.

O filme a ser feito no Brasil se chamaria *It's All True*, custaria 600 mil dólares, divididos por igual entre a rko e a verba do Birô, e não teria pretensões comerciais. Eles lhe garantiam toda a liberdade. Podia filmar o que quisesse — desde que revelasse o Brasil para os americanos.

Como Welles confessaria depois, a América do Sul era a única parte do mundo pela qual ele nunca tivera o menor interesse. Sua ideia do Carnaval carioca era a de que fosse tão bobo e racista quanto o Mardi Gras de New Orleans, talvez apenas maior. Sendo assim, por que se deixou convencer por Rockefeller e Whitney? Porque eles apelaram à sua vaidade: *It's All True* seria uma bandeira do pan-americanismo — e este, na verdade, consistia muito mais em apresentar as outras Américas para a América do Norte do que o contrário. Welles gostou da ideia. Ao chegar ao Rio na véspera do Carnaval, o jazzista Orson, ex-namorado de Billie Holiday, descobriu e se apaixonou pelo samba — estava explicado o fascínio rítmico, multirracial e pansexual do Carnaval.

Orson passou os seis meses seguintes no Rio, hospedado no Copacabana Palace e deslumbrando-se com sua popularidade. Comeu todas, nos dois sentidos, bebeu idem e, certa vez, ao exceder sua cota de cana, atirou pela janela

1942 – BOA VIZINHANÇA DE ARAQUE | 333

alguns móveis de seu apartamento no hotel — mas o Copa, espantosamente, não o pôs para fora. (Orson teria namorado Emilinha Borba, então com 21 anos, a quem ele chamava de "Miloca".) Entrementes, com a colaboração de Grande Othelo, Herivelto Martins e do pessoal da Cinédia, seguiu dirigindo *It's All True*, no Rio e no Nordeste. Como não havia um roteiro escrito, Orson filmava à medida que as situações se apresentavam, ao mesmo tempo que tentava descobrir uma lógica para o que estava rodando.

Enquanto isso, em Hollywood, no que se referia a *Soberba*, a RKO não cumpriu a sua parte do trato. Os chefões do estúdio não gostaram do filme deixado por Orson e, sem que ele desconfiasse, obrigaram Robert Wise a retalhá-lo na sala de montagem. Com isso, tiveram de refilmar cenas, para que a nova montagem fizesse sentido. Finalmente tirou-se uma cópia mais ao gosto dos chefões. Um embargo de voos internacionais teria impedido que Wise, com as latas debaixo do braço, fosse ao Rio para mostrar o filme a Orson. E, para piorar, uma mudança de poder nos intestinos da RKO diminuíra a influência de Rockefeller na mesa de reuniões. Os novos gestores, alarmados com o custo de *It's All True* (os 600 mil dólares já estavam acabando e calculava-se que o filme custasse outros tantos), temiam que ele quebrasse o estúdio. Em agosto, Welles foi chamado de volta. Teria de entregar à RKO o material bruto de *It's All True* e, em troca, receberia um *Soberba* mutilado e desfigurado. Por causa da "boa vizinhança", iria perder dois filmes de uma vez.

Pelos três meses seguintes, quando ainda não estava muito consciente disso, Orson continuou prestando serviços à "boa vizinhança". No dia 15 de novembro, por exemplo, comandou um esplêndido programa de rádio intitulado "Brazil", da série *Hello, Americans*, para a CBS. Sua convidada era Carmen — sem sotaque, sem gafes e sem vacilações no inglês. Levaram uma hora falando sobre o Brasil, o Rio e o samba, e, com a ajuda do Bando da Lua, explicando, cuíca por cuíca, o som de cada instrumento das escolas. Até ali, Orson esperava recuperar o material filmado de *It's All True*, para editá-lo e completar sua missão de mostrar o Brasil a seus patrícios. E só ele poderia fazer isso — porque, afinal, se havia um roteiro para o filme, ele continuava dentro da sua cabeça. Ao saber que a RKO consideraria a hipótese de vender o material, Orson procurou Rockefeller — que era quem mais deveria interessar-se em ajudá-lo a comprar o filme. Mas Rockefeller, inexplicavelmente, não quis saber.

Inexplicável também seria *the jinx*, a urucubaca, a mandinga que *It's All True* jogaria sobre toda a obra de Welles. Nos 43 anos seguintes, até sua morte, em 1985, ele ainda dirigiria muitos filmes — mas nunca mais conseguiria completar nenhum para sua total satisfação.

Se, entre os grandes estúdios, a 20th Century-Fox era o mais voltado para os filmes da "boa vizinhança" — e, apesar disso, Zanuck não tinha o menor interesse em subjugar sua produção comercial à dita "política" —, imagine os outros. A perda dos mercados europeus no começo da guerra já estava sendo compensada por um repentino aumento no número de salas e de espectadores nos Estados Unidos, na América Latina e até na Europa *durante* a própria guerra. Em toda parte, para um mundo faminto de informações e de escapismo, duas horas no escuro assistindo a um cinejornal e a um musical podiam ser tão essenciais quanto respirar. E, de um jeito ou de outro, os filmes continuavam chegando até as praças mais difíceis. Durante a guerra, os londrinos — o povo mais sacrificado até então — assistiram a todos os filmes de Carmen. Entre uma e outra *Blitzkrieg*, eles tinham Miranda.

De 1941 a 1944, somente nos Estados Unidos, 85 milhões de pessoas passaram a ir *semanalmente* ao cinema. E nos anos seguintes, até 1948, esse número chegaria ao recorde, nunca mais ultrapassado, de 90 milhões. Era *esse* o mercado a que Zanuck queria agradar, oferecendo-lhe filmes em cores e em cenários exóticos. Assim, depois de Buenos Aires, Rio e Havana, ele levou Carmen, Betty Grable, John Payne e Cesar Romero, em *Minha secretária brasileira*, para a parte canadense das Montanhas Rochosas — estas, naturalmente, em lindos telões pintados no estúdio. Ou seria um agrado de Zanuck ao Canadá, para que os canadenses — completamente inexistentes no filme — passassem a ver com simpatia a causa aliada?

Quatro anos antes, em 1938, Zanuck criara uma linha de produção de musicais na Fox, que se estenderia com coerência e estilo próprio até 1945. Nesse período, ele armou uma verdadeira unidade: um grupo que começou com Alice Faye, Don Ameche e Tyrone Power; perdeu temporariamente Tyrone, mas ganhou John Payne e Cesar Romero, e completou-se com Betty Grable e Carmen. Em sete anos, a Fox rodou perto de vinte musicais com pelo menos dois daqueles nomes em cada um. Muitos desses filmes eram produzidos pelo próprio Zanuck ou pelo veterano William LeBaron e dirigidos por Irving Cummings ou Walter Lang. Tinham canções de Harry Warren e Mack Gordon, coreografia de Hermes Pan, e um cast de coadjuvantes que, hoje se sabe, era maravilhoso: Edward Everett Horton, Leonid Kinskey, Charlotte Greenwood, Billy Gilbert, S. Z. Sakall, Chris Pin Martin e J. Carroll Naish.

Por serem tão identificados com a Política da Boa Vizinhança, tem-se a impressão de que os filmes "sul-americanos" com Carmen dominaram a produção da Fox no período. Mas não foi assim. Até em quantidade, eles se limitaram aos dois primeiros filmes de Carmen, sobre a Argentina e o Brasil; o terceiro já se passou em Cuba e, com alguma boa vontade, poder-se-ia citar *Minha secretária brasileira*, que se passava no Canadá. Mas, se este valer, teremos de juntar ao ciclo também aqueles que, sem Carmen e sem ser "sul-americanos", exploraram as pernas de Betty Grable contra paisagens de coqueiros ou palmeiras: *Sob o luar de Miami* (*Moon Over Miami*, 1941) e *A canção do Havaí* (*Song of the Islands*, 1942).

1942 — BOA VIZINHANÇA DE ARAQUE | 335

Se os musicais "sul-americanos" não eram os mais importantes na linha de produção da Fox, então quais seriam? Para Zanuck, eram os musicais ultra--americanos e "de época" — passados na virada do século XIX para o século XX — e, de preferência, com Alice Faye. Entre outros, *No velho Chicago*, *A epopeia do jazz*, *Hollywood em desfile* (*Hollywood Cavalcade*, 1939), *O meu amado*, *A bela Lillian Russell* (*Lillian Russell*, 1940), *A vida é uma canção*, *Aquilo, sim, era vida* (*Hello, Frisco, Hello*, 1943), *Rosa, a revoltosa* (*Sweet Rosie O'Grady*, 1943) e *As irmãs Dolly* (*The Dolly Sisters*, 1945) — todos com a história se passando entre 1880 e 1920. Zanuck era louco por esses filmes, que obrigavam Alice a usar anquinhas e espartilhos, ensopar lenços com lágrimas de glicerina e cantar uma quantidade de sucessos mais que estabelecidos e, pela idade, já em domínio público.

Anos depois, Alice diria que, naquela época, nunca ouvira falar na Política da Boa Vizinhança. E também nunca percebera que alguns dos filmes tivessem de propósito uma temática "latino-americana" — para ela, era só mais uma moda, assim como a dos musicais passados em 1900. Ou seja, na intimidade dos estúdios, isso nunca foi uma política de Estado. Mesmo assim, no futuro, não faltariam espíritos de porco para acusar Carmen de ser uma invenção da "boa vizinhança" — esquecendo-se de que, quando ela desceu do *Uruguay* em maio de 1939, contratada por Shubert para uma ponta em *Streets of Paris*, a guerra ainda não começara nem na Europa. E, depois que a guerra estourara, os Estados Unidos ainda levaram dois anos para entrar nela com Carmen já tendo feito *três* filmes.

Os estúdios acabaram trabalhando para o Birô de Rockefeller, sem dúvida — mas de maneira muito mais objetiva quanto à cooperação entre nações. De 1942 a 1945, eles produziram toda espécie de material institucional, educativo e de propaganda, em dezesseis ou 35 milímetros, para distribuição não só na América Latina, mas também na Europa: documentários, curtas e longas-metragens, cinejornais, filmes técnicos, desenhos animados etc. Boa parte desse material, coordenado por Jock Whitney na Divisão de Cinema, nunca foi exibida em uma sala de cinema. Destinava-se a telas improvisadas em quartéis, navios, fábricas, escolas, escritórios, hospitais, clubes, igrejas ou estádios, para plateias capazes de absorver imediatamente as suas informações. E de onde saía o dinheiro para pagar os estúdios por esse trabalho? De empresas particulares americanas, do governo dos Estados Unidos, e também dos governos latino-americanos. Na verdade, nenhum veículo foi mais eficaz do que o cinema na veiculação de material de guerra.

Da MGM (o mais rico) à Monogram (o mais pobre, quase indigente), os estúdios produziram milhares desses filminhos. Nem Carmen nem qualquer ator famoso participou de nenhum deles. Em compensação, alguns que largaram o conforto de seus estúdios e, às vezes, foram ao próprio front para dirigi-los se chamavam John Ford, Frank Capra, Alfred Hitchcock, William Wyler, George Stevens, John Huston e Billy Wilder. Isso é que era ter bons vizinhos.

Em *Minha secretária brasileira*, filmado entre julho e setembro de 1942, Carmen ganhou de novo o segundo lugar nos créditos, atrás apenas de Betty Grable — e com justiça porque, em 1942, Betty já estava no coração e na palma da mão de milhões de soldados americanos, dentro e fora do país. Esse foi o filme em que LeBaron se convenceu de que, no papel de Rosita Murphy, secretária de John Payne, Carmen podia funcionar como uma comediante explícita, com diálogos de páginas e páginas — não apenas como uma cantora com falas eventuais. Dessa vez, foi Gilberto Souto quem a ajudou a ensaiar as falas e, para justificar o fato de que, mesmo a seu jeito, Rosita podia ser tão fluente em inglês, bastava explicar que era filha de uma brasileira com um irlandês.

Bem de acordo com sua personagem, esse foi também o primeiro filme em que Carmen apareceu de sapatos e chapéus convencionais, em vez de plataformas e turbantes, e em que usou o próprio cabelo ou um aplique como elemento decorativo, de modo a parecer um turbante, executado por sua cabeleireira, Esperanza Corona. (E, com isso, ainda que de roupa "social" e sem turbante, continuaria com o look Carmen Miranda.) Foi também o primeiro filme em que um de seus números musicais — "Chattanooga Choo-choo" — vinha de certa forma "integrado" à narrativa, e não solto no palco.

Harry Warren e Mack Gordon tinham escrito "Chattanooga Choo-choo" um ano antes, para outro musical da Fox, *Quero casar-me contigo* (*Sun Valley Serenade*), com Sonja Henie, John Payne, Glenn Miller e sua orquestra e os Nicholas Brothers, lançado em agosto de 1941. Glenn gravara-o para o filme, com vocais de Tex Beneke e The Modernaires e, em poucas semanas, "Chattanooga Choo-choo" tornara-se uma doença nacional: 1 milhão de discos vendidos e a primeira gravação a ganhar um disco de ouro desde "My Blue Heaven", com Gene Austin, em 1928. Para muitos, "Chattanooga Choo-choo" seria o tema-símbolo da Segunda Guerra.

Em meados de 1942, Aloysio de Oliveira fez uma letra em português para "Chattanooga Choo-choo", no melhor estilo Lamartine Babo — seguindo mais o som das palavras do que o significado, sem muito (ou nenhum) respeito pelo original. Quando sugeriu que Carmen a cantasse em *Minha secretária brasileira*, precisaram da autorização de Mack Gordon — que só a aprovou porque pensou reconhecer na versão em português o eco de suas palavras em inglês.

> *You leave the Pennsylvania Station*
> *'Bout a quarter to four*
> *Read a magazine and then you're in Baltimore*
> *Dinner in the diner*
> *Nothing could be finer*

Than to have your ham'n'eggs
In Carolina,

tornou-se

E você pega o trem na Pennsylvania Station às três horas e tal
Pouco a pouco vai saindo da capital
Toma um cafezinho
Tira uma pestana
E come ramenegues
Lá em Carolâina

— e Gordon gostou. (Com razão: a versão em português era ótima — o que não valeu a Aloysio nenhum crédito na tela — e Carmen roubou o filme com ela.)

No filme, ao cantar "Chattanooga", Carmen chama o Bando da Lua ao apartamento de John Payne no hotel e os apresenta, um a um, como seus irmãos. Os nomes que ela anuncia são inventados, mas estão todos lá: Aloysio, Stenio, Affonso, Zezinho, Nestor e — de óculos e tudo, fingindo tocar pandeiro, embora seja o seu piano que se ouça ao fundo — Vadico. A outra chance de ver Vadico nesse filme está na sequência da boate, em que, com a mesma formação do Bando, Carmen canta "Tic-tac do meu coração", de Alcyr Pires Vermelho e Walfrido Silva — aliás, uma letra bem onomatopaica, que ela podia fazer acelerado e com humor, tipo *scat*, diferente da sua gravação brasileira desse mesmo samba em 1935.

Vários corações aceleraram seus tique-taques nas filmagens de *Minha secretária brasileira*. Carmen e Aloysio saíam às vezes com Betty Grable e o homem com quem esta vinha sustentando um caso complicado pelos últimos três anos: George Raft. George era louco por Betty e a cumulava de casacos de pele, braceletes de ouro, colares de diamantes e cavalos de corrida. Betty também gostava de George, mas ele não tomava a única providência que ela exigia dele: divorciar-se da mulher para que os dois se casassem. O problema era que isso não dependia de George — sua mulher, Grace, era católica de carteirinha e nunca lhe daria o divórcio. Portanto, enquanto as coisas não se resolviam, só restava a Betty e George ir dançar no Palladium, no Sunset Boulevard, ao som de Harry James e sua orquestra, que também estavam no elenco de *Minha secretária brasileira*.

Harry James, igualmente, era casado. Mas tinha habeas corpus para galinhar e, na ocasião, mantinha um caso com sua crooner, Helen Forrest. Em 1942, Helen já era a maior cantora da história das big bands, tanto na opinião dos críticos como na de seus patrões anteriores, Artie Shaw e Benny Goodman. Mas seria com Harry que ela teria seus maiores sucessos: "Skylark", "I Cried For You", "Manhattan Serenade", "I've Heard That Song Before" e, lançado em

Minha secretária brasileira, "I Had the Craziest Dream". Helen era apaixonada por Harry e ele a admirava muito, mas não se divorciaria de sua mulher por causa dela. Quando fez isso, meses depois, já em 1943, seria para se casar às escondidas, em Las Vegas — mas com Betty Grable.

George Raft e Helen Forrest caíram das nuvens ao descobrir o que se passava sob seus narizes. Afinal, durante as filmagens de *Minha secretária brasileira*, Harry e Betty cruzavam-se a todo instante no estúdio e mal pareciam se enxergar. Pois era o que George e Helen pensavam. E, no futuro, ano após ano, iriam se espantar com a longevidade daquela união — porque, bem ou mal, Harry James e Betty Grable ficariam casados por 22 anos.

Raul Bopp, cônsul do Brasil em Los Angeles, estava almoçando com Bidu Sayão no Brown Derby, o restaurante da Vine Street famoso pela salada criada em 1937 por seu proprietário Bob Cobb (verduras frescas e bem picadinhas, abacate, tomate despelado, frango, bacon torrado, ovos cozidos e queijo roquefort, tudo coberto por um molho especial). Bidu, estrela do Metropolitan, estava em Los Angeles para dar um concerto no Philarmonic Auditorium. Falaram de Carmen, e Bopp entendeu que ela e Bidu não se conheciam — não sabia que as duas se davam de Nova York e se adoravam. Pediu um telefone e ligou para Carmen, que mal acabara de acordar. Bopp disse-lhe onde estavam e passou o telefone para Bidu, que também trocou algumas palavras com ela. Meia hora depois, uma empetecada Carmen, pronta como se para um show, estacionou seu Buick conversível vermelho à porta do Brown Derby. Mas levou quinze minutos para chegar à mesa, porque os fãs não a deixavam avançar. Sem querer, Carmen fez de coadjuvante uma das grandes vozes do século — e Bidu se divertiu com o espetáculo.

Carmen se despachara para lá por causa de Bidu, mas também por Raul Bopp. Ele e Carmen sempre se encontravam no Brown Derby, mas para jantar. O gaúcho Bopp, dez anos mais velho do que ela, a fascinava. Como escritor, ele fizera parte do modernismo brasileiro, na linha da "antropofagia", comandada por Oswald de Andrade e Tarsila do Amaral. Antes disso, passara um bom tempo na Amazônia e parecia conhecer o Brasil inteiro — não como turista, mas nas funções mais impensáveis, como pintor de paredes, caixeiro de livraria e professor de tupi. Em 1929, com o fim da "antropofagia", fora por sua conta às então remotíssimas China e Rússia e, em 1932, ao entrar para a carreira diplomática, passara quase todo o restante da década servindo no ameaçador e convulsionado Japão. Bopp se identificava tanto com os lugares em que vivia que, por onde andasse, parecia trocar de pele, como uma cobra. Era um homem culto e vivido, e Carmen gostava de escutá-lo.

O mesmo em Nova York, quando ela visitava o ateliê da escultora e embaixatriz Maria Martins, na esquina de Park Avenue com Rua 58. Em 1942, a fascinante Maria já era respeitada no círculo plástico de Nova York e começara um affaire com seu colega de avant-garde, o dadaísta Marcel Duchamp, que também morava lá. Ele a chamava de "Notre Dâme des désirs" e de "La fiancée impossible" — porque Maria se recusava a desfazer seu casamento "aberto" com Carlos Martins, embaixador do Brasil, para ir viver com ele. A vontade de Maria prevaleceu, porque seu caso com Duchamp durou mais de dez anos e foi a ela que ele dedicou duas de suas obras máximas: *Paysage Fautif*, feita (não me pergunte como) com esperma, e a instalação *Étant Donnés*.

Ao contrário de Aurora, leitora constante, não há notícia de que Carmen tenha aberto um livro em dias de sua vida. Pelo visto, supria os estudos com sua capacidade de observação e pelo contato com pessoas como Raul Bopp e Maria Martins — intelectuais, sem dúvida, mas que não se negavam à vida nem se escondiam por trás dos óculos. Eram pessoas assim que a aconselhavam em assuntos vitais como, em 1942, quando Zanuck tentou induzi-la a naturalizar-se norte-americana. Para Zanuck, estava claro que Carmen tinha toda uma existência pela frente nos Estados Unidos. Requerer a naturalização — como Marlene Dietrich e Sonja Henie tinham feito — poderia simplificar sua vida profissional. (Marlene chegara ao exagero de aprender a jogar beisebol.)

Marlene e Sonja eram suas amigas, mas Carmen nunca cogitou seguir o exemplo delas. Uma era alemã; a outra, norueguesa. A Alemanha, que ocupara a Noruega, estava em guerra contra os Estados Unidos, donde as duas tinham motivos para renegar sua origem. Mas o Brasil não estava nesse caso, e Carmen, muito menos. Ao contrário: depois da entrada do próprio Brasil na guerra contra a Alemanha (desde o dia 31 de agosto daquele ano) e das transmissões internacionais europeias que a tinham como personagem, Carmen não perdia uma oportunidade de se afirmar "brasileira". E, para que não restasse a menor dúvida, usou o maior canhão da América: a coluna de Walter Winchell.

Quando Winchell tirava férias, sua coluna era ocupada por crônicas assinadas por celebridades da Broadway ou de Hollywood. Uma dessas foi "escrita" por Carmen — na verdade, pela publicidade da Fox, mas ditada por ela e copidescada por Herman Klurfeld, o ghost de Winchell. No texto, ela enfatizava que o Brasil não era apenas o Pão de Açúcar, o Cristo do Corcovado ou as lojas parisienses da rua do Ouvidor — assim como os americanos sabiam que os Estados Unidos não eram exatamente Hollywood ou Nova York. "No Brasil", escreveu Carmen,

> eu costumava pensar que os Estados Unidos eram um país onde tudo era cromado, metálico e brilhante, com automóveis trafegando em alta velocidade e arranha-céus por toda parte, como nos filmes e revistas. Talvez o mesmo se dê aqui quando se fala do Brasil. "Café!", exclamam logo. "E gente que dança samba. E que usa chapéus com frutas e flores exageradas." São ideias equivocadas, umas e outras. O importante é saber que

o povo dos Estados Unidos, assim como o do Brasil, trabalha, cultiva o campo, extrai as riquezas da terra e tem os mesmos motivos para rir e para chorar. No fundo, é o mesmo povo e a mesma gente. [...] O que faz a boa vizinhança é sabermos que a gente que mora numa esquina do planeta é igual à que mora na outra esquina.

No fim do artigo, que R. Magalhães Jr. traduziu em parte para *A Noite*, Carmen enfatizava:

Quando você, meu amigo Winchell, me vir com um exótico turbante comicamente enfeitado, dançando e cantando um samba no filme *Minha secretária brasileira*, isso não significa que esteja diante de uma verdadeira imagem da vida e dos costumes brasileiros. Sob esse aspecto, represento a verdade tanto quanto Gypsy Rose Lee representa o real espírito americano, ou Greta Garbo, o real espírito sueco. Sou apenas uma mulher brasileira que canta alguma coisa a respeito das cores e da beleza de sua terra. O que há de teatral nessa apresentação exprime muito pouco de meu país.

Em quarenta linhas, Carmen refere-se várias vezes ao Brasil e aos brasileiros como "seu país", "sua terra" e "seu povo", como era de seu hábito — mas, dessa vez, segundo Magalhães Jr., para desfazer as intrigas das rádios alemãs que, ao transmitir para Portugal, acusavam os brasileiros de obrigar a "portuguesa" Carmen Miranda a se dizer brasileira, numa tentativa de jogar os portugueses contra o Brasil. Na guerra, valia tudo.

Tudo bem, mas, pelo visto, os alemães não estavam conseguindo nada. No lançamento de *Uma noite no Rio* em Portugal, o jornal *República*, de Lisboa, soltou um quase editorial em que lembrava, como que se lamentando, que Carmen "nascera entre eles [portugueses], mas adotara a nacionalidade brasileira". Só que, para o jornal, o lamento era um elogio, e o prejuízo era deles, não dela: "É uma pena que Carmen — cujo encanto a tornaria incomparável no fado — só cante sambas brasileiros. É o caso de imaginarmos o que seria o fado por ela interpretado, se Carmen não soubesse cantar o samba".

Se não tinha dúvidas entre o samba e o fado, Carmen, talvez estimulada pela mãe, exercia sua dupla nacionalidade quando se tratava de caridade. Ao mesmo tempo que mandava auxílio para hospitais e casas de saúde no Brasil, socorria vítimas de enchentes em Portugal e mandava aparelhos de rádio para presidiários nos dois países. Exceto pelos rádios, que iam em espécie, Carmen fazia todas as doações em dinheiro, por telegrama. A entrada dos Estados Unidos na guerra complicou um pouco essa última atividade. Por aqueles tempos, ao mandar uma certa quantia para a igreja de São Judas Tadeu, no Cosme Velho, no Rio, seu telegrama foi interceptado no correio de Los Angeles.

As autoridades queriam saber quem era Mister Tadeu.

1942 — BOA VIZINHANÇA DE ARAQUE | 341

■

Aurora terminara seu compromisso com Monte Proser no Copacabana em março de 1942 e fora contratada por Earl Carroll, um mini-Ziegfeld que, desde 1922, montava anualmente uma revista musical de sucesso: as *Earl Carroll's Vanities*. Carroll começara com um teatro em Nova York, depois abrira uma filial de luxo no Sunset Boulevard, em Los Angeles, e agora criara uma companhia itinerante que cruzava o país. Aurora foi contratada para esta e passou os cinco meses seguintes, até agosto, atravessando os Estados Unidos — Nova York, Ohio, Illinois, Kansas, Califórnia, várias cidades em cada estado —, e sempre fechando o espetáculo com um quadro de música brasileira em que "Mamãe, eu quero" era o carro-chefe.

Em seu começo de carreira, o expedito e lascivo Carroll fazia qualquer coisa para aparecer. Às vésperas de uma estreia, cobria as paredes de seu escritório com fotos de garotas nuas e instruía um funcionário para denunciá-lo à polícia. Carroll ia preso, passava a noite na cadeia, seu advogado pagava a fiança e ele se beneficiava da publicidade. Deu certo, até que a polícia descobriu o truque e parou de prendê-lo. Carroll não se abateu: em 1927, apresentou uma corista que saía nua de uma taça gigante de champanhe. A polícia teve de invadir o teatro e prendê-lo — não pela nudez da moça, mas pelo champanhe, já que estávamos na Lei Seca. Carroll explorava esse marketing barato, mas seu espetáculo era de primeira e ele era um homem musicalmente alerta — entre os jovens que se gabava de ter "descoberto" estavam os compositores Harold Arlen e Burton Lane e os letristas Yip Harburg e Ted Koehler (a clássica "I Gotta Right to Sing the Blues", de Arlen e Koehler, fora feita para o show de Carroll em 1934).

Ao seguir os conselhos de Carmen (que achava que ela devia começar por um nightclub — o Copacabana —, depois fazer teatro — o Earl Carroll's — e só então entrar para o cinema), Aurora ganhou mais do que pensava. Graças a Carroll, viveu a experiência de excursionar com uma importante companhia americana e, ao mesmo tempo, gozar sua protelada lua de mel — porque Gabriel viajou com ela e, de hotel em hotel dos Estados Unidos, os dois passavam o tempo inteiro juntos, com tudo pago. E o final foi perfeito: em Los Angeles, nas últimas semanas do show no Earl Carroll, Aurora foi vista por alguém que pensava nela para um filme passado no Brasil. O homem era Walt Disney e o filme — em que se previa um quadro com a revolucionária concepção de combinar desenho animado com ação humana — seria *Alô, amigos*.

Na verdade, a Miranda que Disney queria era Carmen. Sua ideia era juntar, num esquete intitulado "Blame It on the Samba", Carmen e a organista Ethel Smith, com duas figuras animadas: o Pato Donald e um novo personagem criado a partir de sua experiência brasileira, o papagaio Joe Carioca — no Brasil, Zé Carioca. Mas, para ter Carmen, Disney teria de passar pela Fox, e Zanuck — ainda convalescendo do cheque de 60 mil dólares que assinara

342 | CARMEN

para tomar Carmen de Shubert — nunca cederia sua nova estrela para um concorrente. Sem Carmen, o esquete perdeu o sentido e teria de ser abandonado, suspirou Disney. Mas Carmen sugeriu Aurora e garantiu a Disney que arrancaria de Zanuck a permissão para fornecer-lhe uma "consultoria técnica", sem crédito e sem remuneração, para as cenas de sua irmã. Disney prometeu ir assistir a Aurora no teatro. Cumpriu a promessa e gostou do que viu.

Quanto ao personagem de Zé Carioca, já nascera pronto. Durante sua estada no Rio, em seu QG no Copacabana Palace, Disney fora vastamente informado sobre a importância do papagaio na psique do homem brasileiro. Alguns povos faziam uma ideia tão arrogante e exaltada de si mesmos que se identificavam com certo tipo de aves: águias, condores, falcões. O brasileiro se identificava com o papagaio. Através das centenas de anedotas que lhe contaram — o pianista Gadé foi levado ao Copa especialmente para uma sessão de piadas —, Disney ficou sabendo como o brasileiro, digo, o papagaio, podia ser pobre, folgado, preguiçoso, vagabundo e sem caráter, mas era esperto, feliz, sabia se virar e aprendia tudo com facilidade, inclusive a enrolar os gringos. Para a criação física do personagem, usaram vários elementos — alguns sugeridos por desenhistas brasileiros que Disney conheceu, como J. Carlos e Luiz Sá. O fraque, o chapéu de palhinha, o colarinho duro, a gravatinha-borboleta e o guarda-chuva do papagaio foram inspirados na indumentária do folclórico dr. Jacarandá, um popular rábula carioca. Os olhos, o nariz e a boca (ou bico) lembravam as feições do compositor Herivelto Martins. E os movimentos do corpo foram copiados, em Hollywood, da particularíssima ginga do violonista Zezinho, que, apesar de paulista, acabou fazendo também a voz de Zé Carioca. (E não apenas em português. Zezinho começou por dublá-lo em espanhol e, depois da guerra, fez o mesmo em francês, sueco, italiano, alemão e japonês, assim como Clarence Nash fazia a "voz" de Donald em todas as línguas, entre as quais o português.)

Alô, amigos era uma coletânea de desenhos curtos, tendo em comum apenas o cenário: um passeio por várias regiões da América do Sul (o lago Titicaca, no Peru; o pico do Aconcágua, no Chile; os pampas argentinos e uruguaios; e, única grande cidade em cena, o Rio), tudo muito bem embrulhado em 42 minutos de projeção. Pela primeira vez, um filme patrocinado pelo Birô de Rockefeller não irritou ninguém — ao contrário, todos os povos retratados gostaram de se ver nos olhos de Disney. Para o Brasil, valeu especialmente pelo esquete "Aquarela do Brasil", onde se deram a estreia de Zé Carioca — fazendo Donald de escada — e a primeira audição em escala internacional do samba de Ary Barroso, cantado por Aloysio de Oliveira, pelo qual o mundo iria se apaixonar: "Aquarela do Brasil".

A sequência que reuniria Aurora e Ethel Smith a Donald e Zé Carioca não chegou a ser filmada, porque os engenheiros de Disney ainda não tinham aperfeiçoado o aparato técnico para combinar animação e gente de carne e osso na mesma cena. Mas as sugestões de Carmen para a roupa, os diálogos e os movimentos de Aurora — dadas nos dois dias que Zanuck lhe concedeu para trabalhar para Disney — foram transformadas em storyboards e não se perderam. Disney viu as possibilidades de mais um filme no gênero e decidiu que *Alô, amigos* seria apenas um aquecimento para *The Three Caballeros* (no Brasil, *Você já foi à Bahia?*), e este, com Aurora, é que seria o filme para valer.

Meses antes, Carmen, Aurora e Gabriel tinham combinado que passariam o verão brasileiro de 1942-1943 no Rio. Mas não contavam que a vida profissional interferisse nos seus planos. Em setembro, com Shubert já evaporado de sua vida, Carmen podia finalmente sentir-se "da Fox" — um passo de sete léguas desde aquele remoto concurso de fotogenia a que se submetera em 1927. No dia 28 de outubro de 1942, Aurora fez teste para o quadro brasileiro de *Você já foi à Bahia?*, usando um bustiê verde-amarelo e cantando "Os quindins de Iaiá", também de Ary Barroso. Foi contratada ali mesmo e ficaria presa a Disney pelos dezoito meses seguintes, precisando ir diariamente ao estúdio. E o próprio Gabriel, agora, também trabalhava para Howard Hugues — os dois, de macacão e levando chaves inglesas e de boca, metiam-se pela barriga de um avião e só saíam dali horas depois, sujos de graxa, mas tendo desventrado os segredos do bicho.

"Ei, o que é isso? O que você está fazendo?", berrou um homem com sotaque sulista e pescoço vermelho, nas primeiras filas do Roxy, em Nova York, numa matinê.

Carmen estava dançando abraçada aos elegantíssimos Nicholas Brothers, um de cada lado. Virou-se para o lado de onde vinha o som:

"Qual é o problema?", ela disse, sorrindo. "Está com ciúme, *yes*?"

Na década de 40, não era normal que uma artista branca (mesmo "latina") tocasse ou fosse tocada fisicamente por um negro num palco de Nova York. E menos ainda por dois negros. Ou, ainda pior, além de tocar e ser tocada, se enroscasse com eles ao dançar. Levaria décadas para que, mesmo em Nova York, tais práticas passassem despercebidas no teatro.

Na última semana de 1942 e nas três primeiras de 1943, quando Carmen e os Nicholas Brothers fizeram uma temporada de inverno no palco do Roxy em sete shows diários, o número em que dançavam juntos sempre representou algum risco para eles. Toda vez que Fayard e Harold Nicholas a enlaçavam, não se podia garantir que, na plateia, um sulista desgarrado, em vez de esbravejar, não fosse sacar uma arma. Diálogos entre Carmen e um espectador revoltado aconteceram mais de uma vez nas quatro semanas da temporada e, não fosse sua frase ("Está com ciúme, *yes*?") inevitavelmente provocar uma gargalhada, não se sabe qual seria o desfecho.

Nos dias anteriores, Carmen já superara outras experiências de intolerância em Nova York. O Roxy lhe reservara um apartamento no Sherry-Netherland, na Quinta Avenida, um hotel classudo, discreto, ideal para hóspedes que gostavam de falar aos sussurros e olhando para os lados. Em toda a sua história, o único dia em que o sossego se alterara no Netherland foi quando, sem aviso prévio, um hóspede tão querido — Spencer Tracy, numa de suas fugas de Hollywood — desceu do apartamento e apareceu no lobby, pelado e na maior água, procurando bebida.

Carmen também teve um problema no lobby do Netherland, mas de outra natureza. O hotel não quis hospedar a acompanhante que o Roxy lhe providenciara — Ruby, uma mulata jamaicana que falava bem inglês e já trabalhara para Bette Davis. O argumento era o de sempre: "Não temos acomodações para empregados". Então Carmen foi ao gerente e, em voz baixa, olhando para os lados, como era norma no hotel, pediu uma cama extra no apartamento; caso contrário, iria embora. Grandes tempos, em que ninguém se atrevia a contrariar uma estrela do cinema — num segundo, o gerente providenciou a cama.

Na mesma noite, Carmen convidou Gilberto Souto e o pessoal do consulado ao show de Sophie Tucker no Copacabana. Como todos os nightclubs de Nova York, o Copacabana podia apresentar artistas brancos, como Sophie Tucker, e negros, como Lena Horne, mas a plateia era sempre branca. Pois, ignorando os leões de chácara, Carmen entrou pelo Copacabana com seus convidados, entre os quais a mulata Ruby, vestida com suas roupas e joias e coberta por um casaco de pele. Carmen fez de propósito — para ver como seu amigo Monte Proser se sairia. Proser entendeu o recado e Ruby passou direto. Ao praticar esses pequenos atos de bravura, Carmen não calculava que, naquelas semanas em Nova York, teria de ficar de olho aberto sete vezes por dia, no palco do Roxy, ao dançar abraçada com os Nicholas Brothers.

Os Nicholas eram os irmãos Fayard, 28 anos, e Harold, 21. Formavam talvez a maior dupla de dançarinos acrobáticos do mundo. Seu estilo era, ao mesmo tempo, circense e heroico: um misto de sapateado selvagem com aflitivos *grands écarts*, com os dois se jogando de alturas cada vez maiores, caindo de pernas abertas e já dançando ao se levantarem. Eram um produto típico do Cotton Club e do Apollo Theatre, no Harlem, onde dançavam ao som de orquestras como as de Duke Ellington e Cab Calloway. Estavam no cinema desde 1932, mas tinham muito menos filmes a seu crédito do que mereciam. Mesmo na Fox, sob o liberal Zanuck, seus números eram editados tendo em vista a exibição do filme nas praças racistas — era só fazer com que, na tela, eles não tivessem nenhuma comunicação por palavras ou olhares com o elenco principal; assim, suas sequências podiam ser facilmente cortadas, até pelo dono do cinema, sem prejuízo para a trama.

Na época da temporada com Carmen no Roxy — a primeira e única vez em que dançaram com ela —, os Nicholas não sabiam, mas sua carreira no cinema já estava perto do fim. Só apareceriam em mais dois ou três filmes antes de Hollywood decretar que o público se "cansara" deles. E um dos motivos alegados era que estavam condenados a dançar um com o outro — porque, além do problema racial, quem seria capaz de dançar com eles?

Ora, Carmen, por exemplo. No Roxy, eles criaram para ela o *"Carmen Miranda step"* ou *"samba boogie tap"*, misto de *soft shoe* (uma espécie de sapateado em tempo médio, em que os pés mal se descolam do chão) com o também suave jogo de quadris de Carmen. (Foi uma importante homenagem, porque os Nicholas faziam — com justiça — uma grande ideia de si mesmos.) Eram passos ideais para ser dançados ao ritmo dos samba-choros, quando o acompanhamento era feito pelo Bando da Lua, ou dos boogie-woogies menos enfezados, quando entrava a orquestra do Roxy. Pois Carmen, que estava longe de ser dançarina, dançou com os Nicholas Brothers. Ao fim das quatro semanas, o Roxy deu a ela uma pulseira com a inscrição: "Obrigado pelo melhor Natal e Ano-Novo da história do Roxy".

Carmen e os Nicholas Brothers eram contratados da Fox. Esta fizera do Roxy o seu principal cinema lançador em Nova York, e o filme com que eles se revezavam no palco, do meio-dia à meia-noite, era o último sucesso do estúdio, *O cisne negro* (*The Black Swan*) com Tyrone Power, rodado pouco antes de o galã partir para o Pacífico. Ou seja, tudo em casa. Mas quem contratava Carmen era o Roxy — por 12 mil dólares por semana.

Por que esses valores absurdos? Porque, com sua marquise prometendo Carmen Miranda ao vivo no palco, o Roxy sabia que teria casa cheia, quase 6 mil pessoas, em cada uma das sete sessões do dia. Isso significava cerca de 40 mil pessoas passando diariamente pela bilheteria. A cinquenta centavos o ingresso, o Roxy precisava de apenas meio dia para pagar o salário semanal de Carmen.

A própria Carmen não podia se queixar. Livre de Shubert, não tinha mais de dividir o dinheiro com ninguém. Isso, mais seu salário na Fox — 5 mil dólares por semana —, fariam com que ela finalmente soubesse o que era ganhar dinheiro.

No Brasil, onde os mil-réis tinham dado lugar ao cruzeiro, só o seu salário na Fox representava meio milhão de cruzeiros por mês. Os poucos brasileiros que, um dia, chegavam ao milhão podiam ser chamados de milionários. Carmen era uma milionária seis vezes por ano.

Como ganhava muito dinheiro, era preciso gastá-lo. Assim, nos últimos meses de 1942, investiu parte dele numa casa para ela e sua família, num endereço que, por sua causa, ficaria famoso: North Bedford Drive, 616, em Beverly Hills. Carmen só fez isso depois que a Fox comprou seu contrato a Shubert, e ela se certificou de que sua vida já não estava centrada em Nova York e que iria viver em Los Angeles pelos próximos anos.

A escritora nova-iorquina Edna Ferber, autora de *Show Boat* e também veterana da "mesa redonda" do Algonquin, observara que as rosas da Califórnia não tinham perfume. E daí? Carmen não estava ali por causa das rosas. Também não devia conhecer a frase de Fred Allen, de que a Califórnia era um lugar ideal para morar — se você fosse uma laranja. E, em 1943, Raymond Chandler ainda não dissera que Los Angeles era uma cidade "com a personalidade de um copinho de papel". Mas nada disso alteraria a disposição de Carmen em viver ali.

A casa lhe custou o mesmo que sua liberdade em relação a Shubert: 60 mil dólares. Para os padrões de Beverly Hills, estava longe de ser uma mansão como as dos senhores feudais de Hollywood. O modelo habitual de casas na região seguia o formato persa-barroco-normando-espanhol-vitoriano, numa grotesca sarabanda de estilos, todos falsos e ao mesmo tempo. A mansão do antigo comediante Harold Lloyd era um misto de Terra do Nunca e castelo de Cinderela, com regatos internos, uma lagoa circundante e uma piscina em que até galeões poderiam atracar. A de Gary Cooper era uma África de fancaria: paredes adornadas com uma extensa fauna de cabeças empalhadas, de zebras a elefantes, nenhum deles abatido pelo astro. Havia também casas no estilo Roma antiga e outras que pareciam ter sido transplantadas de Boulton Gardens, em Londres, ou de Waverley Place, em Nova York. Ao se passar diante delas, não se sabia se eram casas de verdade ou fachadas cenográficas e, por dentro, igualmente pareciam cenários. Claro: seus arquitetos e decoradores eram os cenógrafos dos estúdios.

A de Carmen era uma boa casa, com sete salas no primeiro andar, mas nada de comparativamente especial. Até sua arquitetura, em falso colonial espanhol, era discreta. Tinha dois andares, quatro quartos (todos suítes, com banheiros individuais), salão com piano e bar, escritório, um jardim na frente e outro atrás, este junto à piscina, e garagem para dois carros. North Bedford Drive era uma rua cheia de palmeiras — uma destas, exatamente à porta de sua casa. Era também quase deserta, sem ônibus nem táxis, mas o bonde San Fernando Valley-Hollywood passava em frente.

Dos quatro quartos da casa, um era o de Carmen, outro, o de dona Maria, e um terceiro, o de Aurora e Gabriel. O último foi transformado num quarto de costura, com a máquina, uma mesa grande (para se abrir o pano exigido pelas saias das baianas), cortes de tecidos, manequins, moldes, revistas e apetrechos. Carmen era a senhora do aposento, mas Aurora a secundava no gosto pela costura — adoravam fazer blusas de jérsei, usando tecidos de duas cores.

O quarto de Carmen, em estilo provençal, cinza e dourado, era o maior da casa e maior que muitos apartamentos que ela conhecera. Todos os móveis — as camas gêmeas, a cômoda, os abajures, os espelhos — eram franceses, e tinham sido deixados pelos antigos proprietários (Carmen gostou deles e os deixou ficar). Outro móvel, com gavetinhas, tinha pequenas divisões forradas de veludo, para as joias e bijuterias: brincos, colares, pulseiras e braceletes, todos em conjuntos, com as peças individuais combinando. Uma passagem para o banheiro foi transformada num aposento só para os perfumes — centenas de frascos, sendo Femme o favorito. O guarda-roupa era um vasto closet, com armários para as plataformas (dezenas de pares), os vestidos sociais e as fantasias. Os turbantes ficavam armados em cabeças de manequins, e havia os que as costureiras de Hollywood lhe mandavam buscando sua aprovação. Em breve haveria um armário apenas para os casacos de pele. Aurora às vezes pegava um casaco emprestado e se esquecia de colocá-lo de volta. Carmen dava por sua falta, mas logo se lembrava:

"Ah, já sei. A Aurora pegou. Essa Aurora..." — e piscava o olho.

Durante boa parte do ano, a vida social da casa se dava ao redor da piscina. A própria Carmen passava todo o tempo que podia à sua borda. Quando só havia mulheres presentes, aproveitava para se queimar por inteiro, usando apenas a parte de baixo do duas-peças e, à guisa de sutiã, uma boa camada de bronzeador Gaby. (Para sua mãe, o simples fato de Carmen expor-se perante as mulheres da família já tinha alguma coisa de pecado. Além disso, dona Maria preferia que Carmen ficasse "clarinha".)

Bem perto, no número 505, ficava a igreja do Bom Pastor, bonita, com duas torres, famosa por ter sido palco da missa de corpo presente de Rodolfo Valentino em 1926. Era a igreja preferida por vários católicos de Hollywood: Fred Astaire, Alfred Hitchcock, Charles Boyer, Jimmy Durante, Rosalind Russell, Rita Hayworth, Gary Cooper, a garota Elizabeth Taylor, Bing Crosby, Frank Sinatra. Se quisesse, Carmen podia ir a pé para a missa. Sua mãe, pelo menos, ia — todos os dias. Carmen preferia as missas menos concorridas, a que ia de lenço na cabeça e óculos escuros e assistia da sacristia. Mais perto ainda, no número 512, morara Clara Bow, no auge da "'It' girl" — só Deus sabia o que acontecera entre aquelas paredes. E, na rua de cima, a North Rodeo Drive, ficava um dos restaurantes mais concorridos da cidade, o Romanoff's, do "príncipe" Mike Romanoff, pseudomembro da família imperial russa massacrada em 1918. Segundo Jorginho Guinle, o Romanoff's era onde todas as pessoas que contavam em Hollywood se reuniam para um drinque depois do trabalho. Mas Carmen (que, no Rio, também não frequentava o Café Nice, lembra-se?) não se interessava em ir lá, nem escoltada por ele.

Um quase vizinho de porta de Carmen em North Bedford Drive era Herman Hover, dono do Ciro's. Este ficava na Sunset Strip e era o ponto de encontro da elite do cinema nos domingos à noite. Ia-se ao Ciro's para jantar, dançar, assistir a um show e para a clássica cafonice de "ver e ser visto". Era um dos poucos lugares de Hollywood onde, com todas as restrições provocadas pela guerra, ainda se bebia uísque escocês autêntico. Nem podia ser diferente: seu fornecedor era Joseph (pai de John e Robert) Kennedy, "representante" do Haig & Haig desde a Lei Seca...

A pedido de Hover, Carmen deu um show beneficente de uma noite no Ciro's com o Bando da Lua. No palco, pela primeira vez ao alcance das piadas e brincadeiras de seus novos concidadãos angelinos, aquele seria um batismo de fogo para Carmen. Mas ela nem se alterou. Dominou as figuras carimbadas de Hollywood e girou-as ao redor de seu dedo mindinho. Ao apresentar o Bando da Lua, por exemplo, disse simplesmente, com voz bem sacana:

"Vocês *precisam* conhecer os meus rapazes... *Meus* rapazes... *Todos* os seis... Seis *solteiros*..."

O que nem era verdade, porque pelo menos Zezinho e Stenio estavam casados. Para não falar de Aloysio, que era *quase* casado — com ela.

Aloysio de Oliveira também se mudou para North Bedford Drive, 616 — mas não para o quarto de Carmen. Oficialmente, era um hóspede, a quem fora reservado um dos dois quartos no andar de baixo, ao lado do vestiário que servia como depósito de calções e maiôs para as visitas usarem na piscina. Ou seja, como se fosse um hóspede de passagem. Essa encenação tinha mais de uma razão de ser. Primeiro, por dona Maria. Não era segredo para ela que sua filha e Aloysio eram "amantes". Mas o respeito era tanto que, quando Carmen queria ficar a sós com Aloysio, esperava que sua mãe fosse dormir e só então descia e batia à porta dele. O contrário não acontecia — não há registro de que ele jamais tenha dormido no quarto de Carmen em North Bedford Drive.

Segundo, havia as convenções de Hollywood. Por elas, era inaceitável que uma estrela coabitasse com um homem — qualquer homem — sem ser casada com ele. É verdade que, com um pequeno arranjo, tudo se tornava possível. Marion Davies era sabidamente a mulher do (também casado) magnata da imprensa William Randolph Hearst. Mas, para salvar a face, mantinham quartos "separados" no rancho dele em San Simeon (o modelo do castelo Xanadu de *Cidadão Kane*) e na casa dela em Santa Monica, com o que se tornavam apenas "amigos". Spencer Tracy e Katharine Hepburn também tinham um "acordo" que ninguém desconhecia, mas não coabitavam — porque o católico Tracy nunca se divorciara de sua mulher, a influente filantropa Louise Treadwell Tracy. Os únicos que, em certa época, desafiaram essa convenção e moraram juntos foram Charles Chaplin e Paulette Goddard, mas sempre declarando (falsamente) que tinham se casado a bordo de um navio na China.

A depender de Carmen, ela e Aloysio já teriam se casado. Aos 33 anos em fins de 1942, Carmen sentia o tempo voar em relação ao que verdadeiramente lhe interessava na vida: ser mãe. Mais alguns anos, e teria de desistir desse sonho. Aloysio, por sua vez, sentia uma pressão permanente, indireta, da parte de dona Maria e de Aurora e Gabriel, por saber que eles o aprovavam — e talvez o aprovassem até *demais*. Sem falar na silenciosa pressão social, a qual insinuava o tempo todo que não ficava bem ele continuar morando ali sem ser casado com Carmen.

Mas havia também uma pressão contrária, vinda de sua família no Rio.

Aloysio era quase um filho único. Sua mãe, dona Nair, e sua irmã, Yvonne, o tinham criado de forma rígida, repressiva. Por elas, ele teria se formado em odontologia e se dedicado às brocas e aos boticões, e nunca se aproximado de um microfone. As duas eram contra seu casamento com Carmen, por ela ser cantora e, pior ainda, bem mais velha do que ele. Aloysio anotava tudo, mas era capaz de ignorar os sentimentos das duas famílias e decidir por conta própria. Na verdade, já decidira.

Primeiro, precisava libertar-se profissionalmente de Carmen. A única maneira de conseguir isso era arranjando um emprego fora do Bando da Lua. Como a alternativa — nem pensar — era a volta para o Brasil, começara a assuntar a praça em Hollywood. A melhor possibilidade chamava-se Walt Disney — e, desde que Disney voltara do Rio, ele se aproximara do produtor, por intermédio de Gilberto Souto. Walt iria rodar *Alô, amigos*, e havia muito em que um homem como Aloysio lhe poderia ser útil. Walt se deixou convencer. Aloysio ainda participou de *Minha secretária brasileira*, mas ali se encerrou o seu primeiro ciclo com Carmen e com o Bando da Lua. Disney já o contratara como assessor especial.

Com a saída de Aloysio, o Bando da Lua original (que, nos últimos três anos, perdera Ivo, Helio e Vadeco) resumiu-se aos irmãos Stenio e Affonso Ozorio, e eles não abriam mão de continuar com Carmen. Aloysio não se opunha a isso — desde que o nome Bando da Lua deixasse de existir. Stenio e Affonso tiveram de concordar. E assim, formado por Zezinho, Nestor, Stenio, Affonso, Vadico e o trompetista Ivan Lopes, músico brasileiro que também fora tentar a sorte em Los Angeles, nasceram informalmente os Carioca Serenaders.

Já se desligar de Carmen não foi tão fácil. Aloysio precisou de habilidade para contornar seu rompimento com ela. Primeiro, limitou-o a uma separação profissional e explicou: com ela agora sob contrato permanente com a Fox, suas apresentações com o Bando da Lua diminuiriam. Ele, sem ter o que fazer, seria, mais do que nunca, Mister Miranda — o que ele não queria. Seu afastamento do conjunto era importante até para que pudesse crescer artisticamente. Mas que ela não se preocupasse porque, mesmo trabalhando com Disney, ele estaria sempre por perto. Carmen entendeu. Quanto a continuar morando com ela, Carmen sabia, melhor do que ninguém, que não estava direito. E ele ainda não se sentia seguro para falar em casamento. Além disso, havia o ciúme brabo de Carmen — sempre acusando-o de não se fazer de rogado diante das coadjuvantes, coristas, secretárias e datilógrafas dos estúdios —, e que só tendia a agravar-se, porque era verdade. O melhor, para ambos, era se afastarem por uns tempos.

Chorando, Carmen concordou com tudo e logo começou a acreditar que, de fato, esse curto afastamento de Aloysio fizesse bem aos dois. Não podia adivinhar que, tão rapidamente, Aloysio fosse conhecer, apaixonar-se e se casar com uma secretária de Disney e até ter uma filha com ela.

20 | 1943
Entre a vida
e a morte

No Rio, os críticos de cinema deixavam crescer as unhas para escrever sobre Carmen:

"Não se concebe uma pior artista do que Carmen Miranda. Muito gorda, com roupas espalhafatosas (incluindo uma fantasia com as cores portuguesas) e desprovida da menor parcela de graça ou simpatia. Começa a imitar o estilo Lupe Velez: grita muito, fala muito, berra muito. Alice Faye é meiga, sincera e bonita. [Carmen] é espalhafatosa, nada sincera e muito feia." (Crítico anônimo, em *A Cena Muda*.)

"Verdadeira caricatura — e caricatura grotesca — daqueles tipos 'temperamentais' que Lupe Velez fazia. Nunca a vimos se apresentar tão mal e de maneira tão exagerada e vestir-se tão mal. Suas baianas são de um mau gosto incrível, e positivamente grotescas em Technicolor." (Crítico anônimo, no *Diário da Noite*.)

"[Carmen está] melhor que nos trabalhos anteriores, mas ainda assim revelando-se péssima artista. Também quem inventou que ela podia trabalhar no cinema?" (Pedro Lima, em *O Jornal*.)

Essas críticas lubrificadas a bile se referem a *Aconteceu em Havana*, estreado no Rio em novembro de 1942. Um dos críticos anônimos, o da *Cena Muda*, seria o mesmo Pedro Lima, que não podia ver um traço de verde ou vermelho numa baiana de Carmen sem ter um espasmo antilusitano. O outro, o do *Diário da Noite*, talvez fosse Celestino Silveira. Ou os dois primeiros textos poderiam ser de Celestino, pela indignação quase apoplética em ambos, pela fixação em Lupe Velez e por não saber se criticava o filme ou os figurinos (estes, talvez a sua verdadeira vocação como crítico). O primeiro artigo não perdoa Carmen, por "gritar muito", e preferia que ela fosse "meiga e sincera", como Alice Faye. Ou seja, quando o crítico de uma revista de cinema confunde a personagem com a intérprete, entende-se por que, nos anos 40, ainda havia na plateia quem acreditasse que os atores iam inventando os diálogos à medida que o filme rolava na tela.

Estava quebrada a trégua entre Carmen e os críticos brasileiros. No primeiro filme, *Serenata tropical*, não havia muito o que criticar — Carmen aparecia cantando seus números musicais e só. Em *Uma noite no Rio*, deram-lhe alguns diálogos, mas seu papel continuou musical e decorativo — os críticos a pouparam, pelo visto por benevolência. Mas, a partir de *Aconteceu em Havana*,

Carmen entrou na linha de tiro. A maioria dos críticos brasileiros tomou assinatura contra ela — por suas baianas fugirem da estilização original ou por fazer os americanos pensarem que as brasileiras se vestiam daquele jeito; por tentar ser engraçada ou por estar sempre irritada; por trocar o samba pela rumba ou por reduzir a música brasileira aos sambas "negroides". Isso, no caso das críticas minimamente articuladas — porque, de modo geral, Carmen era atacada por ter se tornado americana demais, brasileira demais, latino-americana demais, ou todas as opções anteriores, mesmo que uma contradissesse as outras.

O mais implacável era, por acaso, Pedro Lima. Suas críticas — quase sempre a mesma, com pequenas alterações — saíam em todos os veículos da cadeia Associada, o que significava que Carmen tinha contra ela uma rede de jornais e revistas. Apenas três anos antes, ele e Celestino Silveira eram recebidos como velhos amigos na casa da Urca por dona Maria. Se Carmen ainda estivesse por chegar, ela os cumulava de ovos moles ou pastéis de Santa Clara enquanto eles esperavam. Agora arrotavam diatribes contra a estrela.

Em Beverly Hills, com um ou dois meses de atraso, Carmen lia tudo que se publicava no Brasil a seu respeito, enviado por Almirante. Não gostou do que leu sobre *Aconteceu em Havana* e mandou dizer que não adiantava os críticos estrilarem, porque a realidade do cinema era aquela e era "perda de tempo criticar, de tão longe, o que se passava na Califórnia".

Celestino soube disso e subiu nas tamancas, ferido no seu direito de opinar. A provar que se ofendera, mandou-lhe pela *Cena Muda* uma resposta professoral e provinciana, acusando seus "falsos amigos" (Almirante seria um deles?) de a estarem intrigando contra os que aqui "lhe queriam tanto bem". (Mas, entre estes, não podia estar se referindo a si próprio e a Pedro Lima, que achavam ridículo tudo o que ela fazia.) Em outro trecho, parecia censurá-la por estar gozando "dos gases da fama, da popularidade e dos dólares" — como se houvesse nisso algo de reprovável e como se a nobreza estivesse em submeter-se aos cachês de Wallace Downey nos alô-alôs. Depois aconselhava os "falsos amigos" a auscultar o ambiente e "tomar o pulso da opinião pública" (brasileira) em relação a ela.

Para que não se perdesse uma boa ideia, Celestino antecipou-se e fez exatamente isso em sua revista: promoveu uma enquete sobre Carmen. Entre as dezenas de leitores que escreveram para atacá-la, era notável a incidência de cartas que concordavam tintim por tintim com as críticas, dele e de Pedro Lima, na argumentação e no estilo... Houve cartas a favor, também, isentando Carmen e lembrando que, por força de seu contrato, ela era obrigada a fazer o que lhe mandavam, inclusive vestir-se "daquele jeito". Outras atribuíam os ataques a Carmen àquela secular víbora, tradicional inimiga dos brasileiros que faziam sucesso lá fora: a inveja.

Bem mais simples era responder à pergunta de Pedro Lima: "Também quem inventou que ela podia trabalhar no cinema?".

Pois fora ele próprio — Pedro Lima. Você se lembra. Em 1926, trabalhando com o produtor Paulo Benedetti, Lima publicou a primeira foto de Carmen numa revista (*Selecta*), chamando-a de "uma extra da nossa filmagem" e já lhe antevendo — com grande faro — um futuro de estrela.

E estrela ela se tornara, mas, ao se olhar ao espelho, Carmen nunca chegara a um acordo com seu nariz. Em Hollywood, muito menos, porque ali circulavam os narizes mais perfeitos do mundo. Carmen era excessivamente severa consigo mesma — irritava-a que, vista de lado, a ponta de seu nariz se prolongasse numa batata ou em outro ramo da família dos tubérculos, formando uma ligeira *ensellure* ou sela. Obrigava-a também a ficar atenta para que os cinegrafistas e fotógrafos, que a perseguiam dia e noite, só a pegassem de meio perfil e, de preferência, com o rosto voltado para a esquerda (90% de suas fotos são assim). Aliás, para Carmen, o único senão da sequência de "Chica Chica Boom Chic", em *Uma noite no Rio* — um momento em que ela está iluminada, esbanjando felicidade —, era seu nariz virado para a direita, formando um ângulo reto em relação à testa e projetando-se como uma flecha contra o impecável uniforme branco de Don Ameche. E era verdade que se divertira muito com Mickey Rooney quando o ajudara a caracterizar-se como ela nas filmagens de *Calouros na Broadway* — exceto quando tivera de pôr-se em posição para que ele copiasse seu nariz.

A vontade de operá-lo vinha de longe. Cerca de dez anos antes, no Rio, Carmen já falara sobre isso com o médico que cuidara de sua pele, o dr. Hernani de Irajá:

"Não se pode dar um jeito nele, doutor? Tirar esta cinturinha?"

"Poder, pode, Carmen. Mas eu aconselho a você deixar como está. Isso em nada a afeta, e até lhe aumenta a graciosidade."

O dr. Hernani argumentou que o leve arrebitamento provocado pela *ensellure* dava-lhe um ar de petulância que a remoçava — e poderia ser até uma garantia contra o envelhecimento. Mas Carmen nunca se convenceu. Por fim, tantos anos depois, descobriu um cirurgião em Los Angeles, dr. Holden, que fizera um "ótimo trabalho" no nariz de sua amiga Ann Miller. Em 1943, era difícil encontrar médicos que executassem plásticas para fins apenas estéticos.

Ao decidir recorrer a ele para operá-la, Carmen contrariou várias opiniões, entre as quais a de seu clínico, dr. Marxer, que a advertiu para a prática de charlatanismo no terreno da cirurgia plástica em Los Angeles — e que a cidade americana a se recorrer para essa especialidade era St. Louis, no Missouri. Carmen contrariou também a intuição de sua mãe, para quem algo ia dar errado. E ela própria, com um mínimo de esforço intelectual, devia saber que não era aconselhável entregar seu único nariz a um cirurgião que, segundo diziam, operava até em domicílio. Era muito risco para uma atriz. Mas Carmen já tinha

New York's Most Famous Police Station — See Pages 2 and 3

SUNDAY MIRROR
MAGAZINE SECTION
New York, N. Y. — SUNDAY, JULY 23, 1939

5¢ PAY NO MORE

SOUTH AMERICAN SENSATION
CARMEN MIRANDA is the latest invader from South America to take Manhattan by storm. No one knows why—she doesn't do much: in "The Streets of Paris" she sings a few Portuguese songs that nobody understands, she rolls her eyes, flutters her hands, wiggles her hips a little—and stops the show! She's the rage of Broadway. Maybe it's because Manhattanites have gone for things South American these days. The "Good Neighbor" policy has hit Broadway, as well as the World's Fair.
(See also Pages 10 and 11.)

Sucesso a jato

Carmen mal pôs suas plataformas em Nova York
e já saltou para a capa do Sunday Mirror (pág. anterior).
O cartaz original de Streets of Paris (esq.) não trazia
o nome de Carmen. Foi preciso modificá-lo logo depois
da estreia... Abaixo, Carmen e o Bando da Lua levam seis
minutos para conquistar a Broadway.
No dia seguinte, deu no Globo (pág. ao lado)

ANNO XV — N. 4017

O GLOBO

FUNDAÇÃO DE IRINEU MARINHO

Sexta-feira, 9 de junho de 1939

Director-thesoureiro
HERBERT MOSES

Director-Redactor-Chefe
ROBERTO MARINHO

Director-Gerente
A. LEAL DA COSTA

OITO VEZES chamados á scena!

Carmen Miranda e o Bando da Lua alcançam exito extraordinario nos theatros dos EE. UU.

Carmen Miranda e o Bando da Lua, na noite de estréa, em Boston

NOVA YORK, junho (Especial para O GLOBO — Por via aerea) — A estréa de Carmen Miranda e o Bando da Lua, na revista "Streets of Paris", no Theatro de Le Schubert, em Boston, constituiu um exito quasi sem precedentes aqui.

A apresentação dos artistas brasileiros estava marcada para o segundo acto. Durante os ensaios, entretanto, agradaram de tal fórma, que foi feita uma modificação na peça. E elles passaram do segundo para a "apotheose" do primeiro acto!

E o successo foi tão grande, que 8 vezes, voltaram á scena, chamados pelos applausos da assistencia.

Carmen Miranda falando inglez

Entre os novos numeros de Carmen Miranda e o Bando da Lua que estão cantando nos Estados Unidos, figura uma rumba americana — South America Way. A estrella brasileira canta em hespanhol. Mas diz, em inglez, tres palavras apenas. E' o sufficiente, pela

(Conclue na 2.ª pag.)

Indômita

Carmen voltou ao Rio em 1940 e foi hostilizada pelo Estado Novo no Cassino da Urca. Gravou "Disseram que voltei americanizada" e, menos de dois meses depois, retornou em triunfo ao palco do cassino

"Souse" American

Carmen e o Bando da Lua (da esq. para dir., Helio, Garoto, Stenio, Affonso, Vadeco e Aloysio) imortalizam "South American Way" e "Mamãe, eu quero" no filme e no álbum de 78s

Proibido gravar

Dos filmes de Carmen saíram músicas para o hit parade dos anos 40, mas a Fox não gostava que suas estrelas, como Alice Faye, Betty Grable e a própria Carmen, gravassem discos com seus sucessos

Carreira fulgurante

Na pág. ao lado, no alto, com Betty Grable, John Payne, Cesar Romero e Charlotte Greenwood em Minha secretária brasileira; *e em cenas de* Entre a loura e a morena *e* Serenata boêmia. *Nesta pág. em* Alegria, rapazes!; *com Louis Calhern em* Romance carioca *e, à esq., o número censurado de* Sonhos de estrela *— o farol foi considerado fálico, especialmente quando aceso*

Casa do Brasil

A casa em Beverly Hills era um segundo consulado brasileiro à beira da piscina, comandado por Carmen e administrado por dona Maria

Final infeliz

Em Hollywood, Carmen teve vários namorados, como Carlinhos Niemeyer (acima, à dir.) e o ator Donald Buka (à dir.). Mas o único a pedi-la em casamento foi David Sebastian (abaixo). Deu no que deu

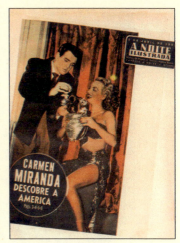

Cover girl

Carmen foi capa de revista por mais de vinte anos — da argentina Sintonia *à cubana* Vanidades *e à sueca* Filmjournalen. *Seu prestígio sobreviveu até a uma foto em que, por acidente, aparecia descomposta nos braços de Cesar Romero (acima) e que circulou clandestinamente*

Com os Anjos

Carmen contratou os Anjos do Inferno (na foto, ainda com Lucio Alves e Walter, à esq.) e, com eles, se apresentou em Las Vegas e filmou Romance carioca, que lhe valeu um anúncio de sabonete

O Bando renasce

No Havaí, sem Walter, mas com Lulu, Russinho, Harry e (no lugar de Lucio) Aloysio de Oliveira, os Anjos se tornaram o novo Bando da Lua. Com eles, Bing Crosby gravou "Copacabana" e Carmen, "Caroom' pa pa" e "Cuanto le gusta"

Manequim de papel

A paixão pelas roupas de Carmen sempre foi uma constante em seus fãs. Ao lado, a primeira edição de suas bonequinhas de papel

Às vésperas do desenlace

Na boate Tropicana, em Havana (acima), pouco depois de sua vinda ao Rio (abaixo) e a uma semana do programa de TV de Durante, em agosto de 1955

1943 – ENTRE A VIDA E A MORTE | 353

tudo acertado em sua agenda: operar o nariz no primeiro trimestre de 1943, filmar de abril a julho e, no dia seguinte ao último take ou sessão de dublagem, superar todas as dificuldades de navegação aérea provocadas pela guerra e tomar um avião para o Rio, onde pretendia ficar pelo menos dois meses. E, assim, em fins de fevereiro ou nos primeiros dias de março de 1943, Carmen armou-se literalmente da cara e da coragem e submeteu-se à cirurgia — sobre a qual há duas versões.

A primeira, muito improvável, reza que, num dia em que Aurora e dona Maria estariam fora, ela recebeu o homem em sua casa e ele fez o trabalho ali mesmo. Outra, mais plausível, é a de que, sempre às escondidas de dona Maria e Aurora, ela tivesse sido levada à clínica por Aloysio. O certo é que Holden lhe cobrou quinhentos dólares adiantados e exigiu que Carmen assinasse um documento (prática comum na medicina americana da época) isentando-o de responsabilidade pelo resultado. Em seguida, fez o serviço: com algumas incisões e a retirada de cartilagem, eliminou a curvatura e remodelou-lhe o nariz. Ou, pelo menos, foi o que prometeu — porque, quando as ataduras foram removidas, algumas semanas depois, o resultado pareceu desastroso para Carmen. Seu nariz ficara parecido com o de um lutador de boxe.

Daí em diante, ninguém mais teve sossego. Nos primeiros dias, Carmen se desesperou. Sua carreira estava destruída — nunca mais poderia aparecer em público, porque seus fãs não a aceitariam daquele jeito. Descobrira, um pouco tarde, que uma plástica no nariz não era uma tintura no cabelo ou um novo esmalte que se pudesse aplicar e remover, caso não se gostasse — era muito mais complicado. Mas também não era irreversível. Só começou a se tranquilizar quando o dr. Marxer lhe garantiu que, com uma nova cirurgia corretiva, de preferência em St. Louis, ganharia pelo menos seu antigo nariz de volta. Teria apenas de esperar alguns meses.

Acontece que Carmen não podia esperar tanto — estava às vésperas de começar um novo filme. O estúdio a aguardava para rodar *The Gang's All Here* (no Brasil, *Entre a loura e a morena*), com direção de Busby Berkeley. Carmen seria o segundo nome do elenco, atrás apenas de Alice Faye, com três grandes números musicais a seu cargo e uma intensa presença na trama. A produção já se iniciara em fevereiro, e tudo indica que Carmen tenha gravado o playback de seus números antes da cirurgia. Gravação, aliás, que ela teria marcado para aquele mês na esperança de que, até o dia acertado para o início das filmagens, 19 de abril, o pós-operatório tivesse se completado e ela pudesse exibir o novo narizinho. Mas, quando as filmagens começaram, Carmen ainda estava sob o impacto do nariz deformado.

Não há registros fotográficos desse nariz e, quem examinar o rosto de Carmen em *Entre a loura e a morena* em busca de pistas, ficará intrigado — porque, no filme, ela está com um nariz perfeito, com um ligeiro e delicioso arrebatamento. Mas é um nariz de massa de maquiagem, obra do visagista Guy Pearce,

CARMEN

responsável pelo make-up geral do elenco. E esse, sim, foi um trabalho de mestre — porque permitiu a Carmen atirar-se com toda a alma a seus números no filme, como se adivinhasse que eles seriam o ponto máximo de sua carreira em Hollywood.

Entre a loura e a morena é considerado, quase por unanimidade, o melhor filme de Carmen. Para muitos, é também o melhor de Busby Berkeley, "Buzz", para os amigos — que não eram muitos. O filme marcou o reencontro de Berkeley com Darryl F. Zanuck. Em 1933, quando ambos estavam na Warner — Zanuck, como um ambicioso chefe de produção; Berkeley, como um coreógrafo cheio de ideias —, eles revolucionaram o gênero musical com *Rua 42*. Logo depois, Zanuck deixou a Warner para tornar-se um dos magnatas da Fox e de Hollywood; mas Berkeley continuou lá, como coreógrafo ou diretor, e criou uma série antológica de números para os musicais do estúdio. Na Warner, todos achavam fácil admirá-lo. Difícil era aturar o seu temperamento ríspido e autoritário, os ocasionais porres e a permanente fixação pela mãe, que ele só faltava levar com ele quando se encarapitava na grua, a dez metros de altura. Em 1939, Berkeley mudou-se para a MGM, onde se dedicou a dirigir e torturar Judy Garland e Mickey Rooney numa série de musicais adolescentes, entre os quais *Calouros na Broadway*. A tortura consistia em obrigá-los a repetir trinta vezes a mesma cena e a chamá-lo de "tio Buzz". Só não o avisaram de que, já então, ninguém podia torturar Judy e Mickey impunemente — não por muito tempo.

Desgastado na MGM, Berkeley foi chamado para a Fox em 1942 por Zanuck, mas este, frenético defensor da entrada dos Estados Unidos na guerra, não ficou para esperá-lo — aos quarenta anos, alistou-se e zarpou para a Europa. Não fez diferença: com a carta branca que Zanuck lhe deixou, Berkeley rodou *Entre a loura e a morena* exatamente como tinha planejado. E, de passagem, quase enlouqueceu o chefe interino do estúdio, William Goetz, e o produtor William LeBaron. Não admira que tenha sido seu único filme na Fox.

Berkeley não era bem um coreógrafo, no sentido de um diretor de dança, como Hermes Pan ou Robert Alton. Entre outros motivos, porque não sabia dançar. (Nos seus musicais, *ninguém* precisava saber dançar.) Era mais um diretor de cena e de câmera, mas, nesse caso, beirando a genialidade. Sua ideia de uma sequência musical era dispor o máximo possível de coristas em cena — um coro com nunca menos de sessenta mulheres bonitas, às vezes mais de cem — e ensinar-lhes movimentos simples, mas que, em conjunto e vistos do alto, formassem padrões surpreendentes. Depois filmava tudo de uma grua, pilotada pessoalmente por ele, como um centauro, a quase dez metros de altura, e sujeitando a câmera a trinta e tantas piruetas e posições diferentes, à medida que a multidão se movia lá embaixo. Com isso, somente nos musicais da Warner, criara algumas das imagens mais extraordinárias do cinema, como os violinos iluminados a neon em *Cavadoras de ouro* (1933), os caleidoscópios humanos em *Belezas em revista* (*Footlight Parade*, 1933), os olhos e rostos de Ruby Keeler em *Mulheres e música* (1934), os cinquenta pianos brancos em *Mordedoras de 1935* (*Gold Diggers of 1935*) e tantas outras. Ninguém sabia combinar tão bem o material humano com os acessórios e adereços numa cena — mas, quase sempre, Berkeley dava um jeito de, com um golpe de luz, eliminar o material humano do campo de visão e ficar só com os acessórios e adereços. Para ele, o coro às vezes só servia para segurar alguma coisa com as mãos — e o dançarino individual, na sua concepção, não existia.

Berkeley desafiou o estilo Fox de fazer musicais, no qual os números de canto e dança costumavam ser muito simples e se davam num palco de teatro ou nightclub — com o espectador sempre sabendo que o artista estava se "apresentando". Fez isso sem cair no extremo oposto, o da MGM, em que os números musicais eram integrados à narrativa, e as pessoas cantavam e dançavam "na vida real", em casa, na rua ou onde estivessem. Berkeley combinou os dois estilos — e, com o aval prévio de Zanuck, pôde fazer isso numa escala sem precedentes para os padrões da Fox. Houve ainda outro fator para que ele exorbitasse: esse seria seu primeiro filme em Technicolor. Enfim, eram muitas tentações para Busby — e ele as aproveitou todas. Numa época de cintos apertados na indústria e na economia, esbanjou em cenários, figurinos, objetos de cena, ângulos de câmera, cores e — seu esporte favorito — ideias *quase* impossíveis de executar.

A sequência inicial de *Entre a loura e a morena*, com cinco minutos de duração e "reconstituindo" a chegada de Carmen a Nova York quatro anos antes, já era um impressionante cartão de visitas — aliás, ainda é. Consiste aparentemente de um único take sem cortes durante os primeiros três minutos e meio. A câmera parte do rosto de Nestor Amaral (e não de Aloysio de Oliveira, como sempre se acreditou), cantando "Aquarela do Brasil" em português, e passa para a lateral de um navio, o *Brazil*, acabado de chegar ao porto de Nova York. Enquanto os estivadores se encarregam de nossas sobremesas de exportação — café, açúcar e frutas —, uma carga de bananas, abacaxis, peras etc. desce pelo gancho e se confunde com as frutas do chapéu de Carmen, já cantando a segunda parte de "Aquarela do Brasil". A câmera recua para a chegada de uma charanga tocando o tradicional "There'll be a hot time in the old town tonight" e o porto se revela, com Nova York ao fundo. Entra o radialista Phil Baker para entregar a Carmen a chave da Broadway, em nome do prefeito Fiorello La Guardia. Na sequência, a ação se transfere sem cortes para a própria Broadway, onde Carmen canta "You Discover You're in New York" e, antes que você se dê conta, o cenário já se transformou em um ambiente de nightclub. Mas ainda não terminou. Só então o espectador do filme descobre que tudo aquilo, do rosto de Nestor ao nightclub, passando pelo navio e pelo porto, estava sendo feito num palco, para uma plateia de teatro.

356 | CARMEN

Evidente que jamais um palco de verdade seria capaz de comportar tamanho cenário (a própria filmagem já fora uma proeza). Tem-se também a impressão de que Berkeley filmou tudo sem cortes. Pois foi quase isso mesmo. Havia cortes, mas poucos e quase invisíveis. A maioria foi substituída pelos movimentos da câmera na grua, que percorreu 62 metros de cenário para mostrar o equivalente a 32 tomadas diferentes, a 7,5 metros do chão no seu ponto mais alto. Só isso já fora uma complicação. Mas as grandes dores de cabeça para a Fox em *Entre a loura e a morena* foram as bananas.

Nenhum outro filme de Hollywood, incluindo a *oeuvre* completa de *Tarzan* com Johnny Weissmuller, previu o uso de tantas bananas em cena. Seriam, talvez, milhares. Elas estariam, de saída, no chapéu de Carmen e no carregamento de frutas. Depois, seriam o leitmotiv da decoração de um enorme nightclub. Seria também a matéria-prima da confecção de um xilofone e, finalmente, povoariam toda uma ilha, distribuídas em dezenas de bananeiras. Busby queria usar bananas de verdade em todo o filme. Mas, devido à guerra, a banana estava racionada nos Estados Unidos. Virando as quitandas de Los Angeles pelo avesso durante semanas, a produção finalmente conseguiu achar dois cachos — talvez os últimos que a cidade veria pelos anos seguintes. O departamento de arte do estúdio transformou as bananas em moldes e as reproduziu, aos cachos ou isoladamente, na quantidade necessária. Foram feitas de borracha, nos mais diversos tamanhos, o que não se sabe como não comprometeu a produção de pneus americanos naquele trimestre. Mas a prova da pouca intimidade da Fox com bananeiras é que todos os cachos em cena no filme foram pendurados de cabeça para baixo.

Bananas para dar e vender, ainda que artificiais e pendentes pelo pitoco errado, foram o que Berkeley exigiu para o número mais famoso do filme, "The lady with the tutti-frutti hat", também criado para Carmen. O número começa no nightclub decorado com as bananeiras. Vários micos, escalando-as, fazem a passagem desse ambiente para o de um paraíso tropical: uma praia, igualmente rica em bananeiras, com sessenta coristas descalças e de saiotes de babados saudando a chegada de Carmen — esta, pela primeira vez, também descalça na tela. Carmen canta e toca sua música no xilofone de teclas de bananas. Voltam as coristas, cada qual segurando agora uma banana de um metro e meio. Suas evoluções com as bananas gigantes, quase do tamanho de canoas, evocam dezenas de pênis em ereção. Em seguida, as moças se deslocam para um arranjo de morangos também gigantes — e, vista de cima, há uma forte sugestão de coito naquelas bananas fálicas que convergem ritmicamente para o centro do arranjo de morangos, enquanto estes se abrem e se fecham como uma vagina.

Não, você não está lendo errado. Este é um filme americano de 1943, uma comédia musical em Technicolor, produzida por um grande estúdio e exibida em toda parte, talvez até com censura livre — num período em que o código de autocensura de Hollywood exigia que, na tela, marido e mulher dormissem em camas separadas e nenhum beijo na boca durasse mais que cinco segundos. Então, como se explica que se tenham liberado tais cenas em *Entre a loura e a morena*?

Não se explica. A impressão é que, na época, aquelas implicações eróticas eram *tão* impensáveis que, simplesmente, ninguém pensou nelas — bananas eram bananas, morangos eram morangos, e não havia nada de mais nisso. E talvez não houvesse mesmo — o futuro é que se encarregaria de inocular Freud onde, quem sabe, havia apenas Busby Berkeley.

Acontece que a sequência das bananas, já inacreditável até ali, ainda não terminou. Os micos e as bananeiras devolvem a ação para o ambiente do night-club, e a câmera dispara veloz em direção a Carmen. Fecha-se num close de seu rosto e só então, ao se afastar, abre o campo de visão para revelar sua cabeça envolta pelo maior turbante de bananas de todos os tempos: um prodígio de seis metros de altura, com milhares de bananas ocupando metade da tela — na verdade, um painel monumental de bananas pintadas (também de cabeça para baixo), tomando o cenário inteiro, e que ela parece equilibrar na cabeça.

A produção de "The lady with the tutti-frutti hat" teve vários atropelos. As dezenas de bananas gigantes eram armações de arame a serem cobertas com seda — mas a seda também estava racionada, por seu uso na fabricação de paraquedas. A produção precisou achar um tecido que a substituísse e absorvesse bem as manchinhas pintadas à mão, para fazê-las parecer maduras. Já as coristas estavam descalças, não porque o cenário representasse uma praia, mas porque gastaram nos ensaios o único par de sapatilhas que a Fox dera a cada uma — e sapatilhas eram outro item racionado, embora nunca fosse revelado qual seria o seu uso militar. E, na cena final do número, em que a câmera avançava em direção ao rosto de Carmen, Berkeley, montado na grua, tinha de mergulhar de verdade, como num caça Stuka, parando a poucos centímetros do alvo — porque a zoom ainda não existia. No terceiro take, houve um erro de cálculo e a câmera se aproximou tanto que a lente acertou o turbante de Carmen, derrubando-o — mais alguns centímetros para baixo e a teria atingido no rosto, com consequências trágicas.

O terceiro número de Carmen em *Entre a loura e a morena* era o menos ambicioso "Paducah", mas o mais difícil para ela — não por ter Benny Goodman e sua orquestra para acompanhá-la, mas por Carmen ter de dançá-lo com o elétrico ítalo-americano Tony de Marco, um dos mais respeitados dançarinos de salão dos Estados Unidos. De Marco (que, em igualdade de condições — ambos descalços ou com saltos da mesma altura —, era ainda menor do que Carmen!) estava habituado a *partners* capazes de dançar qualquer coisa e que ele jogava de um lado para o outro, como bonecas de pano. Ao criar os passos para ele e para Carmen, esqueceu-se de que ela não era dançarina e que nunca tinha dançado com ninguém no cinema. Ou, então, contou com o neurótico profissionalismo de Carmen e não se desapontou: ela não esmoreceu enquanto não aprendeu a segui-lo em todas as velocidades e variações — samba, rumba, swing — exigidas por seu arranjo. Pela alegria, energia e euforia que passa na tela, "Paducah" acabou sendo um dos melhores números da carreira de Carmen.

Todas as canções do filme eram de Harry Warren, agora em parceria com outro grande letrista, Leo Robin, coautor (com vários parceiros) de clássicos como "One Hour With You", "Please" e "Thanks For the Memory". Pena que, entre tantas canções, não sobrasse nenhuma memorável para Carmen — as duas melhores do filme, "No Love, No Nothing" e "A Journey to a Star", foram reservadas a Alice Faye. E era assim que se dava a divisão de trabalho: à loura Alice, reservavam-se os beijos apaixonados do galã, as cenas que deviam provocar suspiros e as canções que poderiam ser indicadas para o Oscar; à morena Carmen, cabiam os beijos ridículos no comediante (como quando Carmen emplastra de batom o rosto de Edward Everett Horton), as cenas para provocar risos e as canções rítmicas ou humorísticas — com a ressalva de que a morena a que se refere o título brasileiro também *não era* Carmen, mas a coadjuvante Sheila Ryan.

Em compensação, nada superava o guarda-roupa produzido para Carmen nesse filme. Em *Entre a loura e a morena*, ela usava nada menos que dez vestidos e uma igual quantidade de turbantes e chapéus. A criadora desses figurinos, Yvonne Wood, tinha 29 anos e era, até então, simples assistente do setor na Fox, pouco mais que uma costureira. Carmen acreditou em seu potencial e insistiu com LeBaron para que a promovesse. LeBaron topou e a carreira de Yvonne começou ali. Carmen voltaria a usá-la nos seus quatro filmes seguintes na Fox.

Trabalhar com uma figurinista sobre quem tivesse alguma ascendência devia ser importante para Carmen, que, no fundo, também era uma costureira. Da colaboração entre elas, nasceram roupas memoráveis nesse filme, como o vestido de pompons em "You Discover You're in New York", o turbante com o cachinho de bananas em "The Lady With the Tutti-frutti Hat" e os dois mais pândegos apetrechos de cabeça do filme: o de orelhas de Mickey e o de borboletas. Mas, pelo visto, Yvonne tinha ideias próprias sobre o que Carmen deveria passar a usar. A maioria dos vestidos e chapéus que criou para Carmen em *Entre a loura e a morena* estava tão distante da concepção original das baianas que só os arqueólogos enxergariam uma conexão — a partir dali, as batas e balangandãs, por exemplo, se foram para sempre.

Era uma aposta perigosa para alguém, como Carmen, que, em detrimento de seus outros talentos, atribuía à indumentária um peso excessivo em sua receita:

"Devo meu sucesso em 30% à minha voz, 30% à minha disposição e 50% às minhas fantasias", ela disse a um repórter.

Este lhe informou que a soma passara de cem. Carmen não se deu por achada:

"Ih, é! Mas eu sou assim — exagerada."

Dois anos antes, no segundo semestre de 1941, Alice Faye se casara com o baterista e *bandleader* Phil Harris. Era o segundo casamento de Alice e bem diferente do primeiro, com o cantor e ator Tony Martin. Ao contrário de Martin, em quem as mulheres viam um tipão, Harris era, por todos os padrões, muito feio — seu nariz, pelo tamanho, merecia que se cobrassem ingressos para apreciá-lo. Tony era jovem, com uma carreira em ascensão. Phil, já quarentão, vinha do tempo das orquestras mais suaves, à base de sax-alto e violino, que pareciam enterradas pelo swing — a dele era uma das últimas remanescentes. Enfim, numa cidade regulada pela beleza, pela juventude e pelo sucesso, Alice escolhera um homem que parecia representar o contrário disso tudo. Mas, para ela, Phil Harris era sinônimo de segurança, estabilidade e conforto.

Em meio às filmagens de *Aconteceu em Havana*, Alice descobrira-se grávida. Ficou exultante e anunciou que, terminado o filme, passaria um ano sem trabalhar, para cuidar do bebê. A decisão pegou Zanuck de surpresa e ele se sentiu traído, porque já a escalara em outro ambicioso musical de virada do século: *Minha namorada favorita* (*My Gal Sal*). Zanuck ficou fulo, mas não podia fazer nada — a gravidez de uma estrela casada era um dos poucos limites para o poder dos estúdios. Chutando baldes e quem encontrava pela frente, Zanuck testou Betty Grable para o papel e não gostou. Tomou então Rita Hayworth por empréstimo à Columbia, tendo de pagar caro por ela. Zanuck calculou que a gravidez de Alice causou à Fox um prejuízo de 3 milhões de dólares no ano fiscal de 1941-1942.

A filha de Alice chegou em maio de 1942, mas, como se Zanuck lhe tivesse rogado uma praga, a criança nasceu com o cordão umbilical em volta do pescoço. Na época, isso representava risco de vida para mãe e filha, às vezes obrigando à cesariana. A pequena Alice sobreviveu e, com isso, sua mãe pôde ficar legalmente fora do estúdio por um ano e meio. Quando se reapresentou para trabalhar, em novembro de 1942, Zanuck tinha partido para a guerra e estava no Norte da África, ajudando a perseguir o marechal alemão Rommel, a "raposa do deserto". Em 1943, Alice fez *Aquilo, sim, era vida*, com John Payne — grande sucesso em que cantava "You'll Never Know", de Harry Warren e Leo Robin —, e, no segundo semestre, *Entre a loura e a morena*. E, em meio aos quatro meses de filmagem deste último, Alice se viu grávida de novo.

Parecia uma epidemia na Fox. Na mesma época, Betty Grable, recém-casada com Harry James, também estava de licença-maternidade. A novata Sheila Ryan só ganhara o papel da morena de *Entre a loura e a morena* porque a outra grande esperança do estúdio, Linda Darnell — que Zanuck vinha preparando havia anos para o estrelato —, fugira para se casar com um soldado. E, agora, essa gravidez de Alice. Mas, dessa vez, Alice tomou uma decisão fulminante. Esperou o fim das filmagens e só então anunciou seu estado — e comunicou ao estúdio que, naquele momento, aos 29 anos e com seu contrato expirado, estava deixando o cinema. Iria ser mãe em tempo integral.

Brincando de guerra no deserto, a milhares de quilômetros dali, Zanuck ainda pensava que seu inimigo era Rommel. Nem imaginava que, ao voltar para a Fox, teria de enfrentar uma estranha insurreição: as mulheres mais glamourosas, sensuais e desejadas do mundo estavam dispostas a trocar tudo isso por um casamento apressado, o desconforto de uma gravidez ou a mediocridade da vida doméstica.

De seu privilegiado ponto de vista no estúdio, Carmen observava com inveja essa azáfama de casamentos, gravidezes e partos entre suas colegas. Todas eram mais novas do que ela. Aos 34 anos, sua vida não tinha nenhuma perspectiva nesse front. Ela também trocaria o cinema, a carreira e o sucesso por um casamento e filhos — se tivesse tal escolha.

Em julho, ao terminar sua participação em *Entre a loura e a morena*, Carmen, com Aurora como acompanhante, deu entrada no hospital Barnes, de St. Louis, para uma nova cirurgia que refizesse seu nariz. Elas se registraram como Maria e Aurora Richaid. Dona Maria e Aloysio, que foram com elas, ficaram num hotel na cidade. Segundo vários relatos, o cirurgião que atendeu Carmen — um profissional de grande dignidade, com cerca de setenta anos — examinou as fotos do nariz original e se irritou com Carmen por ela ter tentado alterá-lo. A cirurgia plástica era uma ciência séria, indicada para lesões graves e deformadoras, ele sentenciou — não para caprichos ou vaidades fúteis, típicas de Hollywood. O resultado estava ali, na barbaridade cometida por seu suposto colega da Califórnia. Carmen ouvia aquilo e chorava muito. Mas o médico a tranquilizou: concordava em operá-la porque ela era uma artista que vivia do rosto, da aparência. E, afinal, aquela não deixava de ser uma cirurgia reparadora. Acertaram em que ele daria a Carmen o nariz de Aurora — o mais parecido possível com seu nariz original.

A cirurgia durou cinco horas, constando de um enxerto de tecido da própria Carmen (não da nádega, como ela diria depois, mas do braço). Carmen foi levada de volta para seu quarto no hospital e tudo fazia crer que seria liberada em uma semana. Mas, quatro dias depois, dona Maria e Aloysio foram acordados às seis da manhã no hotel e chamados às pressas ao hospital. Carmen, esverdeada, em choque e cheia de tubos, estava sendo conduzida para uma cirurgia abdominal exploratória. A incisão, na altura do umbigo, deu de cara com uma grave infecção concentrada no fígado, que estava envolto por uma camada de pus. Essa infecção resultara do procedimento no nariz e ameaçava deflagrar um processo de septicemia, quase sempre mortal. Descoberta a causa, os médicos começaram um tratamento constando de várias transfusões de sangue e aplicação maciça de um antibiótico descoberto no começo do século, mas só então posto em circulação: a sulfanilamida. Mas tudo poderia acontecer. A família foi desenganada — não tivesse muitas ilusões.

Dona Maria implorou que chamassem um padre — sua filhinha precisaria da extrema-unção para entrar no céu. Por se tratar de quem era, o consulado brasileiro foi alertado. Os médicos aconselharam a que seu agente ou responsável em Hollywood também fosse avisado. Aurora telefonou para George Frank, o qual percebeu que teria de acionar um poder maior: a Fox. Frank falou com alguém no primeiro escalão do estúdio, talvez William Goetz ou o próprio Zanuck, já de volta da África. Este se comunicou com Ben B. Reingold, superintendente da Fox em St. Louis, e o pôs à testa do processo.

Na impossibilidade de esconder a gravidade da situação de Carmen, era preciso encobrir o motivo que a provocara. Um telegrama de Reingold para o *Variety*, despachado de St. Louis e publicado a 7 de julho, "informou" que, em meio a uma turnê de shows por bases militares, Carmen se sentira mal no trem e fora levada para um hospital daquela cidade, onde sofrera uma cirurgia estomacal de emergência. (Por que isso? Porque, se ela se recuperasse e se se descobrisse a verdade, o grande público não a perdoaria por ter posto a vida em risco por uma condenável cirurgia plástica.) Tudo no telegrama fazia sentido: Carmen vivia se apresentando para os soldados, tais excursões eram mesmo extenuantes, e ela estava de fato internada em St. Louis. Mas ninguém precisava saber por quê, ou que ela recebera a extrema-unção. (Mas, três meses depois, a extrema-unção vazaria e sairia em vários jornais, entre os quais, no Brasil, *A Noite*.)

Segundo Aloysio, ele e Aurora se revezaram à cabeceira de Carmen no hospital, durante as semanas em que ela esteve morre-não-morre, mantendo-a sob os cobertores, enxugando-lhe a testa e lhe dando sopinha na boca. Carmen emagreceu quase dez quilos — mas a sulfa venceu a febre. A cirurgia deixaria uma cicatriz na barriga, que a obrigaria a usar uma cinta sob a baiana.

Finalmente em casa, curada da infecção e já se recuperando da cirurgia abdominal, restava a Carmen recobrar seu nariz. Segundo uma lenda familiar, dona Maria, Aurora e Gabriel conseguiram mantê-la longe de um espelho enquanto foi possível, para que ela não se visse. (Como se mantém uma pessoa longe de um espelho?) Até que não foi mais possível — e Carmen contemplou seu rosto ainda muito inchado pelas cirurgias. Em desespero, teria ameaçado:

"Mamãe, se eu não voltar ao normal, eu juro que me mato! Eu não vou conseguir viver como um monstro!"

Carmen não viveu como um monstro, nem precisou se matar. O resultado da recuperação, ainda que precário, está documentado na sua única sequência em *Four Jills in a Jeep* (no Brasil, *Quatro moças num jeep*), filmada em outubro de 1943, apenas três meses depois de equilibrar-se entre a vida e a morte.

Quatro moças num jeep era um filme B, baseado numa aventura real das atrizes Kay Francis, Carole Landis, Martha Raye e a obscura Mitzi Mayfair.

De outubro de 1942 a março daquele ano, as quatro viajaram pela Inglaterra e pelo Norte da África apresentando-se oficialmente para as tropas americanas e correndo de verdade os perigos que agora reconstituíam no filme. (Mitzi, que não consta de nenhuma enciclopédia de cinema, era o pseudônimo de Emelyn Pique e amiga de infância de Betty Grable em St. Louis. Esse foi seu único filme.) Carmen, Alice Faye e Betty Grable só aparecem uma vez, em participações curtas, cada qual cantando um de seus antigos sucessos numa estação de rádio, como se estivessem sendo transmitidos para os soldados.

O número de Carmen foi "I, yi, yi, yi, yi (I Like You Very Much)". Estava ainda muito magra e abatida, o que nem a fotografia em preto e branco conseguia disfarçar. E seu nariz ainda precisaria de um pequeno ajuste, o que ela faria em janeiro de 1944, na Mayo Clinic, também em St. Louis. Pelo menos em termos de nariz, aquele seria o definitivo.

Com os Estados Unidos finalmente na guerra, um decreto do presidente Roosevelt em 1942 sujeitou os estrangeiros residentes a servir nas Forças Armadas americanas e, se preciso, ir para o front — ou deixar o país. Vadeco resolvera que tinha mais o que fazer no Brasil, inclusive se casar, e já se mandara. Aloysio, Stenio, Affonso, Zezinho, Nestor e Vadico passaram um ano tendo pesadelos com o carteiro — qualquer envelope com o desenhinho de uma águia podia significar a mobilização —, mas escaparam ao chamado. E graças a Carmen, porque ela telefonara para o embaixador Carlos Martins e pedira: "Meu embaixadorzinho querido, pelo amor de Deus, livre os meus rapazes". O prestígio de Martins era tanto que, por mais de um ano, eles ficaram a salvo. Em 1943, no entanto, quando já se julgavam fora de perigo, a surpresa: Stenio foi convocado. E no pior momento: sua mulher, Andréa, estava grávida de novo, e de oito meses. Mas ele teve de se apresentar assim mesmo, e o destacaram para lugar incerto e não sabido.

Stenio beijou Andréa e foi enfiado num trem com outras centenas de rapazes. Embarcou chorando, porque não sabia para onde. Aliás, não sabia nada sobre a guerra, exceto que os Estados Unidos faziam parte dela. Foi mandado como soldado para uma base do Exército no Missouri para fazer instrução militar. Em Los Angeles, Andréa passou a ter assistência médica gratuita e uma pensão mensal de oitenta dólares (Stenio faturava cinco vezes isso com o Bando da Lua). Ganhou também um enxoval para o bebê. No prazo previsto, deu à luz um menino, Ronald, com todos os carinhos do Estado.

Stenio, ao contrário, não levava boa vida no quartel. Todos os dias, às seis da manhã, era acordado por um corneteiro desafinado e pelos sargentos que batiam nas armações de metal das camas do alojamento com uma barra de ferro. Ele e os colegas iam para o pátio e ficavam de pé durante horas, em posição de sentido ou marchando, sob o pior inverno em décadas. Febres de 38 graus eram comuns na tropa e só se ia para a enfermaria com mais de 39. Stenio pegou uma pneumonia e foi mandado para o hospital da base. Ligaram para sua mulher. Ela deixou o bebê e a filha mais velha com Carmen e Aurora e tocou para o Missouri. Semanas depois, Stenio foi desmobilizado. Sua carreira militar durou menos de cinco meses e ele não deu nem um tiro. Andréa tivera sorte: mais um pouco naquele ano, e Carmen e Aurora começariam o entra e sai de hospitais por causa de Carmen, e não teriam podido ajudá-la.

Nos últimos meses de 1943, enquanto Carmen se recuperava em casa das cirurgias em St. Louis, foi a vez de Aurora passar a sair todos os dias para a grande aventura de sua vida: a filmagem do número "Os quindins de Iaiá" em *Você já foi à Bahia?*, no estúdio de Walt Disney. Assim como o filme anterior, *Alô, amigos*, esse também seria uma coletânea de desenhos curtos com a América Latina por tema — e Disney estava descobrindo, surpreso, que as coletâneas eram mais rentáveis que os longas com uma história completa como *Pinóquio* (1940) ou *Dumbo* (1941). Ainda mais porque podiam ser estreladas por alguns de seus heróis populares, como Donald ou Pateta e, nesse caso, o sensacional Zé Carioca, já conhecido do público por *Alô, amigos*. (Os dois personagens criados de encomenda para *Você já foi à Bahia?*, o menino argentino Gauchito e o galo mexicano Panchito, não tinham o mesmo *appeal* e sua carreira se limitaria a esse filme.)

O episódio de "Os quindins de Iaiá" toma dezoito dos 71 minutos de *Você já foi à Bahia?*. A partir do momento em que Zé Carioca pula do embrulho para presente e faz essa fatal pergunta sobre a Bahia a Donald, a tela se enche de cor, ritmo, beleza, humor, violência e até de um artigo raro no cardápio dos desenhos animados: sensualidade. Um dos grandes momentos é o passeio da câmera por Salvador, com Nestor Amaral, em estilo seresteiro, cantando "Na Baixa do Sapateiro". Aliás, toda a parte musical, executada pelos remanescentes do Bando da Lua, acompanhados de grande orquestra, é excelente. E há também a paixão de Donald por Aurora, seguindo-a pelas ruas da Bahia, dando-lhe flores e sendo recompensado com um beijo que o faz ouvir pandeiros, tamborins, reco-recos e enxergar galos de briga na silhueta dos capoeiras — tudo isso ao som de um empolgante "Os quindins de Iaiá" cantado por Aurora. (Quer saber quem eram os dois capoeiras em luta? Aloysio de Oliveira e o dançarino americano Billy Daniels.) Mas nada supera no filme a combinação de ação ao vivo e animação: Aurora e o elenco contracenando com Donald e Zé Carioca — uma grande novidade para a época.

Durante anos especulou-se como teria sido feito o truque de misturar gente e desenhos no mesmo quadro. A versão oficial do estúdio era a da back projection: Aurora e o grupo de rapazes e moças teriam sido filmados em frente a uma tela de cinema, de quatro metros de altura por seis de largura, onde se passavam as estripulias do pato e do papagaio, previamente desenhadas. Havia o risco de os desenhos, ao serem filmados pela segunda vez, saírem borrados ou fora de foco, mas — dizia o estúdio — a presença de Ub Iwerks na equipe eliminara tal possibilidade.

Muito bem. Mas, hoje, basta ver o filme para se constatar que não foi tão simples assim. Várias cenas foram realmente filmadas com back projection, mas Iwerks, que era mesmo um mago da animação, usou também o recurso contrário (e que a Disney tentou manter em segredo da MGM e da Warner, ambas investindo pesado em desenho animado): o de os personagens serem desenhados e impressos no fotograma já contendo a ação ao vivo, filmada antes. Isso explica que, em certos momentos, Donald e Zé Carioca estejam à frente ou atrás de Aurora ou misturados com os humanos em cena. Em outros, usou-se também a combinação de um cenário de back projection com o mesmo cenário na vida real, permitindo que os desenhos e os atores passassem de um ao outro — tudo ao mesmo tempo. Enfim, Aurora teve de contracenar tanto com um Donald que ela estava vendo na tela quanto com outro que ela tinha de fingir que estava abraçando e beijando. Um senhor desempenho, principalmente para uma garota cuja única experiência com as câmeras tinha sido a dos alô-alôs.

Mas o grande vitorioso de *Você já foi à Bahia?* foi José do Patrocínio de Oliveira, Zezinho, o músico que emprestou sua personalidade e voz a Zé Carioca e acabou para sempre identificado com o personagem. Não que, antes, Zezinho fosse um anônimo. Quando Carmen o reencontrou em Los Angeles, no segundo semestre de 1940, e ele começou a participar esporadicamente do Bando da Lua, ela o levou à Fox e o apresentou a Zanuck. Este repassou-o ao maestro Alfred Newman, responsável pelo departamento musical do estúdio. Bastou a Zezinho dedilhar um pouco de violão, cavaquinho, bandolim, banjo e outros instrumentos de corda — tocava todos — para que Newman o contratasse no ato. Ali estava um multi-instrumentista de rara categoria e um homem de grande utilidade num estúdio, por dominar ritmos que os músicos americanos tinham dificuldade para pegar.

Dali em diante, até pelo menos 1946, não houve um filme da Fox com alguma passagem musical "latina", "hispânica" ou "exótica" que dispensasse a participação de Zezinho na trilha sonora e, em alguns casos, na própria tela. Começou com as guitarras espanholas de *Sangue e areia* (*Blood and Sand*), com Tyrone Power, naquele mesmo ano, e seguiu-se em todos os faroestes, filmes de aventuras e musicais da Fox no período, inclusive os de Carmen. No caso destes, podia acontecer de o Bando da Lua estar em cena com a sua formação oficial, sem Zezinho — mas, de qualquer maneira, ele participara do áudio, como em *Uma noite no Rio* e *Aconteceu em Havana*. A partir de *Minha secretária brasileira*, Zezinho estaria no áudio e em cena (sempre na primeira fila, ao lado ou logo atrás dela) nos sete filmes seguintes de Carmen.

O que Carmen fizera por Zezinho, este fez depois por Nestor Amaral. Os dois logo formaram uma dobradinha cujo empréstimo seria disputado à Fox pelos outros estúdios. São eles que estão ao lado de Hoagy Carmichael quando ele canta "Am I Blue" para Lauren Bacall em *Uma aventura na Martinica* (*To Have and Have Not*, 1944), na Warner, e são eles também que estão com Fred Astaire, Rita Hayworth, Gene Kelly, Judy Garland e todos os que precisavam ser acompanhados por "hispânicos" na Columbia, na MGM e em todos os estúdios. Suas participações em cinema foram às dezenas, sempre sem crédito. Para Disney em *Você já foi à Bahia?*, Nestor cantou "Na Baixa do Sapateiro" e, para os mercados americano e mexicano, a versão em inglês, "Bahia", com a medíocre letra de Ray Gilbert. Quanto a Zezinho, não só inspirou e deu voz a Zé Carioca, como fez também a voz do pássaro Aracuã e apareceu com destaque em "Os quindins de Iaiá", em pessoa, tocando lápis no dente.

Em 1943 e 1944, antes que a casa de Carmen começasse a se tornar o consulado paralelo para os brasileiros de passagem, era a de Zezinho, em Laurel Canyon, que centralizava a pequena colônia brasuca em Los Angeles. As libações começavam às seis da tarde, depois que ele voltava do estúdio, e iam até de manhã, não necessariamente com a sua presença, mas sem que faltasse comida e bebida. O próprio Zezinho bebia pouco, e se ocupava mais do cavaquinho e do violão — a música nessas reuniões era ao vivo e *non stop*. Um dos habitués, cada vez mais cidadão de Hollywood que de Nova York, era Xavier Cugat, sempre com um cachorro chihuahua no bolso da capa. Raul Roulien, que encerrara sua carreira em Hollywood, mas mantinha uma casa lá e ia todo ano, era outro que não faltava. E havia, nessa época, um brasileiro tão assíduo quanto calado: o escritor gaúcho Erico Verissimo. Outra que, atraída pelo sucesso de Carmen, foi tentar a odisseia americana, mas andava batendo cabeça por Los Angeles sem conseguir nada, era Rosina Pagã. Quando finalmente conseguiu um show para fazer, descobriu que não tinha o que vestir — e Carmen, por intermédio de Odila, mulher de Zezinho, lhe emprestou uma baiana para que ela pudesse trabalhar. (As velhas mágoas, se existiram, tinham ficado para trás.)

As reuniões na casa de Zezinho eram tão animadas que, uma vez instaladas, as pessoas achavam besteira sair dali para outro lugar — mesmo porque os botequins de Los Angeles suspendiam a venda de bebida à meia-noite. Mas Zezinho tinha toda a região na ponta dos dedos. Um dos poucos lugares em que valia a pena esticar era o Zambuanga, chamado "a casa do macaco sem rabo", onde, por baixo da mesa, dizia-se, serviam absinto. E sua cultura não se limitava a LA. Certa noite, levou todos — inclusive Carmen — a um nightclub de São Francisco apropriadamente chamado Finocchio's, onde dois travestis interpretavam Carmen e Alice Faye (imagine a surpresa do transformista ao se deparar com a própria e deliciada Carmen).

Durante o dia, quando tinha a agenda livre (sem filmagem, programas de rádio, participação em discos ou apresentações ao vivo), Zezinho se valia do fato de conhecer todo mundo na "indústria" para ciceronear amigos brasileiros pelos estúdios. Isso significava conhecer do porteiro ao vice-presidente de cada estúdio, para poder entrar e fazer um brilhareco apresentando os turistas a atrizes com quem tinha mais intimidade: Paulette Goddard, Linda Darnell, Betty Grable. Conhecia gente de fora da "indústria" também: numa época em que, por causa da guerra, os Estados Unidos passavam por racionamento de carne, manteiga, açúcar, café, cigarros, gasolina, sapatos, meias de nylon e bobs para cabelo, ele sempre sabia de "alguém" capaz de fornecê-los.

Zezinho era querido por todos. Tão querido, na verdade, que as pessoas às vezes davam de barato o grande músico que ele era — um violonista do nível de Garoto, Nestor ou Laurindo de Almeida. Mas, quando Disney terminasse o trabalho de pós-produção em *Você já foi à Bahia?* (que levaria quase um ano) e lançasse o filme, Zezinho não chegaria para tantos compromissos. Só que, aí, com o nome de guerra do qual nunca mais poderia fugir: Joe Carioca.

O turbante era de pirulitos (daqueles americanos, listrados, em forma de bengala); a saia, rodada, cheia de babados, estilo rumbeira, assim como as mangas do bustiê; e a música, uma antiga canção de Eubie Blake e Noble Sissle, "I'm Just Wild About Harry", em ritmo de New Orleans. Mas, quando Carmen entrava com os breques em português — sem crédito na tela, mas da autoria de Aloysio —, New Orleans saía da frente e abria passagem ao samba rasgado:

> *I'm just wild about*
> Samba, batucada, Carnaval e café
> Macumba, viramundo e uma figa de Guiné
> *And Harry's wild about me*
> Eu quero uma baiana com sandália no pé
> E mandar um vatapá com um pouco de acarajé
> *The heav'nly blisses*
> *Of his kisses*
> *Fill me with ecstasy*
> Se gosta de baiana é pra mim de colher
>
> *He's sweet just like peppermint candy*
> *And just like honey from the bee*
> Bebi a cachaça a granel
> Por mim ele apanhava papel
> *Oh, I'm just wild about Harry*
> Pois ele é um ioiô que gosta dessa iaiá
> E é louquinho por um samba lá na praça Mauá
> *He's just wild!*
> Anda louquinho por mim
> *He's nuts!*

Sujeito louco como ele eu nunca vi
About me!

Carmen fazia isso — cantar em português — como uma espécie de mensagem secreta para o Brasil. Para os americanos, não importava o que Carmen falasse em seu patoá ininteligível — fazia parte de sua comicidade.

Aquele era o primeiro número de Carmen, bem no começo de *Greenwich Village* (no Brasil, *Serenata boêmia*), o filme que ela rodou na passagem de 1943 para 1944, menos de seis meses depois de ter quase morrido. Talvez por isso, e por ter se recuperado completamente, estivesse tão esfuziante nesse e em seus dois outros números musicais no filme: "I Like to Be Loved By You", de Harry Warren e Mack Gordon (uma canção que ficara de fora de *Entre a loura e a morena*), e "Give Me a Band and a Bandana", de Nacio Herb Brown e Leo Robin (em que ela interpolava "O que é que a baiana tem?", de Caymmi, e "Quando eu penso na Bahia", de Ary Barroso). O irônico era que Carmen enfim conseguira incluir "O que é que a baiana tem?" num filme americano, mas justamente quando já não tinha no corpo nem uma peça da baiana original — nem torço de seda, corrente de ouro e pano da costa, nem bata rendada ou saia engomada, nem mesmo bolotas ou balangandãs. Em lugar disso, o que ela tinha era o corte vertical da saia para mostrar as pernas — belas pernas, firmes, bem torneadas, resultado talvez dos muitos anos sobre as plataformas e melhores ainda que as da jovem Carmen —, mas sempre uma coisa típica de rumbeira. Era Carmen se rendendo à figurinista que ela mesma descobrira, a jovem Yvonne Wood.

Em *Serenata boêmia*, Carmen encabeçava o elenco pela primeira vez num filme da Fox, acima de Don Ameche e William Bendix. Não queria dizer que seu papel fosse o principal — e não era. Carmen fazia uma mulher de nacionalidade incerta, chamada Princesa Querida, que se apresentava no *speakeasy* Danny's Den, no Village — a história se passava em 1922, pouco depois de instituída a Lei Seca —, e parecia ter um caso com o patrão (Bendix). O galã era Don Ameche, tendo como seu par romântico a novata Vivian Blaine — que só ganhou o papel porque a candidata natural de William LeBaron, Alice Faye, continuava firme na sua disposição de continuar longe do cinema, e Betty Grable estava grávida de novo. Vivian ainda não tinha força para liderar um elenco, mas já estava sendo preparada pela Fox para herdar os papéis de Alice, se esta mantivesse sua decisão de abandonar a tela.

O Danny's Den, decorado como o interior de um navio pirata, fora copiado de um autêntico *speakeasy* do Village nos anos 20, o Pirate's Den, na Sheridan Square, e um dos mais populares durante a Lei Seca. Foi o maior investimento da Fox nesse simpático, mas modesto musicalzinho, indicando uma tendência do estúdio de produzir musicais mais econômicos, já que não estava podendo contar com quatro de seus grandes nomes — John Payne e Cesar Romero, na guerra, e Alice Faye e Betty Grable, fazendo pirraça ou filhos. Um pequeno grupo teatral de Nova York, em quem a Fox parecia acreditar, ainda estava em embrião: The Revuers, formado, entre outros, por Adolph Green, Betty Comden e Judy Holliday. Eles estavam em *Serenata boêmia*, mas a maioria de suas sequências ficou no chão da sala de montagem. Sobrou uma simples cena em que Carmen passa por Adolph Green no Pirate's Den e lhe desfaz o cabelo.

Mas os brasileiros teriam de esperar para ver *Serenata boêmia* com o costumeiro atraso. Naquele momento, dezembro de 1943, o Brasil ainda estava assistindo a *Minha secretária brasileira*, que fora produzido entre julho e setembro de 1942. Nesse quase ano e meio de intervalo, Carmen já rodara dois outros filmes (*Entre a loura e a morena* e *Serenata boêmia*), fizera uma participação num terceiro (*Quatro moças num jeep*) e se submetera a duas cirurgias no nariz e a uma outra, de grande espectro, para salvá-la da morte — e ali estava a cicatriz para provar. Perdera também o namorado com quem estava havia cinco anos e com o qual esperava se casar. Tudo isso provocara grandes alterações em sua vida. Em compensação, já agora enxergando o futuro com mais clareza, comprara uma casa em Beverly Hills.

Os críticos de seu país estavam contra ela? Pois Hollywood a acolhera como se ela fosse um dos seus. O que, efetivamente, ela era — porque, numa cidade abarrotada de beleza e talento, Carmen tinha aquele "algo mais", só reservado aos eleitos.

Afinal, de que se queixavam tanto os críticos brasileiros? Eles não a perdoavam por estar se deixando "estereotipar" por Hollywood. Filme após filme, era a mesma e monótona ladainha. Alguns desses críticos, como Pedro Lima, só tinham olhos e elogios para Betty Grable.

A mesma Betty Grable que, como *todas* as estrelas do cinema — de Clark Gable a Boris Karloff e de Greta Garbo a Lassie —, também estava se deixando "estereotipar" por Hollywood. E dando graças por isso estar finalmente acontecendo.

21 | 1944
Dependente

Alguém disse ao alcance dos ouvidos de Ary Barroso que, com Carmen Miranda, o samba estava "vencendo na América". Ary nem se virou para responder:

"Quem está vencendo na América não é o samba. É a Carmen Miranda."

Ary estava sendo injusto com o samba. Pelo menos, com *um* samba: "Aquarela do Brasil" — dele próprio. Em fins de 1943, com letra em inglês de Bob Russell, "Brazil" — a identidade americana de "Aquarela do Brasil" — saltara das telas de *Alô, amigos* e *Entre a loura e a morena* para os salões, palcos, rádios, jukeboxes e corações dos Estados Unidos, nas asas de influentes orquestras do país. Primeiro, pela orquestra-society de Eddy Duchin; depois, a latina de Xavier Cugat; e, em seguida, a de swing de Jimmy Dorsey, esta com os vocais de Helen O'Connell e Bob Eberly, que o levaram ao hit parade. Com um currículo desses, quem segura uma canção? "Brazil" teve logo uma infinidade de outras gravações, entre as quais a de Bing Crosby, e começou a disputar com "Chattanooga Choo-choo" o título de canção-tema da Segunda Guerra. E, nos meios musicais americanos, todos sabiam o nome de seu autor: o brasileiro Ary Barroso. Só não conseguiam pronunciá-lo direito — o melhor a que chegavam era Éri Bar-rou-ssa.

No fim do ano, um estúdio convidou Ary a ir a Hollywood para escrever as canções de um filme musical "sul-americano", intitulado, não por acaso, *Brazil*. Dito assim, parecia a glória, a apoteose. Mas, examinada de perto, a proposta deixava a desejar. Era muito pobre em dinheiro — cerca de 3500 dólares no total por seis meses de trabalho — e o estúdio era a Republic Pictures, que alguns chamavam de Repulsive Pictures e, comparada à MGM, parecia estar a um passo da mendicância. Na verdade, não estava: era apenas um estúdio de pequeno porte, especialista em filmes de baixo orçamento dirigidos aos garotos das grotas e dos subúrbios. Seu forte eram os seriados, como *Os tambores de Fu Manchu* (*Drums of Fu Manchu*, 1940) ou *Os perigos de Nyoka* (*Perils of Nyoka*, 1942), e os faroestes classe Z, estrelados por Gene Autry, Roy Rogers e, preso à Republic por um contrato que o obrigava a rodar pelo menos um daqueles filminhos por ano, John Wayne. A ideia de um musical "sul-americano" na Republic parecia tão inesperada que só se podia atribuí-la à Política da Boa Vizinhança — era o Birô de Rockefeller tentando mostrar serviço e, certamente, entrando com algum para que o filme se fizesse.

Inocente de tudo isso, Ary aceitou e tomou o avião em janeiro de 1944. Queria conhecer o gigante por dentro — os Estados Unidos. Até então, ele fora um acre inimigo da penetração da música americana no Brasil. Uma de suas revoltas era a de que, no Rio, não o deixavam armar uma orquestra tipicamente brasileira para tocar sambas nos cassinos, a não ser que, numa contradição em termos, ela tocasse também foxtrotes. Ary considerava sua ida a Hollywood uma espécie de forra — já que nos invadiam, ele ia invadi-los também, nem que fosse como uma orquestra de um só homem. E Carmen e Aurora estariam por lá para ajudá-lo.

Só que, à chegada de Ary em Los Angeles, via Miami, em fevereiro, as duas não estavam na cidade. Tinham se escondido em Palm Springs, para que Carmen se recuperasse de uma cirurgia em St. Louis, dessa vez na Mayo Clinic, no começo do ano. Cirurgia essa, para todos os efeitos, com o objetivo de "eliminar uma obstrução nasal", conforme nota assinada por Ben Reingold, o matreiro superintendente local da Fox, que acrescentava: "Como a operação foi interna, não afetará externamente o nariz de Carmen". Mas, com todo o trabalho de encobrimento, omissão e contrainformação relativo ao drama vivido por Carmen no ano anterior, ali mesmo em St. Louis, pode-se desconfiar de que essa tenha sido mais uma plástica — a terceira em menos de um ano. Seja como for, foi algo simples, bem-sucedido e de poucos dias, o retoque final que dirimiu para sempre os conflitos de Carmen com seu nariz.

Enquanto Carmen e Aurora não voltavam para Hollywood, Ary caiu nos braços dos amigos brasileiros (Aloysio, Vadico, Gilberto Souto) e de seus anfitriões da Republic, que circularam com ele pela cidade e adjacências. O resultado foi que, desde as primeiras cartas que Ary mandou para Ivone, sua mulher, todo o seu mau humor diante da influência da música americana se dissipara. Em Miami, já ficara deslumbrado com a largura das avenidas, a limpeza das ruas, os trens, os táxis, os hotéis, as máquinas de cigarros — quem o lia imaginava que ele saíra de uma taba, não do Rio. Em Los Angeles, Ary reagiu também como um turista de primeira viagem (o que ele era), soltando exclamações ao lhe mostrarem (à distância) as casas de Harold Lloyd, de Robert Taylor e até de Carmen. Um tour pela Republic deixara-o besta — e olhe que a grande atração do estúdio, no San Fernando Valley, eram os *tumbleweeds*, aquelas bolas de capim seco, rolando ao vento nas ruas de cenário do Velho Oeste.

Na Republic, Ary ganhou uma sala e um piano para escrever o *score* de *Brazil* (no Brasil, *Brasil*). Das sete canções que produziu, com letras do experiente Ned Washington, a única a fazer espuma foi o bonito samba "Rio de Janeiro", que, no ano seguinte, concorreria ao Oscar de melhor canção (perderia para "You'll Never Know", de Harry Warren e Mack Gordon). Para a Republic, uma simples indicação ao Oscar já era uma vitória — porque a Academia nunca tomara conhecimento de nada que viesse do estúdio. *Brasil*, o filme, se passava no Rio e era estrelado (pode-se dizer assim?) por Virginia Bruce, Robert Livingstone e o cantor mexicano (falando português) Tito Guizar. Para dar uma cor local, Aurora tinha uma pequena participação como dançarina e, de repente, Roy Rogers, o rei dos cowboys, surgia galunfante em cena, como se tivesse entrado sem saber no filme errado. Assim era a Republic.

Em meados de fevereiro, Carmen voltou para Beverly Hills e foi imediatamente apanhar Ary no Franklin Hotel para jantar, conversar fiado e matar a saudade. Ary, que talvez nunca tivesse andado de carro com Carmen no Rio, ficou encantado com a familiaridade com que ela conduzia o Buick pelas pirambeiras arborizadas de Los Angeles (ainda não existiam os grandes anéis). Carmen levou-o ao Clover Club, no Sunset Boulevard, e passou um bilhete ao cantor, o tenor colombiano Carlos Ramirez, dizendo-lhe que Ary Barroso estava no recinto. Ramirez, que acabara de se lançar em Hollywood cantando "Granada" para Esther Williams em *Escola de sereias* (*Bathing Beauty*), chamou Ary ao palco, submeteu-o a várias rodadas de aplausos e o fez acompanhá-lo ao piano enquanto cantava "Brazil". Mais aplausos. Ary começou a se imaginar vivendo essas situações em regime permanente — e agora entendia nem que fosse uma fração do sucesso de Carmen.

Na verdade, o que lhe enchia as medidas era o seu reconhecimento entre os americanos. Onde quer que fosse apresentado como o compositor de "Brazil", era festejado, afagado, cumprimentado e, se houvesse um piano a menos de quinhentos metros, eles o obrigavam a sentar-se e tocá-lo.

"Meu samba é mais popular aqui do que no Brasil", escreveu para Ivone.

E, para todo lado que se virasse, parecia vir uma proposta de trabalho. Além do contrato com a Republic, que ele já estava cumprindo, havia para o ano um musical em perspectiva na Fox, *Three Little Girls in Blue*, a ser feito com Carmen, June Haver e Jeanne Crain. De Nova York, Lee Shubert mandara dizer que queria suas canções para uma revista musical da Broadway, intitulada *One Night in Brazil*. Na Disney, Ary assistiu ao copião de *Você já foi à Bahia?*. Aprovou o que se fez de "Na Baixa do Sapateiro" e "Os quindins de Iaiá" e, pela simples cessão de uso desses sambas, embolsou setecentos dólares — mais de trezentos por música. Por sugestão de Aloysio, Walt convidou-o a narrar o episódio de Paulinho, o pinguim friorento, para a versão brasileira do filme — o que valeu a Ary mais alguns cobres. E, pelo que Aloysio lhe soprou, Walt tinha planos para ele — algo assim como um contrato fixo, para que Ary se integrasse aos compositores da casa e passasse o ano fazendo música para Donald, Pateta e Pluto.

"Se quiserem que eu fique trabalhando aqui durante um ano ou dois, voltarei ao Rio para buscar-te e, possivelmente, os meninos", continuou na carta para Ivone. "Uma coisa eu garanto: ficarás deslumbrada com isto aqui. Vivemos aí uma vida provinciana. Aqui há civilização e progresso." E tome de kisses, so longs e good byes na carta para a mulher.

Atenção, que estamos falando do autor de "Dá nela", "Faceira", "No rancho fundo", "Maria", "Foi ela", "No tabuleiro da baiana", "Boneca de piche", "Na Baixa do Sapateiro", "Camisa amarela", "Morena boca de ouro", "É luxo só" e tantas outras — mais brasileiro, só o bife a cavalo. Um homem feito, pai de filhos, com anel de doutor no dedo e que, menos de cinco anos antes, com "Aquarela do Brasil", nos fizera descobrir o Brasil brasileiro, o mulato inzoneiro e a merencória luz da lua. A conversão de Ary à civilização norte-americana foi galopante. Claro que, com o tempo, ele voltaria a seus sentidos normais. Mas, nos primeiros meses, sua entrega às coisas dos Estados Unidos parecia absoluta — via em Los Angeles um marinheiro sapateando na rua, ou uma crioula dirigindo um ônibus, e achava aquilo um colosso, uma coisa do outro mundo.

Sua única restrição ao país era que, habituado a ser o centro das atenções, Ary às vezes se aborrecia por ser o único da roda a não falar inglês e ter de ficar mudo — ou de rir por procuração quando todos estouravam numa gargalhada. Por isso, sempre que podia, escapava para a casa de Carmen, onde se falava português fluentemente. Foi lá que Ary deixou de lado a cerveja e habituou--se ao uísque, bebida que nunca mais abandonou. E foram os amigos da roda de Carmen que o convenceram a trocar seus últimos dentes por um par de cintilantes dentaduras. Ary vacilou nessa decisão, temendo que elas o fizessem ciciar e comprometessem a dicção a que seus ouvintes já tinham se habituado na Rádio Tupi — além de compositor, era o mais famoso narrador de futebol do Brasil. Tinha medo também de que, ao dar uma gargalhada, as dentaduras lhe saíssem voando pela boca — e Ary, com toda a ranzinzice, gostava de rir, principalmente quando Carmen imitava sua voz. Acabou se decidindo pelas dentaduras e, a partir daí, foi um bravo: encarou o suplício das extrações e tapou as gengivas com a mão por muitos dias, até estrear seu novo equipamento em grande estilo — o qual, para sua sorte, não lhe provocou cicio.

Com toda essa atmosfera de camaradagem e humor na casa de Carmen, envolvendo coisas tão sem glamour como cicios, gengivas e dentaduras, correu no Rio a notícia de que Carmen e Ary estariam de caso e planejando se casar em Los Angeles. É de imaginar o susto nos cafés, gravadoras, rádios, cassinos e outros ambientes dos quais eles eram os totens.

Mas o susto maior foi de Ivone. Como seu marido poderia casar-se com Carmen se já era casado com ela? — ela se perguntava. O pior é que os jornais brasileiros tratavam o assunto como um caso consumado. A notícia se espalhara sem que os protagonistas da história fossem cheirados ou ouvidos — e, como não se sabia de nenhuma declaração deles, é porque devia ser verdade.

Mas *não* era. A distância, a guerra e a precariedade das comunicações tinham feito com que, iniciado o boato, ele tivesse tempo de sobra para se estabelecer no Rio. Ao mesmo tempo, em Los Angeles, Carmen e Ary não estavam sabendo do que circulava por aqui — e, quando souberam, não lhe deram importância. Pelo menos, não se preocuparam em fazer um desmentido rápido e categórico. Além disso, a provável fonte da história não imaginava que ela pudesse ganhar tais dimensões — o próprio Ary Barroso.

Surpreso? Sérgio Cabral, biógrafo do compositor, anotou as várias ocasiões em que, nessa viagem, Ary escreveu a Ivone contando como vivia cercado de americanas em Los Angeles, relatando flertes e insinuando conquistas. Não passavam de fantasias, mas chegaram a tal ponto que, segundo Cabral, o pai de Ivone escreveu a Ary para protestar contra esse exibicionismo. Quando Ivone também lhe escreveu perguntando que história era aquela de casamento com Carmen, Ary foi misterioso: "Explicarei tudo na volta". Mas não havia o que explicar — era pura bazófia. Se Ary dava a entender à própria mulher que não se furtava a certos apelos femininos, o que o impediria de se jactar, em cartas para o Brasil ou para algum brasileiro de passagem por Los Angeles, que estava tendo um caso com Carmen? E por que se importaria se esse relato vazasse e fosse ampliado às dimensões de um noivado ou de um casamento?

É possível também que, se Carmen tomou conhecimento das dimensões do boato, preferiu deixá-lo morrer sozinho — pela sua própria impossibilidade. Não que ela não gostasse de Ary. Ele fora o compositor que ela mais gravara em sua carreira brasileira: trinta sambas e marchas, entre os quais alguns de seus maiores sucessos. O resto não era com ela, nem lhe interessava. Ary era casado e ela se dava muito bem com Ivone, mulher dele. Além disso, nos quinze anos em que se conheciam, Ary não se aperfeiçoara em nenhuma das qualidades que Carmen mais apreciava em um homem: a juventude, a beleza, a altura, a pele morena, a quadratura dos ombros, os nós dos braços, a metragem das pernas, a firmeza das carnes — e, se possível, uma certa fraqueza de personalidade, algo que, de alguma maneira, o subjugasse a ela. Todas essas características eram comuns a Mario Cunha, Carlos Alberto da Rocha Faria, Aloysio de Oliveira e também a John Payne, entre os homens de quem se podia afirmar que tinham partilhado os seus lençóis.

E várias delas poderiam ser também identificadas em outros homens que ela namoraria em Hollywood naquele ano e no ano seguinte: o mexicano Arturo de Córdova, os americanos Dana Andrews, Harold Young e John Wayne, e o brasileiro Carlinhos Niemeyer.

Quando Arturo de Córdova chegou a Hollywood um ano antes, em 1943, para contracenar com Gary Cooper e Ingrid Bergman em *Por quem os sinos dobram* (*For Whom the Bells Toll*), houve uma corrida feminina à Paramount. Aos 35 anos, De Córdova era descrito na bula como um Errol Flynn mexicano, ou Gable, Tracy e Power em um só. E não estavam se referindo às suas qualidades como ator. Um dos fatores que o tornavam irresistível era sua aparente naturalidade — ninguém fingia tão bem não ter consciência da própria beleza.

Poucos também tinham uma biografia tão variada. Nascido em 1908, no México, filho de um exportador de chicletes, Arturo passara parte de sua infância e adolescência em Nova York e Buenos Aires. Nesta última, viu-se que levava jeito para o futebol e, quando seus pais o mandaram estudar na Suíça, foi descoberto pelo Olympique de Marselha, no qual chegou a atuar com o seu verdadeiro nome, Arturo García. De novo em Buenos Aires, tornou-se repórter esportivo da agência United Press, até voltar para o México, onde se consagrou no rádio como locutor de futebol e, a partir de 1935, como ator. Arturo já tinha uma carreira no cinema de seu país quando a Paramount o convocou.

Em *Por quem os sinos dobram*, ele era o quarto nome do elenco, atrás ainda de Akim Tamiroff. Mas, nos filmes imediatamente seguintes, foi o galã de Luise Rainer, Joan Fontaine e Betty Hutton, e, por mais que esses filmes se submetessem ao Código Hays nas cenas de amor, havia um quê em Arturo de Córdova que parecia mais lascivo e sensual do que o permitido. Para ele, isso era um vestígio de seus trinta filmes no cinema mexicano:

"No México, fazemos filmes para adultos", explicava. "Podemos beijar o pescoço da mocinha."

Não eram somente as mulheres que achavam difícil se manter à distância — no futuro, na era da permissividade, Cesar Romero contaria que, quando viu Arturo pela primeira vez, quase saltou sobre ele.

Arturo era daltônico e não podia comprar uma gravata sozinho, mas dizia-se capaz de distinguir as cores dos olhos das mulheres. Era um adorador por igual das de olhos pretos, castanhos ou azuis — só não confiava nas de olhos verdes e jamais namoraria uma delas, segundo afirmou em entrevistas. Como Carmen era notória pelos olhos verdes, ou ela o fez mudar de ideia ou ele não era tão convicto assim nessa área.

Carmen e De Córdova foram um item frequente nas colunas de fofocas da cidade durante algumas semanas de 1944. Anos depois, ela ainda ficaria com a boca cheia d'água ao contar às amigas sobre o caso. E este só não foi mais adiante pelo motivo de sempre: Arturo, que se comportava publicamente como um rapaz solteiro e nunca era visto desacompanhado, tinha mulher e quatro filhos na Cidade do México. Sua esposa, ao que constava, não se opunha a que ele desfilasse por Hollywood com suas namoradas — apenas não lhe dava a separação. Para Arturo, esse elástico estado civil devia ser confortável. Mas não resolvia o problema de Carmen, que queria um casamento à antiga, em que pudesse ter os seus próprios filhos. Então, afastou-se dele antes que a inflamação se alastrasse.

Na época, entre maio e julho de 1944, Carmen filmou *Something for the Boys* (no Brasil, *Alegria, rapazes!*), o primeiro de seus filmes sem LeBaron ou o próprio Zanuck como produtor. No lugar destes, o responsável era Irving Starr, encarregado dos filmes de segunda linha da Fox, o que significava trabalhar com atores simpáticos mas sem muito cartaz, ainda em experiência ou quase estreantes (uma delas, numa pontinha bem nas primeiras sequências, Judy Holliday). Pela segunda vez, Carmen encabeçava o elenco — mas qual era a vantagem de se estar acima de Michael O'Shea ou Vivian Blaine?

Significava também trabalhar com pouco dinheiro, como se podia ver pelo aspecto de segunda mão dos cenários, roupas e objetos. A origem do filme era um musical da Broadway, *Something for the Boys*, contando uma história boba de soldados que tentam montar um show. Mas, com música e letra de Cole Porter e estrelado por Ethel Merman, o espetáculo cumprira a respeitável marca de 422 representações na Broadway em 1943. A Fox comprou os direitos do musical, incluindo as canções de Cole, e, seguindo uma velha tradição de Hollywood, jogou-as fora, menos a canção-título, e ficou com a história. Novas canções foram encomendadas a Jimmy McHugh e Harold Adamson, que, já ricos e cansados, não iriam queimar as pestanas para compor nada palpitante. Principalmente porque as canções se destinavam a Vivian Blaine, ainda bem apagadinha, e ao estreante Perry Como, que, já então, parecia cantar com as pálpebras.

Dos dois números de Carmen, "Batuca, nego" e "Samboogie", somente o segundo era de Adamson e McHugh. A ideia de uma *fusion* entre o samba e o boogie-woogie era boa, mas Adamson e McHugh pareciam entender muito pouco de boogie-woogie e nada de samba — e "Samboogie" conseguiu a façanha de zerar o balanço dos dois ritmos. Essa *fusion* seria vibrantemente realizada no ano seguinte, no Brasil, por compositores como Janet de Almeida e Haroldo Barbosa, em "Eu quero um samba", e Denis Brean, em "Boogie-woogie na favela" — antes, portanto, que *Alegria, rapazes!* fosse lançado no Rio, o que só aconteceria em 1946. Pena que os amigos de Carmen, nas rádios e nas gravadoras cariocas, que poderiam mantê-la informada do que estava se fazendo de novo na música brasileira, não aprovassem essas misturas — um deles, Almirante — daí Carmen nunca ter gravado certas coisas que pareciam perfeitas para seu estilo. Seu outro número no filme, o samba "Batuca, nego", era de safra recente e acabara de ser lançado no Brasil pelos Quatro Azes e um Coringa. Mas Carmen só o conheceu porque ele lhe foi entregue em mãos pelo próprio autor: Ary Barroso.

Comparado ao luxo dos seus primeiros musicais, *Alegria, rapazes!* não disfarçava um jeito de filme de carregação. Dessa vez, o personagem de Carmen se chamava Chiquita Hart, filha de uma brasileira com um — acertou! — irlandês. Os irlandeses deviam ser mesmo loucos pelas mulheres brasileiras. Ou, então, era a falta de imaginação dos roteiristas, que não conseguiam inventar outra justificativa para Carmen falar no filme um inglês tão desembaraçado, ainda que caricatural.

Tal indigência poderia ser um indício para Carmen do que o estúdio lhe reservava nos tempos próximos. Estariam a fim de encostá-la ou mesmo demiti-

-la? Não, não havia nada de pessoal contra ela. A Fox é que ainda não soubera reagir a algumas consequências da guerra, uma delas as mudanças no gosto do público — já não era possível continuar fazendo os mesmos filmes, ano após ano, e com os mesmos atores, todos escravizados ao próprio tipo. Outros efeitos do conflito eram as dificuldades para filmar cenas externas (muitos aviões passando sobre Los Angeles) e o desmanche até espontâneo de seu elenco — Don Ameche, por exemplo, não se interessara em renovar seu contrato e preferira ser freelance. Da constelação de canto e dança de 1941, de que o estúdio tanto se orgulhava, só restavam Carmen e Betty Grable.

Alice Faye continuava em casa, desfrutando do casamento, das filhas e de sua precoce aposentadoria. Um dos motivos pelos quais abandonara o cinema, segundo declarara, era porque "a mulher não deve ganhar mais que o marido". Outro motivo — e só então ela se traiu — era porque não tinha interesse em continuar estrelando musicais fin de siècle, em que os espartilhos e os enchimentos a faziam parecer uma ampulheta.

Foi por aí que o esperto Zanuck a pegou. Ele lhe ofereceu um papel dramático em *Anjo ou demônio?* (*Fallen Angel*), com direção de Otto Preminger. Alice vacilou, mas mordeu a isca e aceitou voltar a trabalhar, apenas por causa do papel. Mas, ou por Alice não ter se revelado a atriz que ele esperava, ou por uma vingança mesquinha contra a independência que ela conquistara, Zanuck, ao montar o filme, amputou seu personagem cortando a maioria de suas cenas, ao mesmo tempo que fez crescer o de Linda Darnell. Alice assistiu à montagem final na cabine do estúdio, sozinha, com o projecionista, e ficou revoltada. Escreveu uma carta malcriada a Zanuck e a entregou ao porteiro, junto com as chaves do camarim. Em seguida, assobiou para seu motorista (nunca aprendera a dirigir) e foi-se embora da Fox, sem se despedir de ninguém.

Zanuck não se conformou e tentou atraí-la de novo, dessa vez mandando-lhe um carro de presente. Alice devolveu o carro e deu entrevistas dizendo que cometera um erro ao voltar a trabalhar, mas que, agora, isso não se repetiria. Estava casada com um homem "capaz de sustentá-la e protegê-la" — e muito satisfeita. E só então Zanuck desistiu. (Apenas para o registro, Alice ficaria casada com Phil Harris por 54 anos, até a morte dele, em 1995.)

Desde que Zanuck voltara da guerra, um clima diferente imperava no estúdio. Era como se, de repente, sem prejuízo do fator entretenimento, só valessem os filmes "sérios" ou "socialmente significantes". O difícil era encontrar o equilíbrio — e convencer a plateia de que um filme sobre a angústia não precisaria ser, digamos, angustiante. Para isso, dizia Zanuck, o equilíbrio talvez estivesse na escolha do elenco. Foi o que aconteceu quando ele decidiu filmar *O fio da navalha*, o romance de Somerset Maugham que, mal chegado às livrarias, poucos meses antes, já fora tomado como um clássico. Para o papel de Larry, o atormentado piloto de volta da Primeira Guerra, Zanuck nunca teve outro em mente senão Tyrone Power. Mas, para o papel de sua noiva Isabel, personagem sujeita a complexas flutuações de temperamento, Zanuck, para espanto de seus pares, pensou em Betty Grable, a quem ofereceu o papel. Ninguém entendeu a escolha — era tão sem sentido quanto filmar a vida de Gypsy Rose Lee interpretada por Monty Woolley. Refeita do choque, Betty foi sábia o suficiente para recusar, e Isabel acabaria nas mãos, bem mais capazes, de Gene Tierney.

Tudo isso corria pela Fox e era motivo de meditação para Carmen. Pelo que ela podia observar, Zanuck enxergava potencial em Alice e Betty para papéis melhores que os dos musicais. Era óbvio que ele não fazia a mesma ideia a respeito dela. Donde estava condenada aos mesmos papéis cômicos que exploravam seu sotaque, suas roupas e seus turbantes, e nunca passaria disso.

Como se só isso importasse, Carmen preocupava-se com o que o público brasileiro pensava de seus filmes. Ouvia dizer que as pessoas iam vê-los e riam e se divertiam, mas, ao sair do cinema, sentiam-se na obrigação de falar mal. Ela própria não tinha ilusões quanto à qualidade deles, principalmente dos últimos:

"Antes de o pessoal no Brasil desgostar dos meus filmes, eu já me aborreço com eles", suspirou para Gilberto Souto.

As críticas também não a ajudavam, porque se confundiam com ataques pessoais. Não entendia por que Pedro Lima, a quem sempre considerara um amigo, se voltara contra ela. Ao escrever sobre *Entre a loura e a morena*, que estreou no Rio em setembro de 1944, ele lhe reservou um insulto diferente em cada um dos veículos que dominava: "Quando surge Carmen com a boca escancarada, a gargalhada é geral. Gargalhada de ridículo, justamente o ridículo que é o triunfo máximo da estrela nacional. Por que criticamos Carmen Miranda por isto? Cada um triunfa com suas armas" (no *Diário da Noite*). "Envelhecida e enfaixada" (em *O Jornal*). "Fatigada, flácida, ex-garota notável" (em *O Cruzeiro*). E, na estreia de *Serenata boêmia*, alguns meses depois, Lima pareceria saborear o "envelhecimento" e a "perda de voz" de Carmen, ao mesmo tempo que comparava sua gesticulação a "uma taquigrafia de surdos e mudos".

Quando lia em alguma revista brasileira que Hollywood a "estereotipara", Carmen não via como poderia ser diferente. Todo mundo em Hollywood era estereotipado. Fred Astaire era um dançarino, e nunca o obrigariam a usar calças justas para interpretar Shakespeare; já Laurence Olivier jamais poderia fazer um cowboy. E, assim como Betty Grable tinha consciência de suas limitações, Carmen também não aspirava a se tornar uma Ethel Barrymore ou uma Joan Crawford tropical. O que ela achava era que ainda havia coisas boas a fazer em comédias ou mesmo em musicais — melhores do que vinha fazendo.

Talvez não naquele momento. Ou, pelo menos, não na Fox.

Em 1944, o estúdio parecia dedicado a um projeto tão caro e ambicioso quanto "significante": uma produção do próprio Zanuck intitulada *Wilson*, a monumental cinebiografia em Technicolor do presidente americano Woodrow Wilson (1913-1921), dirigida por Henry King. Zanuck via na história de Wilson, que lutara romanticamente pela paz depois da Primeira Guerra Mundial, um exemplo para os próximos tempos, pós-Segunda Guerra, que os esperavam. Poucos na Fox achavam que esse assunto pudesse justificar um filme, mas Zanuck se responsabilizou:

"Se não der certo, juro que nunca mais farei um filme sem Betty Grable", afirmou.

Wilson tinha duas horas e 34 minutos de duração, tomara cinco meses de filmagem em 126 cenários diferentes (entre os quais a reconstituição dos interiores do Palácio de Versalhes e da Casa Branca), e seu custo final beirou os 5 milhões de dólares. Era o filme mais caro já produzido em Hollywood. E também o mais corajoso porque, para o papel de Wilson, Zanuck descartou todos os grandes nomes (por causa dos rostos muito conhecidos) e escolheu o correto, mas quase anônimo, Alexander Knox.

Da dinheirama gasta no filme, 1 milhão de dólares foram para a maciça campanha de lançamento, que constou de anúncios em página dupla nas principais revistas, milhares de comerciais de rádio, outros tantos de outdoors pelo país e uma série de pré-estreias em cidades estratégicas. Exceto Nova York e Los Angeles, Zanuck conseguiu feriado municipal, palanque com o prefeito e desfile de estudantes em todas as cidades em que promoveu pré-estreias: Filadélfia, Atlanta, Washington, Cleveland, Omaha e as demais. Em troca, Zanuck levou a cada cidade um trem lotado com a comitiva de *Wilson*, composta do elenco completo e de grandes nomes do estúdio, mesmo que não tivessem nada a ver com o filme. Entre estes, Carmen. E, entre outros, o ator Dana (pronuncia-se Deina) Andrews.

No ano anterior, Carmen já se emocionara com Dana Andrews ao vê-lo ser injustamente enforcado como ladrão de cavalos no brutal faroeste de William Wellman, *Consciências mortas* (*The Ox-Bow Incident*). Nesse filme, ao sentir o laço em volta do pescoço, Dana exercitara pela primeira vez aquela que seria a sua marca na tela: as narinas arfantes — tão expressivas que podiam dispensar um excesso de mobilidade no restante do rosto. Dana era da Fox, mas, num arranjo raro em Hollywood, metade de seu contrato pertencia a Samuel Goldwyn — razão pela qual passava, às vezes, meses longe do estúdio, com o que Carmen mal o conhecia. Mas, poucas semanas antes, Dana concluíra na Fox o filme que o projetaria para a eternidade: *Laura*, em que fazia o detetive Mark McPherson, cool até a exasperação — exceto pelas narinas, mais expressivas do que nunca. Ninguém mais podia deixar de notá-lo.

Durante boa parte de setembro de 1944, Dana e Carmen foram a melhor companhia um do outro, tanto na maratona do trem quanto nas cidades em que *Wilson* era festejado. Os dois eram da mesma idade — Dana, um mês mais velho — e, de todos os homens com quem ela se envolvera, o mais baixo:

1,78 metro. Mas ele compensava isso com uma ficha bem movimentada: filho de um pastor evangélico, largara os estudos, tornara-se motorista de ônibus, ajudara a cavar uma represa, trabalhara numa fazenda colhendo laranjas, fora frentista de um posto de gasolina, estudara canto lírico e fizera dezenas de peças como ator, tudo antes de começar no cinema. De *Laura*, ele saltaria em 1946 para *Os melhores anos de nossas vidas* (*The Best Years of Our Lives*), de William Wyler — e, dali em diante, para muitos filmes "de prestígio", sob a direção de, entre outros, Fritz Lang ou Elia Kazan, mas nenhum que o mantivesse no estrelato. Aliás, o filme de Wyler marcaria o começo de, pelo menos comercialmente, os piores anos de sua carreira.

Um dos motivos para isso seria o alcoolismo. Na década de 50, os produtores já achariam Dana problemático e, na de 60, poucos se arriscariam a contratá-lo — até que ninguém mais iria querer saber dele. Mas Andrews venceria a bebida. Já sóbrio, em 1972, ele seria o primeiro ator de Hollywood a reconhecer publicamente sua condição de alcoólatra. E nos anos seguintes, até sua morte, em 1992, participaria de inúmeras campanhas nacionais de esclarecimento sobre a doença. Em 1944, no entanto, Dana estava na ativa, nos diversos sentidos. Às vésperas da consagração com *Laura*, todos os bares estavam abertos para ele, as mulheres, também, e tudo era motivo para um brinde à vida e ao futuro.

Carmen, por sua vez, já tinha alguns motivos para se cuidar. Um mês antes de zarpar com a comitiva de *Wilson*, ela fora levada a um exame médico em Hollywood. O resultado chegou estranhamente à coluna de Dorothy Kilgallen no *New York Journal-American* do dia 10 de agosto:

"Carmen Miranda tem se preocupado com um problema no coração — e não do tipo causado por fatores românticos. Seus médicos lhe recomendaram evitar excitações."

O que esse exame acusou foi uma arritmia. Carmen teve uma extrassístole, uma taquicardia paroxística ou um defeito de condução do impulso elétrico. Qualquer uma dessas leves mudanças do ritmo cardíaco poderia ser provocada por excesso de café ou de cigarros. Mas Carmen não tomava café e só então estava começando a fumar. A causa da alteração detectada no eletrocardiograma — não que os médicos soubessem disso — era o seu uso de soníferos e estimulantes.

Apesar da regularidade dos horários do estúdio — um trabalho com hora certa para começar e para terminar, seis dias por semana, e sem compromissos por fora que a obrigassem a ficar de pé até altas horas —, Carmen não conseguira quebrar a cadeia de uso dos *uppers* e *downers* a partir de sua temporada, no Roxy, em Nova York, em 1942. Desde 1940 ela fora usuária de anfetaminas e barbitúricos — uma usuária intermitente nos dois primeiros anos, e constante nos dois seguintes. Nesses últimos, já eram os remédios que lhe ditavam a frequência diária de seu uso — e não uma hipotética necessidade, de sua parte, de ter de dormir ou de continuar acordada em função de compromissos. Ou seja, já se tornara uma dependente. Talvez não ainda numa escala que interferisse na sua capacidade de trabalho — pelo menos, não há registros na Fox de que faltasse ao estúdio, chegasse atrasada ou fosse um problema para a produção dos filmes. Mas, mesmo que não estivesse sendo obrigada a um aumento considerável de dose, para Carmen não se tratava mais de um uso lúdico ou controlado dos medicamentos.

Quem lhe passava as receitas que lhe permitiam comprar os remédios? Os empregados podiam comprá-los na própria farmácia do estúdio, desde que sob receita médica. Na MGM, por exemplo, havia um médico que os receitava por atacado. Mas havia também os médicos "de fora", ligados ao paciente. Em Hollywood, Carmen tinha o dr. Marxer — e a farmácia de Beverly Hills lhe fazia as entregas em casa.

Assim como 90% dos médicos de seu tempo, Marxer não entendia o mecanismo da dependência. Quando um deles suspeitava de abuso e se negava a renovar as receitas, o dependente ameaçava mudar de médico. Este então se submetia, para não perder o cliente. Marxer ficaria com ela até o fim, mas Carmen — como Judy Garland e demais dependentes de remédios controlados — armou uma rede de profissionais dispostos a fornecer-lhe as receitas. Em último caso, pedia-se a um amigo que conseguisse as cápsulas através de receita aviada por seu próprio médico. Ninguém em Hollywood negava nada a uma estrela e, além disso, não havia uma condenação aberta aos medicamentos. Se produtores, diretores e roteiristas responsáveis, como David O. Selznick, Preston Sturges e Joseph L. Mankiewicz, eram seus altos usuários, é porque não devia haver nada de errado com eles.

Carmen podia não saber, mas seu organismo era receptivo, ou seja, predisposto às drogas. A prova disso é que, depois de passar a vida cercada de fumantes — numa época em que só os recém-nascidos não fumavam —, e sem nunca ter se deixado seduzir por cigarros, Carmen tornou-se fumante aos 35 anos, em 1944. Por que isso, nessa idade tão tardia? Não é preciso ter havido nenhuma razão especial. Carmen apenas resolveu experimentar seu primeiro cigarro — que lhe foi oferecido em Palm Springs pela mulher do dr. Marxer. E, no que experimentou, gostou — a ponto de, no dia seguinte, ou no mesmo dia, ter repetido a experiência, e assim por diante. Em poucas semanas, já não sairia de casa sem um maço de Viceroy na bolsa.

É possível também que Carmen tenha consolidado o hábito de fumar na viagem com a trupe de *Wilson*. Não se conhecem fotos ou referências anteriores que a mostrem com um cigarro na mão. Ao mesmo tempo, existem fotos de Carmen fumando com Dana Andrews em cidades onde se deram as pré-estreias. Não significa que Dana tivesse algo a ver com isso. Significa apenas que, se Carmen precisava de algum estímulo para continuar fumando, encontrou em Dana o parceiro certo — porque poucos atores, pelo menos nos filmes, fumavam com tanta categoria e convicção — inclusive pelas narinas. Mas, também, quem tinha as narinas de Dana Andrews?

Influenciada por Carmen, até dona Maria passou a fumar. Ou a, pelo menos, tentar fumar. As fotos em que ela aparece no Ciro's, com um cigarro entre os dedos, ao lado de Carmen e de algum príncipe da tela, contam uma história fascinante sobre essa mulher nascida no Norte de Portugal em fins do século XIX, que saíra de Várzea de Ovelha para Hollywood e, sem falar ou entender a língua, se sentia tão feliz e à vontade na meca do cinema. E talvez fosse feliz por isso mesmo — por entender tão pouco do que se passava à sua volta. Para quem vivia repreendendo Carmen por sair do chuveiro enrolada numa toalha e, às vezes, deixar um naco de bunda de fora, o que dona Maria diria se soubesse uma trisca da vida sexual de algumas moças que frequentavam sua casa, como Linda Darnell ou Ann Sheridan? Era significante também que, numa cidade em que a beleza e a juventude eram buscadas a todo custo, dona Maria não aparentasse seus 58 anos nem mesmo ser mãe de Carmen — que, por um hábito antigo, mas injusto, só a chamava de "Velha".

Dona Maria não fazia feio no Ciro's. O cigarro é que não se dava bem com ela — e dona Maria, quando se cansou de soprar em vez de tragar, e de tragar em vez de soprar, abandonou-o.

O mundo que, contra a vontade de Carmen, parecia transbordar de homens casados (Dana Andrews era outro, razão pela qual o romance acabou ao fim da maratona), vinha de ganhar mais um: seu ex-namorado Aloysio de Oliveira.

Aos trinta anos, naquele ano de 1944, Aloysio se casou com a americana Nora, secretária do estúdio Disney. E uma secretária conforme o riscado: óculos de grau, coque no cabelo, pele muito branca, rosto sem pintura, blusa até o pescoço — menos Carmen, impossível. O namoro começou nas esticadas ao Lamp Post, um botequim nas imediações do estúdio, e terminou na pretoria. Nora era texana, mas, segundo Aloysio, uma mulher politicamente liberal, fã de jazz e antirracista militante (certa vez, denunciou um restaurante de Los Angeles à polícia porque o gerente barrou seu amigo Nat "King" Cole, com quem ela e Aloysio iriam jantar). Com todas essas qualidades, não era difícil que ela caísse pelas virtudes de Aloysio — talentoso, sensual, meio malandro.

O liberalismo de Nora seria duramente posto à prova quando, terminado o trabalho de pós-produção em *Você já foi à Bahia?*, ele a trouxe ao Brasil em lua de mel. O avião da Panair fazia a rota do Pacífico, com escalas em lugares como Panamá, Guatemala, Bolívia e Peru, que ela só conhecia dos desenhos de *Alô, amigos*, o filme de Disney. A realidade era bem diferente: atraso, pobreza, imundície. Aloysio depois insinuaria que Nora tampouco gostara do Brasil, e tivera nojo de uma feijoada que lhe fora oferecida por Herivelto Martins e

Dalva de Oliveira, não mais na Urca, mas em Niterói. Na volta a Los Angeles, com Nora grávida, foram morar em North Hollywood. A filha deles, Louise, nasceria ali, em 1946.

Como Carmen reagiu ao casamento de Aloysio e à notícia de que ele ia ser pai? Não com a ferocidade esperada das divas "latinas" de Hollywood. Por tudo que se sabe, ela não o chamou às falas, não quebrou os móveis nem alterou sua velocidade ao falar. Apenas ficou triste. Estava claro que Aloysio não tinha nada contra o casamento ou a paternidade — desde que não fosse com ela. Estava claro também que todo o seu processo de afastamento, inclusive com sua saída de casa e do Bando da Lua, fora premeditado — talvez até já estivesse com Nora. Portanto, se não tinha mais Aloysio, o que restava a Carmen? Um naipe de astros de Hollywood a escolher — daí, talvez, os namoricos com Arturo de Córdova, Dana Andrews e também com Harold Young, um dos diretores de ação ao vivo de *Você já foi à Bahia?*.

Young, 46 anos, louro, alto e bonitão, era admirado por um único filme: *Pimpinela Escarlate* (*The Scarlet Pimpernel*), com Leslie Howard, que dirigira para Alexander Korda em 1934. No mais, era apenas um profícuo diretor de filmes B e fora o responsável por algumas sequências de Aurora no desenho de Disney. Ele e Carmen se conheceram na filmagem e, de brincadeira, reservaram-se mutuamente para um dia de chuva. Pois aquela era a hora. Carmen e Harold tiveram o seu momento, mas também não deu em nada. Ele tinha uma namorada firme na Warner e, se Carmen queria provocar ciúme em Aloysio, podia desistir — Aloysio já nem estava no estúdio para perceber.

Quando *Você já foi à Bahia?* estreou em Los Angeles, em fevereiro de 1945, Aloysio havia muito não trabalhava para Disney. Ao contrário do que sempre daria a entender, seu contrato com o estúdio limitou-se à produção, filmagem e pós-produção de *Alô, amigos* e *Você já foi à Bahia?* — e sua ligação posterior com Disney, como narrador em português de seus desenhos e documentários, se daria filme a filme. Ou seja, em 1945 Aloysio estava desempregado — sem Disney, sem Carmen e sem o Bando da Lua.

Para sua sorte, aquele seria um ano em que vários estúdios de Hollywood rodariam filmes cuja ação se passava "no Rio" e em que eles teriam uso para seus serviços. Em poucos meses, Aloysio prestou algum tipo de consultoria, quase sempre musical, em *Romance no Rio* (*The Thrill of Brazil*), de S. Sylvan Simon, na Columbia, com Evelyn Keyes, Ann Miller e (de novo) Tito Guizar; *A caminho do Rio* (*Road to Rio*), de Norman Z. McLeod, na Paramount, com Bing Crosby, Bob Hope (que faz uma imitação de Carmen) e Dorothy Lamour; e *Interlúdio* (*Notorious*), de Hitchcock, para Selznick, com Cary Grant, Ingrid Bergman e Claude Rains. Antes desses, no ano anterior, Aloysio (sem crédito) já cantara "Maringá", de Joubert de Carvalho, em *Conspiradores* (*The Conspirators*), um thriller político da Warner em que Aurora, igualmente sem crédito, aparecia cantando — quem diria? — um fado.

Antes até que o de Aloysio, o contrato de Aurora com Disney expirara com o término das filmagens das cenas "reais" de *Você já foi à Bahia?*, em meados de 1944. Enquanto o filme era finalizado, com a inclusão dos desenhos, Aurora aceitou fazer pequenas participações em filmes de outros estúdios, e o primeiro foi uma ponta em *Conspiradores* — uma espécie de *Casablanca* sem Humphrey Bogart e com Hedy Lamarr no lugar de Ingrid Bergman, mas, no resto, muito parecido: mesmo estúdio (Warner), mesma história (líder da Resistência foge para Lisboa e cria um caso internacional), mesmos atores (Paul Henreid, Sydney Greenstreet, Peter Lorre, Marcel Dalio), mesmo fotógrafo (Arthur Edeson), e mesmo diretor musical (Max Steiner). Só não resultou na mesma magia. Depois, Aurora filmou sua aparição em *Brasil*, o musicalzinho da Republic para o qual Ary Barroso escrevera as canções. Dessa vez, Aurora ganhara crédito, embora seu nome aparecesse em décimo lugar no elenco.

E, finalmente, Aurora rodou sua parte em *A dama fantasma* (*Phantom Lady*), um filme *noir* da Universal, dirigido por Robert Siodmak e baseado num romance de Cornell Woolrich, aliás William Irish. A história era simples, mas engenhosa: um homem é acusado de um crime e seu único álibi é uma mulher misteriosa — a "dama fantasma" — que ele conheceu num bar. Só que, para chegar a ela, tem de passar por diversas pessoas que os viram juntos, e ninguém parece se lembrar. Só então se descobre que há alguém comprando o silêncio dessas pessoas.

Aurora, quarto nome no elenco e creditada apenas como Aurora — sem o Miranda —, é uma dessas pessoas. Ela faz uma cantora "latina": a "temperamental" Stella Monteiro, que canta música de tique-taque, passa o tempo todo irritada e tem três ou quatro falas no filme, todas em alta velocidade e duas das quais em português: "Ora, bolas!" e "Que coisa horrorosa!". Apesar desse clichê, o filme se revelaria um clássico do *noir*, com a dose adequada de luz e sombra na fotografia, os inevitáveis personagens dúbios e várias reviravoltas na trama. Mas não faria nada por Aurora — nem pelos experientes Franchot Tone, Ella Raines e Kent Scott, seus companheiros de elenco.

Os três filmes — *Conspiradores*, *Brasil* e *A dama fantasma* — foram lançados no próprio ano de 1944, antes de *Você já foi à Bahia?*. Nenhum deles fez a agulha do sismógrafo se mover. E *Você já foi à Bahia?*, por maior que tenha sido o sucesso, também se revelaria incapaz de avançar a carreira de Aurora no cinema, mesmo que por um centímetro. Era como se achassem que ela não seria capaz de desempenhar mais que uma *specialty*, um número musical solto num filme, e, no máximo, disparar uma ou outra rajada verbal em português.

Na manhã de 14 de dezembro de 1944, a estrela mexicana Lupe Velez foi encontrada morta em sua casa estilo hacienda na North Rodeo Drive — rua vizinha à de Carmen —, em Beverly Hills. Tinha 36 anos. Causa da morte: suicídio. Motivo: falência profissional, econômica e sentimental. Mais particularmente, um filho no ventre — que sua religião não lhe permitia abortar, nem ela podia ter fora do casamento, e que o pai da criança, o ator austríaco Harald Maresch (às vezes, Harald Ramond), de 28 anos, não aceitava assumir. Lupe concluiu que a forma de retificar esses equívocos seria se matando. Não por um ato comum — por que todos os suicídios eram iguais? —, mas com um ritual que valesse por um testemunho, uma denúncia.

Na tarde de sua morte, Lupe, por telefone, comprou gardênias e tuberosas suficientes para um alentado velório e decorou sua suíte com os arranjos e buquês. Acendeu velas pelo quarto, às dezenas, criando efeitos nas paredes espelhadas. O restaurante mexicano que habitualmente a servia trouxe seu jantar — sempre pratos de seu país, de fortes cores, condimentos e sabores. Penteada e maquiada de forma impecável, e vestindo sua camisola mais bonita, Lupe jantou sozinha, mas entre muitas Lupes — sua imagem multiplicada pelo bruxuleio dos espelhos —, e, com calma, escreveu um bilhete de despedida para Harald. Por fim, regando-as com doses de conhaque, engoliu 75 cápsulas vermelhas em forma de balas (de revólver) — Seconal — e deitou-se na cama sob o cortinado em dégradé, nas cores preto, ouro e prata. Era só fechar os olhos e esperar que a morte a viesse buscar.

Ela tinha tudo planejado. Quando a encontrassem pela manhã, dar-se-iam conta de sua mensagem. O quarto, como um cenário, representaria a mentira, a fantasia, a falsificação — seria Hollywood, em toda a sua crueldade. (As próprias flores, a comida e a bebida tinham sido compradas fiado, e ela não teria como pagá-las; mas sua morte cancelaria esses e muitos outros débitos.) Ali, naquele cenário, somente ela, mesmo morta, seria real. Então, fechou os olhos para esperar — e dormiu.

Lupe fora a primeira "latina" oficial de Hollywood. A também mexicana Dolores Del Rio podia ter chegado um ou dois anos antes, em 1925, mas, com sua pele clara e o jeito aristocrático, os produtores a faziam "passar-se" por russa, francesa, espanhola e, num raro caso, até por americana. Com Lupe, não havia essa possibilidade. Ela era o artigo legítimo: a vamp morena, pequenina, de um metro e meio — ainda menor que Carmen —, mas com cabelinho nas ventas. Ao desembarcar em Hollywood, aos dezenove anos, em 1927, já chegara cuspindo fogo — com uma das mãos firmemente plantada ao quadril, tamborilando de impaciência com um pé só, e pronta a deflorar os machos da tela que lhe passassem pela frente. Para que ninguém duvidasse, começou pelo maior de todos, Douglas Fairbanks, que a escolhera para trabalhar em *O gaúcho* — e apressou o fim do casamento de Fairbanks com a virginal Mary Pickford. Os outros fizeram fila aos pés de sua cama e foram sendo abatidos um a um: Charles Chaplin, Tom Mix, John Gilbert, Jack Dempsey, Jimmy Durante, Clark Gable e o cantor Russ Columbo, até chegar a Gary Cooper. Com Cooper, Lupe ficou três anos, e o romance só terminou porque ela tentou matá-lo a tiros, a bordo do Twentieth Century (errou os disparos). Em 1934, seguiu-se seu casamento com Johnny Weissmuller — e quando ela o dispensou, em 1939, depois de cinco anos de selva conjugal, metade de Weissmuller ficara sob suas unhas. Como se vê, todos os preconceitos, clichês e aflições que atingiram Carmen, Aurora e demais "latinas" do cinema americano começaram com Lupe Velez.

Lupe foi também a primeira a ter sua biografia "corrigida" para não chocar os padrões morais de Hollywood. Sua mãe, ao que parece, trabalhava como prostituta na Cidade do México, e Lupe, ainda adolescente, era "vendida" por ela para programas noturnos. Os publicistas dos estúdios gostavam que suas estrelas tivessem uma vida aventuresca, mas não tão crua. Assim, na versão distribuída pela United Artists quando Lupe chegou a Hollywood, ela passou sua juventude num convento e sua mãe foi promovida a cantora de ópera. Pais ou mães com uma profissão "interessante" logo se tornaram regra e, para as meninas, a formação num convento ficou quase obrigatória nessas falsas biografias.

Lupe foi ainda a primeira latina "temperamental" — como os americanos chamavam essa espécie de mau gênio que era só dela, mas que eles passaram a atribuir a todas as latinas que importavam. No futuro, quando Bette Davis, Olivia de Havilland e Joan Crawford infernizassem a vida de seus estúdios, estariam "lutando por seus direitos". Quando uma "latina" fazia igual, chamava-se "temperamento" ou mau gênio.

Carmen não suportava essa acusação:

"Isso é coisa de gente de cabelo louro na alma", dizia.

Também emocionalmente, tornou-se uma tradição de Hollywood mostrar as latinas como mulheres instáveis e infantis, sempre com um ombro de fora, sujeitas a arroubos e difíceis de lidar. (O comportamento adulto, maduro e racional seria privilégio das mulheres americanas.) De tanto apresentá-las como tempestuosas e incendiárias, falando alto e muito rápido, Hollywood passou a acreditar que todas as latinas eram assim. E, de tanto serem apresentadas como tais, muitas começaram a achar que *eram* mesmo daquele jeito.

E finalmente Lupe, que chegara a Hollywood ao mesmo tempo que o cinema falado, foi quem, sem querer, tornou obrigatório o sotaque latino caricatural. No começo, quando sua especialidade eram os dramas em que fazia papéis de vamp, esse sotaque era uma arma em sua boca. Mas, a partir da instituição do Código Hays, em 1934, que veio para "sanear" o cinema, Lupe teve de ser convertida para papéis cômicos, e o sotaque tornou-se marca de inferioridade. Que papéis podiam caber a quem falasse daquele jeito? O de uma mulher como a geniosa, irritada e irritante Carmelita Lindsay. De 1939 a 1942, ela interpretou Carmelita em oito filmes da série *Buscapé mexicano* (*Mexican Spitfire*). Quando esses filmes começaram a ratear na bilheteria, a RKO cancelou a série e deu-lhe as costas. Dois anos depois, sem reservas de dinheiro, sem perspectivas, endividada, grávida e sozinha, Lupe preferiu a morte — com uma produção de luxo, dirigida e estrelada por ela própria.

Nunca se entendeu direito a extensão dos problemas de Lupe e sua radical decisão de acabar com a vida. De qualquer maneira, foi-lhe negado até o seu último desejo: o de sair de cena em grande estilo. A realidade estragou tudo — e o rastro de vômito entre sua cama e o vaso sanitário permitiu à polícia reconstituir a história.

Os 75 comprimidos de Seconal a puseram para dormir, sem dúvida. Mas, pouco depois, ela acordara passando mal — como se o jantar, o conhaque e os barbitúricos quisessem explodir para fora de seu corpo. Lupe levantara-se e cambaleara vomitando pelo quarto, rumo ao banheiro. Já ali, escorregara no ladrilho, talvez no próprio vômito, e mergulhara de cabeça em direção ao vaso. Ao bater com a cabeça, o choque a fizera perder os sentidos — e ela morreu afogada na água da privada.

No passado, Lupe, assustada com a ascensão de Carmen, fizera intrigas a seu respeito, acusando-a de ser careca. Carmen nunca lhe respondera. Naquele dia, ao ouvir no rádio que Lupe Velez havia morrido — e como —, Carmen fez diversas vezes o sinal da cruz. Por Lupe e por ela. Descobria-se que Hollywood matava.

E, como a se garantir contra as agruras e maldades a que viviam sujeitas as morenas românticas e sonhadoras que saíam dos países quentes para Hollywood, Carmen acrescentou:

"Xô, urucubaca, pé de pato, mangalô, três vezes!"

22 | 1945
Rolinha Spring

Segundo algumas correntes, Carmen e John Wayne se conheceram em 1945, numa festa no Beverly Hills Hotel, no fim da guerra. Era uma festa grande o suficiente para que os dois, se quisessem, escapassem por uma porta lateral e passassem uma ou duas horas num apartamento do próprio hotel, e depois voltassem sem chamar a atenção — exceto, talvez, pelos cabelos molhados e o mesmo cheirinho de sabonete. Outra corrente garante que eles teriam se conhecido no ano anterior, quando Carmen foi à Republic visitar Aurora, que filmava sua participação no musical *Brasil*, e, no galpão ao lado, Wayne fazia seu primeiro drama de guerra, *Romance dos sete mares* (*The Fighting Seabees*), com Susan Hayward. As versões não se excluem: Carmen e Wayne podem ter se conhecido na Republic, apresentados por Leonid Kinskey, ex-colega de Carmen na Fox, e, um ano depois, se reencontrado no Beverly Hills Hotel, onde acrescentaram o sentido bíblico ao seu conhecimento. O fato é que, ao se verem pela primeira vez, eles teriam se medido de alto a baixo — Wayne, 38 anos, com seus 1,93 metro, sem as botas, era 41 centímetros mais alto do que ela — e gostado do que viram.

Duke Wayne (como era chamado por amigos e inimigos) tinha um fraco por latinas. Pelo menos, só se casava com elas. Sua mulher, a californiana de língua e sangue espanhóis Josephine Saenz, pertencia à aristocracia católica da velha Los Angeles, vinda da Espanha no começo do século XIX, cinquenta anos antes de um americano pôr os pés no território — uma elite que desprezava os americanos. Wayne estava se separando de Josephine, mãe de seus quatro filhos, para se casar com a mexicana Esperanza Baur, mais conhecida como Chata. (A terceira e definitiva mulher de Wayne, com quem ele se casaria nos anos 50 e teria mais uma filha, seria a peruana Pilar Pallete.)

Em 1942, entre Josephine e Chata, Duke fizera uma concessão às arianas e tivera um caso com Marlene Dietrich, durante dois filmes que rodaram juntos. Contando assim, pode parecer que ele fosse um garanhão, mas não era o caso. Só tinha tamanho. Segundo todos os seus biógrafos, Duke era tímido e retraído com as mulheres, não muito diferente do Ringo Kid que interpretara em *No tempo das diligências* (*Stagecoach*), três anos antes. As mulheres percebiam isso e se sentiam na obrigação de tomar a iniciativa com ele. Mas só eram bem-

-sucedidas as que o abordavam com habilidade, como certamente o fizeram Marlene e Carmen.

As horas podem ter passado depressa no Beverly Hills Hotel, mas a história durou o suficiente para convencer Carmen a se associar a Duke, junto com Rosalind Russell e Clark Gable, na compra de ações de uma empresa exploradora de petróleo. Os quatro abriram a sociedade e o investimento deu direito a oito poços para cada um, no Texas. Esse foi um dos inúmeros negócios de Wayne agenciados por seu gerente comercial Bo Roos e que, como ele só descobriria tarde demais, o fizeram perder dinheiro. Foi o que aconteceu inclusive dessa vez, com prejuízo também para Russell e Gable, porque os poços estavam secos. Mas, nesse caso, pode ter sido falta de sorte, porque, pelo menos durante algum tempo, os de Carmen não estavam. Quanto ao romance entre eles, também secou, mas por iniciativa dela. Ao vê-lo se separando de sua mulher, mas já com outra na agulha, Carmen preferiu reduzir Duke à condição de seu parceiro comercial. Principalmente ao saber que Chata Baur, dona de um respeitável passado nos cabarés mexicanos, disparava o olhar de faquinhas sobre qualquer mulher que chegasse perto de Wayne.

Aqueles eram os últimos dias da Segunda Guerra. A Alemanha se rendera em 8 de maio; ainda faltava o Japão, mas já havia um clima de euforia e romance no ar. Um capitão dos fuzileiros americanos, estacionado no meio do oceano e antegozando a embriaguez da vitória, escreveu para Carmen pedindo-a em casamento. Cartas desse tipo chegavam-lhe aos maços na Fox, mas esta trazia em anexo uma foto do candidato e um anel de noivado. Carmen conservou a foto e devolveu delicadamente o anel.

A colunista Louella Parsons pegou a história de orelhada e, sem ouvir Carmen, anunciou o casamento. Carmen ligou para Louella a fim de desmentir e fez seu velho número: era "noiva de um brasileiro chamado Carlos". E, tolamente, acrescentou: "Estamos apenas esperando que a guerra termine no Pacífico". A colunista pediu o sobrenome do felizardo e a aérea Carmen deu o primeiro que lhe veio à cabeça: Martins. Não lhe ocorreu que Carlos Martins era o nome do embaixador do Brasil em Washington, marido de sua amiga Maria Martins, e que, sendo ele um diplomata influente, também amigo pessoal de Roosevelt, que acabara de morrer, fazia todo o sentido esperar o fim da guerra. Louella deu essa nota em sua coluna no dia 28 de maio e criou um imediato rebuliço no circuito Elizabeth Arden. Pois Carmen teve de ligar mais uma vez para Louella e se explicar.

Nos dias 6 e 9 de agosto, os americanos despejaram as bombas sobre Hiroshima e Nagasaki, e, no dia 15, o Japão se rendeu. Era o fim, o massacre, a vitória. Na tarde desse dia, Carmen passava com seu conversível pelo prédio da Capitol, na esquina de Hollywood Boulevard com Vine Street, quando viu um grupo de soldados celebrando ao som de uma orquestra. Parou o carro, subiu no banco, e começou a dançar com eles. Foi logo reconhecida. A orquestra mudou para os seus sucessos, outros transeuntes aderiram e, por alguns minutos, a esquina mais famosa de Hollywood se tornou o Rio, num minicarnaval da vitória. Carmen se esbaldou. Não era um procedimento comum — uma estrela do seu porte misturar-se a populares, de improviso, sem ninguém do estúdio por perto para "protegê-la" e certificar-se de que os fotógrafos estivessem a caminho. Mas Carmen não precisava de proteção, nem trocara sua pele curtida de sol por uma camada de porcelana, como faziam algumas de suas colegas quando ascendiam ao estrelato.

Com o fim dos tiroteios no Atlântico e no Pacífico, liberaram-se os cruzeiros marítimos e as linhas aéreas. Já se podia de novo viajar e, com a Europa arrasada, os Estados Unidos, pela primeira vez, estavam na moda. A presença de Carmen atraiu para Hollywood uma chusma de brasileiros com aspirações profissionais, como radialistas, maquiadores, bailarinos, atores e técnicos de cinema. Além de turistas, entre os quais vários milionários de fortuna recente — gente que enriquecera com a guerra —, alguns interessados em propor casamento a uma estrela. (Um deles, de São Paulo, perguntou a Carmen se Ingrid Bergman estava "vaga".) Os novos correspondentes dos jornais e revistas brasileiros também começaram a chegar. O primeiro foi Alex Viany, de *O Cruzeiro* — veículo que, pela coluna de Pedro Lima, se dedicara a perseguir Carmen nos últimos anos. Apesar (ou por causa) disso, Alex foi quase que adotado por ela:

"Esta casa é sua, moreno. Entre e saia à vontade. Olha, a piscina está ali, não peça licença a ninguém, caia nela quando quiser."

Carmen disse isso a Alex e, com outras palavras, era o que dizia a muitos que chegavam. Elsa, mulher do correspondente, também caiu de imediato nas suas graças e se tornou uma espécie de irmã. Em poucos dias, Alex concluiu que, na intimidade, Carmen "continuava pertencendo muito mais ao Rio do que a Hollywood".

Ela era absolutamente acessível. Não havia brasileiro que descesse em Los Angeles, mesmo que de paraquedas, sem o seu número de telefone: CR (de Crestview) 5-2354 — ainda mais porque esse número vivia saindo nas reportagens das revistas brasileiras (e Carmen nunca se preocupara em trocá-lo). Era uma romaria. Estando Carmen em casa ou não, havia gente quase diariamente na piscina, no jardim, no bar, nas dependências e, às vezes, até nos quartos de baixo. Carmen franqueava tudo — sendo brasileiros, eram amigos e bem-vindos. E, como num paraíso de desenho animado, a quem estivesse sentado numa espreguiçadeira ao redor da piscina bastava esticar o braço para colher uma laranja dos vários pés que a cercavam.

Isso não parecia interferir na sua privacidade. Se não estivesse a fim de ser vista, o que era raro, Carmen apenas se trancava no andar de cima e não aparecia. O único acesso restrito era a seu quarto, onde mantinha uma fortuna em joias, perfumes e roupas. (Tinha também placas de platina e brilhantes, um investimento em moda na época.) E como, durante parte do primeiro semestre, passara os dias na Fox filmando *Doll Face* (no Brasil, *Sonhos de estrela*), o entra e sai desse período nunca a incomodou. Ao voltar para casa no fim da tarde, Carmen ainda encontrava as últimas visitas na piscina, e só então se juntava a elas. Em 1945, o afluxo de brasileiros em Los Angeles era novidade e, fora do Brasil havia cinco anos, Carmen estava faminta das coisas do país.

Alguns que chegavam lhe levavam café, feijão-preto, farinha, carne-seca, goiabada e pinga. Outros levavam discos. E, ainda outros, as últimas gírias e piadas, com o que Carmen se mantinha a par do pulso e da temperatura das ruas do Rio, especialmente as novidades do jargão. Aliás, Carmen precisava às vezes se segurar para não se exceder nos palavrões e gírias em presença de quem não conhecesse bem, principalmente se fosse alguém do consulado. Como o vice-cônsul Otavio Dias Carneiro, impenitente leitor dos filósofos alemães sob as palmeiras de Los Angeles, e o funcionário Alfredo de Sá, casado com Dorita Barrett (anos depois, no Brasil, os dois fundiriam os sobrenomes e seriam os criadores da *Enciclopédia Barsa*).

"Tenho de prestar atenção ao abrir a boca", ela disse a eles. "Senão, sai merda."

Muitos eram visitantes fixos, expoentes da pequena colônia brasileira local e seus amigos: os músicos que a acompanhavam, com suas mulheres; o cônsul Raul Bopp, que estava para ser substituído; os correspondentes brasileiros, que gostavam de levar seus colegas hispânicos para conhecer Carmen; e um ou outro jornalista americano. Outros eram os colegas do cinema, americanos ou não. Em tardes de muito movimento, dona Maria e Aurora serviam sanduíches. Mas, nas grandes ocasiões, que estimulavam dona Maria a vestir o avental e cozinhar a valer dois pontos, a atração era o seu cabrito assado com batatas coradas ou a melhor feijoada ao norte do Oiapoque.

Para Carmen, eram horas de abandono e alegria. Da piscina, à tarde, as festas se prolongavam em noitadas de samba na sala, sob o seu enorme retrato, pintado pelo artista mexicano Manuel Gonzalez Serrano. Carmen era friorenta e gostava mesmo era de calor — no ameno inverno da Califórnia, ligava a calefação no máximo e fazia todo mundo suar. Cantava-se e dançava-se até os vizinhos dizerem chega. (Cantavam-se inclusive pontos de macumba.) Aos que chegavam do Rio levando-lhe discos ou revistas, Carmen perguntava por todo mundo da música popular e só fazia comentários generosos:

"Dircinha tem uma carinha que é uma beleza, não?"

Ou:

"Que bossa que tem a Linda!"

Ou:

"Aracy [de Almeida] é um diabo de mulher para cantar samba. E com um jeito que ninguém mais tem!"

Às vezes, davam-lhe uma notícia triste, geralmente a morte de alguém — como a de Custodio Mesquita, ocorrida no dia 13 de março, provocada por uma crise hepática, cruel para um homem que não bebia. Para Aurora era ainda mais triste, porque Custodio fora seu namorado e ela gravara 21 de suas canções. Mas o maior prejuízo era para a música popular: nos últimos anos, ele se tornara um grande melodista, autor de valsas, canções e foxes como "Nada além", "Naná", "Volta", "Mulher", "Velho realejo", "Enquanto houver saudade" e "Como os rios que correm pro mar", em parceria com Mario Lago ou Sady Cabral. E o que doía era o desperdício: Custodio ainda não fizera 35 anos. Outro tópico discutido por suas visitas naquele ano seria a queda do ditador Getulio Vargas, no dia 29 de outubro, depois de quinze anos no poder. Como nunca se soube de uma palavra sua a esse respeito, é de se supor que Carmen não tenha se abalado pelo destino do homem que, um dia, e sem o menor fundamento, suspeitaram de ter sido seu amante.

Os amigos do cinema, mais escolados nos horários de Hollywood, só apareciam aos domingos e, mesmo assim, depois das três ou quatro da tarde, que era quando Carmen acordava nos fins de semana. Alguns deles eram Howard Hughes, Cesar Romero, Loretta Young, Xavier Cugat, Linda Darnell, Ramon Novarro e a velha e maliciosa cantora Sophie Tucker, sua grande fã. Outra presença constante era a de Ann Sheridan, que Hollywood carimbara com a expressão "The oomph girl" — ninguém jamais soube o que era "oomph", exceto que viera para substituir "it". Ann era uma grande menina: bebia bem, competia com Carmen em palavras cabeludas e achava ridícula aquela história de "oomph girl". Vivia contando que, como tinha seios pequenos, a Warner a obrigava a usar um sutiã com enchimentos para filmar — mas, assim que rodava a cena e voltava para o camarim, arrancava aquela trapizonga, jogava-a no chão e a chutava para o lado, como se fosse um rato morto. E completava:

"Se não fosse tão grande, despejava pela privada!"

Uma colega que precisou se armar de coragem para visitar Carmen pela primeira vez foi Esther Williams, já consagrada como a rainha das piscinas da MGM. Esther só conhecia Carmen pelos filmes e imaginava que, ao vivo, ela fosse uma mulher quase de fábula — enorme, muito maquiada, equilibrando três abacaxis na copa do chapéu. Mas quem a recebeu à beira da piscina foi uma mulher pequenininha, descalça, de maiô, cara lavada, queimada de sol e com rabo de cavalo, pela qual se encantou de saída. E só ao observar-lhe a boca, os olhos e a gesticulação Esther compreendeu por que Carmen crescia tanto na tela. Tempos depois, sentiu-se à vontade para pedir a Carmen que fosse à MGM ensinar-lhe "Boneca de piche", de Ary Barroso e Luiz Iglesias, que ela e Van Johnson cantariam no filme *Quem manda é o amor* (*Easy to Wed*). Carmen, generosamente, orientou-os sobre os macetes da letra e lhes passou, de graça, alguns passos de dança.

Carmen divertia os brasileiros em trânsito com suas paródias de luminares do cinema — sabia imitar todos eles, de Al Jolson a Katharine Hepburn e Mickey Rooney. E, se a pressionassem, era capaz de fazer "revelações" sobre a intimidade de alguns. Por exemplo, habituada à camaradagem no meio musical do Rio, não entendia certas querelas insolúveis de Hollywood: Joan Fontaine e Olivia De Havilland eram irmãs que se odiavam; Edward G. Robinson e George Raft nunca se deram; e Joan Crawford e Bette Davis também eram inimigas. Carmen gostava de citar os grandes garanhões da cidade — Gary Cooper, Ray Milland, Henry Fonda, James Stewart e Errol Flynn — e seus equivalentes femininos: Joan Crawford, Lana Turner, Hedy Lamarr, Veronica Lake e Marlene Dietrich — sendo que Flynn e Dietrich não eram muito exigentes em questão de gênero. Quem bebia para valer? Robert Young (futuro *Papai sabe tudo*), Dana Andrews, Broderick Crawford, sua amiga Tallulah Bankhead e o garoto Robert Walker. E os galãs cujos topetes, de tão perfeitos, você nunca diria que eram *by* Max Factor? Humphrey Bogart, Bing Crosby, Ray Milland, Gary Cooper e Fred Astaire — sim, todos usavam peruca.

O que Carmen não fazia era rebaixar-se a maldades rasteiras, mesmo que verdadeiras, como as que diziam que Bette Davis tinha seios caídos; Ginger Rogers, muita, mas *muita* penugem no rosto; e que a latina Rita Hayworth fora toda refabricada, inclusive com eletrólise na testa, para se passar por americana. A pior (ou melhor) fofoca referia-se à colunista Louella Parsons. Todos sabiam que ela sofria de incontinência urinária e, nas festas, ficavam esperando que se levantasse do sofá — para conferir o diâmetro da marca de xixi. Mas ninguém era louco de fazer uma piada a respeito. Na verdade, Carmen não contava nada que não se soubesse em Hollywood ou que não saísse nas colunas. Nem ela estava ali para xeretar a vida dos colegas. Afinal, fazia parte do show business, tanto quanto eles.

Talvez até mais. Desde que chegara a Hollywood, já estivera ligada comercialmente a toda espécie de produtos: peles, cosméticos, rádio, café, maiôs, vestidos, chapéus, joguinhos para colorir etc. Assim como os pés de Astaire, a voz de Crosby, as pernas de Grable e o nariz de Durante, suas mãos estavam no seguro. E nada era deixado ao acaso. A simples informação de que comprava sutiãs na Magic Wire Brassiere ou de que seus chapéus, desenhados por ela, eram confeccionados por Randy, tinha grande valor de mercado — para Randy e para a Magic Wire. A tudo se atribuía um valor — até às coisas que ela fazia apenas porque lhe davam prazer, como costurar. As pessoas se espantavam com a facilidade com que pegava um corte de tecido, uma tesoura e, em poucos minutos, criava uma saia ou uma blusa.

Os costureiros da Fox lhe diziam que ela deveria trabalhar com moda — tinha tudo para ser uma grande estilista e faria fortunas criando roupas, sapatos, chapéus e maquiagem.

Carmen ria:

"Mais tarde... Mais tarde..."

No fim da guerra, com o mundo tentando levantar-se dos escombros, os estúdios acharam de bom-tom desglamourizar um pouco suas deusas. Por isso mudaram o conceito de suas fotos de divulgação, passando a mostrar as estrelas em roupas do dia a dia e fazendo coisas "como todo mundo" — cortando a grama do jardim, lavando pratos ou espremendo espinhas. Quando lhe propuseram uma sessão de fotos desse tipo, Carmen deu um salto:

"Ê-ê! Comigo, não! E eu estou aqui para me avacalhar?"

E nunca se deixou apanhar desprevenida com um fotógrafo por perto. Mas não quer dizer que se produzisse o tempo todo. Ao contrário — de vez em quando Carmen gostava de testar a capacidade de alerta das grandes massas. Ia à cidade fazer compras, sem muita maquiagem, de óculos escuros e cabelos soltos, e, ao passar anônima entre as pessoas, prestava atenção aos comentários. Quase sempre ficava satisfeita.

"Olhe ali, parece a Carmen Miranda", dizia uma.

"Não. É muito jovem para ser Miranda", rebatia a outra.

Ou, quando ainda namorava Aloysio, na noite em que, de lenço na cabeça e óculos escuros, foi com ele a um cinema. No estacionamento, viram o velho Cadillac que lhe pertencera e que ela vendera pouco antes, através de uma agência. Estavam admirando o carro quando um homem se aproximou:

"Algum problema?"

"Não, nenhum", respondeu Aloysio. "É que ele se parece muito com um carro que foi nosso."

"*Esse* aí, não, meu chapa", rebateu o homem, com ar de triunfo. "Esse pertenceu a Carmen Miranda!"

Ninguém precisava dizer a um astro que seu prestígio no estúdio já não era o dos velhos tempos. O próprio estúdio lhe piscava sinais amarelos, nem sempre muito sutis, e a Fox não era nada delicada nesse ponto. Quando um ator ou diretor começava a cair em desgraça, a primeira coisa que lhe acontecia era perder sua vaga no estacionamento privativo onde, até então, seu carro ficava parado sobre uma estrela pintada no chão. Tinha agora de estacioná-lo no outro lado, no lote dos atores e técnicos menores e das visitas, sem estrelas. Acontecera isso com George O'Brien, o antigo astro de *Aurora* e que já fora o maior nome do estúdio, no tempo em que este pertencia a William Fox.

Não fizeram isso com Carmen, mas os sintomas eram preocupantes. Com o fracasso de *Wilson* na bilheteria (um prejuízo de mais de 2 milhões de dólares no primeiro ano), Zanuck teve de voltar aos musicais e, de preferência, com Betty Grable, a única estrela à prova de erro para fazer caixa, com as 10 mil cartas que, dizia-se, recebia por semana. Como já se convencera de que não teria mais Alice Faye, Zanuck tentou fabricar Vivian Blaine. Era bonitinha e tinha bom corpo, mas, com ela, os filmes não iam muito longe — cantava apenas o trivial, não sabia dançar e, principalmente, faltava-lhe a centelha, a chispa das verdadeiras estrelas. A Fox nunca faria por ela o que fizera por Faye e Grable: dar-lhe grandes canções e roupas caras em caprichados musicais em cores. Quanto a Carmen, precisava de material altamente especializado para render tudo que podia.

Dos quatro musicais em produção na Fox em 1945, dois eram grandes produções em Technicolor e ambos com Betty Grable: *Mulheres e diamantes* (*Diamond Horseshoe*), lançando a canção "The More I See You", de Harry Warren e Mack Gordon, com o jovem Dick Haymes, e o filme "de época" *As irmãs Dolly* (*The Dolly Sisters*), com um exagero de pompons e frufrus; o terceiro era *Corações enamorados* (*State Fair*), com Jeanne Crain e Dana Andrews, também em cores e "de época", com canções de Richard Rodgers e Oscar Hammerstein, os compositores mais disputados da Broadway naquele momento. Dois anos antes, em 1943, Rodgers e Hammerstein tinham revolucionado o conceito do teatro musical com *Oklahoma!* e, agora, tinham acabado de estrear o extraordinário *Carousel*. Grande ideia de Zanuck, a de contratá-los para escrever um *score* original — o que eles fizeram sem se esfalfar muito e, mesmo assim, de *Corações enamorados* sairia a canção vencedora do Oscar de 1945, "It Might as Well be Spring", cantada também por Dick Haymes. Diante de tais créditos, o quarto musical da Fox naquele ano, *Sonhos de estrela*, era tão chinfrim, tão ostensivamente feito para ser o filme B de um programa duplo, que jamais mereceria uma citação em outro livro. Só entra aqui por conter Carmen — e Carmen só entrou nele porque não havia um papel para ela nos outros três filmes e não podiam deixá-la um ano inteiro parada.

Mesmo assim, seu nome era o quarto num elenco composto por Vivian Blaine, Dennis O'Keefe e Perry Como. Se Carmen já estava desiludida com a Fox, esse filme parecia o começo da sua despedida. Na verdade, Carmen teve de aceitar rodá-lo porque seu contrato previa que ela ainda devia dois filmes ao estúdio — e atores sob contrato não discutiam se queriam ou não fazer o filme que lhes destinavam. Se se recusassem, eram suspensos pelo estúdio e ficavam sem receber o salário pelo tempo que o filme levava para ser feito. *Sonhos de estrela* era baseado numa peça que já fora um fiasco na Broadway, *The Naked Genius*, de Louise Hovick, e contava a história de uma stripper em busca de respeitabilidade intelectual. Três anos depois, com *Nascida ontem* (*Born Yesterday*), Garson Kanin triunfaria com uma ideia parecida. Mas Louise Hovick não era Garson Kanin. E quem era Louise? Nada menos que a divertida Gypsy Rose Lee em trajes civis, pioneira em combinar striptease com literatura, para prejuízo de ambas as especialidades.

Em *Sonhos de estrela*, Carmen faz uma porto-riquenha falando português, é de novo a amiga da mocinha (Vivian Blaine) e não tem um interesse amoroso. Pensando bem, não tem nada a fazer no filme — qualquer outra atriz, inclusive Hattie McDaniel, a mãe preta de *...E o vento levou*, poderia estar em seu lugar. Dos dois números musicais que filmou, somente um chegou à versão final: "Chico Chico (de Puerto Rico)", um fox-samba-rumba de Jimmy McHugh e Harold Adamson. A rigor, nem fox, nem samba, nem rumba, mas "música de Hollywood" — como Hollywood fazia com as valsas, balalaicas, tarantelas ou qualquer ritmo que lhe fosse estranho. (Fazia isso até com os ritmos que não lhe deviam ser estranhos, como o jazz e o blues.) Com a coreografia era a mesma coisa — ela podia empregar elementos de rumba, samba ou fox, mas todas as danças de filmes acabavam caindo num padrão tipo "coreografia de Hollywood".

Carmen dança "Chico Chico" com o peruano Ciro Rimac, que vinha a ser — mundo pequeno, não? — o marido de Alzirinha Camargo, a cantora que tentara rivalizar com ela dez anos antes, no Rio, disputando-lhe a marchinha "Querido Adão" e um ou outro namorado. Um ano depois da ida de Carmen, Alzirinha também fora para Nova York, a bordo da orquestra de Rimac, que a descobrira no Cassino da Urca (dali a tempos os dois se casariam). Alzirinha fizera carreira com Rimac nos Estados Unidos, apresentando-se no palco da cadeia de cinemas Loew, que pertencia à MGM, usando baianas como Carmen e cantando um repertório parecido. Só não progrediu mais porque não aceitava trabalhar sem Rimac. O irônico é que, em *Sonhos de estrela*, Rimac aceitou trabalhar sem Alzirinha — e logo com Carmen. E, mais uma vez (a primeira fora em "The Lady With the Tutti-frutti Hat", de *Entre a loura e a morena*), Carmen dançou descalça porque, assim como Tony de Marco naquele filme, também Rimac era tão baixo quanto ela. Na verdade, era ainda *mais* baixo — porque, embora Carmen apareça descalça, e ele de plataformas, ela continua maior do que ele.

Carmen filmou um segundo número, o foxtrote "True to the Navy", em que sua fantasia (de novo com uma perna de fora, uma fixação de Yvonne Wood) era completada por um chapéu em forma de farol. Ao fim do número, o farol acendia, graças a uma potente bateria embutida, que o fazia pesar sete quilos sobre a cabeça de Carmen. O Código Hays, como sempre enxergando apenas o pior lado da humanidade, viu no farol um volumoso símbolo fálico, principalmente quando aceso — e, pensando bem, essa *pode* ter sido a intenção de Carmen e Yvonne. O número foi cortado, reduzindo ainda mais a parte de Carmen no filme. (Por sorte, a Fox não incinerou o negativo. Conservou-o em seus arquivos e, no futuro, ele poderia ser apreciado no DVD *Hidden Hollywood #2*.)

Carmen não precisava de um farol para enxergar o que a esperava na Fox: mais filmes vagabundos, desapontamentos e frustrações. Antes que suas relações com o estúdio acabassem de azedar, propôs a Zanuck rasgarem o contrato. Ela faria como autônoma o filme que estava lhe devendo e, a partir dali, teria liberdade para filmar o que quisesse, inclusive na Fox. A Fox relutou e depois achou que era bom negócio — havia um movimento semelhante em outros estúdios, com astros que, ao voltar da guerra, estavam ficando independentes.

Pouco antes, Carmen comprara uma casa em Palm Springs, um oásis de palmeiras e fontes de água quente em meio ao deserto de Mojave, a cerca de cem quilômetros de Los Angeles. Desde 1930, Palm Springs se tornara uma extensão de Hollywood, com seus 5 mil habitantes vivendo em função das estrelas que mantinham casas por lá e as usavam principalmente no inverno, pelo clima temperado da região. Carmen já começou a usar a sua no verão — sua piscina dava para uma paisagem de cactos, cardos e carrapichos e, mais adiante, as areias onde, em 1924, tinham filmado *O filho do sheik* (*The Son of the Sheik*), com Valentino. A casa, em estilo bangalô, ficava no número 1285 da East Verbena Drive, entre El Alameda e Tamarisk Road, e lhe custara 15 mil dólares — pouco mais do que ela faturava por uma semana de batente no Roxy. Tinha dois quartos e dois banheiros, fora construída em 1943, e, entre seus vizinhos, estavam Shirley Temple, Clark Gable, Hedy Lamarr e a trinca da série *Road to*, Bing Crosby, Bob Hope e Dorothy Lamour — que a convidaram a fazer uma ponta simbólica em *A caminho do Rio* e a Fox, tacanhamente, não permitira.

Um deles lhe contou que Palm Springs era sujeita a pequenos terremotos. Nada de assustar e, na maioria das vezes, as pessoas nem percebiam. Mas, quando aconteciam, a campainha da casa de Carmen (uma campainha mesmo, com guizo) tocava sozinha. Ela ia atender e, ao ver que não era ninguém, sabia que tinha sido um leve tremor de terra. Comentou isso rindo com alguém do consulado e só então foi informada de que toda a Califórnia, assentada sobre uma falha geológica, ameaçava ser engolida para dentro da Terra. A partir dali, sempre que sua campainha tocava sozinha em Palm Springs, Carmen se ajoelhava e rezava, esperando ser tragada naquele instante.

Em setembro, vinte tenentes-aviadores brasileiros comandados pelo coronel Doydt Fontenelle, baseados em São Francisco para cursos de aperfeiçoamento, foram visitar Carmen em Beverly Hills. Entre eles, saído de um estágio de oito meses em Waco, no Texas, o carioca Carlos Novo de Niemeyer, Carlinhos, 25 anos, 1,78 metro de altura, campeão brasileiro da alegria e recordista mundial do sorriso de orelha a orelha.

Já estava se tornando uma tradição: o pessoal das Forças Armadas, de qualquer arma, visitá-la quando de passagem por Los Angeles, como se sua casa fosse um posto avançado do Brasil. E era mesmo: até as paredes da sala eram verdes, com cortinas amarelas. No fundo de um nicho para livros, viam-se dois painéis em cores, com cenas do Rio. E, ao serem destampadas as panelas na mesa do almoço, era o Brasil que vinha por inteiro na nuvem de fumaça. Mas, por mais que Carmen tentasse dar um ar festivo a essas reuniões, elas sempre foram marcadas por uma certa formalidade.

Dessa vez, foi diferente — nem a própria Carmen estava preparada para um homem como Niemeyer. Habituada à frieza algo calculista de Aloysio e à timidez dos americanos, ela se deixou assomar pelo dinamismo de Carlinhos, cuja receita de vida incluía o Carnaval, o Flamengo, a praia, praticar esportes, dar festas, namorar e exibir saúde e disposição para, segundo ele, "rir até de gol contra". Para Carlinhos, Carmen podia ser um troféu a ser conquistado. Para ela, ele era irresistível.

Não se sabe se Carlinhos já ficou por lá nessa primeira visita ou se reapareceu sozinho no dia seguinte, e como fez para permanecer em Los Angeles quando seus colegas voltaram para São Francisco. Sabe-se que foi fulminante. Eles ficaram um mês juntos, do qual Carlinhos passou dez dias e noites com Carmen na casa de Beverly Hills e dois na de Palm Springs. Aurora e Gabriel interferiam o mínimo possível e dona Maria não estava em Los Angeles — tinha ido passar algum tempo no Rio, levada por um brasileiro chamado Bob, que se oferecera para escoltá-la no navio. Essa convivência, mesmo tão breve, entre Carmen e Carlinhos bastou para que ele se tornasse o que ela via (ou fantasiava) em seus namorados: o "maridinho" — alguém para quem pudesse fazer ovos quentes no café da manhã (Carlinhos preferia os de três minutos e meio) e simular outras situações conjugais.

Carmen e Carlinhos saíam à noite com frequência e não se incomodavam de ser vistos juntos — em restaurantes, no Ciro's ou nas pré-estreias de filmes da Fox, para as quais ela era sempre convidada. Uma foto dos dois chegando de braço dado à première de *A casa da rua 92* (*The House on 92nd Street*), no Chinese Theatre, foi publicada no *Herald Express*, de Los Angeles, no dia 19 de outubro — Carmen, borbulhante, Carlinhos, fardado e com o quepe debaixo do braço, e os dois formando um casal com centenas de dentes à mostra.

Ao fim dos trinta dias ele teve de ir embora, não para o Rio, mas para a Bahia, onde concluiria o curso na Base Aérea de Salvador. Estranhamente, embarcou levando uma pilha de fotos autografadas de Carmen, como se não fosse vê-la nunca mais. Em troca, deixou para trás uma Carmen com o coração em tiras — sem citar o nome, ela admitiria numa carta que, desde Carlos Alberto da Rocha Faria, nenhum homem a balançara daquele jeito. Ali começaria uma troca de cartas e telegramas, com Carlinhos em Salvador e Carmen em St. Louis (aonde voltara para uma nova cirurgia, dessa vez não do nariz, mas da vesícula), e, depois, em Hollywood. No remetente, Carmen usava pseudônimos engraçados, como Shirley Nemrac (Carmen ao contrário) ou o apelido pelo qual Carlinhos a chamava: Rolinha. Às vezes Carmen lhe pedia que escrevesse para o endereço de sua cabeleireira Esperanza, em Ellendale Place, em Los Angeles.

Pelas cartas depreende-se que eles não perderam um minuto do tempo que passaram juntos. Com Carlinhos no vigor quase inesgotável dos seus 25 anos, era inevitável que, ao cabo de um mês e de um turbilhão de prazeres, Carmen, aos 36, se julgasse apaixonada. (Algumas cartas, em que ela relembra certas noites, são altamente descritivas.) Entre uma e outra performance mais acrobática, no entanto, até Carlinhos precisava descansar — e era nesses intervalos que Carmen se abria sobre sua vida profissional.

Ela se queixava das críticas que sofria no Brasil por, às vezes, fazer papéis de "estrangeira".

"Não posso passar o resto da vida fazendo só papel de brasileira. Por que no Brasil não entendem isso?" E argumentou: "Ingrid Bergman faz papel de tudo, menos de sueca. Hollywood é assim. Qual é o problema?".

Mas, como se sua cabeça batesse num compasso e o coração em outro, Carmen sempre insistia com a Fox para ser brasileira nos filmes. Mesmo quando lhe davam um nome espanholado — Chita, Chiquita, Dorita ou Rosita —, não abria mão de que a personagem falasse português. Aliás, nos seus filmes e discos americanos até então, nunca falara ou cantara em outra língua que não fosse inglês ou português. E se orgulhava de, mesmo assim, ter deixado para trás a multidão de mexicanas, cubanas, argentinas e porto-riquenhas de Hollywood que falavam espanhol.

Não a incomodava também o fato de ter sido usada como "arma política" pelos profissionais da Política da Boa Vizinhança, ela disse. Sabia o que estava fazendo, achava a causa justa, e só gostaria que os filmes fossem melhores. A tal política já acabara e, se não tivesse talento, ela não teria sobrevivido. E sobreviver era a maior façanha que se podia praticar em Hollywood. Aquela era a cidade do medo: todos — produtores, roteiristas, atores, publicistas — se agarrando a seus empregos, lutando por um crédito e matando por uma fala ou um close-up. As pessoas se chamavam de "querido", mas os homens só se cumprimentavam com a mão esquerda — como se reservassem a direita para aparar algum golpe. Todo mundo bebia demais. E ninguém dormia sem as cápsulas vermelhas ou amarelas, inclusive ela.

Carlinhos a ouvia fascinado, e se, no começo, ele viu Carmen como um troféu, há relatos de que também saiu abalado daqueles trinta dias com ela. Isso não o impediu de, mesmo *durante* o namoro em Los Angeles, ter-se deixado gostosamente abordar por uma ou outra mais assanhada no Ciro's. Nas duas vezes, Carmen percebeu e lhe passou a devida descompostura — teria ficado ainda mais atenta se soubesse que, no Rio, ele era chamado por seus amigos de Ipanema de Carlos, o Belo, pela reputação de não deixar impune nenhuma mulher disponível. Mas, pelo visto, Carmen estava com a visão nublada pela paixão. Com Carlinhos, ela voltou ao espírito das dedicatórias derramadas (como no verso das antigas fotos para Mario Cunha), ao uso e abuso dos diminutivos e à necessidade exasperante de voltar a ser uma garotinha.

As cartas de Carlinhos para Carmen estão perdidas. Por sorte, sobreviveu um maço de cartas de Carmen para ele, que, por si, contam a história do namoro. Geralmente, Carmen se refere a eles na terceira pessoa; às vezes, de tão confessional, esquece-se desse tratamento e volta à primeira pessoa. Foi assim desde a primeira carta:

St. Louis, 18 de novembro de 1945.

[...] Querido, fazem já uns bons sete anos que não pego numa pena para escrever uma cartinha de amor. Talvez porque tenha andado muito ocupada com minha vida, ou talvez o "tal" que merecesse a carta não tivesse aparecido.

Mas você chegou com essa carinha muito safadinha, me pegou distraída descansando, precisando de amor e, já sabe, abusou da situação e instalou-se confortavelmente dentro delinha e pronto... Cá está ela bancando a garota de colégio de quinze anos, boba e enrabichada.

Faço questão, querido, que ele saiba que o mês que ela passou com ele foi o mais gostoso, o "mais feliz" durante os seis anos que ela está na América. Como você encheu a vidinha dela, querido, completamente. Não faltou nadinha, ficou estourando de cheinha, meu amor.

Tudo é tão gostoso com ele, querido, ela se sente uma completa garota, louquinha, sabe? Uma garota muito safadinha que topa todas as loucurinhas que ele qué. "Xi, que vergonha!", mas é tudo tão gostoso com ele, tão diferente, queridinho meu.

Ela adora ele, qué ele todinhozinho para ela se diverti, meu amor. E como ela se divertiria com ele, querido, nem queira sabê.

Mas também brigaria com ele "pra caralho". Bem, só de vez em quando.

Sabe por quê, querido? Porque ela tem muito "ciuminho" dele! Porque ele é muito safadinho e ela "tacaria o braço" nele muitas vezes, quando ele fizesse alguma sacanagenzinha com ela, sabe?

E ovinhos quentes pela manhã. Três minutos e meio, "picas".

Meu amor, o tempo todo que ela passou com ele continua bem vivinho na minha mente, não passo um só dia em que não me lembre, querido, como é gostoso viver com ele. [...] E os dez dias na minha casinha, que dias, meu amor, como maridinho e mulherzinha; o nosso cafezinho de manhã; o jantarzinho juntinhos e as noitinhas quando ele ficava esperando elazinha no quartinho de camisinha preta e levantava as cobertinhas, ela entrava dentro dos lençoezinhos e ele beijava ela muito, com muito amor, e às vezes deitava a cabecinha nos peitinhos dela bem gordinhos, lembra? Queridinho, que amorzinhos gostosinhos que fazíamos, querido, e que perfeição (e os até amanhãs que não terminavam nunca!).

[...] Que coisa doidinha, meu amozinzinzinzim, eu te quero muito muito muito, sabe?

[...] Que saudades, meu amor, quando será que vamos repetir tudo isso, querido, outra vez?

Meu maridinhozinho, estou escrevendo pa ele olhando o retratinho dele, que ela trouxe com ela, que ela adora, com aquela carinha safadinha que ela acha um amor, e aquela boquinha que ela daria neste momento não sei o quê para beijar ela muito muito muito.

Querido, poderia seguir escrevendo a ele toda noite, pois adoro conversar com ele. Mas ela precisa mimi.

E por falar em "mimizinho", como vai a sua linguinha que ela adora? E que é uma coisinha louquinha? Bem, vou lhe fazer uma "proposta": cem dólares cada mimizinha. Com uma por noite o sr. fazia a sua féria e ganhava mais do que o Van Johnson. Que tal?

Tem sentido saudadinhas do corpinho moreninho dela, querido? [...]

[...] Meu amorzinzinzinho queridinho dela gostosinho, escreve, querido, escreve muito. Convence a elinha que ele ainda quer muito bem a ela.

Meu corpinho todo cheirosinho, minha bundinha bem gordinha, meus peitinhos bem fofinhos para ele deitá a cabecinha dele e minha boquinha toda cheia de beijinhos.

Da sua Rolinha.

Essa cartinha, querido, quem escreveu foi a sua garotinha que você deixou na América, querido, em Hollywood, a sua garotinha safadinha.

Qualquer dia o senhor receberá uma da sua mulherzinha, da sua amantezinha, mas eu tenho as minhas desconfianças que ele topa mais a garotinha.

A própria Carmen rebateu, no dia 20, com um telegrama:

IMPOSSÍVEL ESQUECER MEU MARIDINHO QUERIDO FAÇO QUALQUER MISÉRIA PARA TER ELE OUTRA VEZ JUNTINHO DELA ESCREVE SEMPRE [...] BOQUINHA DELA CHEINHA DE BEIJOS E SAUDADES PARA MEU AMOJINJINJIM ROLINA CORONA.

Em St. Louis, o repórter de uma agência, William Farady, viu à cabeceira de Carmen no hospital o retrato do jovem e sorridente aviador. Perguntou quem era — e ela deixou "escapar" nome, patente, estado civil, endereço e tudo o mais sobre o rapaz. Até insinuou que se casaria com ele na sua próxima ida ao Rio, no "início do ano vindouro" (1946). A notícia chegou ao Rio e a foto do *Herald Express* foi capa da *Carioca* de 15 de dezembro, mostrando os dois juntos e a chamada: "A noiva e o noivo". O texto: "Graças à eficiência da nossa reportagem, *Carioca* pode assegurar aos seus leitores ser verdadeira a novidade do noivado de Carmen Miranda com o tenente-aviador Carlos Niemeyer, em serviço na base aérea da Bahia".

O próprio Carlos mandou o recorte para Carmen, com um arrebatado bilhete:

"No Rio isso fez um furor que você pode imaginar." (Só não esclareceu em quem se produziu o furor.)

O clima de amor não se alterou em dezembro. Carlinhos escreveu pelo menos três cartas — que estão desaparecidas — e Carmen telefonou várias vezes para a Base Aérea e despachou no mínimo mais dois telegramas. Duas alternativas se apresentavam para que se reencontrassem: ou Carlinhos voltaria a Los Angeles no começo do ano, ou Carmen iria encontrá-lo na Bahia ou no Rio, na mesma época.

Em telegrama de 6 de janeiro de 1946, Carmen dá uma indicação:

QUERIDINHO MEU RECEBI SUAS TRÊS CARTAS CONTINUO ADORANDO CADA VEZ MAIS MEU AMOJINJINJIM A SAUDADE ESTÁ CADA VEZ MAIOR NO ANDAR QUE ELA VAI ESTOU VENDO QUE SOU OBRIGADA A IR À BAHIA CASO ELE NÃO POSSA VIR AQUI FAREMOS ENTÃO O ESCÂNDALO COMPLETO SEGUE CARTA QUERIDO SAUDADES CARINHOS Y BEIJOS ROLINHA SPRING.

A hipótese de casamento foi publicamente cogitada por Carmen — e ainda bem que não tivesse passado do terreno das cogitações porque, menos de duas semanas depois, ela já começava a desconfiar de que seu romance estava fazendo água. Carlinhos fora ao Rio duas vezes nesse ínterim, e tais datas coincidiam com seus silêncios. Era bom não esquecer que Carmen tinha, no Rio, dois irmãos que circulavam pela cidade...

Uma carta de Carmen, de 16 de janeiro, trazendo como remetente seu cunhado Gabriel, já era muito mais contida:

Hollywood, 16/1/946

Moreno querido,

Recebi tua cartinha datada de 28 [de dezembro de 1945]. Quer dizer, querido, que a Rolinha está com a faca e o queijo na mão, não é?

Pois bem, para dizer-te com franqueza, "vontadinha" que ele venha para juntinho dela não falta, porém ela tem um medo "louco" não só de cortar os "dedinhos", mas as duas "mãozinhas"...

Primeiramente eu tenho a impressão que se ele passar mais uns tempos longe "delazinha"... ele varrerá ela completamente da cabecinha dele. Tenho quase certeza disso.

Como te disse em minha última carta, tenho conversado muitíssimo com Gabriel a teu respeito e pensado qual o melhor jeito que poderíamos arranjar para que viesses dar com os "costados" aqui...

Ele e Aurora, naturalmente, como me querem muito bem, lógico que começam a descubrir uma série de defeitos.

Primeiramente acham que seria muito difícil que tu te habituasses à minha vida e ao meu "gênio"!...

Dizem sempre que não tiveste tempo suficiente de conhecer-me bem. E uma porção de pequeninas "coisas"...

Enfim, querido, no final de tudo, é uma luta tremenda... entre a "Carmen" e a "Rolinha".

Outra coisa, querido!

Por que será que ele só sente saudadinhas dela quando está na Bahia? Quando ele vai ao Rio, nem se lembra que ela "vive"... Recebi carta de casa dizendo que haviam visto você em diversos lugares que não me interessa mencionar na carta... e que você "estava bem acompanhado". Estava "felicíssimo"...

Como vês, querido, talvez fosse melhor que você pedisse transferência para o Rio, em lugar de vir para aqui, não achas?

Afinal de contas, você no Rio deve ter uma vida de "príncipe"... e principalmente depois de sair a notícia nossa nos jornais, o mulherio deve andar um bocado <u>assanhado</u>!...

Sei que deves andar muito ocupado porque só recebi uma carta tua do Rio (da primeira vez que estivestes lá, não da segunda) e sei que estivestes lá "uns bons dias". Porém o tempo havia de ser pouco para acertar tuas "escritas" e cair na tua "gandaiazinha"...

Enfim, moreno, goza a tua vida...

Resolvi partir para N. York somente dia 1º de fevereiro. Começarei no Roxy somente dia 6 de fevereiro. Vai ser um batente tremendo, cinco shows por dia, e sete sábado e domingo, devo ficar lá todo mês de fev.

Se é que você já chegou à Bahia...!! e se a "saudade apertar"... escreve se quiseres para o "Roxy Teatro"... ou para casa de Esperança, que as cartas me serão entregues como foram em S. Luiz.

Perdoa se esta cartinha hoje vai um pouco sem "bossa", mas é como ela se sente hoje a respeito dele...

Aliás! Como ele mesmo sabe, ela nunca teve muita confiança nele...

Pois [se] ele aqui com ela, fez-lhe "duas"... e muito boas, agora imagina depois de estar há tanto tempo separado dela...

Enfim, querido, há males que vêm para bem.

Com tudo isso, é uma pena, querido, que ele faça ela sentir-se assim!...

Estou muito triste com ele hoje, e não tenho nem coragem de dizer a ele coisas gostosas que ela sempre disse... [...]

No lugar da garotinha, emergia a mulher madura e calejada, capaz de sobreviver no meio artístico mais difícil do mundo, mas, emocionalmente, tão inábil e imatura quanto as estreletes que tomavam Hollywood de assalto. Nesse sentido, os 36 anos de Carmen podiam ser contados pela metade. Quanto a Carlinhos, os sentimentos de Carmen sobre ele, traduzidos na avalanche de diminutivos nas primeiras cartas, ameaçavam sufocá-lo. Não podia absorver o que ela se propunha a lhe dar — e muito menos devolver-lhe em igual medida.

Segue-se um lapso na correspondência, equivalente, talvez, a Carmen tentando se afastar de Carlinhos e coincidindo com sua temporada no Roxy em Nova York. Mas, pela maneira que ela escolheu para quebrar o silêncio, pode-se imaginar seu desconsolo no apartamento do Hotel Marguery, na Park Avenue com Rua 47, onde ficou hospedada.

Foi num envelope com o timbre desse hotel que, no dia 12 de maio, ela enfiou um cartão-postal do Roxy em cujo verso transcrevera, a lápis, a letra de "Na batucada da vida", de Ary Barroso e Luiz Peixoto — a seco, sem um "prezado" ou "querido Carlos". Acrescentou apenas uma frase no fim. Com uma lambida fechou o envelope, colou-lhe um selo de vinte centavos, e o despachou para Carlinhos em Salvador:

Na batucada da vida...

No dia em que apareci no mundo/ Juntou uma porção de vagabundo/ Da orgia/ De noite teve choro e batucada/ Que acabou de madrugada/ Em grossa pancadaria/ Depois do meu batismo de fumaça/ Mamei um litro e meio de cachaça/ Bem puxada/ E fui adormecer como um despacho/ Sentadinha no capacho/ Na porta dos enjeitados./ Cresci olhando a vida sem malícia/ Foi quando um cabo de polícia/ Despertou meu coração/ Mas como eu fui pra ele muito boa/ Me soltou na rua à toa/ A passar de mão em mão/ Agora que eu sou mesmo da virada/ E que topo qualquer parada/ Por um prato de comida/ Irei cada vez mais me esmolambando/ Seguirei sempre cantando/ Na batucada da vida.

Quê que há, meu branco!!! Salve ele!

A frase final contrastava com o exercício de autocomiseração, que era a transcrição da letra. Mas era a maneira ambígua de Carmen demonstrar seus sentimentos: primeiro, fazia Carlinhos ver como ela se sentia; depois, ao dirigir-se a ele, tentava dar a entender que estava no domínio de seus sentimentos.

O próprio Carlinhos tinha os seus problemas. Meses antes, quando a novela ainda se desenrolava, uma menina no Rio caíra das nuvens: Vera — que ele deixara para trás ao partir para o Texas e com quem vinha falando em casamento. Ou seja, Carlinhos tinha um compromisso no Brasil — apenas se esquecera de comunicá-lo a Carmen. Vera também lera na *Carioca* que seu noivo (ou quase isso) estava noivo de Carmen Miranda e, numa das idas de Carlinhos ao Rio, abotoou-o na parede para pedir explicações. Ele se explicou e o noivado ganhou alguma sobrevida, embora, ao mencioná-lo em carta para Carmen, Carlinhos pareça tê-lo apresentado como algo que acabara de acontecer.

Em carta de 19 de maio, uma semana depois do cartão com "Na batucada da vida", o tom de Carmen ao escrever revela o que de fato se passava com ela: o "maridinho" tornava-se, em definitivo, "Carlos", e sua mágoa, tão bem camuflada nas primeiras linhas, acabava pondo a cabeça de fora.

404 | CARMEN

Hollywood, 19/5/946
Alô, Carlos.

Depois de uma ótima temporada em N. York de dois meses e meio, aqui estou novamente de volta a esta maravilhosa Califórnia. Tenho tanta coisa para contar-te, o motivo por que deixei de escrever-te é "seríssimo", prefiro nem comentar por carta, algum dia se tiver a sorte de encontrar-te pessoalmente "abrirei o bico"...

Espero que estejas bem "happy" com teu novo "amor"...

Pense de vez em quando na "Rolinha" que você conheceu em Hollywood, não na que comentam no Brasil, porque essa só existe na publicidade.

Porque ela de vez em quando se recorda dele com um carinho muito muito grande [palavra ilegível], que proporcionou a ela momentos tão tão "deliciosos"...

Por favor, destrói as cartinhas dela, e não vá vestir minha "camisinha" pretinha em nenhuma pequena, porque só o corpinho moreninho dela é que fica bem naquela "camisinha".

Neste domingo toquei todos os "nossos discos"... mesmo sabendo que ele não se lembra mais dela... Ela sentiu uma saudade tremenda dele, aposto que ele já está cansado de tocar os discos, ou então "faz amor"... com alguma mulher ouvindo as mesmas músicas. A minha vingança é que deve ser tão tão "diferente"...

E, para finalizar, peço-te um grande favor. Se algum dia encontrares aquele cretinaço que levou mamãe para o Rio, lembras-te?, um tal Bob, não lhe perguntes <u>nada nada</u>, parte-lhe a cara bem partida, se não eu pagarei a alguém muito bem para que o façam... [Carmen não explica o que o tal Bob fez contra sua mãe.]

Agora somente resolvi dizer-te tudo isso porque queria mais ou menos que tivesses [duas linhas ilegíveis — a carta está se desfazendo nesse ponto] e bem forte, para não mais mandar-me nem um cartãozinho dizendo alô!... Em todo caso, algum dia nos veremos. Deus queira que antes de "casar-me" (se me casar...).

Saudades — Rolinha.

Carlinhos não se casaria com Vera, mas com Luizinha, algum tempo depois. E nunca se abriria em detalhes sobre o que acontecera entre ele e Carmen, nem para os amigos mais chegados. Dois desses, Helio Cox, seu colega de aviação, e George Grande, pescador de Ipanema, o imprensavam até de madrugada no bar Progresso, um botequim da rua Joana Angélica com Visconde de Pirajá, para que ele contasse. O sol raiava e eles pulavam uma cerca para roubar pão e leite de uma padaria ao lado, e prosseguiam com o interrogatório. Mas Carlinhos continuava mudo. Poucos anos depois, numa momentânea dificuldade financeira, ele escreveu a Carmen, recorrendo à sua ajuda, e ela o atendeu. E, por muito tempo, os amigos o chamaram de "Carmen Miranda". É possível que, de sua parte, Carlinhos não quisesse repartir (e, com isso, dissipar) a Carmen que passara por sua vida.

E é certo que, da parte de Carmen, a frustração pelo fim desse romance teria mais consequências do que ela própria poderia imaginar. Todos os homens por quem se interessara nos últimos anos tinham algum compromisso: ou eram casados, ou estavam se separando de uma mulher para se casar com outra, ou eram solteiros, mas já com alguém em vista. (Fosse no Rio, um alarme soaria e ela não permitiria que nenhum deles lhe chegasse perto. Em Hollywood, esse alarme às vezes demorava para tocar.) O destino parecia erguer uma barreira entre ela e seu sonho: o de ter um marido e um filho.

Poucos meses antes, Carmen fizera aniversário — 32 anos, para as luzes de Hollywood; 37, para os cantos escuros de seu coração.

23 | 1946
Dinheiro a rodo

Nos Estados Unidos, perto do fim da guerra, ia-se longe com 201458 dólares por ano. Com esse dinheiro compravam-se 58 boas casas ou 206 carros zero. Significava 87 vezes o rendimento médio do cidadão americano, que era de 2378 dólares por ano, e esse cidadão não estava se queixando — porque um litro de leite custava quinze centavos de dólar e um litro de gasolina, cinco centavos. Com trinta centavos, assistia-se a um filme, às vezes dois; outros dez centavos compravam um cachorro-quente e uma Coca-Cola, com mostarda e ketchup grátis. O ingresso mais caro para *Carousel*, a nova paixão da Broadway, saía por seis dólares. Por cinco dólares jantava-se lagosta com champanhe Mum no Morocco. Por menos de três, tomava-se um uísque e se ouvia Mabel Mercer no Tony's, na Rua 52 Oeste.

Em junho de 1946, o Tesouro americano divulgou suas arrecadações do ano fiscal de 1945, referentes aos ganhos dos contribuintes em 1944. Com os 201458 dólares que lhe tinham sido pagos pela Fox "em salários, bônus e outras compensações", Carmen Miranda fora a mulher que mais ganhara dinheiro nos Estados Unidos — talvez no mundo — aquele ano. Na média, eram perto de 4200 dólares *por semana*.

Apenas 36 pessoas nos Estados Unidos (e nenhuma outra mulher) tinham faturado mais do que Carmen em 1944. Isso considerando-se toda espécie de atividade: petróleo, armas, automóveis, bancos, seguros, show business, e o fato de que havia uma guerra mundial em curso, com enormes recursos sendo movimentados. Não por coincidência, o caixa-alta absoluto e número um da lista era também um homem de cinema: o diretor Leo McCarey, com 1113035 dólares, pagos em salários pela Paramount e pela participação na bilheteria de seus filmes *O bom pastor* (*Going My Way*) e *Os sinos de Santa Maria* (*The Bells of Saint Mary's*), ambos com Bing Crosby. Para se ter uma ideia da força do cinema, o presidente da General Motors, Charles F. Wilson, pegou apenas um quinto lugar entre os dez mais, com 362954 dólares — imediatamente atrás de outro astro: Fred McMurray, este o ator mais rico de 1944, com 391217 dólares. Darryl F. Zanuck, patrão de Carmen na Fox, era o décimo da lista, com 260217 dólares. O 37º lugar de Carmen a deixava à frente do próprio Bing Crosby (192944 dólares), Paulette Goddard (187333 dólares), Bob Hope (185416 dólares), Cary Grant (172 916 dólares), Humphrey Bogart (132 916 dólares) e Joan Crawford (100 mil dólares).

Mas não se pense que, por causa desses números, Carmen nadasse em dinheiro. Dos 201 mil dólares e quebrados que ela declarara em 1944, o imposto de renda americano ficara com 136 680 dólares. (E o mais de 1 milhão de Leo McCarey tinham sido reduzidos a 200 mil.) Em 1946, Carmen já estava cansada de saber disso. No ano anterior, dissera a seu contador que precisava de certa quantia para mandar dona Maria ao Brasil. O contador lhe informara:

"Não há dinheiro, Carmen. Os impostos levaram quase tudo. O resto você já gastou." (Mas, como se sabe, dona Maria foi assim mesmo.)

O resto a que ele se referia eram os 64 mil dólares que o fisco lhe poupara. Carmen aplicara-os em seus alfinetes, e o que sobrara, em imóveis no Rio: um pequeno prédio de apartamentos na rua Corrêa Dutra, no Catete, um terreno em Jacarepaguá e dez salas comerciais no 14º andar do Edifício Belga, na nova avenida Presidente Vargas, números 417-417-A, sendo cinco das salas de frente para a avenida. Bom dinheiro foi economizado quando ela perdeu um cavalo num leilão em Hollywood para um marajá indiano — leilão este de que participara por influência de Betty Grable, viciada em equinos. Mas que ninguém se compadecesse de Carmen. Os 201 458 dólares de 1944 eram apenas o seu rendimento *declarado* — e, pelo visto, ela só declarara os rendimentos da Fox. Que fim levaram os que lhe tinham sido pagos pelo Roxy e os de suas participações no programa de Charlie McCarthy, além de ganhos eventuais, como um show de uma noite no Ciro's, as aparições pessoais, as campanhas de publicidade e outras formas de rendimentos?

Como todo mundo no show business, Carmen sempre ganhou mais do que admitia para o IR. Quando os nightclubs lhe ofereciam um cachê de 6 ou 7 mil dólares por semana, isso não incluía "presentes" por fora, como uma joia ou uma quantia em espécie. Uma participação em programa de rádio, com duas canções e uma cena dialogada, costumava render-lhe 2500 dólares. Mas, quando Carmen fez o programa de Frank Sinatra na CBS em 1946, o cachê foi um carro Mercury saído da fábrica e uma geladeira último tipo — artigos fora da tributação ou legalmente declaráveis por valores inferiores aos reais. (O Mercury ela mandou para seu irmão Tatá, e a geladeira não coube na sua cozinha.)

No dia 1º de janeiro de 1946, Carmen trocou a segurança de seu contrato com a Fox (que lhe garantia 52 semanas de salário por ano, trabalhasse ou não) pela vida de freelance. Numa entrevista por telefone ao amigo Cesar Ladeira para a revista *Diretrizes*, Carmen explicou por que rompera com a Fox: porque as histórias que estava filmando não lhe agradavam (e tendiam a piorar); não podia decidir sobre as músicas e roupas que lhe cabiam nos filmes (permitiam-lhe, no máximo, palpitar); e o contrato a ocupava quase o ano inteiro, impossibilitando-a de aceitar propostas de estúdios mexicanos e argentinos para filmes falados em espanhol, com cachês entre 50 mil e 75 mil dólares.

A Fox a impedia até de gravar discos. Em 1942, pouco depois de Carmen assinar com o estúdio, Zanuck comprara seu contrato na Decca com o fito de encerrar sua carreira de cantora comercial. Zanuck acreditava nas queixas dos exibidores, segundo os quais ninguém pagava para assistir a filmes de um artista cujos discos se podiam ouvir a toda hora e de graça no rádio. Foi por isso que Alice Faye nunca fez uma gravação comercial de "You'll Never Know", de Harry Warren e Mack Gordon, Oscar de melhor canção de 1943 e lançada por ela em *Aquilo, sim, era vida* — nem de "This Year's Kisses", "A Journey to a Star" e "No Love, No Nothing", também suas criações. Zanuck não deixava. (As gravações existentes desses clássicos por Alice são as dos playbacks dos filmes.) Era uma maldade, mas Zanuck fez o mesmo com Carmen, com Betty Grable e, nos anos 50, voltaria a fazê-lo com Marilyn Monroe — nenhuma de suas estrelas podia ter uma carreira discográfica. (Mas bastavam duas palavras para derrubar a tese dos exibidores: Bing Crosby. Era o maior vendedor de discos no mundo e todos os seus filmes na Paramount levavam multidões à bilheteria.)

A Fox não queria perder Carmen, tanto que lhe propôs renovar com a promessa de três filmes por ano, dois em preto e branco e um em Technicolor. Mas isso iria ocupá-la ainda mais. Carmen foi inflexível e Zanuck se conformou. No clima de liberdade que marcou o imediato pós-guerra, os grandes nomes estavam se livrando do jugo de seus estúdios de origem. Já não se pensava automaticamente na Warner quando se falava em Humphrey Bogart; ou na Paramount, quando o filme era com Gary Cooper; ou na MGM, quando o assunto era Joan Crawford; e, a partir de agora, na Fox, quando se tratasse de Carmen Miranda. (Zanuck sabia que, se conseguisse reter Betty Grable, estaria com sorte.)

Era o fim dos contratos de cinco ou sete anos, que podiam ser renovados para sempre desde que o estúdio exercesse a "opção". As estrelas estavam se tornando independentes, assinando por um filme de cada vez em troca de participação na bilheteria, ou fazendo um pacote de dois ou três filmes com o estúdio tal por uma grande quantia x em dinheiro. Quem as orientava nesse sentido eram as agências que as representavam, como a gigante William Morris (que cuidava de Carmen) ou a ainda emergente MCA. Mas, para o ator ou atriz independente se dar bem, precisava também de um manager particular, com boas ideias e gana para brigar por seus direitos. O de Carmen era o velho George Frank, que gostava dela e trabalhava bem.

Se eu fosse feliz, o último filme de Carmen para a Fox, já foi feito no novo regime de freelance — depois desse, ela estaria livre para se aventurar por qualquer estúdio. Assim como no filme anterior, Carmen ocupava de novo um vexaminoso quarto lugar no elenco, atrás de Vivian Blaine, Perry Como e do trompetista Harry James. Mas, talvez com remorso pelas indignidades a que a submetera em *Sonhos de estrela*, o produtor Bryan Foy cuidou para que, dessa vez, sua personagem — a de uma harpista brasileira chamada Michelle O'Toole, mais um cruzamento entre uma brasileira sem eira e um irlandês irresponsável — tivesse muitas falas, inclusive em português. E reservou-lhe pelo menos um bom número musical, além de participação em vários outros.

As canções do filme foram entregues a Josef Myrow e Eddie DeLange. Myrow acabara de fazer (com Mack Gordon) sua maior canção, "You Make Me Feel so Young", para outro filme da Fox naquele ano, *Procuram-se maridos* (*Three Little Girls in Blue*), um musical que era para ter sido de Carmen (com música de Ary Barroso) e não foi. E o competente DeLange fora parceiro de Jimmy Van Heusen em "Shake Down the Stars" e "Darn That Dream", e de Duke Ellington em "Solitude". Não era possível que, juntos, não fizessem coisa boa — e fizeram: a canção-título "If I'm Lucky", que os soporíferos Perry Como e Vivian Blaine puseram para dormir no filme, um de cada vez. *Se eu fosse feliz* só acordava musicalmente com um número rítmico, "Batucada" — como sempre, um *blend*, agora entre uma batucada brasileira e outros ritmos latinos, mas permitindo um vibrante dueto entre Carmen, voz, e Harry James, trompete. E que prazer rever Zezinho e Nestor numa tomada, e os irmãos Ozorio em outra, sempre ao lado de Carmen.

Um nome depois lendário das artes plásticas americanas sairia desse filme: Sascha Brastoff, responsável pelas roupas de Carmen nos números musicais, entre as quais o conjunto de turbante, top e saia que ela usava em "Batucada" — todo de plástico (ou, como então se dizia, matéria plástica). Se isso pode ser considerado uma glória, foi a primeira vez que se usou no cinema uma roupa feita com tal material. O plástico ainda era tão duro e brutal que teve de ser picado para se tornar maleável e obedecer a um desenho. E, a partir dali, as fantasias de Carmen teriam de ser desenhadas de modo a disfarçar a cicatriz de cerca de quinze centímetros nas proximidades da última costela à direita, deixada pela cirurgia na vesícula em novembro. As opções eram camuflá-la com uma malha cor de carne entre o bustiê e a saia, ou com o pano da costa jogado "casualmente" sobre a marca. Ou com o próprio bustiê que, de um dos lados, se prolongava sobre as costelas.

Brastoff não era bem um figurinista, mas um artista com muitas vocações. Carmen o conhecera numa base militar em Nova York, em 1942, quando ele, aos 24 anos — ex-bailarino, ex-vitrinista da Macy's, promissor ceramista e severo sargento da Aeronáutica —, divertia seus colegas de tropa com um número de travesti em que interpretava a "GI [pracinha] Carmen Miranda". Carmen o adorou e quase o adotou. Quando Brastoff voltou à vida civil, ela o fez mudar-se para Hollywood, onde, na Fox, Zanuck o escalou para repetir seu travesti de Carmen no filme *Encontro nos céus* (*Winged Victory*), de George Cukor. Em 1945, Zanuck pediu-lhe os figurinos de *Mulheres e diamantes* e gostou tanto que o contratou por sete anos. Mas o único trabalho de Brastoff sob esse contrato seriam as roupas de Carmen em *Se eu fosse feliz*. Logo depois, convenceu Zanuck a liberá-lo e abriu um estúdio e uma fábrica de objetos de decoração em Los Angeles, de onde começaram a sair esculturas e acessórios em todo tipo de material, forma e função. Tornou-se uma figura cult do design popular internacional, e suas criações podiam ser encontradas tanto nas galerias de arte e nos museus como nas mais prosaicas copas e cozinhas dos Estados Unidos. (Quando morreu, em 1993, Sascha ainda era associado a Carmen.)

Com o fim da guerra e do ciclo de Carmen na Fox, os pósteres consideraram oficialmente encerrada a Política da Boa Vizinhança e a adulação dos Estados Unidos aos países latino-americanos. O marco seria a canção "South America, Take It Away", música e letra de Harold Rome, para a revista musical *Call Me Mister*, e cantada e dançada por Betty Garrett. A letra exortava a América do Sul a levar de volta os sambas, rumbas e congas que tinham descadeirado os americanos durante a guerra.

> *Take back your samba*
> *Ay, your rumba*
> *Ay, your conga*
> *Ay, yayay, yay!*
> *I can't keep shaking, ay*
> *My rumble, ay*
> *Any longer*
> *Ay, yayay, yay*
> *[...]*
> *That's enough, that's enough, take it back!*
> *My spine's out of whack!*
> *There's a big crack in the back*
> *Of my sacro-iliac!*
> *Take back your conga*
> *Your samba, ay, yay, yay*
> *My hips are creaking, ay*
> *And shrieking, ay*
> *Caramba, ay, yay, yay!*
> *I've got a wriggle and a diddle and a jiggle*
> *Like a fiddle in my carcass*
> *Holay!*
> *South America, take it away!*

O recado era grosseiro e inequívoco, mas certas coisas a América do Sul não podia levar de volta, porque não lhe pertenciam — a rumba e a conga, por exemplo, que eram originárias de Cuba. Além disso, era menos verdade que os americanos quisessem devolver tudo. Um dos sucessos de 1946 foi a canção "The Coffee Song (They've Got an Awful Lot of Coffee in Brazil)", de Bob Hilliard e Dick Miles, lançado na *Copacabana Revue*, no nightclub de Monte Proser, e depois popularizada por Frank Sinatra. Também naquele ano, uma lasciva canção de Arthur Schwartz e Leo Robin, "A Rainy Night in Rio", emergiu de um filminho da Warner intitulado *Um sonho e uma canção* (*The Time, the Place and the Girl*) para uma bonita carreira-solo. Ainda em 1946, um antigo choro brasileiro, "Tico-tico no fubá", de Zequinha de Abreu, já apresentado (com letra de Aloysio de Oliveira) nos filmes *Alô, amigos!* e *Escola de sereias*, entraria de vez para o repertório americano ao ser cantado por Carmen a duzentos por hora no filme *Copacabana*, que ela rodaria no segundo semestre — e "Tico-tico", sim, era tão de descadeirar que seria gravado até por Charlie Parker. E 1946 seria também o ano em que um novo ritmo cubano, já tendo dominado Havana e se imiscuído pelos *barrios* de Nova York, começou a aparecer na pista de dança do Morocco e a tomar o poder no mercado americano: o mambo.

Para responder à provocação de "South America, Take It Away", Carmen incluiu em seus shows uma demonstração ensinando a dançar o samba à brasileira, não à americana — provando que, por dançá-lo errado, é que os americanos tinham dores no sacroilíaco. Mas, quando o mambo passou a dar as cartas, não houve mais espaço nos Estados Unidos nem para a rumba, nem para a conga, quanto mais para o samba. Xavier Cugat e Desi Arnaz, que nunca tinham precisado da "boa vizinhança" para se impor com a rumba, fizeram apenas uma adaptação e continuaram no poder com o mambo. A única diferença é que, agora, teriam que dividir o trono com outro cubano: Perez Prado, um dos inventores do novo ritmo.

"Eu sou é do Rio, e lá estarei na primeira oportunidade, assim que me livrar das obrigações", disse Carmen para *O Globo* de 23 de fevereiro de 1946. E completou: "Minha saudade é maior que o Pão de Açúcar".

Carmen estava fora do Brasil havia quase seis anos. Nesse interregno, o país em que ela morava, os Estados Unidos, se envolvera numa guerra mundial, mandara 15 milhões de soldados para lutar em três continentes e as viagens a passeio para o exterior tinham ficado difíceis. É verdade que, nesse período, ela mandara sua mãe duas vezes em férias para o Brasil, em 1941 e 1945 — mas dona Maria não estava sob contrato com a 20th Century-Fox e podia passar o tempo que quisesse fora de Hollywood. Mesmo assim, Carmen já planejara pelo menos duas viagens ao Rio que tinham sido abortadas por compromissos profissionais ou problemas de saúde. A partir de agora, sem contratos que a mantivessem em cadeias, ela esperava organizar-se e ir com frequência ao Brasil. E, para adiantar o expediente, já pedira ao povo, por intermédio de Cesar Ladeira em *Diretrizes*, que fosse "indulgente com ela quando aparecia em filmes que [também] não lhe agradavam".

O povo podia ser indulgente, mas, com os críticos, não havia cessar-fogo. Somente naquele momento, junho de 1946, o Rio estava assistindo a *Alegria, rapazes*, e as metralhadoras não paravam de cuspir. Pedro Lima, em *O Jornal*, comparou os olhos de Carmen aos olhos de banjo de Eddie Cantor. O muito jovem Antonio Moniz Vianna, no *Correio da Manhã*, comparou sua boca à de Joe E. Brown, o Boca-Larga. Ambas as comparações eram altamente ofensivas. Moniz ainda acrescentou, com a crueldade de seus 22 anos: "Carmen Miranda exibe as mesmas caretas, a mesma falta de graça, a mesma inabilidade artística de seus primeiros filmes. Com ligeiras diferenças: está mais velha e mais feia, enrugada e se vestindo com o mau gosto que já se lhe tornou peculiar. Muito nos surpreende o fato de ainda haver quem a aprecie". Fred Lee, no *Globo*, também não estava entre estes: "De filme para filme, Carmen Miranda fica pior". Nem Hugo Barcellos, no *Diário de Notícias*: "Gorda, flácida, cansada". Nem Jonald, em *A Noite*: "Lastimável". Todos esses críticos tinham uma coisa em comum: não viam defeitos nos atores americanos que contracenavam com Carmen.

Enquanto os críticos brasileiros despejavam sua aversão a Carmen, os argentinos roíam os cotovelos de inveja por, desde a morte de Carlos Gardel, não terem uma artista como ela no exterior. Um deles, na revista *Cantando*, de Buenos Aires, amargou o "crescimento acelerado do renome brasileiro graças a Carmen Miranda". E, referindo-se à permanente propaganda que Carmen fazia do Brasil, queixou-se de que os artistas argentinos "nunca pensaram em fazer nada igual ao conseguido pela inquietante cantora brasileira".

Cinco vezes por dia (sete nos fins de semana), no palco do Roxy, em Nova York, Carmen tinha uma amostra da reação que provocava nas pessoas, ao receber declarações de amor, aos gritos, em português, espanhol e mesmo em inglês, vindas das primeiras filas ou dos camarotes mais próximos. Mas talvez ela trocasse todas essas declarações por uma simples palavra amiga. Carmen ficou no Roxy do começo de fevereiro a meados de abril de 1946, e só depois de encerrada a temporada descobriu que, na mesma época, seu ex-namorado Mario Cunha passara um bom tempo em Nova York, hospedado num hotel quase junto ao teatro. E que tinha sido de propósito que decidira não ir ao show.

Carmen explodiu para Aurora:

"Aquele cachorro! Esteve em Nova York e não foi me ver nem uma vez!"

Anos depois, ao se reencontrarem, Mario Cunha diria a Carmen que não a procurara porque não quisera incomodá-la, ou algo tão esfarrapado quanto. Mas a verdade é que, se revelasse a Carmen sua presença em Manhattan, temia que ela o monopolizasse, impedindo-o de partir para as grandes conquistas que ele inevitavelmente faria na cidade. Assim, sempre que precisava passar pela porta do Roxy, abaixava o chapéu sobre o rosto, levantava a gola do sobretudo e se esgueirava, aderente às paredes, para a eventualidade de Carmen ter dado um pulinho à calçada para espairecer entre um show e outro — como se ela pudesse fazer isso. E, se arranjou alguma coisa em Nova York, só ele podia dizer. No Rio, depois que se separara de Carmen, Mario Cunha continuara um

1946 — DINHEIRO A RODO | 413

solteiro cotado, mas meio sobre o óbvio em matéria de mulheres: namorara Elvira Pagã, a vedete Luz Del Fuego, a dançarina Eros Volusia. Por acaso, a namoradinha que deixara para trás na época da ida a Nova York era bem mais refrescante: a atriz Fada Santoro, de vinte anos.

Durante a temporada no Roxy, Carmen convidou Aurora a se apresentarem juntas, "de farra", por alguns dias. Aurora relutou, mas Carmen insistiu: "Vem, Aurora!". A direção do cinema também gostou da ideia. Aurora acabou aceitando e Carmen construiu o show à base das diferenças entre elas:

"Ela é morena, eu sou mais clara", Carmen anunciava para a plateia. "Ela é casada, eu sou solteira." E, depois de uma pausa, com as sobrancelhas arqueadas: "Ela é muito jovem para ser Carmen Miranda!".

Aurora entrava e cantava o bolero "You Belong to My Heart" ("Solamente una vez"), que Bing Crosby acabara de gravar, e "Os quindins de Iaiá", dois sucessos de *Você já foi à Bahia?*. Carmen voltava, era ululantemente recebida, e as duas cantavam, juntas, "Cidade maravilhosa". Exceto pela marchinha, aquele dueto remetia a *Alô, alô, Carnaval!*, na Cinédia, nove anos antes, ou às muitas temporadas de "Las hermanas Miranda" em Buenos Aires. Só que, agora, elas estavam no palco do Roxy — o teto do mundo no gênero. O que mais se podia querer?

Sem dúvida, Aurora era mais jovem do que Carmen. Mas, em termos absolutos, já não era tão jovem assim. Estava com 31 anos, e o imenso sucesso de *Você já foi à Bahia?* não se convertera num impulso igual para sua carreira. Ao contrário, depois de lançado o filme, os convites foram poucos e não muito diferentes dos que ela costumava ter. Voltara a viajar com o *Earl Carroll's Vanities*, dessa vez pelo México, mas agora o grande nome nos cartazes e luminosos era o de "Joe Carioca" — como Zezinho passara a se apresentar, assumindo a voz e a persona do papagaio. Aurora era apenas a segunda atração, tendo como coadjuvantes Aloysio de Oliveira (sem Disney, de volta ao convívio dos amigos) e Affonso Ozorio. Para variar, Earl Carroll teve um problema com o sindicato dos artistas mexicanos e a companhia só conseguiu sair do país com a ajuda do comediante Cantinflas. Aurora fizera também uma ponta em *Conta tudo às estrelas (Tell It to a Star)*, um musical menoríssimo da Republic (67 minutos), de Frank McDonald, com Robert Livingstone e Ruth Terry. Enfim, nada que valesse sair correndo para contar à mãe. E, depois disso, o telefone silenciara.

Aurora fora com Carmen para Nova York, onde se dedicava a costurar para a irmã, responder às cartas dos fãs (enviadas aos cuidados do cinema) e autografar fotos de Carmen, imitando sua assinatura. Nos intervalos, frequentava leilões e galerias de arte — gostava de quadros, de design e de objetos antigos, e queria se aprimorar. Foi quando Carmen lhe fez o convite para o Roxy. Acabou topando, mas seus planos para os próximos tempos já tinham se definido. Agora que Gabriel estava bem situado profissionalmente, com um escritório de exportação de autopeças no Sunset Boulevard, ela já não precisa-

414 | CARMEN

va trabalhar. E poderia começar a se preparar para ser mãe. O palco, as luzes e os aplausos, com a excitação e a eletricidade que eles provocavam, podiam ficar para depois — ou para nunca mais. Aurora já não fazia questão.

Em junho de 1946, as Miranda ganharam a companhia de duas pessoas queridas que chegavam a Hollywood para ficar: sua irmã Cecilia e a filha desta, Carminha, de dez anos. Quando Cecilia enviuvara, em 1939, Carmen lhe escrevera garantindo que nada lhe faltaria e que ela, Carmen, se responsabilizaria pela educação da menina. Cecilia se mudara com Carminha para a Urca e assistira à partida de dona Maria em 1940 e, depois, à de Aurora, já casada, em 1941, ambas para viver com Carmen. Como prometera, Carmen nunca faltou com a contribuição mensal ao seu sustento, mas, assim que se radicou em Hollywood, passou a chamá-las para ir também. Para Carmen, não fazia sentido que Cecilia continuasse no Rio, com a mãe e as irmãs fora. Mas Cecilia preferira esperar. Agora que Carminha terminara o primeiro grau, e com a insistência de dona Maria, decidira embarcar.

Em Los Angeles, Carminha foi matriculada no colégio e passou a ter também aulas de piano. Com tantas mulheres de repente sob o mesmo teto, um problema crônico da casa de Carmen ficava resolvido: a falta de uma boa empregada ao estilo brasileiro. Todas, menos Carmen, dividiam o serviço e, às vezes, um homem das vizinhanças era pago para aparar a grama e lavar a piscina. Carmen ainda não usava motorista — mordomo, nem pensar. E não era por pão-durismo ou falta de dinheiro. Ela apenas não tinha as atitudes de uma estrela.

Um diplomata presenteou Carmen com um cachorro cocker, de cor creme, a que ela deu o nome de Samba. Carmen achou que ele faria companhia a Carminha e à gata da casa. Mas os dois bichos não se entenderam. Na primeira noite, ao ser deixado para dormir fora, junto à piscina, Samba latiu e rosnou violentamente durante horas. Depois, acalmou-se. No dia seguinte, encontraram as almofadas das espreguiçadeiras destruídas a dentadas e todo o recheio de algodão boiando na piscina. Foi a maneira que Samba encontrara para se acalmar. Carmen chamou Zezinho e ele levou o cachorro para sambar em outra freguesia.

Em julho, um brasileiro ilustre chegou a Los Angeles: o poeta e diplomata Vinicius de Moraes, 34 anos, para trabalhar no consulado brasileiro sob as ordens do novo cônsul, Afonso Portugal. Assim como Raul Bopp já era "o poeta de *Cobra Norato*" ao servir em Los Angeles, Vinicius também chegara à cidade montado no prestígio de *Cinco elegias* e do recentíssimo *Poemas, sonetos e baladas*. Era o seu primeiro posto no exterior, e já tipicamente enrolado. Meses antes, ele desembarcara em Nova York com a mulher com quem se "casara" no Rio, a arquivista do Itamaraty Regina Pederneiras. Mas a relação desandara. Vinicius deixara Regina para trás em Nova York e agora insistia para que sua verdadeira mulher (de quem nunca se separara formalmente), Tati, que ficara no Rio, fosse juntar-se a ele em Los Angeles, levando seus filhos Susana e Pedro. Tati concordou, mas só planejava viajar em fevereiro de 1947. Até lá, a "família" de Vinicius em Los Angeles seria, de certa forma, a casa de Carmen.

Vinicius e Carmen se gostaram de saída. Ela o chamava de "Vesúvio", apelido que "o derretia", e ele via nela uma mulher "corajosa, toda sensibilidade e torturada por ter de sorrir à boçalidade de Hollywood". (Não, nunca houve nada entre os dois, nem nunca se cogitou disso — não faziam o gênero um do outro.) Vinicius ia à casa de Carmen quase todos os dias ou às de seus satélites Zezinho e Nestor Amaral, a quem chamava de "figuras ciclópicas". Com Zezinho, Vinicius ia ao Billy Berg's, um bar de jazz onde, às vezes, ao olhar em volta, se sentia incomodado — era o único 100% branco na plateia.

Para convencer Tati a embarcar logo com as crianças, Vinicius cumulava-a de cartas, descrevendo-lhe as maravilhas locais. Numa dessas, prometeu para sua filha Susana, de seis anos: "Você vai conhecer a Carmen Miranda e o Zé Carioca e uma porção de artistas de cinema. Tem cada desenho animado formidável para te levar" — como se Carmen e Zezinho fossem personagens de um desenho animado ao vivo, no qual se pudesse entrar, a exemplo do episódio de Aurora em *Você já foi à Bahia?*.

Ao contrário de Ary Barroso, que nunca deixou de se espantar com a beleza das mulheres de Hollywood, Vinicius não demorou a ficar blasé diante da oferta feminina: "É tanta mulher bonita que até enjoa", escreveu para sua mãe. De propósito, convidou Cecilia a ir com ele a uma boate em Los Angeles, para que ela visse "as mulheres mais bonitas do mundo". Cecilia aceitou apenas para não desapontar Vinicius, mas voltou para casa impressionada: "Realmente, que mulheres!". Só então ele lhe revelou, para gargalhada geral, que aquelas mulheres do outro planeta eram homens — ou, pelo menos, "criaturas do sexo masculino".

Dias depois, como uma doce vingança do destino, Vinicius defrontou-se com a beleza a um grau que nunca acreditou existir, exceto, talvez, quando descrita por poetas como Robert Browning ou Dante Gabriel Rossetti. Numa festa na casa de Herman Hover, dono do Ciro's, em que estava com Carmen, viu surgir uma moça cuja beleza era demais até para Hollywood. De copo na mão e passo incerto, ela se aproximou de Carmen para render-lhe as devidas homenagens:

"Sou sua fã. Você é o máximo." A entonação, meio borrada, sugeria um pileque atômico.

Vinicius não conseguia tirar o olho dela. A moça percebeu e se debruçou sobre ele:

"Quem é você?", perguntou a Vinicius, com uma voz de nove ou dez uísques.

Vinicius disse quem era. Ela não pareceu muito impressionada.

"Você me acha bonita, não é?", continuou, com uma voz, agora, definitivamente de dez uísques.

Vinicius concordou entusiástico, fazendo que sim rapidinho com a cabeça e arregalando os olhinhos azuis. Ao que ela acrescentou:

"É, sou mesmo. Mas, moralmente, eu sou um lixo."

Disse isso sem exclamação, sem remorso e sem perdão.

Vinicius dançou com ela, que era bem mais alta do que ele. Depois ela sumiu. Saber ou não o seu nome não fazia diferença. Embora já tivesse sido casada com Mickey Rooney e Artie Shaw, e aparecido em 21 filmes, ninguém a conhecia, porque sempre em papéis insignificantes. Mas a festa na casa de Hover, a que fora levada por Howard Hughes, deve ter sido uma das suas últimas aparições como anônima. Meses depois, ao assistir a *Os assassinos* (*The Killers*), com Burt Lancaster, baseado no conto de Ernest Hemingway, Vinicius saberia que a moça se chamava Ava Gardner.

Quando despachou o Mercury para Tatá no Rio, Carmen já estava rodando seu novo filme, *Copacabana*, com Groucho Marx. A generosidade da colega assustou Groucho — onde já se vira distribuir carros novos para irmãos? Numa folga do elenco, ele foi à casa de Carmen, onde conheceu dona Maria, Aurora, Gabriel, Cecilia e Carminha, e os rapazes do antigo Bando da Lua e suas famílias. Nunca tinha visto tantos brasileiros juntos, e se surpreendeu ao saber que só parte da família de Carmen estava ali — ainda havia mais gente no Brasil e em Portugal. Pela amostra, Groucho podia fazer uma ideia do fluxo de dinheiro e de presentes saindo de Hollywood para os ermos do globo onde houvesse um Miranda, tudo patrocinado por Carmen.

"São centenas de parentes, todos sustentados por ela!", dizia Groucho, estupefato, a amigos.

Não era verdade, mas quase. Carmen mandava presentes para muita gente no Rio: para seus irmãos, para os parentes de seus músicos (antigos ou atuais), e para os amigos em geral. E eles eram muitos. Quando sabia que um de seus velhos compositores ou letristas estava doente, despachava contribuições em dinheiro. Não podia saber que a mulher de um amigo tivera filho sem providenciar um enxoval — tinha mais afilhados do que poderia humanamente se lembrar (mas, pelo visto, não se esquecia de nenhum). Uma vez por ano, pegava as roupas velhas da família, incluindo as de Gabriel, e mandava-as para suas tias portuguesas Cecilia e Felisbela, em Várzea de Ovelha, para reparti-las entre os primos e primas — sem prejuízo do dinheiro que também enviava. E não deixava de contribuir com os três santos de sua devoção: santo Antônio, são Judas Tadeu e santa Teresa. Para a igreja de Santo Antônio, no largo da Carioca, mandava dinheiro anualmente para ser distribuído entre os pobres. Para a igrejinha de São Judas Tadeu, no Cosme Velho, enviou uma imagem do santo em tamanho natural (causando o maior embaraço para o pároco, que não queria recebê-la). Para diversas instituições que levavam o nome de santa Teresa, fazia contribuições em espécie ou em dinheiro. E não se esquecia das representações desses mesmos santos em Los Angeles.

No dia 30 de abril de 1946, milhares de seus colegas brasileiros perderam o emprego com uma canetada — bastou o novo presidente, Eurico Gaspar Dutra, eleito para suceder a Getulio, assinar um hipócrita decreto-lei proibindo o jogo no Brasil. Da noite para o dia, a roleta deixou de girar nos mais de setenta cassinos oficiais, no Rio, em Niterói, Petrópolis e nas estâncias hidrominerais de Minas Gerais e São Paulo. Carmen cantara e fizera amigos em todos eles (só não pegara o Quitandinha, o mais deslumbrante de todos e recém-inaugurado por Joaquim Rolla em Petrópolis). Deu-se o pânico. Muitos profissionais se desesperaram — alguns se mataram — e houve manifestações em frente ao Palácio Laranjeiras para suplicar a Dutra que voltasse atrás. De nada adiantou. Alguns tentaram não se apertar: Vicente Paiva — até a véspera o poderoso diretor musical do Cassino da Urca, coautor de "Mamãe, eu quero" e com poderes quase absolutos sobre a música popular — pendurou sua casaca prateada, vestiu um paletó modesto, trocou seu rabo de peixe por um carrinho comum e foi ser motorista de táxi, à espera de dias melhores (que chegaram). Mas muitos escreveram para Carmen, relatando a situação e pedindo ajuda. Ela os atendeu.

A maioria dos que conheciam Carmen se comovia com sua generosidade, mas Groucho ficava horrorizado — era um dos maiores sovinas de Hollywood e não abria a algibeira nem para seus filhos. O que ele não diria se soubesse que Carmen era assim, ridiculamente mão-aberta, até com gente que acabara de conhecer — como alguns brasileiros que iam visitá-la e que ela nunca vira antes (nem veria depois). Alguns desses brasileiros pediam-lhe dinheiro para a passagem de volta; outros queriam sua interferência para conseguir um visto de permanência. Um deles teve o desplante de pedir-lhe um carro. Às vezes roubavam-lhe garrafas de uísque. Carmen nunca permitiu que deslizes isolados turvassem o seu prazer de receber patrícios em sua piscina. Esse *laissez--faire, laissez-passer* se estendia também à casa de Palm Springs, onde Carmen certa vez marcou encontro com alguns hóspedes — e, ao chegar, descobriu que eram tantos que a casa ficara lotada, e o jeito foi ir para um hotel.

Carmen não ligava para dinheiro. Só queria saber quanto ganharia em cada contrato. O som de valores como 12 mil ou 15 mil dólares por semana era música para seus ouvidos — ser a artista estrangeira mais bem paga dos Estados Unidos ou a mulher que mais faturava na América dava-lhe uma satisfação interior, falava à sua vaidade. Mas era um gozo gasoso, quase volátil. O dinheiro, a moeda em si, não lhe fazia diferença. Mantinha em casa uma fortuna em cédulas, guardadas em gavetas, às vezes deixadas sobre móveis. Não ligava para bancos e menos ainda para aplicações — não era, absolutamente, uma mulher de negócios.

O mal parecia de família porque, no Rio, Mocotó continuava como seu procurador, mas não ligava para negócios — só queria saber de remar. Os imóveis no Catete e na avenida Presidente Vargas e o terreno em Jacarepaguá só tinham sido comprados por seu intermédio porque as situações haviam se atirado à sua frente, não que ele as tivesse procurado.

"Vou parar de mandar dinheiro para lá", disse Carmen. "O Mocotó não quer nada."

Carmen poderia ter comprado muita coisa no Brasil. Dinheiro havia. Mas não quem fizesse isso por ela no Rio.

Carmen Miranda e Groucho Marx juntos, num filme em Technicolor, era uma ideia boa demais para ser verdade. Foi o que aconteceu com *Copacabana*: não funcionou.

O Copacabana a que se referia o título tornara-se o maior nightclub de Nova York, desde que Aurora o inaugurara, cinco anos antes, e não se contentava com isso. Em breve haveria um Copacabana também em Hollywood: Monte Proser arrendara o antigo Café Trocadero, no Sunset Boulevard, por quinze anos, para transformá-lo na filial de seu nightclub na cidade do cinema. Pagara 60 mil dólares de luvas e ainda teria de morrer em 1600 dólares por mês pelo aluguel. A ideia era passar quase um ano em obras, ao custo de 45 mil dólares, e inaugurar o novo Copacabana em maio de 1947. Dentro dele, haveria o Miranda's Room, decorado com paisagens do Rio, no qual Carmen teria uma participação muito bem remunerada — mil dólares por semana pelo uso de seu nome e imagem, o ano inteiro — e em que se apresentaria durante doze semanas por ano, a 8 mil dólares por semana. Proser já contratara até as atrações da semana de estreia do nightclub: Tony Martin e os dançarinos de Jack Cole no salão principal; Joe Mooney e seu quarteto no bar; e Carmen no Miranda's Room, com Zé Carioca e seus Carioca Boys. O Copacabana teria de caprichar para esmagar a saudade que Hollywood já sentia do Trocadero, talvez o nightclub mais querido da turma do cinema. (Fora nele que, em 1939, David O. Selznick e Jock Whitney deram a festa de lançamento de ...*E o vento levou*. Em certa época, abrigou um cassino clandestino no porão. E quem costumava ser o pianista "da casa"? Nat "King" Cole.)

Um filme passado no Copacabana (o de Nova York), a estrear no mesmo dia em que se inaugurava o de Hollywood, pegaria o nightclub na crista da onda nas costas Leste e Oeste. Abriu-se uma empresa, Beacon Productions, para cuidar da produção do filme. Proser entrou com dinheiro; Carmen também pôs algum — afinal, era seu primeiro filme como "independente"; e Groucho, nem um tostão, mas aceitou trabalhar por um salário menor em troca de uma fatia da bilheteria. O restante do dinheiro foi levantado junto a particulares. O responsável pela administração das cotas era Sam Coslow, eventual produtor de filmes e, principalmente, compositor — autor de grandes canções como "Cocktails For Two", "My Old Flame" e "Sing You Sinners", mas que havia anos não tinha um sucesso. O principal cotista fisgado por Coslow foi um fabricante de malas chamado Maurice Sebastian. O filme seria rodado no estúdio de Samuel Goldwyn e distribuído pela United Artists. Para dirigir, Coslow chamou Alfred E. Green, que vinha do sucesso de *O trovador inolvidável* (*The Jolson Story*). Ninguém levou em conta que *O trovador inolvidável* era um filme medíocre, exceto pelos números musicais em que Larry Parks fazia Al Jolson — os quais tinham sido dirigidos por Joseph H. Lewis, muito mais competente.

Tudo conspirou para que *Copacabana* fracassasse: a insegurança de alguns, a má-fé de outros e a mediocridade de muitos. Groucho fazia um empresário esperto que "vendia" Carmen duplamente para o Copacabana: como uma cantora brasileira, a morena Carmen Navarro, e como a *chanteuse* francesa, de peruca loura, Mademoiselle Fifi. O sabonetão Steve Cochran interpretava Monte Proser e Gloria Jean era sua secretária. O hispano-americano Andy Russell cantava três números e exibia a competência de seu dentista. Entrechos mais modestos já renderam bons musicais, mas, da forma como as coisas correram, *Copacabana* nascera condenado. A pobreza da produção era constrangedora, os números musicais, lúgubres, e as canções de Sam Coslow, música e letra de sua autoria, mostravam por que ele nunca mais emplacaria um sucesso. Mas o pior era como Carmen, livre dos supostos grilhões de um estúdio, parecia abrir mão de muito do que conquistara na Fox. Deixou-se passar para trás de todo jeito.

Groucho, em seu primeiro filme-solo, sem os irmãos, percebeu que o roteiro original dividia as frases engraçadas entre ele e Carmen. E não estava habituado a isso — nos filmes dos Irmãos Marx, Chico era seu *straight man* e as gags de Harpo eram visuais. Ciente de que, com seu estilo expansivo, Carmen roubaria as cenas que fizessem juntos, Groucho fez com que a produção demitisse três roteiristas até que o roteiro final reduzisse Carmen a simples escada e deixasse todo o humor por sua conta. ("Por que você vive correndo atrás das mulheres?", ela pergunta. "Quando conseguir pegar uma, eu te conto", responde ele.) Em matéria de luxo, a Fox também a tratava muito melhor. Não importava que seus filmes tivessem Betty Grable ou Alice Faye, sempre haveria um ou dois grandes números para Carmen. Em *Copacabana*, um filme marca barbante, Carmen aparece em cinco números musicais, mas nenhum é tão produzido quanto os números individuais de Andy Russell, Gloria Jean e mesmo Groucho — e estes já são de uma constrangedora modéstia.

Outra diferença: nos filmes de Carmen na Fox, o montador era proibido de cortar para intercalar tomadas dos atores "reagindo" quando ela estivesse cantando ou dançando. Em *Copacabana*, isso foi ignorado e não há um número de Carmen sem as ditas intromissões. E, para completar, embora ela faça uma cantora brasileira, o tom geral dos números musicais, devido à presença de Andy

Russell, é monotonamente mexicano — sobram ponchos e sombreiros pelos cenários. *"Meu coração dançou/ Ao som de um bolero/ No Rio de Janeiro"*, canta Russell em certo momento. Se fosse só para isso, seu coração não precisaria ter deixado a Cidade do México. Ou seja, a Fox cuidava mais dos interesses de Carmen do que esta podia fazer por si mesma em sua nova condição de "independente".

Copacabana era para ter sido em cores. Em função disso, planejaram-se as roupas de Carmen, a cargo do figurinista Barjansky, cheias de amarelos e dourados. Mas Natalie Kalmus, da Technicolor, pediu meses para entregar as cópias, o que prejudicaria a ideia de lançar o filme junto com o Copacabana de Hollywood. Kalmus foi dispensada e rodaram o filme em preto e branco mesmo, sem adaptar as roupas ou acentuar os contrastes — pode-se avaliar o prejuízo comparando as cenas do filme com o material publicitário em cores. E, finalmente, Carmen ensaiou seus números em casa, com a ajuda de Zezinho, Nestor e Russo do Pandeiro. Mas, pela primeira vez em toda a sua filmografia, nenhum dos amigos brasileiros é agraciado com uma sorridente tomada em plano médio a seu lado. Num dos números, distingue-se ao longe Nestor, de pé, tocando violino, Zezinho ao violão, e mais nada (os irmãos Ozorio já não estão à vista). Em compensação, três jornalistas de Nova York — os colunistas Earl Wilson, do *New York Post*, Louis Sobel, do *Daily News*, e Walter Abel, do *Variety* — fazem uma ponta como eles mesmos. Para filmar a cena em que aparecem, e que dura um minuto na tela, exigiram três *stand-ins*, dois dias de filmagem e um camarim portátil para cada um. Fizeram isso de brincadeira, não esperavam ser atendidos — mas foram, e, desde então, suspeitaram de que ninguém ali tinha muita noção de custos.

Aos 56 anos, Groucho estava com uma mulher nova — Kay, 24 anos e melhor amiga de sua filha Miriam — e fora pai pela terceira vez. Melinda, sua filha com ela, acabara de nascer. Kay entrou logo em forma e Groucho conseguiu-lhe uma ponta de *cigarette girl* em *Copacabana*, para reforçar os rendimentos do casal. Tudo em matéria de dinheiro o aterrorizava. O fato de ter duas novas bocas para sustentar o deixava em pânico; o último filme dos Irmãos Marx, *Uma noite em Casablanca*, também do ano anterior, fora um fiasco; e seu irmão Chico ameaçava processá-lo, acusando-o de reter dinheiro que lhe pertencia — o que era verdade, mas Groucho e Harpo estavam usando esse dinheiro para pagar as dívidas de jogo de Chico e evitar que ele fosse morto. Groucho temia que Chico ganhasse o processo e o arruinasse. Por isso, para se precaver, estava fazendo toda espécie de anúncio que lhe ofereciam — de charutos, cigarros, caneta, cerveja, lâminas de barbear — e cuidou para que as falas engraçadas de Carmen em *Copacabana* fossem apagadas. Mesmo assim, queixou-se de que ela o reduzira "a uma banana de segunda classe" no filme.

Não era engraçado ser um Irmão Marx.

Fora da tela, Dave Sebastian só vira Carmen ao vivo num programa de auditório, na rádio CBS, em 1945. Ao fim do programa, não fora falar com ela, nem se aproximara. Sabia o seu lugar: era apenas mais um na plateia, separado da estrela por várias filas de cadeiras e por um abismo. Um ano se passou e, de repente, graças ao acaso, seu nome seguia-se ao dela entre os letreiros de um filme.

Num dos créditos de *Copacabana*, lia-se: "Produtor associado — Walter Batchelor. Assistente do produtor — Dave Sebastian". Uma velha piada em Hollywood rezava que não havia nada mais baixo na face da Terra do que um produtor associado — por ser um sujeito capaz de associar-se a um produtor. Imagine então o assistente desse produtor. Na verdade, "assistente do produtor" foi um cargo simbólico criado para Sebastian como representante de seu irmão Maurice, um dos investidores em *Copacabana*. Este temia que o "estrelismo" de Groucho ou que o "mau gênio" de Carmen — "temperamental como toda latina", segundo Sebastian — atrasasse o filme e lhe causasse prejuízo.

Carmen só saberia disso depois, mas Sebastian ficou de preposto, encarregado de zelar pelo bom andamento dos trabalhos. Uma das maneiras de garantir a tranquilidade era prover Groucho de charutos e certificar-se de que Carmen tivesse flores frescas diariamente no camarim — com um agrado tão baratinho, liquefazia-se um possível gênio de cão. Mas, antes disso, como ele mesmo admitiu, fez uma "sindicância" a respeito de Carmen, aprendendo sobre seus hábitos, horários e amigos. (Imagine sua surpresa ao descobrir que ela não falava como nos filmes.) E, pelo visto, ficou satisfeito. Tanto que, terminada a filmagem, pediu-a em casamento.

Os Sebastian eram judeus romenos, baseados na Califórnia. Dave, 38 anos, era o mais novo de oito irmãos, dos quais cinco eram mulheres. Como ele próprio contava, sua família, antes de acumular "alguns meios" fabricando malas, vivia numa zona violenta de Los Angeles e ele precisava "brigar todos os dias". Inimigos não faltavam: irlandeses, italianos, hispânicos. Seu pai e um dos irmãos teriam sido produtores de cinema. Outro irmão teria sido noivo de Clara Bow, a "'it' girl". E ele, Dave, também teria passagens pelo cinema, em funções que as enciclopédias não costumam registrar: câmera, técnico de laboratório, editor de som, diretor assistente e, ultimamente, assistente de montador (na Columbia). Na verdade, era um biscateiro, sem profissão definida.

Como "assistente do produtor" em *Copacabana*, uma de suas primeiras atribuições foi buscar Carmen em casa para uma reunião no estúdio. Carmen confundiu-o com o motorista que estava esperando. A princípio ela não o associava às flores que recebia no camarim (achava que eram uma gentileza da produção). Só passou a prestar-lhe atenção quando ele cuidava de distrair dona Maria ou comprava balas para Carminha, que às vezes iam com ela para o trabalho. A partir dali, com frequência, Sebastian ia visitá-la no camarim, para perguntar se precisava de alguma coisa ou como poderia ajudá-la.

CARMEN

"Ele não sabe o que fazer para me agradar", comentou Carmen com Aurora.

As filmagens de *Copacabana*, todas em estúdio, tomaram de fins de outubro a meados de dezembro de 1946. Findos os trabalhos, Carmen telefonou a Sebastian para comprar as fantasias que ela usara no filme. Sebastian disse que eram um presente da produção e se ofereceu para levá-las a North Bedford Drive. Fez isso — e convidou-a para jantar. E só então Carmen percebeu que havia ali, por parte dele, um interesse além do chamado dever de ofício.

O Trocadero estava em obras, mas ele podia tê-la levado a algum dos night-clubs oficiais. Em vez disso, propôs um restaurante chamado Lucey's, ponto de atores e técnicos do segundo time, em frente à Paramount. (Carmen gostou.) Foi a única vez que Sebastian a levou a um lugar de gente mais ou menos conhecida. Nas vezes seguintes, só jantaram em restaurantes fora do circuito do cinema — o que dava prazer a Carmen, porque mostrava que ele não queria exibi-la.

Certa vez, numa entrevista, Carmen fizera uma restrição aos homens americanos:

"Eles convidam uma mulher a sair, pagam-lhe um belo jantar, e passam o resto da noite tentando espremê-lo [o jantar] para fora da mulher."

Não era o caso de Sebastian, sempre reservado e respeitoso. Enquanto isso, as flores continuavam a chegar a North Bedford Drive. Na segunda vez em que saíram juntos, Sebastian a pediu em casamento. Carmen riu, agradeceu e com delicadeza recusou. Não seria por isso, é claro (ou não seria *só* por isso), mas Sebastian passava longe dos atlas e dos apolos que ela tinha em seu currículo amoroso. Era feio, baixo (pouco maior que ela), magro, cabelo espetado e prematuramente branco, nariz de boxeador, alguns dentes a menos — mas com caninos bem pronunciados, quase draculescos —, puxando conspicuamente de uma perna (tentava disfarçar com um sapato de palmilha grossa) e com um notável mau gosto para gravatas-borboleta.

Apesar de um certo charme juvenil no sorriso, realçado pelo contraste com o cabelo prateado, Sebastian, em condições normais, não teria chance de ver sua proposta nem sequer considerada por Carmen. Mas várias coisas aconteceram ao redor de Carmen nas semanas seguintes. Coisas que a feriram, lhe abriram os olhos ou lhe deram coragem — daí a súbita transformação que virou o jogo a favor dele.

Tanto que, quando aconteceu, foi de supetão. No começo de março de 1947, ela continuava alheia a Sebastian e com a cabeça ainda povoada por outros homens. Menos de duas semanas depois, no dia 17 de março, em Hollywood, Carmen se tornava a sra. David Alfred Sebastian.

24 | 1947
Sebastian

Menos de um ano antes, Carmen fora peremptória:

"Casamento? Neca. Não acredito em casamento misturado com a vida artística." Era ainda a sua entrevista a Cesar Ladeira para *Diretrizes*. "Conheço poucos casamentos felizes em Hollywood: Ingrid Bergman, Irene Dunne, Claudette Colbert — todas casadas com médicos. Aí, sim, artistas casadas com homens de outras profissões. Mas, [sendo ambos] do mesmo métier, não acredito. E só tenho tido propostas de homens de cinema."

Verdade? E como ela reagia quando um deles descia do conversível branco e, caindo sobre um joelho, lhe pedia a mão?

Carmen passara a noite de seus 38 anos, 9 de fevereiro de 1947, de mãos e corações dados com seu novo namorado, o ator Donald Buka, no Slapsy Maxie's, um nightclub no Wilshire Boulevard. No dia seguinte, a foto nos jornais mostrou um casal feliz em repartir aqueles momentos com a câmera. A diferença de idade — ele, 25 anos, treze a menos que ela — não parecia importar. O atraente Buka, nascido em Cleveland, Ohio, tinha um pé firmemente plantado no rádio, em Nova York. O outro, ele às vezes usava para sentir a temperatura da Broadway ou de Hollywood, mas nunca molhando mais que a ponta dos dedos. Em 1943, Donald fora à Costa Oeste pela primeira vez, para filmar *Horas de tormenta* (*Watch on the Rhine*), com Bette Davis, na Warner, baseado na peça de Lillian Hellman. Ignorara os convites para ficar, voltara para Nova York, e só retornara agora, para interpretar um gélido assassino em *Rua sem nome* (*The Street With no Name*), com Richard Widmark. Foi onde Carmen o conheceu e se encantou com seu jeito — era como se carreira e sucesso fossem seus interesses mais remotos.

Por causa de Donald, Carmen estava a fim de passar uns tempos em Nova York, produzindo e estrelando uma revista ou, quem sabe, uma comédia musical — algo de prestígio que, depois, ela poderia levar para o cinema. Por sua vez, Carmen também inspirara uma ideia a Donald, só que mais imediata: os jornais publicaram que ele pintara seu carro de vermelho, em homenagem a ela.

"Por que vermelho?", Carmen lhe perguntou.

"Porque Carmen quer dizer carmim, você sabe", ele explicou.

Não, ela não sabia — e por essas e outras é que estava, mais uma vez, tão apaixonada.

Naquela noite, ao vê-la com Buka, ninguém poderia suspeitar que uma cadeia de fatores estivesse se formando, como uma nebulosa no espaço, para arrastar Carmen ao casamento com o mais improvável dos pretendentes. Mas depois ficou claro que os sinais já vinham desde meados do ano anterior. Alguns de seus últimos namorados — homens de quem ela gostara e em quem ainda depositava uma secreta esperança — estavam tratando da vida ou fazendo planos que não a incluíam. Com isso, seus sonhos de casar-se, ser mãe e aposentar-se — descer das luzes no auge — pareciam mais distantes a cada dia e hora. Em compensação, seus aniversários ficavam cada vez mais próximos uns dos outros. E, para onde se virasse, Carmen recebia uma informação que a atingia em seu íntimo. Como esta, sobre Aloysio de Oliveira.

Aloysio divorciara-se da mulher, Nora. Sua filhinha, Louise, ainda não completara dois anos. Nora pedira demissão da Disney e voltara para a casa de sua família, no Texas, levando a menina com ela. Aloysio não se opusera. E, como se nunca mais pudesse viver solteiro, não demoraria a se casar de novo, dessa vez com Nikky, showgirl do Earl Carroll's Vanities: uma americana para quatrocentos talheres, espaventosamente ruiva, curvilínea, com seios estilo balcão do Radio City Music Hall (enormes, debruçados sobre a plateia), e dada a rir e a falar alto até em igrejas e velórios — a descrição, com outras palavras, é do próprio Aloysio.

Em Beverly Hills, Carmen ficaria sabendo desse casamento quase ao mesmo tempo em que ele se realizava. A notícia não contribuiria para levantar o seu moral. Era mais uma prova de que Aloysio se casaria com o primeiro par de peitos que lhe passasse pela frente, menos com ela. O fato de que também esse casamento duraria pouco mais de um ano, e que Nikky tomaria de Aloysio (e enfiaria no decote) o pouco que ele conseguira economizar até então, não resultaria em nenhum conforto para Carmen — mesmo porque, quando Aloysio se separasse, Carmen era quem estaria casada.

Do Rio, chegou-lhe a notícia de que seu ex-namorado Carlinhos Niemeyer também desfizera o noivado com Vera, a namorada que ele tinha no Brasil enquanto permitia que ela, Carmen, se apaixonasse por ele em Beverly Hills. Mas o fato de ter terminado com Vera não queria dizer nada, porque Carlinhos já estava de namoro firme com Maria Luiza, Luizinha — que ele conhecera na praia, jogando peteca no Posto 5, em frente ao cinema Rian, em Copacabana (e com quem se casaria para o resto da vida).

Só lhe faltava agora uma decepção com Donald Buka, o namorado que ela deixara em Hollywood em meados de fevereiro, ao partir para uma temporada de duas semanas no Colonial Inn, em Miami (acompanhada pelo conjunto de Frank Marti, paulista radicado nos Estados Unidos), e para uma série de eventos na Flórida. Carmen roubou o show e os refletores do Lincoln Theatre na estreia de gala de *Trapalhadas do Haroldo* (*The Sin of Harold Diddledock*), que marcava a volta de Harold Lloyd ao cinema, dirigido por Preston Sturges. Horas depois, ela seria o centro das atenções numa mesa em torno do rei do açúcar cubano, Jorge Sanchez, e formada por alguns dos maiores *causeurs* americanos: Mickey Rooney, Sophie Tucker, o fulgurante Sturges e o embaixador Joseph Kennedy. Mas, pelas suas costas, o destino urdia das suas. Ser capaz desse brilho não era suficiente para prender um homem que resolvera dedicar-se a novos amores.

Em poucos dias, Buka sumira de Hollywood, escapara ao alcance dos telefonemas de Carmen e desaparecera do noticiário — até um colunista publicar, sem mais detalhes, que Carmen Miranda estava "apaixonada por um americano que preferiu se casar com outra". A história se repetia com uma regularidade que beirava a falta de imaginação. Mais uma vez, Carmen era dolorosamente passada para trás por um homem ou caroneada por outra mulher.

Foi em meio a mais essa humilhação que ela resolveu escutar o que Dave Sebastian tinha a dizer, nos sôfregos e diários interurbanos que ele lhe fazia.

Interurbanos, aliás, disparados do próprio aparelho de Carmen, em North Bedford Drive, enquanto doses de bourbon em copo alto amenizavam a longa espera para que a telefonista completasse a ligação. (Por algum motivo, Sebastian ia para a casa de Carmen quando queria lhe telefonar para Miami — Aurora o recebia porque achava que sua irmã o havia autorizado.)

Nessas conversas, Sebastian tentava convencer Carmen de que, como grande estrela que era, ela deveria aproveitar ao máximo o sucesso. Uma das maneiras de fazer isso era tornar-se produtora de seus filmes — "como Chaplin" —, para poder escolher o diretor, as histórias, o elenco, as canções e os figurinos. Carmen Miranda deveria ser uma corporação, dizia Sebastian, dona do seu próprio espetáculo e até dos espetáculos dos outros — ao descobrir um artista de talento, deveria contratá-lo. Mas Carmen não queria ser dona de ninguém, exceto de si mesma. De certo modo, no entanto, estava de acordo: agora que tinha sua independência, precisava de projetos que a libertassem da imagem em que a Fox a aprisionara.

Sebastian a alertou de que, para isso, ela precisaria de financiamentos. Era nesse sentido que ele se dispunha a ajudá-la, com sua experiência e suas relações — afinal, "conhecia todo mundo". Carmen não se lembrou de perguntar-lhe — já que ele conhecia tanta gente — por que continuava pobre e seu último emprego fora na sala de montagem de um estúdio então de segunda classe, como a Columbia. Talvez porque ela soubesse que, mesmo com um estúdio por trás, era difícil vencer naquele meio. E sua própria situação (dela, Carmen), agora que não tinha mais o guarda-chuva da Fox, também não era das mais tranquilas.

Para começar, Carmen não se considerava uma atriz, por nunca "ter aprendido a representar". Considerava-se "uma *entertainer*", e se perguntava até quando as pessoas continuariam gostando de ser *entertained* por ela. Carmen calculava que sua carreira teria de passar por uma reformulação em pouco tempo, porque seu estilo de dançar, ágil, dinâmico e malicioso, começava a ficar impróprio para uma mulher já perto dos quarenta. O que era propositadamente uma caricatura perigava reduzir-se a uma caricatura da caricatura. E, no Brasil, onde ela tanto gostaria de ser aceita, já havia quem achasse isso.

Se eu fosse feliz acabara de estrear no Rio, e os críticos não perderam a oportunidade. Moniz Vianna, no *Correio da Manhã*, depois de espancar o filme de alto a baixo, citou "uma Carmen Miranda acafajestada, que já não sabe cantar, falar ou andar". *O Globo* deplorou suas "macaquices". Outros continuaram insistindo na sua alegada desnacionalização. Hugo Barcellos escreveu no *Diário de Notícias*: "Carmen Miranda é a única pessoa no Brasil que não sabe interpretar sambas". E Walter George Durst, numa revista semanal, armou-se de rancor para classificá-la de "uma portuguesa que consegue ser um pouco mais brasileira do que a estátua da Liberdade". Essas exigências nacionalistas estavam sendo feitas num país, o Brasil, em que o grande sucesso musical do ano era uma rumba — "Escandalosa", de Moacir Silva e Djalma Esteves —, na voz de Emilinha Borba, e gravada também por uma antiga campeã do samba: Aracy de Almeida.

Carmen imaginou que talvez fosse o momento de assumir-se de vez como uma estrela internacional, não mais como uma brasileira que trabalhava nos Estados Unidos. E, para isso, ela teria, em 1947, propostas fascinantes. O diretor Ernst Lubitsch lhe acenara com a possibilidade de um filme na Paramount, e tudo que ele fazia tinha um sofisticado sotaque europeu. Mas Lubitsch morreria dali a meses, antes de se sentarem para conversar. Do México, o diretor Emilio Fernandez a convidava para filmar *La vida de Argentinita*, com o admirado Cantinflas. Depois, seria Maurice Chevalier, que se disse encantado com a sua interpretação de Mademoiselle Fifi em *Copacabana* — viva as freirinhas com quem aprendera francês no colégio da Lapa! — e mandara sondá-la para um musical a ser rodado em Paris. Infelizmente, nenhum desses filmes se concretizou, pela gerência inepta que sua carreira tomaria muito em breve.

Mas, mesmo que tivessem se realizado, nada daquilo resolvia seu principal problema, e que não tinha nada a ver com sua vida profissional. Era a sua vontade louca de ser mãe — e o tempo que corria contra ela. Numa época em que não eram raras as menopausas aos quarenta anos, uma gravidez aos 38 ou 39 (e, pior ainda, uma primeira gravidez levada a termo) era considerada de alto risco. Se se descobrisse grávida, Carmen teria de passar quase os nove meses de cama, para não correr riscos. Evidente que essa hipótese exigia, em primeiro lugar, a existência de um marido.

No fim do ano anterior, Aurora ficara grávida como planejara. A criança era esperada para agosto de 1947 e, se fosse um menino, se chamaria Gabriel, como o pai. Carmen vibrou ao receber a confirmação da notícia e apoiou a decisão da irmã de deixar a carreira de lado. Depois de uma vida à luz dos holofotes, Aurora, aos 32 anos, se realizaria como mãe e mulher — e, para Carmen, essa era a sua ideia de plenitude. Alice Faye também trocara o estrelato por marido e filhos, e não queria outra vida. Já Betty Grable estava tentando provar que era possível conciliar tudo: o casamento com o *bandleader* mais famoso da América, mais os filhos, os cavalos e os filmes. Até então, estava conseguindo — mas, até quando? O mundo ao redor de Carmen parecia girar à volta de pais e filhos. (Para cúmulo da humilhação, até Groucho Marx, que já tinha idade para ser avô, fora pai no ano anterior.)

Nos primeiros dias de março de 1947, ainda que pelo telefone, as circunstâncias começaram a atirar Carmen para o casamento com Sebastian. Depois de tantos desgostos com namorados, ela se lembrou do conselho que Aurora lhe dera naquele longínquo 1940, no Rio: não confunda paixão com casamento — para se casar, escolha um homem de quem não goste tanto, mas que seja bom para você. Aurora fizera isso e era muito feliz com Gabriel. Para Carmen, Dave parecia enquadrar-se sob medida na receita. Ela gostava dele, mas não estava nem um pouco apaixonada. Ele é que, insinuante e com grande lábia, parecia louco por ela.

E Carmen conseguia enxergar seus méritos. Dave — poucos meses mais velho — era um homem, não um garoto. Sendo americano, iria protegê-la dos outros americanos. Não tinha dinheiro (só usava um paletó, um espinha-de-peixe que às vezes parecia cheirar como o próprio peixe), mas o que ela ganhava dava de sobra para os dois e para quem mais viesse. E, contrariando o que ela já dissera, Dave trabalhava em cinema, conhecia os atalhos e as armadilhas do show business e, como prometera, produziria os seus filmes. Faria isso e já dissera que não se sentiria ofendido por se tornar "Mister Miranda". Mas o mais importante é que, com ele, ela seria mãe quantas vezes quisesse e enquanto pudesse — passaria o ano dando o peito, trocando cueiros, costurando camisinhas de pagão. Se calhasse, seria eleita a "Mãe do Ano". Além disso, Dave tinha outra qualidade: ele a pedira em casamento. E não vamos nos enganar: fora o único a fazer isso.

Acabara de pedi-la pela segunda vez, num telefonema para Miami, e propunha que se casassem assim que Carmen voltasse. Disse que um anel de brilhantes estaria esperando por ela em Beverly Hills. Mesmo assim, Carmen queria tempo para pensar. Mas, depois de tudo considerado, e até por *faute de mieux*, não via mais por que recusar. Ao telefonar para casa e discutir o assunto com a família, há o registro de que empregou uma expressão então corrente no Rio e que o compositor Pedro Caetano usaria em seu grande samba para o Carnaval do ano seguinte:

"Querem saber de uma coisa? É com esse que eu vou."

428 | CARMEN

■

Carmen voltou de Miami e marcou o casamento para o dia 17 daquele mesmo mês — a menos de duas semanas. Aurora, Cecilia e dona Maria não entenderam a razão do açodamento e pediram a Carmen que esperasse um pouco, para refletir melhor. Para que seguir um impulso e fazer uma coisa tão às pressas, decidida quase de véspera?

Carmen só tinha um argumento para justificar-se:

"Preciso de um homem ao meu lado."

Levando esse motivo ao pé da letra, sua primeira providência foi reformar seu quarto de dormir, de móveis franceses, em cinza e dourado. Juntou as camas gêmeas, mandou fazer um estrado duplo e, com um reposteiro novo, converteu-as numa cama de casal. (A lareira no quarto, que o clima da Califórnia já dispensava, agora é que ficaria mesmo sem uso.) Até aí, tudo bem — dividir a cama fazia parte do casamento. Mas Carmen tinha mais o que dividir, provocando uma explosão de Cecilia:

"Não faça uma coisa dessas, Carmen! Como é que você, sendo quem é, vai se casar com comunhão de bens?"

A Califórnia era um dos nove estados americanos regulados por leis de *community property* — uma lei em que todos os rendimentos e propriedades adquiridos depois do casamento pertenciam a ambos, independentemente de os dois ganharem igual, ou um ganhar muito e o outro, pouco ou nada. Naquele dia, Cecilia estava se fiando em que todas as propriedades adquiridas *antes* do casamento continuariam pertencendo apenas a Carmen.

Sebastian, por outros motivos, precisava andar na ponta dos pés. Enquanto pôde, omitira de Carmen e da família o fato de ser judeu — uma precaução que julgou necessária diante de pessoas tão católicas. Dizia-se adepto da Ciência Cristã, e sua intenção era a de que, por isso, Carmen abrisse mão da cerimônia religiosa. Quando descobriu que não escaparia a um casamento na igreja, teve de revelar-se para Carmen. Declarou-se disposto a uma conversão, e concordou em ir ao padre da igreja do Bom Pastor para tomar as "instruções" — noções elementares de cristianismo. O padre prometeu dar-lhe as instruções, mas uma instância mais alta da diocese negou permissão a Carmen para o casamento. Sebastian ficou irritado. Carmen procurou seu velho amigo, o arcebispo de Los Angeles, e este os encaminhou aos padres irlandeses que controlavam as tecnicalidades católicas nos Estados Unidos.

Sebastian, segundo suas próprias palavras, teria conversado com um desses padres e aberto o jogo:

"O senhor não tem escolha, monsenhor. Escolha nenhuma. Ou o senhor nos dá o direito de casar na Igreja católica, para o que estou perfeitamente disposto a tomar as instruções e deixar todo mundo feliz, ou vamos nos casar no civil, por uma autoridade civil, de fora da Igreja — e, com isso, o senhor perde Carmen e perde a mim. Fica a seu critério tomar a decisão."

Vencido pela dureza do interlocutor, o padre lhe disse:

"Está bem, Dave. Tome as instruções e case-se com Carmen na Igreja."

Acertados data, local e padrinhos, só restava sacramentar certos detalhes. Seria uma cerimônia simples, quase indigente, para os padrões de uma cidade que, dez anos antes, em 1937, abrigara o casamento de Jeanette MacDonald e Gene Raymond — o mais bonito e suntuoso da história de Hollywood. (O único deslize tinham sido os sapatos novos do cantor Allan Jones rangendo impiedosamente quando, sob solene silêncio, ele atravessou a nave com os outros pajens em direção ao altar.) O casamento de Carmen nem sequer chegaria aos pés de outro, ainda mais antigo, de 1927, na própria igreja do Bom Pastor: o de Vilma Banky e Rod La Rocque — ela, húngara de nascimento e estrela de *O filho do sheik*, sem falar uma palavra de inglês; ele, descoberto num circo e astro do primeiro *Os dez mandamentos* (*The Ten Commandments*, 1923), de Cecil B. De Mille. A cerimônia fora uma festa colossal em Hollywood, com Harold Lloyd, Constance Talmadge, Ronald Colman e Bebe Daniels entre os pajens e damas de honra, o cowboy Tom Mix chegando numa carruagem puxada por quatro cavalos, e por aí afora. A união é que duraria pouco, porque os noivos não eram adeptos do sexo oposto. E a carreira de ambos seria liquidada naquele mesmo ano pelo cinema falado.

O casamento de Carmen seria, sobretudo, sincero. Na véspera, ela chamou Cecilia ao seu quarto:

"Cecilia, vamos rasgar estas cartas do Carlos Alberto."

Despejou na cama uma caixa com maços de cartas — as que Carlos Alberto da Rocha Faria lhe escrevera quando ela viajava para as temporadas em Buenos Aires e no primeiro ano que passara em Nova York. Ali, sobre a cama de Carmen, algumas foram abertas e lidas pela última vez, entre muitas exclamações:

"São lindas, Carmen", dizia Cecilia. "Olha esta aqui! [E lia um trecho.] Pelo amor de Deus, não rasgue!"

"Rasgo, sim", insistia Carmen. "Vou me casar. Não posso ficar guardando essas cartas."

Havia algo de simbólico nessa decisão: era Carmen se despedindo do homem de quem mais gostara e que, de certa forma, definira sua vida — se ele tivesse se casado com ela no Rio, não haveria a Broadway, nem Hollywood, e Carmen Miranda havia muito teria deixado de existir. Mas a vida quisera diferente. E assim, meticulosamente, Carmen fez seu passado em pedaços e, depois, picou-o como confete.

No dia seguinte, numa cerimônia para poucos, na igreja do Bom Pastor, Carmen e Dave trocaram grossas e pesadas alianças (para "durar para sempre", segundo ela) diante do monsenhor Patrick J. Concannon. Ao ser perguntada se aceitava Dave como seu legítimo esposo, Carmen, em vez de responder "Sim", disse "Vou". Mas padre Patrick entendeu o espírito da coisa e os casou assim mesmo. Aurora e o irmão de Dave, Maurice, assinaram como testemunhas. Carmen usava cabelo laranja sob um véu de flores e lantejoulas, um conjunto de lã branco e plataformas em azul e rosa com tachinhas brilhantes. Dave, um jaquetão risca de giz azul, uma pavorosa gravata-borboleta de listras azuis e vermelhas e meias brancas — sob a camisa, junto à estrela de davi pendurada em seu pescoço, a medalhinha de santo Antônio que Carmen lhe dera.

Pouco depois, na recepção igualmente simples em torno da piscina em North Bedford Drive, Stenio Ozorio fez uma cara significativa ao observar o jeito de Sebastian arrastar uma perna ao andar. Carmen adivinhou o que estava se passando pela cabeça de Stenio e, sempre incorretíssima, sussurrou, rindo:

"Pois é. Namorei tantos homens bonitos e fui me casar com um manquinho!"

Nas duas semanas que haviam transcorrido entre a saída de Carmen de Miami e o dia do casamento, seu cunhado Gabriel estava em Cuba, a negócios, e não pôde voltar para a cerimônia. Não há registro da presença de Aloysio — se foi convidado, não se sabe se compareceu. O cônsul Raul Bopp, homem experiente e amigo de Carmen, já deixara Los Angeles por seu novo posto, em Lisboa; seu substituto, Afonso Portugal, acabara de chegar e não era íntimo de Carmen para lhe dar conselhos. (Além disso, fora convidado a ser o padrinho.) E seu vice-cônsul Vinicius tinha essa intimidade, mas, quando deu palpite sobre o casamento, foi a posteriori — disse que não via sentido... no noivo. (A mulher de Vinicius, Tati, que acabara de chegar do Brasil, também não seria uma admiradora de Sebastian.)

Tampouco há registro da presença de amigos antigos como Gilberto Souto e Dante Orgolini no casamento. E Elsa e Alex Viany, de forma inexplicável, não foram convidados — para eles foi dito que a cerimônia seria em São Francisco. O único jornalista autorizado a comparecer teria sido o caricaturista Luiz Fernandes, correspondente do *Jornal das Moças* em Hollywood, e que escreveu deslumbrado sobre a festa. (Especialmente porque, com o atraso do cônsul e de sua esposa, ele teria assinado como padrinho, junto com Aurora.) De propósito ou não, Carmen se privou da visão de pessoas que a conheciam bem e lhe queriam ainda melhor, a respeito do passo que estava dando. Não que essas pessoas tivessem força para alterar sua decisão.

Dois dos antigos companheiros poderiam ter dito a Carmen o que pensavam daquilo. Um era o violonista Laurindo de Almeida, que finalmente emigrara para os Estados Unidos e acompanhara Carmen na minitemporada em Miami. Laurindo julgou radiografar Sebastian assim que lhe foi apresentado — e o que ele viu foi o caça-dotes, o vivaldino, interessado em subir usando o dinheiro e a posição de Carmen. Mas Laurindo só diria isso a ela quando já não adiantava mais. Outro, Stenio, o mais antigo amigo de Carmen na cerimônia, teria comentado, não para ela, mas para Andréa, sua mulher:

"Este é o começo do fim de Carmen Miranda."

A foto mais conhecida da festa mostra, sentados num sofá, o cônsul Portugal e sua mulher, Glorinha (também chamada de Dó), dona Maria, Carmen, Sebastian, Cecilia e, à frente de Carmen, sua sobrinha Carminha. Foi batida quando já se encerrava a recepção — todos sorridentes, suas expressões confiantes em que aquela felicidade se eternizaria. Mas ela pode ter registrado o último momento de felicidade a dois para Carmen e Sebastian. Pelo que se depreende dos relatos, a guerra conjugal começava ali, tendo como combustíveis a decepção, a revolta e várias formas de crueldade, da parte de um ou de outro.

Esses relatos, partidos da família de Carmen, falam de uma noite difusa e frustrada em São Francisco, para onde os noivos teriam ido logo depois do casamento, e onde os "parentes ricos" de Sebastian os esperariam com um grande jantar no restaurante Ernie's, na Montgomery Street. Mas, ao chegar a São Francisco, não haveria parentes nem jantar, numa reviravolta que nunca se explicou. Apenas uma noite no hotel (possivelmente o St. Francis), com o jantar pedido ao *room service* e comido em silêncio no quarto; depois, Carmen, sem conseguir dormir, os dois faróis verdes virados para a parede, começando a suspeitar de que cometera um grave erro; e, no dia seguinte, a volta, também muda, para Beverly Hills.

Aurora, por sua vez, já não suspeitava de nada. Tinha certeza. E mais ainda quando começaram a pipocar em North Bedford Drive as contas do florista e da joalheria, cobrando as flores que Sebastian mandara para Carmen durante semanas e até o anel de brilhantes que ele lhe dera. As contas vinham em nome de Carmen Miranda. Isso explicava também os longos e custosos interurbanos para Miami dados a partir do telefone de Carmen. E a preferência de Sebastian por restaurantes baratos, quando ele a levava a jantar — porque eram os únicos que podia pagar.

Para Aurora, Carmen caíra numa armadilha. E, por mais que sua irmã fosse uma mulher frágil e carente, Aurora tinha de reconhecer que Sebastian fora brilhante: do fim das filmagens de *Copacabana*, em meados de dezembro, ao casamento, em março, ele só dispusera de três meses para jogar a rede. Mas trouxera o peixe.

Para Carmen, não havia nada a fazer. Casara-se porque quisera — e o casamento era sagrado. Agora, aguentasse.

Quando Sebastian se mudou para North Bedford Drive, era como se estivesse se mudando para o Brasil. Mas ele já devia saber que seria assim. Com sua mulher, moravam a mãe dela (dona Maria), duas irmãs (Aurora, grávida, e Cecilia), um cunhado (Gabriel, marido de Aurora) e uma sobrinha (Carminha, filha de Cecilia). Outras presenças permanentes eram as de Zezinho e Odila, com o filho de ambos, também Zezinho, de dois anos e afilhado de Carmen; Stenio e Andréa, com as duas crianças, Joyce e Ronald; e os outros músicos, com suas mulheres ou namoradas. Entre os amigos, os mais regulares eram Elsa e Alex, agora somados a Tati e Vinicius, sendo que Elsa e Tati, esta com seus filhos Susana e Pedro, formavam um grupo de amigos de Carmen que entrava pelos fundos e ia direto para a piscina sem avisar. Alguns brasileiros também frequentes nessa época eram o cantor Dick Farney, indeciso entre sua promissora carreira americana e a volta incerta para o Rio; o violonista Laurindo de Almeida, pouco antes de juntar-se à orquestra de Stan Kenton; e Rosina Pagã, nos intervalos de seus namoros com os atores John Garfield e Brian Aherne, com o diretor John Huston e com meio mundo (Rosina deu muito em Hollywood, mas de nada lhe adiantou). Um ou outro, como Vinicius ou Dick, falava inglês com Sebastian. Mas a língua oficial da casa era o português, uma algaravia que Sebastian nunca ouvira antes e não fazia questão de aprender, por saber que não teria nenhum uso para ela fora dali. Das poucas palavras que aprendeu, uma foi "chato" — que usava para definir algum brasileiro que chegasse.

E havia os turistas brasileiros, para quem não apenas Carmen, mas também Aurora e Cecilia, abriam as portas e os braços, mandavam ir entrando e faziam com que se sentissem em casa. (Eram comuns as visitas de militares, vinte ou trinta de cada vez, comandados por um oficial. O recorde absoluto foram os guardas-marinhas do navio-escola *Almirante Saldanha* — mais de trezentos, a ponto de terem de se revezar em grupos de trinta para entrar na casa.)

Se estivesse trabalhando, Carmen achava normal voltar para casa no fim da tarde e encontrar tanta gente na piscina ou no jardim — só pedia um tempo para refrescar-se e vestir um short ou maiô, antes de juntar-se à turba. Para ela, conversar com eles, saber das últimas e rir muito era como receber no rosto uma lufada de Brasil. Para Sebastian, que passava o dia inteiro em casa, aquele entra e sai de brasileiros cacarejantes era uma invasão estrangeira. As músicas que cantavam em coro até de madrugada — velhos sucessos de Carmen ou do Carnaval — não lhe diziam nada.

Mas, como era inevitável, nem sempre os de fora traziam boas notícias. Foi por eles que Carmen e Aurora souberam da morte, em janeiro daquele ano, do querido cantor João Petra de Barros, que participara do disco de Aurora, "Se a lua contasse". Dois anos antes, ele tivera uma perna amputada num acidente. Sofrera muito e morrera agora em consequência dessa amputação. João Petra fora o criador de clássicos como "Até amanhã", de Noel Rosa, e "Feitiço da Vila", de Noel e Vadico. Estava com 32 anos. Por ironia, seus principais amigos — Noel, Luiz Barbosa e Custodio Mesquita — também tinham morrido muito jovens.

Todos os dias havia brasileiros para o almoço ou o ajantarado e a comida era sempre brasileira — feijoada, arroz de forno, rabada. Vários foram os hábitos alimentares que Sebastian teve de mudar de um dia para o outro — arroz em vez de batata, porco em vez de carneiro, farinha em vez de ketchup —, mas para tudo havia um limite. A vida ao redor da piscina tampouco lhe era rósea: por causa de sua perna (uma mais curta e mais fina do que a outra), evitava aparecer de calção na frente de estranhos, os quais, para ele, eram quase todos. Atribuía sua deficiência alternadamente a um acidente de trabalho ou a uma doença. (Stenio e Affonso diziam que devia ter sido um tiro e só se dirigiam a ele como "Deixa que eu chuto", em português, sabendo que ele não entendia.)

Sebastian tentou regular o uso da piscina, sem sucesso — para todo lado que se virava havia um brasileiro.

"Quero ficar a sós com minha mulher!", dizia, desesperado.

Mas os hábitos da casa eram anteriores a ele e estavam muito arraigados para permitir uma mudança súbita. Sebastian se irritava porque Carmen, por temperamento e falta de tempo, era a que menos opinava nos negócios domésticos. Se estivesse trabalhando, Carmen voltava para casa de madrugada e passava boa parte do dia dormindo — geralmente, só reaparecia no fim da tarde. Se tivesse acabado de cumprir uma temporada, dormia direto durante três dias, para se recuperar. Enquanto isso, as donas da casa eram dona Maria e Aurora, e a voz masculina que se ouvia era a de Gabriel. Carmen parecia uma hóspede — e, com isso, ele, Sebastian, ficava sem autoridade.

Ao disputar com Gabriel o posto de primeiro-marido da família, Sebastian sentiu de saída a hostilidade de Aurora. Sem querer favorecer o marido ou o cunhado, Carmen ficava paralisada — o que, sem que ela quisesse, favorecia Gabriel. Para sobreviver nesse terreno, Sebastian tentou várias *ententes*. A princípio, encheu Carminha de presentes (com o dinheiro de Carmen) para angariar a simpatia de Cecilia. Quando percebeu que, com esta, não conseguiria nada, dirigiu sua campanha contra ela. Chegou a tentar expulsá-la, mas Cecilia não se intimidou:

"A casa é da minha irmã e só vou se ela mandar."

Mas Carmen também se omitia, o que reforçava a posição de Cecilia. Sabendo que, com Aurora, jamais teria alguma chance, Sebastian voltou-se para uma terceira Miranda — dona Maria. Protegido pelo fato de não falar português e por ela nunca ter aprendido inglês, Sebastian passava o dia fazendo-lhe pequenos agrados e se dirigindo à sogra como mamãe:

"*Coffee, mamma?*"

Acabou arrancando de dona Maria um tratamento mais tolerante, embora isso não lhe valesse de muito naqueles primeiros tempos.

Sebastian resolveu tomar outras medidas para ganhar espaço. Começou por cortar visitas que apareciam todo dia para almoçar, como os músicos do ex-Bando da Lua. Sempre que o telefone tocava, corria para atendê-lo, em inglês, a fim de constranger possíveis visitantes brasileiros. Esbravejava contra o uso dos banheiros por aquela legião de visitas e contra o abuso de papel higiênico, ainda um artigo difícil de encontrar no imediato pós-guerra. (E era mesmo. Tanto que, quando Tati chegara a Los Angeles em fevereiro, Rosina Pagã fora visitá-la e, de presente, lhe levara dois rolos, como quem "presenteasse orquídeas".) Carmen disse a Sebastian que sossegasse o periquito — quem comprava o papel higiênico era ela, e seus amigos podiam usar até um rolo inteiro de cada vez, se precisassem.

Não que Sebastian fosse dos mais comedidos. Na primeira semana do casamento, foi a um alfaiate e mandou fazer nove ternos, na conta de Carmen. Seu guarda-roupa aumentou tanto que Carmen teve de reservar-lhe dois armários do closet. As brigas também começaram cedo, embora não se saiba se, já no primeiro mês, Carmen inaugurou a prática de, no meio de um bate-boca, tirar a aliança do dedo, jogá-la na privada e dar a descarga. (Faria isso pelo menos três vezes durante o casamento. Sebastian sempre lhe comprava uma aliança nova — com o dinheiro dela.) Ou se, já então, ela o mandou dormir no quarto de costura, como faria depois repetidamente. O fato é que, em meados de abril, apenas um mês depois do casamento — quando deviam estar no meio de uma apimentada lua de mel —, Carmen deixou Sebastian para trás, em Beverly Hills, e foi fazer uma temporada de dois meses no Copacabana, em Nova York.

Com isso, um dos projetos docemente acalentados por ela durante o noivado ficava também adiado: a viagem ao Rio, para apresentar Dave aos irmãos e desfilá-lo pela cidade. Antes do casamento, imaginara-se passeando com ele pela avenida Atlântica, almoçando nas Paineiras ou levando-o à Vista Chinesa. Em vez disso, Carmen estava no Copacabana, mas o de Monte Proser, a 7500 dólares por semana, fazendo três shows de meia hora por noite (dez, meia-noite e duas da manhã), acompanhada por um conjunto dirigido pelo brasileiro Fernando Alvarez — o mesmo que ela ajudara anos antes, no Rio, ao aceitar gravar um disco em dueto com ele. A ausência dos irmãos Ozorio nesse grupo representou a primeira vitória de Sebastian — Stenio, pelo menos, nunca mais tocaria com Carmen.

Era a primeira vez que Carmen se apresentava na boate que Proser criara em sua homenagem havia seis anos. Essa temporada fazia parte do contrato que previa o uso de seu nome na futura filial da Califórnia e o lançamento de seu filme com Groucho.

Aqueles foram também os primeiros shows de Carmen para valer num nightclub de Nova York. Os que fizera no passado, no Waldorf e no Versailles, não contavam porque ela acabara de chegar aos Estados Unidos e não dominava a língua — limitava-se a cantar e rezava para que ninguém da plateia lhe perguntasse nada muito difícil. Agora, anos depois, ela mesma se dirigia à plateia, conversava com qualquer um, contava histórias, zombava de si mesma.

"Olhei para um candelabro em minha casa e tive uma ideia para um turbante", ela dizia.

A plateia se sacudia de rir. Podia também falar a sério, como na noite de 11 de maio, quando anunciou que estava casada, que queria um filho e era "para já".

Foi ali, no Copacabana, que, sem citar a infeliz Lupe Velez, Carmen inaugurou a prática de soltar as melenas no palco, para mostrar que estava longe de ser careca e que, ao contrário, tinha abundante cabelo. Se sentisse que a plateia não estava acreditando, pedia a alguém da orquestra que o puxasse com força e gritava "Ai!". Aos que se espantavam de vê-la loura, apressava-se em informar: "É tingido!" — como se ninguém soubesse. A ideia de mudar a cor de seu cabelo viera da peruca loura que usara em *Copacabana* e que ela achara que lhe caíra bem. Só que a peruca tinha de ser penteada, era cheia de triquetriques e levava meia hora para ser aplicada — donde era mais fácil tingir. Aquela tonalidade, que seria a sua definitiva, estava mais próxima da cor natural de seu cabelo do que a asa de graúna que usava ao chegar aos Estados Unidos.

Carmen sabia que, se explorasse suas imperfeições, atrairia mais simpatia da plateia. Era um velho truque do show business, e os comediantes sempre souberam os limites dessa autodepreciação. Mas Carmen fez algo inacreditável: na terra da peruca, da maquiagem e das fotos com retoque, em que rugas e pés de galinha eram inadmissíveis numa estrela, mostrou sua cicatriz provocada pela cirurgia na vesícula. Em vez de escondê-la, deixou-a à mostra na fantasia e ainda chamou a atenção da plateia:

"Olhem só. É minha cicatriz favorita. E justamente onde aparece mais! Nos filmes, aplico uma borboleta ou uma flor em cima, para disfarçar. Mas, no show, faço questão de mostrar para todo mundo. Gosto que saibam que estive doente, para que fiquem com pena de mim."

Mas, o que a plateia diria se soubesse que Carmen *estava* doente e trabalhando com sacrifício no Copacabana? Ao fim de cada show, em que não se percebia nenhum senão, arrastava-se até o camarim, tirava a fantasia (entre as quais uma muito engraçada, de cestas de flores presas aos ombros), e se atirava exausta sobre um sofá. Estava com alguma coisa que não sabia explicar. A cada intervalo, a ideia de voltar para o show seguinte era intolerável.

Um brasileiro que conversou com ela num desses intervalos, seu velho amigo Paschoal Carlos Magno, ouviu sua confissão:

"Estou um trapo, Paschoal. Não sei o que há comigo."

Pouco mais de uma hora depois, no entanto, Carmen voltava ao palco para o show seguinte e, com seu profissionalismo, exibia uma alegria e uma vitalidade que a tornavam "colossal, uma sensação", como disse um crítico sobre o espetáculo. Em meados de maio, o organismo apresentou-lhe a conta: Carmen desabou no palco do Copacabana durante um dos shows. Corre-corre nos bastidores e seu médico em Nova York, o dr. Udall Salmon, foi chamado. Ele diagnosticou uma infecção intestinal causada por um vírus. Carmen foi levada para o LeRoy Sanitarium, e a temporada, interrompida.

Sebastian voou para Nova York para buscá-la. No dia 20 de maio, Carmen saiu do hospital diretamente para o aeroporto. Sebastian cancelou as semanas finais no Copacabana e a levou de volta para Los Angeles, argumentando que, além de tudo, o Copacabana lhe dava prejuízo: para cumprir aquela temporada, Carmen tivera que recusar fazer oito semanas no Roxy a 15 mil dólares por semana — o que era verdade. Noticiou-se que a empresa que controlava o Copacabana, a Chip Corporation, iria processá-la em 200 mil dólares por quebra de contrato. Carmen processou de volta a Chip em 260 mil dólares, por quebra de contrato no uso de seu nome no Miranda's Room do Copacabana da Costa Oeste — o qual nunca chegaria a existir. O Trocadero cancelara o arrendamento (alegando um trambique da Chip), retomara o imóvel e, com isso, Carmen ficou sem os mil dólares por semana a que teria direito por cinco anos — exatamente 260 mil. Os dois processos cancelaram-se mutuamente e ninguém se machucou, mas o Copacabana de Nova York ficaria de mal com sua musa enquanto Monte Proser estivesse à frente dele.

Na ida de Carmen para Nova York, Sebastian não perdera tempo em armar o novo esquema sob o qual ela passaria a trabalhar e do qual ele seria o gestor, gerente e agente. Começou por demitir George Frank, a quem Carmen devia sua libertação de Shubert e o contrato com a Fox. As funções de Frank seriam agora cumpridas por ele, Sebastian, sob a alegação de que, assim, o dinheiro da comissão "ficaria em casa". Para garantir que mais dinheiro "ficaria em casa", resolveu cobrar não os 10% de praxe, mas 15%. Sebastian anunciou também que todas as sondagens para filmes que Carmen vinha recebendo (de Lubitsch, de Cantinflas, de Chevalier) tinham sido desconsideradas, porque ele e Carmen formariam sua própria produtora. A ideia era rodar um filme por ano, a ser distribuído pela United Artists. O filme de estreia sob esse novo regime seria *Exchange Student*, um musical sobre uma garota brasileira mandada aos Estados Unidos para estudar.

Em junho anunciou-se que Carmen teria um programa de rádio, produzido e apresentado por ela, dedicado exclusivamente à música "latina". Em agosto, a ideia evoluíra para a criação de uma editora musical também voltada para a música "latina". Com a dissolução do grupo de músicos brasileiros que havia anos acompanhava Carmen — dissolução proposta por Sebastian —, foi oferecida a ela a possibilidade de organizar e dirigir uma orquestra feminina, como a de Ina Ray Hutton. Mas nada disso se materializou: produtora, filme, programa de rádio, editora, nem mesmo a orquestra feminina.

O que houve foram negociações confusas, em que Carmen se viu preterindo boas propostas por outras de menor interesse. Em agosto, por exemplo, recusou de novo quatro semanas no Roxy, num total de 60 mil dólares, dessa vez por "detestar o verão em Nova York". Em vez disso, foi cantar no Arrowhead Inn, em Saratoga Springs, não muito longe de Nova York, a 8500 dólares por semana. (Na noite de estreia, Carmen teve de voltar seis vezes ao palco e seu doce amigo Don Ameche, casualmente presente, deu um soco no nariz de um espectador que fizera um comentário desairoso sobre ela. Outro amigo presente naquela noite no Arrowhead era Haroldo Barbosa, que viera do Rio para uma longa temporada de estudos pelas rádios americanas.) Em setembro, Carmen recusou quatro semanas no Flamingo, o primeiro cassino de Las Vegas, a 12 mil dólares por semana. Mas aceitou voltar ao seu conhecido Chez Paree, em Chicago, também por 8500 dólares e, dessa vez, acompanhada por Jack Rodriguez and His Rhumba Band. Infelizmente, essa temporada no Chez Paree coincidiu com o "calor" do FBI sobre os nightclubs de Chicago para desbaratar suas ligações com as malhas de prostituição e drogas. Com frequência, os *G-Men* (agentes federais) davam batidas no local e os inocentes artistas, Carmen entre eles, eram levados (por proteção) para uma sala dos fundos, enquanto os clientes de pior catadura eram desarmados e presos.

Quando se diz que Carmen recusou isto ou aquilo, leia-se, de preferência, Sebastian — porque o recente desinteresse de Carmen por contratos e sua nova tendência a deixar que decidissem por ela se ajustavam como uma luva às pretensões gerenciais de seu marido. É possível que, em alguns casos, como o do Flamingo, ela nem soubesse que estava sendo convidada. Ou então ficou sabendo, mas não quis confrontar uma decisão de Sebastian.

Foi também por esse motivo — para poupar Carmen de um choque com o homem com quem ela acabara de se casar — que, em julho daquele ano, sua irmã Cecilia decidiu voltar para o Rio com Carminha. A situação entre ela e Sebastian azedara de vez, e os dois mal se cumprimentavam. Cecilia deixou-se influenciar por Dó, mulher do cônsul Portugal, que não via a hora de voltar para o Brasil, e foi embora. Carmen apenas se resignou. Sebastian fez uma marca na coronha. Podia concentrar-se agora na batalha contra sua maior inimiga: Aurora.

E, quando menos se esperava, um velho amigo da família reincorporou-se ao círculo: Aloysio de Oliveira.

Em seu livro de memórias, *De banda pra lua*, e em inúmeras entrevistas, Aloysio sempre deu a entender que, a partir do casamento de Carmen com Sebastian, em 1947, ele se afastou ou foi afastado do trabalho e do convívio com ela. Mas a realidade demonstra o contrário. Quem tomou a decisão de se afastar, em 1943, foi Aloysio, para fugir de Carmen — principalmente da ideia de se casar com ela. Foi trabalhar com Disney nos filmes "brasileiros" e, depois, ocupou o tempo casando-se com americanas e fazendo bicos em vários estúdios de cinema. Nos quatro anos que passou longe de Carmen, inclusive morando em Nova York, nada de importante aconteceu em sua carreira. Não se tornou "Mister Miranda", que era o que temia, mas também não fez o suficiente para ser reconhecido por seu próprio nome. Assim, no fim de 1947, ambos casados — e Carmen, com isso, impedida de continuar alimentando fantasias a seu respeito —, Aloysio simplesmente se ofereceu para ser reintegrado à turma.

Levou com ele um colega dos tempos de Disney: o letrista e, às vezes, compositor Ray Gilbert, 35 anos, com algum traquejo no trato com artistas "latinos" e em cometer versões em inglês para sucessos do Brasil ("Baia") ou do México ("You Belong to My Heart"). Carmen precisava de material especial para seus shows. Aloysio e Gilbert ofereceram-se para lhe fornecer canções que "satirizassem sua personalidade". Começaram com "I Like to Be Tall", "I'm Cooking With Glass" e "I Make My Money With Bananas", canções medíocres e ritmicamente híbridas, mas que davam ensejo a falas engraçadas de Carmen à guisa de introdução. A última, "I Make My Money With Bananas", era um caso à parte. Carmen já quase não trabalhava com bananas (seus turbantes tinham superado os motivos frutíferos), mas os americanos continuavam a identificá-la com elas — raro o dia em que não se publicava a surrada piada de que, se a situação financeira apertasse, bastaria a Carmen "comer seu turbante". E um colunista escreveu que ela "ganhava mais dinheiro com bananas do que a United Fruit". Não era verdade, mas, se fosse, seria com meios e para fins bem mais benévolos do que os utilizados pela United Fruit, acusada de financiar golpes de Estado nas "banana republics" das Américas.

Por sugestão de Aloysio, Gilbert converteu a marchinha "Touradas em Madri", de Braguinha e Alberto Ribeiro — um prodígio de concentração, com apenas quinze versos —, num paso doble intitulado "The Matador", com nada menos de cinquenta versos e quase um roteiro de desenho animado. Foram também Gilbert e Aloysio que levaram a Carmen o inacreditável (de ruim) "The Wedding Samba", anteriormente conhecido como "The Wedding Rhumba", de uma parceria (Abraham Ellstein, Allan Small e Joseph Liebowitz) de quem, por sorte, não se conhece nenhuma outra canção. A contribuição mais bem-sucedida de Gilbert para Carmen foi a versão em inglês de "Cuanto le gusta", do mexicano Gabriel Ruiz, outra rumba, mas esta até divertida, e com uma letra quase dadaísta.

Em novembro de 1947, Carmen marcou sua volta à Decca gravando "Cuanto le gusta", com as Andrews Sisters e a orquestra de Vic Schoen. O disco saiu (com "The Matador" no lado B) e sua distribuição no Brasil fez a alegria dos que afirmavam que Carmen já não tinha nada a ver com o país. E, a julgar por esse disco, não tinha mesmo: tudo nele — canções, arranjo, temáticas, até o sotaque de Carmen — tinha a ver com Cuba ou com o México, sem faltar trilos e pipilos. O estranho era que tal desnacionalização musical se desse justamente quando ela voltara a ter Aloysio como seu orientador.

Sebastian, pelo menos a princípio, não teve problema em assimilar Aloysio — e vice-versa. Com os outros brasileiros do antigo Bando da Lua fora do caminho, ele podia pôr em prática seu plano de "profissionalizar" o show de Carmen, usando músicos mais impessoais, simples contratados, e um pequeno grupo de dançarinos americanos para enriquecer o número. Aloysio, pelo visto, gostou da ideia. Em fevereiro de 1948, Carmen foi convidada para uma temporada de três semanas em Miami. Não havia tempo para formar um novo conjunto, donde Aloysio foi na frente para armar um grupo "semibrasileiro", com músicos locais. Quando Carmen e Sebastian chegaram, esses músicos já estavam prontos e ensaiados. Mas não deu certo — sem os arranjos de Vadico ou de Zezinho e sem o balanço dos músicos brasileiros às suas costas, Carmen já não era tão Carmen. Os jornalistas de Miami perguntavam: "Onde estão os Miranda's Boys?".

Tinham se dispersado. A última vez em que Zezinho, Nestor e os irmãos Ozorio haviam tocado juntos fora em novembro do ano anterior, na Capitol — não com Carmen, mas com Peggy Lee, na gravação do que seria o maior sucesso de sua carreira: "Mañana", dela mesma e de seu marido, o guitarrista Dave Barbour. (A ideia de Peggy usá-los como acompanhantes tinha sido de Carmen e, no selo do disco, que venderia 2 milhões de cópias em 1948, eles foram chamados de The Brazilians.) Ao fim da sessão, os rapazes saíram por Vine Street tocando e cantando "Mañana", sem se darem conta de que toda a letra (incluindo o refrão, "*Mañana/ Is soon enough for me*") era dolorosamente ofensiva, não apenas aos mexicanos de que parecia tratar, chamando-os de preguiçosos, mas também aos brasileiros e outros "latinos" que viviam sendo confundidos com eles.

Paradoxalmente, apenas três meses antes, numa das estreias de *Copacabana*, Carmen deixara escapar uma de suas poucas queixas públicas contra os Estados Unidos. Ao enfatizar que queria evitar certos clichês nos filmes que pretendia produzir, ela dissera ao colunista Lowell E. Redelings, do *Hollywood Citizen-News*, de 25/07/1947:

> O que me incomoda nos quase dez anos em que estou neste país é a maneira como a América do Sul é mostrada nos filmes. Somos apresentados como um povo desligado, meio selvagem, que deixa tudo para *mañana* [amanhã] e que canta músicas sensuais em cenários de luxo. Não somos absolutamente desse jeito. Damos duro em tudo que fazemos. Se dormimos a *siesta*, é porque o clima obriga. Mas começamos a trabalhar todos os dias muito cedo e trabalhamos até mais tarde do que as pessoas aqui. Os estúdios deveriam pesquisar melhor a América do Sul para tentar mostrá-la como realmente é. As pessoas na América do Sul não gostam do jeito que aparecem na tela. Não as culpo.

Mas a própria Carmen, sem querer, contribuía para a eternização de certos estereótipos. Uma das novas músicas de Ray Gilbert para ela era "Don't Talk Expensive, Talk Cheap", supostamente baseada numa frase que Carmen teria dito a Sebastian, significando "Não fale difícil, fale fácil". Mas, depois de oito anos nos Estados Unidos, Carmen teria dificuldade para entender o vocabulário de Sebastian? (Como se ele fosse H. L. Mencken ou Alfred North Whitehead.) Mais uma vez, essa letra refletia apenas o velho preconceito sobre o latino que, não importava quanto anos morasse lá, jamais dominaria a língua.

O próprio Sebastian não parecia ter vindo ao mundo para executar tarefas de alta complexidade. Apesar de se autonomear chefe da companhia, sua função nas excursões de Carmen consistia em chamar o rapaz da farmácia para aplicar injeções, na eventualidade de alguém ficar resfriado, ou mandar buscar cachorros-quentes na lanchonete, no caso de um ensaio avançar pelas horas extras. Além, claro, de cuidar do dinheiro: receber os cachês, pagar os músicos, e separar o dele e o de Carmen. Não era pouco.

Mas talvez sua atribuição mais importante fosse cuidar da frasqueira preta em que Carmen transportava sua farmácia particular: toda espécie de analgésicos, aspirinas e antidescongestionantes. O que mais havia na frasqueira, no entanto, era o assustador estoque de soníferos e estimulantes de venda controlada: *red devils*, como os íntimos se referiam ao Seconal; *bennies*, abreviatura carinhosa da Benzedrine — centenas de cápsulas de cada, em vidrinhos dentro de caixas. Para Carmen, esse estoque se explicava: numa cidade estranha, sem conhecer médicos que lhe pudessem passar uma receita para um suprimento de urgência, era melhor não correr riscos.

Na bolsa de Carmen, ficava o lindo objeto que Sebastian lhe dera (mas pago por ela) para, segundo ele, "transportar suas vitaminas": uma caixinha de ouro maciço, com a tampa adornada por cinco safiras, quatro rubis, seis pequenas esmeraldas e seis topázios. Dentro dela, as mesmas cápsulas vermelhas, verdes e amarelas que a punham para dormir ou a faziam acordar — numa quantidade que, para pessoas normais, duraria semanas. Para Carmen, aquela era apenas a dose do dia a dia.

25 | 1948
Sonho abortado

Carmen estava contando para Tati no bar do hotel em Miami, já quase de manhã:

"Tyrone Power me tirava para dançar no Ciro's. Diziam que era *fresco* [gay], mas bem que gostava de mulher. E estou de prova porque eu era uma uva e via como ele ficava [risos] ao dançar comigo..."

Carmen e Tyrone seriam apenas amigos em Hollywood, mas histórias como essa eram boas de lembrar, tantos anos depois, ao raiar do dia numa cidade estranha. Carmen levara Tati para lhe fazer companhia em Miami. As duas tinham firmado uma sólida camaradagem, apesar (ou por causa) de suas diferenças: Tati, paulistana, esnobe e intelectualizada; Carmen, carioca, escrachada e intuitiva. Ao chegar a Los Angeles um ano antes, e ao escrever para suas irmãs em São Paulo contando que ia visitar Carmen pela primeira vez, Tati só a chamava, com desprezo, de "Bombshell". Pelo que via dela nos filmes, achava que não teriam nada em comum. (Sua opinião a respeito de Hollywood também era arrasadora: "Um horror. Parece a avenida São João nos lugares onde tem bomba de gasolina".) Mas bastou a Tati conhecer Carmen para, na carta seguinte, já defini-la com mais simpatia: "Estouradona, mascarada de grande vedete, mas engraçada e com umas saídas boas". Seguir-se-iam muitas visitas a North Bedford Drive, durante as quais, segundo ela, conversavam até as seis da manhã, trocavam confidências, riam muito e Tati enriquecia seu vocabulário com os palavrões que aprendia com Carmen.

Carmen também aprendera a gostar dela. Primeiro, por Tati ter superado a crise provocada pela ligação de Vinicius com Regina Pederneiras e salvado seu casamento; depois, pela garra com que conduzia sua família em Los Angeles. Sem dinheiro (Vinicius ganhava caraminguás como vice-cônsul), sem empregada e com dois filhos pequenos, Tati dava duro no tanque, no fogão e na máquina de costura, que comprara a crédito. Fazia até pijamas para o marido. Em compensação, punha Vinicius para passar roupa a ferro, varrer o chão e apalpar tomates na feira — e olhe que Vinicius já era o poeta do "Soneto da separação":

De repente, do riso fez-se o pranto
Silencioso e branco como a bruma

E das bocas unidas fez-se a espuma
E das mãos espalmadas fez-se o espanto.

A ida de Tati a Miami com Carmen, como "secretária" e faz-tudo, era conveniente para ambas: Carmen tinha alguém para cuidar de sua roupa, e Tati, embora o Itamaraty não pudesse saber, era paga para acompanhá-la. E Carmen sabia ser generosa. Com o dinheiro que recebeu pelas três semanas em Miami, Tati acabou de pagar as prestações da máquina de costura, comprou à vista uma máquina de lavar Thor e se deu de presente uma gravura assinada de Picasso.

Vinicius e Tati perceberam pequenas e grandes transformações em Carmen desde o casamento com Sebastian. A primeira era que, agora, Vinicius tinha mais um companheiro de copo em North Bedford Drive — e não era Sebastian. Este era um bebedor firme, com uma adesão diária e matinal ao bourbon Four Roses, tomado puro. Sebastian começava cedo, seguia bebericando pelo resto do dia, suava muito, e, exibindo uma resistência típica do alcoolismo, custava a ficar de pileque. Mas o novo companheiro de copo era Carmen. Vinicius — que a conhecera completamente abstêmia em 1946, tomando suco de frutas — deu-lhe as boas-vindas ao clube. E, desde o começo, percebeu que, às vezes, sem sentir, ela o acompanhava gole a gole, o que era não pequena façanha. Foi uma evolução muito rápida para uma mulher que, até tão pouco tempo, provocava estranheza em Hollywood por não beber.

A primeira bebida regular de Carmen, ensinada a ela por Sebastian, fora o Alexander's, um drinque "feminino", enjoativo e altamente calórico, à base de conhaque Napoleon, licor de cacau, creme de leite, gelo, nozes e chocolate picados. Carmen gostou e ficou craque em prepará-lo. Mas, em poucos meses, ao sentir que o Alexander's a engordava, trocou-o pelo uísque e descobriu a magia do travo seco e severo, de madeira velha, do destilado escocês. Carmen começou tomando-o com gelo e soda; depois, apenas gelo; e por fim, à cowboy, acompanhado de água (um gole no Ballantine's ou no White Horse, outro no copinho d'água). Nesse processo, descobriu-se tão resistente quanto Sebastian.

Ninguém levou Carmen a beber. Se for preciso estabelecer uma causa que favoreceu nela a formação desse hábito, pode-se arriscar o fato de que, durante grande parte de 1947, sem contrato com um estúdio — sem uma rotina de trabalho, um lugar a que tivesse de ir diariamente — nem uma agenda de shows definida, Carmen se viu, pela primeira vez, com muito tempo livre. Se quisesse, podia trocar todas as noites pelo dia ou passar uma semana sem dormir. Essas horas precisavam ser preenchidas com alguma coisa: jogar tênis, resolver palavras cruzadas, sair para dançar, tricotar suéteres, beber, conversar fiado — as opções eram infinitas, e Carmen poderia ter escolhido qualquer uma. Aconteceu que, ao ceder a um eventual oferecimento (ou à própria curiosidade), e finalmente interessar-se por beber, Carmen se sentiu bem — sem se embriagar e sem acusar os efeitos desagradáveis que a bebida provoca em quem não dispõe de um organismo apto para recebê-la. Carmen, pelo visto, tinha esse organismo. E, como tinha também muito tempo, era natural que o aproveitasse para isso. O fato de Sebastian ser alcoólatra era apenas circunstancial — se Carmen não se desse bem com o produto, ela jamais beberia. (Vinicius também era alcoólatra, e Tati não bebia.)

Em 1947, no entanto, a bebida ainda estava longe de ser um problema para Carmen. Os barbitúricos e as anfetaminas, sim — desregulando seu sono, envelhecendo-a antes da hora e interferindo silenciosamente em sua saúde. E era natural que, com sua visão invertida de dependente, Carmen visse esses medicamentos como uma solução. Era um conforto saber que, por mais dias e noites que passasse acordada, podia descontar o sono perdido e se pôr para dormir com as cápsulas mágicas. Não importava que fosse um sono quimicamente induzido — um sono sem sonhos, sem movimentos dos olhos, sem prazeres ou medos (como o sono dos mortos). Era sono do mesmo jeito e, quando ela tinha de cumprir uma temporada de shows em alguma cidade, não podia dar-se ao luxo de não dormir.

Para Carmen, as temporadas nos nightclubs eram as melhores, porque os horários estavam mais de acordo com seu relógio interno. O primeiro show começava por volta das dez da noite e, supondo que o último fosse à uma da manhã, havia tempo de sobra para tudo: antes das duas, Carmen estaria recebendo os fãs no camarim; perto das três, estaria removendo a maquiagem e lavando o cabelo com a ajuda de uma camareira que viajava com ela (ultimamente, quase sempre Odila); essa operação tomava uma hora, significando que, às quatro da manhã, Carmen podia sentar-se para jantar (em excursões, um bife com nove centímetros de altura) e só então se juntava aos amigos no bar. Dificilmente ia para a cama antes das sete. Era trabalho, mas era também diversão. E não importava que a jornada só acabasse ao nascer do sol, porque ela ainda teria as dez ou doze horas seguintes para dormir — mesmo que, agora, precisasse combinar as várias cápsulas de Seconal com um Nembutal para prolongar o efeito.

Já os shows em cinemas, como os do Roxy, pagavam o dobro ou o triplo, mas eram um suplício para alguém com seus hábitos de sono. Nos dias normais, o primeiro show começava ao meio-dia. Nos dias de matinê, às dez da manhã. E, nos fins de semana, o último era à meia-noite. Isso a impedia de cumprir sua exigência diária de sono, e o que a punha de pé para enfrentar a maratona dos sete shows por dia eram as cápsulas de Benzedrine que tinha de tomar ao acordar e entre um show e outro. Por sua vez, os estimulantes ao longo do dia interfeririam na sua capacidade de pegar no sono quando chegasse a hora, e o jeito era reforçar a dose de barbitúricos ao dormir — mas não de modo a impedir que acordasse no dia seguinte. Era um círculo vicioso, em que a alternativa era dormir muito ou não dormir nada. Não admira que, qualquer que fosse a cidade em que se apresentasse, Carmen só saísse da cama do hotel direto para o palco, e vice-versa.

Tati sentiu na pele o problema de Carmen na temporada em Miami, quando se deu conta de que teria de seguir os horários da titular para justificar sua ida com ela. Carmen desaparecia entre os lençóis durante o dia para poder funcionar à noite, e Tati precisou fazer o mesmo, só que sem os remédios. Nas longas conversas que tinham depois dos shows, Carmen se queixava de seu casamento com Sebastian.

Com quase um ano de casados, nada do que ele prometera se cumprira. Sebastian não conhecia ninguém importante na área musical. Recusava as propostas que vinham da William Morris e só lhe arranjava contratos em botequins de segunda categoria, e que ela tinha a maior dificuldade para cancelar. Ao arrecadar o cachê dos shows, aplicava-o como se fosse seu e não lhe prestava contas. E, não contente em fracassar como agente e empresário, insistira em que ela lhe financiasse uma loja de eletrodomésticos em Los Angeles, para aproveitar a onda consumista do pós-guerra. Carmen relutara, mas lhe dera o dinheiro. Sebastian abrira o estabelecimento e, como não tinha jeito para negócios e deixava tudo na mão de empregados, a loja quebrara. Ficaram as dívidas e o prejuízo para Carmen liquidar.

Sebastian revelava-se um blefe de ponta a ponta. Seus celebrados contatos com os figurões do cinema não saíam do zero, e ele não conseguia convencer nem seu próprio irmão a investir num filme. O projeto de fundar uma produtora independente também já fora engavetado, mas, por causa dele, ninguém a chamava para filmar — achavam que já estava cheia de propostas. Até que ela própria resolvera se mexer e encontrara Joe Pasternak, ex-produtor de Deanna Durbin na Universal e agora com o maior prestígio na linha de musicais da MGM. Ele a convidara a fazer dois musicais "jovens" em Technicolor (com opção para um terceiro) na marca do leão, e Carmen aceitara correndo. O primeiro, *A Date With Judy* (no Brasil, *O príncipe encantado*), teria Jane Powell, Wallace Beery e Elizabeth Taylor, com Carmen como o quarto nome do elenco.

As filmagens tomariam março e abril de 1948, e Carmen deveria apresentar-se ao estúdio assim que voltasse de Miami. A seu lado, estaria Xavier Cugat, realizando um antigo sonho de ambos, o de filmar juntos. Ele a acompanharia com sua orquestra nos dois números musicais que lhe estavam reservados: "I'm Cooking With Glass" e "Cuanto le gusta". A ideia era mostrar uma nova Carmen, versão MGM: sem os turbantes, mas penteada por Sydney Guilaroff e maquiada por Jack Dawn, duas figuras legendárias de Hollywood; em vez das fantasias de baiana ou rumbeira, ela usaria os vestidos e chapéus criados por Helen Rose.

Carmen voltou de Miami, rodou *O príncipe encantado*, e esse filme pode ter funcionado para todo mundo — mas não para ela. Só entrava em cena aos quarenta minutos cravados do filme e seu papel (de uma cantora "latina", de origem indefinida, chamada Rosita) se limitava a duas ou três falas inócuas e a alguns passos de rumba com Wallace Beery. Seus números musicais eram

1948 — SONHO ABORTADO | 445

opacos — a química com Cugat não aconteceu, e a coreografia do jovem Stanley Donen não podia ser mais apática. Mas o pior é que a tela denunciava uma Carmen ausente, triste e desgastada.

Um dos motivos podia ser o contraste com o frescor indecentemente juvenil das protagonistas: Jane Powell, dezenove anos e ainda vivendo a *ingénue* adolescente, e Elizabeth Taylor, dezesseis, mas de uma beleza quase adulta e já se despedindo de seus papéis de menina-moça. Carmen, no filme, fazia par com o esférico e rotundo Cugat e, pior ainda, era suspeita na trama de manter um romance ilícito com Beery — o qual, na vida real, estava com 63 anos, idade então considerada próxima da morte. Era altamente depreciativo para Carmen, como estrela e como mulher. Só Vinicius achou bem feito — quem a mandara filmar com Jane Powell, que, para ele, tinha "cara de ladrilho"? (Dali a três anos, a birra de Vinicius com Jane Powell renderia um poema em que ele dizia: *"Você me lembra alimento enlatado, abobrinha verde, André Kostelanetz/ E eu lhe garanto que você não é a mulher que foi tirada do meu costelanetz"*.)

Em suas poucas sequências no filme, Carmen parecia inchada, os olhos duros e sem brilho, a boca crispada. A maquiagem, mesmo realçada pelo Technicolor, não conseguia esconder a pele sem vida. Os vestidos e os sapatos podiam ser chiques, mas inadequados para seus movimentos — ou talvez fosse Carmen que parecesse trôpega ou cansada. Ninguém lhe daria os 39 anos que acabara de completar. Daria mais — o que era terrível, considerando-se que, devido à poda de cinco anos em sua idade quando saíra do Brasil, Carmen tinha oficialmente 34. E o pior era a sensação de tristeza que ela passava, e que nada tinha a ver com a personagem. Mas não era tristeza. Era o começo de uma depressão crônica em consequência da intoxicação provocada pelos medicamentos — o organismo começando a exigir um suprimento ininterrupto para continuar funcionando.

Carmen arrependeu-se de não ter solicitado à MGM um prazo de alguns dias antes de se apresentar para a filmagem. Sua tática, já aplicada com sucesso em outras ocasiões às vésperas de um compromisso importante, consistia em ir para Palm Springs com Aurora ou Odila e tentar derrotar a excitação e a insônia pelo cansaço. Isso significava diminuir a dose dos medicamentos, sofrer os rigores da abstinência — ansiedade, inquietude, taquicardia e, embora ela nem desconfiasse, a possibilidade de delírios e convulsões — e ficar acordada até que o organismo cedesse e ela conseguisse dormir. Só assim podia estabelecer um mínimo de regularidade em seu sono (permitindo-lhe acordar cedo para filmar) e recuperar um aspecto saudável. Mas não tivera tempo para isso. O resultado estaria à vista de todo mundo quando *O príncipe encantado* estreasse em junho.

Terminadas as filmagens, Carmen mal teve tempo de retocar o batom. Depois de anos de sofrimento pela guerra, a Europa — aliás, a Inglaterra — voltava a se abrir para o mundo, e chamava a visitá-la os artistas que, durante o conflito, tinham lhe ensinado, por filmes e discos, que valia a pena lutar pela vida. Um desses artistas era Carmen. Embarcou para Londres no dia 15 de abril, para uma temporada de quatro semanas no Palladium, do tentacular empresário Vic Parnell, a versão inglesa de Shubert. Com ela, no *America*, seguiram Sebastian, Aurora e um grupo organizado por Aloysio, com Zezinho, Affonso, Vadico (de volta ao conjunto, especialmente para essa excursão), Gringo do Pandeiro (ritmista brasileiro que trabalhava com Cugat) e o baterista mexicano Chico Guerrero, fã de samba. A princípio, Carmen iria somente com Tati e os músicos — e Tati já começara a gastar por conta as diárias que lhe seriam pagas por Carmen. Mas, no último instante, Aurora resolveu ir e ela teve de lhe ceder o lugar.

"Sem sacrifício", disse Tati numa carta, "porque o marido da Carmen resolveu aderir e, como se trata de um grande chato, a coisa piorou muito."

Carmen decidiu aproveitar a travessia para regularizar o sono cortando os remédios. Mas isso parecia impossível. Dias depois, ainda não conseguia dormir, e a ausência dos medicamentos já se manifestava nos suores frios, tremedeiras e dores no corpo. Desistiu da estratégia e voltou aos remédios, mas a vigília continuou. O sono não vinha, nem com a ajuda de quantas cápsulas de Seconal e Nembutal seu organismo conseguisse suportar sem vômitos ou diarreia. Nada parecia fazer o efeito desejado. A insônia prolongada provoca alucinações, e somente Carmen podia saber os monstros que desfilaram diante de seus olhos na treva da cabine.

Sabe-se que, em Londres, um médico teria sido chamado a seu hotel para aplicar-lhe "uma injeção" que a fizera dormir. A injeção seria de Demerol, um narcótico analgésico à base de morfina e que, combinado com os barbitúricos, tinha o efeito sedativo de uma anestesia. Mas o provável é que o primeiro alívio lhe tenha sido fornecido, ainda no navio, por um dos médicos de bordo — porque Carmen parece ter chegado bem a Londres, pronta para estrear no dia 26 (e isso não exclui uma posterior aplicação pelo médico londrino). O fato é que, agora, ela detinha um segredo perigoso: os sedativos injetáveis.

Carmen escutava da coxia do Palladium enquanto o ingênuo mestre de cerimônias a apresentava:

"Esperamos que a plateia não estranhe a nossa estrela e entenda o seu gênero musical, absolutamente inédito para os ingleses", disse ele.

Carmen era a primeira artista "latina" a se apresentar no histórico teatro da Argyll Street. Por isso o mestre de cerimônias se achara na obrigação de "explicá-la" e ao seu tipo de música. Mas não carecia. Quando Carmen surgiu no palco, as 2500 pessoas que o Palladium comportava ficaram de pé. As palmas começaram, e pareciam não querer parar. Falou-se em vários minutos de ovação — e, para os músicos atrás de Carmen, elas tiveram mesmo a duração de uma eternidade. O show demorou ainda mais para começar porque, na sequência das palmas, Carmen balbuciou alguma coisa tentando agradecer, começou a chorar, e recebeu mais aplausos. Essa troca de amor se repetiria, de forma abreviada, para as plateias que lotariam o Palladium duas vezes por dia (às seis e às nove da noite) durante toda a sua temporada — não mais de quatro, mas de seis semanas, porque os londrinos não queriam deixá-la ir embora.

Eles eram gratos a Carmen pelos momentos de alegria que ela lhes proporcionara na guerra: "Mamãe, eu quero", "Chica Chica Boom Chic", "I, yi, yi, yi, yi (I Like You Very Much)", "Cai, cai", "Chattanooga Choo-choo". Sabiam tudo isso de cor porque Londres fora das poucas capitais da Europa a que os filmes americanos continuaram chegando durante o conflito — pelo menos os principais, entre eles os de Carmen. Seu festival de olhos, boca, sapatos, turbantes e canções em *Serenata tropical*, *Uma noite no Rio*, *Aconteceu em Havana* e *Minha secretária brasileira* injetara vida no cotidiano lúgubre dos londrinos em meio aos bombardeios. Por isso, ao visitar Londres pela primeira vez, Carmen tinha de falar e cantar no dialeto daqueles filmes, para gáudio dos repórteres que se esbaldavam reproduzindo-o nos jornais. (Para que quebrar o encanto e mostrar-lhes que tal jeito de falar era apenas o de suas personagens?) Exceto por isso, os jornalistas ingleses tinham perfeita noção de quem ela era e do que significava.

"Carmen Miranda é uma filial do departamento de propaganda [brasileiro] que não custa nada ao Brasil — nem mesmo um agradecimento", escreveu Ed Gregorian no *London Morning*. "Carmen vive num país [os Estados Unidos] em que as pessoas só entendem inglês, comem em inglês, dormem em inglês, se divertem em inglês e não têm a menor intenção de estudar português para entender a letra de 'Tico-tico no fubá'. Por isso [em seus shows], Carmen fala e canta em inglês, mas canta também em português e comete a proeza de ser entendida por todos." Outro jornal, o *Daily Mail*, descreveu-a: "É o cruzamento entre um bolo de casamento, uma árvore de Natal e uma exposição de flores. A plateia recebeu-a com tanto entusiasmo que ela teve de fazer um discurso de agradecimento antes de cantar a primeira nota. E, ao contrário da maioria dos astros do cinema a se apresentar nos palcos, Carmen não se poupa em nada. Oferece uma performance completa".

Menos aos domingos. Nestes, os shows, proibidos pela religião anglicana, tinham de ser "concertos". Carmen podia cantar, mas estava proibida de falar com os colegas no palco, usar turbantes e expor a barriga. (A censura inglesa implicara com o seu meio palmo de barriga de fora. Ela o cobrira com um lenço.) Eram formalismos que Carmen respeitava, assim como se encantava ao ver os ingleses disciplinadamente formando filas, ao fim do espetáculo, para lhe pedir autógrafos — bem diferente da balbúrdia dos shows em Nova York, em que as pessoas abriam caminho a cotoveladas e se atiravam umas sobre as outras com o caderninho na mão. A própria Carmen fizera uma concessão importante para estar ali: aceitara receber 2 mil libras por semana — pouco mais de 5 mil dólares, muito menos do que ganharia nos Estados Unidos. Mas era uma nova frente que se abria, e no continente em que, por acaso, nascera.

A temporada de Carmen coincidiu com a passagem por Londres de seu amigo Roberto Seabra, que nunca se recobrara por inteiro da paixão por ela, e da atriz portuguesa Beatriz Costa, sua colega dos tempos da Urca. Roberto e Beatriz, juntos ou separados, chamaram-na diversas vezes a sair com eles para ver Londres à luz do dia. Mas Carmen nunca acedeu a seus convites. Não que não quisesse — apenas não tinha forças para voltar à vida enquanto a combinação de remédios para dormir não cumprisse o seu ciclo, o que só acontecia a poucas horas de ela voltar a ser Carmen Miranda e encher o palco do Palladium com sua presença. Aurora e os rapazes saíam para os passeios em seu lugar.

A Londres em que Carmen passaria quase dois meses ainda ostentava as cicatrizes de guerra — enormes terrenos baldios no lugar dos quarteirões destruídos pelas blitzen alemãs, famílias desfalcadas de pais e filhos mortos em combate, e um racionamento de produtos então considerados básicos (sabão, gasolina, chocolate, penicilina, cigarros) que não se sabia quando iria terminar. Pois era essa a cidade que a recebia como se, do palco, ela lhe soprasse alegria e vitalidade. Nenhum londrino desconfiaria de que, terminado o espetáculo e depois de fazer um social com seus admiradores no camarim do Palladium, Carmen voltava para o seu hotel em South Kensington, encerrava-se em seu quarto, com todas as luzes apagadas e cortinas fechadas — num escuro tão denso e profundo quanto os sedativos permitiam —, e cancelava mais um dia em sua vida até que, dali a quase vinte horas, as luzes do palco voltassem a se acender.

No dia 7 de junho, quando eles deixaram South Hampton pelo *SS America*, quase todos tinham o que fazer no destino. Zezinho, Vadico e Gringo do Pandeiro ficaram em Nova York, para se apresentar no nightclub Ruban Bleu. Depois, Zezinho voltaria para Los Angeles, onde, com Nestor Amaral, Laurindo de Almeida e Russo do Pandeiro, reassumiria sua cátedra ao cavaquinho no restaurante Marquis. Aloysio, sem nenhum trabalho em perspectiva, seguiu direto para o Rio. Carmen e Sebastian, além de Aurora, passaram alguns dias em Nova York, onde assistiram ao inacreditável sucesso de *O príncipe encantado* em sua estreia no dia 21 de junho no Radio City Music Hall, e finalmente tomaram o caminho de casa.

Em 1948, Carmen calculava ter faturado, desde a sua chegada aos Estados Unidos, cerca de 2 milhões de dólares. (Em moeda brasileira, soava ainda melhor: 60 milhões de cruzeiros — mas onde ela ganharia tanto dinheiro no Brasil?) Isso significava mais de 200 mil dólares por ano em média — perfeitamente possível, considerando-se que seu último salário na Fox, em 1945, fora de 6250 dólares por semana. Já não era a mulher mais bem paga dos Estados Unidos, embora ainda fosse uma das mais bem pagas.

E o que Carmen tinha a mostrar por esse dinheiro? Uma casa em Beverly Hills e outra em Palm Springs; um Lincoln conversível creme (duas portas); uma fortuna em joias, mas difícil de calcular; outra, altamente volátil, em perfumes (era só esquecer os frascos meio abertos); e uma quantidade incerta de dinheiro vivo, espalhado pela casa ou depositado em bancos, sobre os quais não parecia ter muito controle ou interesse. Ações, seguros, aplicações? Zero. É verdade, havia os poços de petróleo, mas o que eles lhe rendiam talvez não lhe pagasse a gasolina.

Tão difícil quanto saber seu ativo real era contabilizar suas despesas. Para uma temporada de quatro semanas no Roxy, por exemplo, Carmen investia 9 mil dólares em turbantes, bijuterias, vestidos, sapatos (alguns, com lâmpadas coloridas que se acendiam) e 48 pares de meias com uma orquídea logo acima do joelho. Gastava uma nota em gorjetas para os carregadores — levava em cada viagem dois contêineres para os turbantes, três para as fantasias e dois para as roupas de passeio (que mal chegava a usar). E sua verba anual para maquiagem era absurda — somente o que consumia em batom daria para sustentar dezenas de bocas americanas comendo galinha assada todos os dias. Era também ela quem pagava de seu bolso os músicos, os arranjos, o diretor musical, os direitos autorais, a comissão da William Morris, o agente e o publicista. E, do que sobrasse, o imposto de renda lhe levaria 65%.

O sucesso lhe vedava certos prazeres comuns aos mortais. Carmen era bom garfo, mas, com sua facilidade para engordar, tinha de se controlar. Às vésperas de começar um filme ou uma temporada, fazia uma dieta violenta. Na volta, se não tivesse um compromisso pendente, entrava para valer nos cozidos e feijoadas de sua mãe — mas sempre havia um compromisso pendente. Seu café da manhã, durante anos, consistira de um grapefruit, um ovo quente, uma maçã, presunto e café com leite. Mas, ultimamente, já não tinha muito apetite para sólidos ao acordar.

Nos últimos tempos, Carmen saía cada vez menos à noite. Um dos motivos era que Los Angeles se tornara uma das cidades mais violentas do mundo. O incandescente Sunset Boulevard, onde ficavam os grandes nightclubs, era também um cenário de gangsterismo. Mickey Cohen e Jack Dragna, os maiorais, tinham escritório ali. Os dois disputavam o controle das redes de apostas, prostituição, sequestro, aborto, chantagem e tráfico de heroína, além do suborno de policiais e da compra de políticos e juízes. Às vezes estourava um quiproquó entre eles e começavam as perseguições motorizadas, as emboscadas nas esquinas e as explosões de carros — só faltava Franz Waxman ou Miklòs Ròzsa na trilha sonora. Cohen tinha livre acesso às festas de Hollywood e seu braço-direito, Johnny Stompanato, vivia se insinuando para as estrelas de cinema. Uma atriz que, mesmo sem saber, fosse fotografada com Stompanato passava a ser malvista junto ao pessoal de Dragna. E o que Carmen mais temia eram os sequestros por vingança.

Esse temor, certa vez, deixou-a quase histérica. Sua irmã Cecilia e a sobrinha Carminha ainda moravam com ela em Beverly Hills. Carminha tinha uma bicicleta vermelha, mas não podia se afastar da frente da casa. Certa tarde, distraiu-se com uma amiguinha e pedalaram para o outro lado do quarteirão. Carmen deu pela sua falta e ficou maluca. Carminha reapareceu meia hora depois e só então Carmen respirou. Mas passou-lhe o maior pito:

"Não faça mais isso! Se souberem que é sobrinha de Carmen Miranda, levam você!"

Carmen podia não saber por quê, mas tinha razão de abrir o olho: em Los Angeles, o crime e o glamour iam sem remorso para a cama. Escritores *hard-boiled* como James M. Cain, Horace McCoy e Raymond Chandler passariam à posteridade como ficcionistas, mas, na prática, eram os cronistas da cidade. Em 1947, o glamour dera lugar ao *grand guignol* com o assassinato de "Black Dahlia" — Elizabeth Short, uma "atriz" de 22 anos cujo corpo nu e dividido em dois (na altura da cintura) fora encontrado por uma criança num terreno baldio, não muito longe de Beverly Hills. Pelos 56 anos seguintes, o caso seria um enigma para a polícia angelina e somente em 2003 se descobriria que o assassino conciliava Hollywood com as antecâmaras do crime. Tratava-se do dr. George Hodel, médico muito popular em meio ao pessoal do cinema — por ser ligado a uma rede de abortos — e cujo conjunto de obra teria incluído a morte de outras mulheres, em parceria com o escultor Fred Sexton, autor da estatueta do *Falcão maltês* no filme homônimo de seu amigo John Huston, de 1941. (Em 1958, Sexton seria também o assassino da mãe do futuro escritor James Ellroy.) Hodel, apesar de suspeito no caso de "Black Dahlia", morreria em 1999, aos 91 anos, sem ter sido incriminado — seus contatos com policiais e juízes garantiram que nunca fosse sequer incomodado. Os mesmos contatos, talvez, que permitiram a Huston safar-se de um castigo mais severo em 1933 ao dirigir embriagado, atropelar e matar Diva Tosca, mulher do ator brasileiro Raul Roulien.

E, sendo Hollywood como era, a exploração do glamour ilícito chegava perto da perfeição em alguns de seus subterrâneos. Numa cidade em que os estúdios faziam tudo para proteger a imagem das estrelas, a rede de prostituição cuidava para que nenhum homem morresse à míngua de fantasias. Em certos bordéis de luxo, moças já muito bonitas submetiam-se a requintes de maquiagem e produção e, em alguns casos, até a plásticas, para se tornarem sósias perfeitas das favoritas do público masculino. Era assim que, por cem ou duzentos dólares, podia-se ir para a cama com "Ava Gardner", "Betty Grable", "Lana Turner" — ou, se preferisse, com "Carmen Miranda". Não se sabe se alguém contou isso a Carmen algum dia. Em caso positivo, não é difícil adivinhar sua reação — perguntaria rindo como estava sua cotação em relação às outras.

A verdadeira Carmen não podia ir a um inocente cinema, loja ou restaurante sem aglomerar gente à sua volta (o declínio da qualidade de seus filmes não diminuíra sua popularidade). Exceto para trabalhar, praticamente só saía de casa para ir à igreja, a horas mortas. Era também por isso que valorizava tanto as visitas de brasileiros — como a que recebeu, naquele ano, do jovem jornalista Millôr Fernandes (que ela conhecia de lê-lo em *O Cruzeiro*) e do futuro cientista Cesar Lattes, ambos levados por Vinicius. Nesse dia, Ramon Novarro também estava lá. Vinicius e Lattes disputaram provas de natação na piscina; depois, um torneio de crapô — jogo de cartas, uma espécie de paciência a dois, então na moda; e Millôr ficou desapontado por Ben-Hur (o querido Ramon) ser tão baixinho que devia ter precisado de uma escadinha para subir na biga.

Zanzando pela casa como um estranho, via-se também o marido de Carmen, sempre mal-humorado e sem paciência com os brasileiros. Mas quem estava perdendo a paciência com esse marido era Carmen, porque ele não lhe dava o que ela queria: um filho.

E, então, em fins de agosto, Carmen descobriu-se grávida.

"Ontem foi o dia mais feliz da minha vida. Quando o médico me deu a notícia, quase não pude acreditar", disse Carmen a Alex Viany em *O Cruzeiro*. "Ter um filho sempre foi o meu maior sonho."

Se fosse homem, se chamaria Roberto; se mulher, Maria Carmen. Mas Carmen batia na barriga e dizia para Luiz Fernandes, do *Jornal das Moças*:

"Nada de mulher. Vai ser um hominho." E piscava o olho: "Prefiro os menininhos — e os meninões...".

Menino ou menina, seria o produto de um desejo tão antigo que se poderia dizer de décadas. E Carmen via ali, quem sabe, sua última chance de ser mãe. Esse fora o principal motivo para o casamento com Sebastian, e ela já estava aflita pelo fato de, um ano e meio depois, não haver nem suspeita de cegonha no horizonte. Mas finalmente acontecera e Carmen não deixaria que nada interferisse na maternidade. Se precisasse interromper a carreira para se dedicar a seu filho, faria isso. Não seria absurdo nem se a encerrasse, como chegou a dizer. Quanto à ideia de criar o garoto nos Estados Unidos ou no Brasil, não via diferença: ele poderia chamá-la de mamãe "em qualquer língua".

Como se esperava que a criança nascesse em abril ou maio de 1949, Carmen teria de adiar mais uma projetada ida ao Brasil, dessa vez para receber uma medalha de ouro e um diploma que a Câmara dos Vereadores do Rio pensava em lhe oferecer — propostos por Ary Barroso, que se elegera vereador pela UDN (União Democrática Nacional), um dos novos partidos criados depois da redemocratização. Por causa da gravidez, Carmen iria se afastar também dos estúdios, provocando o adiamento de um filme que rodaria em alguns meses na MGM, *Ambassador From Brazil*, com Wallace Beery (e que nunca chegaria a ser feito porque Beery morreria no começo de 1949). A pedido de Carmen, Abe Lastfogel, da William Morris, cancelou-lhe ainda vários contratos para apresentações, inclusive uma temporada no Texas — Carmen não queria correr o risco de um tombo no palco ao dançar com as plataformas.

Lastfogel convenceu Carmen a manter um compromisso mais imediato e que, caso ela continuasse a trabalhar, poderia ser decisivo para o futuro: sua primeira aparição na televisão, como convidada do comediante Milton Berle em seu programa *Texaco Show Theatre*, estreado em junho na NBC e já o mais popular do país. A televisão (já com 1 milhão de aparelhos domésticos nos Estados Unidos em 1948, metade deles em Nova York) era um novo veículo a ser conquistado pelos que estavam vivendo um momento vacilante no cinema — e Lastfogel temia ser esse o caso de Carmen. O programa seria filmado (em película, como se usava) no dia 27 de setembro e Berle se vestiria de baiana, continuando uma prática que repetia sempre que se apresentava com ela.

A caminho de Nova York para o programa, estava previsto que Carmen faria uma parada na Base Aérea de Mitchel, NY, para ser homenageada pelos veteranos da Força Aérea como um dos artistas que mais contribuíram com shows para o esforço de guerra. Não seria um voo de carreira. O governo fretara especialmente um avião da American Airlines e, com ela, a bordo estariam Bob Hope, Marlene Dietrich, Bing Crosby, Dinah Shore, Martha Raye e outros homenageados. Assim, no dia 18 ou 19 de setembro, Carmen deu uma festa em sua casa para comunicar aos amigos que um filho estava a caminho e, possivelmente no dia 24, tomou com os colegas o avião para a Base Aérea.

Supondo que Carmen tivesse se certificado de sua gravidez na última semana de agosto, ou na primeira de setembro, o destino lhe concedeu pouco mais de vinte dias para deliciar-se com a ideia de ser mãe, fazer planos para o bebê e fantasiar toda uma nova vida para si própria — porque, no fim daquele mês, um aborto espontâneo em Nova York liquidou com o seu sonho.

Em várias fontes impressas sobre Carmen, afirma-se que o voo para Nova York foi o responsável pela perda do filho. Há um exagero nisso — ou uma confusão entre a viagem e o voo propriamente dito. É verdade que o voo de quase doze horas, no Douglas da American Airlines, foi um horror. Até pouco antes, essa viagem era feita nos DC-4, que ainda não eram pressurizados e tinham de voar abaixo de 2400 metros, o que os tornava tão sujeitos a vento e turbulência quanto uma gaivota de papel, e com o barulho infernal das hélices sacudindo a cabine de passageiros. Carmen passou por isso muitas vezes na rota Los Angeles—Nova York e sofria tanto que, apesar de centenária de voo, só viajava agarrada a um livrinho sobre são Judas Tadeu, que "impedia" o avião de cair. Em 1948, no entanto, os aviões já eram os DC-6, maiores e mais pesados, capazes de voar mais alto e de oferecer uma viagem mais confortável.

Mesmo assim, Carmen passou mal durante todo o voo, por causa dos enjoos, vomitando muito e preocupando sua amiga Marlene Dietrich.

Bem ou mal, Carmen desembarcou em Mitchel e foi, como sempre, profissional o bastante para participar das celebrações na Base Aérea. Entre as fotos do evento há uma, com data de 25 de setembro, em que ela aparece abatida, mas sorridente, a bordo de um jipe dirigido por Bob Hope, na companhia de outros atores, como Adolphe Menjou, Patricia Morison, Jerry Colonna e Charlie Ruggles. As festividades previam um show de cada artista, com fins filantrópicos, donde se pode garantir que Carmen cantou e dançou por no mínimo meia hora para os soldados. Saiu dali no dia 26 e foi para Nova York. À noite, foi a um nightclub (o Embassy) e, no dia 27, filmou sua participação no programa de Milton Berle, com quase uma hora de duração.

Uma hora de filmagem para a televisão em 1948 exigia quase um dia inteiro de ensaios para que, quando a câmera começasse a rodar, só se interrompesse a cena para trocar o rolo na máquina. Trabalhava-se com filme de cinema, e por isso não era permitido errar. E submeter-se ao ritmo de Milton Berle era extenuante. Com seus mais de 1,80 metro e cem quilos, ele não deixava ninguém imóvel em cena e exigia tudo de si e dos outros. Era capaz de qualquer coisa por uma gargalhada, como andar com os pés para fora e para dentro ao mesmo tempo, usar vestidos grotescos (entre os quais, sua horripilante baiana) e ser grosseiro com o diretor, os técnicos e até com os convidados. Mas, como desde cedo foi chamado de "Mister Television" — o primeiro grande nome do veículo —, as pessoas se submetiam a tudo para aparecer em seu programa. Carmen filmou os números com Berle, voltou para o seu apartamento alugado na Hampshire House (o principesco apart-hotel no nº 150 de Central Park South, onde passara a se hospedar em Nova York), e, no mesmo dia ou no dia seguinte, sentiu-se mal. Foi levada para um hospital, talvez o LeRoy Sanitarium. E perdeu seu bebê.

Aloysio de Oliveira soube da notícia no Rio — todos os jornais a publicaram alguns dias depois. Em carta para Aloysio, sem mencionar a origem (Beverly Hills) e datada de 12 de outubro, Dave Sebastian deu seu relato:

> Como você já deve estar sabendo, Carmen perdeu o bebê em Nova York. Assim é a vida. Fomos até lá para o show de caridade da Força Aérea. Antes de deixar a Califórnia, tivemos uma consulta com os médicos, e eles nos asseguraram que não haveria perigo. Não pensamos em nenhum problema ou [tivemos] medo em relação ao estado de Carmen. O que se deu, entretanto, foi o contrário. Carmen passou muito mal no voo — isso e mais a tensão nervosa ao fazer o show [de televisão] bastaram para que ela reagisse violentamente e perdesse o bebê.

Mas Sebastian também errou na sua simplificação. Na verdade, um conjunto de circunstâncias colaborou para a tragédia. Entre elas, a idade de Carmen: 39 anos e meio, considerável para uma primípara. Depois, o fato de que seu organismo estava sendo bombardeado havia anos por uma dose excessiva de soníferos e estimulantes — e, ultimamente, potencializados pelo álcool. Isso pode ter comprometido a nidação, o processo de fixação do óvulo no útero. Mesmo que Carmen tivesse interrompido o consumo dos medicamentos, o que ela não via motivo para fazer, o feto teria passado as primeiras semanas recebendo toxinas no lugar dos nutrientes. Esse mesmo problema poderia ter contribuído para a dificuldade de Carmen engravidar em seu primeiro ano e meio de casamento — os medicamentos interferindo na sua produção hormonal. (Havia ainda a possibilidade de Carmen apresentar um defeito congênito, como um útero invertido, e o fato de que, seis anos antes, ela fizera um aborto em Los Angeles, sabe-se lá em que circunstâncias.) Enfim, sem toda essa combinação de fatores, apenas o esforço despendido na viagem e nos shows em Nova York não teria sido suficiente para a perda do filho. E, ao ser informada pelos médicos de que, depois desse malogro, talvez não conseguisse engravidar de novo, Carmen parece ter tomado isso, aos poucos, como uma certeza de que nunca mais seria mãe.

"Graças a 'Deus', pelo menos, por uma coisa", continuava a carta de Sebastian, com Deus entre aspas. "Ela está com boa saúde e se sentindo bem. Como consegue, não sei — depois de cinco dias no hospital e outros quatro no hotel. Mas Carmen é assim."

O alívio de Sebastian não lhe foi de muito proveito. Nove dias depois do aborto, e com Carmen já recuperada, eles tomaram o avião de volta para Los Angeles. Durante o voo, ela fez seus cálculos. Assim como jamais saberia se o bebê seria menino ou menina, Carmen raciocinou que, se o único motivo para prosseguir com aquele casamento — ter um filho — se perdera, não havia por que continuar casada.

E assim, já em casa, depois de certificar-se de que esta era a medida a tomar, comunicou a Sebastian que ele estava expulso de sua cama e de seu quarto.

Sergio Corrêa da Costa, novo cônsul do Brasil em Los Angeles, tornara-se uma presença frequente na casa de Carmen e ganhara de saída a sua confiança. Ele estava lá, com sua mulher, Luiza, quando Carmen obrigou Sebastian a dormir no andar de baixo, num quarto que chamava de "Blue room". Os mais íntimos sabiam o que significava quando Carmen, irritada por algo que Sebastian tivesse feito ou falado, dizia ao marido:

"É por isso que você continua no 'Blue room'."

Não admira que Sebastian vivesse de cara amarrada. Nas poucas vezes em que o humor dele parecia melhorar, Sergio (ou Vinicius, irremovível de seu posto de vice-cônsul) perguntava a Carmen:

"Ué, você o deixou subir ontem?"

Todos riam e Sebastian sabia que riam dele. Tornara-se motivo de chacota entre as visitas. Susana, filha de Vinicius e Tati, tinha oito anos, mas nunca se esqueceu de ter ouvido Carmen resmungando entre dentes ao passar por ele:

"Babaca!" — acreditando que ele não sabia o que ela dissera.

Era aí que Carmen se enganava. Das poucas palavras que Sebastian entendia em português, 90% eram os insultos e os palavrões. Captava-os pela entonação, decorava seu som, e depois, reservadamente, perguntava a algum brasileiro o que significavam.

O que não fazia diferença porque, de outras vezes, Carmen dava-lhe bom--dia em inglês com todas as letras:

"*Good morning, stupid.*"

Carmen também sabia ser cruel. Em noites de festa em casa, insistia em tirá-lo para dançar — sabia que isso o constrangia, por causa da perna mais curta. Na verdade, Carmen o estava punindo talvez pela única coisa de que não se podia acusá-lo: a perda do bebê. E, de qualquer maneira, essas pequenas vinganças de Carmen não surtiam efeito, porque Sebastian não se ofendia.

Sergio Corrêa da Costa, bem jovem, mas já um homem do mundo, sempre pensou ler nos olhos de Sebastian o sentido de sua função naquela casa: era um *business man*. E os *business men* não se ofendem. Quando Carmen lhe pediu o divórcio, Sebastian simplesmente o negou.

Carmen não queria continuar casada com aquele homem e, nos Estados Unidos, o nome que se dava a esse tipo de separação era divórcio. Para divorciar-se de Sebastian, Carmen teria de vencer três obstáculos, menos ou mais difíceis.

O primeiro, talvez mais flexível, era o próprio Sebastian. A princípio, não o concederia, mas não estaria fechado a um acordo que lhe fosse pesadamente favorável. O segundo era dona Maria, para quem a simples palavra *divórcio* saía direto da boca do demônio. Ela já sofria o suficiente com as trapalhadas no Rio de seus filhos Mocotó e Tatá. Mocotó, apesar de casado com Olga, continuava um mulherengo rematado e chegara até a ficar noivo de outra moça — mais um passo e acabaria bígamo. Tatá se separara de Anéris, sua primeira mulher, e já estava com a segunda, Eugenia. E ambos tinham se tornado estéreis por tantas doenças venéreas que pegaram na juventude. Dona Maria simpatizava com Sebastian e não queria ver o casamento de Carmen destruído — mas, se esta lhe apresentasse um fato consumado, acabaria se conformando. E o terceiro obstáculo eram os padres da igreja do Bom Pastor. Ao consultar um deles sobre o divórcio, Carmen ouviu exatamente o que não queria:

"Você é católica, Carmen. Não há o divórcio para os católicos."

Aconteceu que um quarto obstáculo, ainda mais forte que os outros, se levantou. A própria Carmen, roída por suas culpas religiosas, decidiu-se pelo

456 | CARMEN

pior dos dois mundos: ela e Sebastian estariam efetivamente separados —
mas sem que ele precisasse sair de casa.

Os Anjos do Inferno tinham se tornado o conjunto vocal mais querido do
Brasil. Assumiram o microfone deixado vago em 1939 pelo Bando da Lua e lan-
çaram mais sambas de sucesso do que qualquer outro. Algumas de suas grandes criações desde 1940 tinham sido "Rosa morena", "Você já foi à Bahia?",
"Requebre que eu dou um doce", "Vestido de bolero" e "Acontece que eu sou
baiano", todas de Dorival Caymmi; "Brasil pandeiro", de Assis Valente; "Cordão dos puxa-sacos", de Rubens Soares e David Nasser; "Bolinha de papel", de
Geraldo Pereira; "Sem compromisso", de Geraldo Pereira e Nelson Trigueiro;
"Nós, os carecas", de Roberto Roberti e Arlindo Marques Jr.; e "Helena, Helena", de Antonio Almeida e Constantino Silva. Os Anjos eram o crooner carioca
Leo Villar, o pistom nasal alagoano Harry (pronuncia-se Arri) Vasco de Almeida e o violão-tenor cearense Aluisio ("Lulu") Ferreira. Esses eram os donos do
conjunto e vinham com ele desde suas primeiras formações, em meados da
década de 30. Os outros — os violonistas Walter Pinheiro e Roberto Paciência e
o jovem pandeirista Russinho (na carteira, José Ferreira Soares — não confun-
di-lo com o veterano Russo do Pandeiro), todos cariocas — eram contratados.
Em abril de 1946, eles sentiram o chão fugir quando o presidente Dutra proibiu
o jogo no Brasil, fechando os cassinos e estancando o mais importante mercado
de trabalho dos músicos brasileiros. Exilados em seu próprio país, os Anjos do
Inferno enfiaram violas e pandeiros nos respectivos sacos e foram à luta lá fora.

Começaram por Buenos Aires, exploraram toda a América do Sul, tocaram
para o México e, de lá, desviaram para Cuba. Em Havana, em 1947, uma discussão boba num elevador entre Leo Villar e seus dois sócios resultou num rompimento. Leo voltou para o México com Paciência; Harry, Lulu, Walter e Russinho
ficaram em Havana e mandaram chamar do Brasil um novo crooner: o mineiro
Lucio Alves, com quem Russinho trabalhara no moderníssimo, mas também
extinto, Namorados da Lua. Com Lucio, os Anjos do Inferno se aguentaram
durante um ano em Cuba. De lá foram para Nova York, contratados pela Coca-Cola, e se apresentaram em vários nightclubs. Uma noite, em junho de 1948,
Carmen, de volta de Londres, foi vê-los no Blue Angel, na Rua 55 Leste, por
indicação do locutor brasileiro Luiz Jatobá, residente na cidade. Ela gostou deles
— riu muito da imitação que Russinho, de smoking, fizera dela, usando apenas
um turbante de frutas e cantando "Mamãe, eu quero" — e, como estava sem
conjunto fixo, deixou-os de sobreaviso: quem sabe não iriam trabalhar juntos?

Em setembro, os Anjos estavam se apresentando no Embassy, em frente ao
Morocco, mas, quando terminasse o contrato, sem o cartão do sindicato local
dos músicos e com o visto de permanência expirando, só lhes restava ir embora
do país. Foi quando Carmen surgiu de novo, em pessoa — na véspera do fa-

1948 — SONHO ABORTADO | 457

tídico programa com Milton Berle —, e lhes fez a proposta: se conseguissem o cartão do sindicato, ela tentaria acertar o problema deles junto à Imigração. Se tudo corresse bem, estariam contratados para tocar com ela.

A pedido deles, Joe Glaser, empresário de Louis Armstrong e Ella Fitzgerald e com boas relações na Máfia, providenciou-lhes o cartão do sindicato. E, algumas semanas depois, receberam a carta da Imigração a respeito do seu pedido de licença de permanência no país. O pedido fora negado. Mas, de absoluta boa-fé, entenderam a resposta ao contrário — acharam que a licença fora concedida —, e, em novembro, foram se juntar a Carmen na Califórnia.

Lucio Alves seguiu com o conjunto para Los Angeles e, durante mais de um mês, ensaiou com Carmen e o conjunto. De repente, para surpresa geral, Lucio decidiu que queria voltar para o Brasil. Primeiro, alegou saudades da mãe. Depois admitiu que pretendia fazer carreira-solo — ficara sabendo que seu disco "Aquelas palavras", no lado A, com "Seja feliz... adeus", no lado B, que ele gravara na Continental antes de embarcar para Cuba, estava começando a pegar no Brasil. Era a hora de voltar. Lucio prometeu esperar pela chegada de um novo crooner, que ele também ajudaria a preparar. O escolhido, a quem escreveram uma carta, foi Aloysio de Oliveira.

Aloysio continuava no Rio, morando com a família no Catete, jogando sinuca no Lamas e assuntando as rádios em busca de algum bico. Nada de muito emocionante estava acontecendo em sua vida. Quando recebeu a carta com o convite, aceitou imediatamente e tomou o avião para Los Angeles — passagem paga por Carmen. Lucio e Russinho o ensaiaram (os arranjos tiveram de ser refeitos para adaptar o barítono de Lucio ao tenor de Aloysio) e só então Lucio foi embora, com a passagem de avião também paga por Carmen. Com Harry e Lulu no conjunto, não havia razão para o grupo não continuar se chamando Anjos do Inferno — afinal, continha dois dos três membros natos, proprietários originais da marca — e foi assim que, em fins de 1948, Carmen Miranda e os Anjos do Inferno partiram para a sua primeira excursão.

E com um show inteiramente novo, porque Nick Castle, coreógrafo da MGM, criara uma série de movimentos para ela e os rapazes. O maestro Bill Heathcock, por sua vez, escrevera arranjos para grande orquestra, a serem executados por músicos locais e, com isso, "engordar" o som dos Anjos do Inferno. Nunca eles tinham se apresentado de forma tão profissional.

De dezembro de 1948 a fevereiro de 1949, negociando diretamente com a William Morris e sem interferência de Sebastian, Carmen e os Anjos fizeram cinco cidades americanas, com várias semanas em cada uma. Começaram pelo El Rancho Vegas, em Las Vegas, onde a imprensa saudou o show como "a grande volta de Carmen" — a provar que um conjunto brasileiro às suas costas fazia toda a diferença. Romperam o ano no Beverly Country Club, em New Orleans, e, em janeiro, esticaram no Latin Cassino, em Filadélfia. Em fevereiro, Carmen reassumiu seu microfone (a essa altura, quase cativo) no Chez Paree,

458 | CARMEN

em Chicago (e foi homenageada pelos fotógrafos da cidade no Morrison Hotel), e encerraram a excursão no Town Cassino, em Buffalo, NY.

Em Buffalo, a poucas horas de estreia, Carmen e os Anjos receberam uma notícia que lhes caiu como uma bomba: a Imigração dava 24 horas aos rapazes do conjunto para sair do país. Seu pedido de permanência nos Estados Unidos fora negado, e eles haviam ignorado essa decisão. A ordem era de que, sem mais delongas, dessem o fora ou seriam presos.

Carmen não esperou nem um minuto. Ligou para o embaixador Carlos Martins em Washington e expôs a situação. Mas Martins, literalmente cansado de guerra, tirou o corpo fora. Carmen então procurou um advogado de Buffalo, que sabia ser seu fã. Este contatou um senador chamado Minnelli e, com a anuência dela, convidou-o a assistir ao show de Carmen Miranda e os Anjos do Inferno no cassino e depois jantar com os artistas no hotel. O senador aceitou e vibrou com o espetáculo. Durante o jantar, Carmen falou "casualmente" do problema; o senador mandou vir um telefone, ligou para Washington e passou os nomes dos rapazes para um assessor; desligou e ficaram conversando até as oito da manhã. A essa hora, alguém de Washington ligou de volta, informando que eles tinham seis meses de permanência até resolverem de vez o problema. À tarde, Carmen, agradecida, mandou um par de abotoaduras de brilhantes para o senador. O político, para surpresa dos brasileiros, agradeceu, mas devolveu as abotoaduras — disse que não teria como explicá-las aos colegas.

Poucas semanas antes, no dia 9 de fevereiro, os Anjos do Inferno haviam interrompido o seu número no Chez Paree em Chicago e atacado de "Parabéns pra você". Era o aniversário de Carmen. Mas só Aloysio sabia (e foi ele quem comandou o "Parabéns") que não era um aniversário qualquer. Carmen estava completando quarenta anos — oficialmente, 35. A plateia se juntou à melodia. Carmen se emocionou. Uma corbeille do tamanho de uma geladeira foi levada ao palco. Um por um, os rapazes do conjunto a beijaram. O pandeirista Russinho, 22 anos, a chamou de "mamãe", e Carmen respondeu, rindo:

"E eu lá quero ser mãe de malandros como vocês?"

Carmen chegava aos quarenta como se ainda fosse a cantora de "Taí", vinte anos antes, sendo que, agora, tinha de se vestir com fantasias cada vez mais extravagantes — coisa que não fazia quando jovem. Podia parecer ridículo, mas Hollywood era assim. Em discos, Frank Sinatra, aos 34 anos, casado, pai de dois filhos e garanhão impiedoso, era o consumado cantor de "Soliloquy", "The Song Is You" e "The House I Live In". Mas, no cinema, continuava interpretando adolescentes retardados vestidos com roupa de marinheiro. Fizera isto em *Marujos do amor* (*Anchors Aweigh*), em 1945, e estava fazendo de novo em *Um dia em Nova York* (*On the Town*), que ela vira sendo rodado na MGM (Gene Kelly era o marinheiro "adulto"). Até quando?

Carmen sentia que não poderia continuar a interpretar Carmen Miranda por muito tempo — chegaria a hora em que não aguentaria dançar com aqueles chapéus e roupas tão pesados. E agora sabia que podia fazer coisas diferentes.

Meses antes, em meio às filmagens de *O príncipe encantado*, e num dia em que ela estava particularmente bem, Ted Allan, principal fotógrafo de testes da MGM, oferecera-se para rodar alguns metros de filme com ela, usando um pequeno estoque em dezesseis milímetros que ainda possuía. A ideia era mostrá-la de um modo diferente: queria ver como Carmen fotografava em roupas normais, mas elegantes, sobre um fundo neutro.

Obedecendo à sua direção, Carmen recostou-se no braço de uma chaise longue e fez todo tipo de expressões do repertório das atrizes dramáticas. Eram portraits animados, em que ela parecia tão interessante quanto Greer Garson ou tão sedutora quanto Hedy Lamarr. Allan, um veterano de filmes com Jean Harlow, Joan Crawford e Carole Lombard, já esperava por aquilo, mas não com tanta presença e intensidade. Dali podia surgir algo mais duradouro que uma estrela — o que ela já era. Podia surgir uma atriz.

Infelizmente, Allan nunca conseguiu que Dore Schary, o novo encarregado de produção do estúdio, ou algum executivo da MGM se interessasse em ver o teste (a que Carmen se submetera como se fosse uma principiante). Por trás da desculpa oca — diziam-lhe que não tinham equipamento para projetar dezesseis milímetros —, o que havia era apenas o triste e eterno preconceito.

26 | 1948-1950
A câmera nada gentil

"Como descrever um par de mãos que esvoaçam como pardais dopados com Benzedrine?", escreveu a colunista Beulah Schacht no *Globe-Democrat*, de St. Louis, Missouri, de 9 de maio de 1949. (A referência à Benzedrine era só uma imagem literária.) E continuou, sem rir: "Como soletrar sobrancelhas que sobem e descem como se não quisessem ser vistas duas vezes no mesmo lugar? Como entender uma língua muito mais olhos do que inglês? Quando tiver as respostas para essas perguntas, talvez — *talvez* — eu possa escrever sobre Carmen Miranda".

David Nasser, o principal repórter de *O Cruzeiro*, não tinha desses pruridos barrocos para escrever sobre Carmen ou sobre ninguém. Para ele, bastavam algumas informações. Sua capacidade de imaginação e o estilo incomparável faziam o resto. A falta de escrúpulos também ajudava.

Em fins de 1948, o ilustrador e figurinista Alceu Penna iria aos Estados Unidos a serviço de *O Cruzeiro*. Accioly Netto, diretor da revista, pediu-lhe que conseguisse com Carmen material fotográfico exclusivo para uma série de artigos que planejavam escrever sobre ela. Em Los Angeles, Carmen presenteou Alceu com um belo jogo de fotos mostrando-a em sua casa, com a família e os amigos. Alceu despachou tudo para Accioly no Rio, que pôs o material nas mãos de David Nasser. E só então a série começou. De 18 de dezembro de 1948 a 23 de julho de 1949, Nasser publicou em *O Cruzeiro* "A vida trepidante de Carmen Miranda", uma suposta biografia em capítulos semanais, estilo folhetim.

Nos 32 artigos da série, ele inventou uma infância portuguesa completa para Carmen, com direito a "recordações" profundas — sabendo muito bem que seriam usadas contra ela; penetrou na cabeça de personagens para ler seus pensamentos; reproduziu diálogos que ninguém ouviu; e descreveu situações com detalhes imperceptíveis até para quem estivesse lá. Em compensação, a cronologia era uma bagunça. Os artigos exageravam a participação de amigos de Nasser (como Francisco Alves) na vida de Carmen e atacavam pessoas a quem ela queria bem, mas que eram desafetos do repórter. Além disso, este conferiu uma falsa autoridade a seu relato simulando alguma intimidade com Carmen — quando, na verdade, só tivera uma rápida conversa com ela, na volta de Carmen ao Rio em 1940. Não por acaso, as fotos exclusivas, conseguidas por Alceu Penna, davam a entender que a artista colaborara no trabalho. Tudo isso era bem David Nasser, no apogeu de sua canalhice — e se vingando de Carmen por ela ter gravado apenas uma letra sua, "Candeeiro", dele e de Kid Pepe. (No mesmo ano de 1949, Nasser quase mataria Dalva de Oliveira com uma série de artigos no *Diário da Noite*, em que contava a separação entre a cantora e o compositor Herivelto Martins — do ponto de vista de Herivelto —, sem se importar com as consequências sobre os filhos do casal.)

Durante aquelas 32 semanas, *O Cruzeiro* certamente aumentou a sua circulação, e os papalvos, mais uma vez, tiveram seus motivos para admirar David Nasser. Mas, em Beverly Hills, sempre que um número da revista lhe caía às mãos, Carmen lia o capítulo e ficava furiosa. No embalo, sobravam impropérios para Alceu Penna, por ela o considerar cúmplice do repórter. Mas o inocente Alceu fora apenas usado por Nasser, via Accioly, e nunca se conformaria por ser alijado do círculo da mulher que ele idolatrava. O maior merecedor da ira de Carmen deveria ter sido seu irmão Mocotó, que municiou o repórter com inúmeras informações — essas, sim, preciosas — a respeito dos primeiros anos de seus pais no Rio e forneceu fotos tiradas dos álbuns de família. Mas Carmen pode não ter lido esses capítulos, porque nunca brigou com Mocotó.

Outro que se indignou com os artigos foi Alex Viany, que, no começo de 1949, encerrara sua carreira de correspondente em Hollywood e voltara com Elsa para o Rio. Alex propôs à revista *Noite Ilustrada* a sua própria série, "Carmen Miranda descobre a América", apenas sobre a trajetória americana da cantora. A revista topou. Alex escreveu os artigos todos de uma vez e de um ponto de vista bem pessoal, de quem conhecia o território e presenciara parte dos fatos. Mandou-os para Carmen antes da publicação, esperando humilhar David Nasser com a informação de que a biografada lera e aprovara o que ele havia escrito. Mas Carmen demorou tanto a responder que, quando a série de Alex começou a sair, no dia 5 de abril de 1949, Nasser já estava quase encerrando a dele. A resposta de Carmen para Alex demorou, mas valeu:

"Gostei muito dos seus artigos", ela escreveu.

"Ninguém melhor que você, que é meu amigo e conviveu tanto conosco aqui em Hollywood, pode escrever a meu respeito. Aliás, estou com um projeto encasquetado, que só não o faço agora porque, infelizmente, perdi o bebê e, até vir outro, não considerarei minha vida completa. Pretendo um dia escrever a história da minha vida, que pode não ser a de nenhuma Isadora Duncan, mas afinal é minha e tem suas passagens bem gozadas."

Mais adiante, ao se justificar por ter segurado os originais de Alex por tanto tempo, Carmen se traía em relação a outro assunto mais sério:

"Você me desculpe não ter podido me comunicar com você antes, mas a afobação era muita, e você sabe como eu fico quando estou trabalhando. [...] Até hoje tenho tremedeira em dia de estreia e, depois, o velho calmante come solto, senão não há nada que faça a pestana de cima juntar com a de baixo."

O gesto simpático de Alex, oferecendo-lhe a primeira leitura dos artigos, não anulava a suspeita de Carmen de que a imprensa brasileira vivia em campanha contra ela. Não era bem assim — embora Carmen tivesse razão quanto aos críticos de cinema. Pedro Lima e Celestino Silveira tinham voltado a vê-la com olhos um pouco mais amigos, mas isso agora de pouco adiantava, porque Moniz Vianna, do *Correio da Manhã* e já o principal crítico brasileiro, continuava a desancá-la. Na estreia de *Copacabana* no Rio, em julho de 1948, Moniz lamentou que Groucho sozinho, sem seus irmãos, não era "a mesma coisa" — ninguém poderia discordar —, mas só faltava culpar Carmen por ela não ser Harpo, Chico e Zeppo ao mesmo tempo. E acrescentava: "No papel mais importante de sua carreira, [Carmen] não faz outra coisa além de repetir velhos cacoetes e exibir interessantíssimas rugas". Em junho de 1949, na estreia carioca de *O príncipe encantado*, o crítico fez pior: massacrou o filme, ressalvou a "delícia" que era Elizabeth Taylor e ignorou a presença de Carmen. Para alguns, essa omissão tinha algo de cruel. Para Moniz, era apenas um ato piedoso.

E, por fim, houve a proposta de entrega a Carmen de uma medalha de ouro e de um diploma com o título simbólico de "Embaixadora artística do Brasil" pela Câmara dos Vereadores do Rio, no segundo semestre de 1948 — um episódio nebuloso que, ao resultar em nada, deu mais um motivo para que Carmen sofresse com o que considerava uma atitude hostil a ela.

A novela da medalha começara ao mesmo tempo que a gravidez. No dia 9 de setembro, Ary Barroso, então vereador, soltara a proposta entre seus colegas de vereança com a melhor das intenções. O Brasil devia muito a Carmen, dizia Ary, e somente ele, que convivera com ela em Hollywood, podia avaliar a luta da artista pelas nossas coisas. Era uma militância permanente, fanática e apaixonada, em prol do Brasil. Uma medalha e um diploma (falou-se também num título de Cidadã Carioca) eram o mínimo que o povo brasileiro, por intermédio de seus representantes no Rio, poderia oferecer-lhe. Ora, uma moção como esta, de grande simplicidade, não deveria encontrar nenhum obstáculo para sua aprovação, certo?

Errado. Muitos vereadores deviam achar a moção justíssima e a aprovariam de olhos fechados. E havia outros que também a achavam justa, mas, por ela ter vindo do encrenqueiro Ary Barroso, não poderiam aprová-la — talvez se tivesse partido de outro vereador, menos criador de casos... E havia os que votariam contra, por não gostar da Carmen que viam nos filmes e por uma profunda divergência futebolística com Ary (muito ligado ao Flamengo para conseguir apoio entre os vereadores vascaínos, por exemplo). Tudo, no entanto, era uma questão de discussão e votação — nada para ser decidido em cima da perna.

Um dos irmãos, Mocotó ou Tatá, ficou sabendo da proposta de Ary no mesmo dia ou no dia seguinte à sua apresentação, e telefonou para Beverly Hills, onde a notícia foi recebida com fogos. Fogos prematuros. A moção ainda teria de entrar na pauta e só depois começaria a carambolar pelos desvãos da Câmara, sujeita a pareceres e apreciações. Na melhor das hipóteses, levaria meses para ser aprovada — mas Carmen já fazia planos de ir ao Rio para recebê-la.

"Não sei quando poderei viajar, mas irei de qualquer maneira se a medalha for aprovada", disse Carmen a Alex Viany, que, então, ainda estava em Hollywood. "Eu a receberei em nome do samba e da marchinha, em nome dos rapazes [do Bando da Lua] que também ajudaram com seu ritmo e — não me esquecerei — em nome de todos os compositores populares do Brasil." E, baixando os olhos: "Por outro lado, não ficarei decepcionada nem sentida se a medalha não for aprovada. Afinal de contas, há muitas pessoas que, mais do que eu, merecem tal condecoração. Bidu Sayão, por exemplo. Ou Guiomar Novaes, uma das maiores pianistas do mundo".

Não era verdade. Ficaria sentida e decepcionada, sim. Bidu e Guiomar, praticantes da grande arte, viviam sendo homenageadas por reis, presidentes e primeiros-ministros. Carmen, a antiga rainha dos sambas e das marchinhas, já tinha a aclamação popular. Mas sonhava com que o Brasil *oficial*, o das casacas e dos brasões, também a reconhecesse.

E não queria pressionar ninguém, mas precisava de uma posição — qualquer uma — sobre a proposta, para poder programar sua vida profissional. Se fosse para ir já, ela tomaria o primeiro avião — e o *Diário da Noite* garantia que ela teria uma recepção consagradora. Mas, se ficasse para o primeiro semestre de 1949, precisaria dispensar as várias perspectivas que tinha para aquela época. Havia o convite para uma temporada em janeiro, em Paris (que não se realizaria); um novo filme em fevereiro, na MGM (*Ambassador From Brazil*, idem); e, em meados do ano, seu próprio programa de televisão.

"Por isso é que até hoje não tive um programa de rádio", ela disse a Alex. "Eu estava esperando pela televisão."

De qualquer maneira, Carmen tentaria conciliar sua agenda com a homenagem que tanto queria receber.

Mas, na Câmara, a banda já trocara a marcha por um dobrado. Os debates entre os vereadores tinham migrado para outros temas mais momentosos, e a medalha saíra da ordem de prioridades. Então Carmen soube da gravidez, sofreu o aborto, ficou hospitalizada e sua vida se complicou. Os jornais falaram no cancelamento da viagem, mesmo que esta nunca tivesse sido marcada. Houve resmungos por escrito em jornais: "De novo, diz que vem, mas não vem". E alguns colunistas já estavam se cansando de anunciar a vinda de Carmen, apenas para ter de desmenti-la pouco depois. Dali a algum tempo, haveria quem levantasse a suspeita de que sua gravidez não teria existido — que seria uma invenção de Carmen para justificar sua desistência de vir ao Brasil pela possibilidade de a medalha não ter se materializado (e, como uma gravidez não podia ficar em suspenso, ela teria optado por um aborto também fictício).

Essa versão, naturalmente, só podia ser creditada ao mal que se esconde nos corações humanos. Tanto que, poucos dias depois do aborto, a ideia da viagem já estava sendo retomada, pelo menos por Sebastian.

Em sua carta de 12 de outubro, de Beverly Hills, para Aloysio de Oliveira no Rio, ele queria saber em que pé estava a situação:

> Falando nisso, Louie, Carmen e eu estávamos planejando ir ao Brasil assim que possível. Mas, desde que começou a agitação em torno da medalha, achamos que seria meio ridículo chegar aí antes da hora. Agora que estamos prontos [de novo], não podemos ir ao Rio sem ter certeza de que isso não será interpretado como um desejo, da parte de Carmen, de apressar a homenagem — quando a verdade é justamente o contrário. [...] Ficaríamos muito gratos se você continuasse acompanhando a situação e nos aconselhasse sobre a época mais apropriada para viajar.

Hoje se sabe que, nessa história da medalha, o único pecado de Carmen foi desconhecer a natureza do funcionamento da Câmara dos Vereadores carioca, na praça Floriano. Somente em 1947, depois de quase dez anos de interrupção provocada pela ditadura getulista, é que o Rio voltara a eleger os seus representantes. E, dos cinquenta vereadores eleitos, apenas três possuíam alguma prática parlamentar. Os outros 47 ainda estavam aprendendo em plenário as complexidades do regimento, como a de se chamarem de quadrúpedes ou ladrões enquanto se tratavam por Vossa Excelência. Ary era um dos novos vereadores, os quais incluíam o temível jornalista e campeão de votos da UDN, Carlos Lacerda; o também udenista Jorge de Lima, famoso como poeta por "Essa nega Fulô" e como médico, por não cobrar dos pobres e dos amigos em seu consultório na Cinelândia; e o humorista Aparicio Torelly, o Barão de Itararé, eleito pelo Partido Comunista. (Por pouco a Câmara não teria a presença do também comunista Jararaca, coautor de "Mamãe, eu quero" e que não se elegeu.) Em 1947 e 1948, aquela primeira leva de vereadores bateu cabeça com cabeça, discutiu as propostas mais folclóricas e fez da Câmara um democrático forrobodó — até aprender.

O próprio Ary alternou propostas sólidas e nem tanto. Numa delas, pregou a criação de um selo municipal — um imposto — a ser pago pelas gravadoras multinacionais, para conter o avanço da música estrangeira no Brasil. Em outra, defendeu uma campanha de esclarecimento da juventude carioca sobre "o pernicioso vício de beber". Numa terceira, liderou a batalha pela construção de um grande estádio de futebol que permitisse ao Brasil sediar a Copa do Mundo de 1950. Das três propostas, como se sabe, só a do estádio vingou e, mesmo assim, depois de Ary duelar com Lacerda pela escolha do lugar — Ary queria o estádio no bairro do Maracanã, como ficou sendo; Lacerda preferia a Baixada de Jacarepaguá, "para onde a cidade iria" (e foi mesmo). A proposta do selo sobre a música não colou, porque era matéria federal, e a da campanha antialcoólica também não, porque o próprio Ary era um bebedor federal. Além disso, nos primeiros tempos, os vereadores tiveram de limitar-se a discursar sobre as propostas porque, enquanto o Congresso Nacional não regulamentasse a sua atividade, não podiam votar projetos de lei. Com isso, a proposta da medalha para Carmen caiu num buraco negro, como muitas outras.

Carmen amargou essa rejeição pelo resto de 1948. Mais uma vez, o mundo oficial negava reconhecimento à filha do barbeiro e da lavadeira. Mas, em janeiro de 1949, numa das escalas de sua excursão por várias cidades com os Anjos do Inferno, Carmen teve uma surpresa. Das mãos de Vera Sauer, consulesa do Brasil na Filadélfia, recebeu no palco uma placa do Itamaraty por seus "relevantes serviços prestados à divulgação da cultura brasileira e ao estabelecimento de relações artísticas entre o Brasil e os Estados Unidos". Aparentemente, já que o Legislativo não tomava providências, o Executivo, na pessoa de seus representantes no país em que ela morava, encarregara-se de lhe fazer justiça.

O naipe de problemas de Carmen em 1949, no entanto, seria de tal ordem que uma placa ou uma medalha a mais ou a menos já não faria muita diferença. Ou uma capa de revista, mesmo que fosse a da *Newsweek*, como a de 16 de maio daquele ano, estampando a foto de Milton Berle (de baiana, claro) num programa em que Carmen fora a principal atração — e daí se *Newsweek* (ou *Time*) nunca lhe desse uma capa? Já um filho a mais ou a menos faria diferença — porque, para quem um dia sonhara ter cinco filhos, ela estava exatamente cinco filhos atrasada.

E, menos de três meses depois de Carmen perder seu bebê, Aurora viu-se de novo grávida.

Mesmo que ele e Carmen estivessem "separados" depois do aborto, Dave Sebastian contabilizara sua permanência na casa como uma vitória. A volta para a cama de Carmen era uma questão de tempo. Mas Sebastian, sucessivamente expulso e perdoado por Carmen, levaria os meses seguintes alternando entre o "Blue room" e a cama do casal. Às vezes, sua promoção ao quarto principal se dava porque alguma visita, geralmente Vinicius, não tinha condições de ir dirigindo para casa e ficava por lá, para dormir até passar o porre (e ficava para o fim de semana inteiro). Nesse caso, Vinicius ia para o "Blue room", e Sebastian reassumia seu travesseiro ao lado de Carmen. Outro que, às vezes, também ficava para o fim de semana era o novo funcionário do consulado, Raul de Smandek.

Carmen adorou Smandek assim que o conheceu. Certa vez, de molecagem, agarrou-o pelas lapelas e exclamou, rosto com rosto:

"Gostoso!"

Espremeu-o contra a parede e surpreendeu-o com um beijo em que forçou toda a sua língua, quilometricamente, para dentro da boca do diplomata. Quando se desprendeu, Smandek estava sôfrego e atônito — fora o seu primeiro (e talvez último) beijo numa mulher. Carmen fingiu olhar sério para ele e disse:

"Não vá contar pra ninguém, hein?"

Vinicius, Smandek e o pessoal do consulado não irritavam Sebastian — por falarem inglês, eram dos poucos amigos de Carmen com quem podia conversar. Os grandes obstáculos entre ele e o poder em North Bedside Drive eram Aurora e Gabriel. Em janeiro de 1949, quando eles anunciaram que a cegonha ia passar de novo, Sebastian vislumbrou a oportunidade para se livrar de seus cunhados.

Uma de suas armas era a intriga que, sem muito tato, vivia tentando criar entre as irmãs. Para Carmen, Sebastian transmitia supostas queixas de Aurora, de que Carmen era a culpada por ela "não ser um sucesso nos Estados Unidos", e que ela, Aurora, era quem "poderia estar no lugar de Carmen". Para Aurora, Sebastian dava a entender que Carmen a considerava "uma ingrata", e que, se estava insatisfeita, "por que não voltava para o Brasil?". Agora, com a gravidez de Aurora, Sebastian ganhara novos elementos para semear a cizânia. Para Aurora, ele insinuava que Carmen "não se conformava com aquela injustiça" — por que Aurora seria "mãe duas vezes e ela, nenhuma?". Para Carmen, Sebastian dava a entender que Aurora se sentia vitoriosa sobre ela. Carmen e Aurora não acreditavam nessas futricas grosseiras, mas Sebastian sempre teria a ganhar se, no íntimo de cada uma, ficasse um resíduo de dúvida.

As relações entre ele e Gabriel eram piores ainda. Só se falavam o necessário, e o fato (plenamente percebido por ambos) de um deles ser de ascendência judaica e o outro, árabe, não contribuía para que acertassem suas diferenças. Até havia pouco, Gabriel presidia a casa com naturalidade e, na ausência de Carmen, fazia as honras da piscina junto às visitas. Agora Sebastian desautorizava ordens de Gabriel, expulsava os brasileiros que apareciam sem avisar, proibia que as visitas falassem português na sua presença e, com isso, criava impasses que só a dona da casa poderia resolver.

"Ele está querendo forçar uma situação, Carmen", alertou Gabriel.

Tinha razão, porque logo Sebastian deu um ultimato a Carmen:

"Ou Gabriel e Aurora vão embora, *honey*, ou eu vou" — sublinhando o *honey*, para Carmen não se esquecer do que ele representava. "Um de nós terá de sair."

Era uma cartada perigosa, porque Carmen podia pagar para ver — e então ele teria de fazer as malas. Mas Sebastian sabia que não havia esse risco: Carmen não queria ser obrigada a tomar partido porque, se *realmente* se decidisse contra ele, teria de formalizar o pedido de divórcio. (Segundo Laurindo de Almeida, que ia muito lá, Sebastian ameaçava usar os meandros das leis americanas para tomar tudo de Carmen se ela levasse o divórcio adiante.)

A MGM, com quem Carmen estava sob contrato para mais um musical "família" com Jane Powell, não via com simpatia aquela situação. Era conveniente que aqueles rumores de divórcio não chegassem à imprensa, pelo menos por enquanto. Em função disso, providenciou-se a produção de material fotográfico para as revistas de cinema sobre a felicidade no lar dos Sebastian. Carmen e Dave se submeteram — fazia parte do jogo. As fotos mostravam o casal na piscina de North Bedford Drive (com Dave dentro d'água, para não revelar o defeito na perna), Carmen dando de comer ao marido na boquinha, ou os dois de rosto colado e fazendo caretas um para o outro. As fotos eram muito boas, mas nem todos se deixavam enganar.

Rumores de que as coisas iam mal naquele casamento chegaram à sempre bem informada Dorothy Kilgallen, do *New York Journal-American*. Dorothy deu o divórcio como às portas. Carmen telefonou-lhe para desmentir — mas, por algum motivo, um desmentido nunca é tão lido quanto a nota que deu origem a ele. Assim, sempre que um repórter os visitava, Carmen armava um teatrinho, uma ficção, em que fazia a esposa realizada, e em que Sebastian era simpático com todo mundo.

Nesse teatrinho, Sebastian era apresentado como um bem-sucedido "produtor de filmes", embora seu único crédito na tela fosse o de "assistente do produtor" em *Copacabana* e, mesmo assim, por causa do irmão. Nos filmes que Carmen estava fazendo na MGM, ele mal tinha permissão para entrar no estúdio. Era difícil encontrar uma ocupação fixa para defini-lo. Em certo momento, foi referido como "chefe de vendas" numa companhia de exportação de tratores. Depois se disse que estava metido no negócio de *transcriptions* — transcrições radiofônicas —, que eram a gravação em estúdio, com todos os recursos de qualidade, de programas com cantores para difusão pelo rádio. (Muitos cantores, como Bing Crosby e Peggy Lee, estavam gravando *transcriptions* em série.) Não se sabe o que resultou dessa atividade de Sebastian — e, se resultou, onde estariam as preciosas *transcriptions* de Carmen? Em 1950, Sebastian teria aberto uma firma de conversão de aparelhos de TV, de dez ou de doze polegadas, para dezesseis polegadas ou mais — um jornal chamou-o de "uma autoridade no ramo de conversões". Por causa disso, em outubro daquele ano Carmen teria comprado uma empresa especializada, a Sterling Television Company — de cujo destino não se teve mais notícia.

Embora Carmen invariavelmente comparecesse com o dinheiro para as empreitadas de Sebastian, nada parecia ser levado adiante. A última de que se soube teria sido uma produtora de programas de TV em sociedade com

Edward Eliscu, parceiro do falecido compositor Vincent Youmans em "The Carioca" e "Flying Down to Rio". Não se sabe se algum programa resultou dessa produtora — ou se ela própria chegou a existir.

A verdadeira avaliação de Carmen das aptidões de seu marido pode ser medida pelo que aconteceu na escala de Chicago da sua primeira excursão com os Anjos do Inferno e na qual Sebastian a acompanhou. Carmen levara todo o plano de luz preparado pelo coreógrafo Nick Castle, para ser apenas seguido pelo encarregado da iluminação de cada lugar em que se apresentasse. Em Chicago, no Chez Paree, Sebastian resolveu substituir esse encarregado. Na noite de estreia, o primeiro show já ia pelo meio e Sebastian não conseguia se acertar com as luzes — disparava o canhão vermelho quando devia soltar o azul, ou deixava o palco às escuras e outros erros bisonhos. Isso fazia com que Carmen e os músicos também errassem o tempo todo. Em certo momento, Carmen parou o show, cobriu com a mão os refletores que a cegavam e falou em direção ao jirau onde estavam Sebastian e o rapaz que deveria estar cuidando da luz.

"Ei, garoto!", gritou Carmen. "Meu marido está aí? Diga a ele para vir tomar um uísque e deixar você trabalhar. Quando ele der o fora daí, você sabe o que fazer: é só seguir o papel! [E, virando-se para a plateia:] Estão vendo para que servem os maridos?"

A plateia riu, e continuou rindo enquanto Sebastian, as faces em fogo, descia do jirau e ia em direção ao bar. A partir dali, e por um bom tempo, deixou de viajar com Carmen.

Com frequência, Sebastian era também apresentado à imprensa como um marido ciumento. Uma prova disso é que relutava em ir ao Brasil enquanto não aprendesse português suficiente para entender "o que diriam à sua mulher no Rio". Mas a realidade era outra — porque Sebastian não tinha o ciúme entre seus pecados capitais. Nos teatros em que se apresentavam, Carmen e seus músicos costumavam dar os últimos retoques no show dentro dos camarins, muitas vezes enquanto acabavam de se trocar. E, assim como acontecia no passado com o Bando da Lua, Carmen não era mistério para os rapazes dos Anjos do Inferno — eles a viam seminua com frequência. Russinho, o mais novo deles e recém-egresso da Tijuca, ficava impressionado — Carmen, em forma, ainda era de provocar alteração —, mas todos se mantinham a uma respeitável distância. (Afinal, era a patroa.) A exceção foi Walter, que não teve melhor ideia do que se apaixonar por Carmen.

A situação pareceu se complicar quando se teve certeza de que Sebastian percebera e, a qualquer momento, poderia tomar satisfações com ele. E, inevitavelmente, isso aconteceu.

"Walter, acho que você está apaixonado por minha mulher. É verdade?", perguntou Sebastian.

Walter, suando frio, mas já sentindo o bilhete azul sobrevoando-o, resolveu jogar tudo:

"Apaixonado só, não, Dave. Eu sou louco por ela."

Sebastian deu a única resposta que ninguém esperava — e a prova de que o ciúme passava longe de suas preocupações:

"Ora, fico contente com isso. Alguém que gosta tanto da minha mulher quanto eu, ou quase. É sinal de bom gosto."

E Walter não foi demitido — pelo menos, não naquele momento, nem por aquele motivo. O cantor não demoraria a sair do conjunto, mas por sugestão dos colegas e pelo fato de que estava bebendo demais e atrapalhando o trabalho. Harry, Lulu e Russinho o chamaram de lado e o aconselharam a voltar por algum tempo para o Brasil. Quando se sentisse melhor, eles o receberiam de novo — tanto que nem o substituiriam. Walter concordou. Carmen pagou-lhe a passagem e ele foi embora, mas nunca mais voltou.

Apesar da aparente concórdia entre Sebastian e os músicos, o que havia era uma silenciosa e mútua aversão. Até que essa aversão deixou de ser silenciosa. Certa noite em que Carmen precisara sair, e os Anjos do Inferno estavam ensaiando em sua casa, Sebastian gritou de lá de dentro:

"Russinho, venha cá agora!"

Russinho, ocupado com seu pandeiro num número com os colegas, ignorou-o. Dali a pouco, outro grito impertinente:

"Russinho, venha cá, já disse!"

Harry, Lulu e Walter, que, como Russinho, não gostavam de Sebastian (o único que o tolerava era Aloysio), trocaram olhares e riram. Mais alguns minutos, e o próprio Sebastian irrompeu na sala, aos desaforos:

"Não está me escutando chamá-lo, seu filho da puta?"

Russinho não estava habituado a ser chamado assim — na praça Saenz Peña todos o tratavam com educação. Ouviu essa imprecação de Sebastian e nem conversou. Acertou-lhe um murro no nariz, que fez com que Sebastian saísse catando cavaco para trás e, no caminho, levasse outro soco, esse de raspão, no supercílio, até cair de costas e de pernas abertas, sem saber o que o abatera.

Russinho saltou sobre ele para continuar o castigo, mas foi contido por Gabriel — uma decisão que este, no futuro, deve ter se arrependido de ter tomado. Salvo do massacre, Sebastian deixou-se ficar grogue no chão, enquanto o sangue lhe escorria do supercílio ou do nariz, ou de ambos, e empapava sua camisa amarela. Em segundos, Sebastian estava todo em Technicolor.

Russinho apenas vestiu o paletó, recolheu seu pandeiro e disse tchau. Foi embora, sozinho, para a casa que alugava com os colegas. Não havia sentido em continuar no ensaio — afinal, acabara de agredir o marido da patroa. Sua demissão do conjunto eram favas contadas. Só esperava que o nariz de Sebastian estivesse doendo tanto quanto os nós de seus dedos.

Mal abriu a porta de casa, o telefone tocou. Era Carmen.

"Russinho, você tem uma direita que eu vou te contar, hein?", ela disse, vibrando.

Ele não entendeu. Então não estava demitido, e nem ela furiosa?

"Isso que aconteceu foi uma coisa entre homens", disse Carmen. "Gabriel e os outros me contaram. Amanhã você virá ensaiar normalmente e ele [Sebastian] te pedirá desculpas."

No dia seguinte Russinho voltou com os colegas à casa de Carmen. Dona Maria chamou-os para almoçar e lhes serviu bifes à milanesa. Sebastian, com um band-aid sobre o olho e com o nariz em forma de couve-flor, não se sentou à mesa. Mas, ordenado por Carmen, foi até lá e estendeu a mão:

"Desculpe, Russinho."

Aurora e Gabriel presenciaram com reserva esse gesto de humildade. Sabiam que era falso e que Sebastian estava sendo apenas político. Reinava na casa uma atmosfera opressiva. Aurora movia-se pesadamente pelas salas, transportando com dificuldade sua barriga de seis ou sete meses. Ao passar lentamente por Sebastian num corredor, sentia o olhar de ódio às suas costas. A criança era esperada para setembro, mas, se incidentes como o de Russinho se repetissem (com Gabriel, por exemplo), Aurora temia um desenlace antes do tempo — bastaria sofrer algum aborrecimento grave. (Dizia-se que, numa mala fechada debaixo da cama, Sebastian guardava um revólver.) Não era a melhor maneira de viver uma gravidez.

Para poupar Aurora e a própria Carmen, Gabriel decidiu que sairiam dali. Sebastian, afinal, tinha seus direitos — era o marido de Carmen. E já era tempo de Aurora ter um pouco de autonomia em relação à irmã. Limpando suas economias, em junho ou julho de 1949, Aurora e Gabriel compraram à vista, por 25 mil dólares, uma casa na então pacata Westwood Village, perto de Beverly Hills, entre Brentwood e West LA, e um dos poucos lugares em Los Angeles onde se podia passear a pé. No dia em que Aurora, Gabriel e Gabrielzinho marcharam para fora de North Bedford Drive, Sebastian sentiu que havia vencido. Finalmente tinha Carmen só para si.

Em termos, porque, responsabilizando-o pela saída de sua irmã e de seu cunhado, Carmen o enxotou de novo. Primeiro, de sua cama — e Sebastian foi dormir no antigo quarto de Aurora e Gabriel. Mas havia nisso algo de simbólico, que desagradava a Carmen. Então, pela primeira vez, ela o expulsou de casa.

Sebastian achou mais conveniente, por enquanto, fazer o jogo. Não bronqueou, não ameaçou. Voltaria para seu antigo apartamento. Mas, antes, deu a Carmen uma chave (de ouro) e disse:

"Esta é a chave de meu apartamento, Carmen. Quando você quiser, vá me visitar. Abra a porta a qualquer hora. Então ficaremos juntos de novo."

A separação chegou aos ouvidos dos colunistas de Hollywood, comprometendo a estratégia da MGM de manter as comédias de Jane Powell a salvo de divórcios. Dali espalhou-se pela imprensa brasileira e foi registrada de forma pitoresca pelo repórter e compositor Fernando Lobo na revista *Radar*, em novembro de 1949. Sem saber direito do que estava falando, Lobo (sucesso naquele ano com o samba "Chuvas de verão", na voz de Francisco Alves) resolveu narrar velhos namoros de Carmen — com "o moço rico que teve lutas sangrentas com rivais" (Mario Cunha ou Carlos Alberto da Rocha Faria?); com "um jovem artista que largou a arte e depois sofreu quando compreendeu que ela deveria seguir, seguir para o alto, mas que, nessa caminhada, deveria caminhar sozinha, para que o público não virasse os olhos, decepcionado" (Aloysio, talvez?); e com "alguém que Hollywood não deixou, porque aquela estrela não permitiu" (Gregory Peck? Joseph Cotten? Victor Mature?) —, como se, por onde passasse, Carmen largasse um rastro de homens destruídos.

Não era o caso e, como sabemos, bem o contrário. Era sempre ela quem, no mano a mano com os homens, perdia e se submetia. No dia 14, também de novembro, Louella Parsons noticiou a reconciliação de Carmen e Sebastian, "depois de uma separação de dois meses". O próprio Sebastian, nada galante, contou como tinha sido: por aqueles dias, por volta das onze da noite, Carmen parara o Lincoln na porta do prédio dele e subira. Horas depois, saíram juntos, rumo a North Bedford Drive.

Vitorioso e de volta à casa de Carmen, livre de Gabriel e de Aurora, Sebastian poderia exigir também a partida de dona Maria. Mas isso seria de um atrevimento quase suicida. E desnecessário porque, pelo menos no primeiro ano, a "Velha" passaria mais tempo em Westwood com Aurora (ajudando a cuidar de Maria Paula, que nascera no dia 19 de setembro) do que com Carmen. Para Sebastian, era como se só agora seu casamento fosse começar — sem os parentes que davam ordens a sua mulher e, indiretamente, a ele. E, com Carmen no estúdio, filmando o dia inteiro na MGM, poderia manter os chatos brasileiros à distância.

Durante o ano de 1950, Carmen ainda teria forças para mandar Sebastian embora outras duas vezes — como contaria ao colunista Earl Wilson, que, onze anos antes, a batizara de "Brazilian bombshell". Sebastian obedecia, passava alguns dias fora — intervalos cada vez mais curtos — e reaparecia dizendo: "*Honey, I love you*". Carmen o recebia de volta.

Até que Sebastian já não precisou ir — porque ela nunca mais o mandou embora.

Os dois meses em que Carmen esteve separada de Sebastian — setembro e outubro de 1949 — estão registrados em seus dois números musicais em *Nancy Goes to Rio* (no Brasil, *Romance carioca*), filmados naqueles dias. Os números eram a rancheira (pode crer) "Yipsee-i-o" e o misto de rumba e baião, "Ca-room' pa pa". Ambos eram assinados apenas por Ray Gilbert, embora o primeiro tivesse um trecho de letra em português (por Aloysio) e o segundo fosse nada menos que o então recente e celebérrimo "Baião", de Luiz Gonzaga e Humberto Teixeira:

Eu vou mostrar pra você
Como se dança o baião
E quem quiser aprender
É só prestar atenção.

Na versão de Ray Gilbert, tornou-se:

When you are out in the street
Out in the tropical heat
You'll fall in love with a song
With a wonderful beat
Ca-ca, caroom' pa pa
Ti-ca, ti-ca, ti-ca
Ti-ca, ti-ca, ti-ca, ta.

Aloysio, em sua temporada no Rio em 1948, percebera o potencial internacional desse baião. Dos alto-falantes de Xique-Xique, no alto sertão baiano, à orquestra da boate Vogue, à beira-mar de Copacabana, era só o que se escutava, e isso cobria um leque de gostos. O próprio ritmo do baião, estilizado pelo pernambucano Luiz Gonzaga e cheio de swing, era uma grande novidade, e havia boas chances de sua aceitação na América. Aloysio levara o disco de Gonzaga para Los Angeles, tocara-o para Ray Gilbert, e este fizera uma letra em inglês.

Em termos de direitos autorais, o simples acréscimo do refrão rumbado, "Ca-ca, caroom' pa pa" etc., permitira a Gilbert assenhorar-se da canção inteira. Era assim que, na partitura impressa da versão americana (editada pela indefectível Robbins Music Corporation), lia-se em inglês: "'Caroom' pa pa' — Música e letra por Ray Gilbert", com um condescendente acréscimo em letras miudinhas: "Baseado na melodia de 'Baião', por Luiz Gonzaga e Humberto Teixeira" — como se estes fossem dois folcloristas primitivos que vivessem de cócoras à beira de uma estrada, mascando um talo de capim. Na última página da partitura, a sombria ameaça: "O uso da letra ou música desta canção, no todo ou em parte, estará sujeito a processo criminal pelas leis de copyright dos Estados Unidos". Mais um pouco, Luiz Gonzaga e Humberto Teixeira, ao tocar sua própria música numa boate do Rio, estariam sujeitos a um processo movido por Ray Gilbert.

Mas essas não eram as únicas músicas brasileiras creditadas somente a Gilbert em *Romance carioca*. Havia também a batucada "Cai, cai", de Roberto Martins, e, incrivelmente, o número que fechava o filme, "Carinhoso", de

1948-1950 — A CÂMERA NADA GENTIL | 473

Pixinguinha e João de Barro, transformado em "Love is Like This", ambos cantados por Jane Powell. Os nomes de seus verdadeiros autores também não
apareciam na tela. Mas, enfim, aquele era apenas o começo da longa e lucrati-
va relação entre Ray Gilbert e os compositores brasileiros — estes, fornecendo
a melodia, a harmonia, o ritmo e a letra original de dezenas de canções, e Gilbert, encarregando-se de adaptar uma letrinha em inglês e embolsar a parte
do leão nos royalties.

Se os compositores eram omitidos dos créditos de *Romance carioca*, pelo
menos os músicos que acompanhavam Carmen tiveram o seu nome com destaque na tela: o Bando da Lua — como o conjunto passara a chamar-se.

Durante boa parte de 1949, Harry, Lulu, Walter, Russinho e Aloysio ainda
se apresentaram como os Anjos do Inferno. Mas o ex-crooner do conjunto, Leo
Villar, de algum microfone em Havana ou na Cidade do México, exigiu o título de volta. Alegou que estava reorganizando o grupo (de fato, estava) e que
o nome era seu. Não era — mas Harry e Lulu, em atenção à antiga amizade,
abriram mão dele. Precisavam agora de um novo nome para si próprios. O
primeiro que lhes ocorreu foi The Boys from Brazil, e parecia que iria pegar.
Mas Aloysio convenceu-os de que o melhor nome — e mais tradicionalmente
ligado a Carmen — estava inativo, disponível e lhe pertencia: o Bando da Lua.

(Na verdade, também não pertencia. Embora não houvesse nenhum papel assinado, o nome Bando da Lua pertencia por igual a Aloysio e aos demais
fundadores: Vadeco, Helio, Ivo e os irmãos Stenio e Affonso. É claro que estes
não proibiriam Aloysio de usá-lo para designar o conjunto que acompanharia
Carmen — se ele apenas os comunicasse disso. Mas Aloysio os ignorou e, pior
ainda, em 1950, tentaria registrá-lo no Rio, através de uma procuração passada ao advogado Ernesto Dorea. Quase conseguiu — mas Stenio, ao voltar
definitivamente para o Brasil naquele ano, não descansou enquanto não der-
rubou o registro. Mais tarde, todos os veteranos do grupo original romperiam
com Aloysio ao ouvi-lo declarar que o conjunto formado pelo pessoal dos
Anjos do Inferno era "o melhor Bando da Lua que já existira".)

Em agosto e setembro de 1949, para o novo Bando da Lua — agora oficialmente liderado por Aloysio —, o trabalho em *Romance carioca* consistia em
gravar com Carmen, no estúdio de som da MGM, o playback de "Yipsee-i-o" e
"Caroom' pa pa" e, depois, sempre com Carmen, fazer a mímica dessas gravações no palco de filmagem. (Em "Caroom' pa pa", eles estariam fantasiados
de palhaços.) Foram contratados por duas semanas, mas só precisaram de três
dias para dar conta do trabalho: um para a gravação do playback e dois para
as filmagens, com duas semanas quase inteiras de inatividade pelo meio. Mas
não tinham do que reclamar: quando não estavam assistindo a Fred Astaire,
Judy Garland ou Gene Kelly ensaiando no galpão ao lado, jogavam futebol

474 | CARMEN

com os funcionários hispânicos nos fundos do estúdio. E eram integralmente pagos para fazer isso.

O trabalho de Carmen nesses dois números se deu entre agosto e setembro. O restante de sua participação (várias sequências de diálogo com Jane Powell, Ann Sothern e Barry Sullivan) foi filmado quase dois meses depois, em fins de novembro. Quando o filme ficou pronto, a diferença física em Carmen nessas cenas era visível e impressionante — como se fossem duas atrizes fazendo o mesmo papel.

A primeira Carmen (a que cantava e dançava "Yipsee-i-o" e "Caroom' pa pa" com o Bando da Lua) estava enxuta, tentadora, deliciosa — os olhos, dois jatos verdes; a pele, no tom certo de moreno; o sorriso, franco e desarmado. Seu vigor físico era notável. Era uma Carmen que lembrava a dos primeiros filmes na Fox, que fizera uma jornalista descrevê-la como tendo "olhos vocais", e um colunista, famoso e casado, insinuar que ela o perturbava eroticamente. Era a mesma Carmen, muito bonita, que fotografara também para o anúncio do sabonete Lux, inspirado no filme, e que circularia em centenas de revistas pelo mundo.

A outra (a que contracenava com Jane Powell, Ann Sothern e Louis Calhern nas sequências não musicais) parecia inchada, matronal, pesadona — os olhos estavam ríspidos; a pele, afogueada; o sorriso era uma máscara (e, mais uma vez, percebia-se a sensação de tristeza que *aquela* Carmen parecia carregar). Como os números musicais estavam entremeados com as sequências de diálogos, o espectador devia achar incompreensível ver uma Carmen fulgurante que, de repente, se transformava numa mulher acabada para, logo depois, no outro número, voltar exuberante à cena e, em seguida, decair de novo.

Coincidência ou não, a Carmen dos números musicais estava a sós com dona Maria em North Bedford Drive — sem Sebastian — quando eles foram filmados. A outra era a que fora buscar seu marido e o levara de volta para casa. Nessas poucas semanas, tudo pode ter acontecido.

Por exemplo: Sebastian, embriagado, ter cuspido no rosto de Carmen, porque ela serviu a uma repórter os bolos que dona Maria havia feito.

"Você sabe que eu gosto desses bolos!", gritou Sebastian.

Carmen, passiva e sem reação, teria apenas enxugado a cusparada com o braço, sem dizer nada. Dona Maria não contou isso a Aurora — e Carmen também não, ao visitar sua sobrinha e afilhada Maria Paula. Temiam que Gabriel, ao tomar satisfações com Sebastian, fizesse algo mais incisivo, como enchê-lo de bolos na cara ou quebrar-lhe os dentes a socos. E nem é bom pensar no que Russinho ou Lulu fariam com Sebastian se tivessem sabido. Mas dona Maria só confidenciaria essa história a Andréa Ozorio e, mesmo assim, anos depois, no Rio, quando já não fazia a menor diferença.

Por que Carmen passaria por uma transformação física tão drástica e em tão pouco tempo? No caso de *Romance carioca*, havia o fato de Carmen ter ficado inativa por várias semanas. Tanto quanto o excesso de trabalho, a ausência dele também lhe fazia mal: facilitava a que ficasse sem dormir e, quando não pudesse mais adiar o sono, apelasse para medicamentos mais poderosos. Harry se lembra de uma semana que o conjunto passou com ela em Palm Springs. Foram cinco dias e noites sem dormir para todo mundo, com Carmen falando sem parar e reformando vestidos, um atrás do outro, varando as madrugadas (os soníferos normais já não pareciam fazer efeito).

E se, numa emergência, ela precisasse de quem lhe aplicasse uma injeção, agora tinha alguém permanentemente à mão: Lulu — ou, na vida civil, o dr. Aluisio Ferreira, como ele era conhecido no Ceará antes de ir para o Rio com o seu violão. Lulu, que deixara a medicina pouco depois de formar-se, atuava como clínico geral da trupe, embora sua especialidade fosse o pulmão. (Foi ele, aliás, quem identificou a causa de uma bronquite crônica que vinha atazanando Carmen: uma base de maquiagem feita de raiz de lírio. Eliminado esse componente no creme, a bronquite desapareceu.)

Lulu podia ser competente na sua especialidade, mas não devia conhecer muito (ou nada) de dependência química. Nem isso lhe era exigido — porque quase ninguém conhecia. Somente nos primeiros anos do pós-guerra começou-se a perceber as consequências do uso regular daqueles medicamentos sintéticos. Até então, as anfetaminas eram consideradas um aditivo benéfico para os soldados (tanto os Aliados como os do Eixo, a ponto de ser distribuídas na ração junto com os chicletes e as barras de chocolate), para os operários da indústria de guerra (a fim de aumentar a produção) e para os artistas. Para rebatê-las, havia os barbitúricos. Milhões de pessoas foram cobaias desses produtos nos anos 40 — e Carmen, uma delas. Quase dez anos depois, o organismo dessas pessoas estava apresentando a conta.

Romance carioca estreou em Nova York em março de 1950 e, para quem abstraiu a aparência de Carmen no restante do filme, seus números musicais faziam crer que o cinema ainda a teria por muitos anos. Principalmente por "Caroom' pa pa", com a eufórica coreografia de Nick Castle. Carmen dançava-a descalça, e seus rodopios com a baiana de babados e com o turbante de 24 sombrinhas eram de encher as medidas. Era também uma das maiores façanhas da história da Technicolor: um show de cores em movimento, num efeito poucas vezes conseguido num musical. Era ainda, sem dúvida, um dos grandes números de Carmen no cinema — e que ela nunca mais superaria.

Naquele mesmo mês, Vinicius, que estava distante de Carmen havia algum tempo, reencontrou-a, e não gostou do que viu. Em carta (de 23/03/1950) a Rubem Braga no Rio, foi duro: "Ainda ontem estive com Carmen, em casa de Aloysio. Ela, coitada, começando a decompor. Quando cheguei [a Los Angeles, em 1946], estava tão fresquinha e viva".

476 | CARMEN

Mas, se a câmera já não queria ser gentil com Carmen (e ela, às vezes, assustasse ao ser observada mais de perto, como acontecera com Vinicius), seu desempenho no palco, ao vivo, com o Bando da Lua, continuava a ser arrasador. Foi assim no megaespetáculo promovido pela MGM para a estreia de *Romance carioca* em Los Angeles: quase 20 mil pessoas no Hollywood Bowl viram-na roubar o show de Jane Powell, Ann Sothern, Jeanette MacDonald, Mickey Rooney, Lena Horne e dos outros astros convidados pelo estúdio.

Em janeiro, já tinham levantado a plateia ao se apresentarem no enorme Copa City, em Miami. "Quando Carmen entra no palco, é como se todos os neons se acendessem ao mesmo tempo", escreveu no *Morning Mail* a colunista Dorothy Dey — a primeira jornalista americana a saber da existência de Carmen, em 1939, quando Shubert, de volta do Rio, lhe telefonara para contar que acabara de contratar uma sensacional cantora brasileira. E, como Dorothy podia constatar, dez anos depois Carmen parecia não ter perdido nem um pouco do seu poder de eletrizar. Na boate defronte ao Copa City apresentava-se a grande sensação da temporada: a nova dupla Dean Martin e Jerry Lewis — só que para poltronas às moscas, porque Carmen lhes roubara a plateia. Como não tinham nada a perder, Martin e Lewis atravessaram a rua e foram visitar Carmen, que, como eles esperavam, os chamou ao palco — e Jerry, ali mesmo, apoderando-se de um turbante, "homenageou-a" com uma constrangedora imitação.

Nos meses seguintes, Carmen continuou atraindo multidões em todos os lugares por onde passava. Os números eram impressionantes: 50 mil pessoas numa semana em Buffalo (onde seu show era aberto pelo Will Mastin Trio, do qual fazia parte um garoto prodígio, Sammy Davis, Jr.); 80 mil em oito shows em Detroit; outros 50 mil em uma semana em Minneapolis; e por aí afora. Em certas cidades, Carmen tinha de se apresentar em estádios e ginásios. Para esses shows, seu cachê variava em torno de 15 mil dólares por semana.

Em Chicago, no Chicago Theatre, Carmen e o Bando da Lua bateram outro tipo de recorde: o de shows por dia — nada menos de *dez*, das oito da manhã à meia-noite, de vinte minutos cada, entre as sessões de *E o mulo falou* (*Francis, the Talking Mule*), o primeiro filme da série com Donald O'Connor e o mulo Francis. A maneira de sobreviver a essa maratona era, encerrado cada show, correr para o camarim (eram proibidos de sair do teatro e cada um tinha o seu camarim individual) e se esticar por uma hora — menos Carmen, que, como se sabe, tinha de se trocar de alto a baixo para o show seguinte.

Por essa temporada de uma semana, Carmen recebeu 20 mil dólares. Para se ter uma ideia desses valores, basta saber que, nos Estados Unidos em começos dos anos 50, uma boa casa, com sala, copa e cozinha no andar de baixo e três quartos no de cima, típica daquela época, numa cidade de tamanho médio, saía por menos de 10 mil dólares.

Carmen pagava ao Bando da Lua trezentos dólares fixos por semana, trabalhassem ou não, mais as despesas de hospedagem quando viajavam. Mas, diante de um compromisso tão puxado como o do Chicago Theatre, ela não esperava que eles fizessem alguma reivindicação. Já se antecipava e lhes oferecia algo muito melhor: mil dólares por semana para cada um. Não admira que eles a adorassem — não tanto pelo dinheiro, mas pelo seu desapego aos próprios rendimentos e pelo reconhecimento do esforço alheio.

Nem Carmen estava precisando de todo esse dinheiro. Ao contrário: quanto mais ganhava, mais o imposto de renda lhe abocanhava. E não que estivesse carente do aplauso das multidões. Mas algo a fazia correr — algo fora dela. Era uma correria extenuante, um esforço de matar, sem um objetivo definido, sem nada que a razão justificasse. Infelizmente, a razão já não tinha um papel preponderante em suas decisões.

Afinal, o que fazia Carmen correr? A Benzedrine, o Dexedrine, o Dexamil.

27 | 1950-1951
Mulher-maratona

Com ou sem as ranhetices de Sebastian como anfitrião, o verdadeiro consulado do Brasil em Los Angeles continuava a ser North Bedford Drive (até para os cônsules, que não saíam de lá). Carmen não abria mão de receber os brasileiros de passagem, e bem a seu estilo — como fez quando Waldemar Torres, diretor de publicidade da MGM no Brasil, foi visitá-la, levado por Gilberto Souto.

Carmen agarrou Waldemar, arrastou-o para um canto do sofá e atirou-se sobre ele, quase asfixiando-o:

"Vem pra cá! Você ainda deve estar com um cheirinho gostoso do Rio!"

Waldemar depois comentou sobre Carmen com Gilberto:

"Que vocação para gostar dos outros, gostar de todos!"

Nessa época, a história que Carmen mais gostava de contar às visitas era a de sua futura ida ao Rio — da maneira como ela fantasiava que aconteceria. Tomaria um avião em Los Angeles e, perfeitamente incógnita, pousaria no Galeão em pleno sábado de Carnaval, para cair na folia. Passaria os quatro dias e quatro noites no sereno, "de camisa de malandro e tocando cuíca", confundindo-se com o povo, sem ninguém reconhecê-la, pegando no ar as últimas marchinhas, exaurindo-se de sambar e abraçando-se às pessoas suadas, ela também derramando o generoso suor brasileiro. Na Quarta-Feira de Cinzas, acabada, mas feliz, tomaria o avião de volta e só então, quando se visse de novo em casa, é que o Rio saberia que ela estivera lá. Não que não quisesse rever os amigos e falar com todo mundo. É que precisava, primeiro, de um reencontro a sós com a cidade — apenas ela e os 2 milhões e meio de habitantes.

É possível que, de volta ao Brasil, tanta gente contasse essa história sobre Carmen que ela acabaria caindo em altos ouvidos. Em meados de 1950, o governo brasileiro (ainda sob Dutra) deu sinais de que gostaria de convidá-la oficialmente. Mandaria um avião buscá-la em Miami (por que em Miami?), decretaria feriado no dia de sua chegada, e lhe pagaria o que pedisse — foi o que ela ouviu. Era para Carmen ter se sentido homenageada (afinal, era um reconhecimento institucional). Mas aquele último item não lhe caíra bem — o simples fato de imaginarem que ela exigiria dinheiro para visitar seu país ofendeu-a de tal forma que nem quis mais pensar no assunto. A gafe seria em parte remediada com a concessão de um passaporte honorário, que, graças ao esforço de Raul de Smandek, lhe foi expedido naquele ano pelo consulado em Los Angeles — honorário mesmo, já que, como Carmen nunca se naturalizara brasileira, não havia como lhe conceder um passaporte de verdade.

O flerte constante de Carmen com o Brasil nem sempre era correspondido na mesma medida. Em 1950, sua antiga gravadora brasileira, a Odeon, só tinha em catálogo os três discos de 78 rpm que ela gravara em 1940 — contendo "Recenseamento", "Voltei pro morro", "Disseram que voltei americanizada" etc. —, num total de seis músicas. Era pouco, quase nada, mas ainda melhor que sua outra gravadora, a ingrata Victor (já então, RCA Victor), que não tinha *nenhum* disco de Carmen em catálogo. Na visão caolha dessas gravadoras, era como se ela tivesse deixado de existir — embora a cantora mais popular do país, Emilinha Borba, fosse sua discípula direta e cujos sucessos como "Chiquita bacana", de Braguinha e Alberto Ribeiro, no Carnaval de 1949, e "Tomara que chova", de Romeu Gentil e Paquito, que estouraria no Carnaval de 1951, fossem marchinhas visceralmente mirandianas.

Mas, como sempre, as piores agressões contra Carmen vinham dos críticos de cinema. *Romance carioca*, que estreara no Brasil em setembro de 1950, mereceu *dois* artigos de Walter George Durst em uma revista. Em ambos, Durst esqueceu-se de que estava escrevendo sobre um despretensioso musical infantojuvenil da MGM, e não sobre o último filme de Vittorio de Sica ou Roberto Rosselini, e fuzilou: "Uma das mais xaroposas e torpes fitas que o cinema já produziu"; "O filme é uma real ignomínia, da mais penosa digestão ocular"; e, fosse lá o que isso quisesse dizer, acusou-o de contar "uma penicilenta história". O veterano Louis Calhern, amável comediante de tantos filmes inócuos e que faz na fita o avô de Jane Powell, foi chamado por ele de "espantoso, teratológico e odioso". Quanto a Carmen, Durst repetiu uma opinião antiga, "Essa portuguesa que já é pouco mais brasileira que a estátua da Liberdade", e acrescentou uma nova: "fantasiada de roupas futebolisticamente ridículas". Não contente, Durst dedicou vários parágrafos do primeiro artigo a destruir o diretor Norman Z. McLeod, tachando-o de incompetente e de o pior diretor de todos os tempos. Mas McLeod era inocente, não tinha nada a ver com *Romance carioca*. Durst confundira-o com o verdadeiro diretor, Robert Z. Leonard. Daí o segundo artigo, em que voltou a arrasar o filme e estendeu o arraso a Leonard, sem admitir o erro nem pedir desculpas aos leitores pela mancada no artigo anterior.

De um jeito ou de outro, Carmen sempre ficava sabendo o que escreviam a seu respeito. Seu acesso à imprensa brasileira era mínimo, mas os patrícios que a visitavam a mantinham informada. Muitos, na tentativa de parecer solidários com ela, exageravam em seus relatos sobre o que este ou aquele jornal tinha publicado. Esqueciam-se de dizer-lhe que, com frequência, ela era capa da *Carioca*, do *Jornal das Moças,* da *Vida Doméstica* e de outras revistas, com matérias simpáticas para justificá-las.

Em meio ao entra e sai de estranhos na casa e à discussão de assuntos que não lhe diziam respeito, Sebastian tinha alguma razão em reclamar que os brasileiros de visita o ignoravam — a maioria não dava o devido reconhecimento à sua condição de marido. Muitos o tratavam como se ele fosse um biombo ou uma cômoda, e nem lhe dirigiam a palavra. Mas esses visitantes argumentavam que era difícil estabelecer pontos comuns de interesse com ele. Sebastian não se interessava por nada referente ao Brasil, como a política, a música popular ou mesmo o futebol — o único esporte a que dava atenção era o boxe e, mesmo assim, o boxe amador (não perdia uma luta do Golden Gloves, que era uma espécie de campeonato juvenil americano). Ao mesmo tempo, Sebastian percebia quando algum dos "amigos" brasileiros fazia uma falseta contra Carmen. Como quando ela aproveitava a partida de alguém para o Brasil (de preferência, gente da Aeronáutica, voando em aviões cargueiros) e lhe pedia que levasse uma mala de roupas ou de presentes para os parentes no Rio.

Em uma ou duas ocasiões, essas malas não chegaram ao destino — o que Carmen só descobriu quando, pelo telefone internacional, perguntou casualmente:

"E aí, Cecilia, recebeu a mala que te mandei pelo brigadeiro Fulano?"

Pela entonação indignada de Carmen, Sebastian percebia que algo dera errado e perguntava o que era. Carmen se traía e lhe contava — Cecilia nunca recebera a dita mala —, e ele tinha, de graça, um argumento contra todos os brasileiros que aparecessem pelos dias seguintes para fazer de *sua* piscina uma extensão de Copacabana.

Desde 1940, Carmen rodara pelo menos um filme por ano, num total de treze. Agora, pela primeira vez desde que chegara à América, iria passar dois anos seguidos, 1950 e 1951, sem trabalhar em nenhum. Depois de *O príncipe encantado* e *Romance carioca*, a MGM tinha opção para um terceiro filme com ela, mas Joe Pasternak não estava lhe acenando com uma proposta. Nem Pasternak nem qualquer produtor de outro estúdio.

Hollywood enfrentava uma crise que não conhecera nem nos piores anos da Depressão. Em 1950, a frequência ao cinema nos Estados Unidos desabara para 60 milhões de ingressos por semana — 30 milhões a menos que em 1948! — e continuaria a cair. A indústria estava sob três fogos mortíferos: o crescimento da televisão (4 milhões de pessoas já tinham aparelho em casa), a suspeita de abrigar comunistas (começara uma sinistra caça às bruxas), e a pior ameaça para os estúdios: a lei antitruste, que iria proibi-los de ser, ao mesmo tempo, produtores e exibidores.

Tombada essa pedra do dominó, as outras se seguiriam: os estúdios seriam obrigados a vender suas enormes cadeias de cinemas; sem a exibição garantida, a produção cairia; e, com isso, muita gente seria demitida. Elencos

1950-1951 — MULHER-MARATONA | 481

e equipes que eles tinham levado décadas para formar seriam dispensados e gêneros inteiros, como os musicais e os westerns, que dependiam de estúdios funcionando à plena, tendiam a desaparecer. Era o fim de Hollywood — ou, pelo menos, de Hollywood como o mundo a conhecia. Carmen escolhera uma época ingrata para ficar independente. Se isso lhe servisse de consolo, ela não seria a única ao relento. Mas, agora, era cada um por si.

Soltos na cidade, sem a proteção de um estúdio — sem nem mesmo um contrato temporário que os obrigasse a ir para o trabalho, e temendo acabar como os gafanhotos, que todos os dias saíam ao sol para morrer —, muitos atores tomaram providências. Alguns voltaram para o teatro, em Nova York; outros se venderam ao inimigo — a televisão — e se deram bem; e ainda outros voltaram para seus estados ou países de origem. Carmen poderia ter optado por qualquer uma dessas saídas. Mas algo a embotava e a paralisava em Beverly Hills, e nem se podia dizer que a causa disso fossem seus amigos americanos — porque nem eram tantos e, por mais que a estimassem, havia uma distância saxônica entre ela e eles. Os melhores amigos de Carmen estavam em sua família e em alguns de fora — todos brasileiros. E, de repente, eles é que começaram a ir embora, num movimento de volta em massa para o Rio.

Elsa e Alex Viany já tinham se mandado em 1949; Gilberto Souto faria o mesmo em 1952, depois de vinte anos em Hollywood. Mas a temporada das defecções seria 1950-1951. Os primeiros a partir, em meados de 1950, foram Andréa e Stenio Ozorio, levando seus filhos. Em setembro seria a vez de Vinicius e Tati, com Susana e Pedro. Em dezembro, o casal Sergio Corrêa da Costa igualmente faria as malas — seu sucessor no Consulado, Antonio Corrêa do Lago, com sua mulher, Dedei, seria uma presença regular na casa de Carmen, mas não teria com ela a mesma cumplicidade de Sergio. E, em abril de 1951, o pior golpe: Aurora e Gabriel também tomariam o navio de volta com as crianças e, provisoriamente, levariam dona Maria, para ajudá-los a se reinstalarem na Urca. Como nunca em sua vida, pelo menos nos meses seguintes, Carmen estaria entregue a si própria.

Desde que tivera o primeiro filho e encerrara sua carreira americana, Aurora pensava em voltar para o Brasil. A princípio, era só uma vaga intenção. Mas, depois que se vira obrigada a deixar a casa de Carmen, continuar morando nos Estados Unidos perdera o sentido. Gabriel, por sua vez, não queria voltar. Sentia-se instalado em Los Angeles, trabalhando agora numa empresa que vendia peças para a Aeronáutica brasileira, e não tinha a menor perspectiva profissional no Rio. Estavam fora do Brasil havia dez anos, para onde nunca mais tinham ido, nem a passeio. Mas Aurora parecia inflexível e garantiu a Gabriel que, se passassem dificuldades no início, ela voltaria a cantar e a se apresentar — as rádios e as gravadoras do Rio deviam estar à sua espera.

Carmen não entendia o porquê dessa decisão, mas foi voto vencido. A partida de Aurora não a privava apenas de sua irmã e melhor amiga, mas da pessoa que sempre se encarregara de uma função essencial para ela: cuidar das compras da casa, sob a orientação de dona Maria. Mesmo depois que se mudara de North Bedford Drive — e não importava se grávida em último grau ou se amamentando Maria Paula —, Aurora continuara a fazer o supermercado para Carmen. Se isso parece irrelevante, é só imaginar o volume de compras quinzenais ou mensais tendo em vista um mínimo de doze ou quinze pessoas diariamente para almoçar, com ou sem a presença da dona da casa. O próprio transporte dessas compras nos carrinhos pelos corredores do supermercado parecia uma operação de guerra e, muitas vezes, Aurora tinha de ser ajudada pelos rapazes do Bando da Lua. Sem sua irmã para cuidar disso, Carmen dependeria agora de Odila, mulher de Zezinho, ou de Isa, mulher de Harry. Ela, Carmen, é que não poderia ir ao supermercado para pegar o sapólio e a creolina nas prateleiras ou disputar pechinchas nas gôndolas de picles e enlatados — por mais que se disfarçasse, acabaria sendo reconhecida.

Assim, pela primeira vez em muitos anos, Carmen passou uma noite de Natal em casa, a de 1950, sem trabalhar. Recusou convites para os programas de TV de Bob Hope e Jimmy Durante, e deu uma festa de despedida em North Bedford Drive para Aurora e Gabriel, que iriam embora assim que ela, Carmen, voltasse de uma temporada no Havaí, no começo do ano — e na qual Aurora só não iria como sua acompanhante porque precisava preparar a mudança.

Carmen foi e custou a voltar do Havaí, e a ida de Aurora com sua família acabou sendo adiada para abril, mas isso não alterou em nada o desgosto de Carmen com a deserção da irmã. Ao se aproximar o dia (agora definitivo) da viagem, ela se lembrou de que Aurora, ao se mudar para Westwood, um ano antes, deixara uma série de pertences em North Bedford Drive e nunca fora buscar.

"Levem tudo", ordenou Carmen. "Não deixem nada aqui, para que eu não fique me lembrando de vocês."

Aurora deu uma geral na casa e recolheu tudo que lhe pertencia e que encontrou, incluindo giletes usadas de Gabriel e alfinetes de fralda de Maria Paula. Mas, assim que ela zarpou, Carmen, ao entrar no antigo quarto da irmã, naturalmente achou uma boneca que ficara para trás. O que a fez chorar muito — porque só então percebeu quanto estava sozinha.

Dias antes da partida, as duas tinham vivido um de seus raros momentos de atrito. Aurora queria trazer dois carros com ela, um em nome do casal e outro no de dona Maria. Mas Carmen insistia em mandar um Chevrolet verde, que também ganhara num programa, de presente para Tatá, e isso limitou a cota de Aurora. Esta não gostou e criou-se um clima — superado em função do fato maior de que, depois de dez anos juntas, iriam se separar. Além disso, a mudança de Aurora não era nada desprezível — estava levando material suficiente para rechear *duas* casas. Era tanta coisa que, ao chegar ao Rio, Aurora resolveu, a princípio, deixar os contêineres num guarda-volumes na Zona

Portuária. Nem tudo caberia na casa da Urca, onde iriam fazer companhia a Cecilia e Carminha, que moravam lá desde que elas próprias tinham voltado, em 1947.

Gabriel sentiu que não lhe seria fácil firmar-se profissionalmente, mas esperava que fosse só uma questão de tempo. Aurora, numa reviravolta inexplicável, é que logo se arrependeu da decisão de ter vindo. O calor úmido, o trânsito infernal, até o espetáculo das postas de carne penduradas nos ganchos dos açougues, tudo no Rio a perturbava. Só pensava agora em voltar para Los Angeles. Tanto que manteve a mudança encaixotada no guarda-volumes — móveis, quadros, objetos, todo o enorme acervo que trouxera, incluindo dezenas de peças que arrematara em leilões de Beverly Hills e que tinham pertencido a gente famosa. E só meses depois, quando se convenceu de que a volta para os Estados Unidos ficara impraticável, é que Aurora se conformou e começou a se adaptar. Então abriu os caixotes, vendeu tudo o que trouxera e, quase no fim do ano, retomou sua vida profissional.

Primeiro, na Rádio Mayrink Veiga; depois, no tipo de estabelecimento que, no Brasil, sucedera os cassinos: os nightclubs, aqui chamados boates — foi trabalhar na boate Night and Day, na Cinelândia, dirigida por Carlos Machado. E, como nos velhos tempos, um grande compositor reservou-lhe uma canção inédita — Ary Barroso chamou-a a uma cantina no Leme, e lhe deu "Risque", que ela gravou na Continental, em março de 1952. Mas, a provar que os tempos haviam mudado, "Risque" — um samba enfarruscado, implacável, cruel — teria de esperar um ano para ser sucesso. Só que com Linda Baptista, na RCA Victor.

Aurora ainda voltaria a gravar, mas somente novas versões de seus velhos sucessos. Sua carreira ficara no passado — ao passo que a música popular tinha agora novos valores pelos quais se apaixonar, como Marlene, Zezé Gonzaga e Elizeth Cardoso. O futuro seria ainda mais injusto para com ela, reduzindo-a à condição de irmã de Carmen e se esquecendo de que, com "Cidade maravilhosa", de André Filho, Aurora sempre teria um nicho só para ela na história. Mas ela própria contribuiria para esse esquecimento, nas centenas de vezes em que silenciaria sobre si mesma para falar sobre a irmã.

Inegavelmente, *havia* uma diferença entre Carmen e Aurora. Certa vez, pouco depois de sua chegada aos Estados Unidos, Aurora passou por Greta Garbo, esta de pernas de fora e capuz, numa calçada em Beverly Hills. Com uma humildade de fã — como tantos já tinham feito com ela no Brasil —, cumprimentou a deusa e, tímida, pediu-lhe um autógrafo.

Garbo, imperial, com o mesmo tom de contralto que tirava do porão para dar ordens a seus galãs Conrad Nagel, John Gilbert ou Melvyn Douglas, apenas respondeu:

"Obrigada, mas não concedo autógrafos."

E passou direto.

A cena muda para Nova York — Central Park South, Hampshire House, alguns anos depois. Garbo saiu do prédio, onde também morava em Manhattan, e passou por Carmen, que entrava distraída, cercada pelos meninos do novo Bando da Lua.

"Carmen, querida!", exclamou Greta, a voz um ou dois tons acima de seu chapéu.

"Miss Garbo!" — era como todos em Hollywood a chamavam.

Seguiram-se os quequequés e quiquiquis *de rigueur* entre mulheres igualmente divas, tranquilas e recíprocas no reconhecimento de suas majestades. Que Carmen visse isso em Garbo, era natural — afinal, ainda era uma menina de nariz escorrendo na travessa do Comércio, e Garbo já levava os homens a duelos ou suicídios na tela do antigo Odeon. Mas Garbo via o mesmo em Carmen — para nenhum espanto desta.

E esta era a diferença: Carmen já nascera uma estrela. Aurora era, talvez, a mais privilegiada das mortais.

O episódio à porta da Hampshire House foi apenas um entre muitos, envolvendo Carmen e alguém famoso, que deixou seus novos músicos atarantados. Estes tinham acabado de se juntar a ela e ainda se chamavam Anjos do Inferno quando Carmen lhes comunicou, em Beverly Hills:

"Esta noite, vamos jantar na casa de Ann Sheridan. Se, na hora de ir embora, ela resolver que um de vocês vai ficar, não é para discutir. É para ficar."

O retraído Lucio Alves, que ainda estava com eles, por algum motivo não quis ir. Com Carmen foram Harry, Walter, Russinho e Lulu. O jantar foi magnífico. Ao fim da noite, Ann levou Carmen e os rapazes até a porta. Ao se despedir, fez "oomph", tomou Lulu pelo braço e disse:

"Você fica."

E Lulu ficou.

Outras vezes, era Carmen quem provocava as situações, mas apenas para se divertir com a reação de algum deles. Como no dia em que a campainha tocou em North Bedford Drive enquanto eles ensaiavam com ela. Carmen pediu a Russinho que fosse atender à porta — não a dos fundos, que era a que mais se usava, mas a da frente, reservada às ocasiões de gala.

Russinho abriu a porta distraidamente e viu-se diante de — quem? — Lana Turner, legitimamente loura, olhos de água-marinha, pestanas também louras e um shortinho branco como o que usara para seduzir John Garfield em *O destino bate à sua porta* (*The Postman Always Rings Twice*). Os joelhos de Russinho bambearam — se não se segurasse ao pórtico, cairia. A custo fez sinal para a estrela entrar e, escorando-se às paredes, foi chamar Carmen. Que já chegou às gargalhadas, porque fizera de propósito. Sabendo da paixão de Russinho por Lana, convidara-a a ir visitá-la para assistir a um ensaio e o mandara abrir a porta. A percussão do Bando da Lua atravessou várias vezes naquela tarde, porque o pandeirista estava tocando ao ritmo de um coração aos pulos.

E, com os outros, era a mesma coisa. Não que o convívio com as estrelas lhes fosse totalmente estranho. Em Nova York, Lucio Alves namorara a linda porto-riquenha Rita Moreno (é verdade que a futura Anita de *West Side Story* ainda não era uma estrela). Mas, em Hollywood, o vivido Aloysio beliscara, entre outras, Linda Darnell, e o próprio Russinho passara horas infernais com a comediante e cantora Martha Raye, dona de uma carantonha assustadora e de um corpo de fechar o comércio. Mas era difícil ignorar a mística de Hollywood — o que era beijar (ou simplesmente dizer boa-noite) a uma mulher que, na tela, era tão maior do que a vida?

A cumplicidade entre Carmen e seus músicos agora era total. No dia 11 de janeiro de 1951, Carmen, com dona Maria de acompanhante (sem Sebastian), e o Bando da Lua, reforçado pelo arranjador e maestro Bill Heathcock, pousaram em Honolulu, no Havaí. Durante oito horas e meia, o Stratocruiser da United Air Lines passara por toda espécie de desconforto no céu — talvez o pior voo na vida dos 39 passageiros e quatro tripulantes. Mas, graças ao livrinho sobre são Judas Tadeu a que Carmen se agarrou durante a viagem, eles conseguiram chegar.

Carmen foi recebida por 5 mil pessoas de sarongue — as quais, assim que ela despontou na escadinha do avião, pareceram pendurar-lhe outros tantos colares de flores no pescoço. Carmen ganhou também um chapéu de três andares, cada andar ornado com orquídeas, antúrios e hibiscos. Num palanque decorado de alto a baixo com jasmins, recebeu as chaves da cidade e foi agraciada com novas flores pelos representantes das colônias do arquipélago: "caucasianos", havaianos, filipinos, chineses, japoneses e até portugueses em trajes típicos. (Seu encontro com a colônia lusa a fez chorar.) Ao chegar ao hotel Royal Hawaiian, mais flores a esperavam na recepção e, no apartamento, corbeilles descomunais — e só então, quando se viu sozinha, é que Carmen se permitiu ter um dos maiores ataques de espirros na história do Pacífico Sul. Descobrira-se repentinamente alérgica a pólen e, não sabia como, conseguira segurar-se, para não magoar os havaianos. Mas teve de trocar de quarto com sua mãe.

Outro momento crítico da chegada foi quando o locutor do palanque anunciou o Bando da Lua pelo nome. Os 5 mil locais explodiram numa gargalhada em uníssono — porque "lua", na língua nativa do arquipélago, significava privada, latrina. Benny Holzman, alto executivo da agência William Morris que se juntara à viagem por amizade a Carmen, sugeriu que, pelo menos ali, eles fossem chamados de "Bando de la Luna".

486 | CARMEN

Carmen fora contratada para três shows de sexta a domingo em Honolulu, em dois fins de semana, a 17 mil dólares cada um. Mas a procura foi tão intensa que os promotores havaianos acertaram com Holzman outros dois fins de semana, com shows também em Maui, Kauai e Hilo. No show em Kauai, um setor das arquibancadas do ginásio de basquete, onde ela se apresentou, desabou ao peso de setecentos jovens. Dezenas se machucaram, mas ninguém morreu e o espetáculo continuou. A convite do comando da Base Aeronaval de Pearl Harbor, Carmen fez também um programa de rádio e um pequeno filme cantando para os soldados americanos na Coreia.

Estava em grande forma naquelas semanas. Os shows terminavam cedo e, apesar dos luaus quase diários, com as festas até de madrugada nas praias iluminadas por tochas, Carmen conseguia ir dormir em horários regulamentares. Ou, pelo menos, que lhe permitiam estar de pé por volta do meio-dia do dia seguinte e ir à praia com dona Maria e os rapazes. Divertiu-se como havia anos não fazia, bebendo de forma moderada, esparramando-se na areia e caindo na água azul-safira da ilha de Oahu, onde fica Honolulu. Aloysio arranjara uma namorada, Joyce, uma atraente eurasiana que trabalhava como recepcionista de um serviço local de turismo. Houve um momento em que, aos olhos do Bando, os dois pareceram estar vivendo uma paixão de filme. A prova de que Carmen já não nutria o menor interesse amoroso por Aloysio está no fato de que se deu bem com Joyce e andava com eles e o Bando para todo lado. O Havaí fez bem a Carmen, e foi pena que esse estado de coisas não se prolongasse — porque bastou voltar a Beverly Hills para que, em pouco tempo, conseguisse chocar um antigo amigo que passaria uma temporada com ela: Synval Silva, o autor de "Adeus, batucada".

Synval fora a Los Angeles a convite de Carmen. Ela lhe mandou a passagem e foi buscá-lo no aeroporto. Indicou o seu quarto, explicou-lhe onde guardava as toalhas, pôs-lhe um carro na mão e disse que ficasse pelo tempo que quisesse. E, se quisesse que suas filhas fossem estudar nos Estados Unidos, era só falar que ela cuidaria de tudo — típico da impressionante generosidade de Carmen.

Na primeira vez em que saiu a passear de carro por Los Angeles com Synval, insistiu em que ele dirigisse — como no passado, quando ele fora seu motorista. Carmen esqueceu-se de que, nos Estados Unidos, em 1951, uma mulher branca não se sentava ao lado de um homem negro ao volante. Sentava-se no banco de trás. Outro motorista, por sinal também negro, passou por eles na estrada, reconheceu-a e emparelhou seu carro com o dela:

"Algum problema, Carmen? Está sendo sequestrada?"

Carmen riu e identificou Synval:

"Não! Este é meu compositor brasileiro."

O homem os convidou para um drinque num botequim da rodovia logo depois da primeira curva.

Synval ficou quatro meses com Carmen em North Bedford Drive. (Quando ela viajava a trabalho, ele continuava por lá com Sebastian; os dois se deram surpreendentemente bem.) Nesse espaço de tempo, Synval conviveu com uma Carmen em grande forma, como a que acabara de voltar do Havaí, e outras vezes, nem tanto. Quando ele a vira pela última vez, no Rio, em 1940, ela continuava abstêmia como sempre — mal tomava guaraná; chope ou cerveja, muito raro. Agora, para surpresa de Synval, Carmen esvaziava doses duplas de uísque quase que de um gole, e com uma velocidade que ele não via nem em Ary Barroso. E não parecia se alterar, o que era espantoso pela quantidade que ingeria.

Carmen pedia a Synval que contasse as últimas anedotas que circulavam no Rio e ria de se dobrar, com a mão na cintura. Numa dessas, Carmen sentou-se ao chão para rir e, quando ela se levantou, Synval viu o que não queria: uma pequena poça de urina. Carmen não se contivera.

Ela percebeu o sem-jeito da situação e, ainda rindo, disse:

"Que coisa! Mas a culpa foi sua, me fazendo rir desse jeito!"

Um ocasional descontrole desse tipo é normal, mas Synval se preocupou porque estava habituado a ver aquilo entre os bebuns das biroscas de sua escola de samba, o Império da Tijuca. Alguns deles já não se seguravam nem se preocupavam em se segurar.

Eram agora várias Carmens. No dia 25 de março, absolutamente dona de si, uma Carmen firme, articulada e piadista estava ao lado de Bette Davis e Judy Holliday ao microfone de *The Big Show*, um programa de rádio da NBC. As duas eram candidatas ao Oscar de melhor atriz de 1950: Bette, por sua interpretação de Margo Channing em *A malvada* (*All About Eve*), e Judy, como a loura burra de *Nascida ontem*. Na bolsa das apostas de Hollywood, Bette era barbada e, se alguém pudesse tomar-lhe o Oscar, seria Gloria Swanson, pelo papel de Norma Desmond em *Crepúsculo dos deuses* (*Sunset Boulevard*). Judy corria por fora e não se esquecia de que, apenas sete anos antes, estava fazendo uma ponta quase invisível num filme de Carmen, *Alegria, rapazes!*. Mas, dali a quatro noites, na cerimônia de entrega do prêmio no Pantages Theatre, no Hollywood Boulevard, Judy Holliday atropelou na reta final e ganhou o Oscar, nas barbas de Bette Davis e Gloria Swanson.

A possibilidade de Carmen ser um dia indicada para o Oscar era tão remota quanto a de viajar num disco voador, mas o cinema e a televisão estavam fazendo planos importantes para ela. Howard Hughes assumira o controle da RKO e lhe falara de sua intenção de recuperar as sequências de Carnaval filmadas por Orson Welles no Rio em 1942 e editá-las num novo filme, tendo Carmen como hostess. Esse, sim, era um projeto de prestígio — as imagens perdidas de *It's All True* já faziam parte da mitologia do cinema. Se se pudesse finalmente vê-las, todos os envolvidos no projeto teriam a ganhar. Imagine, então, ser a hostess desse filme. Mas Hughes venderia sua participação na RKO em setembro de 1952 sem que o projeto se firmasse — aliás, ali seria o fim da RKO.

488 | CARMEN

Ainda em 1951, o diretor brasileiro Alberto Cavalcanti, muito respeitado na Europa, convidou Carmen a voltar a filmar no Brasil. Prometeu-lhe um papel sério num filme da Vera Cruz, *Terra é sempre terra*. Carmen pensou com carinho na proposta, mas Cavalcanti logo deixaria a Vera Cruz, e se esqueceriam de Carmen. O filme foi feito, com Marisa Prado no papel. E a CBS tinha em mente uma série de programas de televisão, *The Carmen Miranda Show*, um misto de musical e comédia, e queria sentar-se para conversar com ela. Mas Sebastian interferiu e recomendou a Carmen esperar pela TV em cores — que estava sendo "desenvolvida" —, para fazer justiça à sua coleção de roupas. Ou seja, sempre que alguma boa ideia se apresentava, o acaso ou um palpite errado contribuía para que essa ideia morresse no ovo.

Assim, de todas as propostas diferentes que lhe surgiram no primeiro semestre de 1951, a única que se materializou foi a de um livreto de bonecas de papel, com os moldes de suas fantasias para serem "vestidos" nas bonecas. E, caso Carmen se sentisse deprimida, sempre poderia animar-se com uma pesquisa do *Variety*, segundo a qual ela era a pessoa "mais imitada dos Estados Unidos", por profissionais e amadores.

A verdadeira Carmen não tinha por que se sentir deprimida. Se quisesse, poderia apresentar-se *todas* as noites do ano — onde, quando e por quanto quisesse —, como lhe disse Benny Holzman, da William Morris. Era só não recusar os convites. Carmen fez isso em março e abril, emendando temporadas no Latin Cassino, na Filadélfia, no Town Cassino, em Buffalo, e no Latin Quarter, em Boston — alternando entre as cápsulas vermelhas, para deitar-se e relaxar, e laranja, para levantar-se e dar os shows. Em algumas situações, dormia mais do que devia, o que, numa dessas cidades, criou um problema inédito: o cheque com o pagamento da semana (algo como 17 500 dólares) precisava ser endossado por Carmen para poder ser levado ao banco e descontado, de modo que os rapazes do Bando da Lua recebessem a sua parte. Mas Carmen estava dormindo e não havia perspectiva de acordar antes das seis da tarde, quando o banco já estaria fechado. O próprio Benny Holzman deu a sugestão de que Russinho, perito em falsificar a assinatura de Carmen, depois dos milhares de fotos que já autografara por ela, fizesse o mesmo no verso do cheque. O músico se negou — uma coisa era assinar para um fã, outra era falsificar o endosso de um cheque. Mas Holzman garantiu-lhe que se responsabilizaria e, com o estímulo dos colegas do Bando da Lua, Russinho pegou a caneta e desenhou o nome de Carmen, com todos aqueles emes floridos e rebordados. Ele próprio não gostou do resultado — disse que estava nervoso —, mas o banco nem discutiu: aceitou sua assinatura e pagou. Carmen, ao acordar e saber da história, apenas achou graça.

Às vezes era difícil saber qual das Carmens estava em ação. A que anunciava, com infalível regularidade, mais uma ida ao Brasil (dessa vez para lançar uma moda sem sentido, a "turbandana", misto de turbante e lenço) — ou a que deixava que a William Morris lhe marcasse compromissos exatamente para a época da propalada viagem? A que se queixava de que Sebastian a maltratava (como contara em Nova York a Lourdes Lessa, secretária da Casa Civil do recém-eleito presidente Getulio Vargas) — ou a que, "com seu marido, Dave Sebastian", estava tentando "adotar uma criança do sexo masculino"? (Uma colunista, Edith Gwynn, falou sobre essa tentativa de adoção no *Mirror*, de Los Angeles, em abril de 1951. Em maio, outro colunista informou que a agência a que tinham se dirigido ainda não lhes oferecera nenhuma criança. Depois dessa, o assunto simplesmente desapareceu do noticiário.) A que resistia aos avanços do ator Robert Cummings, astro de *Em cada coração um pecado* (*King's Row*, 1941), por não admitir o adultério (embora se desconfiasse de que já não tinha vida sexual com Sebastian) — ou a que se insinuava discretamente para Dean Martin todas as vezes que seus caminhos se cruzavam (e Dean fingia não perceber)?

A suprema contradição fora observada por uma repórter de Nova York, ao ver Carmen aplaudindo e pedindo bis a Edith Piaf na consagradora estreia desta no Versailles, em fins de 1950 — e, depois, ao flagrar as duas chorando e se confortando no camarim da francesa.

"O que essas moças de 5 mil dólares por semana têm para chorar?", perguntou a repórter.

A jornalista estava mal informada, porque Carmen já deixara havia muito o patamar dos 5 mil dólares — seu valor era três ou quatro vezes acima disso.

Ela não era a única a viver no fio da navalha. Profissionalmente, o Bando da Lua também se debatia numa velha contradição: o conjunto ficar à disposição de Carmen, como queriam Aloysio e Lulu, e ganhar bom dinheiro — ou estar aberto também a projetos próprios, sem ela, como preferiam Harry e Russinho, e ganhar mais (ou, às vezes, menos). Mas, mesmo quando se dispunham a fazer algo sozinhos, era Carmen que não conseguia ficar longe deles.

Em maio de 1951, quando o Bando estreou seu primeiro show-solo, no Café Gala, em Los Angeles, Carmen reservou metade da boate para ela e seus convidados. Às folhas tantas, inevitavelmente, foi intimada a subir no palco e dar uma canja — com o que aquele também se tornou um show de Carmen Miranda e o Bando da Lua.

A ambição de Harry e Russinho era justificada. Em 1950, o Bando gravara quatro faces na Decca com Bing Crosby — "Quizàs, quizàs, quizàs" e "Maria Bonita" em um 78 rpm, e "Copacabana" (de Braguinha, Alberto Ribeiro e, adivinhe, Ray Gilbert) e "Granada" em outro. Exceto por "Copacabana", havia um inevitável ar de canastrice naqueles discos, mas gravar com Bing (ainda, sem discussão, o maior cantor popular do mundo) era algo a se contar para os netos. E não se tratava de backing vocals anônimos — o nome do conjunto estava no selo do disco, e seus vocais em "Copacabana" eram em português. Por causa de "Quizàs, quizàs, quizàs", Peggy Lee quis trabalhar com eles (Carmen não deixou) e Desi Arnaz também (eles recusaram, por achar Desi insuportável). Outro 78 na Decca, este apenas do Bando da Lua, contendo "Bibbidi-bobbidi-boo" e "Rag Mop", duas canções americanas em ritmo de samba e com letras de Aloysio em português, foi considerado o "melhor disco do mês" (de julho de 1950) pela revista *Record Reviews*, por gente respeitada como Barry Ulanov, George T. Simon e Barbara Hodgkins — é verdade que empatado com o (depois clássico) "Blues in Riff", de Stan Kenton. Mas era um orgulho ser o "melhor do mês" — significava ser o melhor entre, pelo menos, mil lançamentos no mesmo período.

A Decca, que gostava de formar duplas entre seus contratados, queria acoplar o Bando da Lua com Louis Armstrong em "Besame mucho", e Carmen com Danny Kaye, em algo que permitisse aos dois apostar uma corrida vocal. Mas nada aconteceu porque Carmen e Danny não pareciam ter datas compatíveis (o impasse se arrastou e a ideia foi abandonada) e o Bando da Lua começou a se desentender com Aloysio, por ele insistir em assinar os contratos em nome do conjunto e em ganhar mais do que os outros.

Os colegas de Aloysio tinham razão em suas queixas, mas não podiam impedi-lo de ser mais expedito e ambicioso do que eles. Era Aloysio quem fazia divertidas versões em português para sucessos americanos (como a de "In the Mood", de Joe Garland e Andy Razaf, que se tornou "Edmundo"), mantinha abertos os canais com Walt Disney ("Bibbidi-bobbidi-boo" era uma canção de *Cinderela*) e, para o bem ou para o mal, trabalhava em parceria com o esperto (esperto demais) Ray Gilbert. E não fazia sentido qualificar Aloysio de "intruso" no conjunto, porque eles é que o tinham convidado a juntar-se ao grupo, como crooner, como o homem de frente.

Em breve, no entanto, todas aquelas brigas ficariam irrelevantes — porque, embora eles ainda não soubessem, Carmen e o Bando da Lua nunca mais gravariam um disco, juntos ou separados, nos Estados Unidos e em lugar nenhum.

Era o fim de duas grandes carreiras discográficas, começadas sob os auspícios de um mesmo homem — Josué de Barros — e em um ano tão longínquo, 1929, que parecia pertencer a uma outra era geológica.

Carmen, se quisesse, falaria inglês quase tão bem quanto Deborah Kerr, mas tinha de se cuidar na presença de jornalistas. Espiou por cima do ombro do repórter americano e notou que ele estava enchendo um bloco atribuindo-lhe frases em inglês corrente, escorreito — sem as batatadas tipo "Souse American" que, pelos últimos doze anos, o público se habituara a esperar dela.

"Escute aqui, você quer me arruinar? Ninguém pode citar Carmen Miranda sem sotaque!"

Pelo visto, nunca se livraria desse estereótipo, nem queria mais se livrar. Faria parte de sua caracterização até o último dia, junto com os turbantes e as plataformas. No começo do ano, Herman Hover, proprietário do Ciro's, de Los Angeles, propôs produzir para ela um musical na Broadway (uma comédia musical de verdade, não uma revista), e a ideia era explorar seu inglês estropiado. O incrível é que era uma boa ideia. Chamar-se-ia *How You Say It?*, e seria uma espécie de *Nascida ontem* ao contrário — com Judy Holliday (que, na comédia de Garson Kanin, praticamente reaprendia a falar) ensinando inglês a Carmen. Também no elenco estariam o galã Richard Carlson e a cantora Frances Faye. Os planos foram rapidamente postos sobre rodas, inclusive quanto à participação de Judy Holliday, que gostava de Carmen e a admirava. Mas, em março, Judy ganhou o Oscar de melhor atriz, e a Broadway já não poderia competir com os salários que a esperavam em Hollywood. O desapontado Hover substituiu Judy por Marie "The Body" McDonald, uma atriz e ex-modelo com uma ligeira voga na época. Mas isso liquidou o projeto — não havia como substituir Judy Holliday por Marie "The Body" McDonald e esperar o mesmo resultado. Hover, então, engavetou *How You Say It?*, pegou seu capital e o levou de volta para Los Angeles, onde teve de afastar as paredes móveis de seu nightclub a fim de abrir espaço para mais mesas — porque, por duas semanas de julho, Carmen cantaria duas vezes por noite para um Ciro's lotado.

Em sua estreia, numa noite de sexta-feira, 13, Carmen subiu ao palco do Ciro's "com a energia de um avião a jato", escreveu uma colunista. E, com ou sem ironia, acrescentou: "Deve estar numa dieta de vitamina B-12 há meses".

Havia agora uma perfeita divisão de trabalho entre Carmen e o Bando da Lua, com responsabilidades proporcionais para cada um — inclusive coreográficas, com o Bando executando os movimentos que lhe tinham sido ensinados por Nick Castle. Entre eles e Carmen, já não era só o habitual desfile de "Brazil", "Tico-tico", "The Old Piano Roll Blues" ou "Cuanto le gusta". Era também uma sequência de falas e sketches entremeados às canções, tudo bem ensaiado por Bill Heathcock.

Em tempos idos, Carmen fizera um ou outro show avulso no próprio Ciro's, mas essa era a primeira vez que começava uma temporada regular num nightclub de Los Angeles. A maioria da plateia não conhecia seus truques, como o de tirar o turbante e soltar as torrentes de cabelo. Carmen garantia a autenticidade do cabelo, sacudindo-o e mandando que alguém do Bando o puxasse, ou apontando para a cor das mechas (na época, ruivas) e dizendo, triunfante: "É tingido!" — de propósito porque, em Hollywood, ninguém admitia usar nada falsificado. Não contente, chutou para longe as plataformas douradas e cantou, de Ray Gilbert, "I Like to Be Tall". Finalmente, desceu do palco e distribuiu bananas com um laço de fita para as mulheres nas mesas de pista. Terminado o show, Hedda Hopper também parecia impressionada: "Carmen estraçalhou a Sunset Strip".

A "dieta de vitamina B-12" poderia ser interpretada como as três ou quatro semanas, durante maio e junho, que Carmen passara em Palm Springs preparando-se para o Ciro's e para a maratona do segundo semestre — tentando diminuir a dose de medicamentos, queimando na piscina a birita acumulada e tomando sol nua para se bronzear por igual, sem as marcas do biquíni. Mas, na última semana de maio, um acidente chegou aos jornais: durante sua estada, a casa de Palm Springs sofrera um pequeno incêndio. Segundo Louella Parsons em sua coluna, o fogo "irrompera na cozinha, atingira cortinas e queimara gravemente três fantasias novas que Carmen pretendia usar no Ciro's". Embora nem Louella nem ninguém parecesse ter estranhado, o percurso do fogo é que era curioso: da cozinha aos vestidos através de algumas cortinas — como se não houvesse uma casa inteira entre o fogão, digamos, e o armário. (A não ser que os cabides com os vestidos estivessem pendurados em cima das trempes.)

A possibilidade de Carmen ter provocado acidentalmente o incêndio, por estar alterada e sem ninguém para protegê-la, não foi mencionada. Mas quem podia saber que, dessa vez, ela fora para Palm Springs sem Aurora e sem dona Maria (ambas no Brasil) e sem o Bando da Lua (ocupado com seu show no Café Gala)? Carmen, agora, fazia parte do grupo de pessoas estatisticamente mais sujeitas a sofrer ou provocar acidentes domésticos de qualquer tipo — desde ter quedas acidentais até pôr fogo na casa. Naquela ocasião, Carmen podia estar com Sebastian, mas, segundo relatos de um membro do Bando da Lua, sua presença não significaria nenhuma proteção extra — porque ele, sim, estava passando a maior parte do tempo alcoolizado.

Carmen recuperou-se para adentrar o Ciro's com a "energia de um avião a jato" e, de lá, duas semanas depois, emendar com outra temporada de duas semanas no hotel Mark Hopkins, em São Francisco. Tudo isso, no entanto, não passaria de um leve aquecimento para o que a esperava de agosto a outubro: a Caravana do Xarope Hadacol — uma maratona para acabar com todas as maratonas.

Quando se analisa a brutalidade dessa excursão, e o que ela deve ter custado a Carmen em termos de desgaste, a única pergunta a fazer é: Por quê?

No verão americano de 1951, Carmen aceitou 99 mil dólares (recusou os 100 mil, a fim de ficar num patamar abaixo no cálculo do imposto de renda) para participar da monumental Caravana Hadacol, promovida pelo senador Dudley J. LeBlanc, que se apresentou em 43 cidades do Sul e do Meio-Oeste dos Estados Unidos, noite após noite, para estádios lotados. Dito assim, parece a glória. Mas pode ter sido o ponto mais discutível da carreira de Carmen — e de todos os grandes nomes do show business que participaram com ela.

LeBlanc era um político folclórico e carismático, parecido com o lendário Huey Long (seu contemporâneo e rival na política regional sulista), que inspirara o personagem vivido por Broderick Crawford no filme *A grande ilusão* (*All The King's Men*, de 1949). O Hadacol era um "remédio" de sua invenção: uma beberagem de quintal, composta de ácido clorídrico diluído, vitamina B, ferro, cálcio, fósforo, mel e, segundo a bula, respondendo por "12% da fórmula", álcool etílico — na verdade, mais que isso. LeBlanc manipulava suas campanhas de forma tão criativa que não podia ser acusado nem de falsa publicidade. Em 1950 inundou jornais, revistas e estações de rádio em todo o país com "testemunhos" de pessoas (identificadas por nome, sobrenome e endereço) afirmando que o Hadacol as curara de asma, reumatismo, pressão baixa, pedras nos rins, úlcera, epilepsia, lumbago, tuberculose, câncer e impotência. Mas como nada disso estava prometido na embalagem do remédio, a FDA (Federal Drug Administration, o Ministério da Saúde americano) não podia acusá-lo de charlatanice.

Em pouco tempo, LeBlanc fez de sua droga uma mania nacional nos Estados Unidos. Nasce um otário por minuto, já dizia o filósofo circense P. T. Barnum, e LeBlanc venderia naquele ano 20 milhões de garrafas de Hadacol, de Brejo Seco à Park Avenue. Mas o ponto alto de sua *féerie* promocional eram as caravanas que organizava pelo interior do país, ao estilo dos antigos *medicine men* que viajavam em carroças, tocando banjo e vendendo óleo de cobra. Só que as caravanas de LeBlanc eram em grande escala. A de 1951, de que Carmen participou, era composta de 130 veículos, incluindo um trem com dezessete vagões e uma barcaça do Mississippi. Os artistas viajavam, dormiam e comiam no trem, com tudo de graça, e só saíam dele para os shows nos estádios de rugby. Para o público, o ingresso era uma tampa da caixa da embalagem do Hadacol. Ao fim da excursão, LeBlanc anunciou ter vendido 3 milhões de garrafas. Se for verdade, terá sido aproximadamente esse o público que foi ver seus artistas.

A trupe, comandada por ele próprio como mestre de cerimônias, consistia de palhaços, trapezistas, trinta coristas (usando qualquer pretexto para mostrar as pernas), *freaks* (de homens-tronco e anões sortidos a um gigante de 2,70 metros), duas orquestras e astros da categoria de Bob Hope, Mickey Rooney, Jimmy Durante, Chico Marx, Milton Berle, Jack Benny, Cesar Romero, Jack Dempsey, os cantores Dick Haymes, Connie Boswell e Hank Williams — e, sempre fechando a primeira parte do espetáculo, Carmen Miranda. Para agradar a plateias tão rústicas e maciças, Carmen nunca dependeu tanto da extravagância de suas fantasias ou de cantar em tão alta velocidade. Às vezes, nem o Bando da Lua a entendia, mas, a cada noite, as arquibancadas rugiam de satisfação.

A programação constou de 43 shows em 43 cidades durante 43 noites seguidas, cobrindo milhares de quilômetros, em dezesseis estados. Começou no dia 22 de agosto, na Georgia, atravessou os estados de, pela ordem, Carolina do Sul, Carolina do Norte, Virginia, West Virginia, Kentucky, Ohio, Indiana, Missouri, Illinois, Iowa, Nebraska, Kansas, Oklahoma, Texas e terminou na Louisiana, no dia 3 de outubro. (O show de encerramento foi com Frank Sinatra em New Orleans.) A caravana viajava de madrugada e os artistas acordavam a cada dia numa cidade diferente. À tarde, uma equipe fazia a montagem do megashow e a passagem de som no estádio local; à noite, dava-se o show propriamente dito — um misto de cabaré, programa radiofônico de humor, comício eleitoral, vaudeville e circo; terminado este, os cenários eram desmontados e levados de volta para o trem; cada artista recolhia seu equipamento e fazia o mesmo; e o trem zarpava para a etapa seguinte — tudo em menos de 24 horas.

Para Hope ou Durante, que só devem ter levado uma troca de roupa e uma escova de dentes, pode ter sido apenas cansativo. Para Carmen, o simples manejo de seu guarda-roupa devia parecer quase indescritível. Embarcou com doze contêineres de fantasias e quase tantas caixas de chapéu para os turbantes, contendo inclusive aquele que se tornara seu favorito, o de 24 guarda-chuvinhas de *Romance carioca*, que ela comprara da MGM. O seguro de seu material foi de 100 mil dólares. A caravana se deu no verão, a temperaturas médias de 35 graus nas cidades do Sul — as fantasias saíam ensopadas de suor ao fim de cada show e precisavam ser levadas quase imediatamente para o vagão-lavanderia. Carmen tinha com ela Odila, mulher de Zezinho, e era esta quem se encarregava de lavar e passar o material de Carmen, manter o controle dos turbantes, certificar-se de que os brincos, colares e pulseiras tinham voltado para os respectivos recipientes, checar cada par de plataformas para prevenir tiras soltas e tombos espetaculares, cuidar da sua roupa de baixo — enfim, pobre Odila.

Para Carmen, a caravana resumia-se a dois cenários: sua cabine no trem, onde passava o dia dormindo, e o palco em que se apresentava à noite. A cidade onde se apresentava não tinha a menor importância. Para sustentar esse ritmo e certificar-se de que surgiria no palco, noite após noite, com sua vitalidade quase proibitiva, Carmen desistiu de tentar regular seu organismo por conta própria. Cumprindo ordens, Odila apenas a punha para dormir ou a acordava com uma ou mais cápsulas, e Carmen entrava ou saía de cena, do berço para o palco e vice-versa, como uma espoleta ou uma pedra — como as bulas das anfetaminas e dos barbitúricos garantiam que aconteceria.

Cesar Ladeira voltou aos Estados Unidos em outubro de 1951, numa viagem de lua de mel. Custara para se casar, mas, quando fizera isso, escolhera a atriz Renata Fronzi, nacionalmente admirada no Brasil por sua plástica. Foram visitar Carmen em Beverly Hills e, em deferência a Cesar, Carmen conduziu Renata por uma excursão a seu guarda-roupa. Esse era um privilégio que ela reservava a poucos — tinha medo de que os modelos que ainda não estreara fossem copiados. Durante algumas horas, Renata passeou deslumbrada pelo universo de Carmen Miranda.

Começaram pela seção de turbantes. Um armário imenso, cheio de prateleiras, com cabeças de madeira sustentando verdadeiros lustres ou fontes luminosas — os turbantes, às dezenas, talvez mais de cem, em fileiras como soldados à espera de desfilar para o rei. Carmen os criava e os mandava executar por Bruce Roberts, a um valor médio de trezentos dólares cada um. Passaram ao corredor formado pelos armários. Ali ficavam os manequins vestidos com as fantasias — alguns com cabeças completas, outros, rostos sem feições, e ainda outros, sem cabeça. Mas todos pareciam Carmens esperando para ganhar vida e sair dançando por um cenário de palmeiras e coqueiros. Ali se viam desde as baianas que trouxera do Brasil e as usadas nos primeiros filmes, compradas à Fox, até as que apresentara nos filmes mais recentes, e que ela sabia que estavam mais para fantasias de criação livre do que para o conceito original das baianas.

"O público também sabe, e prefere assim", disse Carmen, com resignação na voz. "Quanto mais fantasia, mais ele gosta."

Nenhum daqueles vestidos custara menos de mil dólares. O visual podia ser extravagante, até cômico, mas o material com que tinham sido feitos era de luxo — os tecidos vinham da França; os aviamentos eram super-reforçados; o acabamento, de primeira. Em outra divisão dos armários, os sapatos — centenas deles (Carmen já não os contava), que lhe custavam, para produzir, uma média de 75 dólares o par (e ela, sua legítima criadora, nunca se preocupara em patentear). Por causa deles, Carmen saía nas páginas de negócios dos jornais americanos, citada por capitães da indústria como Lawrence A. Schoen, presidente da Wise Shoes Co., uma das mais antigas cadeias de sapatos femininos dos Estados Unidos, como a responsável pelo lançamento de uma moda que já durava dez anos — e continuava a crescer.

Havia também a seção de luvas, longas e curtas, em crepe, com botões de madrepérola; os lenços de seda, em sua maioria italianos, com bordados brancos nos acabamentos; os toucados em rede de crochê, que lhe davam um ar tão português, salpicados de pequenas pérolas douradas; os coletes, as golas e as estolas de pele (além dos casacos, de todos os comprimentos); e mais as bolsas, carteiras e frasqueiras. E as fabulosas malas. E os estojos de maquiagem. Renata podia passar o resto da vida ali.

Em outro setor do quarto, ficava o móvel com as gavetinhas de cinco centímetros de altura divididas em pequenas repartições — cada qual com um conjunto de brincos, broches, anéis, colares e pulseiras.

"São bijuterias, mas trabalhadas por artistas habituados a fazer joias de verdade", disse Carmen. "As verdadeiras ficam no banco. Todo o pessoal do cinema, mesmo tendo joias preciosas, só usa as de fantasia."

O passeio era fascinante, mas podia levar a uma angustiante reflexão. Era como se, naquele acervo, vivesse também a Carmen de fantasia — e não se soubesse onde estava a verdadeira. A Carmen que guiava as visitas pelo guarda-roupa parecia às vezes cansada, ausente, sonolenta; em outras, insone, acesa, excitada; mas, nos dois casos, era uma sensação artificial, como se nenhuma das duas fosse a Carmen que o próprio Cesar conhecera nos áureos tempos. Suas sobrancelhas, que raspara muito jovem, nunca mais haviam crescido. Durante os anos 30, isso não tinha importância, porque a moda era fazê-las a lápis, fininhas. Mas, nos anos 40, algumas de suas colegas como Ingrid Bergman, Ava Gardner e mesmo Joan Crawford haviam revertido essa tendência, com seus espessos tufos de pelos sobre os olhos. Com isso, Carmen precisava agora carregar no lápis, como Marlene Dietrich e Lana Turner também tinham de fazer. No palco ou na tela, as sobrancelhas desenhadas para parecer grossas ficavam bem, mas, na vida real, provocavam uma incômoda sensação de envelhecimento — como se fossem mulheres que tivessem saído de uma outra época (e, de certa forma, tinham mesmo).

Meses antes, Waldemar Torres comovera-se ao ser tão amorosamente abraçado por Carmen (para repassar-lhe o "cheirinho gostoso do Rio"), mas entristeceu-se por achá-la "tão cedo envelhecida". Sobre eles, na parede adjacente ao sofá, ficava o quadro de Carmen pintado por J. Luiz, Jotinha, que ela trouxera do Brasil. O contraste era gritante, embora o espaço de tempo entre a Carmen do retrato e a que ele via agora em close fosse de apenas onze anos. Carmen parecia gorda (ou inchada). E sua cintura desaparecera — ela certamente não entraria com facilidade nas primeiras baianas.

Outra amiga, que só agora estava conhecendo Carmen, mas que a achava castigada para seus apenas 42 anos, era Dedei, mulher do cônsul Antonio Corrêa do Lago. Sempre que ia visitá-la, Dedei percebia que Sebastian, "num excesso de solicitude", não deixava o copo de Carmen vazio. Estava sempre reabastecendo-a ou indo preparar-lhe um novo drinque. E, para Renata Fronzi, Carmen comentou que estava pensando em não ter mais bebida em casa, "por causa de Dave". Preocupava-se que ele estivesse bebendo demais. Seria melhor não ter nada em estoque, disse Carmen, e, quando soubesse que teriam visita, "mandar vir uísque e cerveja do supermercado".

Era uma boa medida, concordou Renata. Mas inócua, porque tinham visita todos os dias.

28 | 1952-1954
Choques elétricos

Carmen não parava porque não era possível parar — porque havia um contrato a cumprir e um avião a tomar, e uma plateia pronta a ouvir "Mamãe, eu quero" e a rir com a história do cabelo, e talvez porque fosse melhor estar na estrada do que em casa. Se não fossem os shows, a vida entre um Nembutal e um Dexedrine consistiria de quinze horas seguidas de sono ou de uma sequência de palpitações, pequenos tremores e boca seca. Ao voltar da Caravana Hadacol em outubro, Carmen passou duas semanas, se tanto, em Beverly Hills e partiu de novo. Entre novembro e dezembro de 1951 esteve no Copacabana, em Nova York (a convite de Jack Entratter, o novo proprietário), no Chez Paree, em Chicago, e no Rancho Vegas, em Las Vegas — um mínimo de duas semanas em cada lugar, sem descanso no Dia de Ação de Graças, no Natal e no Ano-Novo. O ano virou e Carmen virou com ele, sem interrupção: novamente no Chez Paree em janeiro de 1952, com direito a show no Hospital dos Feridos da Coreia, também em Chicago; mais uma vez o Rancho Vegas, em fevereiro, e, de Vegas, seguindo para o Hotel Shamrock, em Houston, no Texas, e, em março, para o Baker Hotel, em Dallas, também no Texas — onde cantou com um vestido e chapéu de *cowgirl*, sacou de dois revólveres e deu tiros de festim para o ar, ao som de "The Old Piano Roll Blues" pelo Bando da Lua.

A foto deste último número foi parar na mesa de David Nasser na redação de *O Cruzeiro*, na rua do Livramento, no Rio. Ferido em brios ao ver Carmen adotar (mesmo que por uma vez) um traje típico americano, Nasser tirou sua velha mágoa da gaveta e disparou mais um longo artigo contra ela em *O Cruzeiro*: "Carmen, volte para os bugres" (12/04/1952).

Escreveu-o na forma de pastiche de uma lamentação bíblica, beduína, mas com uma crueldade de tuaregue. O mote, mais ou menos com estas palavras, era:

"Que mal o Brasil lhe fez, Carmen, para merecer o seu descaso e ingratidão? Para que você esquecesse os seus irmãos e se recusasse a cantar para nós, os bugres, que sempre a adoramos como quem adora a deusa branca? Talvez não lhe possamos pagar os milhões de dólares dos americanos, mas faça-nos um show de caridade, para que os nativos possam descobrir, na Carmen americanizada de hoje, a menina que um dia se dourou ao sol da Urca."

O raciocínio desviado e perverso de David Nasser só se igualava à sua maestria com as palavras. Dava de barato que Carmen desprezava o Brasil, que via os brasileiros como selvagens, e que sua volta ao país era uma questão de dinheiro. Mas, ao perguntar a Carmen que mal o Brasil lhe fizera, o próprio David Nasser poderia ter respondido: a feroz campanha de certa imprensa contra ela, inclusive a de um veículo tão poderoso como o que ele representava — *O Cruzeiro*, com seus 700 mil exemplares por semana. E era inútil que, numa tentativa hipócrita de assoprar, depois de feri-la a dentadas, ele dissesse que o governo brasileiro devia a ela uma ordem como a do Cruzeiro do Sul (concedida aos estrangeiros com serviços relevantes à nação). Nesse sentido, estava quatro anos atrasado: Ary Barroso já fizera essa mesma sugestão ao governo Dutra, por intermédio do chanceler Raul Fernandes, em 1948, e em troca recebera apenas o silêncio.

Carmen teve essa revista em mãos. Leu e releu muitas vezes o artigo de David Nasser. Na mesma época, recebeu em sua casa um grupo de comissários da polícia paulista, de visita a Los Angeles. Se o Brasil tinha contra ela esse ressentimento de que falava *O Cruzeiro*, por que não havia um dia em que não fosse procurada por brasileiros de passagem pela cidade? E acabara de receber também a nova correspondente dos Diários Associados em Hollywood, a paulistana Dulce Damasceno de Brito. A jovem Dulce trazia uma carta de recomendação de Bibi Ferreira. Mas Carmen já a conhecia de outros artigos a seu respeito, sempre simpáticos, em *A Scena Muda*. Se isso significasse uma mudança de atitude dos Associados (a que *O Cruzeiro* pertencia) em relação a ela, tanto melhor.

A prova de que não se podia confiar na imprensa, nem quando ela estava a favor, se deu em Vancouver, no Canadá, em maio, quando Carmen foi fazer uma temporada de doze shows no New Palomar Supper Club. Num artigo de capa no *News Herald* no dia seguinte à sua chegada, ilustrado com uma foto antiga de Carmen, de alto a baixo na página, o repórter Bruce Levitt perguntou: "O homem de Vancouver está preparado para Carmen Miranda?" E ele mesmo respondeu:

Não. Na entrevista coletiva [de ontem], três garrafas de Borgonha chocaram à presença de Carmen — de inveja. Seu corpo de 1,52 metro tem mais curvas que uma estrada de Burma, e elas se movem todas ao mesmo tempo — o tempo todo. Pode-se acender um cigarro nas fagulhas desprendidas pelo movimento de seus braços longos e sinuosos. Seus... ahn... membros se agitam e oscilam até que um homem não saiba mais o que fazer. Seu sotaque brasileiro borbulha como uma canoa numa noite de luar no

Amazonas. Francamente, sr. Vancouver — o Homem-de-Terno-Azul por excelência —, o senhor está preparado para isso?

Bem, vejamos. Ou o repórter era um legítimo homem de Vancouver, de terno azul e tudo, ou entrara por engano numa coletiva da retumbante rumbeira cubana Maria Antonieta Pons. Não havia motivo, nem provas materiais, para tanta excitação. Esse estilo lúbrico e vampiresco nunca fora o de Carmen, nem em 1939 e menos ainda em 1952, quando ela acabara de fazer 43 anos, oficialmente 38. Qualquer que fosse a idade, já era uma senhora, e não lhe ficava bem desprender fagulhas que acendessem cigarros ou usar um sotaque borbulhante como uma canoa. Quanto às curvas, infelizmente já não as tinha, nem em Burma, nem na China, e a cada dia ficava mais difícil expor a inocente região que ajudara a consagrá-la, "entre a sétima costela e o umbigo" — umbigo esse que Carmen *nunca* exporia num palco ou num filme.

É possível calcular como ela estava em Vancouver, porque nos dois meses seguintes, em junho e julho, uma Carmen com excesso de peso, um ou dois queixos além do necessário e sem muito fôlego apresentou-se ao produtor Hal Wallis no estúdio da Paramount. Ia rodar sua participação no filme *Scared Stiff* (no Brasil, *Morrendo de medo*), uma comédia com Dean Martin e Jerry Lewis. Dessa vez, essa participação seria apenas decorativa, sem nenhuma função na trama — parte da ação se passava num navio, e Carmen (Carmelita Castina, nacionalidade indefinida, apesar de algumas frases em português) e o Bando da Lua (reduzido a três elementos, porque Russinho baixara hospital para uma cirurgia de apêndice) eram apenas uma atração musical a bordo. Carmen ganhou 25 mil dólares por seis ou sete dias de trabalho, não consecutivos.

Assim como acontecera em *Romance carioca*, deve ter havido um hiato entre a filmagem de seus dois números de canto e dança, "The Bongo Bingo" e "The Enchilada Man", e a de sua única sequência não musical, com diálogos, em que se atracava a Jerry Lewis num corredor do navio. Os números musicais foram rodados talvez em junho, porque eram sempre filmados primeiro — e, nesse caso, a sequência dialogada terá sido rodada em julho. Também nesse caso, "The Enchilada Man" deve ter sido rodada antes de "The Bongo Bingo" (embora entrem em ordem inversa no filme), com dias ou talvez semanas de intervalo de um para o outro. É só observar: Carmen está com uma aparência mais saudável em "The Enchilada Man" do que em "The Bongo Bingo" e, em ambas, seu aspecto parece melhor do que na sequência com Jerry Lewis. Nos dois números, Carmen dá a impressão de estar lançando mão de suas últimas reservas físicas e mentais para obedecer às marcações do coreógrafo — e sobreviver à intolerável hiperatividade de Jerry Lewis à frente dela e de Dean Martin. Nitidamente, é uma mulher em aflição. Ao fim de cada número, o simples fato de ter conseguido completá-lo já lhe parece uma vitória, e isso está escrito na tela — no rosto de Carmen.

Carmen filmou mais um número, um mambo, que teria sido cortado porque, com esse, seriam três as suas participações musicais em *Morrendo de medo* e, já então, Jerry Lewis não admitia dar espaço a ninguém em um filme. (Mesmo Dean Martin tinha de lutar pelo seu.) Mas, se Lewis entendeu assim, era só uma desculpa, porque os dois números "de Carmen" não podiam ser considerados apenas dela. Lewis se intromete à sua maneira em "The Bongo Bingo" e "The Enchilada Man" (e faz sozinho sua primária paródia de "Mamãe, eu quero", só permitindo a Carmen uma aparição mais que relâmpago nos bastidores). Se a necessidade de dominar compulsivamente a cena não fosse uma marca de sua carreira, seria possível arriscar que Jerry Lewis estava se vingando daquele longínquo dia de 1941, quando, aos quinze anos, fora recusado no elenco de uma revista musical de Carmen, *Sons O' Fun*. Podia fazer isso agora porque, aos 26, estava por cima: dava ordens ao próprio Hal Wallis, tiranizava a vida dos diretores, ofendia todo mundo e não dividia a tela com ninguém — os críticos franceses logo o considerariam um gênio. Mas uma das provas de que o moral de Carmen estava a zero é que ela se submeteu às grosserias de Jerry Lewis sem protestar.

Se foi mesmo filmado e ninguém o destruiu, o terceiro número talvez um dia seja encontrado nos arquivos da Paramount. Mas, a julgar pelos outros dois, seu interesse será indumentário, não musical. Tanto "The Bongo Bingo" como "The Enchilada Man", da dupla Mack David e Jerry Livingston (autores de "Bibbidi-bobbidi-boo"), refletiam o habitual insulto hollywoodiano às coisas do México, e a única graça estava no turbante de Carmen no segundo número — uma espetacular instalação usando artigos de cozinha como várias colheres, escumadeira, batedor de ovos, pegador de macarrão, espremedor de batata e até um ventilador, tudo camuflado entre legumes e hortaliças. Uma grande criação de Carmen (com ou sem a participação de Edith Head, responsável pelos figurinos do resto do filme), mas quase indistinguível na fotografia em preto e branco e pouco explorada pelo provecto diretor George Marshall — ou pode ter sido Jerry Lewis que eliminou os closes do turbante.

Morrendo de medo, terminado em agosto de 1952, só seria lançado em Nova York em 27 de abril de 1953. Até lá, Carmen ficaria presa à Paramount, às vezes comparecendo a um evento do estúdio, como a estreia em Los Angeles de *Os brutos também amam* (*Shane*). Mas sua ligação final com a Paramount seria nos meses de março a junho de 1953, quando ela sairia para uma excursão por seis países da Europa — Itália, Bélgica, Noruega, Dinamarca, Suécia e Finlândia — para lançar *Morrendo de medo*. Com isso, a Paramount pegava uma carona na nova e imensa popularidade de Carmen em boa parte da Europa, onde só então seus primeiros filmes na Fox estavam sendo lançados. A guerra fizera com que italianos, finlandeses, suecos etc. se atrasassem no seu culto a ela. Mas eles estavam tirando a diferença — e ainda tinham uma batelada de Carmens para conferir.

1952-1954 — CHOQUES ELÉTRICOS | 501

A excursão seria um tratamento de gala para *Morrendo de medo*. Pena que este fosse o pior filme da carreira de Carmen. E, por um motivo muito simples, embora definitivo, também o último.

A ideia de excursões fora do país vinha a calhar para Carmen, porque era uma maneira de impedir que o imposto de renda continuasse lhe tomando quase tudo que ganhava. Devido a uma brecha na lei dos Estados Unidos, os rendimentos dos americanos no exterior tinham deixado de ser tributáveis, o que explicava por que uma quantidade de astros de Hollywood (Cary Grant, Gene Kelly, Kirk Douglas, Ava Gardner, David Niven) estivesse indo morar na Europa. Enquanto a viagem não saísse, Carmen decidira passar o segundo semestre de 1952 trabalhando dois meses seguidos e descansando no terceiro. Com a volta de dona Maria (que passara quase um ano inteiro no Rio, ajudando na readaptação de Aurora), Carmen tinha de novo alguém a seu lado, acompanhando-a nas fugas para Palm Springs ou fazendo com que as visitas se sentissem mais bem recebidas em North Bedford Drive.

Uma dessas, com quem Carmen fez amizade à primeira vista, foi Maria Luiza Frick, funcionária de uma agência do Bank of America em Los Angeles e irmã de Jane Frick, antiga professora de ginástica de Aurora no Rio e que continuara amiga de ambas. Maria Luiza logo se tornou confidente de Carmen e, nos fins de semana, tinham conversas que se estendiam até às cinco ou seis da manhã. Sebastian via com maus olhos a sua presença na casa. Numa ausência de Carmen, em que Maria Luiza fora visitar dona Maria, ele tentou expulsá-la. Mas Maria Luiza o encarou:

"Esta casa é de Carmen. Você não pode fazer nada."

Dona Maria também se interpôs e ela ficou.

Para Maria Luiza, Carmen pode ter se aberto sobre o fim prático de seu casamento com Sebastian — já não dividiam a cama desde pelo menos 1950 — e sobre sua relativa indiferença ao fato de que ele mantinha um caso quase público com uma xará sua, a morena ítalo-americana Carmen Cardillo, de cerca de trinta anos e bela mulher do agente de viagens Ray Cardillo, que cuidava das passagens de avião e das reservas de hotel nos deslocamentos de Carmen.

Parecia um arranjo confortável para os envolvidos, embora chocante para os de fora — e mais ainda para os amigos de Carmen. Mas, se um desses se atrevesse a tocar no assunto, ela rebatia de bate-pronto:

"Não adianta falar, porque eu não vou me separar do Dave."

Se alguém perguntasse a Carmen o porquê dessa cega fidelidade ao casamento, talvez ela não soubesse responder. Suas noções sobre o divórcio como "pecado" eram fluidas e baseadas em vagos conceitos religiosos. Mas nem por isso menos firmes. Bastava-lhe a fé, que, para ser exercida com rigor, exigia um fervor quase infantil — o mesmo que a impedia de passar debaixo de uma escada e de pronunciar aquela palavra (preferia dizer "má sorte"), e a fazia isolar na madeira por qualquer motivo. A católica Carmen, aos 44 anos, era a mesma que, adolescente e já namorada de Mario Cunha, ia à missa na velha igreja da Lapa dos Mercadores, na rua do Ouvidor, que não passava por um padre sem lhe beijar o anel e que, anos depois, saía de manhãzinha do Cassino da Urca para emendar com a missa das seis na igrejinha da Urca. E, não importava a cidade dos Estados Unidos em que estivessem se apresentando, pelo menos uma vez por semana obrigava os rapazes do Bando da Lua a acompanhá-la na primeira missa do dia numa igreja local, e só então os liberava para dormir. Os católicos não se divorciavam — era o que a fé dizia —, e ponto final.

Por ironia, o grau de comprometimento químico a que seu organismo estava submetido servia também como um reforço para essa fé — não por virtude, mas por uma forma de impotência. Tanto as anfetaminas quanto os barbitúricos e o álcool eram um fator de apatia da libido, daí Carmen não estar muito interessada em sexo, nem com Sebastian, nem com ninguém. Os remédios e o uísque seriam também causadores de uma depressão que, quando se manifestasse, estenderia essa apatia a todo o comportamento de Carmen. E, infelizmente, ela já estava a caminho.

O segundo semestre de 1952 foi o último período em que a piscina de North Bedford Drive viveu dias de relativa agitação, pelo menos com a presença ainda ativa de Carmen à sua beira. Entre as novas figuras na casa havia o Tarzan em exercício, Lex Barker, e os galãs latinos recém-chegados a Hollywood: o mexicano Ricardo Montalban, que se tornou grande amigo do Bando da Lua, e o argentino Fernando Lamas, que Carmen e Aloysio tinham conhecido como radialista em Buenos Aires e, agora, mais mascarado do que nunca, namorava a estrela Arlene Dahl e se julgava a maior sensação da cidade. Outro mexicano de primeira era Pedro Armendariz, um dos favoritos do diretor John Ford. E havia o melífluo Cesar Romero, para quem pelo menos um dos moços do Bando da Lua olhava com desconfiança, pela suspeita de que ele não gostava de Carmen. (Essa suspeita se confirmaria no futuro, com as declarações sempre dúbias de Romero a respeito de Carmen como artista e como mulher — censurava-a por nunca ter mudado seu estilo e insinuava que fosse lésbica.)

A ideia de descansar por um mês a cada dois ou três de trabalho, como tinha decidido fazer, podia ser conveniente para Carmen e para dois dos membros do Bando da Lua — Aloysio e Lulu —, mas não agradava aos outros dois, Harry e Russinho. Não por acaso, eram os dois do conjunto casados para valer: Harry, com Isa, que ele deixara no Brasil quando viajara com os Anjos do Inferno e que fora se juntar a ele no México; e Russinho, com a mexicana Janita, com quem ele se casara recentemente. Os dois tinham despesas, compromissos, e queriam trabalhar — não se conformavam em ficar parados. Já Aloysio, havia muito separado de Nikky, e Lulu, que mandara sua mulher de volta para o Brasil, achavam que o Bando devia ficar às ordens de Carmen.

Apesar das discordâncias, o grupo mantinha um relacionamento de irmãos. E sempre acontecia alguma coisa nas viagens que estimulava a solidariedade entre eles. Como no dia em que, no hotel, Aloysio estava aplicando Gumex e se penteando, nu, diante de um espelho sobre a cômoda, e resolveu, ao mesmo tempo, fechar a gaveta com a barriga, de um só golpe. Não percebeu que seu pênis estava dentro da gaveta e fechou-a com ele junto. O grito de dor de Aloysio, algo entre o som de uma trombeta e de uma cacatua, fez com que os colegas corressem para socorrê-lo. A dor parecia intolerável, mas Aloysio, por sorte, não perdeu nada com o incidente. E ainda ganhou um apelido: Dr. Gaveta.

Em fins de 1952, no entanto, dois episódios provocaram um racha no conjunto — o último na história do Bando da Lua. Peggy Lee, ainda saboreando o colossal sucesso de "Mañana", que gravara em 1947 com outros músicos de Carmen, queria ser acompanhada pelo Bando em sua nova temporada em Nova York, no Copacabana. Falou a respeito com Carmen, e esta, sem consultar os interessados, negou-lhe o conjunto. Russinho ficou aborrecido ao saber disso — Carmen estava parada e Peggy Lee, grande cantora, era uma estrela, pagava bem. Na sequência, Russinho soube também que Aloysio, pressionado por sua ex-mulher Nikky a dar-lhe certo dinheiro para que ela aceitasse se divorciar dele, fora pedir essa quantia a Carmen. Não era pouco: 10 mil dólares. Carmen deu-lhe o dinheiro com a condição de que o Bando da Lua não fizesse nada por fora, ou seja, continuasse exclusivo dela. E, mais uma vez, isso foi resolvido entre Carmen e Aloysio, pelas costas dos outros três.

Lulu não se importou e Harry se submeteu, mas Russinho se sentiu desautorizado. Em dezembro daquele ano, ao fim de uma temporada em Chicago, comunicou a Carmen que estava pedindo as contas. Tinha adoração por ela, mas precisava ganhar a vida. Carmen tentou segurá-lo a todo custo, mas não houve jeito. (Muito depois, em seu livro de memórias, Aloysio, para se proteger, inventou que Russinho deixara o conjunto e se mudara para o México por medo de ter de lutar na Coreia. Russinho, casado com Janita, efetivamente foi trabalhar com o sogro e viver no México, mas a Coreia passava longe de suas preocupações. Caso ele fosse convocado, Carmen, com seu prestígio entre os militares americanos, poderia livrá-lo com facilidade.)

Sem Russinho, o Bando da Lua perdia não apenas um pandeirista, mas seu principal harmonizador de vozes — função que ele dividira com Lucio Alves nos Namorados da Lua e com Walter nos Anjos do Inferno. Zezinho, efetivo do restaurante Marquis e que atuava também com a orquestra de Desi Arnaz na série de TV *I Love Lucy*, cobriria sua vaga por algum tempo. Além dele, a partir de outubro de 1953, participariam do conjunto um brasileiro que

504 | CARMEN

volta e meia abandonava o Trio Surdina e ia tentar a sorte na América, o violinista Fafá Lemos, e um percussionista, Gringo do Pandeiro, que entrava e saía da orquestra de Xavier Cugat. E, por último, houve a contratação definitiva de Orlando Figueiredo, pandeirista e cantor.

Todos eles grandes músicos, mas nenhum era arranjador vocal. A partir dali, o Bando da Lua deixaria efetivamente de existir, exceto pelo nome e pela presença de Aloysio — o único a estar presente no nascimento e nas diversas mortes do conjunto.

O espetáculo começava com a exibição de *Morrendo de medo* na tela do cinema. Aos 55 minutos de projeção, terminado "The Bongo Bingo", que era o primeiro número de Carmen no filme, a tela se apagava e subia, ou uma cortina de gaze se fechava — e o palco se acendia para recebê-la ao vivo, com os mesmos fantasia e turbante, só que de todas as cores. O efeito era devastador, porque era como se o filme, em preto e branco, ganhasse vida de repente, na frente de todo mundo. Carmen surgia em pessoa com seus músicos, atravessando o palco em largas passadas, cantando "Bambu, bambu" ou algo em tempo rápido, aplicando à ainda fria primavera europeia um bafo de calor tropical. Assim se iniciavam os shows de Carmen em sua temporada na Europa.

Uma temporada que começara em Nova York, no dia 20 de março de 1953, quando Carmen (com Sebastian), Aloysio, Lulu, Harry e Zezinho embarcaram para Roma no aeroporto de Idlewild, sabendo que só estariam de volta em meados de junho. O show, todo escrito e ensaiado, era uma grande novidade para as plateias europeias. Carmen mantinha-as na ponta dos pés por quase uma hora com seu repertório mais internacional — "Brazil", "Mamãe, eu quero" e uma sucessão de canções onomatopaicas, falando de tique--taques, tico-ticos, cai-cais, upa-upas, choo-choos e chica-chica-booms, sob os violões e percussões do Bando da Lua. Todas as canções eram dos filmes. Em certo momento, já quase no final e sem a quebra do ritmo, bradava: "Ah, dizem que sou baixinha, não? Pois sou mesmo!" — atirava longe as plataformas e dançava um samba, descalça. "Mas também dizem que sou careca!" — tirava o turbante, agitava os cabelos (agora louros), ia à beira do palco e pedia a um espectador para puxar. Delírio e suspiros de "*Mamma mia!*" nos camarotes e poltronas. E só então Carmen voltava a cantar. Os jornais italianos a chamavam de "*indiavolata*" (endiabrada). Os grandes astros locais, como Alberto Sordi e Renato Rascel, iam render-lhe homenagens.

Quem visse Carmen em cena não podia calcular as dificuldades operacionais da excursão. Apenas na primeira etapa, a da Itália, a trupe cobriu catorze cidades em pouco mais de um mês, entre as quais Roma, Nápoles, Messina, Bolonha, Verona, Veneza, Florença e Milão. Mas essas eram as cidades grandes, com palcos nobres como o Teatro Nuovo, em Milão, e o Verdi, em Florença, e em que lhe davam proteção policial ao sair do teatro. Nas cidades menores, Carmen ficava exposta às pessoas que a cercavam, abraçavam, beijavam e esmagavam. Na Sicília, teve várias vezes a roupa rasgada. Mais uma vez, o transporte e a lavagem das fantasias era uma confusão, e, para tudo, Carmen dependia de Isa, mulher de Harry, que fora como sua camareira. Em outras cidades, como Estocolmo, na Suécia, eram dois shows na mesma noite: o primeiro, no teatro (o Royal, às 20h30), a preços populares; o segundo, num nightclub (o Champagne, às 22 horas), para os mais abonados — com Carmen tendo de se trocar praticamente dentro do carro entre um espetáculo e outro.

Em cada cidade a que chegava, o ritual se repetia: o prefeito com a chave simbólica e a imprensa com as mesmas perguntas ("Onde nasceu?", "Como começou sua carreira?"). Não era possível fugir do prefeito nem dos fotógrafos, mas os repórteres podiam ser driblados com a distribuição de um *press book* — um livreto de cerca de quarenta páginas, preparado pela William Morris, contendo sua "biografia", com dados altamente manicurados. A melhor história era a de que seu pai, um "rico empresário português sediado no Rio", não permitia que ela se tornasse cantora. Então, "Maria do Carmo (seu nome verdadeiro) tivera de fazer sua carreira em segredo", e, para isso, adotara um apelido de infância (Carmen) e o sobrenome da mãe (Miranda). De tanto ouvi-la em discos e pelo rádio, seu pai se tornara fã da "cantora Carmen Miranda", sem ter a menor ideia de que se tratava de sua filha. E só veio a descobrir quando "começaram a chover propostas dos Estados Unidos" e ela teve de se revelar a ele. Ou seja, segundo o livreto, Carmen conseguira tapear seu pai durante dez anos!

A história era ridícula de tão inconsistente. Quer dizer que seu pai nunca vira uma foto da famosa cantora? Não reconhecia nela a voz da filha? E, supondo que esta continuasse a morar com a família, os repórteres brasileiros não a procuravam em casa para entrevistas? Ou toda a vizinhança conspirava para manter a sua identidade secreta, como a do Zorro ou a do Super-Homem? Era tudo tão absurdo que não se sabe como Carmen tinha coragem de circular o *press book*. Pois nenhum jornal europeu jamais contestou a lógica dessas informações e elas eram publicadas todos os dias em algum veículo da Europa, quase sem alterações. Para que não se pense que tal ingenuidade era privilégio dos jornalistas europeus, é bom saber que essas mesmas informações cansaram de sair nas revistas americanas.

O *press book* continha sugestões de chamadas e *catch-phrases* — coisas como "THERE'S A HEAT WAVE COMING YOUR WAY!" ("Há uma onda de calor a caminho!"), ou "THE SPICE OF LIFE, HERSELF — CARMEN MIRANDA!" ("O tempero da vida, em pessoa — Carmen Miranda!"), ou "THE 'BRAZILIAN BOMBSHELL' EXPLODES ON OUR STAGE!" ("A 'Brazilian Bombshell' explode em nosso palco!"). Nos primeiros países e nas primeiras semanas da excursão, Carmen conseguia estar à altura desse entusiasmo. Em Roma, por exemplo, recebeu no camarim a visita de um amigo saído do passado profundo: Lourenço, irmão de seu ex--namorado Mario Cunha. Estava com a mulher, Elena, e o filho de dezoito anos, Fernando. Não se viam desde 1932, ano do rompimento entre Carmen e Mario Cunha. Almoçaram todos juntos no dia seguinte e, embora fosse o começo da tarde, Carmen parecia inteira. Os Cunha estavam viajando pela Europa e só voltariam ao Rio em outubro, via Nova York. Carmen disse que estaria em Nova York nessa época e deu-lhes o telefone da Hampshire House, para que a procurassem.

Mas, à medida que os deslocamentos, os shows e as cidades se sucediam, Carmen acusou as primeiras descompensações. Primeiro, porque já não tinha tanto tempo para dormir. Havia as esperas nas estações, as viagens de trem — nem muito curtas nem muito longas, tornando difícil dormir a bordo —, as chegadas, as recepções, as homenagens e as entrevistas. Cada hora de sono passou a ser sagrada, daí o seu refúgio no apartamento do hotel, com um breu à sua volta, ordens para não ser perturbada e um aumento na dose do Seconal. Por causa disso, assim como acontecera em Londres cinco anos antes, Carmen não conseguia sentir-se a passeio na Europa — conhecer os museus, andar de gôndola ou dançar o funiculi pelas ruas, nem pensar. Da mesma forma, não tinha disposição para visitas diurnas a catedrais, ruínas ou monumentos — mais tarde, essa atitude lhe seria cruelmente cobrada, como se ela não tivesse nenhum interesse cultural pelas cidades por que passava. Na verdade, derrubada pela intoxicação, Carmen não tinha disposição física para nada, contrastando com a euforia turística de Aloysio. (A qual também não dispensava um estímulo extra: "Foi preciso o auxílio de muito Dexedrine para ficar acordado e não perder um só minuto", escreveu ele em seu livro, referindo-se a Florença.)

Em consequência, para poder entrar no palco e desempenhar com a energia e o entusiasmo que exigia de si mesma, Carmen precisava recorrer em dobro às anfetaminas. É talvez impossível avaliar hoje a dose de que já estava precisando para voltar ao "normal", mas, naquele estágio de seu processo, a quantidade deveria ser inacreditável para os não iniciados. E, com isso, o álcool que ingeria nas recepções oficiais também passou a agir mais depressa. Uma história conhecida é a do almoço oferecido pela embaixada brasileira em Helsinque, na Finlândia, narrada por Aloysio e outros biógrafos. Por causa do vatapá e da pinga, Carmen, "comovida", "tomou um pileque [em] que mal podia parar de pé". Aloysio e Sebastian tentaram mantê-la sentada, "para disfarçar", mas, na hora da despedida, Carmen foi abraçar a embaixatriz e, ao cair ao chão, levou a distinta com ela.

A dificuldade de muitas pessoas para lidar com o alcoolismo fez com que, ao contar esse episódio, tanto Aloysio como outros que escreveram sobre Carmen se sentissem na obrigação de justificá-lo "psicologicamente": Carmen ficou de pilequinho porque "se comoveu" com o vatapá — e não porque sua resistência orgânica, minada pelo bombardeio de todos os lados, já estivesse

1952-1954 — CHOQUES ELÉTRICOS 507

diminuindo. Tal atitude superprotetora mascarou a gravidade de seu estado e impediu que ela começasse a ser tratada como devia.

A etapa da Finlândia foi a última da viagem. Se a temporada tivesse se esticado até Paris, como era a ideia inicial, a possibilidade de um desastre, devido ao estado de saúde de Carmen, era enorme. Mas não houve acordo entre Paris e os empresários e, de Helsinque, eles tomaram o caminho de casa.

O ano de 1953 já ia pelo meio, e é duvidoso que Carmen conseguisse vislumbrar o futuro com clareza. Ou que houvesse um futuro a ser vislumbrado.

Em maio, um precoce carioca, Otto Stupakoff, chegara a Los Angeles para estudar fotografia. Tinha dezesseis anos e, por um desses atalhos de que o Brasil é pródigo, trazia um cartão de imprensa, como "correspondente", que conseguira através de amigos na nova revista *Manchete*. Em julho, por intermédio de outros brasileiros na cidade, descobriu o telefone de Carmen. Ligou para ela e apresentou-se.

Ao saber que ele tinha dezesseis anos e falava pouco inglês, Carmen espantou-se:

"O que você está fazendo sozinho nesta cidade, menino? Venha já pra cá!"

Otto perguntou-lhe que ônibus deveria tomar. Mas Carmen foi direta:

"Diga onde está, que eu mando meu motorista buscá-lo."

Otto chegou. Carmen emprestou-lhe um calção e foram para a piscina. Cada qual em sua espreguiçadeira, tomaram sol e conversaram. Depois, Otto comeu feijão no almoço.

Pelo ano e meio seguinte, Otto visitou Carmen pelo menos outras cinco ou seis vezes, com largos intervalos e sempre a convite dela. Ela o convocava por telefone e mandava o motorista buscá-lo. O ritual incluía piscina (às vezes), almoço (com feijão) e longas conversas (sempre). Carmen não escondia sua vulnerabilidade. Falava do marido, de como não se davam bem e que não havia nada a fazer. Mas não gostava de falar de si mesma. Preferia saber da paixão febril do próprio Otto por Betsy, uma menina americana de catorze anos que ele acabara de conhecer e que se arrastaria, com idas e vindas, pelo tempo em que ele teve Carmen como confidente. Era um namoro complicado, pela diferença de origens, de cultura e de língua. Para piorar, Betsy, sobrinha emprestada da estrela francesa da MGM Leslie Caron, era uma daquelas "crianças de Hollywood" que, se quisessem, teriam Frank Sinatra cantando em sua festa de aniversário. Por causa dela, Otto sofria como sofrem os verdadeiros apaixonados. Carmen ouvia-o com o maior interesse e lhe dava conselhos, estimulando-o a lutar por Betsy.

Otto só percebeu em retrospecto, mas Carmen se comportava como a mãe que ela gostaria de ter sido. Na verdade, se Carmen tivesse sido mãe aos 28 anos, em 1937, seu filho teria exatamente a idade dele.

Como se ainda restasse dúvida, ela dissera a Otto mais de uma vez: "Ah, quisera eu ter alguém como você!"

E, por qualquer motivo, abraçava-o e beijava-o com um calor de mãe. Às vezes, ao fazer isso, comovia-se e seus olhos transbordavam, borrando a pintura.

Em todas as visitas de Otto, a casa parecia deserta, exceto por Estela, a empregada colombiana. O próprio marido só apareceu uma vez e, estranhamente, Otto não se lembra de ter visto dona Maria. Em nenhum momento se falou no assunto, mas Otto sentia que havia alguma coisa errada com a saúde de Carmen. Era nítido que ela não estava bem — à medida que bebericava seu uísque, emocionava-se com facilidade e tinha vontade de chorar. Ele percebia vestígios da passagem recente de médicos ou enfermeiros. Mas era como se Carmen se preparasse para as visitas de Otto — reservando um dia em que não haveria ninguém de fora e ela se sentisse melhor. Queria parecer sempre bem para o filho que nunca tivera.

Em fins de 1954, os telefonemas pararam. Otto ouviu dizer que Carmen tinha ido ao Brasil. Tentou, mas não conseguiu descobrir quando voltaria. Não a veria mais. No futuro, ao se tornar um dos fotógrafos mais respeitados do mundo, deu-se conta de que nunca fotografara Carmen.

Também no segundo semestre de 1953, outro estudante brasileiro de passagem por Los Angeles, chamado José Rubem, resolveu visitá-la. Procurou seu nome no catálogo telefônico, anotou o endereço e tomou um táxi. O motorista estranhou o destino da corrida, mas levou-o assim mesmo. José Rubem chegou à morada de Carmen Miranda — uma senhora mexicana, já entrada em anos, habitante de uma casa pobre num bairro distante e mais pobre ainda, e que vivia sendo confundida com a estrela. O rapaz pediu desculpas pelo engano e voltou para o táxi. Ao falar o nome da artista para o motorista, este o mandou segurar seu chapéu e o levou a North Bedford Drive — todos os motoristas sabiam onde morava a verdadeira Carmen Miranda.

Carmen o recebeu muito bem, como fazia com todo mundo. Ele passou uma tarde com ela e outros convidados à beira da piscina. Estranhou que o marido, Dave Sebastian, completamente ostracizado, não parecesse incomodado por ficar à parte. José Rubem achou Carmen uma mulher muito interessante. Nos meses seguintes, com ele já de volta ao Brasil, trocaram cartas e ela lhe mandou fotos. Carmen nunca soube que seu correspondente se tornaria o romancista Rubem Fonseca.

"Este é para o tio Mario. E este também é para o tio Mario. E mais este! E mais este! E mais este!"

Carmen se jogara ao pescoço do garoto Fernando, sobrinho de Mario Cunha, e não parava de beijá-lo no rosto, oferecendo os beijos a seu antigo namorado, a 10 mil quilômetros de distância.

A cena era em Nova York, no apartamento da Hampshire House, onde Carmen estava sendo visitada por Fernando e seus pais, Lourenço e Elena, finalmente rumo ao Brasil depois de quase um ano na Europa. Como prometera a Lourenço, Carmen estava em Nova York em outubro, para mais uma temporada no Copacabana. A visita tinha sido marcada em Roma, seis meses antes, e a diferença em Carmen era marcante: a pele de seu rosto agora brilhava, esticada pela retenção de líquidos; os olhos pareciam menores, apertados dentro das pálpebras; e havia algo de falso e exagerado na sua euforia. Carmen estava alterada pela bebida, arrastada e repetitiva, perguntando a todo momento por Mario Cunha.

Os beijos e abraços em Fernando aconteceram na saída, quando ela foi levá-los à porta. Sebastian, irritado, tentava desvencilhá-la do jovem, mas Carmen lhe dava tapas nas mãos e se abraçava ainda mais ao rapaz:

"E mais este! E mais este! E mais este!"

Os Cunha foram embora e Lourenço ficou passado com o que vira. Não era a Carmen que ele encontrara em Roma e muito menos a deusa que conhecera no Rio e da qual tinha orgulho de ser uma espécie de cunhado. Teria ficado ainda mais triste se soubesse que, pouco antes, em Los Angeles, numa condição parecida, Carmen descera do carro em frente ao Mocambo, usando uma pele de raposa branca, pisara em falso e caíra em cheio numa poça d'água. Pessoas à porta do nightclub assistiram à cena e a acudiram, levantando-a pelos braços.

O episódio não fora um caso isolado, apenas o mais grave — por duas outras vezes Carmen torcera o pé ao dar os poucos passos entre a saída do carro e a porta da boate a que estava indo em Los Angeles. De outra feita, no Ciro's, em companhia do vice-cônsul Smandek, teve um surto de tremores à mesa. (Ficou com medo, porque isso só costumava lhe acontecer ao acordar, não no meio da noite.) Na mesma época, decidiu sair menos à noite, ou parar de sair, porque começava a entreouvir, nos nightclubs, comentários do tipo "Como Carmen está velha!" ou "É Carmen? Mal posso acreditar!".

Em contrapartida, era extraordinário como, ao entrar no palco, voltava a ser Carmen Miranda. E uma Carmen Miranda invencível, como ela precisava ser. Debaixo daquelas luzes, nada mais importava, a não ser sua relação de amor, concubinato, conluio, com cada homem ou mulher da plateia. A mágica se dera de novo no Hotel Shamrock, em Houston, onde cumprira nova temporada em setembro. De lá viera para o Copacabana, onde triunfara como sempre — e a Carmen do palco não tinha nada a ver com a que, dias antes, cobrira o menino Fernando de beijos. Dali iria para o Eastman Theatre, em Rochester, quase na fronteira com o Canadá, onde ficaria parte de outubro, e só então voltaria para Manhattan. Mas, quando isso aconteceu, não foi uma volta tranquila.

Carmen desembarcou com tremores pelo corpo e sem conseguir segurar nada com as mãos. Podia estar sofrendo as consequências de uma superintoxicação provocada pelos barbitúricos e anfetaminas ou pelo álcool. Ou, ao contrário, poderia estar sendo vítima de uma violenta síndrome de abstinência, causada pela interrupção, por algum motivo, do fornecimento a seu organismo de uma ou mais daquelas substâncias. É quase certo que, para Carmen, já então, o espaço de tempo tolerável entre uma medicação e outra estava diminuindo — ou seja, seu organismo precisava de remédios ou de álcool a intervalos cada vez mais curtos. Uma falha nessa cadeia gerava um desequilíbrio físico-químico, uma revolta das terminações nervosas. Carmen não saberia explicar, mas, quando aquilo se dava de forma tênue, como já se tornara comum, as manifestações eram insegurança, instabilidade, ansiedade, hipersensibilidade, choro fácil, boca seca, falta de fôlego, irritabilidade e sentimento de culpa. Em caso agudo, como parecia estar acontecendo, as consequências eram tremores violentos, dores no corpo, paranoia, ranger de dentes e a possibilidade de convulsões.

Carmen foi internada por Sebastian no Hospital Mount Sinai, onde, por ordem médica, ficou uma semana sem visitas. Sedada para "melhorar", foi mandada de avião para casa, em Los Angeles, aonde chegou sob profunda depressão. O dr. Marxer achou conveniente que ela fosse para Palm Springs, onde ficaria mais preservada e poderia repousar melhor. Mas os tremores e demais sintomas começaram a voltar. Marxer, então, consultou Sebastian e dona Maria e, com a aprovação deles, receitou um tratamento à base de eletrochoques ali mesmo, em Palm Springs, no Hospital Saint Jones.

A técnica, chamada de eletroconvulsoterapia, fora desenvolvida em fins dos anos 30 por dois médicos italianos, Ugo Cerletti e Lucio Bini, ambos de Roma. Consistia na passagem de uma corrente elétrica pelo encéfalo. A ideia inicial era a de que os eletrochoques serviam para o tratamento de esquizofrenia e psicose maníaco-depressiva; depois, concluiu-se que eram indicados também para os casos agudos de depressão, que já não respondiam nem a sedativos como o Demerol — o que era, em tese, o caso de Carmen.

Em 1953, a aplicação dos eletrochoques ainda era feita em moldes primitivos. O paciente não era anestesiado. Não lhe davam um relaxante muscular e ele não recebia oxigenação artificial, como se passaria a fazer muito depois. Nem se sonhava com monitores cardíacos, cerebrais e de pressão arterial. E, pior ainda, não se fazia uma desintoxicação prévia, com a eliminação gradual dos medicamentos que, afinal, tinham levado àquela condição. Na época, a máquina de eletrochoque, fabricada pelos Laboratórios Lester, de Nova York, fornecia uma carga de 110 volts, muito mais do que, no futuro, se consideraria "aconselhável". Eram precisos três enfermeiros para manobrá-la: um, para girar um botão e aplicar o choque; os outros dois, para conter o paciente e impedi-lo de se machucar e de, literalmente, levantar voo.

Carmen foi amarrada à mesa, acordada, com uma cunha de borracha na boca, para impedi-la de decepar a língua com os dentes. Em sua fronte, já umedecida para facilitar a passagem da corrente elétrica, ajustaram-lhe dois eletrodos em forma de chapinhas de metal. Um enfermeiro segurou-lhe o queixo, outro a prendeu à mesa, segurando-a pelos braços, os dois usando força total. O terceiro girou o botão e contou até cinco, espaçadamente. Enquanto ele contava, a descarga provocou um choque que fez Carmen saltar da mesa diversas vezes, perder imediatamente a consciência e ter uma convulsão: revirou os olhos, babou, passou por uma tremenda contração muscular e sofreu uma parada respiratória, como num ataque epiléptico. O enfermeiro encerrou a contagem, trouxe o botão à posição original, e só então Carmen, inconsciente, relaxou. Não era um espetáculo bonito de se ver. Mais exatamente, era horrível.

O paciente dormia até o fim da tarde e acordava calmo, mas abestado e ausente, sem memória sobre o que se passara durante a aplicação. Dizia-se que essa amnésia era temporária e que, dependendo da potência do choque, podia durar no máximo seis meses. Mas, em alguns pacientes, a amnésia revelava-se permanente e atingia áreas do passado — Carmen, por exemplo, esqueceu letras inteiras de músicas. O paciente podia sofrer uma anoxia cerebral (diminuição da quantidade de oxigênio no cérebro), capaz de causar lesões como micro-hemorragias. Outro efeito colateral era a possibilidade de fraturas em pessoas com certo grau de enfraquecimento nos ossos e quebra de dentes, devido à fortíssima contração muscular.

Carmen passou por cinco dessas sessões, num espaço de tempo de pouco mais de um mês. Seu marido e sua mãe, que as autorizaram, certamente não assistiram a elas. Se o tratamento era tão horroroso, por que Carmen continuou a se submeter? Porque, ao sair de cada sessão e ir para casa, sentia um pouco de dor de cabeça e mal-estar pelas horas seguintes, mas não sabia o que acontecera. E, de fato, "melhorava" por alguns dias. Mas a depressão logo voltava, porque, assim que se via em casa, Carmen também voltava a tomar suas cápsulas. Ninguém em seu círculo tinha a consciência de que a medicação era a causa do problema, e não a cura.

O próprio dr. Marxer só então começava a suspeitar de alguma relação entre uma coisa e outra — tanto que, sem Carmen perceber, passou a fornecer-lhe cápsulas cujo conteúdo retirava e substituía por açúcar. Mas a medida era desastrada: os placebos só provocavam uma síndrome de abstinência em Carmen, já que seu organismo não estava sendo suprido, e a levavam a um estado de desespero por achar que aquela dose não era mais suficiente. A maneira certa de fazer o tratamento seria diminuir aos poucos o suprimento, com o conhecimento e a participação de Carmen. Mas ninguém pensava nisso — inclusive porque algumas pessoas mais próximas estavam muito ocupadas tentando descobrir a "causa" do seu problema.

Aloysio, com sua autoridade de ex-estudante de odontologia, afirmaria inúmeras vezes, até por escrito, que uma das "principais razões do colapso nervoso" de Carmen era um "conflito interior" cuja causa ela nunca revelara — mas que ele suspeitava (dizia isso a sério) ser "a incompatibilidade entre dona Maria, Aurora, Gabriel e o Bando da Lua com o marido Dave Sebastian". Em sua condição de, ele próprio, usuário de álcool em apreciável quantidade e, ocasionalmente, de anfetaminas, Aloysio não via como isso poderia ser um problema para Carmen.

Outros (não se sabe quem) tinham suas receitas particulares para ajudar Carmen a recuperar a saúde: passar a tomar somente café descafeinado; substituir seu cigarro Viceroy comum, sem filtro, pela nova versão com filtro, e fumar de piteira; e interessar-se por hobbies saudáveis, como a quiromancia. Docemente, Carmen se submetia. Às vezes, pegava um amigo de jeito em North Bedford Drive e insistia em "ler" suas linhas das mãos. Nunca mais fumou Viceroy sem filtro. E, num raro momento de humor nessa época, comprou uma dúzia de piteiras Dunhill e mandou gravar nelas uma inscrição — "*Stolen From Carmen Miranda*", roubada de Carmen Miranda — para dar de presente às visitas.

Em março de 1954, Carmen entrou em cena no palco do Desert Inn, em Las Vegas, logo depois que Russ Tamblyn, Tommy Rall, Marc Platt, Jacques d'Amboise e outros dançarinos de *Sete noivas para sete irmãos* (*Seven Brides for Seven Brothers*) executaram as atléticas coreografias criadas por Michael Kidd para o filme. O elenco do novo musical da MGM, ainda a ser lançado, abriu o show para ela. Em condições normais, seria difícil para qualquer artista se apresentar em seguida a um número de dança tão acrobático e exuberante — os próprios Nicholas Brothers precisariam rebolar para superá-lo. Mas Carmen atravessou quatro semanas no Desert Inn sucedendo aos rapazes do filme e arrancando aplausos todas as noites. Bastava-lhe entrar em cena para ter a plateia a seu favor — seu crédito com o público parecia inesgotável, e o mínimo que lhe desse ou fizesse seria visto como um bônus. De lá, Carmen foi bater o ponto por duas semanas no Shamrock, em Houston, do qual se tornara quase uma atração fixa, revezando-se com outro grande cartaz, o cantor Mel Tormé.

Esses compromissos referiam-se a contratos que assinara no ano anterior, antes das agruras que experimentaria em fins de 1953. Em vista do que passara, Carmen poderia tê-los cancelado. Mas não fizera isso e estava ali para cumpri-los. Como conseguia? Não seria apenas pelo dinheiro, embora esse fosse considerável. Seu cachê nas duas casas era de 15 mil dólares por semana ou o equivalente — o Desert Inn lhe pagava oficialmente 8500 dólares e o restante em joias (uma pulseira de platina e diamantes) e em fichas de jogo (que ela trocava no caixa). Ao cabo de seis semanas de trabalho, voltou para Beverly Hills com cerca de 90 mil dólares na bolsa — dinheiro de que, aparentemente, não se beneficiou, que não lhe comprou nada bonito nem lhe trouxe nenhuma alegria. O que a movia era o princípio da inércia — o resultado de, quase todas as noites, pelos últimos 24 anos, ter se maquiado, vestido a beca e feito do palco uma extensão, não de sua casa, mas de seu próprio corpo. Algumas vezes isso se dera por uma sucessão de gestos mecânicos e, a meia-luz da coxia, Carmen se perguntara o que estava fazendo ali. Bastava-lhe, no entanto, sair para as luzes e ouvir os aplausos para que a dúvida se dissipasse e a vida voltasse a ter sentido.

Mas Carmen agora estava temendo pelo pior. Poucos perceberam que, por momentos, em meio a um número, em Vegas ou em Houston, ela hesitara — porque esquecera a letra. Fora socorrida pelo Bando da Lua, que lhe soprara o verso ou cantara "com ela" (na verdade, por ela). Depois do show, no camarim, Carmen revoltou-se e atribuiu os lapsos ao cansaço e ao tratamento com os eletrochoques. Precisava dar uma parada.

O argumento para recusar as propostas que lhe seriam feitas pelo resto de 1954 seria o de que, depois daqueles compromissos, estava "de férias". Não só ela. Fafá Lemos deixou o conjunto e voltou para o Rio, onde deu declarações queixando-se de ter sido boicotado pelos músicos brasileiros de Los Angeles. Zezinho, por sua vez, foi trabalhar na sequência de "Born in a Trunk" em *Nasce uma estrela* (*A Star is Born*), com Judy Garland, na Warner, e de "Heat Wave" em *O mundo da fantasia* (*There's No Business Like Show Business*), com Marilyn Monroe, na Fox — por acaso, duas estrelas cujos lapsos, atrasos e faltas durante aquelas filmagens eram provocados pela mesma família de problemas com que Carmen se debatia.

Em casa, Carmen entregou-se a um tal estado de prostração que Sebastian e o dr. Marxer estavam sem saber o que seria melhor para ela — mantê-la trabalhando, para que continuasse de pé, ou esperar que se recuperasse e arriscar-se a que, ao contrário, ela se rendesse à depressão. Há um relato de que, num show em Cincinnati, no começo do ano, Harry teria ido ao camarim de Carmen pouco antes da entrada em cena e a encontrado sentada na cama, chorando.

"Não vou conseguir, Harry. Os braços não levantam, não posso trabalhar", ela disse, entre lágrimas.

Harry teria telefonado para Sebastian em Los Angeles e passado o aparelho para Carmen. Ela continuou chorando, mas Sebastian deve ter lhe dito alguma coisa decisiva ao telefone — porque Carmen enxugou as lágrimas, voltou para o espelho, aprontou-se e deu o show. Como um autômato que se pudesse controlar à distância, deixara-se facilmente subjugar. As lágrimas pareciam ser o único lubrificante natural. A cada dia Carmen via ser dragada a sua grande força interior: a alegria. A boca seca, provocada pelos remédios, não prejudicava apenas a sua emissão ao cantar — simbolizava também um ressecamento geral de seu ser. Mas Carmen era profissional até o osso — mesmo que isso agora lhe custasse um imenso esforço extra para seguir em frente.

Era Sebastian quem fazia seus contatos com a William Morris e lhe levava os contratos prontos, com a escala das excursões, o número de shows, o valor dos cachês, o horário dos voos ou dos trens, o status dos hotéis. Carmen só tinha de assinar. Quando ficava na dúvida e insinuava que queria ler melhor sobre o que a esperava, ele insistia:

"Assine primeiro, depois discutimos."

Mas, depois de assinado, não havia o que discutir. Num telefonema, Carmen dissera a Aurora:

"É 'sign here' pra cá, 'sign here' pra lá. Não faço outra coisa senão assinar!"

Aurora suspeitaria depois que nem todos os papéis que Sebastian a fizera assinar se referissem a contratos. Aproveitando-se da turbulência mental de Carmen, ele poderia tê-la induzido a também assinar papéis que tivessem a ver com suas propriedades. E, por relatos de quem conviveu com o casal naquela época, Carmen passara a ter medo de Sebastian.

O pequeno Zezinho, filho do músico, ouviu Odila, sua mãe, comentar com o marido:

"Dave não trata bem Carmen."

E até dona Maria parecia estar se convencendo de que havia algo errado ali — a ponto de ter dito a Carmen:

"Minha filha, por que não te separas?"

Mas Carmen respondia:

"Mamãe, nem diga uma coisa dessas!"

A casa era agora dirigida por Sebastian e pelos enfermeiros americanos, com dona Maria e a colombiana Estela de coadjuvantes. Reguladas por ele, as visitas a North Bedford Drive escassearam e, quando havia alguém, Carmen deixava-se ficar numa varanda do segundo andar, vendo-as na piscina, sem participar. Alice Faye e Don Ameche souberam que ela "não estava bem" e foram visitá-la em dias diferentes, mas Carmen quase não falou com eles. Suas crises de ausência eram cada vez mais frequentes, ou então ela se tornava repetitiva e inconsequente. Às vezes parecia alheia a tudo e não respondia quando lhe falavam. Em julho, o repórter João Martins, de *O Cruzeiro* (famoso pelos discos voadores que "vira" na Barra da Tijuca, no Rio, algum tempo antes), tentou entrevistá-la. Carmen o recebeu, mas não conseguiu conversar — pediu licença e retirou-se. A empregada Estela contou ao repórter que "a senhora" passava os dias deitada, abatida e sem querer ver ninguém.

Naquele mês, a beldade baiana Martha Rocha conquistara o segundo lugar na eleição de Miss Universo, em Long Beach, na Califórnia. Dias depois, ela e outras catorze misses foram para Los Angeles, a fim de participar de um documentário sobre o evento. Carmen, aparentemente recuperada, telefonou a João Martins pedindo que levasse Martha à sua casa, "para um chá". O encontro foi marcado. Mas, no dia seguinte, alguém deixou um recado no hotel de João Martins cancelando a reunião, alegando que Carmen "não estava se sentindo bem". Pouco mais de um mês depois, no próprio dia do fato, 24 de agosto, Carmen ficou sabendo do suicídio de Getulio Vargas no Brasil (as televisões americanas interromperam a programação para dar a notícia). Pelo resto do dia, repórteres da Califórnia ligaram para sua casa pedindo declarações. Mas Carmen não estava disponível para entrevistas. Além disso, não tinha nada a dizer — a morte de Getulio não lhe significava nada. A de Francisco Alves, num acidente de carro na estrada dois anos antes, em 1952, é que a entristecera.

Em princípios de novembro, dona Maria escreveu a Aurora falando preocupada sobre o estado de Carmen. Aurora telefonou para Los Angeles e percebeu que Carmen estava péssima. Ali mesmo, ao telefone com ela, decidiu:

"Estou com vontade de dar um pulo aí, Carmen. Ando com muita saudade. O Gabriel está me prometendo uma viagem e acho que vou aproveitar."

Carmen, com a voz neutra, quase sumida, respondeu:

"Ah, está ótimo, Aurora. Então venha..."

Uma semana depois, Aurora se punha num voo a caminho de Los Angeles. Por aqueles mesmos dias, Carmen precisaria reunir forças para posar, sorrindo, para uma foto comemorativa da passagem do ano — abraçada a um menino de fraldas, cartola e uma faixa de 1955, representando o Ano-Novo.

No Brasil, dali a um mês e meio, essa foto seria a capa da edição de dezembro de *A Cena* (não mais *Scena*) *Muda*. Nas páginas internas, essa revista já traria a reportagem sobre o dramático embarque de Carmen em Los Angeles e sua chegada ao Brasil — catorze anos e dois meses depois que vira seu país pela última vez.

29 | 1954-1955
Noites cariocas

O Alvis dirigido por Sebastian, conduzindo Carmen, Aurora, dona Maria e o dr. Marxer, parou na pista do Aeroporto Internacional de Los Angeles, quase que sob a asa do DC-6 da Braniff. Todos desceram, menos Carmen, que foi tomada no colo por Marxer. Ele a carregou pela escada do avião, depositou-a em sua poltrona e afivelou seu cinto de segurança. Isso foi feito antes que os outros passageiros entrassem. Segundo Aurora, era como transportar "um embrulho, uma trouxa, uma coisa". Carmen não falava nem se debatia. Apenas chorava baixinho e parecia ainda menor do que era, quase uma criança. O sentimento de fragilidade e impotência em seu rosto refletia o que se passava na cabeça de todos ali: como chegar ao Brasil naquele estado? Como desembarcar no Galeão e encarar os amigos, a imprensa e todos que iriam recebê-la — talvez até mesmo o povo —, em tais condições?

O espantoso é que não tenham desistido e voltado para casa, ainda mais sabendo que, durante a longa viagem, o estado de Carmen tendia a piorar. Mas Marxer instruiu Aurora e dona Maria sobre a medicação e deixou Carmen aos cuidados das duas. Depois, ele e Sebastian foram embora de volta para Beverly Hills. O avião decolou para o voo de trinta horas sobre a costa do Pacífico.

Aurora chegara a Los Angeles quinze dias antes, para ver Carmen. Esta fora recebê-la no aeroporto, sem nenhuma pintura no rosto, o cabelo preso por duas trancinhas e com uma capa sobre os ombros. Não se viam fazia três anos e meio. Carmen estava abatida, trêmula e amedrontada, dirigindo muito mal. Atravessaram a primeira noite em North Bedford Drive conversando até o sol raiar e, já ali, Aurora começou a campanha para levá-la a passar algum tempo no Rio. Carmen não queria — não sabia como seria recebida depois de catorze anos de ausência. Aurora argumentou que, nesse período, Carmen privara com centenas, talvez milhares de brasileiros, em Los Angeles e Nova York, e eram todos seus adoradores — por que os do Brasil seriam diferentes? E os amigos estavam loucos para revê-la.

Carmen alegou o problema da saúde: como uma pessoa acometida de uma "doença nervosa", como a sua, poderia viajar? Aurora respondeu que uma mudança de ares lhe faria bem — e, ao dizer isso, conscientemente ou não, estava prescrevendo a receita certa: a "mudança de ares" representaria uma interrupção na rotina de Carmen, uma quebra de hábitos. Um desses hábitos, embora Aurora não soubesse, era o de que a quantidade de Seconal que Carmen tomava antes de se deitar não tinha mais a ver com dormir. Por ordens de seu organismo, o mínimo de três ou quatro cápsulas era simplesmente para ser tomado, mesmo que ela já estivesse com sono — e ai do organismo se não fossem tomadas. Uma viagem que fizesse Carmen "espairecer" poderia ajudar a interromper o processo. Aurora queria também um diagnóstico de outro médico, mais neutro, menos comprometido com Carmen. Mas, para isso, precisaria convencer o dr. Marxer de que o Rio faria bem a Carmen, e que lá também havia bons médicos. Depois teria de dobrar Sebastian, que já declarara que não consentiria em ficar "longe de sua esposa". E, por fim, havia a resistência assustada da própria Carmen. As chances de Aurora conseguir seu intento eram de quase zero. Mesmo assim, disse a um dos músicos de sua irmã:

"Eu vou levar a Carmen, e não tem conversa."

Passaram-se alguns dias, mas foi mais fácil do que ela pensava. Aurora convenceu Marxer, este convenceu Sebastian, e os dois convenceram Carmen — principalmente porque seria por "poucos dias". Marcou-se a viagem para o dia 2 de dezembro, com chegada no dia 3, uma sexta-feira. Isso resolvido, várias providências começaram a ser tomadas. No Rio, Cecilia entrou em contato com seu amigo, o dr. Aloysio Salles da Fonseca, 38 anos, diretor de hematologia do Hospital dos Servidores do Estado, modelo em toda a América Latina. Embora "doenças nervosas" não fossem a sua especialidade, ele teria prazer em atender Carmen pessoalmente, começando pelo Galeão, onde estaria para recebê-la. Por recomendação do dr. Aloysio, Gabriel pediu a Herbert Moses, presidente da ABI (Associação Brasileira de Imprensa), que tentasse manter os repórteres à distância no aeroporto. Por questões de saúde, Carmen não poderia atender os rapazes um a um, na noite de sua chegada. Em troca, prometia uma entrevista coletiva para a tarde seguinte, no Copacabana Palace. Uma carta de Los Angeles, com data de 27 de novembro e assinada por Carmen, formalizava esse entendimento com Moses.

Mas Carmen não participou de nenhum desses preparativos (a carta a Moses foi escrita e "assinada" por Aurora). Uma semana antes do embarque — e diante da própria perspectiva da viagem —, deixara-se cair num tal estado de abatimento que quase fizera Marxer mudar de ideia. Não queria comer, não ouvia rádio ou discos, ignorava a televisão e mal respondia quando lhe falavam. Finalmente caiu num mutismo quase total. Limitava-se a chorar fraquinho e a tartamudear que não queria viajar. Na manhã do embarque, era como se não tivesse forças nem para andar. Essa foi a Carmen que, ao meio-dia do dia 2 de dezembro, o dr. Marxer carregou no colo e levou para bordo.

O DC-6 era um avião-leito, para cerca de oitenta passageiros, e razoavel-

518 | CARMEN

mente confortável. Tinha de ser, para amenizar o cansaço do voo Los Angeles-Rio, com o enervante pinga-pinga das escalas pela rota do Pacífico: Cidade do México, Bogotá, Lima e São Paulo.

Segundo a reportagem na revista *A Cena Muda* (a edição com Carmen na capa ao lado do menino fantasiado de Ano-Novo), Carmen embarcou feliz e passou a viagem fazendo todo mundo se divertir à sua volta. O texto, depois usado com frequência por pesquisadores, era assinado por Laura Brito, que teria embarcado incógnita em Los Angeles apenas para acompanhar Carmen no voo de volta a seu país. Num toque de realismo, a repórter informa que, já dentro do avião, teria sido identificada por Aurora, que lhe pedira que tomasse cuidado com o que fosse escrever. Laura teria tranquilizado Aurora, dizendo que Carmen era, para ela, uma deusa, e que nunca escreveria nada que a deixasse mal. Era verdade. Só que a história com Aurora não aconteceu; a repórter Laura Brito não estava naquele avião; não escreveu reportagem alguma, e nem sequer existia como repórter. Era um pseudônimo de Dulce Damasceno de Brito, que *também* não estava no voo (e, por ser contratada dos Associados, usara como pseudônimo o nome de sua irmã). Dulce estava em São Paulo, aonde fora para se casar, mas, a pedido de *A Cena Muda*, não vira problema em descrever a viagem de Carmen a partir de Los Angeles, e como se tivesse sido uma festa. Como, aliás, deveria ter sido.

Infelizmente, a viagem *não foi* uma festa. Aurora deu a Carmen um Seconal para dormir quando o voo começou, e tentou mantê-la assim pelas muitas horas seguintes. Mas Aurora não fazia ideia de quantas cápsulas sua irmã precisava em 24 horas, e temia continuar fornecendo-as. De horas em horas, Carmen acordava tremendo e chorando, com frios e calores intensos, quase sucessivos. Para comer, tinha de ser alimentada na boca, às colherinhas e quase à força. Ir ao toalete era um sacrifício — a aeromoça ajudava, mas Aurora tinha de acompanhá-la, porque Carmen estava com um equilíbrio instável, incapaz de passos firmes. E já começara a chamar a atenção dos passageiros vizinhos, que ficavam de orelhas em pé, espiando e fazendo comentários. Só dormia de novo quando Aurora a agraciava com outro Seconal. Por sorte, em boa parte do tempo, Carmen não tinha noção de que estava a bordo de um avião ou indo para o Brasil. No fim da tarde do dia seguinte, uma aeromoça informou que o avião se aproximava do aeroporto de Congonhas, em São Paulo, e haveria uma espera em solo, fora do aparelho. Só então, seguindo as instruções que dr. Marxer lhe passara, Aurora ressuscitou Carmen com um Dexedrine.

Pela primeira vez, Carmen foi sozinha ao toalete. Refrescou-se, aplicou a maquiagem e se aprontou. Vestiu um tailleur cereja, prendeu o cabelo num rabo de cavalo com um laço de fita vermelha, aplicou pulseiras e anéis e calçou sapatos pretos de salto alto. O avião pousou e, aos acenos de um grupo de fãs, mantidos bem longe, Carmen, Aurora e dona Maria foram levadas a um aposento especial do aeroporto, onde amigos a esperavam: Aracy de Almeida e Almirante, ambos na época trabalhando no rádio paulista, o empresário Paulo Machado de Carvalho e, entre os repórteres, Dulce Damasceno de Brito. O milagre se dera: Carmen estava inteira, como se tivesse feito toda a viagem assim.

Para eles, sôfrega e incontida, Carmen combinava frases verdadeiras com outras de sua invenção:

"Não paro de trabalhar há catorze anos. Minha vida tem sido uma correria dos diabos. Desde que voltei aos Estados Unidos, depois de uma viagem à Europa, não pude parar, trabalhei demais. Fiquei doente por isso. Precisava de umas férias. Lembrei-me então de voltar ao Brasil."

Entremeava as respostas com surtos de choro, partilhado pelos amigos que se comoviam. Recompunha-se, jogava beijos para uma câmera de televisão e não conseguia esconder a emoção:

"Estou feliz como nunca. Muito obrigada a todos por ainda se lembrarem de mim. Eu juro, jamais esquecerei este país, a minha terra. Sempre fui e continuo a mesma Carmen Miranda. Olhem os meus olhinhos verdes. São os mesmos, são os mesmos..."

Ao falar para os microfones brasileiros, Carmen sepultava a maldosa crença, cuja origem alguns atribuíam a David Nasser, de que já não sabia falar português. Meia hora depois, os passageiros em trânsito para o Rio foram chamados a embarcar. É possível que, preparando-se para a — já agora previsível — apoteose de sua chegada ao Rio, Carmen tenha pedido um reforço de Dexedrine a Aurora. E que esta, vendo o bom resultado que o remédio provocara em Carmen na chegada a São Paulo, concordasse em aceder a seu pedido...

Uma hora depois, o avião da Braniff pousou no Galeão. A porta foi aberta. Ouviu-se um bruaá lá fora. No topo da escada surgiu Carmen Miranda — estrelíssima, fazendo da multidão um coro e, da pista, o maior palco que ela já pisara na vida.

Os telefonemas de Herbert Moses para todas as redações, pedindo que "poupassem" Carmen por questões de saúde, atiçaram pulgas atrás de orelhas. Circularam rumores de que Carmen teria uma doença grave e estaria voltando ao Rio para morrer. À informação de que seu médico brasileiro era o dr. Aloysio Salles, conhecido hematologista, sua hipotética doença passou a ter nome: leucemia. (Mas dr. Aloysio era também médico do novo presidente, Café Filho, que completava o mandato de Getulio, e nem por isso Café tinha leucemia.) Para aumentar as suspeitas, falou-se que Herbert Moses mandaria encostar seu carro junto ao avião na pista — obviamente, para dificultar o acesso a Carmen.

Assim que a escada foi afixada ao avião e a porta se abriu, alguns nem esperaram que Carmen aparecesse — subiram para ir buscá-la lá dentro. O primeiro foi Gabriel, que entrou no avião e sentiu a emoção geral. Moses foi atrás, mas nem conseguiu chegar ao alto da escada. Apesar de suas recomendações (ou por isso mesmo), os repórteres e fotógrafos, com acesso à pista, atiraram-se contra o bloqueio armado pela Polícia da Infantaria da Aeronáutica, comandada pelo capitão Penalva, e cercaram a escada. Um dos fotógrafos, Gervásio Batista, da *Manchete*, fez os concorrentes lhe abrirem passagem com uma simples frase em voz alta:

"Quem deixou esse balde de tinta branca aqui?"

Os outros fotógrafos se afastaram, temendo sujar seus ternos, e Gervásio subiu correndo. Quando Carmen apareceu na porta, ele estava diante dela, com a Rolleiflex pronta para disparar.

A própria Carmen, sem querer, encarregou-se de desfazer a maioria das suspeitas sobre sua saúde. Já chegou à porta do avião acenando eufórica (sem dúvida, tomara um Dexedrine na saída de São Paulo). Em meio ao tumulto geral ao redor da escada, parecia eufórica. "Carmen sorria para os amigos, com seus famosos olhos verdes refletindo o clarão dos flashes, e lágrimas sinceras de emoção escorriam, aos pares, pelo seu rosto sem rugas", escreveria depois *O Globo*. Considerando-se o estado em que embarcara na véspera, em Los Angeles, aquela era a maior interpretação de sua carreira. Mas não conseguiu convencer a todos. O repórter Arlindo Silva, de *O Cruzeiro*, vendo-a de muito perto, escreveu: "Carmen apresentava reações emocionais desordenadas, rindo e chorando quase a um só tempo".

Moses recebeu-a no meio da escada (Gabriel amparava-a pelos cotovelos), desceu com ela e levou-a para o saguão. Lá a esperavam seus irmãos, um monte de penetras e, entre os artistas, vários de seu tempo (o humorista Barbosa Junior, o compositor Romeu Silva, a ex-cantora Elisinha Coelho) e outros que ela só conhecia de nome (o cantor Jorge Veiga, o compositor Fernando Lobo, o radialista Manuel Barcelos). Carmen depois confessaria a Gabriel que não se lembrava mais quem abraçara ou com quem falara no aeroporto. Esquecera-se, portanto, de sua surpreendente explicação para Elisinha, quando esta constatou um certo inchaço e abatimento em seu rosto:

"Foi o meu marido, que andou me batendo."

Carmen entrou finalmente no carro da ABI e partiram todos em caravana para o Copacabana Palace, atravessando avenidas, túneis e viadutos que ela não reconhecia. No hotel, mais perguntas, mais sorrisos e mais fotos, agora com os irmãos. Nas últimas horas, tinha sido mais Carmen Miranda do que nunca, mas o esforço que fizera para se manter íntegra e feliz, entre o avião e o hotel, parecia demais para suas verdadeiras condições. Estava à beira de um colapso por exaustão. Quando conseguiu subir para o sétimo andar e se viu em sua suíte, teve uma crise de choro. Dr. Aloysio acalmou-a, fez-lhe um primeiro exame, chamou a enfermeira e pendurou um aviso à porta:

PROIBIDO VISITAS — SEM EXCEÇÕES

Nos dias seguintes, dr. Aloysio aplicou-lhe uma sequência de exames com equipamento levado do hospital. Carmen estava altamente intoxicada pelos depressivos e estimulantes, intoxicação agravada pelo abuso do álcool — esse foi o seu diagnóstico. O tratamento consistia em decrescer a medicação alternadamente, para evitar síndromes de abstinência muito violentas, e tentar controlar o hábito alcoólico. Carmen foi informada tanto do diagnóstico quanto do tratamento, assim como da necessidade de colaborar com o médico. Sem a sua cooperação, nada seria possível. E o isolamento era indispensável.

Carmen não iria para a casa de sua família na Urca, como seria o normal, nem para um hospital, como costuma acontecer nos tratamentos de saúde. Por recomendação de dr. Aloysio, acatada por Aurora e dona Maria, Carmen ficaria internada no Copacabana Palace. Era melhor do que interná-la no seu próprio hospital, o dos Servidores do Estado, na rua Sacadura Cabral, em plena Zona Portuária — a balbúrdia provocada por sua presença perturbaria o funcionamento do hospital e chamaria muita atenção. No Copa, por estranho que pareça, haveria mais sossego. Oscar Ornstein, relações-públicas do hotel, ofereceu-lhe gratuitamente as suítes 71 e 73 do Anexo — uma para ela, outra para a família, mas esta, por ordens de dr. Aloysio, com permissão para apenas ficar por perto, sem interferir e sem nem mesmo vê-la. Dr. Aloysio interditara Carmen completamente: não só ela não iria à rua como as visitas estariam proibidas por três semanas. O único parente com permissão para visitá-la seria Aurora e, mesmo assim, somente uma vez por dia e por alguns minutos. Carmen estaria em regime de vigilância hospitalar, com enfermeiras se revezando pelas 24 horas. Ele iria vê-la duas vezes por dia.

Carmen dormia o dia inteiro e acordava às sete da noite, para o desjejum. Era o ritmo a que estava habituada. O importante, para dr. Aloysio, era que fizesse isso sem remédios. Sua comida era uma dieta especial à base de sopas, cremes e legumes, mas um repasto de gourmets, preparado pelo chef do hotel, o francês Lucien Hittis. A comida saía dos fogões do Bife de Ouro (o principal restaurante do Copa e um dos mais disputados do Rio) e era transportada pelo peão de cozinha Mario, que a entregava ao sr. Rossini, maître do Anexo. Era maître Rossini quem levava as bandejas ao apartamento. Levava também os potinhos de sorvete e picolés de Chicabon e Jajá de coco que o jovem Bob Falkenburg, proprietário do Bob's e genro de Edmar Machado e Maria Sampaio, lhe mandava diariamente.

Havia sempre uma enfermeira com Carmen. Por sugestão de Octavio Guinle, proprietário do Copa, Carmen, numa emergência, seria também assistida pelo dr. Elysio Pinheiro Guimarães, médico a quem o hotel recorria quando havia algum problema com um hóspede. Exceto este, ninguém ali sabia direito o que ela tinha, e ninguém perguntava. Os repórteres, acampados no hotel, rondavam pela piscina e pelos corredores tentando sondar ou subornar os empregados, mas eles não estavam em condições de responder. Quando a entrevista coletiva marcada para o dia seguinte foi cancelada, as especulações sobre a saúde de Carmen dividiram-se entre os jornalistas. Para alguns, ela estava mesmo com uma doença maligna, talvez leucemia; para outros, que a tinham visto vibrante e vendendo saúde no aeroporto, era luxo só — queria esnobar a imprensa e não seria surpresa se, a qualquer momento, desfilasse de maiô pela pérgula, tomando um daiquiri pelo canudinho.

Para encerrar o assunto, dr. Aloysio desceu, chamou os repórteres ao Golden Room e, na condição de médico de Carmen, deu as informações. Não havia nenhuma doença fatal; Carmen sofria de esgotamento físico e nervoso, mas já estava melhor; e a coletiva seria marcada para breve. Pediu que acreditassem nele, e os rapazes da imprensa ficaram satisfeitos. Mas nem por isso arredaram pé do hotel. Daí a surpresa quando, dali a dois ou três dias, a edição de *O Cruzeiro* sobre a chegada de Carmen ao Rio saiu com uma reportagem de Arlindo Silva contando que penetrara sozinho no apartamento da estrela no Copa, poucas horas depois do desembarque.

Segundo ele, Carmen estava irreconhecível, sentada num sofá, vestida com um roupão felpudo e sempre a ponto de chorar. Não queria falar com *O Cruzeiro*. Continuava magoada com a revista por causa dos artigos de David Nasser, e não era só por isso.

"Você me desculpe, mas não estou em condições de dar entrevistas. Estou meio aérea por causa dos medicamentos", ela teria dito. Mostrou a mão que tremia. Um músculo contraiu-se em seu rosto. "Peço a você que espere mais alguns dias até eu melhorar."

O repórter contou que agradeceu e saiu. Toda a conversa durara quatro minutos.

No texto, Arlindo não explicou como conseguira penetrar no apartamento e juntar tanto material em quatro minutos. Nem poderia — porque esse encontro também não acontecera. Ninguém entrara no apartamento de Carmen. O público não precisava saber, mas era um procedimento comum entre alguns repórteres de *O Cruzeiro* — quando não tinham a informação, inventavam-na.

Mas, cerca de dez dias depois, o mesmo Arlindo, agora ao lado do fotógrafo Flavio Damm, realmente furou o bloqueio e entrevistou Carmen no apartamento. Para isso, usou de suas boas relações com um amigo que tinha em comum com Gabriel: o coronel-aviador José Vicente de Faria Lima. Este intercedeu por Arlindo junto a Gabriel. A fim de se passar por influente para uma figura graduada da Aeronáutica, Gabriel contrariou as recomendações de dr. Aloysio e pediu a Carmen que recebesse o repórter, usando o argumento de que *O Cruzeiro* iria "dar-lhe a palavra". Para não contrariar o cunhado, Carmen aceitou. Tomou banho, vestiu-se, maquiou-se e recebeu o repórter (para não criar problemas com o médico, a enfermeira foi discretamente removida).

Nas duas horas que passou ali, Arlindo constatou que os boatos de que Carmen estaria à morte não tinham fundamento. Ela posou satisfeita para as câmeras de Flavio Damm, vestindo calças justas que terminavam à altura do joelho e sentando-se com as pernas em cima da mesa. ("Belas pernas", observou Damm.) Não bebeu nem comeu nada. Estava lúcida, rápida e alegre. Mas, Damm notou que os olhos de Carmen estavam injetados e o rosto, inchado. Seu aspecto não era nada saudável. E não melhorou quando Arlindo, reabrindo velhas cicatrizes, começou a perguntar-lhe sobre a "vaia na Urca" em 1940, por que não fazia mais "papéis de brasileira" nos filmes, e por que "gesticulava tanto" com as mãos. Carmen deu as mesmas respostas que já dera dezenas de vezes: que nunca entendera o que acontecera na Urca, que o estúdio lhe impunha os papéis e que, sem a gesticulação, o público americano não conseguiria aceitá-la. Poderia ter acrescentado que, apesar disso, nunca o Brasil tivera uma brasileira como ela no exterior — tão fanática por ser brasileira.

Já que fora aberta uma exceção para O Cruzeiro, sua concorrente Manchete também quis uma entrevista. E, assim, dias depois, Carmen (com uma blusa listrada, em que se via uma estampa do coelho Pernalonga) recebeu o repórter Darwin Brandão. Nessa reportagem, Aurora, Cecilia e dona Maria já posavam, felizes, ao lado da irmã. Carmen continuava sem poder sair, mas, na impossibilidade de manter as três semanas de isolamento, dr. Aloysio liberou-a para receber visitas, desde que curtas e que, à meia-noite, todos fossem embora. Mas pode ser que, na prática, essa liberação já tivesse começado. Synval Silva tentara visitá-la e fora barrado pela proibição de visitas. Conformou-se e já ia embora quando, do próprio saguão, resolveu telefonar para o apartamento e comunicar a Carmen que estivera lá. Esta, ao saber de quem se tratava, foi ao telefone e o mandou subir.

"Mas está proibido, Carmen!"

"A proibição é para os outros. Não vale para você. Vamos, suba."

Com o sinal verde dado por dr. Aloysio, começou a peregrinação pela suíte 71, e um dos primeiros a ir vê-la foi Grande Othelo. Quando ele entrou, Carmen atirou-se aos seus braços:

"Othelo, meu querido!" Agarrou sua mão e não a soltou mais.

Othelo lhe levou de presente a parte original de piano de "Taí", ensebada e em frangalhos, uma verdadeira peça de colecionador. Levou-lhe também Pery, filho de Dalva e Herivelto, que, aos dezessete anos, estava prestes a se tornar o cantor Pery Ribeiro. Carmen não podia reconhecê-lo — na última vez em que o vira, ele tinha menos de dois anos e estava fazendo xixi em sua cama — e riu muito quando Pery lhe lembrou a história. Riu tanto que ficou ofegante e cansada, mas isso não a deteve. Ao saber que Aracy de Almeida também estava no Rio, vinda de São Paulo, Carmen mandou chamá-la, para que Aracy fosse atualizá-la com as últimas piadas e pornografias inventadas pelo povo. E, quando alguém estranhou uma saia godê bem juvenil que estava usando,

Carmen, em vez de explicar que fora algo que Aurora lhe comprara às pressas, porque ela trouxera pouca roupa para o Brasil, disparou:

"Estou vestida de cabaço!"

Outra visita que recebeu foi a de Carlinhos Niemeyer. Apenas nove anos antes eles tinham sido namorados, e o desejo de um pelo outro fora vertiginoso, impróprio para menores. De repente, o contraste ficara notável: aos 34 anos, Carlinhos estava no auge — alegre, vital, viril, uma estátua de bronze, na cor e na estrutura muscular —, ao passo que Carmen parecia ter mirrado e encolhido. E esta era uma constante: mesmo de boa-fé, muitos que a visitaram no Copa diriam depois que a acharam passada e envelhecida. Ninguém se dava conta de que Carmen, mais do que todos, sabia de seu estado. E, se aceitava expor-se para recebê-los, ainda que doente, era por saudade e por amor a eles.

Às vezes, ao aceitar uma visita para tal dia e hora, Carmen não podia prever como estaria se sentindo. Como na noite em que um velho companheiro, Caribé da Rocha, produtor do show *Fantasia e fantasias,* em cartaz no próprio hotel, propôs levar-lhe a estrela do espetáculo, a cantora Marlene. Carmen vibrou com a ideia — era fã de Marlene, tinha seus discos em Beverly Hills e gostaria de conhecê-la. Na noite seguinte Caribé subiu ao apartamento com Marlene e o marido desta, o ator Luiz Delfino. Carmen estava sentada num *sommier.* Marlene foi abraçá-la, mas Carmen não se levantou para recebê-la. Era como se estivesse em outra dimensão.

Durante todo o tempo, Carmen não disse uma palavra — limitou-se a espiar Marlene com o rabo do olho, como que a medindo, assustada. Nesse período, enquanto conversava com a visita, dona Maria serviu por duas vezes uma xícara de leite em pó a Carmen, que o tomou obedientemente. Uma hora depois, como Carmen não tivesse rompido o silêncio, Marlene fez menção de ir embora. Carmen, então, pôs a mão em seu ombro e começou a falar baixinho e com voz grossa. Disse que conhecia e adorava seus sucessos — citou "Lata d'água", "Esposa modelo", "E tome polca" — e que, se Marlene quisesse tentar os Estados Unidos, ela faria tudo para ajudá-la.

Marlene já ia saindo, feliz e realizada, quando Carmen a chamou num canto, com ar de confidência:

"Minha família não quer me ver na minha própria casa, na Urca. Por isso estou hospedada aqui."

Parecia uma conspiração de romance de Daphne du Maurier. Marlene não soube o que dizer, apenas escutou. A injustiça era tão flagrante — todos sabiam que Carmen estava no Copa por ordens médicas — que só podia ser fruto de um delírio. Diante do silêncio da outra, Carmen pode ter desistido dessa queixa, porque não parece tê-la repetido a mais ninguém.

Nessa mesma época, seu velho camarada de fuzarcas e patuscadas pelas madrugadas, Jonjoca, então ilustre vereador carioca, também foi vê-la no Copa. Carmen não o reconheceu. Jonjoca achou normal: todos mudamos com o tempo, não? — e, afinal, lá se iam mais de vinte anos. Mas, quando ele se identificou — "Carmen, é Jonjoca!" —, ela apenas olhou para ele com ar ausente, como se o nome lhe soasse tão remoto quanto a música das esferas:

"Jonjoca... Jonjoca..."

Jonjoca saiu dali arrasado. O que as pessoas — ou a própria Carmen — tinham feito da mulher que ele conhecera e fora sua paixão?

A ausência continuava. De sua janela no Anexo, na noite de 31 de dezembro, Carmen acompanhou as cerimônias de candomblé na praia em frente ao Copacabana Palace. Viu as velas acesas pelo pequeno grupo de fiéis e ouviu seus cânticos e tambores, mas não se animou a descer para assistir, como fizeram alguns hóspedes — nem tinha forças para isso. Pela manhã, as ondas levavam e traziam as flores deixadas para Iemanjá. Uma Carmen insone viu despertar o ano de 1955 — sem saber que teria uma eternidade para dormir nos réveillons seguintes.

Em meados de janeiro, como Carmen começasse a reagir de forma positiva à ausência de álcool e à quase completa retirada dos medicamentos, dr. Aloysio cumpriu a promessa e levou-a à prometida entrevista coletiva, que preferiu marcar na ABI. Foi um encontro de compadres: Carmen comportou-se bem, com graça, e os repórteres, mesmo percebendo sua instabilidade, foram carinhosos. Finalmente, depois de 48 dias internada no Copacabana Palace, dr. Aloysio deu-lhe permissão para sair e começou a promover o seu reingresso na vida social carioca, escoltada pelos seus amigos mais fiéis: os irmãos Roberto e Nelson Seabra.

A princípio, sem ir para muito longe. O primeiro percurso consistia em fazê-la deslocar-se até o apartamento do próprio médico, no edifício Solano, na avenida N. Sra. de Copacabana, em frente à praça do Lido, a dois quarteirões do hotel. Embora dr. Aloysio morasse tão perto, Roberto e Nelson não permitiam que Carmen fizesse o pequeno trecho a pé — revezavam-se levando-a de carro. Carmen chegava por volta das dez da noite e ficava até quatro ou cinco da manhã com os amigos que dr. Aloysio convidava a seu pedido: Pixinguinha, Orlando Silva, Linda e Dircinha Baptista, Elizeth Cardoso, Sylvio Caldas. A todos, Carmen pedia que cantassem. Estava fascinada por Elizeth, que só então conhecera (e que, com sua gesticulação contida, era a anti-Carmen), e continuava fã das irmãs Baptista. Mas seu favorito era Sylvio. Obrigava-o a cantar "Chão de estrelas" nove, dez vezes por noite, e se atirava ao seu pescoço:

"Está melhor hoje do que quando cantávamos juntos." E exclamava: "É o maior!".

Para ela, a música popular brasileira parecia outra em relação ao seu tempo. Pelo que ouvira, o samba estava abolerado e faziam-se menos marchinhas. Mas, também, onde estavam os grandes criadores? O próprio Sylvio passava mais tempo pescando e cozinhando para os amigos do que cantando. Ary Barroso dedicava-se a promover calouros e a combater o caititu, esquecendo-se de compor. Almirante não cantava mais, era produtor de rádio. Cesar Ladeira, por sua vez, deixara o rádio para ser produtor teatral. Mario Reis tornara-se alto funcionário da prefeitura. Gastão Formenti também não queria mais cantar, só pintar. Carlos Machado trocara sua falsa batuta de maestro, com a qual fingia reger a orquestra, pelo título de "rei da noite", produzindo grandes shows. Assis Valente quase não compunha, era só protético. André Filho, coitado, enlouquecera — diziam que, quando ficava eufórico, enfiava a cabeça no vaso e puxava a descarga. E Lamartine Babo, imagine, engordara e também compunha muito menos. O grande sucesso da temporada era o fox "Neurastênico":

> *Brrrmmm!*
> *Mas que nervoso estou!*
> *Brrrmmm! Sou neurastênico!*
> *Brrrmmm! Preciso me tratar*
> *Se não... eu vou pra Jacarepaguá!,*

de Betinho — salve ele, o filho de Josué de Barros! — e Nazareno de Brito. (A exemplo de Carmen, todos tinham mudado, embora, para os críticos, só a ela isso não fosse permitido.)

No apartamento de dr. Aloysio, falar dos velhos tempos fazia com que Carmen e seus amigos tivessem de novo vinte anos e, em alguns casos, vinte quilos a menos. Se pudesse, o médico ficaria acordado a noite toda, escutando-os. Mas, a uma certa hora, precisava recolher-se, porque tinha trabalho cedo no Servidores do Estado. Que ninguém fosse embora, no entanto — sua mulher, Dalila, continuaria fazendo sala a Carmen e às visitas.

Nas noites em que não ia para o apartamento do dr. Aloysio, e também não conseguia pegar no sono, Carmen metia um casaco de vison por cima da camisola e caminhava meio quarteirão pela avenida Atlântica até o tríplex de Carlos Machado defronte à lateral do Copa, na esquina da rua Rodolfo Dantas. Àquela hora, Machado estava trabalhando, mas Carmen ficara grande amiga de Gisela, mulher dele, e passavam a madrugada conversando. Para Gisela, habituada a só dormir de manhã, depois que seu marido chegava, a vigília era normal — Carmen até lhe fazia companhia. Durante as conversas, Carmen lhe falava de Dave Sebastian e de como era grata a ele "por ter se casado com ela" — e que, por isso, "jamais se separaria".

Gisela achava aquilo uma loucura. Suas amigas viviam se casando, divorciando e se casando de novo (no Uruguai, onde existia o divórcio), e eram felizes. Devia haver outros motivos, além da gratidão, para uma mulher continuar casada, achava Gisela — principalmente ela, que "era Carmen Miranda!". Mas, quando tentava argumentar com Carmen, esta mudava de assunto.

Foi pelas mãos de Gisela e Carlos Machado, e na companhia de Aurora, Gabriel e dos irmãos Seabra, que Carmen fez sua primeira aparição pública: no Sacha's, a boate de Machado e do pianista Sacha Rubin, o mais novo endereço da noite carioca, no Leme. Enquanto lá fora, de dia ou de noite, o Rio se derretia molemente ao verão, o Sacha's se orgulhava de sua temperatura de dezessete graus em todos os ambientes, inclusive na barbearia, que, como a boate, ficava aberta das sete da noite às sete da manhã. A música era de primeira, com o próprio Sacha ao piano, Cipó ao sax-tenor, Szigetti ao contrabaixo e Dom-Um à bateria, tendo como crooner Murilinho de Almeida. Eram especialistas em Cole Porter, mas, às vezes, se aventuravam num samba. Naquela noite, ao jantar, Machado reservou para Carmen seu menu especial: caviar Astrakan, *langouste flambée* e *dindoneau au marron glacé* — quando, quem sabe, se tivesse sido consultada, ela preferisse um camarão ensopadinho com chuchu. E Carmen tomou champanhe Dom Pérignon, rompendo uma abstinência de semanas, se é que isso já não teria acontecido antes, nas longas madrugadas com Gisela.

Dias depois, eles a levaram à boate Casablanca, outro domínio de Machado, na Praia Vermelha. Ali ele apresentava seu show *Este Rio moleque*, com Grande Othelo, Nancy Wanderley e grande elenco. Em meio ao espetáculo, Carmen foi anunciada no recinto. O elenco todo, acompanhado pela plateia, começou a cantar "Taí". Carmen teve de subir ao palco (amparada por Machado) e chorou de ensopar um lenço que Othelo lhe passou.

A todo espetáculo que comparecia, elenco e plateia se levantavam para aplaudi-la e obrigá-la a subir ao palco. Aconteceu de novo no próprio Copa, ao assistir a *Fantasia e fantasias* no Golden Room. Marlene já não era a estrela do espetáculo, substituída por Doris Monteiro. Mas Carmen subiu ao palco sob tremenda ovação e disse para Doris — não se sabe por quê, em inglês:

"*You are wonderful!*" (Você é maravilhosa!)

No Teatro Serrador, na Cinelândia, foi assistir à peça *Adorei milhões*, uma comédia de Cesar Ladeira e Haroldo Barbosa, estrelada por Renata Fronzi. Ao fim do espetáculo, Cesar e Renata lhe ofereceram um jantar em seu apartamento na avenida N. Sra. de Copacabana. Para uma plateia de amigos, todos sentados, Carmen era a única de pé, no meio da sala, contando piadas, fazendo imitações, divertindo os convidados e se divertindo ainda mais. Estava de novo em seu ambiente — em seu país, sua cidade, sua língua — e se esbaldando. A certa altura, cansou-se de representar. Tirou as plataformas, atirou-se a um sofá com as pernas sobre o colo de um rapaz, e pediu que ele lhe massageasse os pés. O jovem, maravilhado pela deferência, lhe foi apresentado como Carlos Manga, um diretor de filmes musicais na Atlântida.

"Quem sabe você ainda não vai dirigir um filme sobre a minha vida?", arriscou Carmen.

A quem lhe perguntava como estava sendo sua temporada no Rio, ela respondia:

"Menino, tem sido aquela água!"

E estava sendo mesmo, em mais de um sentido.

A convite de Bibi Ferreira, Carmen foi ao Teatro Dulcina, na Cinelândia, para ver a direção de Bibi de *A raposa e as uvas*, de Guilherme Figueiredo, com Sergio Cardoso. No intervalo, Bibi foi à frisa de Carmen para lhe mostrar sua filha Thereza Cristina, de apenas cinco meses. Ao saber que Carmen estava disponível, as companhias teatrais passaram a convidá-la a seus espetáculos e, caso ela aceitasse, a proclamar sua presença no dia xis, hora tal.

Os anúncios nos jornais diziam: "Carmen Miranda estará sexta-feira, às 22 horas, no Teatro Recreio para assistir [à revista] *Eu quero é me badalar*". Ou: "Carmen Miranda assistirá amanhã, dia 10, à grandiosa revista carnavalesca *Momo no frevo*, na elegante boîte [boate] Night and Day, onde será homenageada por todo o elenco". Era o que bastava para lotar uma sessão. Nos Estados Unidos, esse tipo de *apoio* podia custar uma fortuna, mas, nos dois casos, Carmen estava sendo apenas gentil com amigos: o Recreio era arrendado pelo produtor Walter Pinto, cujo pai, Manuel Pinto, se dera com Carmen no passado, e o Night and Day também apresentava shows de Carlos Machado. Aproveitando-se disso, houve quem anunciasse sua presença em espetáculos de que ela nunca ouvira falar e a que não tinha a menor intenção de comparecer.

A grande noite de Carmen, no entanto, seria no Vogue, a principal boate da cidade, em fins de janeiro. Era uma visita esperada por *le tout Rio* — o Rio "que contava". Embora ela já tivesse ido a vários lugares e até mesmo ao Sacha's, seu maior concorrente, era como se a estada de Carmen no Rio só começasse para valer depois de sua passagem pelo Vogue — como se fosse uma crisma, um *début*. O proprietário do Vogue, o barão austríaco Max von Stuckart, armou todo um esquema para recebê-la. Pouco antes da uma da manhã, Carmen, usando um tomara que caia branco, foi apanhada no Copa por Aurora e Gabriel, Roberto Seabra e a socialite Sarita Coelho. Entrou no carro e rumaram para o Leme. Era a realeza chegando — o trânsito de Copacabana parecendo se abrir sozinho para a passagem da comitiva. Sob o toldo do Vogue, na avenida Princesa Isabel, Carmen foi recebida por Ary Barroso, o casal Glorinha e Waldemar Schiller, o barão Von Stuckart e uma chusma de repórteres, fotógrafos e cinegrafistas.

Dentro da boate, sentiu-se que havia uma agitação lá fora. O porteiro Adolfo abriu a porta e Carmen entrou, de braço com Ary. Todo o Vogue se levantou para aplaudi-la. A orquestra atacou "Taí". Carmen acenou, jogou beijos e começou o percurso em direção à sua mesa. A distância não era grande, mas o Vogue estava lotado, com gente até no chão. A cada metro, era quase sufocada de amor: as pessoas queriam tocá-la, beijar-lhe as mãos ou, simplesmente, que ela retribuísse um olhar ou sorriso com outro sorriso ou olhar. No caminho, Ary apresentou-lhe o compositor e cronista das madrugadas Antonio Maria. Os dois nunca se tinham visto, mas Carmen sabia quem ele era e que a venerava. Jogaram-se um para o outro e o abraço dos dois — Maria, gargantuesco; ela, mínima — resultou numa foto famosa.

Carmen finalmente chegou à mesa, onde a esperavam garrafinhas de guaraná Caçula e um litro de Ballantine's. Os amigos se revezavam nas cadeiras ao lado da sua. No palco, Sylvio Caldas e Angela Maria, titulares da casa naquela temporada (substituindo atrações internacionais como Maurice Chevalier e Patachou), cantaram para Carmen. Aurora foi chamada e mandou "Cidade maravilhosa", acompanhada por toda a boate. Sylvio subiu de novo, começou a cantar "Taí" e chamou Carmen, no que foi secundado por mais de duzentas bocas. Carmen, titubeante, foi levada por Ary ao microfone. Ficou em silêncio por alguns instantes, como que tentando se lembrar — a orquestra, em silêncio, estática, parada no compasso em que Sylvio a deixara —, e finalmente retomou a música. A orquestra a seguiu e Carmen cantou a letra inteira, com dengo e vigor, como nos grandes tempos. Na primeira vez em que hipnotizara uma plateia com "Taí", tinha acabado de fazer vinte aninhos. Por aqueles dias, iria completar 46.

Nas horas seguintes, enquanto a noite se tornava uma grande balzaca, como então se dizia, os homens mais elegantes e poderosos do Brasil vieram tirá-la para dançar. Ali, ela era Carmen Miranda — não a filha do barbeiro e da lavadeira —, e cada enlace era uma redenção. Horas depois, quando abriram a porta, já era de manhã e um raio de sol entrou pelo Vogue, reduzindo a pó os últimos vampiros. Mas Carmen já tinha partido *en beauté*, levada por Roberto Seabra. No dia seguinte, Antonio Maria diria em sua coluna, na *Ultima Hora*, que aquela fora a maior noite do Rio em vinte anos de boemia.

Exceto por seu aniversário, que passara na casa da Urca cercada pelos familiares, Carmen já se entregara francamente à vida da cidade. Foi a convidada de honra de todos os grandes bailes pré-carnavalescos: o do Rei Momo, no Teatro João Caetano; o da coroação da Rainha do Rádio, que foi a cantora Vera Lucia, no mesmo João Caetano; e o dos Artistas, no Hotel Glória, em que Assis Valente lhe ofereceu uma dúzia de rosas. Estava alerta, elétrica e articulada. Compareceu até ao Carnaval da Associação dos Funcionários da Caixa Econômica. Os convites partiam de todos os lados e ela não chegava para as encomendas.

Um convite que aceitou correndo foi para visitar Dalva de Oliveira em sua casa em Jacarepaguá. As duas tinham sido vizinhas na Urca. Carmen era oito anos mais velha do que Dalva, mas tinha-lhe grande respeito, não apenas como cantora, mas por Dalva ter sido sempre casada. Isto é — até separar-se de Herivelto Martins e sofrer a campanha mais infame que uma mulher já suportou. Não se sabe o que conversaram, mas, se Carmen foi visitar Dalva, e não Herivelto, de quem também era amiga, pode-se imaginar para quem torcia. E o exemplo de Dalva talvez lhe fosse inspirador. Não apenas ela não se deixara destruir, mas estava mais por cima do que nunca, com dois sucessos que lhe tinham sido dados por Vicente Paiva, ex-compositor de Carmen: os sambas-canções "Olhos verdes" e "Ave Maria".

Na sua tentativa de espantar os maus fluidos, Carmen não desprezou nenhum tipo de ajuda. Por intermédio de uma amiga da família, por acaso sua xará, foi visitada diversas vezes no Copa por uma médium kardecista, dona Chiquita Fraenkel, do centro espírita Casa do Coração, na rua Nascimento Silva, em Ipanema. Apesar de tão católica, Carmen viu ali algo que a interessou porque, seguindo outra indicação, teria ido também a uma sessão do Grupo Amor e Caridade, na rua do Bispo, no Rio Comprido, onde recebeu passes, preces e veementes conselhos para trabalhar menos. Ao voltar para Los Angeles, escreveu a dona Filó, responsável pelo centro, agradecendo por tudo e prometendo voltar ao Rio assim que seus compromissos "permitissem" (ou seja, já desacatando os conselhos dos espíritos e trabalhando mais do que devia).

Na noite de 12 de fevereiro, um sábado, Carmen foi com Gabriel e Cecilia (Aurora não pôde ir) a um coquetel na casa de Eurico Serzedelo Machado, amigo de Gabriel, no Jardim Botânico. O outro casal presente era Hilma e Fernando Sá. Em meio à reunião, um deles se lembrou de que, dali a pouco, no Maracanã, jogavam Flamengo e Vasco, numa partida que poderia decidir o campeonato carioca (de 1954, que, como era comum na época, atravessara o ano) — uma vitória do Vasco impediria a conquista do título pelo Flamengo com uma rodada de antecedência. De improviso, rumaram para o estádio, no carro de Fernando Sá, e foram direto para a Tribuna de Honra. Quando chegaram, o jogo já ia pelos vinte minutos do primeiro tempo e o Vasco vencia por 1 a 0, gol de Ademir. Na tribuna, Gabriel, Cecilia, Eurico, Hilma e Fernando, todos vascaínos, pularam de contentamento.

Carmen, maravilhada com o Maracanã — que não conhecia —, concordou: "É, o futebol mexe mesmo com a gente."

Mas, aos 39 minutos, Índio empatou para o Flamengo e foi a vez de Carmen dar um pulo na cadeira. Gabriel, aborrecido, a repreendeu:

"Carmen, isso é uma descortesia. Nossos anfitriões são Vasco, todos aqui somos Vasco. Você não tem esse direito."

"Ah, meu filho", respondeu Carmen, "Flamengo, futebol, samba, Carnaval, é tudo a mesma coisa."

Aos 22 minutos do segundo tempo, Paulinho fez 2 a 1 para o Flamengo. Ao sentir a direção do vento — a Charanga rubro-negra, comandada por Jaime de Carvalho, inflamava as arquibancadas com seus sambas e marchinhas, e Carmen só faltava juntar-se a ela —, Gabriel comandou a retirada. Carmen acompanhou-os a contragosto, mas, de volta à Zona Sul, ouviu pelo rádio do carro o fim do jogo com a vitória do Flamengo por aquele placar, representando a conquista do bicampeonato carioca.

A entrega das faixas seria no domingo seguinte, 20 de fevereiro, em pleno Carnaval, num jogo contra o vice-campeão, o Bangu, no Maracanã. Como madrinhas, no centro do gramado, o Flamengo teria duas estrelas de Hollywood vindas do Festival de Cinema de Punta del Este e recém-chegadas ao Rio: Ginger Rogers e Elaine Stewart. Vestidas de baianas estilizadas, elas enfaixaram o caboclo Índio, o paraguaio Benitez, o negro Rubens, os brancos Evaristo e Zagallo e outros heróis daquela conquista. A rubro-negra Carmen Miranda, também de Hollywood e pioneira das baianas, igualmente poderia estar ali. Mas não estava nem no Rio.

Estava em Petrópolis, no Hotel Quitandinha — não hospedada, mas internada. Dr. Aloysio se assustara com o furor de suas atividades na noite carioca e achara melhor tirá-la de cena no Carnaval.

Na noite em que foi ver *Momo no frevo*, Carmen jantou no Night and Day com Bibi Ferreira, o produtor teatral Walter Pinto e a milionária Beki Klabin. Ao contrário da outra noite no Dulcina, em que Carmen estava sóbria e linda, Bibi se decepcionou ao vê-la de pilequinho, brandindo um anel de brilhantes que lhe teria sido dado por Dave Sebastian e repetindo, exultante:

"Foi ele que me deu! Ele! Ele que me deu!" — como se fosse incomum um marido presentear a mulher com um anel com o seu próprio dinheiro (supunha-se), não com o dela.

Diante dos amigos, Carmen não conseguia chegar a um acordo sobre Sebastian. Ora se vangloriava em voz alta de ser sua mulher, ora se abraçava a alguém e chorava as mágoas por ser casada com ele. Depois de tantos relatos desencontrados, o colunista social Ibrahim Sued, em *O Globo*, perguntou-lhe no Vogue se estava divorciada.

Carmen deu um pulo:

"Não!" E prosseguiu: "Meu marido é um amor. Alto, louro, 43 anos, uma pintura!".

Sebastian podia ser um amor, mas não era alto, nem louro, nem tinha 43 anos. Era baixo, grisalho e tinha 46. O mesmo esforço que às vezes fazia para retratá-lo como um homem atraente (quem sabe um misto de Kirk Douglas com Burt Lancaster), Carmen tinha de fazer para impedir que seus amigos brasileiros vissem nele um *kept man*, teúdo e manteúdo por ela — daí a história do anel de brilhantes.

Dias depois, durante uma feijoada que lhe foi oferecida por dona Neném, mãe de Linda e Dircinha Baptista, em seu apartamento na rua Barata Ribeiro, Carmen, sentada no chão, enrodilhou-se à perna do cantor e radialista Paulo Tapajós e, entre incontáveis caipirinhas, passou a tarde e a noite acusando Sebastian de "massacrá-la".

Por algum motivo, sempre que seu marido estava em pauta, Carmen parecia um pouco ou muito embriagada. E então, sempre por causa dele, decidia estender sua aversão a outros americanos. Quando Caribé da Rocha lhe disse que levaria os artistas vindos de Punta del Este — Ginger Rogers, Elaine Stewart, Van Heflin, Walter Pidgeon, a superitaliana Silvana Pampanini e outros, todos hospedados no Copa — para assistir a *Fantasia e fantasias*, Carmen, com a voz arrastada, comentou:

"Isso mesmo, Caribé. É para mostrar a esses gringos filhos da puta que aqui também se fazem shows muito bons!"

Dr. Aloysio soube de vários deslizes de Carmen e ficou preocupado com o resultado do tratamento. Precisava tirá-la do Rio por uns tempos e, de preferência, durante o Carnaval, época propícia a tentações. Por coincidência, e por intermédio de Oscar Ornstein, Joaquim Rolla ofereceu-lhes dois apartamentos no Quitandinha, seu fabuloso hotel em Petrópolis: um para Carmen (a suíte presidencial), outro para ele e sua mulher, Dalila. Não houve nem discussão: dr. Aloysio aceitou imediatamente. Providenciou as enfermeiras, pegaram Carmen, que não teve direito a opinar, e subiram a serra.

Nos anos 40, Joaquim Rolla cansara-se de ser dono apenas do Cassino da Urca, do Cassino Icaraí e de outros em cidades menores. Queria construir um complexo turístico de causar inveja a Monte Carlo e deixar no chinelo as shangaíces de Las Vegas. De 1942 a 1944, ele fez subir o hotel-cassino Quitandinha, com quinhentos apartamentos de luxo e um cassino maior que a Basílica de São Pedro. A obra envolveu 52 arquitetos diferentes e uma decoradora com poderes ditatoriais: a americana Dorothy Draper, que se apaixonou pelo barroco tropical brasileiro e pelas ondas das calçadas de Copacabana, e *vestiu* todos os aposentos de acordo. O Quitandinha, inaugurado em 1944, custara a Rolla 10 milhões de dólares (dólares de 1944!), mas ficara como ele sonhara. Pois esse sonho apenas começava a se pagar com os lucros do cassino quando, em 1946, o governo Dutra proibiu o jogo no Brasil. Isso despojou Rolla de todos os seus cassinos e o deixou com um hotel impossível de se sustentar.

Outro empresário talvez tivesse se matado. Mas Rolla foi em frente com o que lhe sobrara — suas enormes fazendas de gado — e manteve o Quitandinha como hotel. Tanto que podia convidar Carmen a passar uns dias na sua (sempre vazia) suíte presidencial.

Os garçons do Quitandinha foram proibidos de servir bebidas alcoólicas a Carmen. Mas, por ter retomado o consumo nas últimas semanas, a cabeça de Carmen já não era suficiente para suportar a interdição — seu organismo é que exigia permanente reposição. Carmen viu uma saída ao encontrar Marlene, a cantora, no Salão Azul do Quitandinha. Marlene tinha casa em Petrópolis e gostava de passear pelo hotel.

Carmen a reconheceu e foi abraçá-la.

"Marlene, estou louca por um uísque", disse. "Mas o meu médico está aqui e fica me controlando. Me faz um favor? Vá ao bar e peça um uísque pra você."

"Mas, Carmen, eu não bebo!", defendeu-se Marlene.

"Não interessa. Você pede o uísque, eu vou para o toalete e você me encontra lá com o copo."

E, antes que Marlene dissesse qualquer coisa, Carmen rumou para o toalete.

Marlene ia pedir o uísque quando um homem se aproximou e disse:

"Marlene, eu sou o médico da Carmen. Eu sei o que ela te pediu. Carmen está em tratamento e não pode beber. Por favor, não lhe dê uísque."

"Mas o que eu vou fazer?"

"Não faça nada", disse dr. Aloysio. "Ela sabe que não pode beber."

Desconcertada, e sem coragem para encarar Carmen quando ela voltasse, Marlene preferiu ir embora.

Carmen deixou-se deprimir pela ausência continuada de bebida e isolou-se na suíte. Nas poucas vezes em que saiu, foi reconhecida, mas sempre longe de suas melhores condições. Isso foi constatado no Quitandinha por dois jovens (respectivamente, os futuros radialista e teatrólogo), Nelson Tolipan e Aurimar Rocha, seus grandes fãs. Eles a encontraram no saguão e puxaram conversa com ela. Mas Carmen estava perdida, distante — não parecia ouvir ou entender o que diziam.

Na Quarta-Feira de Cinzas, dr. Aloysio teve de descer para o Rio, a fim de cuidar de sua clínica, e deixou Carmen a cargo de Dalila. Sob sua vigilância, a dieta alcoólica continuou sendo cumprida pelos quinze dias seguintes, inclusive nas idas de Carmen à casa de Dircinha Baptista em Petrópolis. Mas, numa rara ocasião em que Dalila se distraiu, Carmen escapou para um jantar em sua homenagem oferecido por uma amiga de velhos tempos do Rio, Malvina Dolabela, também com casa em Petrópolis. A esse jantar estavam presentes três rapazes da sociedade local, Vicentinho Saboya, Miguel Couto Filho e Julinho Rego, todos com dezoito anos. Carmen sentou-se no chão para ouvir Vicentinho cantar serestas de Sylvio Caldas e Orestes Barbosa e tomou doses e mais doses de White Horse — uma atrás da outra, para estupor do quase abstêmio Julinho. A Carmen que, horas depois, eles transportaram no Cadillac branco de Miguel e depositaram no Quitandinha estava quase inconsciente.

Outro que, sem saber, contribuiu para Carmen burlar a vigilância de Dalila foi seu ex-namorado Mario Cunha, por coincidência também hospedado no Quitandinha. A última vez que tinham se visto fora em 1940, quando Carmen, em sua primeira chegada triunfal ao Rio, vindo de carro aberto pela avenida Beira-Mar, emparelhara casualmente com o carro dele, também um conversível. Saudaram-se animadamente aos gritos, mas não se falaram mais. Anos depois, Mario Cunha fora a Nova York e, sabendo que Carmen estava na cidade, evitara-a de propósito. Ele nunca se casara e, a rigor, sua vida não mudara: continuava consistindo de mulheres, carros e motos. Já passado dos cinquenta, ainda era um homem bem-apanhado — pena que não pudesse dizer o mesmo de Carmen. Encontraram-se algumas vezes no bar do hotel e, em todas, ela bebeu e ele, não.

Dalila levou Carmen de volta ao Rio. Dr. Aloysio estava convencido de que Carmen deveria continuar recolhida por mais tempo, longe de atividades sociais. Os irmãos Seabra a convidaram para seu Haras Guanabara, perto de Bananal, em São Paulo: um paraíso de milhões de dólares para os cavalos do lendário Stud Seabra, em que até o fardamento dos jóqueis era mandado fazer no Hermès, em Paris — os de Roberto, em branco, cruz de Santo André e boné vermelhos; os de Nelson, em preto, cruz de Santo André e boné também vermelhos. Ali, dormindo e acordando cedo, cercada de puros-sangues e do cheiro de estrume e de grama pisada, Carmen só poderia melhorar.

Pouco antes de partirem, Aurora descobriu tranquilizantes na bolsa de Carmen. Tirou-os e jogou-os fora, mas isso significava que, na volta do Quitandinha, ou talvez lá mesmo, em Petrópolis, sua irmã conseguira comprá-los e os vinha tomando em segredo.

Carmen só deu pela falta dos remédios ao chegar a Bananal. Protestou desesperada para outra hóspede de Roberto, Ruth Almeida Prado:

"Eles sabem que os artistas não gostam de dormir cedo e que tomam remédio para dormir. Por que querem me fazer parar de tomar?"

Carmen sabia muito bem a resposta. Era só uma tentativa de manipular Ruth, mas esta não se deixou tapear. Ao contrário, fazia companhia a Carmen dia e noite, mesmo quando ela ficava três noites sem dormir — e Ruth, desabituada a isso, quase dormia em pé. Por acaso, Carmen descobriu que Ruth era grande amiga de Carlos Alberto da Rocha Faria e não lhe deu mais sossego — quando voltassem ao Rio, queria vê-lo de qualquer maneira, mesmo sabendo que continuava casado com a francesa.

Uma semana depois, no Rio, Ruth promoveu o encontro em seu apartamento em Copacabana. Assim como com Mario Cunha, Carmen e Carlos Alberto não se viam desde 1940. Previamente instruído por Ruth, ele foi impecável. Beijou Carmen no rosto e lhe disse como ela estava bonita — como se nem um dia se tivesse passado desde a última vez.

Ibrahim Sued notou que, em sua temporada carioca, Carmen podia ser vista por toda parte dançando de rosto colado com Roberto Seabra, e fez uma insinuação com reticências em *O Globo*. Não era o primeiro a ligar os dois romanticamente. E Ibrahim saberia que, no último aniversário de Carmen, Roberto a presenteara com uma pulseira de ouro que lhe dera voltas ao braço e ainda ficara pendurada? E que Carmen fora visitar as fábricas de tecidos dos Seabra, a Nova América e a Guanabara, e posara para fotos que poderiam ser usadas em anúncios? Talvez. Mas, de concreto, não havia nada ali — apenas a amizade de décadas que a ligava a Roberto e a Nelson. Carmen os via como irmãos. É possível que Roberto nunca tivesse deixado de alimentar algumas esperanças a mais. É certo também que, se Carmen tivesse retribuído essas esperanças, a história teria sido muito diferente. Com direito, quem sabe, até a um final feliz.

No dia da volta para os Estados Unidos, 1º de abril, foi Roberto, fiel e presente até o fim, quem levou Carmen e dona Maria em seu carro para o Galeão. Mas elas não chegaram a embarcar. Por um problema no avião, o voo foi cancelado, sem previsão de data.

"Oba! Mais um dia no Rio!", gritou Carmen, que já estava partindo com relutância.

Voltaram para a Zona Sul e, finalmente, Carmen foi hospedar-se na casa da Urca. O voo foi remarcado para o dia 4. Até lá, durante três dias, cercada por sua mãe e irmãs e com a baía de Guanabara a seus pés, pôde dedicar-se a ser de novo criança.

30 | 1955
Última batucada

Carmen estava com amigos no bar do cassino New Frontier, em Las Vegas, depois de terminar seu último show. Acabara de ganhar flores do proprietário do cassino quando um clarão sem tamanho iluminou o deserto à sua volta e entrou por um janelão. Por longos e dolorosos segundos, a noite lá fora ficou dia. Ao longe, viu-se um buquê de fumaça. E, ao mesmo tempo, ribombou um trovão como que produzido pelo próprio Júpiter, sem intermediários.

Não era o dia que amanhecia com fanfarras — no caso, o dia 5 de maio de 1955, às três horas da manhã —, mas uma bomba atômica que explodia: a Apple II, de 29 quilotons, uma das dezenas de experiências nucleares que os Estados Unidos vinham fazendo no Nevada Test Site, no meio do deserto, a apenas cem quilômetros de Las Vegas. Os nativos, assim como os iguanas, já nem se abalavam. Mas, para quem nunca tinha visto e não estava esperando por aquilo, era formidável e assustador. (E pouco ainda se sabia sobre os efeitos da radiação.)

Entre os amigos ao lado de Carmen no momento da explosão estava o diplomata Victorino Viana de Carvalho — ou Marcos André, como estava se assinando como cronista em *O Globo* —, recém-chegado ao consulado de São Francisco, vindo de anos em Hong Kong. Carmen estava lhe contando de como acabara de voltar do Rio, onde passara 122 dias; de como adorara Elizeth Cardoso e Angela Maria, grandes cantoras, e admirara a elegância de Leda Galliez, Tereza Souza Campos e Carmen Terezinha Solbiati (futura Carmen Mayrink Veiga); e de como, se soubesse que seria aquela maravilha, não teria ficado tanto tempo sem ir lá. Tratara-se com um médico, dr. Aloysio Salles da Fonseca, que se dedicara a ela por quatro meses seguidos e, ao se despedir, quando ela lhe perguntara quanto lhe devia, ele respondera:

"Nada, Carmen. Sua amizade é meu pagamento."

Victorino ouviu aquilo vivamente impressionado. Carmen apenas se esqueceu de contar que, para lhe dar alta e permitir que voltasse para os Estados Unidos, dr. Aloysio tivera uma longa conversa com ela, em que lhe ordenara ficar longe dos soníferos e dos estimulantes, evitar beber álcool e, definitivamente, não retomar o trabalho antes de três meses. Autorizou-a também a lhe telefonar todos os dias, se precisasse.

Mas, assim que pôs os pés em Beverly Hills, Carmen desobedeceu, uma a uma, às ordens de dr. Aloysio. Voltou aos poucos ao uísque e aos remédios, só telefonou para o médico uma vez, e não esperou os três meses para retomar a rotina de shows, viagens e noitadas. Não esperou nem três semanas. Em fins de abril, já estava ali em Las Vegas, para uma temporada de quatro semanas inaugurando o New Frontier, o novo cassino de Herman Hover, seu ex-vizinho em North Bedford Drive e ex-proprietário do Ciro's.

O artista originalmente contratado para a inauguração fora o tenor da MGM, Mario Lanza, famoso pelo filme *O grande Caruso* (*The Great Caruso*, 1951) e famoso também por encher a cara, engordar 25 quilos de uma sentada, não tomar banho e faltar a compromissos com contratos assinados. Fez isso no New Frontier — não apareceu para trabalhar — e o cassino teve de adiar a inauguração. E então Hover chamou Carmen, a profissional perfeita, que jamais deixaria um empresário na mão, mesmo que, para isso, tivesse de morrer no palco e ser ressuscitada no camarim.

Foi mais ou menos o que aconteceu numa das últimas semanas no New Frontier, quando, no primeiro show da noite, começando por volta das nove e meia, Carmen caiu de joelhos no palco ao dançar. Segundo Aloysio de Oliveira, ao seu lado naquele momento, não fora um escorregão provocado pelas plataformas, mas uma "queda em vertical", como uma implosão. Aloysio, Harry, Lulu e Orlando ficaram paralisados por um segundo. Ela pediu ajuda e eles a levantaram sorrindo, como se aquilo acontecesse todo dia e fizesse parte do show. Carmen retomou o pique, dançou e cantou até o final. Depois, disse a eles que sentira "fraqueza e falta de ar". Mas, então, corrigiu-se e alegou que apenas perdera o equilíbrio. Repousou no camarim e, à uma da manhã, estava firme para o segundo show — como sempre.

Nada fazia prever um incidente como aquele porque, aparentemente, Carmen voltara bem-disposta do Brasil. O álbum de recortes, com as reportagens sobre sua estada no Rio, mostrava-a esbanjando felicidade, ao lado de pessoas que não via fazia muito tempo ou que acabara de conhecer. E, mais do que nunca, Carmen trouxera o Brasil com ela. Dias depois, na mesma semana da chegada, era Sábado de Aleluia e, com os rapazes do Bando reforçados por Zezinho, Nestor e Gringo, promovera uma batucada em sua casa até as quatro da manhã. Um dos presentes fora o novo cônsul em Los Angeles, Roberto Campos. Na semana seguinte, Cauby Peixoto, um jovem cantor brasileiro tentando carreira nos Estados Unidos, também iria visitá-la. E, com dona Maria, ela fora ao Mocambo para ouvir de novo uma cantora portuguesa que conhecera no Rio: Amalia Rodrigues. Convidou-a a esticar em North Bedford Drive depois do show e podem ter cantado juntas.

Carmen só voltara para os Estados Unidos porque Sebastian não parava de telefonar-lhe para o Copacabana Palace. Estavam habituados a ficar separados — Carmen quase sempre viajava a trabalho sem ele —, mas não por tanto tempo. Em janeiro, ele lhe dissera que iria encontrá-la no Rio e voltariam juntos. Mas, ou porque Carmen o tivesse proibido ou porque a ideia talvez não passasse de ameaça, ele não chegou a ir. Carmen foi ficando — fevereiro e março se passaram — e os telefonemas continuaram:

"Você precisa voltar, *honey*!"

Sebastian dizia que os empresários não queriam mais esperar por ela. Vários compromissos tinham sido perdidos ou cancelados durante sua ausência e outros esperavam uma definição. Dois desses convites eram para filmes da MGM, ambos em Cinemascope. O primeiro era um musical a ser dirigido por Busby Berkeley — e Berkeley efetivamente escrevera para Carmen no Rio. (Ela respondera dizendo que conversaria com ele em Hollywood; mas, ao chegar, descobriu que Busby estava queimado na MGM; portanto, esse convite não valia.) O outro filme, a ser produzido por Joe Pasternak, seria uma aparição em *Viva Las Vegas* (*Meet Me in Las Vegas*), com Dan Dailey e Cyd Charisse, a ser rodado em fins de 1955 — que Carmen não teria tempo de cumprir e, em seu lugar, Pasternak usaria Liliane Montevecchi.

Havia também uma proposta da televisão a ser estudada com carinho: uma série de programas semanais de meia hora, estilo *I Love Lucy*, estrelando Carmen e Dennis O'Keefe (com quem ela fizera em 1945 o lamentável *Sonhos de estrela*). Carmen seria uma cantora "latina" que abandonou a carreira para cuidar do marido, um marinheiro de volta da Guerra da Coreia. Dito assim, não parecia grande coisa, mas uma série envolvendo uma dona de casa americana e um cubano tocador de bongô também não cheirava à oitava maravilha — e ninguém perdia um programa de Lucille Ball e Desi Arnaz. Dependia dos roteiristas, do elenco e, claro, do dinheiro para a produção. E dinheiro para a televisão é que não faltava.

Enquanto Hollywood raspava o tacho com suas magras bilheterias e com o dinheiro tomado a juros em Nova York, a televisão tinha de segurar os patrocinadores — General Motors, General Electric, Texaco, Philco, American Tobacco — que quase arrombavam suas portas oferecendo-lhe milhões de dólares. Com isso, o impossível acontecera: a frequência ao cinema nos Estados Unidos caíra para 46 milhões de espectadores por semana e já havia mais gente assistindo à televisão do que indo ao cinema. Era fácil ver para onde apontava a carreira de Carmen. Entrementes, em agosto, ela participaria mais uma vez de *The Jimmy Durante Show*, na NBC.

E havia as propostas para shows. Além do compromisso no New Frontier, Sebastian fechara outro contrato na sua ausência: duas semanas na boate Tropicana, em Havana, na segunda quinzena de julho. A William Morris também acenava com uma longa temporada em Hong Kong e no Japão. O mundo era seu palco, e ela podia se apresentar onde quisesse — ditando o cachê. Mas era tarde. Carmen já não se sentia com ânimo para continuar viajando e entrando no palco duas ou três vezes por noite, noite após noite, e, em todas elas, cantando "Mamãe, eu quero". (Aloysio de Oliveira calculara que, até então, em seus mais de quinze anos nos Estados Unidos, Carmen cantara "Mamãe, eu quero" cerca de 4 mil vezes — um número razoável se se considerar que, exceto de 1941 a 1945, quando os filmes ocuparam o seu tempo, Carmen mantivera uma média de trezentos shows por ano. E, *em todos*, tivera de cantar "Mamãe, eu quero".) E não era só o cansaço de viajar. A ida ao Brasil deixara uma dúvida em seu espírito — sobre se devia continuar trabalhando nos Estados Unidos ou voltar para seu país, ir morar em Petrópolis, desacelerar o ritmo, viver melhor. Ela sabia que não era uma decisão fácil. Envolvia, entre outras coisas, seu casamento — aquele que ela nunca deixaria ser destruído.

O dr. Marxer a submetera a um eletrocardiograma, não se sabe se logo na volta do Rio ou se depois da queda no New Frontier, e achara tudo normal. Carmen tinha um coração "próprio de sua idade", diria ele. Mas Marxer tratava a artista, não a paciente. Ao voltar de Las Vegas, em fim de maio, Carmen escorregou numa escada em sua casa, foi ao chão e quebrou o polegar direito. Mais uma vez, acidentes acontecem — embora tendam a acontecer mais com quem vive com a consciência alterada. A queda rendeu-lhe apenas um dedo engessado — ninguém se preocupou em averiguar se não havia algo mais sério por trás. (E se não tivesse sido apenas um escorregão?)

A colombiana Estela Girolami, empregada de Carmen desde 1951, e que passara a acompanhá-la como camareira nos shows e nas viagens, notara que as coisas em torno da patroa tinham se alterado. Carmen estava sempre rindo e fazendo rir na presença dos outros. Mas ficava triste e muda assim que as visitas iam embora. Durante parte de maio e todo o mês de junho, em que não trabalhara, mal saíra de seu quarto. Passava o dia dormindo, e a noite, acordada, lendo revistas na cama. Quase nunca via televisão. Várias vezes Estela a flagrou chorando porque, em Las Vegas, esquecera letras que nunca poderia ter esquecido — e o que seria de sua carreira se não conseguisse se lembrar das letras?

Estela percebia também que, na frente de terceiros — e principalmente na de dona Maria —, Sebastian fazia o marido amoroso e servil. Mas, quando estavam a sós, ele era duro com Carmen e se irritava à toa. Segundo Estela, a bebida o tornava grosseiro e malcriado. Às vezes, Carmen o enfrentava e se irritava também. Mas, quase sempre, ela não se defendia, apenas chorava. As brigas tinham a ver com dinheiro, contratos e a presença de brasileiros na casa. Numa dessas, Carmen gritou que iria se separar dele — mas, no mesmo dia, Estela escutou dona Maria aconselhá-la:

"Dê-lhe outra chance, minha filha."

Talvez fosse o que Carmen quisesse escutar.

Maconha e cocaína rolavam abertamente em Havana nos anos 50: a maconha era vendida em tabacarias, com os cigarros enrolados manualmente e acondicionados em lindos maços coloridos, e era mais fácil comprar cocaína do que rapé. Nenhuma das duas era novidade para Carmen — a maconha era endêmica entre os músicos de Nova York, e a cocaína, mais comum entre os atores de Hollywood. Carmen convivera com usuários de ambas e, apesar de afirmações em contrário (uma delas, altamente fantasiosa, de que transportava sua cocaína no salto oco das plataformas), não há o menor sinal de que tivesse interesse por qualquer das duas. Uma prova disso é que, com sua tendência à adição, teria se tornado uma séria dependente delas se tivesse resolvido usá-las, mesmo que para fins recreativos. Carmen nunca teve problemas com as drogas chamadas ilegais — as legais já lhe criavam problemas suficientes.

Carmen (com Estela) e o Bando da Lua foram para Havana no começo de julho para a estreia dia 13 no Tropicana. Esse, sim, era um nightclub para humilhar todos os nightclubs — não era uma caixa de trevas, como as minúsculas boates de Nova York, Rio ou Paris. Tinha dois palcos: um interno, enorme e refrigerado; outro, ao ar livre, chamado de "paraíso sob as estrelas", em que a plateia se espalhava por centenas de mesas num jardim tropical, e mesmo quem não podia pagar assistia ao espetáculo trepado em alguma palmeira. Seu fundador, em 1939, fora um ítalo-brasileiro, Victor Corrêa, e um dos shows de inauguração ficara a cargo dos três grandes cartazes cubanos da época: a cantora Rita Montaner, o pianista Bola de Nieve e o percussionista Chano Pozo. Para pagar dívidas de jogo, Corrêa teve de vender o Tropicana em começo dos anos 50. A compradora foi a Máfia de Las Vegas, por seus representantes locais. E ali começou de verdade a fama mundial do Tropicana.

Não era apenas o berço do mambo e do chachachá. Uma das atrações se dava no fim da tarde das sextas-feiras, quando um quadrimotor Super G Constellation, da Cubana de Aviación, lotava de americanos um voo Miami—Havana. O avião, decorado com os motivos e cores do Tropicana, e equipado com dançarinas e uma pequena orquestra, oferecia a bordo um curso relâmpago de dança, servia os primeiros daiquiris aos passageiros, e as aeromoças eram uma amostra das inenarráveis mulatas que eles iriam conhecer. Desembarcavam já com um par de maracas na mão e iam direto para o Tropicana. Lá, distraíam-se no cassino por algumas horas e só então começava o baita show — estrelado por Josephine Baker, Cab Calloway, Xavier Cugat, Woody Herman, Libertad Lamarque ou, como dessa vez, Carmen Miranda —, entremeado com números de dança pelas *diosas de carne*, as maiores mulatas do Caribe. De madrugada, os americanos eram levados para o Hotel Nacional, a fim de "dormir". E, de manhã, reembarcados para a Flórida, entupidos de rum, esfolados na roleta, e fisicamente no bagaço, mas felizes. Era uma plateia inquieta, grosseira e barulhenta — difícil para o artista conservar a sua atenção. Era preciso dar tudo ao microfone e apostar a alma no palco.

Durante quinze dias, Carmen iria fazer três espetáculos diários nos dois palcos do Tropicana. A poucos dias da estreia, teve uma suspeita de pneumonia, mas foi em frente assim mesmo e estreou no dia marcado. A infecção foi tratada por um médico local, mas custou a ceder devido à sucessão de shows: o primeiro, na temperatura gelada do palco interno; outro, duas horas depois, sob a umidade abafada da floresta tropical; e, dali a mais duas horas, um terceiro, de novo no ambiente refrigerado. Em todos, Carmen se derretia em suor. Entre um show e outro, as trocas de roupa e um banho — ao todo, quatro banhos por noite: um antes de cada apresentação e outro no final. Por mais cansada e sem fôlego que saísse de um show, era preciso se superar e voltar para o show seguinte (lembre-se, ela era a profissional perfeita). Num dos dias, o Tropicana recebeu a visita do odiado ditador Fulgencio Batista, temporariamente alheio aos rebeldes que começavam a criar grupos de guerrilha na Sierra Maestra. E, odiado ou não, sua presença exigia que se desempenhasse como nunca.

A poucos dias do fim da temporada, Carmen e os rapazes foram convidados à casa de Martin Fox, um dos proprietários do Tropicana. Segundo Aloysio, sabendo que teriam de cantar, levaram os instrumentos mais brasileiros, tipo cuícas e tamborins, para apresentar um repertório diferente do que faziam no show: "Uva de caminhão", "Camisa listada", "Adeus, batucada" e o novo sucesso internacional, a toada "Mulher rendeira", tema de domínio público do filme *O cangaceiro*. Mas nem chegaram à toada. No meio dos sambas, que eram tão parte de Carmen quanto a sua própria pele, ela teve dificuldade com as letras. Quando se lembrava de um verso, esquecia outro, ou perdia a estrofe inteira. Desatou a chorar — segundo Aloysio, um choro convulsivo e violento. Entre soluços, gritava que a perda de memória era resultado dos eletrochoques. Isso podia ser verdade — mas o que dizer dos anos de agressão ao seu sistema neurológico?

Eram quase quinze anos de um processo longo e inexorável. Começara no dia em que uma cápsula para dormir exigira outra para acordar. Tempos depois, a cápsula para dormir exigira outras cápsulas para dormir; e a cápsula para acordar, outras cápsulas para acordar. Um drinque cancelara uma cápsula e exigira outra cápsula. Essa cápsula cancelara o drinque e exigira outros drinques. Em meio à ciranda, as cápsulas e os drinques haviam cancelado uma quantidade de neurônios e, apesar dos recentes esforços de seu médico no Rio, Carmen já não sabia onde ficava a entrada ou a saída do infernal labirinto em que sua vida se convertera.

Eles a tiraram da festa, obrigaram-na a ir para o hotel, e temeram pelo restante da temporada. Mas, como sempre, no dia seguinte Carmen já estava pronta a levar o compromisso no Tropicana até o fim.

Até o verdadeiro fim.

Carmen e o Bando da Lua voltaram para Beverly Hills no dia 29 de julho, a uma semana de sua participação no programa de televisão de Jimmy Durante.

CARMEN

Carmen ainda não se recuperara totalmente do problema de saúde que tivera em Havana. Quanto ao esquecimento das letras, preferia agora atribuí-lo a um princípio de estafa. Nada que perturbasse seu trabalho com Durante — e Carmen, que já estivera no programa em outras ocasiões, era amiga de Jimmy desde que chegara a Hollywood.

Aos 62 anos em 1955, Jimmy Durante era o comediante mais amado pelos americanos. Sua carreira, quase tão velha quanto o século, atravessara circo, vaudeville, rádio, cinema, nightclub e televisão, e fora toda feita sobre seu descomunal nariz (além da voz rouca, do inglês quebrado e de seu jeito único de andar e dançar). Como Carmen, ele era um prisioneiro dos próprios estereótipos, mas ninguém o crucificava por não interpretar *Édipo rei* ou *Ricardo III* — os americanos eram assim, tolerantes. Do ponto de vista da comédia, sua dupla com Carmen fazia grande liga, e havia tratativas para que ela participasse com mais frequência do programa. *The Jimmy Durante Show*, patrocinado pelo cigarro Old Gold, durava perto de trinta minutos em dois blocos. Era filmado (em película) no estúdio da Desilu, de Lucille Ball e Desi Arnaz, na Gower Street, e editado para exibição quase dois meses depois.

O papel de Carmen no programa seria, como sempre, o de si própria. A diferença é que, dessa vez, ela e o Bando da Lua estariam hospedados no "apartamento de Jimmy" e dali se desenvolveriam as peripécias e os números musicais. Um desses seria "Delicado", o choro-baião de Waldir Azevedo que, pouco antes, chegara ao primeiro lugar nas paradas americanas em versão instrumental, com a orquestra de Percy Faith, e depois fora gravado por Dinah Shore, com letra em inglês por Jack Lawrence. No Brasil, não se usava pôr letra em choros, mas se até Jack Lawrence (autor de "All or Nothing at All", primeiro sucesso de Sinatra) metera o bedelho em "Delicado", por que Aloysio não podia fazer o mesmo? E, assim, Aloysio escreveu uma letra em português para "Delicado", que Carmen cantaria no programa de Durante:

> *E quando ouço o Delicado*
> *Dá uma dor aqui no lado*
> *Aqui no meu coração*

Outro número seria o inevitável "Cuanto le gusta". O roteiro previa também algumas falas em espanhol-metralhadora para Carmen, a fim de agradar à população hispânica da Califórnia. Mas Carmen comunicou ao produtor que, com ela, não tinha essa história de falar espanhol, e que só falaria em português. O produtor não aceitou. (Carmen fingiu concordar, mas, na filmagem, falou em português mesmo, e o homem não percebeu.) Os ensaios durariam uma semana e teriam de deixar o elenco e a equipe na ponta dos cascos para a filmagem, porque esta, que começaria às sete da noite do dia 4, quinta-feira, e levaria cerca de três horas, teria de sair "de primeira". Não haveria tempo para repeti-la, porque uma greve dos atores de televisão estava prevista para começar à zero hora de sexta.

Com todo o carinho que tinha por Jimmy, Carmen estava indo para o sacrifício ao aceitar participar do programa naquela data. Na verdade, não tivera escolha. O contrato fora assinado antes de sua viagem a Cuba — e já então Carmen sabia que estava com dificuldade para decorar textos. Sebastian convenceu-a a assinar e disse que a ajudaria na memorização das falas. *The Jimmy Durante Show* não era exatamente uma alta comédia de Noël Coward — a maioria das piadas, inclusive a do turbante comestível, já estava com barbas brancas —, mas Carmen não podia adivinhar que o problema da memória pioraria em Havana, onde, além disso, trabalhara estressada e doente. Voltara para Los Angeles, tivera apenas um dia para descansar, e já entrara na semana de ensaios para o programa de Durante.

No ensaio da segunda-feira, três dias antes da filmagem, Carmen se queixara a Jimmy de que não estava bem. Fizera a mesma queixa para Harry e Isa, acrescentando que estava com "dor nos braços". E não era a única da trupe a se sentir mal. O próprio Harry voltara de Cuba com uma virose e não participaria do programa. (Preferiram não pôr ninguém em seu lugar, deixando o conjunto resumido a Aloysio, Lulu e Orlando.) Carmen estava excepcionalmente inchada e com os olhinhos quase invisíveis, enterrados nas pálpebras polpudas. Tanto que até o dr. Marxer, afinal, vinha aconselhando-a a dar uma parada — e Carmen estava disposta a obedecer a ele. Mas quem sabe até onde se pode esticar a corda?

A ideia era a de que, no dia seguinte à filmagem, Carmen teria dois compromissos sociais e depois sairia de férias. À tarde, iria ao estúdio Disney para ouvir o playback da versão brasileira de *A dama e o vagabundo* (*The Lady and the Tramp*), do qual Aloysio e os rapazes tinham participado fazendo as vozes dos cachorros. Algumas horas depois, à noite, seria a convidada de honra na inauguração da Casa do Brasil, o primeiro restaurante brasileiro da Califórnia, a cargo da carioca Mercedes Foster. Vinda de Nova York, Mercedes chegara a Los Angeles cerca de um ano antes e fora apresentada a Carmen por Zezinho. Honrados esses convites, Carmen planejava esconder-se em Palm Springs pelo resto do verão e passar pelo menos um mês tomando sol e retemperando as energias. E o compromisso seguinte, já no comecinho de setembro, não teria nada de profissional. Aliás, prometia ser delicioso: assessorada por Victorino de Carvalho, Carmen iria promover em sua casa um concurso de gastronomia, em que competiria com a feijoada de dona Maria, e, entre outros, Marlon Brando apresentaria sua receita especial de hambúrguer.

Pouco antes das sete da noite do dia 4, o entourage de Carmen estava a postos na plateia ao vivo que assistiria à filmagem de *The Jimmy Durante Show*. Consistia de dona Maria, Sebastian e Estela, entre os de casa, e o industrial brasileiro (residente em Nova York) Jackson Flores, sua mulher, Irene, e sua filha, Sheila, e duas amigas de Carmen, a jornalista Dulce Damasceno de Brito e a adida do consulado, Rosa Maria Monteiro. Nos últimos anos, Carmen tentara convencer Dulce e Rosa Maria das maravilhas dos soníferos e estimulantes. Às vezes, para mantê-las acordadas nas reuniões que se estendiam pela madrugada em sua casa, fornecia-lhes cápsulas de Dexedrine que tirava de sua *boîte à pilules* — Dulce e Rosa Maria fingiam tomá-las, mas as jogavam fora, e, depois, diziam que não tinham funcionado. Estavam todos convidados a ir até North Bedford Drive depois da filmagem para um *night--cap* — para tomar a penúltima.

Um atrás do outro, ouviram-se os gritos de "Silêncio!", "Câmera!" e "Ação!" pelo diretor Sid Smith, e Jimmy entrou em cena. Aos nove minutos de programa, foi a vez de Carmen surgir, vestida com um tailleur vermelho, severo, que não a favorecia e só a engordava. Seguiram-se oito minutos de anarquia cômica com Durante e, aos dezessete, cantou "Delicado". Fim do primeiro bloco e intervalo para trocar de roupa. Meia hora depois, Carmen voltou, já com a fantasia para a sequência num nightclub em que, durante cinco minutos ininterruptos, dançaria com Jimmy e coro misto um frenético medley de ritmos de fox, samba, tango e mambo. Um número que exigiria tudo dos dois. As câmeras já estavam rodando e, em dado momento, quando Jimmy se virou para contracenar com o coadjuvante Eddie Jackson, os joelhos de Carmen se dobraram e ela perdeu as pernas.

Claudicou, quase caiu — e só não caiu porque segurou a mão de Jimmy. Recobrou-se num instante e disse, fora do roteiro, mas ao perfeito alcance dos microfones:

"Fiquei sem fôlego!"

Carmen sorriu, como se imensamente grata pelo fôlego lhe ter voltado — como se isso não estivesse entre os seus direitos de ser vivo. Na sequência, cantou o rapidíssimo "Cuanto le gusta" sem perder um segundo de velocidade.

Imagens estáticas depois retiradas do filme e muito ampliadas mostraram que, quando Carmen dobrou os joelhos, seus olhos se reviraram por um segundo. A boca adquiriu um desenho que nunca tivera. Seus olhos e sua boca, e toda a sua expressão naquele segundo, já eram os da morte. Especulou-se que Carmen tivera ali um colapso. Mas ela não levou a mão ao peito nem se queixou de dores — disse apenas que tivera "falta de ar". Tudo indica que tenha tido um forte descompasso cardíaco, uma arritmia, como a de dez anos antes. Ou como a que tivera em Las Vegas no outro dia, como a da queda em sua casa, e como outras que podem ter acontecido e de que ela não deixou que se tivesse conhecimento — pequenos avisos de que havia um grande vulcão preparando-se para a erupção fatal. A cada descompasso, seu coração perdia uma ou mais batidas — que viriam a lhe fazer falta muito em breve.

Mais um corte, mais uma pausa, e o cenário do programa voltou para o apartamento de Jimmy. Era o encerramento. Carmen, cansada, mas contente, aparece saindo de costas por uma porta, dançando com o Bando da Lua, jogando beijos e despedindo-se de Jimmy, do público e da vida.

Quem mais teria esse privilégio, de despedir-se com uma imagem em que joga beijos?

Jackson Flores vivia nos Estados Unidos havia oito anos e estava de férias em Los Angeles com sua família. Naquela noite, na casa de Carmen, ele teria dito, por qualquer motivo:

"Adoro os Estados Unidos, mas quero ser enterrado no Brasil."

Ao que Carmen respondeu:

"Eu também!"

Passava um pouco das dez quando ela e seus convidados, incluindo o Bando da Lua, chegaram a North Bedford Drive depois do programa. Estela fez café fresco e serviu sanduíches. Nos copos, o tropel dos cavalos brancos entre as pedras de gelo. O espetáculo iria continuar. Carmen nem tirou a roupa e a maquiagem. Cantou, a pedidos ou por conta própria, várias canções — os relatos não coincidem, mas entre as citadas estão o "Fado da Severa":

Na rua do Capelão
Juncada de rosmaninhos
Na rua do Capelão
Juncada de rosmaninhos
Se o meu amor vier cedinho
Eu beijo as pedras do chão
Que ele pisar no caminho...

e "Uma casa portuguesa", solicitadas por sua mãe; "Taí", "Feitiço da Vila", "Primavera no Rio" e outras. Não esqueceu nenhuma letra. Dançou, fez imitações, contou histórias — enfim, deu um show completo, de mais de uma hora, melhor do que muitos pelos quais lhe pagavam fortunas. Entre uma piada e um samba, borrifava sua energia com White Horse. Quando parou, pôs discos para tocar.

Sebastian não esperou a noite acabar. Como toda a alegria daquela noite se dava em português, língua com a qual ainda não se entendera depois de oito anos de convivência diária, preferiu ir dormir. Subiu para seu quarto (o antigo quarto de Aurora e Gabriel) por volta da meia-noite. Dali a pouco, dona Maria também se recolheu. Outros convidados foram saindo, e nesse caso os relatos também variam — porque todos afirmam ter saído cedo; ninguém admite ter sido o último a ir embora. Mas três irmãs de Sebastian, uma vinda de São Francisco e as duas que moravam em Los Angeles, telefonaram para Carmen avisando que estavam indo para lá. Carmen alegou que se sentia cansada, mas elas não se fizeram de rogadas:

"Não, queremos saber tudo que aconteceu em Cuba e no show com Durante."

Carmen resignou-se:

"Está bem, então venham."

As cunhadas chegaram. Carmen ofereceu-lhes um drinque, distribuiu o que restava de sua euforia e também anunciou que iria subir. E, de fato, teria se retirado por volta das duas e meia, deixando a casa para elas e os amigos — que tanto podiam ser Aloysio, Lulu e Orlando, ou Jackson e esposa, ou Dulce e Rosa Maria. Antes de subir, atendeu ao pedido de Sheila, de doze anos, filha de Jackson: assinou-lhe um autógrafo. Beijou-a, dirigiu-se à escada jogando beijos gerais e desapareceu.

Carmen entrou em seu quarto, tirou o tailleur e vestiu um robe. Acendeu um cigarro, deu uma tragada, deixou-o no cinzeiro. Foi ao banheiro para retirar a maquiagem, usando *cold cream* e um lenço de papel. Na volta, no pequeno hall entre o banheiro e o quarto, onde ficava sua coleção de perfumes, o ar lhe fugiu de novo, as pernas lhe faltaram, e Carmen caiu pela última vez — ali mesmo, com um espelho na mão. Uma oclusão das coronárias fizera explodir uma vasta área de seu coração — um infarto maciço.

Se Carmen gritou por causa da dor intraduzível, e se a queda de seu corpo produziu um baque ao cair ao chão, ninguém a ouviu. A casa era grande e toda atapetada. Além disso, havia música na vitrola lá embaixo. Seus amigos, os que ficaram até depois das três, divertiam-se inocentemente enquanto ela morria sozinha em seu quarto — e continuaram assim, talvez rindo e cantando, por no mínimo outra meia hora. Os últimos a ir embora desligaram o aparelho, apagaram as luzes e bateram a porta ao sair. Nenhum suspeitaria que Carmen já estava em processo de rigor mortis. Fora perfeito. Era assim que ela teria preferido se pudesse escolher — que nem mesmo sua morte interferisse no direito de seus semelhantes à alegria.

De todos os seus contratos de trabalho devia constar secretamente essa cláusula, garantindo que ela viera ao mundo para espalhar tal alegria. Carmen a cumpriu até o derradeiro show. E esperou cair a cortina para poupar a plateia, por menor que fosse, de uma cena tão pouco Carmen, tão fora de seu estilo.

EPÍLOGO

Durante anos Carmen acalentara o sonho de voltar ao Rio no Carnaval — "de camisa de malandro e tocando cuíca" — e passar os quatro dias nas ruas, incógnita, cantando e brincando entre os populares. Nunca pudera realizá-lo. Quando não era uma Guerra Mundial que a impedia, era um filme com Don Ameche na Fox ou uma temporada no Roxy em Nova York, ou duas semanas num cassino assim e outras num nightclub assado. No Carnaval daquele ano, 1955, ela estivera no Rio, mas não valera: viera em tratamento de saúde e seu médico preferira exilá-la em Petrópolis durante a folia.

Agora, seis meses depois, Carmen descia de novo no Galeão — a bordo de um DC-4 da Real Aerovias, dentro de um caixão revestido de alumínio por fora e de bronze por dentro, envolto pela bandeira brasileira. O caixão foi levado para um carro do Corpo de Bombeiros, que tinha as partes metálicas cobertas de preto. Passara-se uma semana desde a morte de Carmen em Beverly Hills na madrugada de 5 de agosto, e ela estava de volta para que se cumprisse outro desejo seu: o de ser enterrada no Brasil.

Os últimos dias em North Bedford Drive tinham sido terríveis. Perto das onze horas da manhã seguinte ao programa com Jimmy Durante, Sebastian fora ver Carmen em seu quarto e a encontrara caída no chão do hall, com o espelho na mão. Achou que ela tivesse adormecido ali e agachou-se para acordá-la. Carmen estava fria e arroxeada.

"Carmen, acorde", disse Sebastian. "Acorde, Carmen. ACORDE!"

Os gritos de Sebastian foram ficando mais dramáticos à medida que ele se dava conta da situação. Dona Maria os ouvira e fora ver o que era. Seus gritos se juntaram aos dele e assustaram Estela. Quando a empregada acudiu e se aproximou da escada, cruzou com Sebastian, que corria em direção à rua, seguido por uma desesperada dona Maria, que o acusava:

"Você matou minha filha! Você matou minha filha!"

Era apenas uma imagem, uma metáfora do desespero. Não queria dizer que fosse verdade. Sebastian era um cretino e o casamento não fizera nenhum bem a Carmen, mas muitos fatores haviam contribuído para aquele desfecho. O principal era a dependência de um poderoso e mortal aditivo, quase sempre potencializado pelo álcool. A mesma tragédia que atingira vários outros grandes nomes de Hollywood como Mabel Normand, John Gilbert, Lupe Velez, Robert Walker, Maria Montez, e, depois de Carmen, mataria também Diana Barrymore, Marilyn Monroe e Judy Garland — todos ricos, bonitos, famosos e com menos de cinquenta anos.

Dr. Marxer foi chamado a North Bedford Drive, mas não podia fazer nada — Carmen estava morta havia oito horas. E o que podia ser feito, não se fez — a autópsia. Nenhum motivo suspeito: apenas Sebastian, obedecendo automaticamente a suas tradições judaicas, não a autorizou.

O próprio dr. Marxer telefonou para o Rio. Devido à diferença de fuso horário, já eram mais de quatro da tarde quando a notícia chegou a Aurora, na Urca. Pouco depois, pelo *Repórter Esso,* com Heron Domingues, em edição extraordinária, a Rádio Nacional a transmitiu para todo o país. Informou-se também que Carmen seria enterrada no cemitério de São João Batista, no Rio. Foi uma espécie de senha para um Carnaval em agosto. Imediatamente, todas as rádios brasileiras tiraram de suas discotecas os 78s empoeirados de Carmen, que nunca mais tinham se lembrado de tocar. De "Taí" a "Disseram que voltei americanizada", seus sambas e marchinhas ocuparam a programação pelos dias seguintes.

Do Galeão, o carro dos bombeiros deu a saída para o cortejo de horas pela avenida Brasil, entre milhares de lenços brancos acenando à sua passagem. A primeira escala foi defronte ao edifício de *A Noite,* sede da Rádio Nacional, na praça Mauá. Em nome de tantos artistas que agora trabalhavam nela, Almirante tentou falar, mas sua voz, tão possante, não foi muito longe — mal conseguiu completar uma frase. Dali Carmen partiu para sua verdadeira rádio, a Mayrink Veiga, em cuja sacada Cesar Ladeira a esperava. Cesar também falou emocionado. O carro retomou o percurso e desceu a avenida Rio Branco para chegar à Câmara dos Vereadores, na Cinelândia, onde outras dezenas de milhares de pessoas o esperavam. Apesar de tanta gente nas ruas, doze missas por Carmen seriam rezadas naquele dia.

No saguão da Câmara, o caixão foi aberto e filas se formaram para vê-la, dando voltas à praça Floriano. O vereador Jonjoca, ex-camarada de Carmen, cuidou para que a vigília fosse feita em paz. Alguns se chocaram com o fato de Carmen estar vestida de vermelho, penteada e maquiada; outros se encantaram com isso — em Hollywood, até a morte era em Technicolor! Por toda a noite de 12 para 13 de agosto, o Rio desfilou em silêncio diante de Carmen. E gente de outras cidades, usando todos os transportes disponíveis, veio se despedir dela. Nem o frio da madrugada afugentou seus adoradores.

No começo da tarde do dia seguinte, o caixão foi fechado e, à sua saída pela porta da Câmara, os membros da Velha Guarda — Pixinguinha, Donga, João da Baiana e seus companheiros —, postados nas escadarias, tentaram tocar "Taí" para saudá-la pela última vez. Em 1930, quando eles a acompanhavam, regulavam o andamento da marchinha de Joubert de Carvalho pelo requebrado das cadeiras de Carmen. Agora só podiam contar com eles mesmos. Mas não conseguiram. As gargantas se fechavam, o saxofone e a flauta não produziam som, a emoção era muita. Foram salvos pelo carrilhão da Mesbla, a cem metros dali, na rua do Passeio — os sinos atacaram a marchinha e foram encorpados por um coro baixinho de mais de 50 mil vozes.

O caixão foi levado de volta ao topo do carro dos bombeiros e o cortejo rumou lentamente para Botafogo. Como nos antigos corsos, as pessoas e os automóveis se misturavam. Synval Silva pretendia acompanhá-lo de carro. Mas, ao passar pela praça Paris, ouviu quando o carrilhão mudou para "Adeus, batucada". Era o samba que, um dia, ele levara a Carmen na casa do Curvelo. Synval começou a chorar e sentiu que não conseguiria prosseguir. Assim que pôde, embicou pela praia do Russell e tomou o rumo da Glória, para fugir à romaria. Aurora também tomaria o rumo de casa, levando dona Maria. O enterro propriamente dito seria demais para sua mãe. E quem poderia adivinhar que dona Maria sobreviveria a Carmen por dezesseis anos?

Num dos carros do cortejo, estava o marido, Dave Sebastian. Finalmente ele viera ao Brasil com Carmen. Para Sebastian, valera a pena suportar todas as humilhações. Carmen se recusara a deixar testamento e, com a morte dela, ele ficaria com as casas de Beverly Hills e Palm Springs, os poços de petróleo (tudo isso adquirido por Carmen antes do casamento — fora, portanto, da comunhão de bens), as ações, os depósitos bancários e o dinheiro vivo. À família e "ao Brasil", Sebastian doou os vestidos, fantasias, turbantes, plataformas, balangandãs, adereços de palco, fotos, partituras, objetos pessoais e farta bijuteria de Carmen — tomando o cuidado de conservar as joias verdadeiras, que estavam a salvo nos bancos. Enfim, conservou os valores e livrou-se do bricabraque. A família de Carmen nunca contestou tal divisão e ainda se deu por feliz por Sebastian não ter cumprido a ameaça de tentar apossar-se das propriedades no Rio: a casa na Urca, o terreno em Jacarepaguá e as salas na avenida Presidente Vargas (o prédio de apartamentos no Catete já não existia mais).

Mas o que para Sebastian era bricabraque, para os adoradores de Carmen era um tesouro. Tão generosa quanto Carmen, a família levaria as décadas seguintes presenteando os fãs da estrela com seus objetos pessoais. Com o que se conservou da artista foi feito o Museu Carmen Miranda, no Rio.

O carrilhão tocava agora "Boneca de piche", mas o cortejo já atingira o Russell. Ao passar pelo Hotel Glória, o motorista do carro dos bombeiros pisou mais fundo. O povo correu para alcançá-lo e muitos se empoleiraram nos estribos pedindo que não corresse. Os bombeiros reduziram a velocidade e uma parte do cortejo postou-se à frente do carro, para que ele não voltasse a acelerar. Um caminhão de som começou a tocar os discos de Carmen — "Camisa listada", "Cai, cai", "Querido Adão", "Primavera no Rio", "Na Baixa do Sapateiro", "Moleque indigesto", "Uva de caminhão", "Tic-Tac do meu coração", "Minha embaixada chegou". "Na batucada da vida", "Good-bye", "... E o mundo não se acabou", "Recenseamento", "Mamãe, eu quero".

Cantou-se por todo o percurso: Praia do Flamengo, avenida Oswaldo Cruz, Praia de Botafogo — das janelas dos prédios altos caíam pétalas de rosa —, Mourisco, rua da Passagem. Finalmente, na rua General Polidoro, viu-se ao longe o São João Batista. Em meio à massa que já aguardava no cemitério, uma senhora grávida sentiu-se mal e foi levada para uma ambulância — ali mesmo deu à luz uma menina que tinha de se chamar, e se chamou, Carmen.

Como afluentes humanos que desaguavam pelas transversais de Botafogo, gente de todas as idades, cores e categorias sociais continuava engrossando o cortejo — ao todo, seriam centenas de milhares —, cantando os sambas e marchinhas. Nos braços do povo, Carmen Miranda vivia o seu maior Carnaval.

AGRADECIMENTOS

Em 1991, Mario Cunha tirou de uma velha caixa de sapatos todas as cartas que Carmen lhe escrevera quando foram namorados, de 1925 a 1932. Leu uma a uma, chorando muito — cartas lindas, arrebatadas, cheias de descrições maliciosas, mas temperadas com os diminutivos que ela tanto gostava de usar —, e rasgou-as. Fez isso em seu apartamento na rua Buarque de Macedo, no Flamengo, na presença do sobrinho Fernando. Mario Cunha morreria cinco anos depois, aos 95 anos, irremediavelmente solteiro e, segundo Fernando, admitindo que Carmen "fora a mulher de sua vida". Por sorte conservou as fotos — com aquelas dedicatórias tão reveladoras.

Em 1995, também pouco antes de morrer, Carlos Alberto da Rocha Faria enviou para Aurora Miranda todas as cartas que recebera de Carmen, porque acreditava que, quando ele não estivesse mais aqui, elas deveriam ficar com as pessoas mais próximas da antiga namorada. Aurora não hesitou: rasgou-as todas, em seu apartamento na rua Almirante Pereira Guimarães, no Leblon. E Carmen, como sabemos, na véspera de seu casamento com Dave Sebastian, em 1947, já destruíra as cartas que recebera de Carlos Alberto. Nunca se soube do destino das que Carmen e Aloysio de Oliveira trocaram, se é que chegaram a se escrever. Ou das cartas entre Carmen e Sebastian.

Pela idade avançada de muitas de suas fontes, esta biografia foi sofrendo várias baixas entre as pessoas com quem o autor mantinha contato regular, pessoalmente ou por telefone, e que tinham tanto a contar sobre Carmen: o amigo Jorginho Guinle, o embaixador Sergio Corrêa da Costa, o ator Ronaldo Lupo, os pesquisadores Abel Cardoso Junior e Ary Vasconcellos, além de Andréa Ozório, Emilinha Borba e Clovis Bornay. Infelizmente, não foi possível contar com Aurora — aos noventa anos em 2005, ela continua entre nós, mas suas condições de saúde já não lhe permitiram participar dessa aventura. Por sorte, Aurora passou a vida concedendo entrevistas (e, se essas entrevistas não foram melhores, a culpa era dos entrevistadores, que não sabiam perguntar). Em compensação, sua irmã Cecilia foi decisiva na elucidação de muitos detalhes sobre a infância das jovens Miranda. Já Roberto Seabra não aceitou me receber, apesar dos esforços de amigos em comum, como Julio Rego, Sergio Figueiredo, Italo Rossi e Fernanda Montenegro — pena, porque seria uma oportunidade de restabelecer a beleza dos vinte anos de amizade entre Carmen e os irmãos Seabra.

Nem todas as pessoas citadas a seguir conheceram Carmen. Algumas a perderam por pouco, pois nasceram alguns anos depois que seus pais haviam trabalhado com ela (como os filhos dos músicos do Bando da Lua ou de sambistas de quem ela gravou muitas músicas) —, mas cresceram ouvindo informações a quente, e em primeira mão, sobre a mulher que marcou para sempre a vida de suas famílias. Há também os colecionadores de Carmen: um grupo de bravos devotados, muitos com décadas de dedicação à personagem, possuidores de material inestimável e todos, absolutamente todos, de uma enorme generosidade em partilhar seus conhecimentos. Agradeço, em particular, a Antonio Sergio Ribeiro, um grande pesquisador. Fabiano Canosa, por sua vez, trouxe de Nova York material acumulado em quase cinquenta anos de amor a Carmen. Graças a Canosa, tive acesso à pesquisa do falecido Emil Forman, brasileiro que, em Nova York, anotou minuciosamente todos os filmes de Carmen e Aurora. E Zezinho Carioca (Joe Oliveira), filho do grande Zé Carioca, também trouxe de Los Angeles uma grande quantidade de recortes sobre seu pai.

Para minha sorte, a maioria das fontes foi de pessoas que tiveram o privilégio de conviver ou trabalhar com Carmen — e, até a mim, surpreendeu o número de homens e mulheres que encontrei, entre 2001 e 2005, muitos já por volta dos noventa anos, mas lúcidos e ativos, e ainda tão apaixonados por Carmen como no passado. Só mesmo o amor por Carmen justificou a paciência com que essas pessoas me receberam ou atenderam a qualquer dia e hora, indo buscar no fundo da memória as respostas a perguntas que nunca lhes tinham sido feitas.

A todas — por ordem alfabética de sobrenomes —, muito obrigado:

Alice Accioly; Fernando Aguinaga; Harry Vasco de Almeida (do último Bando da Lua); Izabel Valle de Almeida; Luiz Amorim; Cesar Soares Balbi (diretor do Museu Carmen Miranda); Mario Gibson Barboza; Mario Barros; Mariúza (filha de Ary) Barroso; Fernando Beltrão; o falecido Clovis Bornay; a falecida Emilinha Borba; Antonio Botelho; Dulce Damasceno de Brito; Sergio Cabral; Antonio Campos; Fabiano Canosa; o falecido Abel Cardoso Junior; Dorival Caymmi; Olga Praguer Coelho; Haroldo Coronel; Carmen Costa; Haroldo Costa; o falecido Sergio Corrêa da Costa; Marionor Mello Couto; Jorge Cravo (Cravinho); Cecilia Miranda da Cunha (irmã de Carmen); Cyva (Cyva de Sá Leite); Flavio Damm; Diana Dasha (filha de Helio Jordão Pereira, do primeiro Bando da Lua); Marcelo Del Cima; Carlos (Caôla) Didier; Denize Dummont (filha de Humberto Teixeira); João Carlos Eboli e Paulo Fernando Eboli (filhos de Oswaldo Eboli (Vadeco), do primeiro Bando da Lua); Marcos Ribas de Faria; Millôr Fernandes; Bibi Ferreira; Sergio Figueiredo; Sheila Carol Flores e sua mãe, Irene; Aloysio Salles da Fonseca; Rubem Fonseca; Mercedes Foster; Jane Frick; Renata Fronzi; Newton Goldman; Alice Gonzaga; Luiz Filipe Goulart de Andrade (filho de Elisinha Coelho); George Grande; o falecido José Lino Grünewald; Beatriz Campos Guimarães e seu marido Raul Guimarães Filho; Carmen Carvalho Guimarães ("Carminha", filha de Cecilia Miranda); o falecido Jorge Guinle; Hernani Heffner; a falecida Annemarie Heinrich e sua filha, Alicia Sanguinetti; Barbara Heliodora; Carolina Iaconelli; Jonjoca (João Freitas Ferreira); Camille K.; Ricardo Kondrat; Jorge Kuraiem; Dedei Corrêa do Lago; Thonson Laviola; Hilma de Cerqueira Leite; Maria Lenck; Lourdes Lessa; Nora Lobo; Oswaldo Louzada; o falecido Ronaldo Lupo; Isabel Lustosa; Hilda Machado; Paulo Machado de Carvalho Filho; Iberê Magnani; Arlindo Manes; Carlos Manga; Hilda Marinho; Rogerio Marinho; Marlene (Vittoria Bonaiutti); Telmo Martino; Jorge Roberto Martins (filho de Roberto Martins); João Máximo; Jorge Mello; Lauro Miranda; Maria José de Queiroz Miranda e seu marido Armando Martins (primos de Carmen, em Várzea de Ovelha); Oswaldo Miranda; Antonio Moniz Vianna; Doris Monteiro; Mario de Moraes; Susana de Moraes; o falecido Maneco Müller; o falecido Carlos Niemeyer; Maria Luiza Niemeyer; Mariozinho de Oliveira; Waldir Freitas Oliveira; Odette da Silva Otaviano (irmã de Synval Silva); a falecida Andréa Ozorio (viúva de Stenio Ozorio, do primeiro Bando da Lua); Amalia Paiva e Decio Paiva (viúva e filho de Vicente Paiva); Roberto Paiva; Severa Paredes (viúva de Mocotó, irmão de Carmen); Cauby Peixoto; Nilson Penna; Thereza de Paula Penna; Antonio Carlos Mascarenhas Pereira; Fernando Pereira da Cunha; Alberto Petersen (filho de Nelson Petersen); Luís Antônio Pimentel; Antonio Carlos Pôrto; João Cancio de Povoa Filho; Ruth Almeida Prado; Maria Nidia Prates de Aguiar; Jim Proser (filho de Monte Proser); Rago (Antonio Rago); Julio Rego; Engel Reiss; Antonio Sergio Ribeiro; Pery Ribeiro; Nara Nadyle Valente Ricardo (filha de Assis Valente); Gabriel Alexandre Richaid e Maria Paula Richaid (filhos de Aurora); Regina Rimmel; Helio Rocha; Martha Rocha; Russinho (José Ferreira Soares, do último Bando da Lua); o falecido Fernando Sabino; Doni Sacramento; Mario Saladini; Raul Sampaio; Luiz Carlos Saroldi; Paulo Saturnino; Jairo Severiano; Arlindo Silva; Jonas Silva (dos Garotos da Lua); Olga da Silva (primeira mulher de Mocotó, irmão de Carmen); Raul de Smandek; Helena Solberg e David Meyer; Otto Stupakoff; Norma Tapajós; Cid Teixeira; José Maria Pereira Teixeira (pesquisador de Carmen em Marco de Canavezes); Adalgisa Colombo Teruszkin; Ivna Thaumaturgo; Eva Todor; Nelson Tolipan; o falecido Ary Vasconcelos; Elsa Viany; Jonas Vieira; Ivan Werneck; Regina Werneck; e Zezinho Carioca (Joe Oliveira, filho de Zezinho, o Zé Carioca).

Por colaborarem decisivamente na localização de fontes, no levantamento de arquivos e de material gráfico ou musical, esforçando-se muito além do que a amizade ou a estima pelo autor poderia justificar, e pelos conselhos, sugestões e toda espécie de ajuda, sou grato a:

Marcelo Abreu; Elisabeth Adler; José Luis Ajzenmesser; João Luiz de Albuquerque; Adda di Almeida; Isabel ("Belinha") Almendra; Angela Di Munno Arruda; Antonio Roberto Arruda; Sérgio Augusto; Hector Babenco; Carlos Eduardo Ornelas Berriel; Pedro Bial; Afonso Borges; João Alpoim Botelho; Aníbal Bragança; Leonel Brayner; João Baptista Breda; Eugenio Bucci; Ana Arruda Callado; Marcello Campos; Dercival A. de Capodeferro; Thais Matarazzo Cantero; Deborah Catalani; Ribamar da Costa; Telma Costa; Nelson Couto; Daniel Filho; Luísa Dantas; Regina Dantas; Paulo Cesar ("Tio" Paulo) Dias; Laís Dourado; Ana Duarte; Rodrigo Faour; Claudio Fernandes (Clan); Fernando Pessoa Ferreira; Claudia Fialho (Copacabana Palace); Dilea Frate; Adriana Freire; Janio de Freitas; Mercia e Mario Gabbay; Ricardo Garcia; Geraldo Augusto Gayoso; Vera Gertel; Nilda Pascoal Gomes; Gonçalo Junior; Rita Kaufman; Bia e Pedro Corrêa do Lago; Birthe Lerche; Flaminio Lobo (Livraria Dantes); Nonato Luiz; Djenane Machado; Mario Magalhães; Fernando Malheiros; Ricardo Manzo; Maria Amélia Mello; Leandra Metsavaht; Stella Miranda; Isadora Moniz Vianna; Kitty Monte Alto e Raquel Khoury, da CMG Worldwide; Fernanda Montenegro; Maria Tereza Monteiro; Ricardo Moraes; Oswaldo Muniz; Jomar Nicacio; Cida Oliveira; Wanderlino Oliveira (da rua Pedro Lessa); Antonio Carlos Otaviano; Adriana Pavlova; Paulo Sá Peixoto; Anibal Penna; Ana Luiza Pinheiro; Paulo Pinho; Augusto Mello Pinto; Paulo Pires do Rio; Paulo Roberto Pires; Alexandre Ramos Farah Prahin; Sueli de Queiroz; Maria Lucia Rangel; Martha Ribas; Silvio Julio Ribeiro; Sebastião Ricardo; Marcia Lessin Rodrigues; Valquíria Richaid; Ítalo Rossi; Antonio Américo Soeiro Silva; Ivonete Silva (do arquivo de *O Cruzeiro* no *Estado de Minas*); Silvia Regina de Souza; Carlos Abel Suárez; Maria Algemira Sugimoto e Priscila Abreu; Henrique Sverner; Heloisa Tapajós; Daniella Thompson; Drauzio Varela; Carolina Vasone; Luis Fernando Verissimo; Fernando Vitale; David Weissman; e Sérgio Ximenes.

E alguns agradecimentos especiais: Helena Solberg e David Meyer cederam-me as transcrições completas das entrevistas que fizeram durante anos, no Rio e em Hollywood, para seu magnífico filme *Bananas is My Business*, de 1994, com tudo o que não foi utilizado na edição final. Graças a eles, tive acesso às palavras de Mario Cunha; de David Sebastian; de Estela Girolami, a empregada colombiana de Carmen; dos atores Cesar Romero, Alice Faye e Rita Moreno; do violonista Laurindo de Almeida; dos compositores Synval Silva e João de Barro (Braguinha); do colunista e produtor de shows Caribé da Rocha; do diplomata Raul de Smandek, vice-cônsul em Los Angeles nos anos 50; de

AGRADECIMENTOS | 555

Cássio Barsante, autor do livro *Carmen Miranda*, preciosíssimo na parte iconográfica; do publicitário sueco Stig; de Jeanne e Ted Allan, contemporâneos de Carmen nos estúdios de Hollywood; e mais entrevistas de Aurora Miranda e Jorge Guinle. Helena e David cederam-me também clipes de Carmen na televisão americana e versões em VHS de alguns de seus filmes mais difíceis de encontrar.

Cesar Soares Balbi abriu-me o Museu Carmen Miranda, com seu inestimável acervo de recortes, documentos, cartas, fotos e cartazes, e dividiu comigo seu enorme conhecimento de Carmen. Concedeu-me também o privilégio de tocar os objetos e as roupas de Carmen e pôs à minha disposição suas pesquisadoras Marcia Benzinho, Vivian Fava e Barbara de Abreu. A indestrutível Alice Gonzaga franqueou-me o arquivo da Cinédia, em Jacarepaguá, um dos maiores repositórios de informações sobre cinema, não do Brasil, mas do mundo. (Para se ter uma ideia: quando os alemães querem pesquisar sobre seus expressionistas, eles vêm aqui...) Fosse o Brasil diferente, a Cinédia teria uma verba anual para restaurar o extraordinário acervo de filmes deixados por seu fundador, Adhemar Gonzaga, pai de Alice, e para manter uma equipe de pesquisadores trabalhando dia e noite. Mas, sendo o Brasil como é, Alice é quem tem de fazer tudo: cuidar das pastas ela própria, correr diariamente atrás de dinheiro para pagar aos funcionários e ainda aturar pesquisadores como eu.

Nos Estados Unidos, Luisa Dantas capturou, a meu pedido, *todo* o material disponível sobre Carmen no Shubert Archive, em Nova York, e o mesmo sobre seus filmes na Margaret Herrick Library, da Academia de Artes e Ciências Cinematográficas, em Hollywood. E, no Rio, Antonio Roberto Arruda foi, como sempre, o grande amigo deste biógrafo, incansável ao perseguir informações já quase impossíveis de apurar — menos para ele. Um exemplo: as idas e vindas por inúmeras repartições, durante dias, para concluirmos que o número 50 da rua da Candelária, onde Carmen morou com sua família entre 1912 e 1915, continua de pé, mas corresponde hoje ao número 94.

Carmen Carvalho Guimarães, a querida Carminha, filha de Cecilia, confiou-me fabulosos álbuns de fotografias e nunca se recusou a dividir comigo sua memória privilegiada — a ela, particularmente, o meu amor. Gabriel e Maria Paula Richaid, filhos de Aurora, também me cumularam de fitas de vídeo e áudio, além de recortes e de seus preciosos álbuns de família. Como herdeiros diretos de Carmen, dei-lhes acesso prévio ao original deste livro. Eles o aprovaram emocionados, mas a responsabilidade por todas as informações nele contidas é minha.

Por fim, mas não por último, minha eterna gratidão a um grupo de médicos. Por ordem de entrada em cena, os doutores Ênio Porto Duarte, Jacob Kligerman e equipe, Daniel Herchenhorn, Célia Maria Viegas e Americo Soeiro. Sem eles, *Carmen* não estaria em suas mãos.

Carmen (ao volante), entre Sylvia Henriques e Mario Cunha (com Aurora, de pé, atrás), no Carnaval carioca de 1932

DISCOGRAFIA

Embora o LP (o disco long-playing, de 33¹/₃ rotações por minuto, contendo quatro ou seis faixas de cada lado) já existisse comercialmente desde 1948 nos Estados Unidos, Carmen não chegou a gravar nenhum. Todas as suas gravações oficiais — 281 no Brasil e 32 nos Estados Unidos, de 1929 a 1950 — foram feitas em discos avulsos (*singles*) de 78 rpm, com uma faixa de cada lado. No caso das gravações americanas, às vezes eram produzidas em lotes de três discos de uma vez, para lançamento em "álbuns" de 78s.

Quando se anunciou a morte de Carmen, no fim da tarde de 5 de agosto de 1955, houve uma corrida às lojas brasileiras em busca de seus discos. Mas elas não tinham nenhum — no máximo, sobras de alguma tiragem antiga. A Odeon reagiu rapidamente e rodou novas edições de discos mais representativos: uma série de 78s com selo verde. Pouco depois, a Odeon e a RCA Victor soltaram cada qual um LP de dez polegadas, com quatro faixas de cada lado — os primeiros de Carmen no Brasil. A partir dali, e até hoje, lançaram-se incontáveis LPs (depois, CDs) contendo gravações de Carmen.

E todos muito bons, mas parciais. Faltavam edições abrangentes de sua obra. Em 1996, a EMI fez um grande trabalho ao lançar uma caixa de cinco CDs contendo todos os 129 fonogramas gravados por Carmen na Odeon de 1935 a 1940. Dois anos depois, a BMG, mais tímida, lançou uma caixa de três CDs contendo 66 dos 150 fonogramas gravados por ela na Victor de 1929 a 1935. (Até hoje os colecionadores tentam completar a caixa da BMG, procurando as faixas restantes em antigos LPs e CDs da RCA Victor e do selo Revivendo.) Infelizmente, só a caixa da BMG continuou em catálogo; a da EMI esgotou-se e não foi reimpressa. Carmen precisa continuar em circulação e, de preferência, completa — para mostrar como a música popular brasileira podia ser música, ser popular e ser brasileira. Já suas gravações americanas (quase todas inferiores à sua obra brasileira) podem ser encontradas em diversas antologias.

Carmen já foi objeto de várias discografias, cada qual enriquecendo a anterior. As pioneiras, nos anos 50 e 60, foram as de Lucio Rangel, Sylvio Tullio Cardoso e Ary Vasconcellos. A mais completa, até agora, é a de Abel Cardoso Junior, em seu livro *Carmen Miranda — A cantora do Brasil* (Sorocaba: edição particular do autor, 1978), com preciosas informações sobre cada música e seus autores, além de todas as letras.

O site <www.carmenmiranda.com.br> contém gravações originais de Carmen e grande memorabília.

A discografia que segue contém o título da canção, o gênero de música, o nome do autor, ou dos autores, a data de gravação e o número do disco (não da matriz). (Falando em gênero: onde se lê marchinha, não significa que seja obrigatoriamente carnavalesca — pode ser também junina ou natalina.) E a ortografia no título das canções foi atualizada: escrever "Ta-hi" é bonitinho, mas "Fructo prohibido" não reflete a perene modernidade de Carmen.

Na Brunswick:

NÃO VÁ S'IMBORA, samba de Josué de Barros, provavelmente setembro de 1929 (10.013-A)
E O SAMBA É MODA, choro de Josué de Barros, provavelmente setembro de 1929 (10.013-B)

Na Victor:

TRISTE JANDAIA, canção-toada de Josué de Barros, 04/12/1929 (33.249-A)
DONA BALBINA, samba de Josué de Barros, 04/12/1929 (33.249-B)

HISTÓRIA DE UM CAPITÃO AFRICANO, macumba de Josué de Barros, com Josué de Barros e Breno Ferreira, 09/12/1929 (33.253-B)

IAIÁ, IOIÔ, marchinha de Josué de Barros, 23/01/1930 (33.259-A)
BURUCUTUM, samba de J. Curangi [Sinhô], 22/01/1930 (33.259-B)

MAMÃE NÃO QUER..., samba-canção de A. de Carvalho, 22/01/1930 (33.263-A)
PRA VOCÊ GOSTAR DE MIM [TAÍ], marchinha de Joubert de Carvalho, 27/01/1930 (33.263-B)

O MEU AMOR TEM, samba de André Filho, 27/02/1930 (33.265-A)
EU QUERO CASAR COM VOCÊ, marcha-canção de André Filho, 27/02/1930 (33.265-B)

TENHO UM NOVO NAMORADO e ESPERE QUE PRECISO ME PINTAR, cançonetas cômicas de Desmond Gerald, 27/03/1930 (33.285-A)
O NEGO NO SAMBA, samba de Ary Barroso, Marques Pôrto e Luiz Peixoto, 14/12/1929 (33.285-B)

GOSTINHO DIFERENTE, samba de Joubert de Carvalho, 23/04/1930 (33.287-A)
NEQUINHO, canção de Joubert de Carvalho, 22/04/1930 (33.287-B)

SERÁ VOCÊ?, samba de Carlos Medina, 21/06/1930 (33.323-A)
DE QUEM EU GOSTO, foxtrote de Randoval Montenegro, 16/06/1930 (33.323-B)

OS HOME IMPLICA COMIGO, samba de Alfredo Vianna [Pixinguinha] e Carmen Miranda, 21/06/1930 (33.331-A)
MORENO BONITO, marchinha de Josué de Barros, 17/06/1930 (33.331-B)

MISS SERTÃO, samba de Plínio de Britto e Domingos Magarinos, 13/06/1930 (33.339-A)
A MULHÉ QUANDO NÃO QUÉ, lundu de R. S. de Mello, 13/06/1930 (33.339-B)

É COM VOCÊ QUE EU QUERIA, marchinha de Joubert de Carvalho, 06/08/1930 (33.346-A)
ESTA VIDA É MUITO ENGRAÇADA, samba-canção de Joubert de Carvalho, 04/08/1930 (33.346-B)

SI NO ME QUIERES MÁS, tango de C. Nery e Luiz Rubinstein, 07/08/1930 (33.351-A)
MUCHACHITO DE MI AMOR, tango de Randoval Montenegro, 11/08/1930 (33.351-B)

RECEPÇÃO A CARMEN MIRANDA, humor de Plínio Ferraz, com Plínio Ferraz e outros, 11/08/1930 (33.352-A e B)

VOU FAZÊ TRANÇA, samba de Oscar Cardona, 04/08/1930 (33.363-A)
É FINDO O NOSSO AMOR, marchinha de Gonçalves de Oliveira, 11/08/1930 (33.363-B)

MALANDRO, samba de André Filho, 12/08/1930 (33.371-A)
CUIDADO, HEIN!, marchinha de André Filho, 11/08/1930 (33.371-B)

EU GOSTO DA MINHA TERRA, samba de Randoval Montenegro, 06/08/1930 (33.374-A)
VEJA VOCÊ!, marchinha de Rogerio Guimarães e Carlos Medina, 04/08/1930 (33.374-B)

PRA JUDIÁ DE VOCÊ, samba de Oscar Cardona e Carlos Medina, 04/08/1930 (33.375-A)
FEITIÇO GORADO, samba de J. B. da Silva [Sinhô], 11/08/1930 (33.375-B)

POR TI ESTOU PRESA, marchinha de Carmen Miranda e Josué de Barros, 17/12/1930 (33.396-A)
SE NÃO ME TENS AMOR, samba-canção de Joubert de Carvalho, 17/12/1930 (33.396-B)

EU SOU DO BARULHO, marchinha de Joubert de Carvalho, 11/12/1930 (33.397-A)
QUERO VER VOCÊ CHORAR, marchinha de Joubert de Carvalho, 12/12/1930 (33.397-B)

DEIXA DISSO, samba de Ary Barroso, 13/12/1930 (33.398-A)
SOU DA PONTINHA, marchinha de Ary Barroso, 16/12/1930 (33.398-B)

CARNAVÁ TÁ AÍ, marchinha de Alfredo Vianna [Pixinguinha] e Josué de Barros, 11/12/1930 (33.399-A)
VAMOS BRINCAR, marchinha de Josué de Barros, 16/12/1930 (33.399-B)

JÁ TE AVISEI, marchinha de João Martins, 15/12/1930 (33.401-A)
O CASTIGO HÁS DE ENCONTRAR, marchinha de R. S. de Mello, 12/12/1930 (33.401-B)

QUERO FICAR MAIS UM POUQUINHO, marchinha de Joubert de Carvalho, 12/12/1930 (33.402-A)
COMO GOSTO DE VOCÊ, marcha-canção de Guito Iteperê, 12/12/1930 (33.402-B)

GIRA!, samba de Ary Barroso e Marques Pôrto, com Sylvio Caldas, 09/06/1931 (33.445-A)
BENZINHO, samba de Ary Barroso, 10/06/1931 (33.445-B)

ABSOLUTAMENTE, marchinha de Joubert de Carvalho e Olegario Mariano, 22/06/1931 (33.458-A)
FOI ELE, FOI ELA, marchinha de Joubert de Carvalho e Paulo Roberto, com Castro Barbosa, 22/06/1931 (33.458-B)

NÃO TENS RAZÃO, samba de João Freitas Ferreira [Jonjoca], 29/06/1931 (33.468-A)
E DEPOIS, samba de João Freitas Ferreira [Jonjoca], com Castro Barbosa, 29/06/1931 (33.468-B)

TEM GENTE AÍ, marchinha de Joubert de Carvalho, 21/09/1931 (33.478-A)
AMOR! AMOR!, marchinha de Joubert de Carvalho, 21/09/1931 (33.478-B)

Y CANTA EL GALLO, samba de Y. Scolati Almeida, 26/11/1931 (33.502-A)
ADEUS! ADEUS!, samba de André Filho, 16/12/1930 (33.502-B)

BAMBOLEÔ, samba de André Filho, do filme *O Carnaval cantado de 1932*, 10/12/1931 (33.504-A)
QUERO SÓ VOCÊ, samba de André Filho, 10/12/1931 (33.504-B)

SONHEI QUE ERA FELIZ, samba de Ary Barroso, com Zaira de Oliveira, 14/12/1931 (33.508-A)
ISTO É XODÓ, marchinha de Ary Barroso, com Sylvio Caldas, 19/12/1931 (33.508-B)

É DE TRAMPOLIM..., marchinha de Joubert de Carvalho, com Sylvio Caldas, 03/12/1931 (33.510-A)
SE VOCÊ QUER, marchinha de Joubert de Carvalho e Olegario Mariano, 03/12/1931 (33.510-B)

—ISOLA! ISOLA!, marchinha de Ildefonso Norat e Murilo Caldas, com Murilo Caldas, 21/12/1931 (33.515-A)

NOSSO AMÔ VEIO D'UM SONHO, samba de Ary Barroso, 10/03/1932 (33.537-A)
NÃO VAI ZANGAR, samba-canção de João Martins, 14/03/1932 (33.537-B)

QUANDO ME LEMBRO, samba de André Filho, 14/04/1932 (33.555-A)
POR CAUSA DE VOCÊ, samba de André Filho, 14/04/1932 (33.555-B)

O GATINHO, marchinha de André Filho, 31/05/1932 (33.575-A)
TENHO UM NOVO AMOR, samba de Angenor de Oliveira [Cartola], 11/05/1932 (33.575-B)

560 | CARMEN

MULATO DE QUALIDADE, samba de André Filho, 01/06/1932 (33.579-A)
PARA UM SAMBA DE CADÊNCIA, samba de Randoval Montenegro, 01/06/1932 (33.579-B)

ASSIM, SIM, marchinha de Francisco Alves, Noel Rosa e Ismael Silva, 31/05/1932 (33.581-A)
ESPERA UM POUQUINHO, marchinha de André Filho, 31/05/1932 (33.581-B)

GOOD-BYE, marchinha de Assis Valente, do filme *A voz do Carnaval*, 29/11/1932 (33.604-A)
ETC..., samba de Assis Valente, 29/11/1932 (33.604-B)

PIAÇABA PRA VASSOURA, samba de Floriano Ribeiro Pinho, 30/11/1932 (33.609-A)
CARTÃO DE VISITA, samba de Floriano Ribeiro Pinho, 30/11/1932 (33.609-B)

QUANDO VOCÊ MORRER, samba de Ernesto dos Santos [Donga] e Aldo Taranto, 05/01/1933 (33.617-A)
PODE IR EMBORA, samba de Paulo de Goes e Oscar M. Soares, 06/01/1933 (33.617-B)

OLÁ!..., marchinha de Joubert de Carvalho, 04/01/1933 (33.619-A)
FOI VOCÊ MESMO, marchinha de Joubert de Carvalho, 06/01/1933 (33.619-B)

MOLEQUE INDIGESTO, marchinha de Lamartine Babo, com Lamartine Babo, do filme *A voz do Carnaval*, 05/01/1933
(33.620-A)
CHEGOU A TURMA BOA, samba de Walfrido Silva, 30/12/1932 (33.620-B)

FALA, MEU BEM, samba de André Filho, 30/12/1932 (33.621-A)
LUA AMIGA, samba de André Filho, 30/12/1932 (33.621-B)

VIOLÃO, samba de Mario Paulo, 10/04/1933 (33.655-A)
MOLEQUE CONVENCIDO, samba de Mario Paulo, 10/04/1933 (33.655-B)

TEMPO PERDIDO, samba de Ataulpho Alves, primeira música gravada de Ataulpho Alves, 02/05/1933 (33.668-A)
O DESPREZO É MINHA ARMA, samba de Naylor A. de Sá Rego, 02/05/1933 (33.668-B)

CHEGOU A HORA DA FOGUEIRA, marchinha de Lamartine Babo, com Mario Reis, 05/06/1933 (33.671-A)
TARDE NA SERRA, samba de Lamartine Babo, com Mario Reis, 05/06/1933 (33.671-B)

ELOGIO DA RAÇA, marchinha de Assis Valente, 18/05/1933 (33.680-A)
PRA QUEM SABE DAR VALOR, samba de Assis Valente, com Carlos Galhardo, 18/05/1933 (33.680-B)

EU QUERIA SER IOIÔ..., marchinha de Lamartine Babo e João de Barro [Braguinha], 13/06/1933 (33.687-A)
SOSSEGA O TEU CORPO, SOSSEGA!, marchinha de Joubert de Carvalho, 04/01/1933 (33.687-B)

—AS CINCO ESTAÇÕES DO ANO, cateretê de Lamartine Babo, com Lamartine Babo, Mario Reis e Almirante,
06/07/1933 (33.691-B)

QUE BOM QUE ESTAVA, marchinha de Joubert de Carvalho, 19/07/1933 (33.694-A)
BOM DIA, MEU AMOR, fox-canção de Joubert de Carvalho e Olegario Mariano, 20/07/1933 (33.694-B)

POR AMOR A ESTE BRANCO, samba de Custodio Mesquita, 29/06/1933 (33.709-A)
SÓ EM SABER, samba de Ideraldo Barcellos e Arlindo Jacob, 18/05/1933 (33.709-B)

TÃO GRANDE, TÃO BOBO, marchinha de Assis Valente, 01/08/1933 (33.721-A)
INCONSTITUCIONALISSIMAMENTE, marchinha de Hervé Cordovil, com Lamartine Babo, 01/08/1933 (33.721-B)

NÃO HÁ RAZÃO PARA HAVER BARULHO, samba de Walfrido Silva, 02/05/1933 (33.733-A)
PERDI MINHA MASCOTE, samba de João Machado Guedes, com Patrício Teixeira, 29/06/1933 (33.733-B)

2 × 2, marchinha de Lamartine Babo, com Lamartine Babo, 06/12/1933 (33.736-A)
MARCHINHA NUPCIAL, marchinha de Lamartine Babo, 06/12/1933 (33.736-B)

LULU, marchinha de Assis Valente, 13/12/1933 (33.744-A)
SAPATEIA NO CHÃO, samba de Assis Valente, 11/12/1933 (33.744-B)

DISCOGRAFIA | 561

┌ ME RESPEITE... OUVIU?, samba de Walfrido Silva, com Mario Reis, 04/12/1933 (33.746-A)
└ ALÔ... ALÔ?..., samba de André Filho, 28/12/1933 (33.746-B)

┌ EU QUERO TE DAR UM BEIJO, marchinha de Joubert de Carvalho, 07/12/1933 (33.749-A)
└ UMA VEZINHA SÓ, marchinha de Joubert de Carvalho, 07/12/1933 (33.749-B)

┌ OK..., marchinha de Jurandyr Santos, com Lamartine Babo, 27/12/1933 (33.756-A)
└ EU TAMBÉM, marchinha de Lamartine Babo, com Lamartine Babo, 05/01/1934 (33.756-B)

┌ POR ESPECIAL FAVOR, marchinha de Ary Barroso, 21/03/1934 (33.769-A)
└ NA BATUCADA DA VIDA, samba-canção de Ary Barroso e Luiz Peixoto, 20/03/1934 (33.769-B)

┌ TENHO RAIVA DO LUAR, marchinha de Assis Valente, 21/03/1934 (33.780-A)
└ PRA QUE AMAR, samba de Assis Valente, com Almirante, 20/03/1934 (33.780-B)

┌ ACORDA, SÃO JOÃO, marchinha de Assis Valente, 23/04/1934 (33.788-A)
└ BALÃO QUE MUITO SOBE, marchinha de Ary Barroso e Oswaldo Santiago, 09/05/1934 (33.788-B)

— ISTO É LÁ COM SANTO ANTONIO, marchinha de Lamartine Babo, com Mario Reis, 14/05/1934 (33.789-A)

┌ UM POUQUINHO DE AMOR, marchinha de Joubert de Carvalho, 08/06/1934 (33.798-A)
└ SAPATINHO DA VIDA, marchinha de Joubert de Carvalho, 08/06/1934 (33.798-B)

┌ AO VOLTAR DO SAMBA, samba de Synval Silva, 26/03/1934 (33.808-A)
└ ALVORADA, samba de Synval Silva, primeira música gravada de Synval Silva, 11/12/1933 (33.808-B)

┌ PRIMAVERA NO RIO, marchinha de João de Barro, do filme *Alô, alô, Brasil*, 20/08/1934 (33.820-A)
└ MOCIDADE, marchinha de Milton Amaral, 20/08/1934 (33.820-B)

┌ RETIRO DA SAUDADE, marchinha de Nássara e Noel Rosa, com Francisco Alves, 10/09/1934 (33.827-A)
└ NINHO DESERTO, samba de Ewaldo Ruy, com Francisco Alves, 10/09/1934 (33.827-B)

┌ QUANDO A SAUDADE APERTAR, marchinha de André Filho, com Sylvio Caldas, 26/03/1934 (33.829-A)
└ TEU FEITIÇO ME PEGÔ, samba de Benedito Lacerda e Oswaldo Silva, 11/05/1934 (33.829-B)

┌ MINHA EMBAIXADA CHEGOU, samba de Assis Valente, 28/09/1934 (33.847-A)
└ TÉ JÁ, marchinha de Assis Valente, 28/09/1934 (33.847-B)

┌ A.B.C. DO AMOR, marchinha de Ary Barroso, 10/10/1934 (33.858-A)
└ TOME MAIS UM CHOPE, marchinha de Nássara, 10/10/1934 (33.858-B)

┌ RECADINHO DE PAPAI NOEL, marchinha de Assis Valente, 11/09/1934 (33.881-A)
└ POR CAUSA DE VOCÊ, IOIÔ, samba de Assis Valente, 28/09/1934 (33.881-B)

┌ CORAÇÃO!, samba de Synval Silva, 11/10/1934 (33.885-A)
└ COMIGO, NÃO!..., samba de Heitor Catumby e Valentina Biosca, 11/10/1934 (33.885-B)

┌ ENTRE OUTRAS COISAS, marchinha de Alcebíades Barcellos [Bide] e Walfrido Silva, 11/01/1935 (33.895-A)
└ SEU ABÓBORA, marchinha de Hervé Cordovil e Janeiro Ramos, 11/01/1935 (33.895-B)

┌ MORENO, marchinha de Alcebíades Barcellos e Dan Mallio Carneiro, última gravação de Carmen na Victor,
│   16/01/1935 (33.896-A)
└ SORRISOS, marchinha de Hervé Cordovil e João de Barro, 16/01/1935 (33.896-B)

┌ MULATINHO BAMBO, marchinha de Ary Barroso e Kid Pepe, 8/01/1935 (33.904-A)
└ ANOITECEU, samba de Ary Barroso, 8/01/1935 (33.904-B)

┌ NUNCA MAIS, samba de Alcebíades Barcellos e Armando Marçal, 11/10/1934 (33.905-A)
└ NÃO ME FALTA NADA, samba de Alcebíades Barcellos e Waldemar Costa, 11/01/1935 (33.905-B)

562 | CARMEN

O SAMBA É CARIOCA, samba de Oswaldo Silva, 26/03/1934 (33.914-A)
AGORA NÃO, marchinha de Walfrido Silva e Aldo Taranto, 26/03/1934 (33.914-B)

— VOU ESPALHANDO POR AÍ, marchinha de Assis Valente, com Castro Barbosa, 23/04/1934 (33.936-A)

Na Odeon:

E BATEU-SE A CHAPA, samba de Assis Valente, do filme *Estudantes*, 26/06/1935 (11.224-A)
ISSO NÃO SE ATURA, samba de Assis Valente, 26/06/1935 (11.224-B)

FOI NUMA NOITE ASSIM, marchinha de Arlindo Marques Jr. e Roberto Roberti, 29/04/1935 (11.225-A)
QUEIXAS DE COLOMBINA, samba de Arlindo Marques Jr. e Roberto Roberti, 01/05/1935 (11.225-B)

SONHO DE PAPEL, marchinha de Alberto Ribeiro, do filme *Estudantes*, 10/05/1935 (11.228-A)
FOGUEIRA DO MEU CORAÇÃO, samba de Mario Travassos e Antonio Luiz Pimentel, 10/05/1935 (11.228-B)

ROSEIRA BRANCA, samba-choro de Gadé e Walfrido Silva, 10/05/1935 (11.250-A)
SE GOSTARES DE BATUQUE, samba de Kid Pepe, 09/07/1935 (11.250-B)

TIC-TAC DO MEU CORAÇÃO, samba de Alcyr Pires Vermelho e Walfrido Silva, 07/08/1935 (11.260-A)
FRUTO PROIBIDO, marchinha de Custodio Mesquita e Jayme Távora, 19/07/1935 (11.260-B)

PRIMAVERA, marchinha de Milton Amaral, 27/08/1935 (11.265-A)
COR DE GUINÉ, samba de Milton Amaral, 27/08/1935 (11.265-B)

ADEUS BATUCADA, samba de Synval Silva, 24/09/1935 (11.285-A)
CASAQUINHO DE TRICÔ, choro-receita de Paulo Barbosa, com Barbosa Junior, 15/10/1935 (11.285-B)

DIA DE NATAL, marchinha de Hervé Cordovil, 16/10/1935 (11.289-A)
SAMBA, samba de Hervé Cordovil, 16/10/1935 (11.289-B)

QUERIDO ADÃO, marchinha de Benedito Lacerda e Oswaldo Santiago, do filme *Alô, alô, Carnaval!*, 26/09/1935 (11.297-A)
PRA FAZER VOCÊ CHORAR, samba de Benedito Lacerda e Aldo Cabral, 26/09/1935 (11.297-B)

— Ô..., marchinha de Assis Valente, 20/12/1935 (11.318-A)
FALA, MEU PANDEIRO, samba de Assis Valente, 26/12/1935 (11.318-B)

NOVA DESCOBERTA, marcha de Arlindo Marques Jr. e Roberto Roberti, 20/12/1935 (11.319-A)
DEIXA ESSE POVO FALAR, samba de Arlindo Marques Jr. e Roberto Roberti, 26/12/1935 (11.319-B)

O QUE É QUE VOCÊ FAZIA?, marcha de Hervé Cordovil e Noel Rosa, 02/01/1936 (11.324-A)
ALÔ, ALÔ, CARNAVAL, marchinha de Hervé Cordovil e Janeiro Ramos, sem crédito, Aurora e Cecilia participam da gravação, 18/01/1936 (11.324-B)

DUVI-D-Ó-DÓ, marchinha de Benedito Lacerda e João Barcellos, 20/01/1936 (11.330-A)
ESQUECI DE SORRIR, samba de Russo, 24/01/1936 (11.330-B)

QUEM CANTA, SEUS MALES ESPANTA!..., samba de Walfrido Silva e Alcebíades Barcellos, 02/01/1936 (11.341-A)
VOCÊ NÃO TEM PENA, samba de Russo e Bucy Moreira, 19/03/1936 (11.341-B)

CANTORAS DO RÁDIO, marchinha de Alberto Ribeiro e João de Barro, com Aurora Miranda, do filme *Alô, alô, Carnaval!*, 18/03/1936 (11.343-A)
RANCOR, samba de Augusto Rocha e Paulo Frontin Werneck, com Aurora Miranda, únicas gravações oficiais das irmãs em dupla, 12/03/1936 (11.343-B)

NÃO FUI EU, marchinha de Arlindo Marques Jr. e Roberto Roberti, 18/03/1936 (11.344-A)
CAPELINHA DO CORAÇÃO, samba de Arlindo Marques Jr. e Roberto Roberti, 19/03/1936 (11.344-B)

DISCOGRAFIA | 563

MEU BALÃO SUBIU... SUBIU..., marchinha de Amado Regis e Marcilio Vieira, 13/05/1936 (11.361-A)
PAGA QUEM DEVE, samba de Amado Regis e Marcilio Vieira, 13/05/1936 (11.361-B)

TRISTE SAMBISTA, samba de Kid Pepe e Siqueira Filho, 15/04/1936 (11.370-A)
NÃO DURMO EM PAZ, samba de Germano Augusto e Wilson Baptista, 15/04/1936 (11.370-B)

CUÍCA, PANDEIRO, TAMBORIM..., samba de Custodio Mesquita, 14/05/1936 (11.377-A)
SAMBISTA DA CINELÂNDIA, samba de Custodio Mesquita e Mario Lago, 14/05/1936 (11.377-B)

HONRANDO UM NOME DE MULHER, samba-choro de Gadé e Walfrido Silva, 19/05/1936 (11.386-A)
POLICHINELO, samba-choro de Gadé e Almanyr Grego, 19/05/1936 (11.386-B)

NINGUÉM TEM UM AMOR IGUAL AO MEU, marchinha de Joubert de Carvalho, 25/09/1936 (11.400-A)
TERRA MORENA, marchinha de Joubert de Carvalho, 25/09/1936 (11.400-B)

COMO 'VAIS' VOCÊ?, marchinha de Ary Barroso, com participação (sem crédito) de Ary Barroso, 02/10/1936
    (11.402-A)
NO TABULEIRO DA BAIANA, batuque de Ary Barroso, com Luiz Barbosa, 29/09/1936 (11.402-B)

BEIJO BAMBA, marchinha de André Filho, 06/11/1936 (11.418-A)
PELO AMOR DAQUELA INGRATA, samba de André Filho, 06/11/1936 (11.418-B)

BALANCÊ, marchinha de João de Barro e Alberto Ribeiro, 19/11/1936 (11.430-A)
MINHA TERRA TEM PALMEIRAS, marchinha de João de Barro e Alberto Ribeiro, 30/11/1936 (11.430-B)

DOU-LHE UMA..., marchinha de André Filho e Alberto Ribeiro, 06/11/1936 (11.437-A)
ENTRA NA CORDA, samba de André Filho, 25/11/1936 (11.437-B)

NEM NO SÉTIMO DIA, marchinha de Benedito Lacerda e Herivelto Martins, 04/12/1936 (11.440-A)
COMO EU CHOREI, samba de Benedito Lacerda e Herivelto Martins, 25/11/1936 (11.440-B)

NÃO SE DEVE LAMENTAR, marchinha de Ary Barroso, 10/12/1936 (11.442-A)
NOVO AMOR, samba de Ary Barroso, 10/12/1936 (11.442-B)

O SAMBA E O TANGO, samba-tango de Amado Regis, 24/02/1937 (11.462-A)
REMINISCÊNCIA TRISTE, samba romântico de Amado Regis, 24/02/1937 (11.462-B)

SAUDADE DE VOCÊ, samba de Synval Silva, 20/03/1937 (11.471-A)
GENTE BAMBA, samba de Synval Silva, 20/03/1937 (11.471-B)

CACHORRO VIRA-LATA, samba-choro de Alberto Ribeiro, 04/05/1937 (11.482-A)
IMPERADOR DO SAMBA, samba de Waldemar Silva, 04/05/1937 (11.482-B)

DANCE RUMBA, rumba de Djalma Esteves e Bucy Moreira, 25/03/1937 (11.489-A)
EM TUDO, MENOS EM TI, rumba-canção de Djalma Esteves e Oswaldo Santiago, 25/03/1937 (11.489-B)

CANJIQUINHA QUENTE, samba-batuque de Roberto Martins, 04/05/1937 (11.494-A)
ME DÁ, ME DÁ, samba-choro de Portello Juno e Cicero Nunes, 04/05/1937 (11.494-B)

QUEM É?, choro de Custodio Mesquita e Joracy Camargo, com Barbosa Junior, 20/07/1937 (11.506-A)
CABARÉ NO MORRO, samba de Herivelto Martins, 20/07/1937 (11.506-B)

PRIMAVERA DA VIDA, marchinha de André Filho e Almanyr Grego, 29/08/1937 (11.525-A)
BAIANA DO TABULEIRO, samba de André Filho, 29/08/1937 (11.525-B)

FON-FON, samba de João de Barro e Alberto Ribeiro, com Sylvio Caldas, 17/09/1937 (11.530-A)
CAMISA LISTADA, samba-choro de Assis Valente, 20/09/1937 (11.530-B)

QUANDO EU PENSO NA BAHIA, samba-jongo de Ary Barroso e Luiz Peixoto, com Sylvio Caldas, 17/09/1937 (11.540-A)
EU DEI..., marchinha de Ary Barroso, 21/09/1937 (11.540-B)

564 | CARMEN

DONA GUEIXA, marchinha de Paulo Barbosa e Oswaldo Santiago, 13/10/1937 (11.557-A)
NO FREVO DO AMOR, marcha-frevo de Paulo Barbosa e Oswaldo Santiago, 03/12/1937 (11.557-B)

VIRA PRA CÁ, marchinha de João de Barro e Alberto Ribeiro, 13/10/1937 (11.559-A)
QUANTAS LÁGRIMAS, samba de Marcilio Vieira e Alvarenguinha, 03/12/1937 (11.559-B)

VOCÊ ESTÁ AÍ PRA ISSO?, marchinha de Ary Barroso, 13/12/1937 (11.569-A)
POIS SIM, POIS NÃO!, samba de Ary Barroso, 14/12/1937 (11.569-B)

ONDE VAI VOCÊ, MARIA?, samba de Benedito Lacerda e Darcy Oliveira, com Sylvio Caldas, 22/12/1937 (11.577-A)
ONDE É QUE VOCÊ ANDA?, samba de Cyro de Souza, com Fernando Alvarez, 29/12/1937 (11.577-B)

... E O MUNDO NÃO SE ACABOU, samba-choro de Assis Valente, 09/03/1938 (11.587-A)
FOI EMBORA PRA EUROPA, samba de Nelson Petersen, 09/03/1938 (11.587-B)

SAI DA TOCA, BRASIL!, rumba de Joubert de Carvalho, 08/03/1938 (11.592-A)
ENDEREÇO ERRADO, marchinha de Paulo Carvalho, 07/03/1938 (11.592-B)

NAS CADEIRAS DA BAIANA, samba de Portelo Juno e Leo Cardoso, com Nuno Roland, 08/03/1938 (11.602-A)
SAMBA RASGADO, samba de Portelo Juno e J. Pereira, 07/03/1938 (11.602-B)

PARIS, marchinha de Alberto Ribeiro e Alcyr Pires Vermelho, 03/05/1938 (11.613-A)
VENENO PRA DOIS, samba de Alberto Ribeiro, 04/05/1938 (11.613-B)

NA BAHIA, samba-jongo de Herivelto Martins e Humberto Porto, com o Trio Dalva de Oliveira, 02/05/1938 (11.625-A)
MEU RÁDIO E MEU MULATO, samba-choro de Herivelto Martins, 02/05/1938 (11.625-B)

DEIXA FALAR!, samba de Nelson Petersen, com Ary Barroso, 02/08/1938 (11.640-A)
QUEM CONDENA A BATUCADA, samba de Nelson Petersen, 01/08/1938 (11.640-B)

BONECA DE PICHE, cena carioca de Ary Barroso e Luiz Iglesias, com Almirante, 31/08/1938 (11.654-A)
ESCREVI UM BILHETINHO, marchinha de Ary Barroso, 31/08/1938 (11.654-B)

SALADA MISTA, marcha de Ary Barroso, 17/10/1938 (11.667-A)
NA BAIXA DO SAPATEIRO, samba-jongo de Ary Barroso, 17/10/1938 (11.667-B)

BATALHÃO DO AMOR, marchinha de Ary Barroso, 02/12/1938 (11.684-A)
VINGANÇA, samba de Ary Barroso e Alcyr Pires Vermelho, 24/11/1938 (11.684-B)

CUIDADO COM A GAITA DO ARY, marchinha de Oswaldo Santiago e Paulo Barbosa, 07/12/1938 (11.694-A)
A PENSÃO DA DONA ESTELA, marchinha de Oswaldo Santiago e Paulo Barbosa, com Barbosa Junior, 07/12/1938 (11.694-B)

A VIZINHA DAS VANTAGENS, samba de Ary Barroso e Alcyr Pires Vermelho, 08/12/1938 (11.697-A)
E A FESTA, MARIA?, samba de Ary Barroso e Alcyr Pires Vermelho, 02/12/1938 (11.697-B)

O QUE É QUE A BAIANA TEM?, samba típico baiano de Dorival Caymmi, com Dorival Caymmi, do filme *Banana da terra*, 27/02/1938 (11.710-A)
A PRETA DO ACARAJÉ, cena típica baiana de Dorival Caymmi, com Dorival Caymmi, 27/02/1939 (11.710-B)

UVA DE CAMINHÃO, samba-revista de Assis Valente, 21/03/1939 (11.712-A)
DEIXA COMIGO, samba de Assis Valente, 21/03/1939 (11.712-B)

CANDEEIRO, partido alto de Kid Pepe e David Nasser, 21/03/1939 (11.729-A)
MORENO BATUQUEIRO, samba-choro de Kid Pepe e Germano Augusto, 21/03/1939 (11.729-B)

AMOR IDEAL, samba de Synval Silva, 05/04/1939 (11.741-A)
NOSSO AMOR NÃO FOI ASSIM, marchinha de Synval Silva, 05/04/1939 (11.741-B)

RODA PIÃO, canção de roda (adaptação de Dorival Caymmi, com Dorival Caymmi), 29/04/1939 (11.751-A)
A NOSSA VIDA HOJE É DIFERENTE, samba-choro de Cyro de Souza, 29/04/1939 (11.751-B)

DISCOGRAFIA | 565

— QUE BAIXO, samba-choro de Milton Amaral, com Barbosa Junior, 18/04/1939 (11.765-A)

⌈ PRETO E BRANCO, batuque de Augusto Vasseur, Marques Porto e Luiz Peixoto, com Almirante, 02/05/1939 (11.777-A)
⌊ COZINHEIRA GRÃ-FINA, samba-choro de Sá Roris, com Almirante, 03/05/1939 (11.777-B)

⌈ MULATO ANTIMETROPOLITANO, samba de Laurindo de Almeida, 05/04/1939 (11.787-A)
⌊ VOCÊ NASCEU PRA SER GRÃ-FINA, samba de Laurindo de Almeida, 05/04/1939 (11.787-B)

⌈ ESSA CABROCHA, samba de Portello Juno e J. Portella, 18/04/1939 (11.851-A)
⌊ ME DÁ, ME DÁ NO CHANG-LANG, samba de Kid Pepe, Portello Juno e Paulo Actis, 05/04/1939 (11.851-B)

⌈ VOLTEI PRO MORRO, samba de Vicente Paiva e Luiz Peixoto, 02/09/1940 (11-902-A)
⌊ DIZ QUE TEM..., samba-batuque de Vicente Paiva e Anibal Cruz, 02/09/1940 (11.902-B)

⌈ DISSO É QUE EU GOSTO, choro de Vicente Paiva e Luiz Peixoto, 06/09/1940 (11.913-A)
⌊ DISSERAM QUE VOLTEI AMERICANIZADA, samba de Vicente Paiva e Luiz Peixoto, 02/09/1940 (11.913-B)

⌈ BRUXINHA DE PANO, samba de Vicente Paiva e Luiz Peixoto, com Almirante, 06/09/1940 (11.923-A)
⌊ RECENSEAMENTO, samba de Assis Valente, 27/09/1940 (11.923-B)

⌈ O DENGO QUE A NEGA TEM, samba de Dorival Caymmi, 06/09/1940 (11.976-A)
⌊ É UM QUÊ QUE A GENTE TEM, samba de Ataulpho Alves e Torres Homem, 06/09/1940 (11.976-B)

⌈ BLAQUE-BLAQUE, samba-choro de Gomes Filho e Juracy de Araújo, com Barbosa Junior, 27/09/1940 (12.042-A)
⌊ GINGA GINGA, samba-choro de Gomes Filho e Juracy de Araújo, com Barbosa Junior, 27/09/1940 (12.042-B)

Na Decca americana:

⌈ SOUTH AMERICAN WAY, samba-rumba de Jimmy McHugh e Al Dubin (sem crédito: Aloysio de Oliveira), com o
| Bando da Lua e Garoto, da revista da Broadway *Streets of Paris* e do filme *Serenata tropical*, 26/12/1939
| (23.130-A)
⌊ TOURADAS EM MADRI, marchinha de João de Barro e Alberto Ribeiro, com o Bando da Lua e Garoto, da revista
da Broadway *Streets of Paris*, 26/12/1939 (23.130-B)

⌈ O QUE É QUE A BAIANA TEM?, samba de Dorival Caymmi, com o Bando da Lua e Garoto, da revista da Broadway
| *Streets of Paris*, 26/12/1939 (23.131-A)
⌊ MARCHINHA DO GRANDE GALO (CO, CÓ, CÓ, CÓ, CÓ, CÓ, RÓ), marchinha de Lamartine Babo e Paulo Barbosa, com
o Bando da Lua e Garoto, da revista da Broadway *Streets of Paris*, 26/12/1939 (23.131-B)

⌈ MAMÃE, EU QUERO, marchinha de Jararaca e Vicente Paiva, com o Bando da Lua e Garoto, da revista da Broad-
| way *Streets of Paris* e do filme *Serenata tropical*, 26/12/1939 (23.132-A)
⌊ BAMBU, BAMBU, samba-embolada de Patrício Teixeira e Donga, com o Bando da Lua e Garoto, da revista da
Broadway *Streets of Paris* e do filme *Serenata tropical*, 26/12/1039 (23.132-B)

⌈ I, YI, YI, YI, YI (I LIKE YOU VERY MUCH), marchinha de Harry Warren e Mack Gordon, com o Bando da Lua, do
| filme *Uma noite no Rio*, 05/01/1941 (23.209-A)
⌊ ALÔ, ALÔ, samba de André Filho, com o Bando da Lua, 05/01/1941 (23.209-B)

⌈ CHICA CHICA BOOM CHIC, samba-rumba-canção de Harry Warren e Mack Gordon (sem crédito: Zaccarias Yaco-
| nelli), com o Bando da Lua, do filme *Uma noite no Rio*, 05/01/1941 (23.210-A)
⌊ BAMBALÊ, embolada de Brant Horta, com o Bando da Lua, 05/01/1941 (23.210-B)

⌈ CAI, CAI, batucada de Roberto Martins, com o Bando da Lua, do filme *Uma noite no Rio*, 5/1/1941 (23.211-A)
⌊ ARCA DE NOÉ, marchinha de Nássara e Sá Roris, com o Bando da Lua, 05/01/1941 (23.211-B)

⌈ A WEEK-END IN HAVANA, fox-rumba de Mack Gordon e Harry Warren, com o Bando da Lua, do filme *Aconteceu
| em Havana*, 09/10/1941 (23.239-A)
⌊ DIZ QUE TEM, samba de Vicente Paiva e Anibal Cruz, com o Bando da Lua, 09/10/1941 (23.239-B)

WHEN I LOVE, I LOVE, marcha-canção de Mack Gordon e Harry Warren, com o Bando da Lua, do filme *Aconteceu em Havana*, 09/10/1941 (23.240-A)
REBOLA, BOLA, embolada de Aloysio de Oliveira, Nestor Amaral e Brant Horta, com o Bando da Lua, do filme *Aconteceu em Havana*, 09/10/1941 (23.240-B)

THE MAN WITH THE LOLLYPOP SONG, samba-canção de Mack Gordon e Harry Warren, com o Bando da Lua, do filme *Aconteceu em Havana*, 09/10/1939 (23.241-A)
NÃO TE DOU A CHUPETA, marchinha de Silvino Neto e Plinio Bretãs, com o Bando da Lua, 13/10/1941 (23.241-B)

MANUELO, samba-canção de Jack Yellen e Sammy Fain, com o Bando da Lua, da revista da Broadway *Sons o' Fun*, 23/12/1941 (23.226-A)
THANK YOU, NORTH AMERICA, samba-canção de Jack Yellen e Sammy Fain, com o Bando da Lua, da revista da Broadway *Sons o' Fun*, 23/12/1941 (23.226-B)

CHATTANOOGA CHOO-CHOO, fox-samba de Mack Gordon e Harry Warren (sem crédito: Aloysio de Oliveira), com o Bando da Lua, do filme *Minha secretária brasileira*, 25/07/1942 (23.265-A)
TIC-TAC DO MEU CORAÇÃO, samba de Alcyr Pires Vermelho e Walfrido Silva, com o Bando da Lua, do filme *Minha secretária brasileira*, 25/07/1942 (23.265-B)

O PASSO DO KANGURU (BRAZILLY WILLY), marchinha de Haroldo Lobo e Milton de Oliveira, com o Bando da Lua, 25/07/1942 (23.266-A)
BONECA DE PICHE, cena carioca de Ary Barroso e Luiz Iglesias, com Nestor Amaral e o Bando da Lua, 25/07/1942 (23.266-B)

UPA, UPA, marchinha de Ary Barroso, 27/01/1945 (23.414-A)
TICO-TICO (TICO-TICO NO FUBÁ), choro de Zequinha de Abreu, Erwin Drake e Aloysio de Oliveira, do filme *Copacabana*, 27/01/1945 (23.414-B)

THE MATADOR (TOURADAS EM MADRI), marchinha de João de Barro, Alberto Ribeiro e Ray Gilbert, com as Andrews Sisters, 29/11/1947 (24.479-A)
CUANTO LE GUSTA, fox-rumba de Gabriel Ruiz e Ray Gilbert, com as Andrews Sisters, do filme *O príncipe encantado*, 29/11/1947 (24.479-B)

ASI, ASI (I SEE, I SEE), fox-rumba de Eddie Gomes e Ray Gilbert, com as Andrews Sisters, 12/12/1949 (24.841-A)
SAMBA NUPCIAL (WEDDING SAMBA), samba de Ellenstein, Small e Liebowitz, 12/12/1949 (24.841-B)

CAROOM' PA PA (BAIÃO), rumba-baião de Humberto Teixeira, Luiz Gonzaga e Ray Gilbert, com o Bando da Lua e as Andrews Sisters, do filme *Romance carioca*, 06/01/1950 (24.979-A)
YPSEE-I-O (Ray Gilbert), (sem crédito: Aloysio de Oliveira), com o Bando da Lua e as Andrews Sisters, do filme *Romance carioca*, 06/01/1950 (24.979-B)

A discografia americana oficial de Carmen não inclui as gravações de estúdio feitas para playback nos filmes *Entre a loura e a morena* (três canções, inclusive "Paducah", que ela canta com Benny Goodman), *Quatro moças num jeep* (uma nova versão de "I, yi, yi, yi, yi..."), *Serenata boêmia* (três canções, entre as quais um ótimo "I'm Just Wild About Harry" com intercalações em português), *Alegria, rapazes!* (três canções, uma delas, o raro "Batuca, nego", de Ary Barroso), *Sonhos de estrela* (duas canções, inclusive a censurada "True to the Navy"), *Se eu fosse feliz* (três canções, entre as quais o sensacional "Batucada", com Harry James), *Copacabana* (cinco canções, sendo duas em francês), *O príncipe encantado* (três canções, entre as quais "Cooking With Glass"), *Romance carioca* (com as vibrantes "Ypsee-I-ou" e "Caroom' pa pa") e *Morrendo de medo* (duas canções). Às vezes, algumas dessas gravações aparecem em CDs japoneses e europeus. O mercado continua à espera de uma Carmen completa em Hollywood, com pelo menos cinquenta faixas.

FILMOGRAFIA

A data depois do título de cada filme refere-se ao ano de sua produção. Como estreia oficial, consideraram-se as datas de lançamento no Rio (para os filmes brasileiros) e em Nova York (para os filmes americanos). Supõe-se que Carmen tenha feito figuração em um ou dois filmes em fins da década de 20, mas não sobrou um único fotograma para confirmar isso.

No Brasil:

O CARNAVAL CANTADO DE 1932. 1932. P&B. Vital Ramos de Castro e equipe Cinédia. Com o povo nas ruas do Rio. Estreou em março de 1932. Considerado perdido.

A VOZ DO CARNAVAL. 1933. P&B. Produção Cinédia. Direção de Adhemar Gonzaga e Humberto Mauro. Com Palitos, Lamartine Babo, Jararaca e Ratinho e outros. Estreou no Cine Odeon em 06/03/1933. Considerado perdido.

ALÔ, ALÔ, BRASIL. 1935. P&B. Waldow-Cinédia. Direção de Wallace Downey, João de Barro e Alberto Ribeiro. Com Aurora Miranda, Dircinha Baptista, Elisinha Coelho, Francisco Alves e Mario Reis. Estreou no Cine Alhambra em 04/02/1936. Considerado perdido.

ESTUDANTES. 1935. P&B. Waldow-Cinédia. Direção de Wallace Downey. Com Mesquitinha, Mario Reis, Barbosa Junior, Aurora Miranda, Bando da Lua, Irmãos Tapajós e Almirante. Estreou no Cine Alhambra em 08/07/1935. Considerado perdido.

ALÔ, ALÔ, CARNAVAL! 1935. P&B. Waldow-Cinédia. Direção de Adhemar Gonzaga. Com Jorge Murad, Barbosa Junior, Jayme Costa, Aurora Miranda, Alzirinha Camargo, Francisco Alves, Mario Reis, Irmãs Pagãs, Bando da Lua, Oscarito e Luiz Barbosa. Estreou no Cine Alhambra em 20/01/1936.

BANANA DA TERRA. 1938. P&B. Sonofilms (Wallace Downey). Direção de João de Barro. Com Oscarito, Aurora Miranda, Dircinha Baptista, Linda Baptista, Almirante, Jorge Murad e Emilinha Borba. Estreou no Cine Metro-Passeio em 10/02/1939. A sequência em que Carmen canta "O que é que a baiana tem?" sobreviveu.

Nos Estados Unidos:

SERENATA TROPICAL (DOWN ARGENTINE WAY). 1940. Cor. 20th Century-Fox. Direção de Irving Cummings. Com Betty Grable, Don Ameche, Charlotte Greenwood e Bando da Lua. Estreia: 11/10/1940.

UMA NOITE NO RIO (THAT NIGHT IN RIO). 1941. Cor. 20th Century-Fox. Direção de Irving Cummings. Com Alice Faye, Don Ameche, S. Z. Sakall, J. Carroll Naish, Maria Montez e Bando da Lua. Estreia: 11/04/1941.

ACONTECEU EM HAVANA (WEEK-END IN HAVANA). 1941. Cor. 20th Century-Fox. Direção de Walter Lang. Com Alice Faye, John Payne, Cesar Romero e Bando da Lua. Estreia: 17/10/1941.

MINHA SECRETÁRIA BRASILEIRA (SPRINGTIME IN THE ROCKIES). 1942. Cor. 20th Century--Fox. Direção de Irving Cummings. Com Betty Grable, John Payne, Cesar Romero, Charlotte Greenwood, Edward Everett Horton e Bando da Lua. Estreia: 06/11/1942.

ENTRE A LOURA E A MORENA (THE GANG'S ALL HERE). 1943. Cor. 20th Century-Fox. Direção de Busby Berkeley. Com Alice Faye, Edward Everett Horton, Charlotte Greenwood e Benny Goodman e sua orquestra. Estreia: 24/12/1943.

QUATRO MOÇAS NUM JEEP (FOUR JILLS IN A JEEP). 1943. P&B. 20th Century-Fox. Direção de William Seiter. Com Alice Faye, Betty Grable, Kay Francis, Martha Raye e Dick Haymes. Estreia: 17/03/1944.

SERENATA BOÊMIA (GREENWICH VILLAGE). 1944. Cor. 20th Century-Fox. Direção de Walter Lang. Com Don Ameche, Vivian Blaine e William Bendix. Estreia: 27/09/1944.

ALEGRIA, RAPAZES! (SOMETHING FOR THE BOYS). 1944. Cor. 20th Century-Fox. Direção de Lewis Seiler. Com Vivian Blaine, Michael O'Shea e Perry Como. Estreia: 01/11/1944.

SONHOS DE ESTRELA (DOLL FACE). 1945. P&B. 20th Century-Fox. Direção de Lewis Seiler. Com Vivian Blaine, Dennis O'Keefe e Perry Como. Estreia: julho de 1945.

SE EU FOSSE FELIZ (IF I'M LUCKY). 1946. Cor. 20th Century-Fox. Direção de Lewis Seiler. Com Vivian Blaine, Perry Como, Harry James e sua orquestra. Estreia: 02/09/1946.

COPACABANA (COPACABANA). 1946. P&B. United Artists. Direção de Alfred Green. Com Groucho Marx, Gloria Jean, Steve Cochran e Andy Russell. Estreia: abril de 1947.

O PRÍNCIPE ENCANTADO (A DATE WITH JUDY). 1948. Cor. MGM. Direção de Richard Thorpe. Com Jane Powell, Elizabeth Taylor, Wallace Beery, Robert Stack e Xavier Cugat. Estreia: 21/06/1948.

ROMANCE CARIOCA (NANCY GOES TO RIO). 1950. Cor. MGM. Direção de Robert Z. Leonard. Com Jane Powell, Ann Sothern, Barry Sullivan, Louis Calhern, Scott Beckett, Frank Fontaine e Bando da Lua. Estreia: 10/03/1950.

MORRENDO DE MEDO (SCARED STIFF). 1952. P&B. Paramount. Direção de George Marshall. Com Dean Martin, Jerry Lewis, Lizabeth Scott, Dorothy Malone, Frank Fontaine e Bando da Lua. Estreia: 27/04/1953.

Carmen e Bob Hope (ao volante) na base aérea de Mitchel, Nova York, em setembro de 1948

BIBLIOGRAFIA

ALENCAR, Edigar de. *O Carnaval carioca através da música* (dois vols.). Rio: Francisco Alves, 1965.

ALLEMAN, Richard. *The Movie Lover's Guide to Hollywood*. Nova York: Harper & Row, 1985.

———— *The Movie Lover's Guide to New York*. Nova York: Harper & Row, 1988.

ALMIRANTE. *No tempo de Noel Rosa*. Rio: Francisco Alves, 1963.

American Society of Composers, Authors and Publishers. *Ascap Biographical Dictionary*. Nova York: 3rd edition, 1966.

ANDRÉ, Marcos [Victorino Viana de Carvalho]. *Bazar*. Rio: Letras e Artes, 1962.

ARAÚJO, Lauro Gomes de. *Roberto Martins — Uma legenda na música popular*. Sorocaba, SP: Fundação Ubaldino do Amaral, 1995.

ARCE, Hector. *The Secret Life of Tyrone Power*. Nova York: Bantam Books, 1980.

AUGUSTO, Sérgio. *Este mundo é um pandeiro — A chanchada de Getúlio a JK*. São Paulo: Companhia das Letras, 1989.

BARRETO Filho, Mello. *Onde o mundo se diverte...* Rio: Casa dos Artistas, 1940.

BARROS, Luiz de. *Minhas memórias de cineasta*. Rio: Artenova, 1978.

BARROS, Olavo de. *A Lapa do meu tempo — 1909-1914*. Rio: Pongetti, 1968.

BARROS, Orlando de. *Custódio Mesquita — Um compositor romântico no tempo de Vargas, 1930-1945*. Rio: Uerj-Funarte, 2001.

BARRYMORE, Diana, com Gerold Frank. *Too Much, Too Soon*. Nova York: Henry Holt and Company, 1957.

BARSANTE, Cássio Emmanuel. *Carmen Miranda*. Rio: Elfos, 1994.

BEHLMER, Rudy. *Memo From Darryl F. Zanuck — The Golden Years at Twentieth Century-Fox*. Nova York: Grove Press, 1993.

BENEDETTI, Héctor Angel (org.). *Las mejores letras de tango*. Buenos Aires: Planeta, 1998.

BERG, A. Scott. *Goldwyn – A Biography*. Nova York: Knopf, 1989.

BOECHAT, Ricardo. *Copacabana Palace — Um hotel e sua história*. São Paulo: DBA, 1998.

BOPP, Raul. *Memórias de um embaixador*. Rio: Record, 1968.

BORORÓ. *Gente da madrugada*. Rio: Guavira Editores, 1982.

BOTEZELLI, J. C. (Pelão) e Arley Pereira. *A música brasileira deste século por seus autores e intérpretes* (oito volumes). São Paulo: Sesc, 2000.

BRITO, Dulce Damasceno de. *O ABC de Carmen Miranda*. São Paulo: Companhia Editora Nacional, 1986.

BROWN, Gene. *Show time — A Chronology of Broadway and the Theatre From Its Beginnings to the Present*. Nova York: MacMillan-USA, 1997.

CABRAL, Sérgio. *ABC do Sergio Cabral*. Rio: Codecri, 1979.

—— *No tempo de Almirante*. Rio: Francisco Alves, 1990.

—— *A MPB no tempo do rádio*. São Paulo: Moderna, 1996.

—— *Pixinguinha — Vida e obra*. Rio: Lumiar, 1997.

CALLADO, Ana Arruda. *Adalgisa Nery*. Rio: Relume Dumará, 1999.

CAMARGO, Aspásia, João Hermes Pereira de Araújo e Mario H. Simonsen. *Oswaldo Aranha — A estrela da revolução*. São Paulo: Mandarim, 1996.

CANTERO, Thais Matarazzo. *Nas ondas de Aurora Miranda, a outra pequena notável*. Monografia inédita. São Paulo: Universidade Presbiteriana Mackenzie, 2002.

CARDOSO Junior, Abel. *Carmen Miranda, a cantora do Brasil*. Sorocaba, SP: Edição particular, 1978.

CARDOSO, Tom, e Roberto Rockmann. *O marechal da vitória — Uma história de rádio, TV e futebol*. São Paulo: A Girafa, 2005.

CARNEIRO, Henrique. *Pequena enciclopédia da história das drogas e bebidas*. Rio: Campus, 2005.

CASÉ, Rafael. *Programa Casé — O rádio começou aqui*. Rio: Mauad, 1995.

CAYMMI, Stella. *Dorival Caymmi — O mar e o tempo*. São Paulo: Editora 34, 2001.

Comitê Olímpico Brasileiro. *Sonho e conquista — O Brasil nos Jogos Olímpicos do século XX*. Rio: COI/Ouro sobre Azul, 2004.

CORRÊA DA COSTA, Sergio. *Crônica de uma guerra secreta — Nazismo na América: A conexão argentina*. Rio: Record, 2004.

COSTA, Haroldo. *100 anos de Carnaval no Rio de Janeiro*. Rio: Irmãos Vitale, 2000.

CRAVO, Jorge. *O caçador das bolachas perdidas*. Rio: Record, 2002.

CROWTHER, Bosley. *Hollywood Rajah — The Life and Times of Louis B. Mayer*. Nova York: Holt, Rinehart and Winston, 1960.

CURCIO, Vincent. *Suicide Blonde — The Life of Gloria Grahame*. Nova York: William Morrow, 1989.

DUVAL, Adriana Ruschel. *Pequenos notáveis — Rádio e Carmen Miranda no Brasil*. Dissertação de mestrado. Porto Alegre: PUC-RS, 1999.

EDITORA LAUDES. *O III Reich e o Brasil — Documentos autênticos capturados na Segunda Guerra Mundial* (dois vols.). Rio, 1968.

EFEGÊ, Jota. *Figuras e coisas da música popular brasileira* (dois vols.). Rio: Funarte, 1978 e 1980.

—— *Meninos, eu vi*. Rio: Funarte, 1985.

ELDER, Jane Lenz. *Alice Faye — A Life Behind the Silver Screen*. Jackson: University Press of Mississippi, 2002.

ENEIDA. *História do Carnaval carioca*. Rio: Record, nova edição 1987.

ENIO, Lysias, e Luiz Fernando Vieira. *Luiz Peixoto pelo buraco da fechadura*. Rio: Vieira & Lent, 2002.

EVENHUIS, Frans, e Robert Landau. *Hollywood Poolside*. Santa Monica: Angel City Press, 1997.

FEINMAN, Jeffrey. *Hollywood Confidential*. Chicago: Playboy Press, 1976.

FERREIRA, Suzana Cristina de Souza. *Cinema carioca nos anos 30 e 40*. São Paulo: Annablume Editora, 2003.

BIBLIOGRAFIA | 573

FRANK, Gerold. *Judy*. Nova York: Dell Publishing, 1976.

FREIRE-MEDEIROS, Bianca. *O Rio de Janeiro que Hollywood inventou*. Rio: Zahar, 2005.

GASPAR, Claudia Braga. *Orla carioca — História e cultura*. Rio: Metalivros, 2004.

GIL-MONTERO, Martha. *Brazilian Bombshell — The Biography of Carmen Miranda*. Nova York: Donald I. Fine, 1989.

———— *Carmen Miranda — A pequena notável*. Rio: Record, 1990. [A edição brasileira contém um esclarecedor apêndice, ausente da edição americana.]

GIRON, Luiz Antonio. *Mario Reis — O fino do samba*. São Paulo: Editora 34, 2000.

GOMES, Bruno Ferreira. *Custodio Mesquita — Prazer em conhecê-lo*. Rio: Funarte, 1986.

GONÇALO Junior. *Alceu Penna e as garotas do Brasil*. São Paulo: Cluq, 2004.

GONZAGA, Alice (com Hernani Heffner e Lécio Augusto Ramos). *Palácios e poeiras — 100 anos de cinemas no Rio de Janeiro*. Rio: Record/Funarte, 1996.

GREEN, Stanley. *Hollywood Musicals Year by Year*. Milwaukee: Hal Leonard, 1990.

GUSSOW, Mel. *Don't Say Yes Until I Finish Talking — A Biography of Darryl F. Zanuck*. Nova York: Doubleday, 1971.

HALLIWELL, Leslie. *Filmgoers's Companion* [John Walker, ed.]. Londres: HarperCollins, 1997.

HEINRICH, Annemarie. *Un cuerpo, una luz, un reflejo*. Buenos Aires: Ediciones Larivière, 2004.

HILL, Constance Valis. *Brotherhood in Rhythm — The Jazz Tap Dancing of the Nicholas Brothers*. Nova York: Oxford University Press, 2000.

HOWARD, Jean, com James Watters. *Jean Howard's Hollywood*. Nova York: Abradale, 2001.

IRAJÁ, Hernani de. *Adeus! Lapa*. Rio: Record, 1967.

IRISH, William. *Phantom Lady*. Nova York: Pocket Books, 1944.

JADIN, Philippe, e Charles Langhendries. *Jean Sablon — Le Gentleman de la Chanson*. Paris: Christian Pirot, 2002.

KANFER, Stefan. *Groucho — The Life and Times of Julian Henry Marx*. Londres: Allen Lane/ Penguin Press, 2000.

KLURFELD, Herman. *Winchell, His Life and Times*. Nova York: Praeger Publishers, 1976.

KOBAL, John. *People Will Talk — Personal Conversations With the Legends of Hollywood*. Londres: Aurum, 1991.

LAGO, Mario. *Na rolança do tempo*. Rio: Civilização Brasileira, 1976.

LESSA, Carlos (org.). *Os lusíadas na aventura do Rio moderno*. Rio: Record/Faperj, 2002.

LEVY, Shawn. *King of Comedy — The Life and Art of Jerry Lewis*. Nova York: St. Martin's Press, 1996.

LIMA, Evelyn Furquim Werneck. *Arquitetura do espetáculo — Teatros e cinemas na formação da praça Tiradentes e da Cinelândia*. Rio: UFRJ, 2000.

LOBO, Eulalia Maria Lahmeyer. *Imigração portuguesa no Brasil*. São Paulo: Hucitec, 2000.

LOUZADA, Wilson (org.). *Antologia de Carnaval*. Rio: O Cruzeiro, 1945.

LUSTOSA, Isabel (org.). *Lapa do Desterro e do desvario — Uma antologia*. Rio: Casa da Palavra, 2001.

MACHADO, Carlos (com Paulo Pinho). *Memórias sem maquiagem*. São Paulo: Cultura, 1978.

MACHADO, Walter. *Joan Crawford — Uma homenagem*. Belo Horizonte: Edição particular, 1994.

MCGUIRE, Patricia Dubin. *Lullaby of Broadway — Life and Times of Al Dubin*. New Jersey: Citadel Press, 1983.

MAKLOUF CARVALHO, Luiz. *Cobras criadas — David Nasser e 'O Cruzeiro'*. São Paulo: Senac, 1999.

MÁXIMO, João. *Cinelândia — Breve história de um sonho*. Rio: Salamandra, 1997.

————, e Carlos Didier. *Noel Rosa — Uma biografia*. Brasília: Universidade de Brasília, 1990.

MORAES, Mario de. *Recordações de Ary Barroso — Último depoimento*. Rio: Funarte, 2004.

MORAES, Vinicius de. *Querido poeta — Correspondência de Vinicius de Moraes*. Org. Ruy Castro. São Paulo: Companhia das Letras, 2003.

MORAIS, Fernando. *Chatô, o rei do Brasil*. São Paulo: Companhia das Letras, 1994.

MORALES DE LOS RIOS FILHO, Adolfo. "O Rio de Janeiro da Primeira República". *Revista do Instituto Histórico e Geográfico Brasileiro*. Rio: Imprensa Nacional, vols. 272 (julho--setembro de 1966), 273 (agosto-dezembro de 1966) e 274 (janeiro-março de 1967).

MOSHIER, W. Franklyn. *The Alice Faye Movie Book*. Harrisburg: Stackpole Books, 1974.

MOSLEY, Leonard. *The real Walt Disney*. Londres: Futura, 1985.

MOURA, Stella Rudge. *Minha estrela — Memórias*. Rio: Manuscrito inédito, 1993.

MURCE, Renato. *Bastidores do rádio — Fragmentos do rádio de ontem e de hoje*. Rio: Imago, 1976.

NASCIMENTO, Marcio. *PRA-9, Rádio Mayrink Veiga — Um lapso de memória na história do rádio brasileiro*. Rio: Litteris Editora, 2002.

NASSER, David. *A vida trepidante de Carmen Miranda*. 2ª edição, Rio: Edições O Cruzeiro, 1966.

NETTO, Accioly. *O império de papel — Os bastidores de 'O Cruzeiro'*. Org. Heloisa Seixas. Porto Alegre: Sulina, 1998.

NOBRE, F. Silva. *Um homem e seus sucessos — Vadeco, do Bando da Lua*. Rio: Edição particular, 2001.

NORONHA, Luiz. *Carlos Machado*. Rio: Relume Dumará, 1998.

OLIVEIRA, Aloysio de. *De banda pra lua*. Rio: Record, 1983.

OLIVEIRA, Waldir Freitas. *Carmen Miranda — Na Bahia em 1932 e entre baianos*. Salvador: Original inédito, 2005.

OROVIO, Helio, com Leonardo Acosta, Olivier Cossard e René Espí. *Fiesta Havana — 1940-1960: L'âge d'or de la Musique cubaine*. Paris: Éditions Vade Retro, 1999.

PAIVA, Salvyano Cavalcanti de. *História ilustrada dos filmes brasileiros 1929-1988*. Rio: Francisco Alves, 1989.

———— *Viva o rebolado! — Vida e morte do teatro de revista brasileiro*. Rio: Nova Fronteira, 1991.

PARISH, James Robert. *The Fox Girls*. New Jersey: Castle Books, 1971.

PEDERNEIRAS, Raul. *Geringonça carioca — Verbetes para um dicionário da gíria*. 2ª edição. Rio: Briguiet, 1946.

PESSOA, Ana. *Carmen Santos — O cinema dos anos 20*. Rio: Aeroplano, 2002.

PIKE, Bob, com Dave Martin. *The Genius of Busby Berkeley*. Reseda, Califórnia: CFS Books, 1973.

PIMENTEL, Luís Antônio. *Crônicas do rádio — Nos tempos áureos da Mayrink Veiga*. Niterói: Fundação de Arte de Niterói, 2004.

BIBLIOGRAFIA 575

QUEIROZ Junior. *Carmen Miranda — Vida, glória, amor e morte*. Rio: Companhia Brasileira de Artes Gráficas, 1956.

REBÊLO, Marques. *A estrela sobe*. Rio: José Olympio, 1939.

RIBEIRO, Pery (com Ana Duarte). *Minhas duas estrelas (Dalva de Oliveira e Herivelto Martins)*. Rio: Manuscrito inédito, 2003.

ROBERTS, John Storm. *The Latin Tinge*. Oxford: Oxford University Press, 1979.

ROBERTS, Randy, e James S. Olson. *John Wayne, American*. Nova York: Free Press, 1995.

RUIZ, Roberto. *Araci Côrtes — Linda flor*. Rio: Funarte, 1984.

RUST, Brian. *The Complete Entertainment Discography — From the Mid-1890s to 1942*. New Rochelle: Arlington House, 1973.

SAN MARTINI, Lindita (org.). *Copacabana — 1892-1982*. Rio: Riotur, 1992.

SANHUDO, Antonio. *Carmen Miranda*. Marco de Canavezes [Portugal]: Cadernos Monográficos, 1981.

SANTOS, Alcino (com Gracio Barbalho, Jairo Severiano e M. A. de Azevedo [Nirez]). *Discografia brasileira 78 rpm 1902-1964* (quatro vols.). Rio: Funarte, 1982.

SCHULBERG, Budd. *What Makes Sammy Run?* Nova York: Random House, 1941; Bantam Books, 1949.

SEVERIANO, Jairo. *Yes, nós temos Braguinha*. Rio: Funarte/Martins Fontes, 1987.

———, e Zuza Homem de Mello. *A canção no tempo — 85 anos de músicas brasileiras (Vol. 1: 1901-1957)*. São Paulo: Editora 34, 1997.

SILVA, Francisco Duarte e Dulcinéa Nunes Garcia. *A jovialidade trágica de Assis Valente*. Rio: Martins Fontes/Funarte, 1988.

SILVA, Helio (com Maria Cecília Ribas Carneiro). *1939: Véspera de guerra* (O ciclo de Vargas — vol. XI). Rio: Civilização Brasileira, 1972.

SOARES, Leda (org.). *Getulio Vargas — Diários (1930-1936 e 1937-1942)* (dois vols.). São Paulo e Rio: Siciliano/FGV, 1995.

STALLINGS, Penny, com Howard Mandelbaum. *Flesh and Fantasy*. Nova York: Bell, 1978.

STEINBERG, Cobbett. *Reel Facts — The Movie book of records*. Nova York: Vintage Books, 1978.

TEICHMANN, Howard. *Fonda — My life*. Nova York: Signet, 1982.

THOMAS, Tony, e Aubrey Solomon. *The Films of 20th Century-Fox*. New Jersey: Citadel Press, 1985.

TINHORÃO, José Ramos. *O samba agora vai... — A farsa da música popular no exterior*. Rio: JCM Editores, 1969.

TOTA, Antonio Pedro. *O imperialismo sedutor — A americanização do Brasil na época da Segunda Guerra*. São Paulo: Companhia das Letras, 2000.

VASCONCELOS, Ary. *Panorama da música popular brasileira* (dois vols.). São Paulo: Martins, 1964.

——— *A nova música da República Velha*. Rio: Edição particular, 1985.

VERISSIMO, Erico. *A volta do gato preto*. Porto Alegre: Editora Globo, 1957.

VIANNA, Luiz Fernando. *Geografia carioca do samba*. Rio: Casa da Palavra, 2004.

VIANY, Alex. *Introdução ao cinema brasileiro*. Rio: Instituto Nacional do Livro, 1959.

WARREN, Doug. *Betty Grable — The Reluctant Movie Queen*. Nova York: St. Martin's Press, 1974.

WOLL, Allen L. *The Latin Image in American Film*. Los Angeles: UCLA Latin American Center Publication, 1980.

Entre os jornais, foram consultadas coleções de *Beira-Mar, Correio da Manhã, Diário da Noite, O Globo, O Jornal, A Noite* e outros na Biblioteca Nacional, e uma incalculável quantidade de recortes (1925-1955) de jornais americanos, argentinos e mexicanos nos arquivos da Cinédia. Entre as revistas, *Álbum do Rádio, Carioca, Cinearte, O Cruzeiro, Fon-Fon, Jornal das Moças, Manchete, Mundo Ilustrado, PRA-9, Revista do Rádio, A Scena Muda, Sintonia, Vida Doméstica*, e mais o arquivo da Cinédia.

CRÉDITOS DAS IMAGENS

Os créditos estão divididos por página e acompanham as imagens da esquerda para a direita e de cima para baixo; foram separados por ponto e vírgula e unificados no caso de haver mais de uma imagem com o mesmo crédito. Todos os esforços foram feitos para determinar a origem das imagens deste livro. Nem sempre isso foi possível. Teremos prazer em creditar as fontes, caso se manifestem.

CAPA: Carmen Miranda em *Minha secretária brasileira* (*Springtime in the Rockies*) © 1942 Twentieth Century Fox. Acervo Fabiano Canosa.

QUARTA CAPA: selo do disco *Mamãe, eu quero* (Acervo João Luiz de Albuquerque); capa do *Sunday Mirror* (Arquivo Alice Gonzaga/ Cinédia); cartaz do filme *That Night in Rio* (acervo Fabiano Canosa); Aurora, à esq., e Carmen em *Alô, alô, Carnaval!* (Arquivo Alice Gonzaga/ Cinédia); Bando da Lua: Vadeco, Stenio e Affonso (atrás), e aos violões, Aloysio, Ivo e Helio (Museu Carmen Miranda/ FUNARJ).

LOMBADA: Museu Carmen Miranda/ FUNARJ. Acervo Fabiano Canosa.

PÁG. 1: Acervo Ruy Castro.

PÁG. 2: *Serenata tropical* (*Down Argentine Way*) © 1940 Twentieth Century Fox.

PÁGS. 4 E 5: Foto de Annemarie Heinrich.

PÁG. 7: Acervo Fabiano Canosa.

PÁG. 8: Carmen em 1935. Acervo da família.

PÁG. 556: Carmen (ao volante), entre Sylvia Henriques e Mario Cunha (com Aurora, de pé, atrás), no Carnaval carioca de 1932. Acervo Bia e Pedro Corrêa do Lago.

PÁG. 570: Carmen e Bob Hope (ao volante) na base aérea de Mitchel, Nova York, em setembro de 1948. © Herald Tribune/ Warman. Acervo Fabiano Canosa.

PÁG. 600: Museu Carmen Miranda/ FUNARJ.

PRIMEIRO CADERNO DE IMAGENS

PÁG. 1: Museu Carmen Miranda/ FUNARJ (imagens 1 e 5); Acervo da família (imagens 2, 3 e 4).

PÁG. 2: Acervo da família.

PÁG. 3: Acervo da família; Museu Carmen Miranda/ FUNARJ (seu Pinto).

PÁG. 4: Acervo de Haroldo Costa; Museu Carmen Miranda/ FUNARJ.

PÁG. 5: Museu Carmen Miranda/ FUNARJ; Acervo Ruy Castro.

PÁGS. 6 e 7: Acervo Ruy Castro.

PÁG. 8: Acervo Bia e Pedro Corrêa do Lago.

PÁG. 9: Acervo da família.

PÁG. 10: Arquivo Alice Gonzaga/ Cinédia (Acervo Fabiano Canosa); Arquivo Alice Gonzaga/ Cinédia.

PÁG. 11: Acervo Stella Miranda; Acervo Ruy Castro (discos); Acervo Daniel Filho.

PÁGS. 12 e 13: Acervo da família.

PÁG. 14: Museu Carmen Miranda/ FUNARJ.

PÁG. 15: Acervo da família.

PÁG. 16: The Silver Screen Archives; Museu Carmen Miranda/ FUNARJ. Imagens do Acervo Fabiano Canosa.

SEGUNDO CADERNO DE IMAGENS

PÁG. 1: Arquivo de Alice Gonzaga/ Cinédia.

PÁG. 2: Acervo Fabiano Canosa; Acervo Ruy Castro; Museu Carmen Miranda/ FUNARJ.

PÁG. 3: *O Globo*, 9/6/1939 (Arquivo O Globo).

PÁG. 4: *O Globo*, 13/9/1940 (Arquivo O Globo); Cortesia Marcos Silva.

PÁG. 5: *Serenata tropical* (*Down Argentine Way*) © 1940 Twentieth Century Fox; Acervo João Luiz de Albuquerque (discos).

PÁG. 6: Acervo Fabiano Canosa (cartazes 1, 5 e 6); Museu Carmen Miranda/ FUNARJ (cartazes 2, 3 e 4).

PÁG. 7: Acervo Fabiano Canosa.

PÁG. 8: *Minha secretária brasileira* (*Springtime in the Rockies*) © 1942 Twentieth Century Fox; *Entre a loura e a morena* (*The Gang's All Here*) © 1943 Twentieth Century Fox; *Serenata boêmia* (*Greenwich Village*) © 1944 Twentieth Century. Imagens do Acervo Fabiano Canosa.

PÁG. 9: *Alegria, rapazes!* (*Something for the Boys*) © 1944 Twentieth Century Fox; *Romance carioca* (*Nancy Goes to Rio*), © 1950 MGM/ Warner Bros.; *Sonhos de estrela* (*Doll Face*) © 1945 Twentieth Century Fox. Imagens do Acervo Fabiano Canosa.

PÁG. 10: Museu Carmen Miranda/ FUNARJ (casa e trampolim); Acervo da família.

PÁG. 11: Museu Carmen Miranda/ FUNARJ; The Silver Screen Archives (Acervo Fabiano Canosa); Revista *O Cruzeiro*/ Acervo Jornal Estado de Minas (com David Sebastian).

PÁG. 12 e 13: Acervo Jornal Estado de Minas (Revista *O Cruzeiro*); Acervo Manchete (Revista *Manchete*); Museu Carmen Miranda/ FUNARJ (outras revistas).

PÁG. 14: Acervo José Soares (Anjos do Inferno e cartaz); Acervo Fabiano Canosa.

PÁG. 15: Acervo José Soares; Acervo da família (bonecas).

PÁG. 16: Acervo da família (boate Tropicana); Museu Carmen Miranda/ FUNARJ.

ÍNDICE ONOMÁSTICO

"A.M.E.I.", 128, 129

Abbott e Costello, 186, 206, 207-8, 208, 210, 211

Abilio (marido de Cecilia), 55-6, 56, 69, 134, 228

Abreu, Bricio de, 178

Abreu, José Maria de, 76, 159, 190

Abreu, Valdo, 61, 230, 233

Abreu, Zequinha de, 411

Accioly Netto, 154, 223, 238, 250, 460, 461

Accioly, Alice, 223, 250

"Acontece que eu sou baiano", 456

Aconteceu em Havana [*Week-end in Havana*], 286, 288, 290, 303, 306, 308, 309, 310, 312, 316, 319, 322, 326, 328, 350-1, 359, 364, 447

Adams, Clifford, 211

Adamson, Harold, 375, 395

"Adeus, batucada", 109, 127, 195, 314, 486, 541, 549

"A-E-I-O-U ", 77

Agra, Lourival, 47

Aherne, Brian, 432

"Aí, hein?", 89

"Ai, ioiô", 45, 48

"Ain't she sweet", 323

Alberto I, rei da Bélgica, 18, 27

A alegre divorciada [*The Gay Divorcée*], 262

Alegria, rapazes! [*Something for the Boys*], 374, 375, 411-2, 487

Alencar, Cristovam de, 76, 159, 237

Alessandri, Arturo, 191

"All or nothing at all", 542

Allen, Fred, 322, 346

Alma camponesa, 66

Alma do lodo [*Little Caesar*], 271

Almeida, Antonio, 159, 231, 456

Almeida, Aracy de, 76, 129, 132-3, 144, 151, 152, 174, 197, 237, 301, 390, 426, 519, 523

Almeida, Dulce de, 44

Almeida, Guilherme de, 117

Almeida, Harry Vasco de, 456, 457, 469, 473, 475, 482, 484, 489, 502, 503, 504, 505, 513, 537, 543

Almeida, Janet de, 375

Almeida, Laurindo de, 142, 196, 198, 217, 253, 366, 430-1, 432, 448, 467

Almeida, Murilinho de, 527

Almirante (Henrique Foréis Domingues), 48, 52, 53, 75, 76, 79, 83, 84, 85-6, 86, 87, 92, 97, 111, 112, 118, 120-1, 121, 123, 132, 134, 154, 157, 162, 166, 167, 168, 169, 170, 171, 174, 175, 180, 196, 197, 198, 229, 230-1, 231, 232, 233, 247, 297, 313, 351, 375, 519, 526, 548

Alô, alô, Brasil!, 117, 118, 125, 130

Alô, alô, Carnaval!, 127-9, 129-30, 130, 131, 135, 137-8, 172, 190, 413

Alô, amigos [*Saludos, amigos*], 331, 332, 341, 343, 349, 363, 381, 382, 411

"Alô... alô?...", 101, 125, 297

Alton, Robert, 201, 354

Alvarez, Fernando, 162-3, 195, 434

Alvarus, 274

Alves, Ataulpho, 76, 168, 237

Alves, Francisco (Chico), 19, 38, 52, 53, 61, 65-6, 70, 71-2, 74, 76, 83, 84, 90, 95, 97, 98, 99, 118, 119, 120, 121, 123, 128, 129, 130, 132, 151, 154, 159, 174, 179, 187, 196, 197, 237, 460, 471, 515

Alves, Gilberto, 151, 152, 159

Alves, Lucio, 456, 457, 484, 485, 503

"Am I Blue", 365

Amado, Genolino, 96

Amado, Gilson, 96

Amar, Leonora, 291

Amaral, Nestor, 253, 254, 313, 317, 326, 337, 349, 355, 362, 363, 364-5, 366, 409, 415, 420, 439, 448, 537

Amaral, Odette, 159, 197

d'Amboise, Jacques, 512

Ameche, Don, 226, 261, 263, 266, 271, 276, 280, 281, 282, 284-5, 287, 299, 316, 334, 352, 367, 376, 437, 514, 547

"Amei demais", 168

Americano, Luiz, 62, 196, 252

Ammons, Albert, 202

Amor, sublime amor [*West Side Story*], 485

Amorim, Ottilia, 37, 172

"Amoureuse", 19

Anderson, John, 211

"Andorinha preta", 56

Andrade, Ayres de, 144

Andrade, Gilberto de, 151

580 CARMEN

Andrade, Goulart de, 107

André Filho, 73, 75-6, 82, 92, 101, 102, 103, 121, 127, 165-6, 180, 247, 483, 526

André, Marcos. *Ver* Carvalho, Victorino [Victor] Viana de

Andrews Sisters, 220, 231, 438

Andrews, Dana, 373, 378-9, 380-1, 381, 382, 392, 394

Anéris (esposa de Tatá), 455

Anjo ou demônio? [Fallen Angel], 376

Anjos do Inferno, 159, 253, 300, 301, 456-8, 465, 468-9, 469, 473, 502, 503

Annabella, 173-4

"Ao voltar do samba", 109

"Aquarela do Brasil", 342, 355, 369, 372

"Aquelas palavras", 457

"Aquellos ojos verdes" ["Green Eyes"], 314

Aquilo, sim, era vida [Hello, Frisco, Hello], 335, 359, 408

Aranha, Oswaldo, 193, 242, 244

Aranha, Vavau, 193

Araújo, Mario Travassos de, 76, 79

"Arca de Noé", 297

Arlen, Harold, 341

Armendariz, Pedro, 502

Armstrong, Louis, 231, 313, 490

Arnaz, Desi, 314, 411, 490, 503, 538, 542

"Arranha-céu", 123

Assis, Madelou de, 96

Astaire, Fred, 106, 172, 262, 282, 283, 287, 365, 377, 392, 473

Astolfi, Ivo, 111, 112, 114, 197, 198, 202, 217, 218, 226, 473

Astor, Mary, 274

"Até amanhã", 432

Los Atenienses, 41

Atkinson, Brooks, 246

Augusto, Germano, 70, 254

"Aurora", 317

Aurora [Sunrise], 271

"Ausência", 135

Austin, Gene, 336

"Ave Maria", 530

Avenida dos milhões [On the Avenue], 278

Uma aventura na Martinica [To Have and Have Not], 365

As aventuras de Robin Hood [The Adventures of Robin Hood,1938], 261

Azevedo, Leonel, 159

Azevedo, Waldir, 542

Babaú, 133

Babo, Lamartine, 73-4, 75, 77, 79, 82, 83, 84, 89, 91, 95, 99, 101, 103, 107, 118, 121, 128, 131, 134, 152, 180, 232, 336, 337, 526

"Bahia", 365

"Baiana do tabuleiro", 165

"Baião", 472

Baker, Josephine, 153, 213, 540

Baker, Phil, 355

Ball, Lucille, 538, 542

"Bambalê", 297, 313

"Bamboleô", 73, 78

"Bambu, bambu", 201, 207, 209, 228-9, 229, 230, 232, 233, 234, 261, 262, 297, 313, 504

Banana da terra, 166, 168-9, 172, 175, 179, 198, 233

Bando da Lua, 48, 76, 105, 111-4, 121, 123, 124, 126, 129, 132, 144, 145, 155, 157, 167, 174, 178, 182, 187, 189-91, 192-4, 194, 195, 197-8, 199, 200, 201, 202-3, 203, 207, 208, 210, 213-4, 215, 216-8, 219, 220-1, 226, 227, 231, 232-3, 234-5, 236, 237, 238-9, 240, 245, 247, 249, 252, 253-4, 254, 255, 256, 258, 269, 272, 273, 281, 282, 286, 290, 297, 298, 300, 301, 304, 305, 308, 315, 317, 318, 319, 321, 325, 326-8, 328, 333, 337, 345, 348, 349, 362, 363, 364, 382, 416, 433, 456, 468, 473-4, 474, 476-7, 482, 484, 485, 486, 488, 490, 489-90, 491, 492, 493, 497, 499, 502, 503-4, 504, 512, 513, 537, 540, 542, 545

Bando de Tangarás, 52, 111

"Bandonô", 74

Bankhead, Tallulah, 212, 310, 324, 392

Banky, Vilma, 25, 429

Banton, Travis, 93, 220, 261, 262, 292

Barão de Itararé. *Ver* Torelly, Aparicio

Barata, Julio, 246, 250

Bárbara, Alfredo, 101

"Barbeiro de Sevilha", 290

Barbosa Junior, 61, 96, 123, 128, 162, 163, 174, 520

Barbosa, Castro, 72-3, 73-4, 76, 91, 121, 132, 168

Barbosa, Haroldo, 375, 437, 527

Barbosa, Jesy, 46, 49, 50, 65, 76, 110, 126

Barbosa, Luiz, 76, 81, 121, 128, 165, 178, 432

Barbosa, Orestes, 76, 104, 122-3, 123, 164, 533

Barbosa, Paulo, 163, 168, 232, 317

Barcellos, Hugo, 412, 426

Barjansky, 420

Barker, Lex, 502

Barreto, Lima, 20

Barrett, Dorita, 390

Barrios, Gregório, 153

Barro humano, 46-7, 47

Barros, João Petra de, 76, 97, 121, 432

Barros, Josué de, 38-9, 39, 40, 41, 42-4, 44, 45-6, 46, 47, 48, 49, 50, 51, 53, 63, 76, 82, 83, 84, 85, 86, 90, 91, 99, 101, 111, 112, 124, 134, 245, 247, 292, 490, 526

Barros, Luiz (Lulu) de, 138-9

Barros, Teophilo de, 193

Barros, Zuleika de, 101

Barroso, Ary, 48, 52, 58, 63, 73, 75, 82, 102, 107, 121, 126, 132, 154, 159, 162, 164-5, 166, 168, 169, 171, 174, 175, 237, 282, 342, 343, 367, 369-73, 375, 383, 391, 403, 409, 415, 451, 462-3, 464-5, 483, 487, 498, 526, 528, 529

Barry, Philip, 212

Barrymore, Diana, 548

Barrymore, John, 25, 219-20, 269

Bastos, Newton, 76

Baptista Junior, 117, 133

ÍNDICE ONOMÁSTICO | 581

Baptista, Dircinha, 76, 118, 129, 133, 168, 174, 197, 237, 390, 525, 531, 533
Batista, Fulgencio, 541
Batista, Gervásio, 520
Baptista, Linda, 159, 168, 197, 390, 483, 525, 531
Batista, Marilia, 76, 132
Batista, Wilson, 76, 159, 237
"Batuca, nego", 375
"Batucada", 409
Baur, Esperanza (Chata), 387, 388
Baxter, Anne, 274
Beebe, Lucius, 224-5
Beery, Wallace, 444, 445, 452
Behrman, S. N., 212
A bela Lillian Russell [Lillian Russell, 1940], 335
Belezas em revista [Footlight Parade], 355
Belham, Floriano, 82
Bendix, William, 367
Benedetti, Paulo, 36, 46, 274
Beneke, Tex, 336
Ben-Hur, 104
Benitez (jogador de futebol), 531
Benny, Jack, 493
Bergen, Edgar, 298
Bergman, Ingrid, 287, 373, 382, 383, 389, 398, 496
Berkeley, Busby, 128, 271, 301, 353, 354-5, 356
Berle, Milton, 301, 452, 453, 457, 465, 493
Berlin, Irving, 229, 314
"Besame mucho", 490
Betinho (filho de Josué de Barros), 43, 85, 86, 99, 101, 124, 526
"Bibbidi-bobbidi-boo", 490, 500
"Bibelô", 180
Bide (Alcebíades Barcellos), 76, 196
Bini, Lucio, 510
Biosca, Valentina, 109
Blaine, Vivian, 367, 375, 393-4, 394, 408, 409
Blake, Eubie, 366
"Blame it on the Samba", 341
Blane, Vivian, 367
"Blues in Riff", 490
"Boa noite, passe bem", 180
"Boas festas", 120
Bogart, Humphrey, 209, 383, 392, 407, 408
Bola de Nieve, 145, 540
Boles, John, 108
"Bolinha de papel", 456
O bom pastor [Going My Way], 406
"Boneca de piche", 162, 168, 169, 174, 372, 391, 549
"The Bongo Bingo", 499, 500, 504
"Boogie-woogie na favela", 375
Bopp, Raul, 269, 338, 339, 390, 414, 430
Borba, Emilinha, 249, 333, 426, 479
"Born in a Trunk", 513
Bororó, 57, 159, 164
Boss, Madame, 24
Boswell, Connie, 493

"Boulevard of Broken Dreams", 282
Bountman, Simon, 136, 232
Bow, Clara, 25, 39, 347, 421
Boyer, Charles, 316, 347
Boyer, Lucienne, 153, 163
Bragance, Marilu, 100
Braguinha (João de Barro; Carlos Alberto Ferreira Braga), 48, 75, 89, 103, 108, 111, 117, 118, 123, 124, 128, 129, 157, 159, 163, 166, 168, 169, 170, 172, 190, 213-4, 233, 237, 247, 254, 255, 438, 473, 479, 489
Brancura, 83
Brando, Marlon, 543
Brant, Caio, 137
Brasil, 371
"Brasil pandeiro", 255, 300, 301, 456
Brastoff, Sascha, 409-10
"Brazil" ("Aquarela do Brasil"), 369, 491, 504
Brean, Denis, 375
Brewer, Otto, 266
Brito, Dulce Damasceno, 498
Brito, Dulce Damasceno de, 518, 519, 544, 546
Brito, Nazareno de, 526
Brown, Joe E. ("Boca-larga"), 322, 412
Brown, Nacio Herb, 367
Bruce, Virginia, 371
Os brutos também amam [Shane], 500
"Bruxinha de pano", 252, 256, 257
Budd, Arthur Castro, 42
Buka, Donald, 423-4, 424, 425
Burle, José Carlos, 317
"Burucutum", 51
"By a Waterfall", 323
Byington Jr., Alberto, 117
Cabral, Aldo, 237
Cabral, Mario, 99
Cabral, Sacadura, 43, 212
Cabral, Sady, 391
Cabral, Sérgio, 373
"Cachorro vira-lata", 145, 149
"Cadê Mimi", 128
Caetano, Pedro, 159, 427
Cagney, James, 271
"Cai, cai", 237, 283-4, 297, 447, 472, 549
"Cai, cai, balão", 90, 91, 179
Cain, James M., 450
Caldas (sapateiro), 110, 111
Caldas, Murilo, 73, 134
Caldas, Sylvio, 48, 65, 73, 76, 82, 84, 95, 97, 120, 121, 123, 132, 135, 144, 151, 156, 157, 159, 162, 163, 165, 174, 175, 180, 196, 299, 317, 525-6, 529, 533
Calhern, Louis, 474, 479
Calloway, Cab, 202, 231, 313, 344, 540
Calouros na Broadway [Babes on Broadway], 301, 302
Camargo, Alzirinha, 131, 176, 178, 180, 291, 395
Camargo, Joracy, 88
Caminho áspero [Tobacco road], 277
A caminho do Rio [Road to Rio], 382, 396

"Caminito", 44

"Camisa amarela", 372

"Camisa listada", 157, 159-60, 160, 164, 182, 195, 314, 541, 549

Campos, Francisco, 243, 250

Campos, Roberto, 537

Campos, Tereza Souza, 536

"Can't Get Out of this Mood", 204

A canção do Havaí [*Song of the Islands*], 334

"Canção para inglês ver", 83

"Candeeiro", 461

O cangaceiro, 541

Caninha, 42, 48, 76

"Canjiquinha quente", 165

"Cansado de sambar", 317

"Cansei de pedir", 133

Cantinflas, 291, 413, 436

"Canto ao microfone", 180

Cantor, Eddie, 183, 241, 322, 323

"Cantoras do rádio", 128-9, 179

Capanema, Gustavo, 250

Capone, Al, 260

Cardillo, Carmen, 501

Cardoso Junior, Abel, 162, 313

Cardoso, Elizeth, 483, 525, 536

"Carinhoso", 472

"The Carioca", 106, 468

Carlisle, Kitty, 203

Carlos i, 9, 10, 12

Carlos, J., 128, 274, 342

Carmichael, Hoagy, 364

Carminha, filha de Cecilia. *Ver* Guimarães, Carmen Carvalho

O Carnaval cantado de 1932, 78

Carneiro, Otavio Dias, 390

"Caroom' pa pa", 471, 473, 474, 475, *ver também* "Baião"

Carroll, Earl, 341, 413

Cartola, 76, 92, 132

Caruso, Domingos Vassalo, 24

Caruso, Luiz Vassalo, 24, 36

Carvalho, Acy, 107

Carvalho, Américo de, 51, 54

Carvalho, Jaime de, 530

Carvalho, Joubert de, 40, 51-2, 53-4, 56, 63, 76, 101, 163, 247, 382, 549

Carvalho, Marcelino de, 141

Carvalho, Maria Luiza Machado de, 141

Carvalho, Paulo Machado de, 141, 187-8, 257, 519

Carvalho, Victorino [Victor] Viana de (Marcos André), 225-6, 323, 536, 543

Carybé (Hector Júlio Páride Bernabó), 124

A casa da rua 92 [*The House on 92nd Street*], 397

"Uma casa portuguesa", 545

Casablanca, 383

Casado, Manuel Bento, 268

Cascata, J., 159

Casé, Adhemar, 112

Castillo, Ramón, 267

Castle, Nick, 457, 468, 475, 491

Castro, Aphrodisio de, 118

Castro, Vital Ramos de, 78

Catumby, Heitor, 109

Cavadoras de ouro [*Gold Diggers of 1933*], 205, 271, 355

Cavalcanti, Alberto, 488

Cavalcanti, Carlos Lima, 87

Cavalcanti, Di, 19, 173

Cavaquinho, Nelson, 152

Caymmi, Dorival, 86, 159, 166, 167-8, 169, 170-1, 172, 178, 179, 196, 230, 247, 256, 257, 301, 367, 456

Celestino, Vicente, 61, 76

Cepeda, 25, 33-4

Chandler, Raymond, 346, 450

Chaney, Lon, 35

"Chão de estrelas", 123

Chaplin, Charles, 348, 384, 425

Chateaubriand, Assis, 143, 144

Chateaubriand, Freddy, 149

"Chattanooga Choo-choo", 336-7, 447

"Che, papusa, oí", 44

"Chegou a hora". *Ver* "Brasil pandeiro"

"Chegou a hora da fogueira", 91

Chevalier, Maurice, 241, 316, 426, 436, 529

"Chica Chica Boom Chic", 260, 276, 281, 282, 283, 297, 352, 447

"Chico Chico (de Puerto Rico)", 395

Chico da Baiana, 42

Chico Viola. *Ver* Alves, Francisco

"Chiquita bacana", 479

"Chora violão", 41, 44

"Chuvas de verão", 471

Ciata, Tia, 76, 163

Cidadão Kane [*Citizen Kane*], 332, 348

"Cidade maravilhosa", 103, 118, 125, 179, 317, 413, 483, 529

"Cielito lindo", 119

"As cinco estações do ano", 121

Cinderela, 490

"Cinquenta por cento", 131

Cirino, Sebastião, 164

O cisne negro [*The Black Swan*], 345

Clark, Bobby, 186, 206, 211

Coca, Imogene, 230

Cochran, Steve, 419

"Cocktails for Two", 419

Coelho, Elisinha, 46, 50, 76, 84, 107, 108, 132, 172, 520

Coelho, Olga Praguer, 46, 76, 126

Coelho, Sarita, 528

"The Coffee Song (They've Got an Awful Lot of Coffee in Brazil)", 410

Cohen, Abe, 239

Cohen, Mickey, 449-50

Cohn, Harry, 272

ÍNDICE ONOMÁSTICO | 583

Coisas nossas, 117
Colbert, Claudette, 212, 285
Cole, Nat "King", 381, 418
Coleman, Emil, 315
Collazo, Juan Antonio, 39
Collazo, Ramón, 39
Colman, Ronald, 34, 429
"Comigo não!...", 109
"Como 'vais' você?", 162
"Como os rios que correm pro mar", 391
Como, Perry, 375, 394, 408, 409
"Confesión", 71
Connelly, Marc, 181, 183, 186, 214, 219
Consciências mortas [The Ox-Bow Incident], 378
Conspiradores [The Conspirators], 382, 383
Conta tudo às estrelas [Tell it to a Star], 413
"Conversa de botequim", 204
Cooper, Gary, 295, 346, 347, 373, 384-5, 392, 408
"Copacabana", 489, 490
Copacabana, 416, 418-20, 421, 422, 426, 435, 439, 462, 467
"Coração", 109, 127
Corações enamorados [State Fair], 394
"Cordão dos puxa-sacos", 456
Córdova, Arturo de, 373-4, 382
Cordovil, Hervê, 76, 120, 190
Coria Peñaloza, Gabino, 44
Cornell, Katharine, 212
Corrêa, Victor, 540
Côrtes, Aracy, 37, 41, 45, 50, 76, 83, 121, 172
Cortez, Ricardo, 84, 105
Coslow, Sam, 418-9, 419
Costa, Beatriz, 448
Costa, Carmen, 179
Costa, J. Rui, 168
Costa, Jayme, 128
Costa, Sergio Corrêa da, 454, 455, 481
Costello, Frank, 321
Cotten, Joseph, 212, 471
Coutinho, Gago, 43, 212-3
Couto Filho, Miguel, 533
Couto, Ribeiro, 19
Coward, Noël, 160, 183, 323, 324, 543
Cox, Helio, 404
Crain, Jeanne, 371, 394
Crawford, Broderick, 392
Crawford, Joan, 35, 118, 275, 287, 309, 377, 385, 392, 407, 408, 459, 496
Crazy House, 288, 290
Crepúsculo dos deuses [Sunset Boulevard], 487
"Cristo nasceu na Bahia", 164
Crosby, Bing, 70, 114, 153, 220, 231, 263, 302, 347, 382, 392, 396, 406, 408, 413, 452, 467, 489-90
Cruz, Aníbal, 319
Cruz, Claudionor, 159, 168, 290
"Cuanto le gusta", 438, 444, 491, 542, 544
"Cuban Love Song", 314

Cuevas, marquês de, 225-6
Cugat, Xavier, 226, 227, 314, 391, 411, 444, 445, 446, 504, 540
Cummings, Irving, 276, 277, 279-80, 287, 334
Cummings, Robert, 489
Cunha, José Agostinho Pereira da, 26, 27, 28, 80
Cunha, José Maria Pinto da, 11, 12, 13, 14, 15, 16, 18, 19, 20, 21, 22, 24, 27, 45, 55, 56, 64, 72, 108, 140, 146, 157-8, 215, 296-7
Cunha, José Pinto da, 11
Cunha, Lourenço, 506, 509
Cunha, Mario Augusto Pereira da, 26-7, 27-8, 29-30, 31, 34-5, 47, 56-7, 60, 62, 70, 72, 75, 78-9, 79-81, 85, 89, 94, 115, 116, 136, 146, 160, 373, 398, 412-3, 471, 502, 506, 508, 509, 533-4
"Curare", 57
"Da cor do pecado", 57
"Dá nela", 52, 372
Daché, Lily, 262
Daher, João, 137
Dailey, Dan, 538
Dalí, Salvador, 204, 225
"Dama das camélias", 237
A dama das camélias, 37
A dama e o vagabundo [The Lady and the Tramp], 543
A dama fantasma [Phantom Lady], 383
Damm, Flavio, 522, 523
"Dance Rumba", 163
Daniels, Bebe, 429
Daniels, Billy, 363
"Darn that Dream", 409
Darnell, Linda, 274, 359, 366, 376, 381, 391, 485
A Date With Judy. Ver O príncipe encantado
David, Mack, 500
Davis Jr., Sammy, 476
Davis, Bette, 262, 294, 344, 385, 392, 423, 487
Dawn, Jack, 444
Day, Richard, 295
De Chocolat, 317
De Haven, Gloria, 308
De Havilland, Olivia, 294, 385, 392
"De quem eu gosto", 64
De Sica, Vittorio, 479
Degraus da vida, 47
"Deixa a lua sossegada", 118, 125
"Deixa essa mulher chorar", 71
"Deixa falar", 161, 182
Del Rio, Dolores, 106, 214, 275, 384
DeLange, Eddie, 409
Delfino, Luiz, 524
"Delicado", 542, 544
Deliciosa [Delicious], 106
"Delishious", 106
DeMille, Cecil B., 260, 295, 429
Dempsey, Jack, 203, 384, 493
"O dengo que a nega tem", 257
"Despedida de Mangueira", 237

584 | CARMEN

O destino bate à sua porta [*The Postman Always Rings Twice*], 484

Dey, Dorothy, 189, 476

Os dez mandamentos [*The Ten Commandments*], 429

Um dia em Nova York [*On the Town*], 458

Didier, Carlos, 132

Dietrich, Marlene, 93, 270, 275, 287, 309, 316, 339, 387-8, 392, 452, 453, 496

"Diga diga doo", 249

Discépolo, Enrique Santos, 40

Disney, Walt, 272, 331-2, 341-2, 343, 349, 363, 365, 371, 381, 382, 383, 413, 437, 438, 490, 543

"Disseram que voltei americanizada", 256, 479, 548

"Disso é que eu gosto", 257

Dix, Richard, 34

"Diz que tem", 256, 319

"Do I Love You?", 315

Dolabela, Malvina, 533

Doll Face. Ver Sonhos de estrela

Domingues, Heron, 548

Don Juan [1927], 219

"Don't Blame Me", 204

"Don't Talk Expensive, Talk Cheap", 439

"Dona Balbina", 50

"Dona Boa", 152

"Dona da minha vontade", 123

Donen, Stanley, 445

Donga, 48, 62, 63, 76, 92, 174, 229, 233, 548

Dornellas, Homero, 52

Dorsey, Jimmy, 231

Douglas, Kirk, 501, 531

Dowling, Edward Dureya, 201, 206

"Down Argentine Way" (canção), 295

Down Argentine Way (filme). *Ver Serenata tropical*

"Down in the Depths", 315

Downey, Wallace, 116-7, 118-9, 120, 123-4, 127-8, 128, 130, 131, 155, 166, 168-9, 171, 185, 202, 229-30, 230, 233, 297, 299, 351

Dragna, Jack, 449-50

Draper, Dorothy, 532

Dubin, Al, 185, 202, 204-5, 221, 229, 271, 282

Duchamp, Marcel, 339

Dugenir (esposa de Garoto), 253

Dumbo [1941], 363

Duncan, Isadora, 461

Duque, 42, 164

Durante, Jimmy, 113, 183, 316, 347, 384, 392, 482, 493, 494, 538, 541-2, 543, 544-5, 547

Durbin, Deanna, 319, 444

Durst, Walter George, 426, 479

Dutra, Eurico Gaspar, 242, 243, 250, 417, 456, 478, 532

Dúvidas de um coração [*Second Fiddle*], 184

"E bateu-se a chapa", 124, 164

"É bom parar", 317

"É luxo só", 372

E o mulo falou [*Francis, the Talking Mule*], 476

"... E o mundo não se acabou", 161, 164, 182, 550

... E o vento levou [*Gone With the Wind*], 261, 265, 294, 394, 418

"E tome polca", 524

Eboli, Oswaldo. *Ver* Vadeco

Eddy, Nelson, 153

"Edmundo" ["In the Mood"], 490

Efegê, Jota, 44

Eggerth, Marta, 153, 258

"El choclo", 119

"El cumbanchero", 249

Ela e o príncipe [*Thin Ice*], 184

Eliscu, Edward, 467-8

Ellington, Duke, 344, 409

Ellstein, Abraham, 438

"Elogio da raça", 92

Em cada coração um pecado [*King's Row*], 489

"The enchilada man", 499, 500

Encontro nos céus [*Winged Victory*], 409

"Enquanto houver saudade", 391

Entratter, Jack, 321, 497

Entre a loura e a morena [*The Gang's All Here*], 353, 354, 355-8, 359, 360, 367, 368, 377, 395

A epopeia do jazz [*Alexander's Ragtime Band*], 278-9, 335

Eram treze, 84

Escândalos da Broadway [*George White's Scandals*], 113

"Escandalosa", 426

Escola de sereias [*Bathing Beauty*], 371, 411

A esposa do solteiro, 36

"Esposa modelo", 524

"Esta vida é muito engraçada", 63

Esteves, Djalma, 426

Estudantes, 123-4, 124, 125

"Etc...", 83, 88

"Eu gosto da minha terra", 63, 64

"Eu quero casar com você", 63

"Eu quero um samba", 375

"Eu sou do barulho", 63

Eugenia (esposa de Tatá), 455

Evaristo (jogador de futebol), 531

"Exactly Like You", 204

Êxtase [*Ekstase*], 221

O expresso de Xangai [*The Shanghai Express*], 93

"Faceira", 73, 372

Factor, Max, 392

"Fado da Severa", 545

Fain, Sammy, 323

Fairbanks, Douglas, 66, 125, 294, 384

"Faixa de cetim", 165

Falcão, Waldemar Cromwell, 250

Falkenburg, Bob, 521

Farady, William, 400

Faraj, Jorge, 159

Faria Lima, José Vicente de, 522

Faria, Carlos Alberto da Rocha, 115-6, 146, 147, 148, 149, 154, 176-7, 178, 187, 198, 206, 257, 305, 307, 373, 397, 429, 471, 534

Faria, Carlos da Rocha, 115

ÍNDICE ONOMÁSTICO | 585

Faria, Cordeiro de, 250
Farmer, Frances, 324
Farney, Dick, 432
Farrell, Charles, 106
Faye, Alice, 113, 226, 263, 270, 271, 272, 276, 277-9, 281, 299, 306, 312, 322, 334, 335, 350, 353, 358, 359-60, 362, 365, 367, 368, 376, 377, 393, 394, 408, 419, 427, 514
Faye, Frances, 491
"Feitiço da Vila", 432, 545
"Feitio de oração", 204
Feliz aterrissagem [*Happy Landing*], 184
Fenelon, Moacyr, 167
Fernandes, Jorge, 76
Fernandes, Luiz, 430, 451
Fernandes, Millôr, 168, 451
Fernandes, Raul, 498
Fernandez, Emilio, 426
Ferreira, Ascenso, 87
Ferreira, Bibi, 107, 154, 498, 528, 531
Ferreira, Breno, 56-7, 65, 76
Ferreira, Jayme, 182
Ferreira, Procópio, 61, 107, 117
"Fez bobagem", 301
Fidler, Jimmie, 303
Fields, Dorothy, 249, 314
Fields, W. C., 298
Figueiredo, Assis, 246, 250
Figueiredo, Guilherme, 528
Figueiredo, Orlando, 504, 537, 543, 546
O filho do sheik [*The Son of the Sheik*], 396, 429
Filiberto, Juan de Dios, 44
O fio da navalha, 376
Fischetti, Charlie, 259-60, 320
Fischetti, Joe, 320
"Fita amarela", 89
Fitzgerald, Ella, 231, 313
Fitzgerald, F. Scott, 295
"Fiz castelos de amores", 179
Florence, Jayme (Meira), 196
Flores, Irene, 543
Flores, Jackson, 543, 545, 546
Flores, Sheila Carol, 544, 546
"Florisbela", 180
"Flying Down to Rio", 468
Flynn, Errol, 226, 373, 392
"Foi ela", 118, 372
"Foi embora pra Europa", 161
"Foi numa noite assim", 123
Fome, 67-8
Fonda, Henry, 269, 271, 277, 294, 392
"Fon-fon", 163
Fonseca, Aloysio Salles da, 517, 519, 520-1, 522, 523, 525, 526, 531, 532, 533, 534, 536-7
Fonseca, Rubem, 508
Fontaina, Roberto, 39
Fontaine, Joan, 212, 374, 392

Fontanne, Lynn, 241
Fontenelle, Doydt, 396
Fontes, Lourival, 193, 194, 243, 246, 250
Ford, John, 272, 277, 294-5, 335, 502
Formenti, Gastão, 48, 54, 61, 76, 121, 526
"Formosa", 89
Forrest, Helen, 337-8, 338
Foster, Clairborne, 183, 184, 185, 186, 199, 213
Foster, Mercedes, 543
Four Jills in a Jeep. Ver Quatro moças num jeep
Fox, Martin, 541
Fox, William, 36, 270-1, 393
Foy, Bryan, 408
Fraenkel, Chiquita, 530
Francis, Kay, 361
Frank, George, 285, 286, 287, 288, 289, 293, 298, 319, 329, 361, 408, 436
Frazão, Eratóstenes Alves, 76, 128, 180
Freire Júnior, Francisco José, 40, 76
Freitinhas (José Francisco de Freitas), 24, 38
Frias, Carlos, 144
Frick, Jane, 154, 177, 501
Frick, Maria Luiza, 501
Fronzi, Renata, 494-5, 495, 496, 527
"Frou-frou", 19
Gable, Clark, 272, 295, 302, 368, 373, 384, 388, 396
Gadé, 75, 76, 179, 180, 290, 342
Gagliano Netto, 175, 245
Galhardo, Carlos, 76, 120, 121, 159, 168, 174, 196
Galli-Curci, Amelita, 59
Galliez, Leda, 536
Galvão, Francisco, 146
The Gang's All Here. Ver Entre a loura e a morena
Gaó, maestro, 117, 153
Garbo, Greta, 105, 235, 287, 316, 340, 368, 483-4
Garcia, Isaurinha, 159
Gardel, Carlos, 40, 71, 122, 125, 187, 412
Gardner, Ava, 302, 415-6, 496, 501
Garfield, John, 432, 484
Gargalhada (Antenor Santíssimo de Araújo), 92
Garland, Joe, 490
Garland, Judy, 231, 235, 270, 301, 302, 319, 365, 380, 473, 513, 548
Garoto, 198, 217-8, 226, 232, 247, 253, 366
Garrett, Betty, 410
Garrido, Alda, 61
Garson, Greer, 459
"Garufa", 39, 40, 41
Gaúcho. *Ver Joel e Gaúcho*
O gaúcho [*The Gaucho*], 125
Gaynor, Janet, 106, 270
Gear, Louella, 186, 206, 211
Gentil, Romeu, 479
Gershwin, George, 106, 229, 315, 323
Gershwin, Ira, 106, 313, 323
"Get Out of Town", 315
Ghipsman, Romeu, 153

Gibbons, Cedric, 294
Gibbs, Wolcott, 211, 214, 261
Gilbert, Billy, 334
Gilbert, John, 25, 384, 483, 548
Gilbert, Ray, 365, 438, 439, 471, 472-3, 489, 490, 491
Girolami, Estela, 508, 514, 539, 540, 543, 545, 547
"Give Me a Band and a Bandana", 367
Glyn, Elinor, 39
Goddard, Paulette, 212, 310, 348, 366, 406
Goetz, William, 263, 271, 354, 361
Goldwyn, Samuel, 295, 306, 378, 419
Gonzaga, Adhemar, 46, 69, 78, 88, 117, 128, 130, 131, 245
Gonzaga, Chiquinha, 76
Gonzaga, Luiz, 472
Gonzaga, Zezé, 483
"Good-bye", 83, 84, 86, 88, 89, 164, 550
Goodman, Benny, 314, 337, 357
Gordon, Mack, 281, 282, 295, 313, 319, 334, 336, 367, 370, 371, 394, 408, 409
"Gostinho diferente", 63
"Gosto, mas não é muito", 77
Grable, Betty, 261, 262-3, 271, 272, 276, 277-8, 279, 287, 306, 334, 336, 337, 338, 359, 362, 366, 367, 368, 376, 377, 392, 393, 394, 407, 408, 419, 427
"Granada", 371, 489
O grande Caruso [The Great Caruso], 537
A grande ilusão [All the King's Men], 493
A grande jornada [The Big Trail], 270
Grande Othelo, 154, 172, 182, 252, 256, 290, 333, 523, 527
Grande, George, 404
Grandjean, Anaïs, 18, 23
Grant, Cary, 295, 306, 313, 382, 407, 501
Grauman, Sid, 299
The Green Pastures, 183
Green, Adolph, 368
Green, Alfred E., 419
Greenwich Village. Ver Serenata boêmia
Greenwood, Charlotte, 334
Gregorian, Ed, 447
Greneker, Claude P., 183, 191, 200, 201, 215, 216, 222, 224, 239-40, 316
Grimaldi, Assunta, 147, 148, 149
Gringo do Pandeiro, 446, 448, 504, 537
Guardia, Fiorello La, 355
Guerrero, Chico, 446
Guilaroff, Sydney, 444
Guilhem, Aristides, 250
Guilherme, Olympio, 37, 66, 67-8, 81
Guimarães, Antunes, 32
Guimarães, Carmen Carvalho (Carminha, filha de Cecilia), 135, 228, 414, 416, 421, 431-2, 433, 450, 483
Guimarães, Elysio Pinheiro, 521
Guimarães, Rogério, 49, 52, 54, 63, 65, 196
Guinle, Arnaldo, 61-2, 62
Guinle, Carlos, 140

Guinle, Guilherme, 136
Guinle, Jorginho, 95, 140, 226, 294, 296, 321, 347
Guinle, Octavio, 136, 173, 521
Guizar, Tito, 371, 382
Gwynn, Edith, 489
Halifax, Lord, 239
Harburg, Yip, 341
Harlow, Jean, 79, 81, 270, 277, 278, 459
Harris, Phil, 359, 376
Harrison, Paul, 206
Harsah, Sarah, 197, 216
Haver, June, 371
Hawks, Howard, 313
Haydée (esposa de Vadeco, do Bando da Lua), 327
Haymes, Dick, 394, 493
Hayworth, Rita, 320, 347, 359, 365, 392
Head, Edith, 500
Hearst, William Randolph, 348
"Heat Wave", 513
Heathcock, Bill, 457, 485, 491
Heflin, Van, 212, 532
Heinrich, Annemarie, 100-1, 114, 115, 142
"Helena, Helena", 456
Helena, Heloisa, 124, 128, 172, 291
Heliodora, Barbara, 327
Hellman, Lillian, 212, 423
Henie, Sonja, 181, 182, 184, 185, 188, 271, 336, 339
Henrique, Waldemar, 144
Henriques, Lulu, 78
Henriques, Sylvia, 78, 93-4, 154, 177
Hepburn, Katharine, 212, 287, 324, 348, 392
Herman, Woody, 302, 540
Hermitte, Louis, 89
Hernández, Rafael, 249
Herrin, Aimée de, 225
Hildegarde, 235
Hill, Virginia, 320
Hilliard, Bob, 410
"Hino do Carnaval brasileiro", 180
Hitchcock, Alfred, 294, 335, 347, 382
Hitler, Adolf, 175, 242, 243, 250, 266, 328
Hittis, Lucien, 521
Hodel, George, 450
Holden, William, 548
Holiday, Billie, 202, 332
Holliday, Judy, 368, 375, 487, 491
Hollywood, 68
Hollywood em desfile [Hollywood Cavalcade], 335
Hollywood Revue, 117
Holtz, Lou, 219
Holzman, Benny, 488
"Os home implica comigo", 63
"O homem sem mulher não vale nada", 180
Hope, Bob, 183, 322, 382, 396, 406, 452, 453, 482, 493, 494
Hopper, Hedda, 303, 492
"A hora é boa", 113, 190

Horas de tormenta [*Watch on the Rhine*], 423
Horne, Lena, 290, 344, 476
Horta, Francisco Eugenio Brant, 297, 313
Horton, Edward Everett, 262, 334, 358
Hosanna (esposa de Josué de Barros), 43, 45
"The House I Live in", 458
Hover, Herman, 347, 415, 416, 491, 537
Hovick, Louise. *Ver* Lee, Gypsy Rose
Howard, Leslie, 209, 382
Hughes, Howard, 272, 296, 317-8, 343, 391, 416, 487
Hull, Cordell, 138
Hurrell, George, 100
Huston, John, 106, 335, 432, 450
Huston, Walter, 106-7
Hutton, Ina Ray, 436
"I Can't Give You Anything But Love", 204
"I Concentrate on You", 315
"I Cried for You", 337
"I Gotta Right to Sing the Blues", 341
"I Had the Craziest Dream", 338
"I Like to Be Loved by You", 367
"I Like to Be Tall", 438, 491
"I Make My Money With Bananas", 438
"I Only Have Eyes for You", 205, 282
"I Want My Mama". *Ver* "Mamãe, eu quero"
"I, yi, yi, yi, yi (I Like You Very Much)", 260, 279, 282, 362, 447
"I'll Be Seeing You", 323
"I'll See You in C.U.B.A.", 314
"I'm Cooking With Glass", 438, 444
"I'm in the Mood for Love", 204
"I'm Just Wild About Harry", 366-7
"I've Got You Under My Skin", 315
"I've Heard That Song Before", 337
"Iaiá, ioiô", 51, 52, 53
Idílio nos Alpes [*Everything Happens at Night*], 184
"If I'm Lucky", 409
If I'm Lucky. Ver Se eu fosse feliz
Iglesias, Luiz, 168, 391
"Imperador do samba", 145
"In the Mood", 490
"In the Still of the Night", 315
"Inconstitucionalissimamente", 120
Índio (jogador de futebol), 530, 531
Inimigo público [*The Public Enemy*], 271
Interlúdio [*Notorious*], 382
Irajá, Hernani de, 47, 352
As irmãs Dolly [*The Dolly Sisters*], 335, 394
Isa (esposa de Harry Vasco de Almeida), 482, 502, 505, 543
"Isola! Isola!", 73
"Isto é lá com Santo Antônio", 103
"It Don't Mean a Thing", 114
"It Might as Well be Spring", 394
It's All True, 331, 332-3, 487
"It's Easy to Remember", 153
Ivano, Paul, 37

Ivonne (esposa de Ary Barroso), 154, 370, 371-2, 373
Iwerks, Ub, 364
Izquierdo, Aída, 107-8
J. Luiz (Jotinha), 173, 261, 274, 496
Jacomino, Américo, 40
"Jalousie", 119
James, Harry, 203, 337-8, 359, 408, 409
Janita (esposa de Russinho, do Bando da Lua), 502, 503
Jararaca, 229, 232, 302, 303, 464
"A jardineira", 168, 180, 317
Jatobá, Luiz, 456
Jean, Gloria, 419
"Jeepers creepers", 282
Jejum de amor [*His Girl Friday*], 313
Jércolis, Jardel, 172
João da Baiana (João Machado Guedes), 62, 63, 76, 548-9
João de Barro. *Ver* Braguinha
Joel e Gaúcho, 76, 121, 128, 129, 132, 237, 283
Johnson, Chic, 201
Johnson, Van, 391, 400
Jolson, Al, 122, 166, 183, 226, 284, 392, 419
Jonald, 412
Jones, Allan, 429
Jonjoca, 74-5, 76, 79, 91, 132, 524-5, 548
Jotinha. *Ver* J. Luiz
"A Journey to a Star", 358, 408
Juno, Portello, 166
"Jura", 41
"Just One of Those Things", 315
Kalmus, Natalie, 261, 263, 420
Kanin, Garson, 394, 491
Kapp, Jack, 231, 319
Karloff, Boris, 323, 368
Kaufman, George S., 183
Kaye, Danny, 230, 313, 323, 490
Kazan, Elia, 379
Keaton, Buster, 35, 264
Keeler, Ruby, 128, 284, 355
Kelly, Gene, 365, 458, 473, 501
Kennedy, Joseph, 347, 425
Kesselring, Joseph, 323
Keyes, Evelyn, 382
Khan, Aga, 320
Khan, Ali, 320
Kid Pepe (José Gelsomino), 121, 254, 461
Kidd, Michael, 512
Kiepura, Jan, 153, 258
Kihss, Peter, 216
Kilgallen, Dorothy, 379, 467
King, Charles, 46
Kinskey, Leonid, 334, 387
Klabin, Beki, 531
Koehler, Ted, 341
Konder, Arno, 280
Korda, Alexander, 295, 382

588 | CARMEN

"La cumparsita", 119
La Falaise, marquês de, 304
Labarthe, Ilka, 193
Lacerda, Benedito, 48, 76, 128, 131, 143, 168, 174, 196, 237
Lacerda, Jerônimo, 32
Ladamy, Nicolas, 137
Ladeira, Cesar, 65, 95-8, 113, 123, 125, 133, 139, 143, 151, 153, 155, 195, 197, 206, 208, 209, 210, 213, 245, 246, 248-9, 407, 411, 423, 494, 496, 526, 527, 548
O ladrão de Bagdá [The Thief of Bagdad], 261, 295
"Ladrãozinho", 179, 191
Lady in the Dark, 313, 324
"The Lady With the Tutti-frutti Hat", 356-7, 358, 395
Lago, Antonio e Dedei Corrêa do, 481, 496
Lago, Mario, 159, 168, 254, 317, 391
Lake, Veronica, 287, 392
"Lalá", 124, 190, 213-4
Lamarque, Libertad, 153, 540
Lamarr, Hedy, 221, 316, 383, 392, 396, 459
Lamas, Fernando, 114, 502
Lamounier, Gastão, 40
Lamour, Dorothy, 226, 382, 396
Lancaster, Burt, 416, 531
Landis, Carole, 361
Lane, Burton, 341
Lanfied, Sidney, 234
Lang, Walter, 334
Lanza, Mario, 537
Lastfogel, Abe, 452
"Lata d'água", 524
Latouche, Jean, 323
Lattes, Cesar, 451
Laura, 224, 378, 379
Lawrence, Gertrude, 241, 324
Lawrence, Jack, 542
Le Pera, Alfredo, 40
LeBaron, William, 279, 280, 334, 336, 354, 358, 367, 374
LeBlanc, Dudley J., 492, 493
Lecuona, Ernesto, 314
Lee, Gypsy Rose, 183, 340, 394
Lee, Peggy, 439, 467, 490, 503
Leigh, Vivien, 287, 296
Leite, Antonio Moreira, 149
Lemos, Fafá, 504, 513
Lenk, Maria, 79, 81
Leonard, Robert Z., 479
Lessa, Lourdes, 489
"Let's Do It, Let's Fall In Love", 164
"Let's Get Lost", 204
"Let's Knock Knees", 262
Lewis, Jerry, 323, 476, 499, 500
Lewis, Joseph H., 419
Liebowitz, Joseph, 438
"Lig Lig Lig Lé", 317
Lima, Pedro, 36, 154, 350, 351-2, 368, 377, 389, 412, 462

"Linda flor", 44-5, 48
"Linda Mimi", 123
"Linda morena", 89
Litvak, Anatole, 310
Livingstone, Robert, 371, 413
Lloyd, Harold, 49, 346, 370, 425, 429
Lobo, Fernando, 471, 520
Lobo, Haroldo, 159, 237, 254
Lobo, Laurinda Santos, 113, 281
Logan, Ella, 323
Lombard, Carole, 270, 296, 459
Loos, Fridl, 100
Lopes, Ivan, 349
Lourinha do Panamá [Panama Hattie], 289
Louzada, Oswaldo, 130, 299
"Love for Sale", 315
Loy, Myrna, 79, 81, 274
Lubitsch, Ernst, 426, 436
Luciano, "Lucky", 321
Luiz, Washington, 59, 136, 137
"Lullaby of Broadway", 205, 282
Lulu (Aluisio Ferreira), 456, 457, 469, 473, 474, 475, 484, 489, 502, 503, 504, 537, 543, 546
"Lulu's Back in Town", 282
Lunceford, Jimmie, 203, 315
Lupo, Ronaldo (Ronaldo Lupovici), 93
Luz Del Fuego, 413
MacDonald, Jeanette, 153, 319, 429, 476
Macedo, Renato, 95
Macedo, Stefania de, 46, 76, 117
Machado, Carlos, 248, 249, 250, 251, 252, 255, 258-9, 483, 526, 527, 528
Machado, Edmar, 95, 113, 143-4, 149, 151, 152, 155, 195, 246, 247, 521
Machado, Eurico Serzedelo, 530
Machado, Gisela, 526-7, 527
Maeterlinck, Maurice, 183
Maffitt, Edward P., 224
Magalhães Jr., R., 63, 122, 241, 340
Magalhães, Paulo, 61
Maia, Déo, 172
"O maior castigo que eu te dou", 133
"Malmequer", 237
A malvada [All About Eve], 487
"Mama, yo quiero un novio", 39, 40, 41
"Mamãe não quer...", 51, 54
"Mamãe, eu quero", 182, 188, 229, 232, 234, 238, 261, 262, 301, 302-3, 447, 456, 464, 497, 500, 504, 539, 550
"The Man With the Lollipop Song", 319
"Mañana", 439, 503
Manga, Carlos, 527
"Mangueira", 190, 195
Manhães, Aristóteles, 135
"Manhattan serenade", 337
"El manicero" ["The Peanut Vendor"], 314
Mankiewicz, Joseph L., 380
Manuel II, 9, 10

ÍNDICE ONOMÁSTICO | 589

"Manuelo", 323
"O mar", 167
Mara, Creusa, 134
Marçal, Armando, 76
March, Fredric, 235
"Marchinha do amor", 74
"Marchinha do grande galo", 232-3
Marco, Tony de, 357-8, 395
Maresch, Harald, 384
"Maria", 143, 372
"Maria boa", 190, 191, 195, 317
"Maria Bonita", 489
Maria, Angela, 529, 536
Maria, Antonio, 528-9, 529
Maria, Rosa, 546
Mariano, Olegario, 53, 76
"Maringá", 54, 382
Marinho, Getulio, 129
Marinho, Roberto, 154
Mario Filho, 77
Marlene, 483, 524, 527, 532-3
Marques Jr., Arlindo, 123, 159, 180, 456
Marrocos [Morocco], 93
Marshall, George, 500
Marti, Frank, 424
Martin, Chris Pin, 334
Martin, Dean, 308, 476, 489, 499, 500
Martin, Hugh, 201
Martin, Tony, 226, 279, 359
Martins, Carlos, 239, 339, 362, 388, 458
Martins, Herivelto, 76, 154, 159, 162, 166, 188, 189, 317, 333, 342, 381, 461, 523, 529
Martins, João, 514-5
Martins, Maria, 239, 338-9, 339, 388
Martins, Roberto, 159, 165, 180, 237, 283, 472
Marujos do amor [Anchors Aweigh], 458
Marx, Chico, 148, 419, 420, 462, 493
Marx, Groucho, 264, 416, 417, 418, 419, 420, 421, 427, 434, 462
Marx, irmãos, 148, 183, 203, 261, 301, 419, 420, 462
Marxer, Webster, 285, 352, 353, 380, 510, 511, 513, 516, 517, 518, 539, 543, 548
Mastrangelo, Felicio, 46, 82, 91, 95, 250
"The Matador", 438
Mata-Hari, 105
Matos Rodríguez, Hernán, 44
Matoso, Francisco, 159, 190
Mattos, Darke de, 181
Mature, Victor, 471
Maugham, Somerset, 376
Mauro, Humberto, 88
Max, Margarida, 37
Máximo, João, 132
Maya, Raymundo de Castro, 281
Mayer, Louis B., 272, 287, 294
Mayfair, Mitzi (Emelyn Pique), 361, 362
Mayrink Veiga, Antenor, 95, 151

Mayrink Veiga, Carmen (Carmen Terezinha Solbiati), 536
Mazinho, 113
McCarey, Leo, 406, 407
McCarthy, Charlie, 298, 407
McCoy, Horace, 450
McDaniel, Hattie, 394
McDonald, Frank, 413
McDonald, Marie "The Body", 491
McHugh, Jimmy, 185, 202, 204, 210, 221, 229, 249, 314, 375, 395
McLeod, Norman Z., 382, 479
McMurray, Fred, 406
"Me respeite, ouviu?", 101
Meia-noite [Midnight], 285
Meléndez, Nilo, 314
Os melhores anos de nossas vidas [The Best Years of Our Lives], 379
Mello, Silvinha, 126
Melodia da Broadway, 46
Meltsner, Paul, 241
Mendonça, Ana Amélia Carneiro de, 113, 327
Menezes, Carolina Cardoso de, 84
"Menina do regimento", 168
"Menina internacional (Eu vi você no Posto 3)", 118
Menjou, Adolphe, 66, 453
Mercer, Johnny, 282
Merman, Ethel, 212, 375
Mesquita, Custodio, 76, 84, 90, 92, 96-7, 102, 103-4, 105, 126-7, 134, 142, 159, 179, 180, 391, 432
Mesquitinha, 123
O meu amado [Rose of Washington Square], 279, 335
"Meu consolo é você", 180
"Meu limão, meu limoeiro", 317
Meu reino por um amor [The Private Lives of Elizabeth and Essex], 261
Milano, Dante, 78
O milhão [Le Million], 173
Milland, Ray, 392
Miller, Ann, 228, 352, 382
Miller, Glenn, 314, 336
Mills Brothers, 114, 153, 231
Minha boa estrela [My Lucky Star], 184
"Minha embaixada chegou", 121, 164, 550
Minha namorada favorita [My Gal Sal], 359
Minha secretária brasileira [Springtime in the Rockies], 286, 308, 328, 329, 330, 334, 336, 337, 338, 340, 349, 364, 368, 447
Miranda da Cunha, Amaro. Ver Mocotó
Miranda da Cunha, Aurora, 15, 17, 20, 21, 22, 28, 44, 45, 55, 56, 76, 78, 79, 84, 89-91, 95, 96-7, 97, 102, 103, 104, 105, 108, 111, 112, 114, 118, 121, 123, 126-7, 128, 129-30, 130, 131-2, 134, 135, 140, 141, 142, 143, 144, 145, 146, 149, 150, 151, 154, 155, 156, 157, 158, 161-2, 168, 174, 175, 176, 179-80, 191, 196, 197, 198, 228, 257, 277, 289-91, 300, 301, 304, 305, 317, 318, 319, 321-2, 325, 339, 341, 342-3, 343, 346, 347,

348, 353, 360, 361, 363, 364, 370, 371, 382-3, 390, 391, 397, 401, 413-4, 415, 416, 418, 422, 425, 426-7, 427, 428, 430, 431, 432, 433, 445, 446, 448, 465, 466, 470, 471, 474, 481-2, 482-4, 492, 501, 512, 514, 515, 516-7, 517, 518, 519, 521, 523, 524, 527, 528, 529, 530, 534, 545, 548, 549

Miranda da Cunha, Cecilia, 15, 16, 17, 20, 21, 22, 28, 45, 55-6, 69, 90, 134, 135, 158, 198, 228, 305, 320, 414, 415, 416, 428, 429, 431, 432, 433, 437, 450, 480, 483, 517, 523, 530

Miranda da Cunha, Maria Emilia, 11, 12, 13, 14, 15, 16, 17, 18-9, 20, 21, 22, 24, 30, 31, 45, 49, 55, 56, 68, 93, 100, 101, 102, 108, 140, 151, 158, 195, 197, 198, 246, 258, 268, 269, 273, 274, 277, 284, 288, 296-7, 318, 319, 320, 322, 346, 347, 348, 351, 353, 360, 361, 381, 390, 397, 407, 411, 414, 416, 421, 431, 433, 455, 471, 474, 481, 482, 485, 486, 492, 501, 508, 510, 512, 514, 515, 516, 518, 521, 523, 524, 537, 543, 545, 547, 549

Miranda da Cunha, Olinda, 12, 13, 15, 17-8, 20, 21, 22-3, 31, 32, 55, 68

Miranda da Cunha, Oscar. *Ver* Tatá

Miranda, Amaro de Barros, 12-3, 13, 14, 15

Miranda, Aurora de Barros, 12, 13

Miranda, Cecilia de Barros, 12, 13, 416

Miranda, Eulalia de Barros, 12, 13

Miranda, Felisbela, 13, 416

Miranda, Francisco de Assis Teixeira de, 11

Miranda, José de Barros, 11-2

Miranda, Lauro, 157

Miranda, Luperce, 70, 196, 313

Miranda, Maria da Conceição, 12

Mix, Tom, 270, 384, 429

Mocotó (Amaro Miranda da Cunha), 15, 20, 22, 28, 55, 78, 79, 80, 81, 108, 124, 135, 150, 151, 157, 158, 195, 246, 258, 259, 268, 269, 288, 320, 418, 455, 461, 463

Mojica, José, 153

"Moleque indigesto", 89, 549

"Molha o pano", 129

Monroe, Marilyn, 408, 513, 548

Montalban, Ricardo, 502

Montaner, Rita, 540

Monteiro, Ciro, 159, 165, 197, 237

Monteiro, Doris, 527

Monteiro, Goes, 242-3, 250

Monteiro, Rosa Maria, 544

Montenegro, Randoval, 63, 64, 92

Montevecchi, Liliane, 538

Montez, Maria, 276, 548

Moore, Grace, 225

Moraes, Julio de, 66-7

Moraes, Pedro de, 415, 432, 481

Moraes, Susana, 415, 432, 455, 481

Moraes, Tati de, 415, 430, 432, 434, 441-2, 443, 444, 446, 455, 481

Moraes, Vinicius de, 414-6, 430, 432, 441-2, 443, 445, 451, 454, 455, 465, 466, 475, 476, 481

Morales de los Rios, Adolfo, 46

Mordedoras de 1935 [*Gold Diggers of 1935*], 355

"The more I see you", 394

Moreira da Silva, Antonio, 76

Moreira, Bucy, 163

"Morena boca de ouro", 372

"Moreninha da praia", 89

"Moreno cor de bronze", 179

Moreno, Antonio, 105

Moreno, Rita, 485

Moreyra, Alvaro, 61

Morison, Patricia, 453

Morize, Henrique, 18

Morrendo de medo [*Scared Stiff*], 499-501, 504

Moses, Herbert, 517, 519, 520

Moura, Decio, 193, 201, 202, 203, 226

"Muchachito de mi amor", 64

"Muito riso e pouco siso", 129

"Mulatinho bamba", 121

"Mulato antimetropolitano", 196

"Mulher", 391

"A mulher que ficou na taça", 123

"Mulher rendeira", 541

Mulher satânica [*The Devil is a Woman*], 309

A mulher-enigma, 66

Mulheres e diamantes [*Diamond Horseshoe*], 394

Mulheres e música [*Dames*], 205, 355

Müller, Filinto, 243, 244, 250

O mundo da fantasia [*There's No Business Like Show Business*], 513

Murad, Jorge, 75, 96, 123, 157

Mussolini, Benito, 175, 242, 243, 296

"My Blue Heaven", 336

"My Heart Belongs to Daddy", 315

"My Melancholy Baby", 295

"My Old Flame", 419

"My Ship", 324

Myrow, Josef, 409

"Na aldeia", 317

"Na Bahia", 162, 166

"Na Baixa do Sapateiro", 165, 168, 169, 170, 182, 363, 365, 371, 372, 549

"Na batucada da vida", 102, 403, 550

"Na Pavuna", 52, 53

"Nada além", 391

Nada de novo no front, 225

Naish, J. Carroll, 334

Namorados da Lua, 456, 503

"Naná", 391

Nancy Goes to Rio. Ver Romance carioca

"The ñango", 313

"Não há razão para haver barulho", 92

"Não resta a menor dúvida", 190

"Não vá simbora", 48

"Nas cadeiras da baiana", 166

Nasce uma estrela [*A Star is Born*], 513

Nascida ontem [*Born Yesterday*], 394, 487, 491

ÍNDICE ONOMÁSTICO | 591

Nascimento, Arthur (Tute), 70

Nash, Clarence, 342

Nássara, Antonio, 75, 81, 89, 121, 128, 133, 164, 180, 254, 297

Nasser, David, 159, 254, 456, 460-1, 497-8, 519, 522

Nazareth, Ernesto, 44, 76

Nery, Adalgisa, 246, 248

"Neurastênico", 526

Neves, Antonio, 59, 60, 177-8

Neves, Candido das, 76

Newman, Alfred, 364

Nhô Totico, 104

Nicholas Brothers, 336, 343, 344-5, 379, 512

Niemeyer, Carlinhos (Carlos Novo de), 373, 396-8, 398-405, 424, 524

"Night and Day", 262, 315

Nikky (esposa de Aloysio), 424, 503

Niven, David, 212, 501

"No Love, No Nothing", 358, 408

"No rancho fundo", 107, 132, 372

"No tabuleiro da baiana", 165, 172, 219, 226, 372

No tempo das diligências [Stagecoach], 387

No velho Chicago [In Old Chicago], 278, 335

Noel Rosa — Uma vida, 132

Uma noite em Casablanca, 420

Uma noite na Ópera [A Night at the Opera], 203

Uma noite no Rio [That Night in Rio], 254, 259, 267, 276, 279, 280-3, 284, 285, 286-7, 292, 297, 299, 312, 316, 326, 328, 340, 350, 364, 447

Nonô, 196

Nora (esposa de Aloysio de Oliveira), 381-2, 382

Normand, Mabel, 548

"Nós, os carecas", 456

Novaes, Guiomar, 463

Novarro, Ramon, 35, 104-5, 105, 111, 391, 451

Nunes, Mario, 320

Núpcias de escândalo [The Philadelphia Story], 294

"Ó, seu Oscar", 237

O'Brien, George, 393

O'Connor, Donald, 476

O'Keefe, Dennis, 394, 538

O'Shea, Michael, 375

Oakley, William, 200

Odila (esposa de Zezinho), 258, 269, 273, 288, 318, 319, 365, 432, 443, 445, 482, 494, 514

Oito Batutas, 43

"The Old Piano Roll Blues", 491, 497

Olga (esposa de Mocotó), 151, 455

"Olhos verdes", 530

Oliveira, Aloysio de, 111, 112, 113, 114-5, 129, 155, 167, 178-9, 190, 191, 197, 201, 202, 203, 205-6, 207, 209, 210, 215, 216-7, 217, 220, 227, 230, 236, 239, 247, 249, 253, 254, 259, 277, 282, 284, 285, 286, 288, 297, 303-4, 304-5, 305, 306, 307, 313, 326, 327, 328, 336-7, 337, 342, 348-9, 349, 353, 355, 360, 361, 362, 363, 366, 370, 371, 373, 381-2, 382-3, 393, 411, 413, 424, 430, 437-8, 438, 439, 446, 448, 453, 457, 458, 464, 469, 471, 472,

473, 475, 485, 486, 489, 490, 502, 503, 504, 506, 511-2, 517, 537, 539, 541, 543, 546

Oliveira, Anibal Duarte de, 38-9

Oliveira, Bonfiglio de, 62

Oliveira, Dalva de, 154, 159, 162, 188, 189, 381-2, 461, 523, 529-30

Oliveira, José do Patrocínio de. *Ver* Zezinho

Oliveira, Josué, 85

Oliveira, Julio de, 44

Oliveira, Milton de, 237

Oliveira, Waldir Freitas, 86

Oliveira, Zaira de, 62

Olivier, Laurence, 377

Olsen, Ole, 201

"On the Sunny Side of the Street", 204

"On the Trail", 214

"Onde é que você anda?", 163

"Onde está seu carneirinho?", 180

"Onde o céu azul é mais azul", 255

"One Hour With You", 358

"Ora, vejam só", 24

"Orchids in the Moonlight", 106

Orgolini, Dante, 268, 269, 281, 430

Ornstein, Oscar, 521, 532

Ortiz Tirado, Alfonso, 153

Oscarito, 59, 168

Ovalle, Jaime, 19

Ozorio, Affonso, 111, 114, 197, 202, 254, 326, 328, 337, 349, 362, 409, 413, 420, 433, 434, 439, 446, 473

Ozorio, Andréa, 258, 318, 362, 363, 432, 474, 481

Ozorio, Armando, 111, 114, 123, 253

Ozorio, Stenio, 111, 114, 197, 202, 203, 227, 253, 254, 258, 318, 326, 327, 328, 337, 348, 349, 362-3, 409, 420, 430, 431, 432, 433, 434, 439, 473, 481

Ozorio, Yolanda, 76

Paciência, Roberto, 456

"Paducah", 357-8

Pagã, Elvira, 129, 160, 413

Pagã, Rosina, 129, 160, 365, 432, 434

O pagão [The Pagan], 104

I pagliacci, 46

Pagu (Patricia Galvão), 37

Paiva, Roberto, 151, 152, 159

Paiva, Vicente, 76, 139, 145, 154, 182, 231, 232, 252, 255, 256, 257, 302, 319, 417, 530

"Palavra doce", 79

Palitos, 59, 60, 88

Pallete, Pilar, 387

"Palpite infeliz", 129, 133

Pampanini, Silvana, 532

Pan, Hermes, 282-3, 311, 313, 334, 354

Pandemônio [Hellzapoppin'], 323

Paquito, 479

"Para um samba de cadência", 92

"Para Vigo me voy" ["Say 'si si'"], 314

Paraguaçu, 117

"Paris", 163, 182

Parnell, Vic, 446
Parsons, Louella, 30, 303, 388, 392, 471, 492
"Passarinho do relógio", 237, 317
Pasternak, Joe, 444, 480, 538
"As pastorinhas", 157, 284
"Pastorinhas", 317
Patachou, 529
Patrocínio, Zeca, 19
"Pau que nasce torto", 290
Paulinho (jogador de futebol), 530
Paulo da Portela, 48-9
"Paulo, Paulo", 290
Payne, John, 276, 306-7, 308, 322, 334, 336, 337, 359, 367, 373
Payne, Tom, 488
Pearce, Guy, 353
Peck, Gregory, 471
Pedro I, 59
Pedro II, 59
"Pegando fogo", 190
Peixoto, Cauby, 537
Peixoto, Ernani do Amaral, 250
Peixoto, Floriano, 43
Peixoto, Luiz, 48, 58, 60, 76, 102, 162, 252, 256, 257, 403
Penna, Alceu, 154, 223, 238, 274, 460, 461
"Pennies From Heaven", 153
"A pensão da Dona Estela", 163
Pereira Passos, Francisco, 14, 15, 16
Pereira, Geraldo, 159, 456
Pereira, Helio Jordão, 111, 112, 114, 197, 198, 203, 217, 253, 326-7, 327, 473
Pereira, Mara da Costa, 144
Pereira, Yolanda, 61
"Periquitinho verde", 133
Pernambuco, João, 48
Perón, Evita (Eva), 114
Perrone, Albenzio, 76
Petersen, Nelson, 161-2
Petra de Barros, João, 132, 174
Piaf, Edith, 489
Pickford, Mary, 25, 125, 270, 294, 384
"A picture of me without you", 164
"Pierrô apaixonado", 128
Pimpinela Escarlate [The Scarlet Pimpernel], 382
Pinheiro, Walter, 456, 468-9, 469, 484, 503
Pinóquio [Pinocchio], 295, 363
Pinto Filho, 128
Pinto, Álvaro Vieira, 14, 22
Pinto, Manuel, 38, 528
Pinto, Walter, 528, 531
"Pirata da areia", 129
"Pirolito", 166, 169, 175
Pixinguinha, 29, 43, 48, 49, 52, 54, 61, 62, 63, 76, 79, 95, 196, 473, 525, 548
"Please", 153, 358
Polo, Mario, 62
Ponce, irmãos, 84

"Por amor a este branco", 92
Por quem os sinos dobram [For Whom the Bells Toll], 373, 374
Porter, Cole, 160, 225, 231, 262, 263, 282, 289, 315, 320, 323, 375, 527
Pôrto, Agenor, 31
Porto, Humberto, 86, 159, 162, 166, 168
Porto, Marques, 58
Portugal, Afonso, 414, 430, 431
Portugal, Glorinha (Dó), 431, 437
Powell, Dick, 128, 282
Powell, Jane, 444, 445, 467, 470, 473, 474, 476, 479
Power, Tyrone, 173-4, 183, 184, 271, 276-7, 302, 309, 330, 334, 364, 373, 376, 441
Pozo, Chano, 540
"Pra que amar", 121
"Pra quem sabe dar valor", 121
"Pra você gostar de mim". Ver "Taí"
Prado Junior, Antonio, 59
Prado, Perez, 411
Prado, Ruth Almeida, 198, 534
Prazeres, Heitor dos, 48, 76, 128, 174
Preminger, Otto, 224, 376
"A preta do acarajé", 179, 182
"Primavera no Rio", 103, 108, 118, 125, 191, 545, 549
"Primeiro amor", 135
O príncipe encantado [A Date With Judy], 444, 448, 459, 480
O príncipe estudante, 104
Príncipe Maluco, 117
Pringle, Henry F., 211
Procuram-se maridos [Three Little Girls in Blue], 371, 409
O proscrito [The Outlaw], 308, 318
Proser, Monte, 321, 341, 410, 418, 419, 434, 436
Prüfer, Kurt, 243-4
"Quando a saudade apertar", 121
"Quando eu penso na Bahia", 165, 367
"Quando você morrer", 92
Quatro Azes e um Coringa, 375
Os quatro cavaleiros do Apocalipse, 40
Quatro moças num jeep [Four Jills in a Jeep], 361-2, 368
As quatro penas brancas [The Four Feathers], 261
"O que é que a baiana tem?", 166, 167, 168, 169-70, 171, 172, 175, 179, 182, 184, 186, 188, 195, 201, 207, 210, 219, 228, 230, 232, 233, 234, 249-50, 256, 367
Queiroz, Euzébio de, 246
"Queixas de colombina", 123
"Quem condena a batucada", 161
"Quem é?", 162
Quem manda é o amor [Easy to Wed], 391
"Querido Adão", 128, 130, 131, 176, 178, 395, 549
Quero casar-me contigo [Sun Valley Serenade], 336
"Quero ver você chorar", 63
"Quiereme mucho", 119
"Os quindins de Iaiá", 165, 256, 343, 363, 365, 371, 413
Quintela, Arnaldo, 33
"Quizàs, quizàs, quizàs", 489, 490

ÍNDICE ONOMÁSTICO 593

Raft, George, 226, 296, 337, 338
"Rag Mop", 490
Rago, 141, 253
Rainer, Luise, 316, 374
A rainha do patim [*One in a Million*], 184
"A rainy night in Rio", 411
Ramirez, Carlos, 371
"Rapsódia lamartinesca", 134
"Rasguei a minha fantasia", 118
Raye, Martha, 212, 319, 361, 452, 485
Raymond, Gene, 106, 429
Razaf, Andy, 490
Rebecca, a mulher inesquecível [*Rebecca*], 294
Rebêlo, Marques, 47
"Rebola, bola", 312, 313, 319
"Recadinho de Papai Noel", 121
"Recenseamento", 255, 257, 479, 550
Redelings, Lowell E., 439
Regis, Amado, 163
Rego, Julinho, 533
O rei dos reis, 260
Reid, Wallace, 548
Reis, Mario, 53, 70, 71-2, 74, 76, 91, 98, 99, 101, 103, 118, 120, 121, 123, 126, 128, 130, 132, 196, 526
Reis, Zequinha, 190
Remarque, Erich Maria, 225
Renault, Abgar, 137
Rennahan, Ray, 295
"Requebre que eu dou um doce", 456
"Retiro da saudade", 121
Ribbentrop, Joachim von, 243, 244
Ribeiro, Alberto, 76, 117, 118, 123, 124, 128, 129, 145, 149, 157, 163, 166, 168, 169, 170, 190, 213, 214, 233, 290, 438, 479, 489
Ribeiro, Pery, 188-9, 523
Rice, Maxwell Jay, 183, 184, 186, 188, 189, 191-2, 192, 194, 198-9, 202, 213
Richaid, Gabriel, 176, 180, 228, 257, 277, 289, 290, 318, 319, 341, 343, 346, 348, 361, 397, 401, 413, 416, 427, 430, 431, 433, 466, 469, 470, 471, 474, 481, 482, 483, 512, 515, 517, 520, 522, 527, 528, 530, 545
Richaid, Gabriel Alexandre (filho de Aurora e Gabriel), 427, 470, 481
Richaid, Maria Paula (filha de Aurora e Gabriel), 471, 474, 482
"Ride, palhaço", 99
Ridge, Walter George, 49
Rigoletto, 46
Rimac, Ciro, 291, 395
"Rio de Janeiro", 370
"Risque", 483
Roberti, Roberto, 123, 159, 180, 231, 317, 456
Robin, Leo, 358, 359, 367, 411
Robinson, Edward G., 212, 271, 392
Rocha, Aurimar, 533
Rocha, Caribé da, 246, 251, 524, 532
Rocha, Mártha, 514

Rockefeller, Nelson, 264, 330, 331, 332, 333, 335, 342, 370
Rocque, Rod La, 429
Rodgers, Richard, 231, 394
Rodrigues Alves, Francisco de Paula, 31
Rodrigues, Amalia, 537
Rodrigues, Augusto, 274
Rodrigues, Lupicinio, 159
Rodrigues, Nelson, 84
Rogers, Ginger, 106, 172, 262, 282, 319, 392, 531, 532
Rogers, Roy, 369
Rogers, Will, 87
Roland, Gilbert, 105
Roland, Nuno, 159, 162, 166
Rolla, Joaquim, 136-7, 137, 138, 139-40, 147, 148, 152-3, 154, 156, 184-5, 186, 195, 247, 248, 252, 320, 417, 532
Romance carioca [*Nancy Goes to Rio*], 471, 472, 473-4, 475, 476, 479, 480, 494, 499
Romance dos sete mares [*The Fighting Seabees*], 387
Romance no Rio [*The Thrill of Brazil*], 382
Romanoff, Mike, 347
Rome, Harold, 410
Romero, Cesar, 276, 308-9, 310, 322, 334, 367, 374, 391, 493, 502
Rooney, Mickey, 235, 301-2, 352, 392, 416, 425, 476, 493
Roos, Bo, 388
Roosevelt, Franklin D., 140, 211, 227, 238-9, 264, 265, 362, 388
Roquette-Pinto, Edgar, 18, 46, 134
Roris, Sá, 133, 297
"Rosa morena", 456
Rosa, a revoltosa [*Sweet Rosie O'Grady*], 335
Rosa, Fernando, 142
Rosa, Helio, 90
Rosa, Noel, 48, 64, 75, 77, 82, 83, 84, 89, 90, 111, 121, 128, 129, 132-3, 157, 190, 204, 214, 432
Rose, Billy, 204
Rose, Helen, 444
Rossini (maître do Anexo), 521
Rothapfel, S. L. "Roxy", 325, 326
Roulien, Raul, 61, 68, 81, 84, 105-7, 365, 450
Ròzsa, Miklòs, 449
Rua 42 [*42nd Street*], 205, 271, 354
Rua sem nome [*The Street With no Name*], 423
Rubens (jogador de futebol), 531
Rubin, Sacha, 527
Rubinstein, Arthur, 258
Rudge, Stella, 250
Ruiz, Gabriel, 438
Ruiz, Pepa, 171
Runyon, Damon, 202
Russell, Andy, 419-20
Russell, Bob, 369
Russell, Jane, 308
Russell, Rosalind, 313, 347, 388
Russinho (José Ferreira Soares), 456, 458, 468, 469-70, 474, 484-5, 485, 488, 489, 499, 502, 503

CARMEN

Russo do Pandeiro, 196, 248, 420, 448
Ryan, Sheila, 358, 359
Sá, Alfredo de, 390
Sá, Fernando, 530
Sá, Luiz, 342
Sabino, Fernando, 195-6
Sablon, Jean, 153, 185, 202, 205, 206
Saboya, Vicentinho, 533
Saenz, Josephine, 387
"The Saga of Jenny", 324
"Sai da toca, Brasil", 163
Sakall, S. Z., 334
Salazar, Antonio de Oliveira, 33, 242
Salles, Walther Moreira, 176, 180
Salmon, Udall, 435
Samba, 122-3
"O samba da minha terra", 256
"O samba e o tango", 163
"Samba rasgado", 182
"Samboogie", 375
Sampaio, Maria, 113, 143, 246, 247, 248, 250, 521
Sanders, George, 277
Sangue e areia [Blood and Sand], 364
Santiago, Oswaldo, 76, 128, 131, 163, 168, 231, 254, 317
Santoro, Fada, 413
Santos, Carmen, 35-6
Sauer, Vera, 465
Sayão, Bidu, 204, 225, 338, 463
Scared Stiff. Ver Morrendo de medo
Scassa, José Maria, 156
Schacht, Beulah, 460
Schary, Dore, 459
Schenck, Joseph M., 263, 271, 272, 304
Schiller, Glorinha e Waldemar, 528
Schmidt, Augusto Frederico, 237
Schoen, Vic, 438
Schwartz, Arthur, 411
"Se a lua contasse", 90, 97, 103, 104, 105, 179, 432
Se eu fosse feliz, 408-9, 409, 426
"Se o samba é moda", 48
"Se você jurar", 71
Seabra, Gervasio, 147-9
Seabra, Nelson, 148, 227, 320, 525, 527, 534
Seabra, Roberto, 148, 448, 525, 527, 528, 529, 534-5, 535
Sebastian, David Alfred, 421-2, 425, 427, 428-9, 429-30, 431, 432, 433-4, 436, 437, 438-9, 440, 442, 443, 444, 446, 448, 451, 453-4, 454-6, 457, 464, 465, 466-9, 468-9, 469-70, 470, 471, 474, 480, 485, 487, 488, 489, 492, 496, 501, 502, 504, 506, 509, 510, 512, 513, 514, 516, 517, 526, 531-2, 537-8, 539, 543, 545, 547, 548, 549
Sebastian, Maurice, 419, 421, 430
"Século do progresso", 133
"Sei que é covardia", 168
"Seja feliz... adeus", 457
Selznick, David O., 265, 296, 380, 382, 418

"Sem compromisso", 456
"Senhorita Carnaval", 134
"September in the Rain", 282
"Serenata", 123
Serenata argentina, 267, *Ver Serenata tropical*
Serenata boêmia [Greenwich Village], 367-8, 377
Serenata tropical [Down Argentine Way], 233, 234, 235, 241, 249, 259, 261, 262, 263, 264, 265-7, 271, 272, 275, 276, 279, 280, 281, 295, 299, 302, 312, 326, 350
Serrador, Francisco, 27, 36
Serrano, Manuel Gonzalez, 390
Sete noivas para sete irmãos [Seven Brides For Seven Brothers], 512
"Seu condutor", 317
"Seu Libório", 128
A Severa, 113
Sexton, Fred, 450
"Shadow Waltz", 205, 282
"Shake Down the Stars", 409
Shamroy, Leon, 221, 292, 295
Sharaff, Irene, 201
Shaw, Artie, 314, 337, 416
Shearer, Norma, 118, 235, 274
"The Sheik of Araby", 272
Sheridan, Ann, 226, 287, 296, 381, 391, 484
Sherwood, Robert E., 183, 209, 212
Shirley, Anne, 306, 307, 308
Shore, Dinah, 452, 542
Short, Elizabeth (Black Dahlia), 450
Show Boat, 346
Shubert, Lee, 181, 182-3, 183, 184-7, 187, 188, 189, 191-2, 193-4, 197, 198-9, 200, 201, 202, 205, 208, 209, 211, 212, 213, 217, 220, 221, 222, 223, 224, 226, 227, 228-9, 229, 230, 231, 234, 238, 239, 240, 241, 253, 254, 259, 263, 273, 274, 285-6, 287-8, 288-9, 289, 290, 291, 292, 293, 298-9, 305, 306, 308, 316, 318, 319, 320, 321, 324, 325, 326, 327, 328, 329, 335, 342, 343, 345, 346, 371, 436, 446
"Siboney", 314
Siegel, Benjamin "Bugsy", 296, 320
Silva, Arlindo, 520, 522-3
Silva, Constantino, 456
Silva, Ismael, 76, 77, 82
Silva, Leônidas da, 156
Silva, Mathias da, 59-60
Silva, Moacir, 426
Silva, Moreira da, 121, 197
Silva, Orlando, 159, 162, 165, 168, 174, 180, 237, 525
Silva, Romeu, 204, 218, 302, 315, 317, 520
Silva, Synval, 76, 102, 109, 127, 132, 135, 154, 161, 175, 196, 247, 486-7, 523, 549
Silva, Waldemar, 145
Silva, Walfrido, 76, 89, 92, 101, 102, 127, 179, 180, 196, 337
Silveira, Celestino, 350, 351, 462
Simon, S. Sylvan, 382
Simon, Simone, 316

Simons, Moises, 314
Sinatra, Frank, 203, 240, 263, 347, 407, 411, 458, 494, 507, 542
"Sing You Sinners", 419
"Singin' in the Rain", 117
Sinhô, 24, 41, 48, 51, 76
Os sinos de Santa Maria [The Bells of Saint Mary's], 406
Sissle, Noble, 366
"Skylark", 337
Smandek, Raul de, 466, 479, 509
Smith, Ethel, 341, 342
"So Near and Yet so Far", 315
"Só... papo", 313
Soares, Rubens, 317, 456
Sob o luar de Miami [Moon Over Miami], 334
Sobel, Louis, 420
Soberba [The Magnificent Ambersons], 332, 333
"Soliloquy", 458
Soliño, Victor, 39
"Solitude", 409
Something for the Boys. Ver Alegria, rapazes!
"The Song is You", 458
"Sonho de papel", 124
Um sonho e uma canção [The Time, the Place and the Girl], 411
Sonhos de estrela [Doll Face], 390, 394-5, 408, 538
Sons o' fun, 318, 319, 320, 322-3, 323-4, 325, 326, 328, 329, 500
Sothern, Ann, 289, 474, 476
"Sou da pontinha", 63
"South America, Take It Away", 410, 411
"South American Way", 202, 205-6, 207, 208, 210, 221, 229, 232, 234, 248, 249, 261, 262
Souto, Eduardo, 40, 48, 76
Souto, Gilberto, 268, 269, 277, 281, 284, 310, 325, 336, 344, 349, 370, 377, 430, 478, 481
Souza, Cyro de, 133, 162-3
Springtime in the Rockies. Ver Minha secretária brasileira
"St. Louis Blues", 40
Stack, Robert, 308
Stanwyck, Barbara, 84, 262, 275, 307
Starr, Irving, 374-5
Steiner, Max, 383
Steinweiss, Alex, 233
Stella Dallas, 307
Stephenson, Henry, 266
Sternberg, Josef von, 309
Stevens, George, 335
Stewart, Elaine, 531, 532
Stewart, James, 226, 294, 392
Stokowski, Leopold, 267
Stompanato, Johnny, 449
Stravinski, Igor, 138
Streets of Paris, 185-7, 201-2, 203, 204, 205, 206-7, 207-8, 208, 209-10, 211-2, 214, 217, 219, 221, 222, 224, 227, 228, 229, 230, 232, 233, 234, 235, 238, 240, 246, 263, 302, 317, 322, 323, 335

Stuckart, Max von, 528
Stupakoff, Otto, 507-8
Sturges, Preston, 380, 425
Suarez, Laura, 76, 84
"Suburbana", 123
Sued, Ibrahim, 531, 534
Sullivan, Barry, 474
Sullivan, Robert, 214
Sutinho, 142
Swanson, Gloria, 35, 270, 304, 325, 487
"Sweet Sue, Just You", 114
"Taí" ("Pra você gostar de mim"), 51-2, 53, 54, 57, 58, 60, 61, 63, 92, 108, 111, 121, 237, 458, 527, 528, 529, 545, 548, 549
Talmadge, Constance, 429
Tamblyn, Russ, 512
Tamiroff, Akim, 374
Tapajós, irmãos, 76, 121
Tapajós, Paulo, 531
Taranto, Aldo, 92
Tatá (Oscar Miranda da Cunha), 17, 20, 55, 78, 108, 134-5, 150, 320, 407, 416, 455, 463, 482
Tatum, Art, 202
Tavares, Hekel, 76
Tavares, Napoleão, 164, 174
Taylor, Elizabeth, 347, 444, 445, 462
Taylor, Robert, 302, 370
Teixeira, Batista, 242, 250
Teixeira, Humberto, 472
Teixeira, Newton, 159, 167, 170, 237
Teixeira, Patrício, 61, 76, 84, 96
"Tem francesa no morro", 83
Temple, Shirley, 271, 396
"Tempo bom", 128, 172
"Tenha pena de mim", 133
"Tenho um novo amor", 92, 132
Terra é sempre terra, 488
Terry, Ruth, 413
"Tête à tête", 323
"Teu cabelo não nega", 72-3, 73-4, 77, 79
"Thank You, North America", 323
"Thanks for the Memory", 358
That Night in Rio. Ver Uma noite no Rio
Théo-Filho, 30, 84
"There'll Be a Hot Time in the Old Town Tonight", 355
"They Met in Rio", 281
"This is New", 324
"This Year's Kisses", 408
Thomaz, J., 233
Thrill of a Lifetime [1937], 262
"Tico-tico no fubá", 315, 411, 491
"Tic-tac do meu coração", 127, 337, 549-50
Tierney, Gene, 274, 377
"A tirolesa", 168
Tolipan, Nelson, 533
"Tomara que chova", 479
Torá, Lia (Horacia Corrêa d'Avila), 37, 66-7, 81

Torelly, Aparicio, 464

Tormé, Mel, 512

Torre, Marina, 61

Torres, Waldemar, 478, 496

Tosca, Diva, 105, 106, 450

"Touradas em Madri", 157, 182, 186, 188, 201, 207, 210, 228, 232, 233, 234, 438

Tracy, Spencer, 81, 344, 348, 373

Trapalhadas do Haroldo [*The Sin of Harold Diddledock*], 425

Trenet, Charles, 160

Trepadeira, Paulo, 169

"Três apitos", 214

Trevor, Claire, 212

Trigueiro, Nelson, 456

Trio de Ouro, 159, 162

Trio Surdina, 504

"Triste cuíca", 133

"Triste jandaia", 50, 51, 52

Trompowski, Gilberto, 194, 274

O trovador inolvidável [*The Jolson Story*], 419

"True to the Navy", 395

"Tschaikowsky", 313

Tucker, Sophie, 323, 344, 391, 425

Tuma, Nicolau, 95

Tupinambá, Marcelo, 40

Turano, Emilio, 92

Turner, Lana, 270, 330, 392, 484-5, 496

Turunas da Mauriceia, 48

"Tutu marambá", 51

Ulanov, Barry, 490

"Último desejo", 133

"Upa-upa", 237

"Uva de caminhão", 163-4, 182, 196, 541, 549

Vaccari, Celita, 248

Vadeco (Oswaldo Eboli), 111, 114, 155, 190, 191, 192-3, 194, 197, 198, 200, 203, 213, 220, 228, 253, 254, 313, 323, 327, 362, 473

Vadico (Oswaldo Gogliano), 204, 317, 327, 328, 337, 349, 362, 370, 432, 439, 446, 448

"Vai haver barulho no chatô", 89

Valença, irmãos, 73, 77

Valente, Assis, 76, 83, 84, 88, 89, 90, 91, 92, 101, 102, 109, 112, 120, 121, 124, 127, 157, 159-60, 160-1, 163, 164, 177, 180, 190, 196, 247, 255, 282, 299-301, 456, 526, 529

Valente, Nadyle e Nara Nadyle (esposa e filha de Assis Valente), 300

Valentino, Rodolfo, 25, 40, 67, 203, 309, 347, 396

Vallée, Rudy, 113, 219, 220, 221, 224, 227, 233, 278

Vanderbilt, Grace, 226

Vargas, Alzira (Alzirinha), 113, 193, 194, 250, 258, 320-1

Vargas, Benjamin (Bejo), 140, 243, 244, 250

Vargas, Darcy, 140, 153, 247, 250, 258, 320

Vargas, Getulio, 72, 78, 79, 87, 95, 97-8, 113, 125, 136, 137, 138, 147, 159, 174-5, 194, 198, 242, 243, 244, 245, 391, 417, 489, 515

Vargas, Pedro, 153

Vasseur, Augusto, 40, 58, 76

Vassourinha, 157, 175

Veiga, Jorge, 520

Velez, Lupe, 105, 125-6, 214, 270, 272, 275, 291, 350, 383-5, 385-6, 435, 548

"Velho realejo", 391

Vera Lucia, 529

Verissimo, Erico, 257, 365

Vermelho, Alcyr Pires, 76, 127, 163, 237, 254, 337

"Vestido de bolero", 456

Vianna, Antonio Moniz, 412, 426, 462

Viany, Alex, 389, 430, 432, 451, 461-2, 463, 481

Viany, Elsa, 389, 430, 432, 461, 481

Victor (alfaiate), 93

A vida de Alexander Graham Bell [*Alexander Graham Bell*], 285

A vida é uma canção [*Tin Pan Alley*], 272, 279, 306, 335

A vida é uma dança, 84

Vidor, King, 294

Vila, Alberto, 41, 44

Villa-Lobos, Heitor, 19, 204

Villar, Leo, 253, 456, 473

Vilmar, Roberto, 99

Vinhas da ira [1940], 272

Viva Las Vegas [*Meet Me in Las Vegas*], 538

Voando para o Rio [*Flying Down to Rio*], 106, 107, 172

Você já foi à Bahia? [*The Three Caballeros*], 331, 332, 343, 363-4, 365, 366, 371, 381, 382, 383, 413, 415, 456

"Você nasceu pra ser grã-fina", 196

"Você só... mente", 90

Vogeler, Henrique, 40, 44, 48

"Volta", 391

"Voltei pro morro", 256, 479

Volusia, Eros, 413

"Vou espalhando por aí", 121

Voz do Carnaval, 88-9

"A voz do violão", 71

Wakeling, Gwen, 313

Waldorf, Wilella, 211

Walker, Robert, 392, 548

Wallis, Hal, 499

Walters, Charles, 263

Warner, Jack, 294, 295

Warren, Harry, 204, 205, 271, 281, 282, 295, 313, 319, 334, 336, 358, 359, 367, 370, 394, 408

Washington, Ned, 295, 370

Waters, Ethel, 91, 183

Wayne, John, 369, 373, 387-8

"We're In the Money", 205

Webb, Clifton, 224, 323

"The Wedding Samba" ("The Wedding Rhumba"), 438

"A Week-end in Havana", 313

Week-end in Havana. Ver Aconteceu em Havana

Weidler, Virginia, 302

Weill, Kurt, 313

Weissmuller, Johnny, 105, 204, 272, 356, 385

"Well, Did You Evah!", 263

Welles, Orson, 331, 332-3, 487
Welles, Sumner, 242
West, Mae, 183, 264, 287, 319
"What is This Thing Called Love?", 315
"When I Love, I Love", 313
"When my Sugar Walks Down the Street", 204
"When You Wish Upon a Star", 295
Whiteman, Paul, 114
Whitney, John ("Jock") Hay, 265, 332, 335, 418
Williams, Esther, 204, 371, 391
Williams, Hank, 493
Wilson, 377-8, 378, 379, 380, 393
Wilson, Earl, 211, 420, 471
Winchell, Walter, 210-1, 303, 322, 339, 340
Windsor, duque e duquesa de, 320
Wise, Robert, 332, 333
"With Plenty of Money and You", 282
Wood, Yvonne, 358, 367, 395
Woolley, Monty, 377
Woolrich, Cornell (William Irish), 383
Wright, Joseph C., 295
Wyler, William, 335, 379
"O 'X' do problema", 133
Yaconelli, Zaccarias, 260, 268, 269, 270, 280, 281, 282, 284, 290, 316, 318, 320
Yankelevich, Jaime, 96, 104, 111, 114, 124, 125, 126, 141, 157
Yellen, Jack, 323
"Yipsee-i-o", 471, 473, 474
"You Are My Lucky Star", 114
"You Belong to My Heart" ["Solamente una vez"], 413, 438

"You Brought a New Kind of Love to Me", 323
"You Discover You're in New York", 355, 358
"You Make Me Feel So Young", 409
"You'll Never know", 359, 370, 408
"You're Getting to Be a Habit With Me", 205, 282
"You're the Top", 164
Youmans, Vincent, 468
Young, Harold, 373, 382
Young, Loretta, 391
Young, Robert, 392
Yourkewitch, Vladimir, 328
Zagallo (jogador de futebol), 531
Zanuck, Darryl F., 184, 220, 221, 263, 264, 265-6, 266, 267, 269-70, 271-2, 275, 278, 279, 280, 282, 285, 286-7, 288, 296, 306, 307, 315, 316, 317, 328, 329, 333-4, 334, 335, 339, 342, 343, 344, 354, 359, 360, 361, 364, 374, 376-7, 378, 393, 394, 406, 408, 409-10
Zanuck, Virginia, 270
Zé Carioca. *Ver* Zezinho (José do Patrocínio de Oliveira)
Zenatti, Celia, 70
Zezinho (filho de José do Patrocínio de Oliveira), 482, 514, 537, 543
Zezinho (José do Patrocínio de Oliveira), 141, 142, 204, 218, 226, 258, 273, 317, 318, 327, 337, 342, 348, 349, 362, 364-5, 365-6, 409, 413, 415, 420, 432, 439, 446, 448, 494, 503, 504, 513, 514
Ziegfeld, Florenz, 182
"Zizinha", 24
Zukor, Adolph, 272, 291, 295
Zweig, Stefan, 138

1ª EDIÇÃO [2005] 2 reimpressões
2ª EDIÇÃO [2025]

ESTA OBRA FOI COMPOSTA POR TÂNIA MARIA DOS SANTOS E GABRIELA DAHER SOUZA
EM PALATINO E IMPRESSA PELA LIS GRÁFICA EM OFSETE SOBRE PAPEL PÓLEN NATURAL
DA SUZANO S.A. PARA A EDITORA SCHWARCZ EM JULHO DE 2025

A marca FSC® é a garantia de que a madeira utilizada na fabricação do papel deste livro provém de florestas que foram gerenciadas de maneira ambientalmente correta, socialmente justa e economicamente viável, além de outras fontes de origem controlada.